Jean-François Bergier
Wilhelm Tell – Realität und Mythos

Aus dem Französischen von Josef Winiger

Die Originalausgabe des Buches erschien unter dem Titel
»Guillaume Tell« 1988 im Verlag Librairie Arthème Fayard, Paris.

Die deutsche Erstausgabe erschien 1990, im Paul List Verlag in
der Südwest Verlag GmbH & Co KG München.

Der Text wurde für die neue Ausgabe durch den Übersetzer
Josef Winiger überarbeitet. An zwei, drei Stellen weicht die Übersetzung vom Original ab, weil der Autor dem Übersetzer damals
entsprechende Anweisungen gab.

Erste Auflage 2012
Alle Rechte vorbehalten
Copyright © 2012 by Römerhof Verlag, Zürich
info@roemerhof-verlag.ch, www.roemerhof-verlag.ch
Druck: bod
ISBN 978-3-905894-16-5

Inhalt

Vorwort 9

I. TEIL – DIE FREIHEIT DER LEGENDE

1. **Wilhelm Tell und die drei Eidgenossen** 17
   Wilhelm Tell und der Vogt Gessler **17** · *Die drei Eidgenossen* **25** · *Der Rütlischwur* **29** · *Der Burgenbruch* **38**

2. **Im Lande Tells** 42
   Die »ewigen Mauern« **42** · *Ein Stern von fünf Flüssen* **45** · *Wilhelm Tells Jagdrevier* **46** · *Ein See für vier Kantone* **48** · *Das Land des Stiers* **49** · *Ein Vorzimmer zum Paradies* **52** · *Am Fuß der Mythen* **54** · *Die Halbbrüder »ob und nid dem Wald«* **56** · *Die Viehweiden der Mönche* **58**

3. **Im Labyrinth einer Überlieferung** 61
   Erhitzte Gemüter um eine Sage **61** · *Licht und Dunkel über der Entstehung der Tellgeschichte* **65** · *Die Chronik des Conrad Justinger* **66** · *Der Edelmann und der Bauer* **68** · *Trügerische Klarheit durch das Weiße Buch von Sarnen* **69** · *Ein hüpsch lied* **76** · *Darstellungen noch jüngeren Datums* **84**

4. **Zwischen Legende und Geschichte** 87
   Tell – Eidgenosse oder nicht? **87** · *Tell und Toko* **90** · *Der norwegische Apfel* **96** · *Die Archäologie der Orte und Personen* **102** · *Der gesellschaftliche Kontext* **107** · *Statussymbole. Tells Armbrust* **109** · *Eine kulturelle Identität* **112** · *Mündliche Überlieferung, Dichtung und historische Wahrheit* **113**

II. TEIL – IM URTEIL DER GESCHICHTE

5. **Der Schmelztiegel** 127
   Helvetier und Römer 127 · Alemannen, Burgunder – und Christen 133 · Karl der Große und die Erschließung der Alpen 138 · Verfall der Zentralmacht 142 · Ungarn und Sarazenen 146

6. **Der Kaiser und die Großen des Reichs.** 149
   Ein germanisches Reich 149 · Die Herren der Alpen 152 · Ein Städtegürtel 160

7. **Die vergessenen Täler.** 165
   Die Bevölkerung des Gebirges 165 · Die langsame Inbesitznahme durch die Alemannen 170 · Geheimnisvolle Walser 174 · Die Täler, die Kaisertöchter und der Vogt 177 · Die Ära der Zähringer 182 · Grundherren in den Waldstätten 185

8. **Den Stier im Wappen** 190
   Schaf kontra Rind 190 · Das Ungenügen des Ackerbaus 193 · Düstere Aussichten um die Jahrtausendwende 195 · Die Alpen öffnen sich 198 · Eine gewaltige Umstellung 202 · Knappe Böden 206 · Ein Reich der Tiere 209 · Sennenkriege 211 · Agrarkapitalismus 214 · Der Horizont bricht auf 217

9. **Die Erfindung des Gotthardpasses** 219
   Verlockende Lombardei 219 · Eine Alpenüberquerung im Hochmittelalter 221 · Die Wege beleben sich 224 · Die Pässe mit Tradition 227 · Die Barriere der Schöllenenschlucht 231 · Legenden um das Wie der Erfindung 233 · Rätselraten um das Wann 235 · Die Frage nach dem Erbauer 239 · Was der Gotthard bewirkt 243

10. **Friedrich II. und die Waldstätte.** 246
    Die kaiserlichen Clans 246 · Eine Dynastie steigt auf 252 · Luzern und das Erwachen der Waldstätte 255 · Das Privileg der Urner 259 · Spaltungen 261 · Zwischen Kaiser und Papst 263

11. **Habsburgs große Versuchung** 268
    Die Zeit des Interregnums 268 · »Landfriedensbündnisse« 270 · Das Erbe der Kyburger 276 · Die Waldstätte im Interregnum 278 · Gesellschaftliche Krise in Uri. Die Izzelin und die Gruoba 281 · Rudolf von Habsburg als Schiedsrichter 284 · König Rudolf 287 · Der König und die Waldstätte 292 · Die Stunde Wilhelm Tells 297

12. Die kleine Welt, in der Tell lebt **299**
Ein kleines Volk 300 · Eine dynamische, doch häusliche Bevölkerung 301 · Familienbande 303 · Frau, Ehre und Sexualität 306 · Gewalttätigkeit und Ausgelassenheit 308 · Kirche, Frömmigkeit und Berglerkultur 309 · Tages- und Jahreszeiten im bäuerlichen Alltag 313 · Ein Volk von Jägern 316 · Wohnen, Essen und Trinken mit Wilhelm Tell 318 · Das Transportgewerbe 320 · Der Handel und das Geld 324

13. Die Gemeinwesen der Alpentäler **326**
»Talgenossenschaften« unklaren Ursprungs 326 · Italienisches Vorbild? 327 · Fränkische Wurzeln? 330 · Derselbe Gesellschaftstyp von Tirol bis in die Dauphiné 331 · Konservative Grundhaltung und Freiheitswille 335 · Die Mechanismen der Gemeinschaft 337 · Regionale Eliten und Führungsorgane 341 · Mit Banner und Siegel 346

14. August 1291 .... **348**
König Rudolfs Tod 348 · Der Bundesbrief von 1291, die Umstände 351 · Der Brieftext 357 · Unklarheiten und Kontroversen 361 · Der Geist hinter den Buchstaben 363 · Die Erhebung fand nicht statt 369 · Und die Burgen? 370

15. Das Haus Österreich, der Abt und die Holzfäller **374**
Ein Bund mit Zürich 374 · Der Erbe kommt 376 · König Albrecht 379 · Am Rande der großen Politik 382 · Das Drama von Königsfelden 386 · Die Nacht von Einsiedeln 390 · Morgarten 396 · Der Bund wird erneuert 401

III. TEIL – DIE VIELEN LEBEN DES WILHELM TELL

16. Wilhelm Tells Fegefeuer **409**
Von Morgarten bis Sempach (1315–1386): Ein Debakel für das Haus Österreich 409 · Die Eidgenossenschaft der »Acht Orte« 413 · Die neuen Generationen in den Waldstätten 415 · Der unaufhaltsame Niedergang der Bergregionen 419 · Wilhelm Tells Wiederkunft 423 · Der Held im Paradies 426

17. Bürger oder Rebell? **428**
Ein Mythos fürs Volk ... 428 · ... und zur Erbauung der Oberschicht 432 · Wilhelm Tell als Radikaler 435 · Wenn sich die Gelehrten streiten 439 · Vaterbild oder Antiheld? 445

18. Wilhelm Tell als Weltbürger 449
   Der Held geht auf Reisen **449** · *Tell als Jakobiner* **451** · *Im Theater, in der Oper, im Kino* **453** · *Tell im Film* **457** · *Tell – eine harmlose Figur?* **459** · *Schlusswort, dem Dichter entlehnt* **461**

ANHANG

Quellenangaben und Bibliographie 467
Bild- und Textnachweis 481
Orts- und Namenregister 482
Dank 493
Karten 495
   Das Heilige Römische Reich Deutscher Nation um 1300 **495** · *Das Schweizer Gebiet um 1300* **496**

Vorwort

Wilhelm Tell eine »Biographie« widmen – das kann nur ein Scherz sein, oder aber ein Wagnis. Am Anfang dieses Buches stand beides. Doch das Wagnis gewann die Oberhand, und ich ließ mich verführen von der ausgefallenen Idee, einem Helden ein Buch zu widmen, von dem weder ich noch sonst jemand vollen Ernstes behaupten kann, er habe wirklich gelebt oder er sei im Gegenteil nur Legende. Einem Helden im Übrigen, dessen Taten und Abenteuer, so wie sie im kollektiven Gedächtnis lebendig geblieben sind, allenfalls drei oder vier Tage seines Lebens ausfüllten ... Wann ist je eine Gestalt auf so ungewisser und so schmaler Erinnerungsbasis zu so universeller Bedeutung gelangt?

Das war es, was mich faszinierte: dieses Unverhältnis, dieses Geheimnis. Ich wollte es verstehen, und dann meine Einsicht mitteilen. Die Botschaft von Freiheit und Unabhängigkeit, die Tell seit siebenhundert Jahren und über den ganzen Erdkreis verbreitet, hat bis heute nichts von ihrem Sinn und ihrer Aktualität verloren. Es schien mir, dass sie an Kraft gewönne, würde sie in den engen, doch beispielhaften Zusammenhang ihrer historischen Entstehung gestellt. Es schien mir auch, dass Wilhelm Tell, sei er historisch oder legendär, letztendlich nur eine Art Sammelname ist: der Name seines Volkes, das sich in seinem Unabhängigkeitsstreben bedroht sah; im erweiterten Sinne der Name all jener Nationen, die eine ähnliche Prüfung zu bestehen hatten oder noch haben. So wurde diese »Biographie« Wilhelm Tells zu einer Biographie seines Bergvolkes, das unter harten natürlichen Bedingungen zu leben hatte, das sich aber aus seiner Lebensart, aus seiner Kultur heraus Zwängen verweigerte, die von außen, von anderen Mächten und Völkern an es herangetragen wurden. Sie ist die Geschichte der Erfahrungen und Träume dieses Volkes, sie berichtet von seinen Erfolgen und Misserfolgen, seinen Freuden und Leiden, seiner Dynamik und seiner Unbeweglichkeit, seinem Zusammenhalt und seiner Zerrissenheit. Wilhelm Tell ist hier nur ein Zeichen, doch was für ein Zeichen! Er steht für den Wandel, den dieses Land durchmachte, das, lange Zeit von der großen Geschichte vergessen, im 13. Jahrhundert unversehens mitten in den Strudel der europäischen Politik geriet.

Das Buch ist ein Versuch, im doppelten Sinn des Wortes. Zunächst im literarischen Sinn: Es geht das Thema eher essayistisch an, entlang der Fragen, die ich mir selbst stelle, und vermeidet die einengende Form einer systematischen Aufbereitung sämtlicher Fakten und Theorien. So schienen mir einige Aspekte heute mehr Aufmerksamkeit zu verdienen als andere, die gestern noch die Historiker beschäftigten. Ein Versuch auch im gewöhnlichen, alltäglichen Sinn: Es möchte den Teufelskreis durchbrechen, in den Wilhelm Tell als – historische oder legendäre Gestalt – seit langem durch die Mythisierung geraten ist. Ich versuche also, den Werdegang dieser Gestalt und damit das ganze Problem der Entstehung der Schweizerischen Eidgenossenschaft in einem anderen Licht zu sehen, nämlich im Lichte einer wirtschaftlichen, gesellschaftlichen und anthropologischen Fragestellung. Woher kamen die Bewohner der »Urschweiz«? Wovon lebten sie? Was bewegte sie?

Die Ereignisse bleiben in meiner Schilderung bestehen, doch sie erhalten eine andere Färbung und einen anderen Rhythmus, die, so hoffe ich, die Wirklichkeit differenzierter widerspiegeln.

Der leidigen Frage nach der historischen Wirklichkeit Wilhelm Tells konnte natürlich auch ich nicht ganz aus dem Wege gehen. An ihr haben sich in den vergangenen zweihundert Jahren die Gemüter der Historiker erhitzt. Wir werden sehen, dass die mit Leidenschaft geführte Debatte ihren Hintergrund hatte und dass sie meist auch nicht objektiv war. Sie lässt jegliche Neutralität (selbst eine schweizerische ...) zur Illusion werden. Zu Beginn meiner Untersuchung stand für mich nichts fest. Ich wollte mir lediglich Klarheit verschaffen, ich wollte sehen, ob man nicht auf einem anderen Weg in der Frage weiterkäme. Ich wollte ermitteln, nicht plädieren. Anwälte und vor allem Ankläger hat es genug gegeben, gelehrte, beflissene, aber pedantische Leute, die den Helden verteidigten oder umgekehrt ihm anlasteten, nur in der volkstümlichen und literarischen Vorstellungswelt gelebt zu haben. Ich muss nun gestehen: Im Laufe der Arbeit hat sich bei mir eine Überzeugung eingestellt. Ich bin zur Überzeugung gelangt, dass es sich bei Wilhelm Tell schwerlich um ein reines Phantasiegebilde handeln kann. Und außerdem zur Überzeugung, dass mein Held sich zu natürlich und zu vollkommen in die Geschichte einfügt, die ich erzähle, um im Nachhinein völlig frei erfunden worden zu sein. Die Erinnerung hat zweifellos viel hinzugefügt, doch wo nichts ist, kann sich nichts anlagern. Sie hat auch vieles verwechselt und verbogen, doch das ist das Schicksal jeder nur mündlich überlieferten Geschichte. Ich kann indessen nicht mehr daran zweifeln, dass eine Gestalt, was auch immer ihr Name und ihre Taten im Einzelnen gewesen sein mögen, unter den besonderen Umständen des ausgehenden 13. Jahrhunderts die Zeichen zu setzen verstand, auf die ihr Volk gewartet hatte.

Der erste Teil des Buches umreißt den materiellen Rahmen der Handlung und befragt die bekannten – späten und deshalb anfechtbaren – Quellen der Überlieferung: Was können wir ihnen entnehmen? Ein letzter Teil zeigt auf, welche Metamorphosen Wilhelm Tell in der Neuzeit durchgemacht hat, welche Kräfte der Mythos entwickelte, auch wie er pervertiert wurde. Diese beiden Teile sind recht kurz. Sie rahmen den Hauptteil ein, in dem ich meiner Neugierde als Historiker freien Lauf lasse und, in ziemlich früher Zeit beginnend, die Geschichte der gesellschaftlichen und wirtschaftlichen Umwelt verfolge, in der Tell – so es ihn denn gab – lebte und handelte. Ich frage auch, welche Beziehungen diese Alpenwelt zur politischen und kulturellen Welt ihrer Umgebung entwickelt hat. Sensationelle Entdeckungen habe ich nicht mitzuteilen. Die – zu spärlichen – Urkunden, in denen etwas von dieser Geschichte sichtbar wird, sind bekannt und veröffentlicht. Ich glaube nicht, dass die Archive noch Quellen bergen, die unser Wissen über die grundlegenden Tatsachen irgendwann revolutionieren könnten; lediglich die Archäologie kann noch wichtige Detailerkenntnisse bringen. Die Interpretation unseres Wissens kann – und soll – unsere Wahrnehmung der historischen Wirklichkeit erneuern: Dazu möchte ich beitragen.

Mein Unternehmen fällt mit der Siebenhundertjahrfeier der Schweizerischen Eidgenossenschaft zusammen: Die Tradition, die freilich erst im späten 19. Jahrhundert eingeführt wurde, sieht in dem Anfang August 1291 gesiegelten Bundesbrief die Geburtsurkunde der Schweiz als eines selbständigen Landes. Dieses Zusammentreffen hat mich nicht zu meinem Versuch bewogen. Doch verleiht es ihm zusätzliche Bedeutung und Aktualität. Weniger zufällig ist ein anderes Zusammentreffen: Heute, da Europa als Ganzes einen Staatenbund anstrebt, der es befähigen soll, seine inneren Konflikte friedlich zu lösen und sich der Welt als Einheit darzubieten, scheint es mir angebracht, an ein Lehrstück der Geschichte zu erinnern, das sich im Herzen dieses Europa abgespielt hat und das unsere Aufmerksamkeit verdient: Es zeigt die Chancen und zugleich die Grenzen eines solchen Vorhabens auf. Eigenartigerweise zögert die heutige Schweiz, sich daran zu beteiligen – als wären ihr im Lauf der Zeit ihr Held und dessen Botschaft abhandengekommen. Ist die intellektuelle Geringschätzung, die Tell umgibt, nicht auch Ausdruck des Selbstzweifels der Schweiz, des Zweifels an der eigenen Identität?

[...]

Wilhelm Tell drängt mich, allen Freunden und Kollegen zu danken, die mich unterstützt haben; sie konnten ihr Schmunzeln über mein verrücktes Vorhaben kaum verbergen und haben mich dennoch ermutigt, gespannt, was ich beizutragen hätte zu dem abgedroschenen Thema, das für einige nicht mehr zeitgemäß ist. Mein Dank gilt ebenso meinen Mitarbeiterinnen Astrid Ochsner und Dusica Hilbich, die mit viel Geduld und Geschick mein Gekritzel ins Reine geschrieben haben, in einer Sprache, die für sie eine Fremdsprache ist.

Und endlich: Hat mir Wilhelm Tell nicht das gegeben, was mir am teuersten ist? Francesca, meine Frau, stammt aus demselben Land Uri, in dem mein Held die Pfeile aus seiner Armbrust abschoss: Hat nicht auch mich ein solches Geschoss getroffen – zu meinem Glück? Beiden Kindern des Landes Uri verdanke ich Freuden und Wonnen. Beiden sei gedankt ...

Jean-François Bergier
Vorwort der ersten deutschen Ausgabe 1990

I. TEIL

Die Freiheit der Legende

1
Wilhelm Tell
und die drei Eidgenossen

Wilhelm Tell und der Vogt Gessler

Anno domini 1307 ließ des römischen Königs Landvogt, der Gessler, am Sankt Jakobstag (25. Juli) zu Altdorf am Platz bei den Linden, wo ein jeder vorbeigehen mußte, eine Stange aufrichten und einen Hut oben drauf setzen. Und er ließ den Bewohnern des Landes bei Verlust von Leib und Gut gebieten, daß jeder, der dort vorbeikomme, dem Hut auf der Stange mit Verneigung und Hutabziehen Ehre und Reverenz erweisen müsse, als ob der König oder er selbst persönlich da wäre. Daneben ließ er ständig einen Knecht und Hüter sitzen und aufpassen bei Tageszeit, um die Personen anzuzeigen, die dem Gebot nicht Gehorsam leisteten.

Desselben Jahrs, am Sonntag nach Othmari, den 18. November, ging ein redlicher und frommer Landmann von Uri, Wilhelm Tell genannt, etliche Male an den Linden vorbei, wo der Hut auf der Stange hing, und tat dem Hut nicht Reverenz, wie der Landvogt Gessler geboten hatte. Das ward dem Land-

vogt, der zu der Zeit in Uri war, angezeigt. Also schickte er am Montag nach dem Tellen und fuhr ihn drohend an, weshalb er seinen Geboten nicht gehorchen würde und, dem König und ihm selbst zur Verachtung, dem Hut keine Reverenz erwiesen hätte. Der Tell gab zur Antwort: »Lieber Herr, es ist wohl aus Versehen und nicht aus Verachtung geschehen. Wäre ich ein besonnener Mann, so hieße ich nicht der Tell. Ich bitte, Euer Gnaden wollen es mir verzeihen und meiner Torheit zuschreiben. Es soll nicht mehr geschehen.«

Nun war der Tell ein guter Armbrustschütze, dass man keinen besseren fand, und hatte sehr hübsche Kinder, die ihm lieb waren. Nach denen ließ der Landvogt schicken, und er sprach: »Tell, welches unter diesen deinen Kindern ist dir das liebste?«

Tell antwortete: »Herr, sie sind mir alle gleich lieb.«

Da sprach der Landvogt: »Wohlan, Tell, du bist ein guter Schütze, wie ich höre, und bist berühmt im Land. Nun wirst du deine Kunst vor mir bewähren müssen und einem deiner Kinder einen Apfel vom Scheitel schießen. Darum hab gut acht, daß du den Apfel triffst! Wenn du ihn nicht triffst mit dem ersten Schuß, so kostet es dich dein Leben.«

Tell erschrak und bat den Herrn um Gottes Willen, dass er ihm dies erlasse, denn es wäre widernatürlich, daß er auf sein geliebtes Kind schießen solle; lieber wolle er sterben.

Der Landvogt sprach: »Das mußt du tun, sonst stirbst du und das Kind.«

So beginnt die Geschichte von Wilhelm Tell in der »klassischen« Version – denn Versionen gibt es mehrere. Angefangen mit dem *Tellenlied*, das aus der Mitte des 15. Jahrhunderts stammt und die älteste erhaltene Quelle ist, bis hin zu den berühmten Bühnenwerken von Schiller und Rossini (uraufgeführt 1804 beziehungsweise 1829), bilden sie eine Reihe von mehr oder weniger vollständigen, mehr oder weniger literarisch bearbeiteten Fassungen. Die hier behutsam in neuzeitliches Deutsch übertragene Version stammt vom Glarner Gelehrten Aegidius

Tschudi, der sie 1550 in einer Rohfassung niederschrieb und 1569–70 überarbeitete. Sie erschien in seinem *Chronicon Helveticum*, der ersten »Schweizer Geschichte« mit wissenschaftlichem Anspruch, an der Wende vom kritischen Humanismus zum barocken Epos. Im Vergleich zu den anderen Quellen bietet Tschudis Bericht verschiedene Vorzüge. Mit viel Spürsinn kompiliert und kombiniert er die älteren, nur bruchstückhaften oder summarischen Versionen und gestaltet sie zu einer zusammenhängenden, glaubhaft wirkenden Darstellung, die zwar nicht ganz dem Pathos seiner Zeit entgeht, doch frei ist von jeder dichterischen Ausschmückung. Tschudi wird dadurch zur Quelle par excellence aller späteren Versionen, und zwar bis zur Zeit der Romantik und zu Johannes von Müller, dessen 1778 erschienenes Monumentalwerk *Der Geschichten Schweizerischer Eidgenossenschaft* heute noch berühmt ist (es blieb unvollendet; um 1800 ergänzte ein »Historikerkollektiv« das Fehlende). Bei diesem Zeitgenossen schöpfte Friedrich Schiller den Stoff zu seinem berühmtesten Drama, das zugleich Wilhelm Tells Berühmtheit begründete. Doch so sehr diese späten Versionen mit literarischer Qualität beeindrucken mögen, sie neigen in steigendem Maße dazu, die Geschichte mit apokryphen Details auszuschmücken; ein neues historisches Element bringt keine einzige von ihnen. So ist die Erzählung des Glarner Gelehrten – verglichen mit der zögernden Tradition vor ihm und den bloß wiederholenden, oft schwülstigen Versionen nach ihm – ein praktischer, wenngleich nicht immer zuverlässiger Führer.

Tschudi ist zudem ein gewissenhafter Historiker. Einen großen Teil seines Lebens (1505–1572) hat er damit zugebracht, in den ihm zugänglichen Bibliotheken die verfügbaren Chroniken zu lesen. Mehr noch, er hat das Land bereist, er weiß also, wovon er spricht. Überall lässt er sich die Archive öffnen und schreibt ab, was ihm für sein Thema relevant erscheint; für die Nachwelt ist dies umso wertvoller, als viele von ihm konsultierte Quellen inzwischen verloren sind. Verübeln wir ihm also nicht, dass er nicht alles gesichtet und insbesondere eine so wichtige Urkunde wie den Bundesbrief von 1291 übersehen hat: Sie ist erst im 18. Jahrhundert wiederaufgetaucht und hat Tschudis Sicht der Dinge und die von ihm vorgenommene Datierung einigermaßen erschüttert ... Doch abgesehen hiervon und gemessen an den materiellen Gegebenheiten und den intellektuellen Grenzen – es sind die seiner Zeit –, ist der Informationsgehalt seines *Chronikon* beträchtlich und, aufs Ganze gesehen, über jeden Verdacht erhaben. Einige mindere Irrtümer bleiben ohne weitere Auswirkungen. Zwar gibt Tschudi nicht immer seine Quellen an, doch ist bei ihm nichts Erfindung, allenfalls nimmt er einige Angleichungen vor. Und soll man ihm zum Vorwurf machen, dass er den historischen Quellen gegenüber die kritische Distanz nicht besaß, die erst sehr viel später erreicht wurde?

Sein ihn ehrendes Berufsethos hat allerdings eine Kehrseite. Tschudi will nämlich nicht bloß gelehrter Annalist sein und die aufgefundenen Zeugnisse bloß aneinanderreihen. Er versteht sich als Historiker, er will diese Zeugnisse auch interpretieren und sie in eine übergreifende chronologische und thematische Entwicklung einordnen – die *longue durée,* lange bevor Fernand Braudel dieses Stichwort gibt. Sein geistiges Rüstzeug reicht indessen für diesen Anspruch nicht aus. Tschudi weiß sehr wohl, dass die Geschichten und Episoden der alten Chroniken – Tellgeschichte, Rütlischwur, Burgensturm – sich nicht ganz mit den ihm zur Verfügung stehenden Archivquellen decken. Insbesondere sind diese überlieferten Erzählungen sehr vage in der Datierung der Ereignisse. Doch unser Chronist sieht da keine Probleme: Ganz ungeniert – wir haben es soeben zu Beginn der Tellgeschichte gesehen – rekonstruiert er fehlende Daten mittels ausgeklügelter Berechnungen, und notfalls lässt er Phantasie walten: Es soll sich eben ein Ereignis aus dem anderen ergeben, so logisch und so natürlich wie möglich ... Vielleicht steht auch noch etwas anderes dahinter: Die Darstellung soll chronologisch und thematisch so schlüssig sein, dass sie das untermauert, was er in seinem Werk insgesamt aufzeigen will. Es geht ihm nämlich um den unanfechtbaren Nachweis, dass die guten Eidgenossen gerecht handelten, wenn sie sich gegen die erhoben, die sie unterjochen wollten: die »Österreicher«, sprich die Habsburger, und ihre bösen Statthalter, die Vögte.

Obwohl also Tschudi den besten Willen hat, gewissenhaft ist und gut schreibt – vielleicht gerade, *weil* er gut schreibt –, ist seine Erzählung mit Vorsicht zu genießen. Wir werden noch auf eine ganze Reihe von Fehlern stoßen, von denen manche für den heutigen Leser augenfällig sind. Gleichwohl ist Tschudis Version die solideste und zugleich lebendigste von allen; wir können sie also – *cum grano salis* – zum Führer nehmen.

•

Kehren wir zu Wilhelm Tell zurück: Er weiß, dass ihm nichts anderes übrigbleibt, als dem grausamen Befehl des Vogtes nachzukommen. Er fleht zu Gott, dass er ihn und sein Kind behüten möge (die Erzählung gibt nicht an, ob das Kind ein Junge ist, doch ist dies mehr als wahrscheinlich, denn ein Sohn zählt für einen Bauern wie Tell sehr viel mehr als ein Mädchen). Er nimmt also seine Armbrust, spannt sie, legt einen Pfeil ein – einen zweiten steckt er hinten in das Lederwams –, während der Vogt persönlich einen Apfel auf den Kopf des Kindes legt (das nach Tschudi fünf oder sechs Jahre alt ist; die früheren Versionen geben kein Alter an, dafür aber die Entfernung: fünfmal zwanzig Schritte). Tell schießt, der Apfel fällt, das Kind ist unverletzt. Der Vogt bewundert den Meisterschuss und lobt Tell für seine Kunst. Aber er fragt auch, was es mit dem zweiten Pfeil auf sich habe, den er im Wams griffbereit hielt.

Tell erschrak aber und dachte, die Frage bedeute nichts Gutes, doch hätte er gerne die Sache als bedeutungslos hingestellt, indem er sagte, das sei eine Schützengewohnheit. Der Landvogt merkte aber, dass Tell sich herauswand, und sprach:

»Tell, sag mir frisch heraus die Wahrheit, und fürchte dich nicht deswegen, du sollst deines Lebens sicher sein; aber deine Antwort nehme ich nicht an. Es wird etwas anderes bedeutet haben.«

Da sprach Wilhelm Tell: »Wohlan, gnädiger Herr. Weil Ihr mich meines Lebens versichert habt, so will ich Euch die ganze Wahrheit sagen. Ich hatte vor, hätte ich mein Kind getroffen, Euch mit dem anderen Pfeil zu Tode zu schießen, und ich hätte Euch gewiss nicht verfehlt.«

Als der Landvogt dies vernahm, sprach er: »Nun gut, Tell, ich habe dir das Leben zugesichert, das will ich halten. Weil ich aber deinen bösen Willen gegen mich verstanden habe, so will ich dich an einen Ort führen lassen und dich dort einsperren, wo du Sonne und Mond nie wiedersehen sollst, damit ich vor dir sicher bin.«

Der Landvogt befahl den Dienern sogleich, ihn zu ergreifen und gefesselt nach Flüelen zu führen (was auch geschah), und einen anderen Diener hieß er, Tells Schießzeug, Köcher, Pfeil und Armbrust an sich zu nehmen; das wollte der Herr für sich selbst behalten, weil es vortrefflich war. Dann ritt der Landvogt mit den Dienern nach Flüelen, nahm dort den gefesselten Tell samt den Dienern und dem Schießzeug auf ein Schiff, worin er nach Brunnen fahren wollte; von dort aus wollte er auf dem Landweg durch Schwyz nach Küssnacht, in sein Schloss. Dort wollte er Tell in einem finsteren Turm sein Leben enden lassen.

Und wie sie nun auf dem See fuhren und zum Axenstein kamen, da fügte Gott, dass ein so fürchterlich ungestümer Sturmwind einfiel, dass sie alle schon fürchteten, ganz jämmerlich ertrinken zu müssen. Nun war aber Tell ein starker Mann und wusste sich zu helfen auf dem Wasser. Da sprach einer von den Dienern zum Landvogt: »Herr, Ihr seht Eure und unsere Not und die Gefahr, in der unser Leben steht, und dass die Steuerleute erschrocken sind und des Fahrens nicht wohl kundig. Der Tell ist aber ein starker Mann und versteht ein Schiff zu steuern; man könnte ihn jetzt brauchen in der Not.« Der Landvogt *war wegen der Wassersnot zu Tode erschrocken und sprach zu Tell:* »*Wenn du dir zutraust, uns aus dieser Gefahr zu helfen, so will ich dich deiner Fesseln entledigen.*« *Tell antwortete:* »*Ja, gnädiger Herr, ich traue mir mit Gottes Hilfe zu, uns von hier weg zu helfen.*« *Also wurden seine Fesseln gelöst, er stand an das Steuerruder und fuhr redlich dahin, doch schielte er ständig nach einer günstigen Stelle für den Absprung und nach seinem Schießzeug, das zunächst bei ihm im Heck oder hinteren Schiffsschnabel lag. Und wie er dann zu einer großen Steinplatte kam (die seither den Namen Tellsplatte hat und auf der eine Kapelle errichtet wurde), schien es ihm, dass er hier wohl hinausspringen und entrinnen könne; er schrie den Knechten zu, sie sollten wacker auf diese Steinplatte zurudern; seien sie erst dort, so sei das Schlimmste überstanden. Und als er an die Platte kam, drückte er den hinteren Schiffsschnabel mit Macht an sie hin, ergriff sein Schießzeug, sprang auf die Platte hinauf und stieß das Schiff mit Gewalt ab und ließ es auf dem See schaukeln und schwanken.*

Der Landvogt und seine Diener kamen mit großer Not und Mühe nach Brunnen im Lande Schwyz. Tell aber lief stracks über Berg und Wald – denn es war noch kein Schnee gefallen – durch das Land Schwyz bis auf die Höhe zwischen Arth und Küssnacht, wo die Landstraße einen Hohlweg bildet und von Gebüsch ganz eingewachsen ist. Dort versteckte er sich, denn er wusste, dass der Landvogt hier vorbeireiten würde auf dem Weg nach Küssnacht zu seiner Burg. Als sich nun der Landvogt diesem Hohlweg näherte, spannte Tell seine Armbrust und hörte, wie vom Landvogt und den Dienern allerlei über ihn besprochen wurde. Da schoss er einen Pfeil durch den Landvogt, dass dieser vom Ross fiel und sogleich tot war. Dann lief er wieder zurück, gen Uri, auf die Berge zu.

Das ist die ganze Geschichte von Wilhelm Tell; sonst weiß die Überlieferung nichts Nennenswertes über ihn zu berichten. Es sind zwei oder drei Tage im Leben des Helden, über das Vorher und das Nachher wissen wir überhaupt nichts; die Tradition schweigt sich darüber ebenso aus wie die Geschichte ... Einige frühere Versionen wussten noch weniger zu erzählen; sie hatten langfristig auch kaum eine Chance, in der Volkserinnerung zu bleiben, denn diese will Details wissen und die Geschichte immer weiter forterzählt haben. Die früheste Version, das *Tellenlied*, begnügt sich mit der Angabe, Tell sei auf Befehl des Vogtes im See ertränkt worden. Eine andere Version erzählt, Tell habe Gessler von der Tellsplatte aus erschossen, unmittelbar nach dem rettenden Sprung. Einige Details, die Tschudi für bare Münze nimmt, sind so offensichtlich unecht, dass ich sie nicht wiedergegeben habe; sie würden die ohnehin schwierige Bewertung der Geschichte zusätzlich komplizieren. So will Tschudi, wie schon andere vor ihm, unbedingt eine persönliche Verbindung herstellen zwischen Wilhelm Tell und den Schwurgenossen vom Rütli, den drei Eidgenossen. Tell soll selbst Mitglied des Geheimbunds gewesen sein, der angeblich für den Neujahrstag 1308 die simultane Erstürmung aller Burgen plante, auf denen in Uri, Schwyz und Unterwalden die »österreichischen« Vögte residierten. Tschudi lässt also Tell auf dem Heimweg nach Uri erst dem Schwyzer, dann auch dem Urner Oberhaupt des Bundes vom »Tyrannenmord« berichten. Die Schwurgenossen seien jedoch sehr ungehalten gewesen über Tells Vorpreschen, weil es zur Unzeit gekommen sei und den übergreifenden Plan hätte gefährden können, dessen Ausführung erst für einige Wochen später angesetzt war. Der Mord an Gessler habe die Gefahr von Vergeltungsaktionen heraufbeschworen.

Hinter dieser kritischen Anmerkung zu Tell, der gewiss heldenmütig, aber auch eigenmächtig, nur aus der Situation heraus gehandelt habe, verbirgt sich ein Hintergedanke. Hier zeigt sich der politische und ideologische Gebrauch, der seit dem 15. Jahrhundert, als schon niemand mehr Genaueres wusste, von den Geschehnissen gemacht wurde. Es sollte eine revolutionäre Bewegung gerechtfertigt und zudem einen Tyrannenmord entschuldigt werden, der in einer Entwicklung, die man gern als mehr oder weniger gewaltfrei gehabt hätte, als Makel empfunden wurde. Wir werden noch darauf zurückkommen.

Halten wir fürs Erste fest: Zwar kann man – der Substanz, nicht dem Buchstaben nach – den überlieferten Geschichten von Wilhelm Tell und vom Ursprung der Eidgenossenschaft durchaus einigen Glauben schenken, doch gibt es keinerlei ernsthaften Grund für die Annahme einer direkten Verbindung zwischen unserem Helden und den anderen Gestalten, die ich gleich vorstellen werde, ebenso wenig wie zwischen Tells Taten und den anderen Ereignissen, die ich im Folgenden – vereinfacht – ebenfalls nach Tschudi wiedergebe.

Die drei Eidgenossen

Wilhelm Tells Tyrannenmord ist nicht der einzige Makel im Bild, das Tschudi von den Gründungsvätern der Schweizerischen Eidgenossenschaft vermitteln möchte. Ein Mord an einem österreichischen Beamten soll nämlich schon im Jahr zuvor – nach der subtilen Chronologie unseres Erzählers im Herbst 1306 – verübt worden sein, allerdings in Unterwalden und unter recht unterschiedlichen Begleitumständen. Tells Tat wird als persönliche, mit niemandem abgesprochene Rache hingestellt: Nur die eigene Wut hatte den Meisterschützen dazu getrieben, seinen sadistischen Verfolger zu erschießen, nachdem dieser mutwillig das Leben seines Kindes aufs Spiel gesetzt und ihn selbst mit der falschen Versprechung der Straffreiheit in die Falle gelockt hatte. Gleichwohl kam der Tat auch eine eindeutig politische Bedeutung zu. Sosehr die überlieferte Erzählung ihn das Gegenteil beteuern lässt: Tell hat seinen Gegenspieler sehr wohl herausgefordert, und zwar als Erster, indem er demonstrativ dem Hut die Reverenz verweigerte. Und er hatte sich damit so verhalten, wie die ganze Talbevölkerung sich insgeheim gerne verhalten hätte. Tell hatte zum Ausdruck gebracht, was die Menschen in seiner Umgebung dachten und fühlten. Zur hochpolitischen Tat wurde der Mord durch die Prominenz des Opfers: Der Erschossene war ein hoher Beamter des Hauses von Österreich, ein Mann des Vertrauens jener Habsburger, in denen die Urner mit gutem Grund eine ernste Bedrohung ihrer Freiheiten sahen.

Auch der andere Mord war provoziert worden, doch war diesmal die Provokation rein privater, familiärer Natur. Es war eine ganz gewöhnliche Bluttat sozusagen. Der Ermordete war wohl nicht ein Vogt (auch wenn einige Versionen ihn mit Berenger von Landenberg, Vogt im Lande Unterwalden, gleichsetzen), sondern ein subalterner Beamter, wahrscheinlich ein einheimischer Landadliger, der in Habsburgs Dienste getreten war und als deren Schlossherr in Nidwalden fungierte. Dieser Mann namens Wolfenschießen ritt eines Morgens von einem Besuch des am oberen Talende gelegenen Klosters Engelberg zurück, als ihn der Anblick einer auf dem Feld arbeitenden jungen Bäuerin betörte; es war die Frau des frommen Conrad von Baumgarten (die »Guten« in diesen Geschichten sind zumindest immer »fromm«). *In böß begirden entzündt* ob dieser ebenso reizvollen wie unverhofften Begegnung, erkundigte sich der Reiter bei der Schönen nach ihrem Ehemann. Dieser kam die Frage zwar gleich verdächtig vor, doch in Verkennung der wahren Absichten des Verführers glaubte sie, die Gefahr gelte ihrem Mann. Sie behauptete, Conrad sei für einige Tage abwesend, während er in Wirklichkeit nur ins Holz gegangen war und zu Mittag wiederkommen sollte. Der Beamte betrat das Haus des Ehepaars, ohne dass die Frau es ihm zu wehren wagte, und verlangte von ihr, dass sie ihm ein Bad bereite, denn *er were vom wandlen schweißig und müd worden.* Als das Bad gerichtet war, wurde er zudringlich und forderte sie auf, sich zu ihm in den Bottich zu setzen ... Die Frau, die um die Macht des ungebetenen Gastes wusste, bekam es mit der Angst zu tun. Es gelang ihr, den Mann mit freundlichen Reden hinzuhalten. Unter dem Vorwand, dass ihr die Scham verbiete, in Anwesenheit anderer Leute das Bad mit dem Gast zu teilen, ließ sie die Waffenknechte des Herrn wegschicken. Schließlich gab sie vor, sie wolle sich erst in der Kammer ausziehen und dann in den Bottich steigen – in Wirklichkeit stürzte sie zur Hintertür, um zu fliehen. In diesem Moment kam der Mann nach Hause; *mit weinen und stillen worten* erklärte sie ihm, *was der wütrich mit ira wellen handeln und wie er im bad säß*. Der Mann, die Axt noch in der Hand, sprach ein paar fromme Worte und *ging hiemit schnell ins hus und schlug dem amptman im bad die ax an kopf das er des ersten streichs starb*. Wohl wissend, was ihn im Lande erwartete, floh er unverzüglich über die Berge nach Uri. Was mit seiner Frau geschah, erzählt die Geschichte nicht. Interessantes, für die Ideologie späterer Erzähler wie Tschudi bezeichnendes Detail: Die Brüder des Erschlagenen weigerten sich, den Mord zu rächen, wie es ihnen der österreichische Vogt nahegelegt hatte: Dem Mann war nur recht geschehen, hatte er sich doch den fremden Herren verdingt und darüber hinaus eine Frau entehrt ...

Auch wenn in den anderen Geschichten der sogenannten »chronikalischen Befreiungstradition« niemand zu Tode kommt, geht es in ihnen doch recht gewalttätig zu. Auch sie sollen belegen, wie verhasst die Habsburger und ihre Gefolgsleute bei der Bevölkerung der drei »Waldstätte« – so heißen die drei Urkantone – waren und dass diese sich nur mit List und Gewalt befreien konnten. Diese Bevölkerung schließt alle gesellschaftlichen Schichten ein, vom Hintersassen bis zum Großbauern, und sogar einige Familien jenes eingesessenen Landadels, zu dem auch die Wolfenschießen gehörten.

Arnold von Melchtal gehörte ebenfalls einem eher wohlhabenden Obwaldner Bauerngeschlecht an. So wie Conrad von Baumgarten eine reizende Frau, ein großes Haus mit zwei Eingängen und mehreren, auch für einen Adligen einladenden Räumen sein Eigen nannte (sogar eine Badeeinrichtung war da, gewiss ein Luxus für einen Landwirt), so waren Arnold und sein Vater stolze Besitzer eines Ochsenpaars, das sie vor den Pflug spannten. Auf diese Ochsen hatte es der in Sarnen residierende

Vogt von Landenberg abgesehen. Doch als er sie beschlagnahmen lassen wollte, verteidigten Vater und Sohn ihren kostbaren Besitz. Der Alte musste mit Blendung dafür büßen, während der Sohn, der einem Angreifer einen Finger gebrochen hatte, ebenfalls ins Land Uri floh, das sich allmählich zum Asyl für alle misshandelten oder von Strafe bedrohten Nachbarn entwickelte.

Zum selben Exil entschloss sich – nach Tschudi im Jahre 1307 – Werner Stauffacher. Er kam aus dem Lande Schwyz. An der Hauptstraße des Landes, bei der Brücke von Steinen, am tiefsten Punkt zwischen den beiden Mythen im Osten und den Ausläufern der Rigi im Westen, hatte er sich ein stattliches Steinhaus erbaut, ein Zeichen offensichtlichen Wohlstandes und örtlichen Prestiges. Die Erzählung weiß auch, dass Stauffacher viele Bedienstete hatte und bei seinen Landsleuten in hohem Ansehen stand, also ein reicher Bauer war. Doch der böse Vogt Gessler – abermals er – ritt eines Tages dort vorbei und hielt vor dem wohl ungewöhnlich prächtigen Gebäude an. Der Besitzer entbot ihm ein freundliches Willkomm (unsere Erzählungen betonen stets, wie umgänglich, zumindest höflich, unsere Leute den verhassten Vertretern der fremden Macht begegneten). Obwohl er es natürlich wusste, erkundigte sich Gessler, wem das Haus gehöre. Stauffacher erkannte gleich, dass die Frage nichts Gutes bedeutete, und in politischen und rechtlichen Dingen bewandert, wollte er herausstellen, dass weder er noch seine Landsleute die österreichischen Herren anzuerkennen gedächten, sondern nur dem römischen König gehorchten und an den alten Freiheiten festhalten wollten. Er antwortete also:

Herr, dz hus ist mins herren des künigs, und üwer und min lehen. (Herr, es ist meines Herrn des Königs Haus, und Euer und mein Lehen).

Der Landvogt entgegnete: *Ich bin an mins hern künigs statt herr im land. Ich wil nit, das ir puren hüser buwind on min willen und frij lebind als ob ir selbs herren sigind. Ich wird üchs unterstan zu weren.* (Ich bin an meines Königs statt Herr im Land. Ich will nicht, dass ihr Bauern Häuser baut ohne meine Billigung und frei lebt, als ob ihr selbst Herren wärt. Ich werde es euch zu wehren wissen.) Halten wir uns nicht beim Pathos dieses offensichtlich erfundenen Dialogs auf. Für uns von Belang sind der Anspruch des Vogtes, die Bevölkerung untertan zu machen, und vor allem seine heftige Reaktion auf die Zurschaustellung von Einfluss und Reichtum: das allzu schöne Haus verhöhnt seinen Machtanspruch. Bemerkenswert ist auch die Furcht, die er und seinesgleichen einflößen. Denn nach dem Wortwechsel mit dem Vogt ergreift Stauffacher auf den klugen Rat seiner Frau hin die Flucht und begibt sich wie seine beiden Leidensgenossen nach Uri. Gewalt herrscht hier allenfalls in Worten. Hingegen offenbart diesmal der Konflikt die politische Zielsetzung der beiden Parteien Österreich und Waldstätte. Die Worte, die Stauffachers Frau – man beachte dies – in den Mund gelegt werden, als sie ihm zum Exil rät, sind sehr klar: In Uri werde er auf andere Unzufriedene stoßen, und sie würden sich zusammentun können. In Tschudis Szenario entwickelt diese Frau inhaltlich bereits das Programm dessen, was die drei Eidgenossen auf dem Rütli beschwören werden.

Der Rütlischwur

Der Wortwechsel zwischen dem Vogt Gessler und dem einflussreichen Bauern Werner Stauffacher führt uns von individuell erlittener Unterdrückung zum allgemein gespannten Klima, das schließlich zur »Erhebung« der Waldstätte führen wird. Wir haben uns dabei übrigens nicht an die von Tschudi gegebene Chronologie gehalten. Sie ist wertlos. Auch wenn sie kein reines Phantasiegespinst ist, so resultiert sie doch lediglich aus Tschudis Versuch, einen aus ganz verschiedenen Quellen stammenden Fundus von überlieferten Episoden und Geschehnissen in eine durchgängige, zusammenhängende Erzählung einzugießen und diese auf ein bestimmtes historisches Ereignis hin zu fokussieren; mit diesem Ereignis – oder mit der Zeit davor – verknüpft nämlich das Geschichtsbewusstsein des 16. Jahrhunderts die »Befreiung« der Waldstätte, die Wiederherstellung der althergebrachten Unabhängigkeit und gleichzeitig auch die Geburt der Schweizerischen Eidgenossenschaft. Gemeint ist die am 1. Mai 1308 geschehene Ermordung des römischen Königs Albrechts I. von Habsburg, der immer als Erbfeind der Eidgenossen im kollektiven Gedächtnis geblieben ist. Tschudi bedient sich geschickt aller Hinweise, sowohl in alten Chroniken und als auch in den Archiven, um jedes Ereignis so exakt wie möglich zu datieren. Seine löbliche Absicht und seine Einbildungskraft haben ihn über das Ziel hinausschießen lassen. Es wird jedoch des ganzen Arsenals der kritischen Geschichtswissenschaft des 19. und 20. Jahrhunderts bedürfen, um seine Chronologie ganz zum Einsturz zu bringen; auf eine neue zeitliche Einordnung der Ereignisse wird man sich dabei nicht mehr einigen können.

Uri bot sich, wie wir gesehen haben, für die Verfemten der umliegenden Talschaften als idealer Zufluchtsort an. Sogar der Urner Wilhelm Tell – die Überlieferung bezeichnet als seinen Wohnort Bürglen, eine knappe Meile vom Hauptort Altdorf entfernt – hat es nach seinem Attentat eilig, nach Hause zu kommen. Der Schutz der hohen Berge und der für die Statthalter der fremden Macht wohl unzugänglichen Seitentäler mögen diesen Vorzug erklären. Doch der Hauptgrund war die (historisch erwiesene) Tatsache, dass im Lande Uri die Feudalherrschaft weit weniger Fuß fassen konnte als in den Ländern Schwyz und Unterwalden, die, weil sie geographisch näher lagen, dem Expansionsstreben des voralpinen Hochadels stärker ausgesetzt waren. Uri erfreute sich also zumindest größerer Selbständigkeit als seine Nachbarn, und seine Bewohner genossen fast völlige Straffreiheit.

Dieser faktische Sonderstatus mag es gewesen sein, was die Habsburger und ihre örtlichen Sachwalter zu energischem

Durchgreifen veranlasste. Sie hatten allen Grund, ungehalten zu sein und sich verhöhnt zu fühlen von einer vielleicht noch passiven, doch feindseligen Bevölkerung. Sie waren daran gehindert, ihre tatsächlichen oder vermeintlichen Rechte im Tal in ganzem Umfang wahrzunehmen. Es durchkreuzte auch ihren Plan eines weiträumigen, geschlossenen Herrschaftsgebiets, das sie mit so viel Zähigkeit zwischen Rhein und Alpenhauptkamm aufzubauen versuchten und in das sie diese reiche, durch die Gotthardroute zu strategischer Bedeutung gelangte Region einzugliedern gedachten. In diesem Punkt besteht kein Anlass zu bezweifeln, was die Überlieferung den Habsburgern als Absicht unterstellt; wir werden im Verlauf dieses Buches die Motive der habsburgischen Bestrebungen noch kennenlernen.

Ob authentisch oder nicht, die Geschichte mit dem Hut auf der Stange, den die Leute auf dem Platz von Altdorf zu grüßen hatten, passt jedenfalls sehr gut zur Einschüchterungspolitik, mit der die habsburgischen Dienstleute die Machtübernahme in der ganzen Gegend vorbereiteten. Der Hut, den Wilhelm Tell so selbstbewusst ignorierte, kann eine spätere Ausschmückung der Geschichte sein, die österreichischen Schikanen können auch andere Formen gehabt haben. Das gilt auch für die anderen geschilderten Episoden, insbesondere Gesslers unmissverständliche Warnung an die Adresse Stauffachers. Der Hut dieses Gessler war zwar nur ein Symbol, doch er konnte als Demütigung und als Signal zugleich verstanden werden. So schwer von Begriff waren diese Bauern nicht, als dass sie nicht mehrheitlich den Sinn solcher Signale verstanden hätten.

Als noch provozierender mag die Absicht des Vogtes empfunden worden sein, in Uri eine Burg zu bauen – wieder ein Symbol, aber auch ein Mittel, Druck und autoritäre Herrschaft auszuüben. Tschudi schreibt die Initiative zum Bau dieser »Zwing-Uri« wiederum Gessler zu (dem offenbar in Schwyz und Uri, seinem Zuständigkeitsgebiet, sämtliche Übel angelastet werden sollen) und setzt willkürlich den Bau im Jahre 1307 an, und zwar in der Nähe von Altdorf. Es gibt tatsächlich noch eine

Ruine Zwing-Uri, allerdings auf einem Felskopf am Reußufer bei Amsteg. Der Unmut der Bevölkerung angesichts dieser entstehenden Trutzburg soll den Vogt zur Lektion mit dem Hut auf der Stange bewogen haben ... Die Burg sollte wohl nicht zur Residenz des Vogtes werden, denn dieser hatte ja, wie wir gesehen haben, seinen Wohnsitz in Küssnacht, das schon zum aargauischen Vorland gehörte, sich also nicht mehr innerhalb der (nur ungenau definierten) Grenzen seiner Vogtei befand. Vielleicht sollte die Feste eine bessere Überwachung des Gotthardverkehrs erlauben, wahrscheinlicher aber einer Garnison als sicheres Quartier dienen.

Das Personal der Habsburger verfügte übrigens bereits über einige Burgen ähnlichen Typs: Sarnen und Rotzberg in Unterwalden, außerdem Schwanau auf einer kleinen, nur einige Ruderschläge vom Ufer entfernten Insel des Lauerzer Sees, der sich am Osthang der Rigi zwischen Schwyz und Küssnacht hinzieht. Auch hier konnte man kleine Truppenkontingente stationieren und den zivilen und gegebenenfalls militärischen Verkehr überwachen. Diese Burgen waren äußerst unbeliebt bei der Bevölkerung, und so ist verständlich, dass die nun hinzukommende Zwing-Uri den Unmut offen ausbrechen ließ. Die Überlieferung in der von Tschudi und einigen früheren Chronisten dargebotenen Form stellt den »Burgenbruch«, die Erstürmung und Schleifung dieser Burgen, ins Zentrum der revolutionären Ereignisse: Er soll den Funken gezündet haben (der Vergleich zur Erstürmung der Bastille in der Französischen Revolution drängt sich auf; deren Wortführer haben sich denn auch immer wieder auf das ferne helvetische Vorbild berufen).

Folgen wir jetzt wieder Tschudi. Nach seiner Rekonstruktion kam nämlich der auf Anraten seiner Frau geflohene Werner Stauffacher zu einem Zeitpunkt nach Uri, als hier gerade der Volkszorn wegen des Baus der Zwing-Uri kochte. Er begab sich sogleich zu einem *namhaften wijsen eerenmann von Uri, Walther Fürst genannt.* Ihm schilderte er seine Lage und unterbreitete ihm, was seine kluge Frau ihm ans Herz gelegt hatte:

Ob man nicht *sich umbsechen welt, mit helfern und puntzgsellen disem tirannischen gwalt sich ze widersetzen.* Walther Fürst macht den Mann aus Schwyz mit Arnold von Melchtal, dem Flüchtling aus Unterwalden, bekannt.

Damit waren, wenngleich von Privatpersonen vertreten, die drei bedrohten »Waldstätten« beisammen (Conrad Baumgarten, der den Entehrer seiner Frau erschlagen hatte, war nicht mit von der Partie). Die drei Männer taten den Schwur, sich gegenseitig beizustehen und die fremden Herren gemeinsam aus ihren Tälern zu verjagen. In diesem Beistandsversprechen sah die Nachwelt lange Zeit den berühmten »Schwur der drei Eidgenossen«, aus dem die Eidgenossenschaft hervorgegangen sei. Das denkwürdige Ereignis musste allerdings um sechzehn Jahre auf den 1. August 1291 zurückdatiert werden, als man im Jahre 1758 das Original des Bundesbriefes wiederfand, das Tschudis Forscherdrang leider entgangen war.

Die drei Eidgenossen waren indes der Meinung, dass sie alleine nichts ausrichten könnten. Sie vereinbarten deshalb, *das iro jeder solt in sinem land und ort an vertruwte lüt werben umb hilf und versuchen an sich ze ziechen und in dise verpüntnus zu bringen so vil als müglich die sich ouch mit eiden zu inen verbundind.* Ein Schwurbund also, der zunächst ein Geheimbund, eine »Verschwörung« war, die dann zur »Eidgenossenschaft« wurde. Alle »Eidgenossen« verpflichteten sich auf ein regelrechtes politisches Aktionsprogramm, das, so wie Tschudi es darstellt, a posteriori die ganze Ideologie der so lange hochgehaltenen »Urschweizer Befreiungstradition« begründet. Wir werden aber noch sehen, dass es sich größtenteils mit dem deckt, was die Schweizer zur Zeit Wilhelm Tells und des Bundes von 1291 wirklich taten. Tschudi hat sich zweifellos auch zeitgenössischer Quellen bedient.

Die drei Eidgenossen gelobten, dass sie *helffen weltind, mit gottes hilff wider zu ir alten frijheit ze tretten und die landtvögt und tirannisch herrschafft die inen so vil unbillichs mutwilligs gwalts und unerhörten zwangs und trangs zugefügt, uss irn lendern zu vertrijben.* Außerdem, dass sie sich fürderhin gegenseitig durch *Gericht und Recht* vor Gewalt schützen und die althergebrachten Freiheiten ihrer Länder beschirmen wollten, ebenso wie Leib, Leben und Gut. Allerdings solle *hienebend jetlich land und jetlicher mentsch dem heiligen römischen rich sin pflicht* tun, desgleichen den Gotteshäusern, Klöstern und Stiften gegenüber, *ouch den edellüten oder andern herren,* seien sie *inländisch oder uslendisch.* Jeder solle die Zehnten und Zinsen entrichten sowie die nach altem Brauch geschuldeten Dienste leisten, sofern die Empfänger die alten Freiheiten gelten ließen und sich ihnen nicht widersetzten. Hieran könne, merkt Tschudi an, jeder erkennen, *das dise püntnus und eidtgnoschaft ein erlichen ursprung und nit von unruwigen rottierungen entsprungen, dann si nit begert jemant des sinen zu berouben sonder sich selbs bi recht ze schirmen und ire frijheiten ze hanthaben.*

Es ist zu offensichtlich, dass diese Rekonstruktion von der helvetischen Aristokratie des ausgehenden Mittelalters und der Renaissance inspiriert ist: Ihr lag daran, die Ursprünge der Eidgenossenschaft auf ein Geltendmachen althergebrachter Rechte zurückzuführen und nicht auf revolutionäre Gewalt. Die historischen Protagonisten waren, wie wir noch sehen werden, weniger von solchen Skrupeln geplagt. Doch wir wollen zunächst bei der traditionellen, noch quasi offiziellen Lesart der Ereignisse bleiben.

Die drei Eidgenossen kamen überein, sich erneut an einem verabredeten Ort zu treffen, um ihre Aktionen im Einzelnen zu planen und sie genauestens aufeinander abzustimmen. Jeder sollte zwei oder drei »weise Männer«, die auch den Schwur getan, mitbringen. Einstweilen musste natürlich die Sache geheim bleiben, und keiner sollte ohne vorherige Beratung mit den anderen irgendetwas unternehmen, denn jede isolierte oder unzeitige Aktion konnte die gemeinsame Rückeroberung der Freiheiten gefährden. So selbstverständlich sich dieser letzte Punkt auch ausnimmt, er ist als Warnung zu verstehen, die in Tschudis Vorstellung Wilhelm Tell gilt.

Hier nämlich lässt unser Historiker den berühmten Armbrustschützen auftreten. Wir wissen bereits, wie wichtig es für Tschudi war, einen strukturellen Zusammenhang herzustellen zwischen den zwei getrennten Überlieferungen, die sich erst allmählich miteinander verwoben haben: einerseits die Geschichte von unserem Helden und andererseits die Schilderung der Umstände, die zur Gründung der Eidgenossenschaft führten. Bei Tschudi ist das Problem so gelöst, dass Wilhelm Tell zwar dem Schwurbund angehört, sich aber durch die Umstände und sein auffahrendes Temperament dazu hinreißen lässt, den Ereignissen vorzugreifen und entgegen der Absprache im Alleingang zu handeln. Er soll dadurch bei seinen Bundesgenossen großen Unwillen hervorgerufen haben. Schiller wird noch weiter gehen und Tell mit den drei Eidgenossen verwandtschaftlich verbinden, indem er ihn zum Schwiegersohn des Oberhaupts des Schwurbundes, des weisen Urner Walter Fürst, macht. Es gehört zur dichterischen Freiheit, Verwandtschaftsbeziehungen zu erfinden ...

Weniger auf die Überlieferung als auf seine Kenntnis der Archive gestützt, hebt Tschudi sodann einen politischen und gesellschaftlichen Umstand hervor, dessen tatsächliche Bedeutung wir noch später erkennen werden: Erstens teilte der eingesessene Landadel, die Aristokratie der Talschaften, uneingeschränkt die habsburgfeindlichen Gefühle der bäuerlichen Bevölkerung. Zweitens besteht – Tschudi folgert dies wohl aus Ersterem – ein ungetrübtes Einvernehmen zwischen Adligen und Bauern: Die einen leisten pünktlich ihre Dienste und Abgaben, die anderen üben keinerlei Druck auf ihre Hörigen aus. Dieses Bild der gesellschaftlichen Beziehungen erscheint als sehr idyllisch. Es widerspricht anderen Versionen der Tradition, die mehrheitlich behaupten, der eingesessene Adel sei zugleich mit den österreichischen Beamten vertrieben worden. Was wir aus anderen Quellen wissen, berechtigt uns indessen zur Annahme, dass Tschudis Interpretation auf einem soliden Wahrheitsgehalt fußt. Es steht außer Zweifel, dass die Talbewohner, quer durch alle gesellschaftliche Schichten, eine ziemlich geschlossene Front bildeten angesichts der Gefahr, von einer fremden Macht unterworfen zu werden. Ebenso wenig ist zweifelhaft, dass die österreichischen Herren und ihre Statthalter alles unternahmen, um diese Front zu spalten: Einerseits versuchten sie, den kleinen Adel mit verlockenden Angeboten in ihre Dienste zu nehmen und damit auf ihre Seite zu ziehen, andererseits verspotteten sie diesen »Bauernadel«, der mit den einfachen Landbewohnern von Gleich zu Gleich verkehrte und mit ihnen gemeinsame Sache machte. Dieser Kleinadel hielt ja in den Talschaften die wichtigsten politischen Ämter inne, unter anderem das des Landammanns, des Landesvaters sozusagen, der nach altem Brauch von den freien Männern des Kantons auf der Landsgemeinde gewählt wurde. Es liegt auf der Hand, dass die Habsburger sehr viel bessere Aussichten gehabt hätten, die Waldstätte unter ihren Einfluss zu bringen, wenn sie es verstanden hätten, diese lokale Elite für sich zu gewinnen.

War es diese Überlegung, die Tschudi vermuten ließ, die Schwurgenossen hätten dem Kleinadel nicht ganz getraut? Dessen Interessen hätten ja das eine oder andere seiner Mitglieder dazu verleiten können, die geplante Erhebung zu verraten. Unser Chronist behauptet jedenfalls, man habe sich darauf verständigt, die Adligen herauszuhalten. In Wirklichkeit steckt hinter dieser ziemlich willkürlichen Annahme das Bestreben, den Sieg allein den Bauern, dem Volk zuzuschreiben ... Im 16. Jahrhundert, als Tschudi sein Werk schrieb, war nämlich dieser Kleinadel auf dem Land fast überall verschwunden, seine Geschlechter waren erloschen, verarmt – oder vertrieben worden. An seine Stelle war eine damals ganz neue städtische Aristokratie getreten, die ihrer Herkunft und ihrer Ideologie nach dem freien Bauerntum wesentlich näherstand als dem feudalen Milieu, das in Verruf geraten war und als altmodisch galt.

Obwohl also die drei Initiatoren des »Bundes« mit Umsicht ans Werk gingen – vielleicht auch, weil sie es besonders eifrig betrieben und die Idee auf viele offene Ohren stieß –, funktionierte die Flüsterpropaganda in allen drei Ländern schnell, so dass der Schwurbund bald zahlreiche Mitglieder hatte. In Uri und Unterwalden wollten ihm sogar einige Adlige beitreten. Wenn die Sache weiterhin geheim bleiben sollte, durfte man nicht mehr allzu lange abwarten. Das zweite vorgesehene Treffen wurde also am vereinbarten geheimen Ort angesetzt; jeder Anführer sollte drei oder vier weise, aber entschlossene Männer mitbringen. Diese Versammlung sollte die Befugnis haben, den Plan für die Erhebung verbindlich festzulegen.

Versammlungsort war eine schwer zugängliche Wiese über dem Urner See, dem südlichsten Arm des Vierwaldstätter Sees, gegenüber von jener Felsplatte, auf die sich Tell mit waghalsigem Sprung vor dem bösen Vogt in Sicherheit gebracht hatte. Es ist die Rütliwiese, das berühmte Nationalheiligtum der späteren Schweiz. Der Ort hat in der Tat etwas Grandioses: Der Blick geht auf den See hinunter, ringsherum steht Wald, der steil ansteigt bis zum vierhundert Meter oberhalb sich hinziehenden Felsvorsprung von Seelisberg (heute blickt von dort ein pompöses Grandhotel auf die schlichte Wiese herab, im 19. Jahrhundert erbaut, seit längerem ein Yoga-Zentrum beherbergend ...). Jedenfalls war dieses Rütli ein idealer Ort, sowohl durch seine Abgeschiedenheit als auch durch seine zentrale Lage: Die Urner konnten es im Kahn oder zu Fuß erreichen, die Schwyzer hatten nur den See zu überqueren, und für die Unterwaldner war der Weg über das Plateau von Seelisberg auch nicht allzu weit.

Das Treffen soll zur Nachtzeit stattgefunden haben, laut Tschudi im November 1307. Es wurde der Beschluss gefasst, am Neujahrstag 1308 alle von habsburgischen Dienstleuten besetzten Burgen gleichzeitig zu stürmen. List sollte vor Gewalt gehen und den Vögten und ihren Leuten kein Leid angetan werden (wenn also Gessler in der Zwischenzeit durch Tells Geschoss umkam, so verstieß das eindeutig gegen den Plan). Es sollte so ablaufen, dass der von allen drei Kantonen als Souverän anerkannte König möglichst wenig Anlass hatte, sich in seinen Rechten verletzt zu sehen (obwohl König Albrecht I. ein Habsburger war). Wieder werden Recht und alter Brauch bemüht, um den Gewaltstreich der Schweizer zu rechtfertigen.

Der Burgenbruch

Die Erstürmung der Burgen lohnt, erzählt zu werden, mehr ihres Unterhaltungswerts als ihres historischen Wahrheitsgehalts wegen. Die Hinweise in den Quellen und die archäologischen Befunde sind zu dürftig, um die überlieferte und von Generation zu Generation wohl weiter ausgeschmückte Geschichte zu belegen. Die Historiker mochten ihr deshalb kaum Glauben schenken, zumal sich die ganze Sache ziemlich schlecht in den tatsächlichen Verlauf der Ereignisse jener Zeit einfügen lässt. Andererseits ist dieser Ereignisverlauf nicht zuverlässig genug bekannt, um simultane Handstreiche völlig auszuschließen. Die Burgen hat es wirklich gegeben, ihre Spuren sind im Gelände noch erkennbar, und einige von ihnen scheinen irgendwann um 1300 tatsächlich zerstört oder überstürzt aufgegeben worden zu sein. Die Erzählung, die im Folgenden wiedergegeben wird, mag also im Detail reine Phantasie sein, doch in ihrem Grundgehalt kann sie nicht restlos verworfen werden.

Tells Alleingang und der am Vogt von Uri und Schwyz verübte Mord, nach Tschudis rekonstruierter Chronologie nur wenige Tage nach der Versammlung auf dem Rütli geschehen, soll die Schwurgenossen in solche Bedrängnis gebracht haben, dass erneut eine nächtliche Beratung auf dem Rütli nötig wurde. Bis zum Stichtag war es nur noch ein guter Monat, gleichwohl vereinbarte man, dass weder Ablauf noch Zeitpunkt der Aktion geändert werden sollten.

Am Neujahrstag 1308 soll dann der Sturm stattgefunden haben. War Tschudi entgangen, dass im Mittelalter in der Diözese Konstanz, zu der auch die Zentralschweiz gehörte, das Jahr am 25. Dezember begann? Doch acht Tage hin oder her ... Zwing-Uri befand sich noch im Bau und ohne Besatzung, nach problemloser Einnahme wurde die Burg von den Urnern geschleift. Kein Problem auch in Schwyz: Die Burg im Lauerzer See, die als Wasserschloss für die Bauern wohl uneinnehmbar gewesen wäre, war unbesetzt. Was – die Überlieferung als wahr vorausgesetzt – bedeuten würde, dass einerseits die Österreicher völlig ahnungslos waren und andererseits das Volk die Bedrohung durch diese Burgen weit überschätzt hatte: das Symbol mag die Realität verdeckt haben. Die Freude war gewaltig in Schwyz und in Uri, und die Talleute, Groß und Klein, gelobten sich gegenseitig Schutz und Beistand.

In Unterwalden war die Sache nicht ganz so einfach. Dort waren zwei Schlösser zu nehmen, das eine in Sarnen, im Tal »ob dem Wald« (Obwalden), das andere auf dem Rotzberg bei Stans, im Tal »nid dem Wald« (Nidwalden; noch heute sind Obwalden und Nidwalden selbständige Halbkantone des Landes Unterwalden). Beide Schlösser waren wehrhaft und hatten eine Garnison, das Schloss von Sarnen beherbergte zudem den Vogt von Unterwalden. An eine kriegerische Eroberung war nicht zu denken. Man musste zur List greifen.

In Sarnen war es Brauch, dass die Obwaldner am Neujahrstag dem Vogt Geschenke auf das Schloss brachten: ein paar Hühner, einen Kapaun, ein Zicklein, ein Lamm, ein Kalb gar oder ein Schwein, wie es eben ein jeder vermochte. Der Vogt empfing die Gaben innerhalb der Burg. Dieser Brauch, der einer größeren Gruppe den Zugang zum Schloss ermöglichte, war der Grund, weshalb die Schwurgenossen so lange mit dem Angriff warten wollten. In Obwalden gab es an die fünfzig Schwurgenossen. Zwanzig von ihnen mischten sich unbewaffnet unter die Bauern, die ihre Geschenke brachten, die anderen versteckten sich bewaffnet im Gehölz unterhalb des Schlosses. Ahnungslos und erfreut über die vielen Geschenke, ließ der Vogt die Leute herein, während er selbst zur Kirche ging. Als alle im Schloss waren, blies einer der Genossen das Horn zum vereinbarten Signal. Die Bewaffneten stürzten aus dem Unterholz durchs offenstehende Tor und setzten Schlossknechte und Hausgesinde fest. Als der Vogt und seine Diener in der Kirche hörten, was geschehen war, wollten sie zuerst in die Berge fliehen; weil dort aber Schnee lag, flohen sie über Alpnach nach Luzern. Ihnen und den Schlossknechten nachzusetzen fand man nicht nötig, das Ziel war erreicht.

Für die Feste Rotzberg fand man intimere Wege, eine geradezu klassische List: Man nutzte die Liebesbeziehung zwischen einem Schwurgenossen und einer Magd auf dem Schloss. Der Geselle eröffnete seiner Liebsten, *er welte nachts zu ira uff die bulschafft komen*. Damit er die Mauer überwinden und zu ihr kommen könne, solle sie ein Seil an einem Balken, den er ihr zeigte, festbinden und ihm das freie Ende zuwerfen. Nichtsahnend und entzückt vom Gedanken an eine Liebesnacht ging das Mädchen auf den Handel ein. So geschah es denn auch, der junge Mann kam zu seiner »Buhle« und legte sich zu ihr. Doch nach einer Weile ging er, ein natürliches Bedürfnis vorschützend, hinaus, um einen der unter der Mauer wartenden Schwurgenossen am Seil heraufzuziehen. Dann kehrte er in die Kammer zurück, *zur magt und hat sin schertz mit ira*. Währenddessen zog ein Schwurgenosse den anderen über die Mauer. Die vier Bewacher waren schnell überwältigt, und das Gesinde wurde festgesetzt. Damit draußen nicht Alarm geschlagen werden konnte, ließ man niemanden hinaus, bis um die Mittagszeit des nächsten Tages die erfolgreiche Einnahme der Sarner Burg gemeldet wurde.

Beide Schlösser in Unterwalden wurden geschleift. Damit man sich dem Vogt und seinem Gesinde gegenüber nicht noch mehr ins Unrecht setzte, schickte man ihnen treuherzig das zurückgelassene Hab und Gut hinterher.

Am Sonntag darauf entsandte jeder Kanton eine Abordnung zum Bundesschluss, der den Schwur der drei Anführer Walter Fürst, Werner Stauffacher und Arnold von Melchtal besiegeln und für zehn Jahre gelten sollte. Eine andere, von Tschudi nicht berücksichtigte Version der Überlieferung berichtet von Feuern, die von den Bauern auf den Bergen angezündet worden seien, um das Signal zum Sturm zu geben (in unserer Erzählung wäre dies überflüssig gewesen) oder um den Sieg zu melden. Diese Höhenfeuer gehören heute noch zum festen Ritual des schweizerischen Nationalfeiertages, der freilich am 1. August begangen wird, im Gedenken an den Bundesbrief von 1291, den die Tradition nicht gekannt oder falsch eingeschätzt hatte.

> »Von Städten weiß dieses Land nichts,
> es war in dem Gebirg als hinter ewigen Mauern
> ein gewisses freyes Gefühl sichern Friedens.«
> JOHANNES VON MÜLLER, *Der Geschichten Schweizerischer
> Eidgenossenschaft Erster Theil*

2
Im Lande Tells

Die »ewigen Mauern«

Legende oder Wirklichkeit: Die Welt, in der wir uns Wilhelm Tell vorstellen müssen, ist von eigenartiger Physiognomie. Ein ohnehin schon enger Raum wird nochmals zerschnitten von Tälern, Seen, Bergketten. Dieser Lebensraum mit seinen naturgegebenen Zwängen, aber auch mit seinen Vorzügen und Erwerbsquellen für die Bewohner, spielt eine entscheidende Rolle in all den Ereignissen und Konstellationen, die uns noch beschäftigen werden. Verschaffen wir uns also zunächst einen Eindruck vom Ort der Handlung.

Der Lebensraum, den wir uns ansehen wollen und in dem wir uns dieses Buches hindurch aufhalten werden, ist dreidimensional. Das heißt, dass der Vertikalen, der Höhe, mindestens dieselbe Bedeutung zukommt wie der Horizontalen, den in Meilen oder Kilometern gemessenen Strecken. Eine Entfernung drückt sich hier in einem Anstieg aus, oft mit schwerer Last auf dem Rücken, unter praller Sonne oder in knietiefem Schnee, oder in einem Abstieg, der zwar nur die halbe Zeit braucht, dafür aber umso mehr in die Glieder geht. Schlechtwettereinbrüche, angeschwollene Wildbäche, ein langer Winter mit Lawinengefahren schneiden die hochgelegenen Orte von der Umwelt ab, erfordern zumindest lange, weniger gefahrvolle Umwege.

Hohe Gipfel beherrschen Tells Land ringsum. Wie Terrassen aus dem schweizerischen Mittelland ansteigend und das Bergland ankündigend, riegeln der Höhronen (1229 m) und der Rossberg (1560 m) das Land Schwyz gegen Norden ab; im Sattel zwischen diesen beiden Voralpengipfeln werden die Schweizer im Jahre 1315 die Schlacht am Morgarten schlagen, um dem österreichischen Heer den Zutritt zu verwehren. Rigi (1798 m) und Pilatus (2120 m), zwei früheste Ziele des Alpentourismus – auf die Rigi führte die erste Bergbahn Europas –, flankieren die Stadt Luzern, die Pforte zum nördlichen Europa. Tiefer in den Bergen, sich über dem auf 1000 Meter gelegenen Kloster Engelberg erhebend, als wollte er es erschlagen, beherrscht der Titlis mit seinen 3240 Metern Höhe das Land Nidwalden. Nicht weit davon, in nordöstlicher Richtung – der Grat senkt sich nie tiefer als 2300 Meter – überragt der Uri-Rotstock (2928 m) mit seinen Ausläufern die schmale Ebene der Reuß bei Altdorf um fast 2500 Höhenmeter. Auf der anderen Seite, südwärts, bewacht der Große Windgällen die Gotthardroute zwischen der Schöllenenschlucht und der Ebene; doch auch er ist nur ein Vorgipfel des Chriden (3267 m) und des Tödi (3614 m), hinter denen der Rhein seinen Weg durch Graubünden nimmt. Noch weiter im Hinterland, im Süden, treffen wir auf den Alpenhauptkamm, der allerdings im Gotthardmassiv kaum über 3000 Meter ansteigt. Doch er senkt sich auch nicht unter 2100 Meter, selbst am Gotthardpass nicht, so dass er eine lange, mächtige Schutzwehr bildet. Im Westen, beim Furkapass oberhalb des Rhonegletschers, gabelt sich dieser Hauptkamm in zwei Gebirgszüge: Der eine erstreckt sich nordwärts über den Dammastock (3630 m) und das Sustenhorn (3504) bis zum Titlis, der andere verläuft, das obere Aaretal (Berner Oberland) vom oberen Rhonetal (Oberwallis) scheidend, westwärts über eine Reihe von

Gipfeln bis hin zu einem der majestätischsten Alpenmassive überhaupt, der Jungfrau (4158 m).

Das Gebirge rückt also überall den Horizont nah heran und zwingt den Blick nach oben, wenn man ein Stück Himmel sehen will. Es zerfurcht die Landschaft in tiefe, von Gletschern ausgehobelte Rinnen, wobei die Seitentäler vom Haupttal oft noch durch eine Stufe mit tiefer, normalerweise ohne Kunstbauten nicht begehbare Schlucht getrennt sind. Das Gebirge isoliert die Siedlungen und verstreut sie auf die wenigen bewohnbaren Lagen; viele Orte kommen heute noch nicht über die Größe eines Weilers oder kleinen Dorfs hinaus. Es staffelt Gewerbe und Dienstleistungen nach Höhenlagen: Im Talgrund und zu den Verbindungspässen hin gibt es Durchgangsverkehr, ein wenig Landwirtschaft und heute ein paar kleine bis mittlere Industriebetriebe. Da, wo das Tal sich etwas weitet und zur Schwemmebene wird, liegt ein Marktflecken, ein Hauptort. Wo Felsen oder Schluchten es erlauben, klammert sich an die steil emporsteigenden Talflanken der Wald, geschlossen und finster an den schon früh im Schatten liegenden Nordhängen, durchbrochen von Matten mit verstreuten Heustadeln auf den besser besonnten Seiten. Die Seitentäler, auf deren Grund Äcker ein Fleckenmuster bilden, öffnen sich nach oben hin in weitläufige Alpen, die erst beim Geröll, bei den Schneefeldern und Gletschermoränen haltmachen. Vielerorts machen ihnen heute Wintersportanlagen den Platz streitig, sofern sie nicht buchstäblich versunken sind hinter einer Staumauer, von der aus schwarze Druckrohre einen senkrechten Strich ins Tal ziehen, zum Elektrizitätswerk hinunter.

Das Gebirge steckt voller Gefahren und Hindernisse, es gewährt aber auch Nahrung und Schutz. Seit Jahrtausenden hat es den Menschen angezogen und ihn angestachelt, das in ihm liegende natürliche Potential zu nutzen. Der Mensch hat gelernt, mit den Gefahren umzugehen, und er lernt ständig hinzu. Er hat die manchmal verborgenen Schätze gesucht: Gold, das er an einigen Orten aus dem Sand der Bäche wusch, oder andere

Metalle (allerdings ist der Teil der Alpen, der uns hier beschäftigt, verzweifelt arm an ihnen). Er hat mit einigem Erfolg versucht, den größtmöglichen Nutzen aus den pflanzlichen Rohstoffen Holz und Gras zu ziehen. Und schließlich war da das Wild, das Wilhelm Tell und seine Volksgenossen fast ebenso zu einem Volk von Jägern wie zu einem Volk von Hirten werden ließ. All das führte zu engster Vertrautheit des Berglers mit seiner gebirgigen Umwelt, in freilich gnadenlosem Kampf, den der Mensch nie endgültig gewonnen, aber auch nie endgültig verloren hat, bis heute nicht. So wird die Geschichte, die wir zu erzählen haben, ganz die Luft dieser Berge atmen, sie wird von ihnen beherrscht sein, gleichsam von einer höheren Instanz. Die Berge sind ständig der eigentliche Held dieser Geschichte, Wilhelm Tell und seine Gefährten sind genau genommen nur Ausführende, Darsteller, zu menschlichem Leben und menschlichem Fühlen gewordener Ausdruck der Bergwelt. Sie haben sich mit der Bergwelt identifiziert, und die kollektive Erinnerung hat diese Identifizierung bekräftigt.

Ein Stern von fünf Flüssen
Setzen wir unsere Erkundung von Tells Heimat fort. Das Land wird gegliedert von hohen Bergketten und tief eingeschnittenen Tälern. Die Gipfel dieser Bergketten, die wir vorhin aufgezählt haben, waren übrigens fast alle unbezwungen zur Zeit unseres Helden – was, außer vielleicht die Verfolgung einer Gämse, hätte ihn auch so weit hinauftreiben können? Die Täler unten sind nicht nur große Narben der alpinen Morphologie, sie sind vor allem auch Lebensadern.

Das Relief der Zentralalpen weist fünf große Einschnitte auf, die alle vom Gotthardmassiv aus ihren windungsreichen Verlauf nehmen. Nach Norden hin zieht sich das Tal der Reuß, das mit seinen Seitentälern das Land Uri bildet. Es mündet in den Vierwaldstätter See bis nach Luzern. Hier verlässt die Reuß den See wieder, sie durchfließt das schweizerische Mittelland und vereinigt sich nördlich davon mit der Aare und, nur wenig unterhalb, mit dem Rhein. Dieser Flusslauf wird der Hauptschauplatz der Ereignisse sein, mit denen wir uns in diesem Buch befassen. Südwärts (zunächst schräg in südöstlicher Richtung) entwässert der Ticino die Leventina bis zur Talsperre von Bellinzona; er durchfließt dann die kurze Magadino-Ebene und den Lago Maggiore, der sich zur Lombardei hin öffnet. Nach Osten bildet der Vorderrhein jenes Haupttal, über welches zu Tells Zeit das Kloster Disentis herrschte; der andere Rheinarm, der Hinterrhein, entspringt ziemlich weit davon entfernt; er vereinigt sich mit dem Vorderrhein erst in der Ebene, wenig oberhalb der alten Bischofsstadt Chur, der Hauptstadt des Kantons Graubünden. Nach Westen hin schließlich bilden zwei Flussläufe zunächst fast parallele Täler: Die Rhone durchfließt das ganze Wallis, während die Aare sich ihren Weg durch das Berner Oberland, durch Brienzer- und Thunersee sucht, im Mittelland mit einer Schleife die Stadt Bern umschließt und dann dem Südfuß des Jura folgt, bis sie auf den Rhein trifft. Die fünf Flüsse entspringen also ihren Quellgletschern in nächster Nähe zueinander, in einem Gebiet von knapp fünfzehn Kilometern Durchmesser. Alle fünf Flusstäler sind auf etwa 2000 Meter Höhe durch Pässe miteinander verbunden, die zu allen Zeiten häufig begangen wurden, so dass ihre Geschichte immer verwoben war. Gleich nördlich des Urserentals (des oberen Reußtals) zwängt sich die Reuß in die Schöllenenschlucht, das schlimmste Verkehrshindernis der Gegend, wie wir sehen werden. Zur Leventina und nach Italien hinunter führt der leicht begehbare Sankt Gotthard. Ins Rheintal gelangt man über den Oberalp. Ins Wallis schließlich führt die Furka, von der, knapp unterhalb des Rhonegletschers, der Grimsel in Richtung Aare und Berner Oberland abzweigt.

Wilhelm Tells Jagdrevier

Bei so enger Nachbarschaft haben die von den Flussläufen gebildeten kleinen Länder zu viele gemeinsame oder konkurrierende Interessen, um einander zu ignorieren. Wir werden noch sehen, dass nicht immer brüderliche Eintracht zwischen diesen kleinen Bergvölkern geherrscht hat: Immer wieder prügelten sich Hirten um die guten Weideplätze, machten sich Säumer gegenseitig Transportmonopole streitig, und so manch anderes mehr ... Jedenfalls spielen alle diese Talschaften ihre Rolle in unserer Geschichte. Gleichwohl können wir uns hauptsächlich Tells eigentlicher Heimat zuwenden: dem nordwärts verlaufenden Reußtal, dem Land Uri, und den sich zum selben Vierwaldstätter See hin öffnenden Ländern Schwyz und Unterwalden. Es ist der erste Kern der Schweiz, im Lande als »Urschweiz« bezeichnet.

Das Gebiet ist schnell durchwandert. In ihren heutigen Grenzen bedecken die drei Kantone eine Fläche von insgesamt 2751 Quadratkilometern (Uri 1076 km^2, Schwyz 908 km^2, Unterwalden 767 km^2), das ist nicht einmal ein Fünfzehntel der heutigen Schweiz (oder weniger als ein Fünfundzwanzigstel des Landes Bayern). Dieser enge Raum wird obendrein zu einem großen Teil von Schluchten, Felsen, ewigem Schnee und Eis (707 km^2) sowie einem See bedeckt (134 km^2). Fast ein Viertel der Fläche machen Wälder aus, ein weiteres Viertel sind Alpweiden. Zwar sind das die heutigen Zahlenverhältnisse, doch dürfte sich von damals auf heute nicht viel geändert haben: Der Wald an weniger steilen Hängen und die Ackerbauflächen an den sonnenexponierten Plätzen mögen zugunsten der Viehweiden etwas zurückgedrängt worden sein, doch der Rhythmus der Landschaft hat sich dadurch wenig verändert, jedenfalls bedeutend weniger als durch den Ansturm der modernen Zivilisation mit ihren Stauseen, Neubaugebieten, Eisenbahnen, Autobahnen, Hotelbauten, Skiliften und Skipisten. Andererseits ist das Verhältnis von landwirtschaftlich nutzbarer zu nicht nutzbarer Fläche nicht gleich in allen drei Kantonen, es gibt sogar gravierende Unterschiede: Ins Voralpengebiet übergehend, weniger hoch gelegen und weniger gebirgig, sind Unterwalden und Schwyz besser mit nutzbaren Böden versorgt als Uri, das in die

Hochalpen hineinreicht und dessen vegetationslose Flächen – fast 600 Quadratkilometer – mehr Raum einnehmen als Äcker, Weiden, Wälder und Siedlungsgebiete zusammengenommen.

Ein See für vier Kantone

Zwischen Bergwänden eingekeilt, ein See – *der* See. In überraschenden Windungen holt er gleichsam die drei Urkantone zusammen, bis er an eine einstige Endmoräne stößt, durch die sich die Reuß ins Mittelland ergießt: Hier, an einmaliger Lage, wurde kurz vor 1200 die Stadt Luzern gegründet, die 1332 zum Bund der Eidgenossen stieß und damit zur vierten »Waldstätte« wurde. Da eine ältere Bezeichnung fehlt, wird unser See für Kartographen und Touristen immer der Vierwaldstätter See bleiben. Im täglichen Leben, in der politischen Geschichte, aber auch im Denken und Fühlen der anliegenden Bewohner nimmt er einen beherrschenden Platz ein. Bäche, Straßen, Menschen, alles strebt auf ihn zu. Auf ihm reisen die Waren: Gewürze aus dem Orient, Salz aus dem Mittelmeer, Tuch aus Flandern, Käse aus der Almwirtschaft und Holz aus den umliegenden Wäldern. Auf ihm werden Gedanken ausgetauscht und schicksalsträchtige Pläne geschmiedet. Von einem Ufer zum anderen werden Signale gesendet. In der Geschichte von Wilhelm Tell ist der See nicht nur Kulisse, er greift selbst in die Handlung ein. Wie die Berge ist auch er Handelnder in der Geschichte der Länder, die er verbindet. Er hat seine Launen und Tücken, wie der Vogt Gessler drastisch am eigenen Leibe erfahren muss: Wenn der warme, schwere Fallwind aus dem Süden, der Föhn, von den Bergen herunterstürzt und in Böen über das Wasser fegt, müssen auch erfahrene Ruderer ihr ganzes Können aufbieten, um die kurzen, aber hohen Wellen zwischen den Felsufern zu meistern.

Obwohl er nicht höher liegt als das schweizerische Mittelland, nämlich auf 434 Meter über dem Meer, ist der Vierwaldstätter See ein richtiger Bergsee. Er ist zwar etwa fünfunddreißig Kilometer lang, meist aber nur drei bis vier Kilometer breit, an einigen Stellen sogar nur wenige hundert Meter. Er beginnt in der Verlängerung der kurzen Schwemmebene der Reuß und bildet nach Norden hin zuerst einen engen Fjord, an den beidseitig die Berge so eng heranrücken, dass die Ufer selbst zu Fuß nicht durchgehend begehbar sind. Jeglicher Verkehr musste also den Wasserweg nehmen, bevor Anfang des 19. Jahrhunderts die Axenstraße mit vielen Tunneln das Ostufer befahrbar machte. Unterhalb dieser Straße befindet sich jene Felsplatte, die Tell zur Rettung wurde und seinen Namen erhielt. Der Hafen von Flüelen am oberen Ende des Sees, unweit von Altdorf, war also von erstrangiger Bedeutung. Dieser südlichste Teil des Sees heißt Urner See.

Im Norden verengt sich der Urner See zwischen der Anhöhe von Seelisberg im Westen und dem Steilufer des Wolfsprungs unterhalb der Terrasse von Morschach im Osten. Danach öffnet sich sein Ufer auf den Ort Brunnen und die von der Muota gebildete Schwemmebene von Schwyz. Gleich nach Brunnen zwingt ihn ein Ausläufer der Rigi zu einem scharfen Knick nach Südwesten; nach einigen Kilometern weitet er sich in ein westwärts gerichtetes, auf die breite Bucht von Buochs (Nidwalden) zulaufendes Becken. Dort muss er sich von neuem seinen Weg suchen zwischen einem anderen Ausläufer der Rigi und dem am Westufer weit hereinragenden Bürgenstock. Nach diesem knapp fünfhundert Meter breiten Durchlass wird der Vierwaldstätter See in seinem dritten Teil zum großen, vierarmigen Kreuz; an dessen Enden liegen Vitznau im Osten, Küssnacht (Gesslers Residenz) im Norden, Stansstaad mit dem anhängenden Alpnacher See im Süden und schließlich Luzern im Westen.

Das Land des Stiers
Uri, am oberen Ende des Sees gelegen, ist identisch mit dem Oberlauf der Reuß. Ein, wie schon gesagt, kaum in die Breite, dafür aber umso mehr in die Höhe gehendes Becken, das Glet-

scher und Wildbäche wild zerklüftet haben. In diesem Land mit den gewaltigen Höhenunterschieden – von 400 auf 3600 Meter – sind die Berghänge besonders steil und die Schluchten besonders zahlreich. Die klimatischen Unterschiede sind extrem, selbst zwischen den bewohnten Zonen, und auf kürzeste Entfernung wandelt sich das Landschaftsbild in atemberaubender Weise. Diese schroffen Wechsel, zu denen die Abgeschiedenheit der Seitentäler hinzukommt, haben die Mentalität der Bewohner nachhaltig geprägt. Die wenigen Wegstunden, die ein Hirte zu Tells Zeit (heute ist es nicht viel anders) von seinem Bergdorf nach Altdorf hinunterzugehen hatte, ließen ihm die Unterschiede in der Natur und der Gesellschaft deutlich bewusst werden.

Ganz unten, auf ganzer Breite in den See mündend, liegt die kleine Ebene, wo die Reuß ihre Fracht im ehemaligen Gletscherbett abgelagert hat. Diese Ebene ist nur zwei Kilometer breit und fünf Kilometer tief. Fast ständig weht hier ein Wind: aus dem Norden die kalte »Bise«, aus dem Süden der Föhn, der den Himmel frei fegt, die Luft warm und trocken, aber die Menschen nervös macht und Migräne auslöst. Die großen Föhnstürme waren immer gefürchtet; früher lösten sie oft Brände aus und heute noch verursachen sie große Waldschäden. Diese Ebene ist aber der einzige halbwegs fruchtbare Fleck des Kantons; auf ihm konzentriert sich der Ackerbau; im Mittelalter gab es hier sogar ein wenig Wein, doch nach 1482 werden die Weinberge um Altdorf und Bürglen nicht mehr erwähnt. Hier spielt sich zur Hauptsache das Gemeinschaftsleben ab: Altdorf, der einzige größere Ort im Land, ist seit dem 13. Jahrhundert auch Hauptort mit Marktrecht. In Altdorf und den umliegenden Dörfern wohnen die einflussreichen Familien und die wenigen Landadelsgeschlechter, die wir noch kennenlernen werden. Hier wohnt zu Tells Zeiten auch der Großteil der Bevölkerung: in Altdorf selbst, dann in Bürglen, dem angeblichen Heimatort unseres Helden, leicht erhöht am Zugang zum Schächental gelegen, von dem aus der Klausenpass Uri mit Glarus verbindet, ferner in Attinghausen und in Seedorf, am Westrand der Ebene, und natürlich in Flüelen mit seiner Bevölkerung von Schiffern, Säumern, Schauerleuten und Zollbediensteten.

Oberhalb von Attinghausen wird die Ebene noch schmaler. Auf den wenigen hundert Metern Breite wechselte zu Tells Zeit die Reuß immer wieder ihr Bett; nur an den Sonnenhängen am Rande blieb Platz für ein paar Äcker, Wiesen oder ein wenig Wein. Doch nun werden die beiden Talflanken schnell steiler, der Talgrund wird immer schattiger. Und wenn der Gotthard-Reisende das kaum höher als der See liegende Erstfeld passiert hat, ist die Ebene auch schon zu Ende. Silenen, das nächste Dorf, schmiegt sich bereits an die Talwände an, und Amsteg (»am Steg«, »am Anstieg«) liegt in einem regelrechten Loch, das rings von Bergen umschlossen ist. Jetzt geht es steil am Wildwasser entlang bis nach Wassen und nach Göschenen, dem letzten Dorf, wo heute Schienenstrang und Autobahn auf 1100 Meter Höhe in Tunneln verschwinden.

Nach Göschenen meint man, am Ende des Tals und gleichzeitig am Ende der Welt angelangt zu sein. Abgesehen von einem einladenden Seitental im Westen, das aber nirgendwohin führt, steht der Reisende vor einer einzigen Mauer aus Felsen, Firnen und, hoch oben am Himmel, feingezackten Gipfeln. Hier endete damals auch wirklich das Land Uri. Hier kommt die Reuß aus einer windungsreichen Schlucht mit fast senkrecht aufragenden, mehrere hundert Meter hohen Wänden, die ohne Kunstbauten vollkommen unpassierbar war. Wir werden noch sehen, dass Anfang des 13. Jahrhunderts ein künstlicher Weg angelegt wurde, um diese Schöllenenschlucht für den Verkehr in die südlichen Länder zu öffnen, was den Gotthardpass zu einer der Hauptverkehrsadern Europas machte. Das Ereignis hatte unabsehbare Auswirkungen und beeinflusste unmittelbar die Konstellationen und Ereignisse, die Gegenstand dieses Buches sind.

Begeben wir uns in die Schöllenenschlucht hinein. Die herrliche Bogenbrücke, die etwas oberhalb von Göschenen die

Reuß überspannte, zeugte bis vor kurzem von der Baukunst früherer Zeiten; leider hielt sie dem katastrophalen Hochwasser vom August 1987 nicht stand ... Folgen wir dennoch dem Saumpfad, der in die Schlucht hineinführt; von den einstigen Brücken und Stegen bleiben nur Reste. Wir nehmen deshalb doch lieber die Fahrstraße mit ihren engen Kehren (Glatteisgefahr!) oder die Schmalspur-Zahnradbahn (die allerdings fast ständig in Tunneln fährt und den hochdramatischen Anblick nur selten erhaschen lässt). Die drei Verkehrswege treffen sich oben an der engsten Stelle, dort, wo die Stellung der Felsen eine Überquerung der tosenden Reuß erzwang: Die Teufelsbrücke aus dem 13. Jahrhundert, die dort wahrscheinlich knapp über dem Wasser den Sprung wagte, ist einer Brücke aus dem 17. Jahrhundert gewichen, die zwar noch besteht, aber von den modernen Brücken für Straße und Eisenbahn überspannt wird.

Ein Vorzimmer zum Paradies

Kaum hatte der Reisende früherer Zeiten die Teufelsbrücke überquert, wichen die bedrückenden Felswände auseinander und gaben den Blick frei auf eine neue, angenehm offene Landschaft: das Urserental. Es ist eine ostwestlich verlaufende Gletschermulde. Die gleichmäßigen Ränder sind nicht allzu hoch; die Höhenluft taucht die riesigen Alpweiden in ein glasklares Licht. Das Gefühl der Erleichterung – von vielen Reisenden beschrieben – und der Eindruck, sich dem Paradies zu nähern, werden noch verstärkt durch das fast völlige Fehlen des dunklen Fichtenwalds. Abgeholzt wurde das Urserental allerdings erst ab dem 14. Jahrhundert im Zuge einer intensiveren Bewirtschaftung.

Es ist eine Welt für sich, dieses vollkommen abgeschiedene, in 1500 Meter Höhe gelegene Urseren, in dem sich die Reuß noch als friedlicher Bach gebärdet, bevor sie beim »Urnerloch« in der Schöllenenschlucht verschwindet, die den Weg ins untere Tal versperrt. An den beiden Schmalseiten und an der südlichen Breitseite hingegen haben die Gletscher Sättel gehoben, die den bequemen Übergang in die Nachbartäler gestatten: Im Westen ist dies die Furka, im Osten der Oberalp und im Süden der Gotthard. Die weiten, saftigen Weiden des Urserentals gehörten denn auch zu den Gütern des Klosters Disentis im Rheintal, schon seit dessen Gründung im 8. Jahrhundert. Zunächst nur gelegentlich im Sommer von Hirten aus der Leventina mit ihren Herden aufgesucht, wurde das Tal nach und nach von allen Seiten her besiedelt. Die Einwanderer ließen sich um die Pfarrkirche von Altchilch am Fuß des Oberalpwegs nieder, in der Nähe des Urnerlochs und etwas unterhalb des später entstandenen Dorfs Andermatt, oder in Hospental, am Anstieg zum Gotthard, wo eine Herberge die Reisenden erwartete und ein Festungsturm über den Verkehr wachte. Der im 13. Jahrhundert aufkommende Passverkehr über den Gotthard brachte den Bewohnern zusätzliche Einnahmequellen; doch gleichzeitig verlieh er dem Tal eine strategische Bedeutung, auf die die Habsburger schon bald aufmerksam wurden. In der Zwickmühle zwischen ihrer Abhängigkeit vom Abt von Disentis und der von den kaiserlichen Vögten geforderten Botmäßigkeit, fühlten sich die Hirten des Urserentals mehr und mehr zu ihren Urner Nachbarn hingezogen. So verband sich das Schicksal des Urseren mit dem Schicksal Uris, lange bevor sich das Tal im Jahre 1410 formell mit dem unteren Reußtal vereinigte und 1649 von der Herrschaft der Disentiser Äbte loskaufte.

Leben und Werden sind im ganzen Land Uri eng mit dem Flusslauf verbunden. Von ganz oben im Urserental bis ganz unten am Seeufer halten Dörfer und Pfarreien respektvollen Abstand zu seinem unberechenbaren Lauf. Die Seitentäler, die fast alle mit einer hohen Stufe beginnen, vom Reußtal also durch Schluchten getrennt sind, waren früher wohl nicht ständig bewohnt. Von Juni bis September trieb man die Herden hinein und ließ sie das hohe, nahrhafte Gras weiden, das die Bauern im Sommer auch als Heu ernteten und zu den Winterstallungen hinunterschafften. Die Dörfer liegen deshalb stets am Eingang dieser Seitentäler.

Am Fuß der Mythen

Das Land Schwyz hat keine so ausgeprägte Achse wie Uri. Es ist weniger einheitlich in seiner Struktur. In der Zeit, die uns beschäftigt, hat es übrigens bei weitem nicht die Ausdehnung des heutigen Kantons Schwyz.

Zur Zeit Werner Stauffachers bestand das Schwyzer Stammland aus drei Bezirken. Den mittleren bildete die kleine Schwemmebene der Muota, einer der großen östlichen Zuflüsse des Vierwaldstätter Sees. Im Mündungsbereich des Flusses verengt sich die Ebene und lässt gerade Platz für den kleinen Hafen Brunnen, über den aller Verkehr zwischen Schwyz und seinen Bundesgenossen verläuft. Die Ebene bildet annähernd ein Quadrat von vier bis fünf Kilometern Seitenlänge. Im Nordwesten stößt sie an die bewaldeten Hänge des Rigimassivs, nach Süden hin wird sie von anderen, ebenfalls bewaldeten Vorgebirgen scharf begrenzt. Nur im Nordosten geht die Ebene in gastlichere Terrassen über: Hier, in sicherer Entfernung von der oft über die Ufer tretenden Muota, liegt der Hauptort, der Flecken Schwyz. Hinter ihm aufragend, beherrschen die Felszacken des Großen und Kleinen Mythen mit ihren knapp 2000 Metern Höhe die Landschaft.

Das Muotatal, östlich der Ebene tief in das Gebirge eingeschnitten, bildet den zweiten Bezirk. Es ist der eigentlich gebirgige Teil des Landes Schwyz, der allerdings nicht die Höhe und Wildheit des Reußtals erreicht. Das Tal ist breiter, sanfter und fruchtbarer als Uri. Insgesamt ist es gastlicher. Obwohl es nie von einem Durchgangsverkehr profitierte, hat es schon sehr früh in zwei oder drei Dörfern Hirten und Bauern beherbergt.

Der dritte Bezirk verlängert die Ebene von Schwyz in nördlicher Richtung und macht einen Knick um den östlichen Ausläufer der Rigi herum. Er präsentiert sich wie ein Amphitheater, mit der Rigi als Rückwand. Ganz unten in der Mulde liegt der Lauerzer See mit seinen Sümpfen; gegenüber, im Norden, steigen terrassenförmig die Hänge an; dort liegt am Ausgang eines kleinen Tals das Dorf Steinen.

Vom Lauerzer See aus führte einst ein breiter, bequemer Durchgang zwischen Rigi und Rossberg zur Senke des Zuger Sees mit dem Hafen von Arth. Er war das eigentliche Tor von Schwyz ins Mittelland hinaus, aber auch der ungeschützteste Zugang für fremde Heere. Sehr viel später, am 2. September 1806, begrub ein gewaltiger Bergsturz vom Rossberg herab den Weiler Goldau, den Schlüssel zu diesem Tor; er schüttete den Lauerzer See teilweise zu und versperrte den vormals weit offenen Durchgang. Um 1300 gehörten weder Arth noch Goldau mit ihrer Schlüsselstellung zu Schwyz – doch war dies eine der ersten Gegenden, auf die sich der Schwyzer Expansionsdrang richtete.

Nördlich des Stammlandes von Schwyz breitet sich ein weites, hügeliges Voralpenland mit Sümpfen und bewaldeten Taleinschnitten aus. Es wird von der Sihl entwässert, die parallel zur Reuß in einem eigenartig verwinkelten, von Moränen bestimmten Lauf nordwärts bis nach Zürich fließt, wo sie sich mit der aus dem Zürichsee kommenden Limmat vereinigt. Mitten in diesem tiefen Wald liegt das berühmte Benediktinerkloster Einsiedeln mit seinen Ländereien; deren Weiden und Wiesen werden die Schwyzer den Mönchen immer wieder streitig machen. Die Gegend ist rau und unwirtlich, doch ziemlich fruchtbar und von einer gewissen strategischen Bedeutung für die Verteidigung von Schwyz. Mehrere Wege führen von Schwyz aus nach Zug und in die »March« (Mark, Grenzland) im Zürichseebecken, der wir noch einige Male begegnen werden.

Weithin verschont vom Schwyzer Expansionsdrang wurden die drei oder vier Fischerdörfer, die zwischen den felsigen Hängen der Rigi und dem Vierwaldstätter See kauern; Gersau zum Beispiel lebte lange vollkommen selbständig, unbehelligt von all den Umtrieben bei seinen Nachbarn.

Die Halbbrüder »ob und nid dem Wald«

Vielleicht ist das Land Unterwalden im Grunde ein politisches Kunstgebilde. Das Land war nämlich nie, wie Uri oder Schwyz, eine einzige Talgemeinschaft, zusammengehalten durch gemeinsame Interessen und Institutionen; es bestand im Gegenteil immer aus zwei verschiedenen Talschaften, die auf ihre Eigenständigkeit pochten. Zwar haben die geographischen Verhältnisse und eine ganze Reihe von Umständen sie immer wieder zueinandergeführt: Oft genug war es eben von Vorteil, gemeinsame Sache zu machen gegenüber der Außenwelt, die wiederum dazu neigte, beide Talschaften als Einheit zu betrachten. Bis ins 13. Jahrhundert war der Zusammenhalt relativ eng. Doch der Beitritt zur jungen Eidgenossenschaft, der die beiden Täler vom Druck der Feudalherrschaft befreite, begünstigte auch die auseinanderdriftenden Kräfte und die Autonomiebestrebungen beider, obwohl die beiden anderen Bundesgenossen sie immer als einen einzigen Partner sehen wollten. Das dauert bis heute fort: Der Kanton Unterwalden hat auch in der modernen Schweiz keine eigene institutionelle Existenz, er besteht nach wie vor aus zwei Halbkantonen.

Zwei Gemeinschaften also, eine »ob dem Wald« und eine »nid dem Wald« – Obwalden und Nidwalden. Man darf daraus freilich nicht auf zwei Täler schließen, von denen eines höher, das andere tiefer gelegen wäre. Nidwalden besteht nicht nur aus seinem engen Gebirgstal; ab da, wo sich dieses Tal öffnet, gehört zu seinem Gebiet noch das ganze südliche Ufer des Vierwaldstätter Sees, von der Urner Grenze bei Seelisberg bis fast nach Luzern. Obwalden wird dadurch gleichsam ins Hinterland verwiesen, es besitzt keinen unmittelbaren Zugang zum See.

Wie auch immer die Namen entstanden sein mögen, sie kennzeichnen recht gut die voralpine, feuchte und waldreiche Landschaft von Unterwalden. Das Land, das in alten Urkunden *inter silvas,* »inmitten der Wälder«, heißt, stellte sich früher als weitläufige Waldlandschaft dar, die über Vorsprünge und Steilhänge bis zu den Gebirgskämmen im Süden stetig anstieg.

Obwalden ist also vom Vierwaldstätter See abgeschnitten, doch zu bedauern ist das Land gleichwohl nicht. Es hat selbst seine Seen, im Haupttal terrassenförmig übereinander angeordnet und von der Aa verbunden (der »Sarner Aa«, weil es in Nidwalden auch eine Aa gibt: die »Engelberger Aa«; »Aa« bedeutet einfach »Wasser«). Zuunterst liegt der noch mit Nidwalden geteilte Alpnacher See, der eigentlich zum Vierwaldstätter See gehört, aber von diesem durch eine knapp zweihundert Meter breite Enge getrennt ist. Etwas oberhalb folgt der Sarner See, nach dem an seinem Ausfluss gelegenen Hauptort des Landes benannt. Noch weiter oben liegt der kleine Lungernsee. Schon diese Kette natürlicher Seen deutet an, dass es sich um ein breites, nur mäßig ansteigendes Haupttal handelt, dessen Flanken von der Erosion stark abgeflacht sind. Lediglich das Seitental rechts der Aa, das Melchtal, ist von wilderer, rauerer Eigenart. Insgesamt ist Obwalden von milderem Klima als Uri und weniger unwirtlich als das Hinterland von Schwyz. Der Wald hinderte die Siedler nicht, an sonnigen Plätzen ihre Felder und Weiden anzulegen. Bis ins ausgehende Mittelalter war Obwalden die einzige der drei »Waldstätte« (die Bezeichnung ist alles andere als zufällig), die Getreide auf den nahen Markt von Luzern bringen konnte.

Insgesamt ist es ein ziemlich wohlhabendes Land. Zudem gibt der niedrige Brünigpass am oberen Ende des Haupttals (1000 m) nicht nur den Blick frei auf das imposante Jungfrau-Massiv und die ganze Bergwelt des Berner Oberlandes, er bietet vor allem einen bequemen Weg durch das obere Aaretal nach Bern und in die Westschweiz. Obwalden war also alles andere als weltabgeschieden, es war sogar immer ein Durchgangsland, für Händler ebenso wie für Schmuggler. Es floss hier zwar kein internationaler Handelsverkehr wie in Uri, doch den Bauern waren zwei verschiedene Absatzmärkte geboten – ein nicht zu unterschätzender Vorteil.

Nidwalden war weniger vom Glück begünstigt. Das mag der Grund gewesen sein, weshalb man sich früher oftmals dem anderen Halbkanton gegenüber unterlegen fühlte. Hier rief man denn auch am lautesten nach Unabhängigkeit, weil man nicht in eine faktische Unterordnung unter die bessergestellten Nachbarn geraten wollte, indem unterschiedliche Entwicklungsbedingungen ein Abhängigkeitsverhältnis schufen.

Nidwalden ist auch vom Relief her zerklüfteter, komplizierter. Das Unterland besteht, wie in Uri und in Schwyz, aus einer kurzen, von der Engelberger Aa angeschwemmten Ebene. Ihre beiden Arme – ein engerer erstreckt sich nach Westen, ein breiterer nach Osten – münden in Buchten des Vierwaldstätter Sees. Zwischen ihnen liegt das Felsmassiv des Bürgenstocks, heute ein Tourismusziel ersten Ranges mit seinen Luxushotels auf der fünfhundert Meter über dem See liegenden Terrasse, direkt gegenüber der Rigi. Nidwaldens Hauptort Stans liegt an der Gabelung dieser Ebene, einige Kilometer landeinwärts des am Westufer gelegenen Hafens Stansstad. Die heute fruchtbare – und industrialisierte – Ebene wurde früher fast ganz von der unsteten Aa in Beschlag genommen. Im Zuge der Melioration wurde der Fluss im 19. Jahrhundert in den östlichen Arm und die Buochser Bucht umgeleitet.

Von Stans aus flussaufwärts beginnt das eigentliche Haupttal. Es ist etwa zwanzig Kilometer lang, tief eingeschnitten und vor allem auf der sonnenabgewandten Seite sehr steilwandig und dicht bewaldet. In wenigen bescheidenen Dörfern wie Büren und Wolfenschießen gruppieren sich die Häuser am Wasser und am Weg entlang; die Wiesen liegen meist auf dem Osthang, der am besten zu erreichen und am sonnigsten ist.

Die Viehweiden der Mönche

Doch mitten im Tal hört Nidwalden plötzlich auf, ohne jeden ersichtlichen, vom Relief oder einem Wasserlauf vorgegebenen Grund. Der Reisende betritt hier nämlich die Ländereien des Klosters Engelberg. Wie bei den Klöstern Disentis und Einsiedeln, von denen schon die Rede war, haben sich hier die Benediktiner in der Bergeinsamkeit eine Art kleines Fürstentum aus Wäldern, Wiesen und Alpweiden geschaffen, das ihnen ein bescheidenes Auskommen sichert. Das Kloster selbst liegt in einem ebenen Talkessel auf 1000 Meter über dem Meer, inmitten eines Kranzes aus hohen Bergen, aus denen, 2300 Meter oberhalb der Klostergebäude, der Gipfel des Titlis herausragt. Nach Osten, zu den Quellen der Aa hin, erstrecken sich die Alpen des Surenentals bis zum gleichnamigen Pass hinauf. Dieser Pass führt nach Uri: ein beschwerlicher Weg von vielen Stunden fern jeder menschlichen Ansiedlung, und dennoch sind hier immer wieder Klosterleute und Urner Hirten wegen der Weiderechte aneinandergeraten – lange Prozesse vor kaiserlichen Gerichten im Mittelalter zeugen davon.

Im Nachbarschaftsverhältnis zwischen den Nidwaldern und den Mönchen ging es nicht gemütlicher und höflicher zu. Das obere und das untere Tal waren, wie so oft in den Alpen, zwei Welten, von denen jede ihre Empfindlichkeit und ihren Stolz hatte, bei oft divergierenden Interessen. So geriet man immer wieder aneinander. Die Feindseligkeit war so dauerhaft, dass die Talleute noch 1798, als die Klosterherrschaft aufgelöst wurde, sich nicht damit abfinden konnten, dem Kanton Nidwalden zugeschlagen zu werden, wie es die Natur nahegelegt hätte. So ließen sie sich 1815, anlässlich des neuen Bundes der zweiundzwanzig Kantone, dem Halbkanton Obwalden zuordnen, zu dem sie keine einzige vernünftige Wegverbindung hatten. Es ist bis heute so geblieben.

•

Gemessen an den Ausdehnungen, mit denen man im Flachland rechnet, mögen die Waldstätte winzig sein. Der kurze Gang durch ihre wichtigsten Täler – viele Nebentäler und unzählige Gipfel ihrer Bergwelt haben wir übergangen – mag ahnen lassen, wie kompliziert die Strukturen waren, wie heftig die Gegensätze, wie schwierig das Zusammenleben und das Zusammenkommen, ja, das Leben überhaupt. Die natürlichen

Hindernisse, die Autonomiebestrebungen in den einzelnen Tälern, die Unterschiede in den Lebensbedingungen, im Brauchtum, im Dialekt und in der Mentalität, all das bedrohte ständig die Stabilität, führte zu Zwist und gegenseitiger Entfremdung. Zentrifugale Kräfte gab es also genug. Gleichwohl haben diese kleinen Talvölker über alle trennenden Berge, Seen und Interessen hinweg zusammengefunden und sich verbündet. Das ist nicht einfach eine optische historische Täuschung, hervorgerufen durch das Projizieren einer Überlieferung auf ein wenig bekanntes und mystifiziertes Stück Vergangenheit, nein, es ist die Folge eines handfesten Drucks von außen auf die ganze Gegend. Den Bewohnern wurde er so unerträglich, dass sie ihre Gegensätze hintanstellten und wenn nicht einen Zusammenschluss, so doch einen Schulterschluss anstrebten. Die Überlieferung mag später die Erinnerung daran verfälscht und geschönt haben, doch völlig frei erfunden hat sie ihn nicht.

3
Im Labyrinth einer Überlieferung

Erhitzte Gemüter um eine Sage

Wir kennen nun, wenigstens den Hauptzügen nach, die Geschichte, wie sie uns von einer mehr oder weniger fabulierfreudigen Überlieferung erzählt wird. Und wir kennen den geographischen Raum, der Handlungsgegenstand und -hintergrund zugleich ist.

Diese Geschichte oder vielmehr Geschichten haben wir nun *der* Geschichte gegenüberzustellen, dem also, was wir als einigermaßen gesichert betrachten können. Als Erstes müssen wir die Geschichten mit sich selbst konfrontieren, mit der verhüllten, wahrscheinlich sehr verhüllten Wirklichkeit, deren Widerschein sie enthalten. Wir wollen den Anhaltspunkten nachgehen, die uns zeigen, welchen Weg diese Geschichten gegangen sind und wie sie im Bewusstsein eines Volkes und einer sich herausbildenden Nation allmählich gereift sind. Und wir wollen diese Geschichten nicht mehr nur auf den erzählerischen Ablauf, auf die Folge von erinnerten oder erdachten Ereignissen hin befragen, sondern auf ihren Inhalt, ihre explizite und vor allem implizite Botschaft hin.

Wilhelm Tell, der Schwur der drei Eidgenossen, der Burgensturm, diese ganze Erzählung mag nun – was unwahrscheinlich ist – ein reiner Tatsachenbericht sein oder eine Legende voller Ausschmückungen und Anleihen aus anderen Sagen, jedenfalls ist sie ein Labyrinth, in dem sich die Zeit verirrt hat. Ein Labyrinth, das durchaus den Vergleich mit jenen Irrgängen aushält, in welche Umberto Eco die sich in ihren Disputen verstrickenden Mönche des 12. Jahrhunderts hineinzieht und mit ihnen den gebannten Leser des 20. Jahrhunderts. Ist es ein Zufall, dass beide Male die Alpen den Schauplatz abgeben?

Wir müssen also versuchen, die Botschaft zu entziffern, die das Labyrinth bereithält und gleichzeitig verbirgt. Wir haben demnach das Erzählte so zu interpretieren, dass es innerhalb von größeren historischen Zeiträumen und Zusammenhängen einen Sinn enthüllt. *Einen* Sinn? Einen doppelten vielmehr. Denn in ihrer Gesamtheit enthalten die Geschichten, deren wichtigste Episoden ich eingangs wiedergegeben habe, eine zweifache Botschaft: Die realistische erste, die sich für objektiv hält, berichtet von Wilhelm Tell und den Anfängen der Eidgenossenschaft, in einem weiten Zeitrahmen zwischen 1240 und 1315. Die zweite ist zwar subjektiv und zwischen den Zeilen der Erzählung zu lesen, sie wird aber sehr deutlich für denjenigen, der sich die Mühe des Entzifferns macht. Diese subjektive Botschaft teilt uns mit, wie sich die späteren Generationen jene Anfänge vorgestellt haben; und wie ideologische Anschauungen eines gesellschaftlichen und kulturellen Umfelds diese Vorstellung prägten bei den namentlich bekannten oder anonymen Chronisten, die nach und nach die Bestandteile einer bislang nur mündlich überlieferten Geschichte sammelten und aufschrieben.

Diese Interpretation ist keine leichte Sache. Zunächst sind verlässliche Quellen, auf die sie sich stützen möchte, nicht eben zahlreich, und sie sind meist »Außenansichten«, das heißt, sie sehen die entstehende Schweiz von außerhalb und sind oft gar nicht direkt involviert. Sie sind also beiläufig, summarisch, insgesamt wenig ergiebig. Sie widersprechen sich auch ganz ungeniert. Zusätzlich erschwert wird uns die Interpretation durch zwei Jahrhunderte der Polemik, des erbitterten Streits zwischen Gelehrten aller Obedienzen, deren manchmal erdrückendes Fachwissen nur dazu diente, ihren vorgefassten Meinungen das Mäntelchen wissenschaftlicher Autorität umzuhängen. Sich in dem Wust einer ausufernden, mehr oder weniger ungenießbaren Literatur zurechtzufinden, in der Urkunden, Tatsachen und Argumente jedes Mal nach anderem Gusto neu aufbereitet werden, ist fast unmöglich. Schon früh hat sich die Diskussion in verschiedenen Richtungen politisiert. In dem Maße, als die Gestalt Wilhelm Tells und seiner Gefährten in der Schweiz und anderswo kanonisiert wurde, nahm der Meinungsstreit eine emotionale Färbung an, die ihm seither geblieben ist. Mitte des 19. Jahrhunderts entwickelte sich um Tell eine Art schweizerische Dreyfus-Affäre, deren Wellen sich heute noch nicht gelegt haben. Der Vergleich ist keineswegs nur bildlich gemeint: Wilhelm Tell, Symbol der Freiheit und Einigkeit aller Eidgenossen, hat die Schweiz gespalten, zumindest ihre gebildeten Schichten. Ebenso leidenschaftlich wie kleinlich geführt, lässt die Kontroverse die unter seinesgleichen geltenden Höflichkeitsregeln vermissen und ist zu einem verbalen Schlagabtausch zwischen schweizerischen, deutschen und österreichischen Historikern verkommen, wobei sich übrigens die Fronten nicht an die Landesgrenzen halten.

Wir werden versuchen, ein wenig Ordnung in diese vertrackte »Affäre« zu bringen, ohne behaupten zu wollen – wie könnte ich es, bei dieser »Erblast«! –, ich wäre gefeit gegen jegliche Beeinflussung durch meine Vorgänger und frei von jeder emotionalen Wertung.

Die Fragestellung ist im Grunde recht einfach: Als wie authentisch sind die Berichte einzustufen? Zwischen der Treuherzigkeit, mit der man ihnen lange Zeit aufs Wort glaubte und mit der ihnen, von einigen wenigen Historikern bestärkt, der Volksglaube zumeist heute noch anhängt, und der Unerbittlichkeit, mit der eine andere Historikerpartei sie ins Reich der Fabeln verwies und damit bei Skeptikern und Erneuerern aller Schattierungen offenes Gehör fand – gibt es zwischen diesen beiden Extremen etwas, das wir festhalten können? Es steht außer Zweifel, dass viele Details erst nach und nach die Geschichte ausgeschmückt haben, doch welche? Und welche Einzelheiten können wir in welcher Reihenfolge und in welchem Sinn legitimerweise als Ausdruck oder zumindest als Substrat einer historischen Wirklichkeit betrachten?

Einer Beurteilung dessen werden wir uns auf drei Wegen nähern müssen: Ein erster, den wir, um dem Leser nicht allzu viel fachwissenschaftlichen Ballast zuzumuten, nur kurz begehen wollen, wird uns durch die literarische Entstehungsgeschichte jener Überlieferung führen, die uns von Willhelm Tell und den Taten der ersten Eidgenossen berichtet. Der zweite Weg wird sich mit dem Inhaltlichen der Erzählung befassen und aufzeigen, wo die Berichte übereinstimmen und wo sie sich widersprechen, wo sie wahrscheinlich sind und wo nicht. Mit anderen Worten, wir werden versuchen, die Spreu vom Weizen zu trennen – die Ausbeute an gesicherten Erkenntnissen wird nicht allzu groß sein. Diese beiden Untersuchungen sind das Thema des gegenwärtigen und des folgenden Kapitels.

Der dritte Weg wird sehr viel länger sein und das Kernstück dieses Buches, den ganzen zweiten Teil beanspruchen. Wir werden nämlich die Erzählung vor den Hintergrund der Geschichte stellen und ihren Gehalt nach dem beurteilen, was wir in Erfahrung bringen können über die allmähliche Entwicklung jenes Volkes, dessen Held – ob wirklich oder imaginär, ändert nichts daran – Wilhelm Tell war: eine politische, wirtschaftliche, gesellschaftliche, religiöse und kulturelle Entwicklung, die, als Gesamtheit und in der langen Dauer betrachtet, uns vielleicht den Schlüssel zu den Erzählungen liefert und ihren Wert einschätzen lässt – ungeachtet aller literarischen, musikalischen und sonstigen künstlerischen Schöpfungen, zu denen sie anregten, doch eingedenk des Mythos von Wilhelm Tell, an dem Jahrhunderte arbeiteten und den selbst verbissene Expertenkritik allenfalls oberflächlich ankratzen konnte.

Licht und Dunkel über der Entstehung der Tellgeschichte

Der Umstand ist, gelinde gesagt, irritierend: Von Wilhelm Tell und seinen Taten erfahren wir erstmals in Texten, die gut eineinhalb Jahrhunderte nach der Zeit entstanden, in der die chronikalische Tradition die kurze Episode aus seinem Leben ansiedelt. Das allein genügt, um am Wirklichkeitsgehalt sowohl der Episode als auch an der Existenz des Helden Zweifel aufkommen zu lassen. Einige seiner Gefährten hatten da mehr Glück: Den drei Eidgenossen Werner Stauffacher, Walter Fürst und Arnold von Melchtal attestieren zeitgenössische Quellen historische Existenz, wenn auch nicht die herausragende Rolle, die ihnen die Überlieferung zuschreibt. Als führende Persönlichkeiten unter etlichen anderen mögen sie an den Verhandlungen zum Bund von 1291 und an den Ereignissen der Jahre, die zu Morgarten und zum neuen Bund von 1315 führten, beteiligt gewesen sein. Doch nichts von all dem, was uns die Überlieferung über sie berichtet, geht aus diesen alten Quellen hervor. Was aber nichts besagt: Aus den Waldstätten, wo kaum jemand schreiben konnte und wo alles, auch die Ereignisse des öffentlichen Lebens, nur im Gedächtnis festgehalten und mündlich überliefert wurde, sind schriftliche Quellen extrem rar. Etliche gingen wohl auch verloren. Die Urner Archive verbrannten 1799, als die französische Armee unter General Masséna die von General Suworow geführten Koalitionstruppen über den Gotthard zurückdrängte und dabei den Krieg bis tief in die Alpentäler hineintrug. Wir besitzen somit keinerlei Lebenszeichen von Wilhelm Tell, das aus seiner Zeit, der Zeit um 1300, stammen würde, und nicht eine einzige Erwähnung seiner Taten, die mit Gewissheit vor Mitte des 15. Jahrhunderts zu datieren wäre. Im 15. Jahrhundert galt aber natürlich ein ganz anderer politischer, psychologischer und ideologischer Kontext.

Die Chronik des Conrad Justinger

Oder doch: Die allererste Darstellung der Händel der Waldstätte mit den Habsburgern im ausgehenden 13. Jahrhundert findet sich in einer Chronik der Stadt Bern, die vom dortigen Stadtschreiber Conrad Justinger im Jahre 1420 verfasst wurde. Zu dieser Zeit gehörte Bern schon geraume Zeit der Eidgenossenschaft an (seit 1353). Und da war es nur normal, dass der offizielle Chronist seinen Gesichtskreis nicht auf die Mauern der Stadt einengte, sondern sich auch für die Geschichte seiner Bundesgenossen und die Anfänge der Eidgenossenschaft interessierte, der sich Bern angeschlossen hatte. Dies umso mehr, als Bern seine Herrschaft bereits auf ein Gebiet ausgedehnt hatte, das sich bis ins obere Aaretal und bis zum Fuß der Jungfraugruppe erstreckte. Über den Brünigpass trieb es Handel mit Obwald. Über Grimsel und Furka, möglicherweise auch über den direkteren, doch schwerer begehbaren und damals anscheinend wenig begangenen Susten kamen Berner gelegentlich mit Urnern zusammen. Justinger ist auch ein kompetenter Mann. In Straßburg geboren, hat er dort das Handwerk des Chronisten oder, wie man heute sagen würde, des Historikers erlernt. Seit 1390 ist er in Bern Notar und Beamter. Als Abgesandter der Stadt hatte er wiederholt Gelegenheit, die anderen Kantone und ihre Bewohner kennenzulernen, sich ihre Erzählungen anzuhören, ihre Verträge und vielleicht auch inzwischen verlorengegangene örtliche Chroniken zu lesen. Justinger ist im Allgemeinen auch gut informiert. Seine Darstellung ist klar und in sich stimmig. Frei von Irrtümern ist sie allerdings nicht. Seine Informanten über die Geschichte der Waldstätte haben ihm berichtet, wie und warum man sich dort hundert Jahre zuvor lange und erfolgreich den habsburgischen Ansprüchen auf das Gebiet widersetzte. Doch sie bezeichneten den Gegner bald nach dessen Stammsitz, der im Aargau liegenden Habsburg, bald nach dem erst später erworbenen Titel der Herzöge von Österreich; vielleicht sprachen sie einfach von »den Österreichern«. Justinger muss dies verwirrt haben, jedenfalls schließt er irrigerweise auf zwei verschiedene Geschlechter, die nacheinander feudalherrliche Rechte über die Innerschweiz beansprucht hätten. Er nimmt an, dass im 13. Jahrhundert, als Rudolf I. von Habsburg die Königswürde innehatte, dessen Geschlecht zermürbt und entmutigt seine Bestrebungen aufgegeben und schließlich seine Rechte an die »Österreicher« verkauft habe, die nun ihrerseits um 1300 versucht hätten, ihre Herrschaft auszuüben. Die Sache ist für ihn umso verwirrender, als es tatsächlich zwischen 1220 und 1315 in den Waldstätten wiederholt Unruhen und Händel gab und wirklich zwei habsburgische Linien, von denen die eine die Österreichische hieß, im Spiel waren. Justinger hat eine noch sehr »feudalistische« Sicht einer Wirklichkeit, die, wie wir sehen werden, schon sehr »modern« ist: Die Herzöge von Österreich wollten nicht in herkömmlicher Weise punktuelle Rechte ausüben, sondern am Alpennordrand einen Territorialstaat errichten.

Justinger erlag also einer Verwechslung: Nach über hundert Jahren mochte die politische Umwandlung eines alten Adelsgeschlechts in ein Fürstenhaus dem Gedächtnis entschwunden sein. Es wäre auch weiter nicht wichtig, hätten nicht diese Verwechslung und einige andere störende Irrtümer Justinger in den Augen der kritischen Historiker so disqualifiziert, dass sie seinen Bericht über den Freiheitskampf der Eidgenossen pauschal verwarfen. Der Bericht ist übrigens ziemlich knapp, er gibt nur die Hauptlinien wieder, und auch das nicht sehr präzise. Und er weiß überhaupt nichts von Wilhelm Tell.

Auch dieses Schweigen der Justinger-Chronik nährte Zweifel. Es könnte allerdings damit erklärt werden, dass Justinger seine Informationen im Kanton Schwyz gesammelt hat, gelegentlich auch in Obwalden. Die Erinnerung an den Urner Helden – oder dessen Legende – hat man sich aber sicher zunächst in seiner Heimat erzählt; Gestalt angenommen hat sie wohl dort.

Der Edelmann und der Bauer

Nach Justinger dauert es mindestens eine Generation, bis die Geschichte von den Waldstätten wieder in einem erhaltenen Text auftaucht. Diesmal erscheint sie in einer ziemlich eigenartigen Optik, die keinerlei Anspruch auf nüchterne Tatsachenschilderung erhebt. Im Jahre 1450 verfasst ein Zürcher Chorherr Namens Felix Hemmerli einen Dialog zwischen einem Adligen und einem Bauern, der in Wirklichkeit ein wüstes Pamphlet gegen die Eidgenossen und vor allem die Schwyzer ist. Hemmerli ist ein Gebildeter, er hat in Bologna studiert und den Doktortitel erworben; er ist ein entschiedener, wenn auch nicht immer erleuchteter Anhänger des italienischen Humanismus, ein Städter und obendrein ein resoluter Verfechter der geltenden Ordnung – sowohl der kirchlichen, die er zu erneuern bestrebt ist, als auch der weltlichen. Mitten im Konflikt, der um diese Zeit zwischen den Eidgenossen – zwischen Zürich und Schwyz im Besonderen – entbrannt ist, greift Hemmerli zur Feder, um Partei zu ergreifen: für seine Stadt, gegen Schwyz, für den Adel, gegen die bäuerlichen Freiheitsbestrebungen. Vor allem aber streitet er für die Verbündung Zürichs mit Österreich im Krieg, den dieses gegen die Eidgenossen führt und der erst 1450 wirklich endet, im selben Jahr, in dem der *Dialogus de nobilitate et rusticitate* verfertigt und verbreitet wird.

In seinem krausen, maßlosen Pamphlet beschuldigt Hemmerli die Schwyzer aller erdenklichen – bestimmt nicht immer erfundenen – Missetaten und verklagt sie vor Gott dem Herrn. Ein ganzes Kapitel ist den Sitten und Gebräuchen dieser ungehobelten Barbaren gewidmet, die Ehrfurcht weder vor der Kirche (die Schwyzer hatten wiederholt das Kloster Einsiedeln geplündert und sich dessen Ländereien bemächtigt) noch vor der weltlichen Herrschaft kennen und auch nicht einsehen wollen, dass einer Stadt wie Zürich selbstverständlich die Führung zukommt ... In dieser Schmähschrift, die in politischer und ethnologischer Hinsicht keineswegs uninteressant ist, erwähnt Hemmerli kurz die Anfänge jener Eidgenossenschaft, deren Existenzrecht und Nutzen er bestreitet. Ohne seine Quelle zu nennen, erzählt er, wie ein habsburgischer Vogt, der vom Schloss im Lauerzer See die Herrschaft über das Land ausübte, eine junge Schwyzerin entehrt habe. Um sie zu rächen, sollen ihre beiden Brüder den Entehrer umgebracht haben. Der Vorfall habe in ganz Schwyz und in Unterwalden die Bauern aufgebracht, welche daraufhin die Schlösser von Lauerz und von Sarnen gestürmt und einen Bund geschlossen hätten. Diesem seien dann auch Uri und andere Gebiete beigetreten, doch erst später. Hemmerli datiert diese Ereignisse nicht näher. Halten wir die Schändung der Mädchenehre und die Rache der beiden Brüder fest – beides entspricht den Sitten und Gepflogenheiten der Zeit und der Gegend; sie können durchaus Grund und Anlass zu einem Aufruhr gewesen sein, wenn auch nicht ausschließlich. Halten wir auch die Erstürmung der Schlösser und das Bündnis fest: In beidem entspricht der *Dialogus* den uns bekannten Erzählungen, er verändert allerdings die Abfolge der Ereignisse und gibt weniger Einzelheiten. Doch auch bei Hemmerli, wie schon bei Justinger, kein Wort über Wilhelm Tell – der Grund kann auch hier sein, dass der Urner Held nicht in das auf Schwyz beschränkte Blickfeld eintritt und darum nicht zum Thema gehört.

Trügerische Klarheit durch das *Weiße Buch von Sarnen*

Gut zwanzig Jahre wieder nichts zum Thema, doch dann kommt die Quelle aller Quellen über den »Freiheitskampf« der Schweizer, diesmal einschließlich Wilhelm Tell: das *Weiße Buch von Sarnen*. Was hat diese zweischneidige Quelle nicht an Tinte fließen lassen – und an Gift zwischen den Gelehrten, die sich mit ihr befasst haben!

Dieses *Weiße Buch,* so genannt wegen seines Einbandes aus Pergament, ist ein 258 Blatt starkes Register, das ein Hans Schriber, seines Zeichens Landschreiber von Obwalden, im Jahre 1474 als Handbuch für seine Regierung zusammenstellte.

In der Hauptsache gibt Schriber etwa hundert der für das politische Leben in Unterwalden bedeutendsten Urkundentexte wieder, beginnend ab dem 13. Jahrhundert und bis zum Jahre 1474 (einige werden später angefügt, der letzte im Jahre 1607): Es sind die geschlossenen Bündnisse und Landfrieden, die Bestätigungen kaiserlicher Privilegien, kurz alles, was gegebenenfalls dazu dienen mochte, die institutionelle Position des Landes Dritten gegenüber zu klären und zu erhärten.

Schriber fand es angebracht, diese reine Sammlung von Urkundenabschriften mit einem eigenen, deutsch abgefassten Bericht über die Geschichte der Eidgenossen von ihren Anfängen bis zu seiner Zeit zu ergänzen. Seine fünfundzwanzig Seiten lange Darstellung stützt sich gelegentlich auf die von ihm gesammelten Urkunden, versteht sich aber ausdrücklich als Ergänzung, indem sie erzählt, was in keiner von ihnen steht. Und hier finden wir nun – zum ersten Mal vollständig – den Rütlischwur, den »Burgenbruch« und auch die Taten des Wilhelm Tell. Fast alle Einzelheiten, die von der Überlieferung nacherzählt und auch von Tschudi hundert Jahre später übernommen werden, sind bereits da. Sogar die Dialoge zwischen dem Helden und dem bösen Gessler finden sich hier in der fast endgültigen literarischen Form.

Die erste Quelle also, und zugleich die Hauptquelle. Doch dieses *Weiße Buch* schafft mehr Probleme, als es löst. Zunächst weil es jahrhundertelang völlig verschollen war. Es gab natürlich nur ein einziges Exemplar, und das wurde in Sarnen sorgsam gehütet; man gab es nicht aus der Hand. Nur ganz wenige Chronisten und Archivratten konnten es einsehen, unter anderen zu Beginn des 16. Jahrhunderts der Luzerner Etterlin und etwas später Tschudi, doch keiner der beiden erwähnt es. Demnach konnte dieses *Weiße Buch* kaum dazu beigetragen haben, Tells Ruhm zu verbreiten und die Überlieferung über die Anfänge der Eidgenossenschaft zu bestätigen. Erst 1856 wird es ganz zufällig wiederentdeckt. Zu dieser Zeit tobt aber der Gelehrtenstreit über die Historizität von Wilhelm Tell und Genossen am allerheftigsten. Dieser Streit war zwanzig Jahre zuvor vom Luzerner Joseph-Eutych Kopp, dem Mentor der »kritischen Schule«, vom Zaun gebrochen worden, und er hatte inzwischen alles, was in der Schweiz der »Regeneration« (die Epoche entspricht der französischen Julimonarchie, ca. 1830–1848) an Gelehrten und Historikern Rang und Namen hatte, in seinen Strudel gerissen. Es ist also nicht erstaunlich, dass die Entdeckung des *Weißen Buches* im engen Kreis der Fachhistoriker wie eine Bombe einschlug. Zwei Wissenschaftler, der eine so honorig und kompetent wie der andere, stritten verbissen um das Verdienst der Erstveröffentlichung: Der Zürcher Archivar Gerold Meyer von Knonau siegte knapp über seinen Gegenspieler Professor Georg von Wyss – eines der zahlreichen postumen Abenteuer des so gebeutelten Wilhelm Tell.

Die Veröffentlichung des *Weißen Buches* veränderte ein wenig die Perspektive. Mit ihm rückte die erste ausführliche Quelle um etwa dreißig Jahre – eine Generation – näher an die so heftig diskutierten Ereignisse heran. Gleichwohl war sie ein spätes Zeugnis, der Abstand zu den Geschehnissen betrug immer noch eineinhalb Jahrhunderte.

Inwieweit kann man nun dem Bericht des *Weißen Buches* Glauben schenken? Seit 1856 hat die Geschichtswissenschaft unzählige Theorien, Hypothesen und Argumentationen dazu geliefert, und ein Ende ist nicht abzusehen. Nüchtern muss aber festgestellt werden, dass man nicht sehr viel weitergekommen ist.

Hans Schriber hat 1474 natürlich nichts erfunden. War er der Erste, der beschloss, schriftlich all das festzuhalten – ausschließlich zur Information seiner Nachfolger in der Obwaldner Regierung, etwas anderes will die Urkundensammlung nicht –, was ein beharrliches kollektives Erinnerungsvermögen in der Gegend überliefert hatte? Von dieser Hypothese wird zumeist ausgegangen. Sie führt natürlich tendenziell dazu, den Bericht teilweise oder ganz in Zweifel zu ziehen: Wie hätte ein kollektives Erinnerungsvermögen über sechs oder sieben Generationen hinweg eine Folge von Ereignissen so exakt überliefern können, ohne sie zu entstellen, zu schönen oder zu idealisieren, wo kein einziges dieser Ereignisse durch irgendwelche Dokumente schriftlich belegt ist? Allenfalls mag man den Hintergrund, den Grundgehalt der Geschichte akzeptieren: Er entspricht, wenn auch nur teilweise, dem, was man aus anderen Quellen weiß. Aber sind Details und Ereignisverlauf nicht mindestens ebenso sehr, wie sie kollektive Erinnerung sind, auch Phantasieprodukte oder Anleihen bei Legenden, die aus fernen Ländern – Norwegen oder Island, wir werden noch darauf zurückkommen – stammen könnten? Oder eine Raffung von Ereignissen, die ganz verschiedenen Zeiträumen und Völkern angehören und nun von einem Volk miteinander verschmolzen werden, das sich in schicksalhafter Stunde seines Heldenmuts und vor allem der alten Wurzeln seiner Einigkeit erinnern will? Ist nicht insbesondere die Tellgeschichte, eben weil sie im *Weißen Buch* fast wie ein Fremdkörper wirkt, eine Hinzufügung fremden Ursprungs?

Was aber – sofern diese Annahme zutrifft – mag der Staatsschreiber bezweckt haben mit seiner Schilderung? Er schrieb ja nicht für das Publikum, er wollte eine Behörde informieren, die mit volkstümlichen Erzählungen schlecht bedient gewesen wäre. Schriber war kein einfältiger Mann, er war im Gegenteil gebildet und politisch sehr erfahren, außerdem stand er schon in reifem Alter, als er seine Urkundensammlung verfasste. Er hatte recherchiert und berief sich insbesondere auf eine Berner Chronik, die nur die uns bereits bekannte Justinger-Chronik sein kann. Wenn er meinte, seinen Bericht schriftlich niederlegen zu müssen, so muss er gute Gründe gehabt haben, ihn für echt zu halten, selbst wenn es ihm vielleicht an kritischer Distanz fehlte.

Eine andere Möglichkeit wäre, dass er, wie Justinger für seine Chronik, seine Informationen aus anderen, seither verlorengegangenen Quellen bezogen hat. Das ist durchaus denkbar, denn eine Unmenge von Schriften des späten Mittelalters wurde tatsächlich durch die sehr häufigen Brände und Überschwemmungen vernichtet, andere fielen dem Mäusefraß zum Opfer oder wurden einfach weggeworfen. Freilich hat man den Eindruck, Schriber würde solche Quellen ebenso genannt haben, wie er die Berner Chronik nannte; zudem wäre die eine oder andere dieser Quellen früher oder später anderswo aufgetaucht, und sei es nur durch indirekte Erwähnung. Doch nichts von alledem.

Es wurde auch angenommen, bei dem 1474 niedergeschriebenen Bericht handle es sich lediglich um die letzte Fassung einer langen chronistischen Tradition, die von einer ganzen Reihe von Erzählern übermittelt und bearbeitet worden, von der aber nichts auf uns gekommen wäre. Diese Tradition könnte bis ins 14. Jahrhundert, vielleicht sogar bis in die zeitliche Nähe der geschilderten Ereignisse zurückgereicht haben, so dass Zweifel an der historischen Realität des Berichts nicht mehr möglich wären. Diese These wurde mit Bravour von Karl Meyer verfochten, der nicht nur einer der glänzendsten Schweizer Historiker der ersten Hälfte des 20. Jahrhunderts war, sondern auch zeitlebens für die historische Existenz Tells eintrat (ebenso wie, eine Generation nach ihm, sein gelehrter Namensvetter Bruno Meyer). Karl Meyers Plädoyer atmet den Geist seiner Zeit. Die Bedrohung durch den Nationalsozialismus und der von seinen Anhängern gepredigte Pangermanismus wurden von den Intellektuellen der deutschen Schweiz schnell als Gefahr erkannt; einige von ihnen begegneten ihm mit einem gesteigerten Nationalismus, der ihre Form des geistigen Widerstands war. Karl Meyer hatte die Gefahr schon vor Hitlers Machtergreifung geahnt: Bereits 1927 verwies er auf die politische Bedeutung der schweizerischen Befreiungstradition gegenüber den totalitären Machtbestrebungen im Norden, und der Gang der Ereignisse konnte ihn in seiner Überzeugung nur bestärken. Diese intellektuellen und moralischen Verdienste des Zürcher Professors machen aber seine These vom älteren Ursprung des *Weißen Buches* auch nicht glaubhafter; im

Übrigen spricht kein einziges objektives und sachliches Argument für sie.

In neuerer Zeit (1959) hat Bruno Meyer, der andere Verteidiger eines leibhaftigen Wilhelm Tell, eine dritte Theorie vorgetragen. Mit einer beeindruckenden Kenntnis der umfangreichen Akte zum Fall und mit einem Scharfsinn, dem nur noch seine Pedanterie gleichkommt, verficht er die These, Hans Schriber sei mitnichten der Autor des *Weißen Buches* gewesen, vor allem nicht des erzählenden Teils im Anhang. Sein Verdienst habe lediglich darin bestanden, eine um neuere Dokumente ergänzte Abschrift einer identischen, doch wesentlich älteren, wahrscheinlich um 1426 entstandenen Sammlung angefertigt zu haben – womit wir einen gewaltigen Sprung zurück gemacht und uns den fraglichen Zeiten erfreulich angenähert hätten. Seine Spürnase lässt Meyer sogar die möglichen Verfasser dieser Urversion des *Weißen Buches* identifizieren: vermutlich der damalige Obwaldner Landammann Johann Wirz, eventuell ein anderer Landammann namens Heinzli. Er geht noch weiter und schließt auf einen persönlichen Informationsaustausch, auf eine Art kollegiale Zusammenarbeit zwischen diesem Wirz und Justinger: Danach hätte Wirz den Berner Historiker mündlich über seinen Kanton und dessen Nachbarn informiert (wobei Wirz den Tell »vergessen« oder aber Justinger den Bericht über ihn nicht ernst genommen hätte); im Gegenzug hätte Justinger ihn den Entwurf zu seiner Chronik lesen lassen.

Die Sache hat freilich einen Haken, und das bestärkte die kritische Schule sehr in ihrer ablehnenden Haltung dem *Weißen Buch* gegenüber, unabhängig von der Frage der Autorschaft und des Entstehungsdatums: So detailliert der Bericht sonst ist, er verschweigt ein Ereignis, dem in den Anfängen der Eidgenossenschaft höchste Bedeutung zukam, da es nicht nur die ersten Eidgenossen in ihren Bestrebungen bestärkte, sondern auch ihren Eintritt als de facto anerkannte Nation in die große europäische Politik bedeutete. Die Rede ist von der Schlacht am Morgarten: Dort bereiteten im Jahre 1315 die Bauern der Gebirgstäler dem österreichische Ritterheer von Herzog Leopold eine vernichtende Niederlage. Diese Auslassung im *Weißen Buch* ist umso merkwürdiger und verdächtiger, als die Justinger-Chronik sehr wohl von der Schlacht spricht. Der Schritt zur Annahme, dieses *Weiße Buch*, welches ein so eminentes und derart eng mit der Erhebung der Eidgenossen verknüpftes Faktum – Herzog Leopolds Feldzug galt lange Zeit als Vergeltungsmaßnahme für die Erstürmung seiner Schlösser – nicht einmal erwähnt, habe allenfalls den Stellenwert eines abendlichen Geplauders am Kaminfeuer, dieser Schritt wurde denn auch getan. Einem Bruno Meyer konnte das nichts anhaben: Zur Zeit der berühmten Schlacht, so entgegnete er, gehörten Wirz' Vorfahren (erwiesenermaßen) der pro-österreichischen Partei in Sarnen an. Weshalb der Verfasser dieses Ereignis, das seine Vorfahren und seine Familie ins Zwielicht gebracht hätte, einfach überging … Die Argumentation ist bestechend, nur beruht sie auf einer solchen Pyramide von Hypothesen, dass von Solidität kaum die Rede sein kann.

Gleichwohl muss man zugeben, dass für die Hypothese früherer Versionen des *Weißen Buchs* einiges spricht. Ich möchte dem Leser das Argumentationsgebäude nicht zumuten, das sie errichtet, indem sie Textanalyse betreibt und Vergleiche mit Justinger und anderen Quellen anstellt. Fest steht jedenfalls, dass das *Weiße Buch* in seiner Aussage weit mehr der eidgenössischen Ideologie des frühen 15. Jahrhunderts (die wiederum den heroischen Anfängen noch nahesteht) entspricht als dem Triumphgefühl, das die Schweizer nach ihren Siegen über die Burgunder und in Italien im letzten Viertel desselben Jahrhunderts erfüllte. Es drückt also besser die Gefühle von Menschen aus, die noch eine genauere Erinnerung bewahrt haben an Ereignisse, die für sie nach wie vor hoch bedeutend waren. Die letzten Zeitgenossen Tells starben vielleicht um die Mitte des 14. Jahrhunderts, Wirz (oder ein anderer Autor) wäre eine oder zwei Generationen später geboren worden, und dieser

Zeitraum wäre nun wirklich zu kurz, als dass in ihm eine ganze geschichtliche Epoche durch eine Legende hätte ersetzt werden können. Was das »Vergessen« der Schlacht am Morgarten betrifft, so erklärt es sich weniger aus einer zu schützenden Familienehre als aus der Bestimmung der Urkundensammlung: Sie sollte die Ereignisse festhalten, die geeignet waren, die Unabhängigkeit der Eidgenossen zu legitimieren. Eine gerechte Erhebung war da opportuner als Schlachtenglück.

Perfekt ist das 1426 oder 1474 entstandene *Weiße Buch* ohnehin nicht. Wie die Justinger-Chronik enthält es Fehler, zum Teil sogar dieselben, was die Vermutung einer engen Verbindung zwischen beiden Quellen, vielleicht sogar zwischen den Verfassern, erhärten würde. So spricht auch das *Weiße Buch* von einem Konflikt in zwei Phasen, weil es in den Habsburgern und in den Österreichern zwei verschiedene Häuser sieht. Es erklärt dies allerdings nicht dadurch, dass das eine dem anderen Rechte verkauft hätte, sondern dadurch, dass die Habsburger Linie erloschen sei; ihr aggressives Verhalten gegen die Schweizer wäre damit gesühnt. B. Meyer hat dieses für seine These sprechende Argument übersehen: Eine zu Beginn des 15. Jahrhunderts noch denkbare Annahme, die Habsburger seien erloschen, wäre fünfzig Jahre später, als sie die Kaiserkrone definitiv in ihren Besitz gebracht hatten, nicht mehr möglich gewesen.

Ein hüpsch lied

Fast gleichzeitig mit dem *Weißen Buch von Sarnen,* doch völlig unabhängig von ihm, taucht eine ganz anders geartete Quelle auf: ein Lied.

Im ganzen Abendland ist das 15. Jahrhundert die Epoche der Balladen und Lieder, die von fahrenden Sängern auf öffentlichen Plätzen oder in Herbergen dargeboten und von Groß und Klein nachgeträllert werden. Liebeslieder, Trinklieder, Heldensagen und Moritaten erfreuen sich beim einfachen Volk derselben Beliebtheit wie heute die Schlager, mit denen sie in

Gehalt und musikalischer Qualität in etwa vergleichbar sind. In ihrer naiven Weise greifen diese Lieder häufig die politischen Zeitläufte auf, sie stellen dabei die Ereignisse so dar, wie sie ein Publikum ohne Schulbildung eben verarbeiten kann. Das Lied wird dabei zum Mittel der Aufnahme und Verbreitung von Informationen, zu denen man sonst kaum Zugang hat. Es spielt deshalb im gesellschaftlichen Leben eine wichtige Rolle: Es vermittelt Wissen – und macht dadurch die großen politischen Zusammenhänge erst bewusst bei Menschen, deren Horizont sich ansonsten auf die engste Umgebung beschränkt.

Dieses Phänomen volkstümlicher Kultur greift natürlich auch auf die Schweiz über. Eine Unzahl von Liedern entsteht vor allem im Taumel und Trubel der zweiten Hälfte des 15. Jahrhunderts. Die sich jagenden Ereignisse – die Burgunderkriege mit den spektakulären Schweizer Siegen von Grandson (1476), Murten (1476) und Nancy (1477), die kriegerischen Unternehmungen in der Leventina und der Lombardei (denen erst die Niederlage von Marignano 1515 ein Ende bereitet), der Schwabenkrieg (1499–1500) – liefern den Bänkelsängern reichlichst Stoff. Als mit der Wende vom 15. zum 16. Jahrhundert die Gesellschaft im Gebirge wie im Flachland tiefgreifende Veränderungen durchmacht, ist das Lied für das Volk in Stadt und Land wohl auch eine Möglichkeit, seine Identität an gesicherten Werten festzumachen. Die wirtschaftlichen und sozialen Beziehungen, das ständig bedrohte Gleichgewicht zwischen Stadt und Land, zwischen den »Waldkantonen« der Innerschweiz und den Stadtkantonen des Mittellands – außer Zürich, Bern und Luzern sind inzwischen auch Fribourg, Solothurn, Basel und Schaffhausen der Eidgenossenschaft beigetreten –, alle diese Entwicklungen entfremden das Bündnis zunehmend von seinen Ursprüngen und von seiner nun schon zweihundert Jahre alten Geschichte, die immer weniger verstanden wird, ja sogar in Vergessenheit gerät.

Zweifellos deshalb beschränken sich einige dieser Lieder nicht auf die Gegenwart, sondern versuchen, so gut es eben geht, auch die Vergangenheit festzuhalten. In naiv idealisierten Versen verkünden sie in knappster Form deren Lehren – die von den Liedmachern selbst kaum verstanden werden. Sie bemühen sich aber wacker, ihre Botschaft bei den Zeitgenossen und den nachwachsenden Generationen ankommen zu lassen.

Das gilt auch für das *Lied von der Entstehung der Eidgenossenschaft* – oder wie der ganze Titel der ersten, bei Augustin Fries in Zürich um 1545 erschienenen Druckfassung lautet: *Ein hüpsch lied vom vrsprung der Eydgnoschaft vnd dem ersten Eydgnossen Wilhelm Thell genannt, ouch von dem bundt mit sampt einer Eydgnoschafft wider hertzog Karle von Burgund, vnd wie er erschlagen ist worden.* Der Schöpfer dieses »hübschen Liedes« ist unbekannt, wenn es denn ein einziger Verfasser war. Normalerweise bekannten sich die Liederschreiber gern zu ihrem Werk, der unsere fand es nicht nötig; vielleicht weil tatsächlich mehrere nacheinander an dem auf uns gekommenen Text gearbeitet haben (die Melodie ist unbekannt). Der Sänger spricht in der ersten Person, wohl um den direkteren Kontakt zu den Hörern zu finden. Max Wehrli, der letzte Herausgeber des Liedes, bezeichnet als Ort der Entstehung Uri (das darin besungen wird) oder die Stadt Luzern, wo das Volkslied mit historischem oder politischem Sujet besonders beliebt war. Die Art, wie der Verfasser von »einem Land, das Uri heißt« spricht, scheint auf jemanden zu deuten, der nicht aus Uri selbst, doch aus einem angrenzenden Land kommt.

Das *Lied von der Entstehung der Eidgenossenschaft* (in der Fachliteratur oft abgekürzt *Bundeslied*), das in der Zeit der Burgunderkriege, höchstwahrscheinlich im Jahre 1477, entstand, hatte von Anfang an großen Erfolg, der im ganzen 16. und zum Teil noch im 17. Jahrhundert anhielt. Es wurde zunächst nur mündlich weitergegeben, frühe schriftliche Versionen sind jedenfalls nicht erhalten; der Luzerner Chronist Melchior Ruß erwähnt es und macht dem Leser den Mund wässrig, indem er verspricht, den Text wiederzugeben, doch er hält sein Versprechen nicht ... Übrigens verändert sich das Lied je nach Sänger ein wenig: Ein Wort wird verwechselt, ein Vers vertauscht, ganze Strophen werden hinzugefügt oder ausgelassen, so dass die verschiedenen erhaltenen Versionen, die erst im 16. Jahrhundert schriftlich festgehalten wurden, ziemlich viele Varianten enthalten; ohne dass dies allerdings von Bedeutung wäre. Die »Standardversion« des Liedes umfasst etwa dreißig Strophen zu je sechs Versen. Die Strophen 10 bis 18 besingen den Bund der acht Kantone und sein politisches Geschick im 14. und 15. Jahrhundert, die Strophen 19 und folgende die Burgunderkriege. Uns interessieren also vor allem die ersten neun Strophen, da sie, wie der Titel ankündigt, die Ursprünge der Eidgenossenschaft einschließlich der Vertreibung der Vögte des »Fürsten« und insbesondere die Geschichte von Wilhelm Tell zum Inhalt haben. Sie seien hier in der Sprache des 15. Jahrhunderts wiedergegeben. Varianten werden nicht vermerkt, da sie nur die Form berühren. Einige zum Verständnis unumgängliche Worterklärungen finden sich in der Fußnote.

Hie har nach volget ein lied,
das saget von der Eidgenossen pundt,
vnd ouch von den vorgeschriben geschichten.

1 — Von der Eidgnoschafft so wil jch heben an,
des gelich[1] hort noch nye kein man,
jnen ist gar wol gelungen.
Si hand einen wysen[2], vesten pundt:
ich will üch singen den rechten grund,
wie die Eidgnosschafft ist entsprungenn.

2 — Ein edel land, gutt recht als der kern,
das beslossen lyt[3] zwüschen berg,
vil vester[4] dann mitt muren[5];
do hub sich der pundt zum ersten an,
si hand den sachen wyslich gethan,
jn eynem land das heysset Ure.

3 — *Nun merckent, lieben herren gutt,*
wie sich der pundt zum ersten anhub
vnd lassend üch nitt verdriessen,
wie einer must sym eygenen sun
ein epfell ab der scheytel schon
mitt sinen henden schiessen.

4 — *Der Landfogt sprach zu Wilhelm Tell:*
Nun lug[6]*, das dir die kunst nit fell,*
vnd vernym min red gar eben:
triffst jn nitt am ersten schutz,
für war es bringt die kleynen nutz
vnd kostet dich din lebenn.

4a — *Zwentzig vnd hundert schritt di musst er stan,*
ein pfyl vff sinem armbrust hand[7]*,*
da was gar wenig schertzen.
Er sprach zu sinem liebsten sun:
Ich hoff, es sol vns wol ergon[8]*,*
hab gott in dinem hertzen.

5 — *Do batt er gott tag vnd nacht,*
das er den epfel zum ersten traff,
es kond sy ser verdriessenn.
Das glück hatt er von gottes krafft,
das er von gantzer meisterschafft
so hoflich[9] *konde schyessen.*

6 — *Als bald er den ersten schutz hatt gethan,*
ein pfyl hatt er jn sinen göller[10] *gelan*[11]*:*
Hett jch min kind erschossenn,
so hatt jch das in minem mut
– ich sag dir für die warheyt gutt
jch wölt dich han erschossen.

6b — *Der landtvogt thet di red vergagen*[12],
er sprach: nu nempt mir den pösen pauren gefangen
vnd pindet in mit starcken rimen
vnd werfentt in vrner see!
Die red det Wilhelm Thellen am hertzen we.
Noch dem nach so hulff nijemantz.

7 — *Domitt macht sich ein grosser stoß*[13],
do entsprang der erst Eidgenosß,
sy wolten die landtfögt straffen:
sy schüchtent[14] *weder gott noch fründ,*
wenn eynem gefiele wyb oder kind,
so woltend sy by jm schlaffen.

8 — *Vbermut tryben sy jm land,*
böser gewalt, der weret nit lang:
also vindt man es verschrybenn.
Das hand des fürsten fögt gethan,
darumb ist er umb sin herschafft kan
vnd vs dem land vertriben.

9 — *Also meld ich üch den rechten grund.*
Sy schwurent all ein trüwen pundt,
die jungen vnd ouch die alten.
Gott lasß sy lang in eren stan,
für baß hin als noch bißhar,
so wellen wirs gott lan walten.

1 · desgleichen | 2 · weisen | 3 · liegt | 4 · fester | 5 · Mauern |
6 · schau, sieh zu | 7 · haben | 8 · ergehen | 9 · trefflich | 10 · Wams |
11 · gelassen | 12 · stocken | 13 · Aufruhr | 14 · fürchten

Die Strophe 4a erscheint nur in der ersten Druckfassung von 1545. Sie ist mit Sicherheit eine Hinzufügung, vielleicht von der Hand des Herausgebers, der mit der Angabe der Schussdistanz und den an seinen Sohn gerichteten Worten Tells das Lied vermutlich an die inzwischen verbreitete Erzählung anpassen wollte. Die Strophe 6b mit ihrem unerwartet brutalen Ende findet sich lediglich in einer Münchner Handschrift, die jedoch älter als die anderen Versionen zu sein scheint (sie trägt die Jahreszahl 1499).

Wir mögen über das Lied lächeln, für das Publikum um 1500, das ja die Geschichte beim Wort nehmen sollte, war es Ernst. Einen gewissen Charme besitzt es allenfalls durch die Naivität des Ausdrucks, ansonsten fehlt jegliches Talent, jede dichterische Sensibilität. Von den französischen Balladen eines François Villon, der kaum älter war als der Sänger von 1477, trennen uns Welten – übrigens auch von der höfischen Dichtung, die in Zürich schon zu Tells Zeiten in Blüte gestanden hatte. Der Informationsgehalt ist gering. Die mehrfach vorgetragenen, aber ziemlich allgemeinen Behauptungen über die Bosheit und den Mutwillen der Vögte entsprechen einem Gemeinplatz des kollektiven Gedächtnisses. Ein einziger brauchbarer Hinweis: der Vorwurf des wiederholten Machtmissbrauchs in sexueller Hinsicht, der in allen Versionen erscheint. Der oder die Sänger haben ihn nicht erfunden, um das Lied mit Pikantem zu würzen, er entspricht vielmehr einem ständig wiederkehrenden Motiv. Erinnern wir uns an die Geschichte mit Baumgartens Frau und dem Bad oder an die junge Schwyzerin, welcher nach Hemmerli der auf Lauerz sitzende Vogt nachstellte. Die Bergler verstehen keinen Spaß, wenn ihre Frauen von einem Fremden entehrt werden: Das Lied hält diesen Charakterzug fest.

Über Wilhelm Tell weiß das Lied mehr zu berichten. Doch merkwürdigerweise erzählt es nur den Apfelschuss, wo doch der Vorfall mit dem Hut und die anderen Szenen – Föhnsturm, Tells Flucht, Erschießung Gesslers – zur Zeit der Entstehung oder gar Drucklegung des Liedes landauf, landab erzählt werden. Dieser Apfelschuss ist eben der atemberaubende Mittelpunkt der Erzählung, sie kann am ehesten das Publikum anrühren. Bis auf den heutigen Tag ist Tell in erster Linie der Held, der unter dramatischen Umständen mitten ins Ziel trifft –

der Meisterschütze. Was er danach getan hat, ist, wenn ich so sagen darf, weniger ungewöhnlich, weniger episch.

Zu Recht haben die Philologen darauf hingewiesen, dass sich die Tellepisode aus dem übrigen, eher abstrakter gehaltenen Lied abhebt und, wenn nicht inhaltlich, so doch zumindest formal ein eigener Bestandteil ist. Sie haben mit plausiblen Argumenten daraus geschlossen, dass der Sänger (und Zeitgenosse) der Schlachten von Grandson und Murten ältere, nur Wilhelm Tell gewidmete Strophen verwendet hat. Das ist durchaus wahrscheinlich, kompliziert aber für uns die Sache. Einerseits haben wir nicht die geringste Ahnung, wann ein solches *Tellenlied* entstanden sein könnte. Ein Zwischenstadium ist um 1443 herum lokalisiert worden, doch es verweist auf eine frühere Fassung, die vielleicht eine Generation älter ist; sehr viel älter aber wohl nicht, behaupten einmütig Philologen und Ethnologen, die allerdings in Beweisnot sind. Des Weiteren wirft die Annahme der Wiederverwendung einer älteren dichterischen Vorlage die Frage auf – es ist das eigentliche Rätsel –, ob Tells Taten wirklich in Zusammenhang mit den Anfängen der Eidgenossenschaft stehen oder ob sie nachträglich und willkürlich mit ihnen verknüpft wurden. Und, im letzteren Fall, ob die Geschichte authentisch ist oder ob wir es mit einer Legende zu tun haben, die wiederum reine Fiktion oder von anderswo »importiert« worden sein kann.

Das *Lied von der Entstehung der Eidgenossenschaft* oder *Tellenlied* hat also schlussendlich keinen dokumentarischen Wert, vielmehr kompliziert es eine ohnehin schon schwierige Interpretation. Hingegen ist es von größter Bedeutung für das Bekanntwerden unseres – mythischen oder historischen – Helden: Mehr als jede Chronik und jede gelehrte Kompilation, eines Tschudi beispielsweise, hat es den illustren Armbrustschützen weit über die Grenzen seines Heimatkantons hinaus zum Volkshelden gemacht.

Darstellungen noch jüngeren Datums

Im Gefolge des Liedes sind als ebenfalls literarische Aufarbeitungen die Tellspiele zu nennen: szenische Darstellungen der Tellgeschichte, Urformen des Schillerschen Dramas. Es ist nicht ausgeschlossen, dass der Stoff schon im 15. Jahrhundert dramatisiert wurde, in mehr oder weniger improvisierter Form und ohne Textvorlage, in der Art der *Commedia del arte,* nur volkstümlicher. Das erste verbürgte Tellspiel wurde wahrscheinlich im Winter 1512/13 in Altdorf aufgeführt. Sein Text ist erhalten, er ist offensichtlich vom *Lied von der Entstehung der Eidgenossenschaft* und der einige Jahre zuvor gedruckten Etterlin-Chronik inspiriert. Das Stück bietet die urnerische Auffassung der Befreiungstradition und wagt sogar eine Datierung: 1296, was gar nicht dumm ist. Tell ist in diesem Spiel natürlich der Hauptheld, der erste Eidgenosse. Vogt Gessler tritt ebenfalls auf, doch namenlos.

Auch das *Tellspiel* trug zur Popularisierung unseres Helden bei. Es erlebte zahlreiche Neuauflagen und sicherlich auch Neuaufführungen. Zusammen mit dem Lied fand es in Zürich ein besonderes Echo, und zwar in den Kreisen um den Reformator Ulrich Zwingli. In einer um 1525 entstandenen Schrift Zwinglis ist Wilhelm Tell *der gotskrefftig held und erster anheber eidgnossischer fryheit ..., ursprung und stiffter einer loblichen Eydgnoschafft.*

In der Zwischenzeit waren noch zwei Luzerner Chronisten am Werk gewesen. Zunächst, ab 1482, Melchior Ruß der Jüngere. Er entstammte einer vornehmen Luzerner Bürgerfamilie, hatte an den Universitäten Basel und Pavia studiert und diente seiner Stadt als hoher Beamter und Diplomat; im Übrigen pflegte er vertrauten Umgang mit dem humanistischen Ungarnkönig Matthias Corvinus und verfasste eine Chronik seiner Heimatstadt, die allerdings unvollendet blieb. Das Werk ist von bescheidenem Wert, naiv und voller Fehler, vor allem bietet es lediglich eine zusammenhanglose Kompilation älterer Chronisten, darunter Justinger und das *Lied von der Entstehung der Eidgenossenschaft*. Ruß' Verdienst für uns besteht allenfalls darin, dass er diese beiden Quellen vereinigt hat. Der ersten entlehnt er den Hintergrund, die Schilderung der Händel der Schweizer mit den Vögten, der zweiten die Handlung selbst, also die Geschichte des Tell. Dabei übernimmt er das Lied fast im Wortlaut. Im weiteren Verlauf seiner Schilderung kommt er auf unseren Helden zurück; er gibt die Szene mit dem Föhnsturm wieder, wobei er sich auf eine unbekannte Quelle stützt, vermutlich die in Luzern verbreitete mündliche Überlieferung; zum Schluss lässt er Tell den Vogt im Boot erschießen und nach Uri zurückkehren, wo er zum Aufstand aufruft ... Zum Glück für Tell und vielleicht auch für Ruß fand diese Chronik in der Folge nur wenig Beachtung.

Ganz anders die Chronik des Petermann Etterlin, die im Jahre 1507, kaum fertiggestellt, als erste schweizerische Chronik im Druck erschien und dadurch eine ziemlich weite Verbreitung erfuhr. Etterlin war ein Zeitgenosse von Ruß und spielte wie dieser im öffentlichen Leben Luzerns eine Rolle, doch war er von ganz anderem Schlag: kämpferisch, geschäftstüchtig, vielgereist (er sprach ausgezeichnet französisch), Anführer der »Franzosenpartei« in seiner geteilten Stadt, Spieler und Lebemann. Obwohl kein Intellektueller, hatte er an seinem Lebensabend, zwischen 1505 und 1507, den Ehrgeiz, eine *Kronica von der loblichen Eydtgenossenschaft* zu verfassen. Sie ist kein Meisterwerk, außer in den Teilen, in denen er seine eigenen Kriegeserlebnisse schildert. Der Rest ist wiederum Kompilation, die aber für uns insofern von Interesse ist, als Etterlin offenbar das *Weiße Buch von Sarnen* kannte, und zwar nicht in der uns bekannten Version, sondern in einer älteren Fassung.

Das *Lied von der Entstehung der Eidgenossenschaft* und das *Tellspiel* waren beim Volk, die Etterlin-Chronik in den humanistischen Kreisen die Bindeglieder, dank derer die Befreiungstradition erhalten, fixiert und überliefert wurde. Diese Bindeglieder verweisen auf Quellen, die ein wenig oder bedeutend älter sind, aber von einem dichten Nebel umhüllt bleiben, den zu zerstreuen sämtliche seit eineinhalb Jahrhunderten oder länger aufgewandte Gelehrsamkeit nicht vermocht hat.

4
Zwischen Legende und Geschichte

Tell – Eidgenosse oder nicht?
Es ist nun an der Zeit, dass wir die Befreiungstradition als Erzählung befragen und den Knäuel entwirren, als den sie sich darbietet. Wir müssen sie auf ihre erzählerische Logik und innere Kohärenz hin untersuchen. Und wir müssen – so weit dies die späte Überlieferung in der uns bekannten Form zulässt – einen ursprünglichen Kern in ihr ausmachen. Um diesen Kern werden sich Elemente angelagert haben, die vielleicht der Einbildungskraft der Erzähler entstammen, vielleicht aber auch fremden Legenden oder Überlieferungen entlehnt und mit dem Kern verschmolzen wurden, um ihm mehr Substanz, Lebendigkeit, Emotionalität und Dramatik zu verleihen. Bestimmte Details wie etwa Namen (Tell, Gessler), materielle Gegebenheiten, Anspielungen auf Sitten und besondere Empfindlichkeiten bei den Protagonisten werden wir gesondert zu betrachten haben; wir werden untersuchen, ob sie etwas über das Bergvolk aussagen, in dem wir Wilhelm Tell um 1300 ansiedeln, oder ob sie Projektionen späterer Erzähler und ihrer Umwelt sind.

All dies wird uns die zentrale Frage einkreisen lassen, wie weit die Befreiungstradition, im Einzelnen und im Gesamten, historisch authentisch ist.

Aus der überlieferten Form der Erzählung selbst und aus dem, was wir über ihre Tradierung im 15. und 16. Jahrhundert wissen, können wir eine erste sichere Erkenntnis gewinnen: Die Verknüpfung der Geschichte von Wilhelm Tell mit den Geschichten von den drei Eidgenossen, vom Rütlischwur und vom Burgensturm ist recht oberflächlich. Weder der vom *Tellenlied* hergestellte Kausalzusammenhang noch Tschudis akribische Konstruktion einer direkten Verbindung zwischen Tell und den Schwurgenossen (als Heckenschütze gefährdet er ihren Plan) sind wirklich überzeugend. Die beiden Handlungsstränge wollen sich nicht so richtig verzwirnen. Jedenfalls ist es ohne weiteres möglich, sie zu trennen und zwei voneinander unabhängigen Geschichten daraus zu machen; keine büßt dabei etwas von ihrer inneren Logik ein. Es darf also angenommen werden, dass es sich ursprünglich um zwei verschiedene Erzählungen gehandelt hat, die später miteinander verknüpft wurden, weil beide dieselbe Erinnerung beschworen und derselben Wirklichkeit Gestalt gaben, nämlich dem kämpferischen Unabhängigkeitswillen in unseren Tälern, der sich gegen die Habsburger und ihre Statthalter, die Vögte, durchsetzte.

Wir mussten feststellen, dass die ersten erhaltenen Zeugnisse außerordentlich vage sind, was die Datierung der Ereignisse betrifft. Als chronologischen Bezugspunkt erwähnen sie, wenn überhaupt, allenfalls die Schlacht am Morgarten im Jahre 1315. Diese ist zweifelsfrei belegt; sie wird von Zeitgenossen beschrieben und bleibt recht deutlich in Erinnerung, zumindest bei den Eliten. Für alle ist klar, dass sich unsere Erzählungen auf eine Zeit beziehen, die vor 1315 liegt, doch auch nicht allzu lange davor, denn Morgarten bezeichnet ja das erreichte Ziel im langen Kampf der Eidgenossen, dessen Rechtfertigung und glorreiche Bestätigung durch das Schicksal, eine Art – wenn auch provisorischer – Schlusspunkt.

Aber *wann* vor 1315? Das ist die große Frage. Erst im 16. Jahrhundert wird man versuchen, dieses Wann etwas genauer zu bestimmen – wobei man übers Ziel hinausschießt, denn die recht willkürlich vorgenommenen, bloß deduzierten, nie solide belegten Datierungen können beim besten Willen nicht überzeugen. 1296, meint das *Urner Tellspiel* – sozusagen kommentarlos, doch ein Theaterstück braucht ja seine Aussagen nicht zu belegen. Der Autor wird sich aber auf das Wissen seiner Zeit gestützt haben, und obwohl das Datum keinem bekannten Ereignis in jenem Jahr entspricht, ist es sicher nicht aus der Luft gegriffen. 1307 oder 1308, ergibt Aegidius Tschudis hochgelehrte Rekonstruktion, die aber viel zu elegant und spitzfindig, zu »getrimmt« ist, um Begeisterung auszulösen. Immerhin ist sie beim gegenwärtigen Stand unserer Kenntnisse denkbar. Dasselbe gilt für die Datierung auf das Jahr 1314, also kurz vor Morgarten, durch Johannes Stumpf, einen anderen Chronisten und Zeitgenossen Tschudis. Erschüttert – wenn auch nicht hinfällig – werden Tschudis und Stumpfs Deduktionen allerdings durch ein historisches Faktum, das beiden unbekannt war: Der Bund der drei Waldstätte Uri, Schwyz und Nidwalden (Obwalden kam wohl bald dazu), der durchaus dem Rütlischwur entsprechen kann, wurde bereits 1291 geschlossen; er hatte übrigens mindestens einen (nicht datierbaren) Vorläufer und wurde 1315, nach Morgarten, erneuert.

In Wirklichkeit – darauf werden wir noch ausführlich zu sprechen kommen – zogen sich die Händel der Urschweizer mit den Habsburgern über mehrere Jahrzehnte hin, mit so manchem Auf und Ab, mit Zeiten, wo es hoch herging, und Zeiten der relativen Ruhe. Der Spannungszustand bestand jedenfalls von etwa 1220 an bis zum Jahr 1315, unserem *terminus ad quem*.

So ist die Annahme völlig legitim, dass die beiden Handlungsstränge unserer Erzählung, insofern sie eine historische Wirklichkeit widerspiegeln, zeitlich getrennt verlaufen. Die Sache mit Tell kann also *vor* der allgemeinen Erhebung und dem

Burgensturm passiert sein (logischerweise nicht nachher). Vielleicht Monate, vielleicht Jahre, vielleicht auch eine oder zwei Generationen vorher.

Aber kann es auch sein, dass alles pure Legende ist? Bei der Volkserhebung sicher nicht; die Schilderung der Befreiungstradition mag hier und dort apokryphe Details aufgenommen und chronologisch zu trennende Elemente vermengt haben, ansonsten wird aber der Kern der Erzählung durch anderweitig belegte Tatsachen hinreichend bestätigt. Ganz anders verhält es sich mit Wilhelm Tell, bei dem uns nichts anderes bleibt, als die mögliche Echtheit der Erzählung mit deren eigener Elle zu messen: Wir müssen, da uns andere Bezugspunkte fehlen, diese Echtheit anhand ihrer Stimmigkeit und ihrer Motive beurteilen.

Tell und Toko

Im Jahre 1760 erschien in Bern, auf Deutsch und Französisch, eine kleine Schrift mit dem subversiven Titel *Der Wilhelm Tell, ein dänisches Mährgen*. Die anonymen Verfasser des Traktats waren sogleich ausgemacht, es waren zwei Anhänger der französischen Aufklärung und Voltaire-Leser: der Pastor Uriel Freudenberger und der gebildete Patrizier Gottlieb Emmanuel von Haller, Sohn des berühmten Naturforschers Albrecht von Haller. In der Gelehrtenwelt war der Gedanke nicht völlig neu, doch ans grelle Licht der Öffentlichkeit gezerrt, schockierte er aufs heftigste, wie man sich denken kann. Die von Voltaire inspirierte, skeptisch-kritische Haltung, die der Aussage zugrunde lag, brüskierte nicht nur die gebildete Schicht, die aus traditionalistischer und patriotischer Gesinnung in ihrer großen Mehrheit dem Tellkult huldigte. Tell zu leugnen war ein politisches Verbrechen, eine Lästerung des eidgenössischen Bundes; dieser war inzwischen mehrfach arg gebeutelt worden, hatte aber allen Stürmen getrotzt. Besonders in der Innerschweiz, bei Tells Landsleuten, wütete der Zorn gegen die Demontierer ihres Helden; die Urner Regierung reichte Klage ein, und auf dem Platz von Altdorf, auf dem Tell einst dem Gesslerhut die Reverenz verweigert hatte, überantwortete der Henker die inkriminierte Schrift (merkwürdigerweise ein französisches Exemplar) symbolisch den Flammen. Auch Bern zeigte Strenge, von Haller musste öffentlich widerrufen und erklären, er habe sich mit der Schrift nur einen Spaß erlauben wollen.

Doch nun war der Wurm im Apfel drin, wenn ich so sagen darf. Freudenbergers und Hallers Argumentation war grundsolide: Das zentrale Motiv der Tellgeschichte, der Befehl, einen Apfel vom Kopf des eigenen Kindes zu schießen, findet sich tatsächlich in nordischen, insbesondere skandinavischen Erzählungen, die weit vor die Zeit um 1300 zurückreichen. Ein Teil dieser Erzählungen weiß auch von einem anschließenden Tyrannenmord. Von da bis zur Folgerung, die ganze Tellgeschichte sei nichts anderes als eine von der volkstümlichen Überlieferung mehr oder weniger gut akklimatisierte Anleihe, war es nur ein kleiner Schritt. Haller hat diesen Schritt auch entschieden getan, und andere folgten ihm hundert Jahre später umso leichter, als sich inzwischen die kritische Geschichtswissenschaft eingebürgert hatte und die Historiker nicht mehr mit gerichtlicher Verfolgung zu rechnen hatten, wenn sie eine Tradition angriffen, die zu alt war, um selbst Klage zu erheben. Die Richter bewiesen nun, was weiter nicht verwunderlich ist, mehr Milde für die Historiker als ihre Kollegen des absolutistischen Zeitalters, aber auch, was schon eher erstaunt, mehr Verständnis für die Erfordernisse der Forschung als die Gerichte der heutigen Schweiz.

Wir müssen diesen nordischen Zeugen, von denen unsere Heldensänger möglicherweise ihren Stoff bezogen, also unbedingt Gehör leihen. Ohne uns zu lange dabei aufzuhalten, denn man verirrt sich zu leicht im historischen und literaturwissenschaftlichen Labyrinth der Annalen, Sagas und Balladen aus Dänemark, Norwegen, Island, Estland, Finnland, Holstein, Mecklenburg, aus England gar ... Nördlich des 54. Breitengrades hat nämlich fast jedes Volk seinen Wilhelm Tell. Der Schweizer Tell ist bloß, allerdings mit weitem Abstand, der südlichste.

Die älteste in einem Text erwähnte Tellgestalt, ihr Prototyp sozusagen, wird uns von Saxo Grammaticus in seinen um 1200 verfassten *Gesta Danorum* vorgestellt. Dieser Tell hat die frappierendsten Ähnlichkeiten mit unserem Helden. Sein Name ist Toko. Andere Quellen belegen übrigens seine historische Existenz als Palna-Toki, Häuptling eines Vikingerstamms zur Zeit der ersten getauften Vikingerherrscher, der Dänenkönige Harald Blauzahn (936–966) und Sven Gabelbart, doch wissen diese Quellen nichts von den Taten, die Saxo ihm zuschreibt.

Auch Toko muss auf Befehl des Königs Harald unversehens einen Beweis seiner Schießkunst liefern, indem er seinem Sohn einen Apfel vom Kopf schießt. Wie Tell erteilt auch er seinem Sohn Ermahnungen, doch eher praktischer Art: Er solle ganz ruhig bleiben, sich vom Zischen des Pfeils nicht erschrecken lassen und jede falsche Bewegung vermeiden. Zur Vorsicht tut er etwas, was auch die Helden in mehreren anderen skandinavischen Erzählungen und in der englischen Ballade *William of Clouderly* tun und woran unser Wilhelm Tell offenbar nicht gedacht hat: Er lässt das Kind den Kopf abwenden, damit es ihn nicht zielen und schießen sieht. Als Waffe kommt hier nur der Bogen in Frage, der wesentlich weniger treffgenau ist als die spätere Armbrust. Wie Tell nimmt auch Toko – und das die auffälligste Gemeinsamkeit mit unserem Helden – zusätzliche Pfeile aus dem Köcher (allerdings zwei, Tell nur einen). Nach dem Schuss, der natürlich gelingt, fragt Harald genau wie Gessler den Schützen, was es mit den anderen Pfeilen auf sich habe, worauf Toko, freilich ohne zu zögern, dieselbe Erklärung wie Tell gibt: Hätte er sein Ziel verfehlt, so hätte er sofort am Tyrannen Rache genommen.

Die Gemeinsamkeiten der beiden Erzählungen beschränken sich auf diese Hauptzüge, die zur dramatischen Situation führenden Umstände unterscheiden sich. Toko ist kein aufmüpfiger Bauer, sondern ein Krieger des königlichen Gefolges, der sich in einer ganzen Reihe von Künsten als seinen Mitkriegern überlegen erweist und deshalb allerhand Eifersucht und Ränke auf sich zieht. Bei einem Zechgelage hatte er vor den Kumpanen unter anderem behauptet, er würde auf eine bestimmte Entfernung einen auf einen Pfahl gespießten Apfel treffen. Die Prahlerei kommt dem König zu Ohren, der sie wörtlich nimmt, aber ins Grausame wendet, indem er des Schützen eigenen Sohn an die Stelle des Pfahls treten lässt. Tokos Herausforderung nach dem Schuss überhört Harald gewissermaßen, als wäre diese eine ganz natürliche Reaktion. Er greift allerdings eine andere Prahlerei seines Kriegsmannes auf und stellt ihm eine zweite, noch gefährlichere Aufgabe: Toko muss auf Skiern eine ins Meer abstürzende Klippe hinunterfahren; das, so glaubt Harald, könne Toko nicht überleben. Doch der Held glänzt auch hier mit einer sensationellen sportlichen Leistung. Er nützt sie außerdem zur Flucht vor dem launenhaften König und schlägt sich auf die Seite von dessen Sohn Sven, der sich gegen den Vater erhoben hat. Einige Zeit danach, als die Heere des Vaters und des Sohnes aneinandergeraten, überrascht Toko Harald Blauzahn im Gebüsch beim Verrichten der Notdurft und verletzt ihn tödlich.

Tokos unfreiwillige Skiakrobatik ist in Dänemark, wo sich die Begebenheit abgespielt haben soll, schwer vorstellbar, denn dort gibt es bekanntlich weder Klippen noch sonstige Steilhänge. Das heißt, dass Saxo Grammaticus ganz offensichtlich Erzählelemente eingewoben hat, die aus Norwegen stammen, wo im Gegensatz zu Dänemark die Ski als Fortbewegungsmittel und Sportgerät sehr beliebt waren. Genauso kann er auch das Motiv des ersten Abenteuers, den Apfelschuss, von dort bezogen haben. Tatsächlich begegnen uns in den Sagas Norwegens (*Eindridi Breitferse,* um die Jahrtausendwende) und Islands (*Heming Aslakson,* Mitte 11. Jahrhundert) – außerdem in einer norwegischen und in einer auf den Färöer gesungenen (freilich späteren) Ballade – Volkshelden, die dort sehr populär waren und unter jeweils verschiedenen Umständen alle die gleiche Aufgabe zu bestehen hatten, nämlich einem Angehörigen (Sohn, Bruder, Neffe) einen Gegenstand vom Kopf zu schießen. Nur dass Heming nicht auf einen Apfel zielt, sondern auf eine Nuss, und Eindridi auf eine Schachfigur. Die uns bekannten Quellen dieser Erzählungen, die alle sehr viel später sind als Saxo (14. Jahrhundert oder noch später), beschäftigen sich aber weniger mit dem Schuss, dessen Sinn gar nicht recht ersichtlich wird, sondern weit mehr mit der halsbrecherischen Skifahrt. Heming wird als berühmter Meister dieser Sportart dargestellt.

Es hat hier wenig Sinn, weiter auf Einzelheiten einzugehen. Halten wir fest, dass um die Jahrtausendwende in den skandinavischen Ländern in den dort hoch in Blüte stehenden, halb historischen, halb legendären Sagas Episoden erzählt wurden, die geeignet waren, beim Zuhörer Spannung und Rührung zu erzeugen. Mit Ausnahme der *Gesta* von Saxo werden sie erst später schriftlich fixiert. Halten wir insbesondere fest, dass eine dieser Episoden, der Apfelschuss, wirklich unserer Tellgeschichte stark ähnelt. In den isländischen und norwegischen Versionen wird der Handlungsverlauf anders und weniger detailliert erzählt. Andererseits sind hier die äußeren Bedingungen ähnlicher: Auch der Isländer Heming und der Norweger Eindridi sind wohlhabende, lokal einflussreiche Bauern; auch sie verteidigen, wie später die Bauern in der Schweiz, ihre regionale Unabhängigkeit gegen einen König, der seine Herrschaft ausdehnen will. Den skandinavischen Freiheitskämpfern war allerdings weniger Glück beschieden als ihren helvetischen Gesinnungsgenossen: Sie gerieten relativ schnell in Vergessenheit, so dass Wilhelm Tell schließlich allen Ruhm auf sich vereinigte und allein zur Berühmtheit gelangte.

Ein Detail verdient noch unsere Aufmerksamkeit: In einigen skandinavischen Legenden und verwandten norddeutschen Erzählungen wird der Schütze oder Skifahrer durch ein Wunder oder sonstigen Beistand des Himmels gerettet. Das ist bei Toko nicht der Fall, genauso wenig wie bei Wilhelm Tell; beide mussten auf ihre eigenen Fähigkeiten bauen.

Auch in Deutschland, vor allem im Norden, wurde von Schützen erzählt, die einem nahen Verwandten einen Apfel (oder eine Münze) vom Kopf geschossen haben sollen. Doch diese Geschichten weichen in zu vielen Punkten von der Schweizer Erzählung ab, als dass sie diese hätten beeinflussen können; sie sind außerdem meist jüngeren Datums und kaum über ihre Provinzgrenzen hinausgelangt. Vielleicht ist in ihnen eine andere Verzweigung der skandinavischen Tradition zu sehen.

Bleibt die englische Version in der Ballade *Adam Bell, Clim of the Clough and William of Clouderly*. Auch sie bringt einen Schützen ins Spiel, der seinem Sohn einen Apfel vom Kopf schießt, wobei viele Einzelheiten unserer Tellgeschichte entsprechen, angefangen mit dem Vornamen des Helden. Dieser ist allerdings sehr verbreitet; seine französische Version Guillaume wird im 16. Jahrhundert in Frankreich sogar zum Synonym werden für »irgendwer, irgendjemand«. Übrigens kam unser Tell erst sehr spät zu seinem Vornamen, der mit Sicherheit keine historischen Wurzeln hat. Und William of Clouderly vollbringt seine Tat in ganz anderem Kontext: Drei Vogelfreie in der Art von Robin Hood beschließen, sich wieder dem Gesetz unterzuordnen und ihre Verbrechen durch eine Pilgerfahrt nach Rom zu sühnen. Sie begeben sich nach London, um vom König einen Geleitbrief zu erbitten, und dieser will William, der sich – ähnlich wie Toko – mit seiner Schießkunst brüstet, auf die Probe stellen. William schießt zuerst einen Stock entzwei und anschließend einen Apfel vom Kopf seines Sohnes. Voller Bewunderung nimmt ihn der König in seine Dienste ... Die Ballade ist nur in ihrer gedruckten Fassung von 1536 bekannt; vielleicht ist sie erheblich älter, doch als Vorlage für Wilhelm Tell kommt sie nicht mehr in Frage. Man hat sogar schon das Gegenteil vermutet: Einige Elemente der englischen Ballade könnten von der Tellgeschichte inspiriert sein, beispielsweise die Distanz von sechs mal zwanzig Schritt, auf die geschossen wird.

Der norwegische Apfel

Was ist von all dem zu halten? Eine Möglichkeit müssen wir ausschließen: dass eine literarische Quelle an der Entstehung der Tellgeschichte beteiligt war. Erstens ist kaum anzunehmen, dass die Menschen, die unsere Geschichte verbreitet haben, Bücher lasen. Zur Zeit ihrer schriftlichen Fixierung im *Weißen Buch* und im *Tellenlied* bestand die Erzählung bereits, sie galt als authentisch und wurde nicht angezweifelt. Sie war mündlich überliefert worden. Zweitens ist nur Saxos Schrift so alt, dass sie in der Schweiz hätte bekannt sein können, als die Tellgeschichte noch im Werden war. Doch die *Gesta Danorum* fanden im ganzen Mittelalter keinerlei Verbreitung; selbst in Saxos Heimat waren sie wenig bekannt. Es ist auch keine einzige handschriftliche Fassung erhalten geblieben, das Werk ist nur in der 1514 in Paris gedruckten Ausgabe erhalten, was beweist, dass der Text wirklich einem engen Kreis zugedacht war. Was schließlich die skandinavischen Sagas betrifft, so sind sie erst im 14. Jahrhundert aufgeschrieben worden, wären also zu spät in die Schweiz gelangt, um dort gelesen zu werden, sofern sie überhaupt Leser gefunden hätten.

Hingegen ist die Vorstellung vollkommen plausibel, dass die nordischen Erzählungen auf dem Wege der mündlichen Weitergabe in die Alpen und in die Schweiz gelangten. Zu allen Zeiten verkehrte hier viel fremdes Volk, selbst als der Gotthard noch schwer passierbar war. Mit der im ersten Drittel des 13. Jahrhunderts erfolgten Öffnung dieses Alpenübergangs für den großen Verkehr wurde das Urner Reußtal zur pulsierenden Hauptader: kleine und große Kaufleute, Pilger auf dem Weg nach Rom oder ins Heilige Land, kaiserliche Soldaten und Dienstleute, fürstliche oder städtische Abgesandte und Beamte, Prälaten und Mönche, Studenten auf dem Weg nach Bologna, Künstler oder Ritter auf Abenteuersuche – eine buntgemischte Gesellschaft ist hier unterwegs. Da Frauen noch kaum auf Reisen gehen, ist es eine fast reine Männergesellschaft, doch alle Stände und alle Länder sind vertreten. Natürlich sind es vor allem Menschen aus Deutschland, die in geistlichen oder weltlichen Dingen nach Italien reisen. Aber immer wieder sind Skandinavier dabei, Dänen, Norweger, sogar Isländer mit dem Pilgerstock. Von Flüelen nach Göschenen sind es aber mindestens zwei Tagereisen, mit zwei oder drei Übernachtungen im Land Uri. Häufig gibt es Zwangspausen, weil Krankheit, Erschöpfung oder schlechtes Wetter die Weiterreise verbieten, weil die Zollabfertigung sich hinzieht, weil Fuhrleute sich verspäten oder gar nicht erst aufzutreiben sind. Wie soll sich der zur Untätigkeit Verurteilte die Zeit vertreiben? Indem er den Umgang mit der ansässigen Bevölkerung sucht? Das ist wenig wahrscheinlich: Die Bergler sind zu kontaktscheu, zu misstrauisch, als dass sie sich leicht mit Fremden einlassen würden. Die vielen Sprachen erschweren zudem die Verständigung; selbst bei den Deutschen sind die Dialekte ja so verschieden, dass längst nicht jeder jeden versteht.

Das mag sein, aber es bestand auch keine Mauer des Schweigens zwischen den Durchreisenden und den Einheimischen. Über so manches hatten sie sich zu bereden, wenn es um die Übernachtung, um Verköstigung und Unterbringung der Knechte und Lasttiere, um den Weitertransport, um das Anwerben eines Führers ging. Daraus konnte sich ein Gespräch, ein Austausch von Gedanken und Neuigkeiten ergeben, bei dem jeder aus seiner Heimat berichtete. Das konnte sich am Herdfeuer der Herberge fortsetzen. Und man kann sich leicht vorstellen, dass, mochten die Einheimischen insgesamt noch so fremdenscheu sein, zumindest Einzelne neugierig und interessiert den Erzählungen der Reisenden lauschten – es fand sich immer einer, der übersetzen konnte, wenn es, wie bei den Skandinaviern, wirklich nötig war.

Auf diesem Wege – sicher nicht auf dem Wege gelehrter Wissensvermittlung – mögen die Urner Bruchstücke von Sagas und Erzählungen aus fernen Ländern mitbekommen haben (die Schwyzer und Unterwaldner befanden sich abseits dieses internationalen Verkehrswegs). In Uri aber spielt die Tellgeschichte, und hier bildet sich auch die Erzählung über den Helden heraus. Es genügte ein Abend mit einem mitreißenden Erzähler, der die Geschichten packend genug darbot, bunt und gestenreich ausmalte und mit einem Dialog versah, den er selbst aus Erzählungen bezog – und das Ganze blieb in einem, in mehreren Gedächtnissen haften. Vielleicht ohne den Hintergrund, der den Leuten im Tal zu fremd war, und ohne so exotische Details wie die Skiabfahrt; die ergreifendsten Momente der Geschichten werden sich umso tiefer in den Gemütern festgesetzt haben.

Das alles ist natürlich reine Spekulation, denn wir haben keinen einzigen Zeugen für solche Abende am Herdfeuer. Der Grad der Wahrscheinlichkeit ist allerdings so hoch, dass wir bedenkenlos einen solchen oder zumindest sehr ähnlichen Übertragungsweg annehmen können – wodurch wir in unserer Vermutung, dass die Tellgeschichte aus dem hohen Norden beeinflusst ist, sehr bestärkt, wenn auch nicht direkt bestätigt werden.

Heißt das, um mit Haller zu sprechen, dass unser Held nichts als ein dänisches (oder norwegisches) »Märchen« ist? Das wäre zu weit gegangen, mit Sicherheit viel zu weit. Handlungsrahmen, Substanz und Abfolge in unserer Erzählung haben mit skandinavischen oder anderweitigen »Vorbildern« nichts zu tun: Sie beziehen sich ausschließlich auf die spezifische Situation der Waldstätte. Wir haben zwar gesehen, dass sich die norwegische und isländische Überlieferung ursprünglich auf ziemlich vergleichbare Umstände bezogen, nämlich auf den Widerstand von Bauern, die ein Leben ohne Herren gewohnt waren und sich gegen die Unterwerfungsabsichten der Könige im 10. und 11. Jahrhundert wehrten. Doch als diese Geschichten in den Schweizer Bergen hätten erzählt werden können, waren diese historischen Umstände vollkommen vergessen: Die Könige hatten längst obsiegt, ihre Untertanen hatten sich damit abgefunden, und jegliche Erinnerung an die alte Freiheit war erloschen. Außerdem widerspiegeln diese Erzählungen und Sagas, ja sogar die volkstümlichen Balladen, die inzwischen allseits akzeptierte Ideologie der Sieger, nämlich der Fürsten und ihrer Höfe. Der Wilhelm Tell des 13. oder 14. Jahrhunderts ist also weder Erbe noch Epigone von Helden, deren Motive und Zielsetzungen der Vergessenheit anheimgefallen waren. Prüfen wir nun die einzelnen Szenen, jede für sich. Fangen wir an mit der berühmtesten, dem Apfelschuss. Warum ist sie die berühmteste? Weil sie stärker beeindruckt als alle anderen, stärker das Gefühl anspricht. Sie fesselt die Aufmerksamkeit, bringt eine unerhörte Wendung, hält den Zuhörer in Spannung; keine andere Szene besitzt eine ähnlich dramatisierende Wirkung; und vor allem die Gefahr, in der das Kind schwebt, kann keinen ungerührt lassen. Doch genau diese ungeheuer wirkungsvolle Szene ist in den nordischen und schweizerischen Versionen so ähnlich, dass es schwerfällt, an eine doppelte »Urzeugung«, an zwei voneinander völlig unabhängige Überlieferungslinien zu glauben. Die Tellüberlieferung hat sich unstreitig irgendwann ein norwegisches Motiv, das ein Durchreisender eines Tages ins Urner Tal gebracht haben mag, zu eigen gemacht und es vollkommen an die originäre Substanz angepasst. Dieses offensichtlich aus dem hohen Norden stammende Geschenk kann natürlich erst etliche Jahre nach den geschilderten Ereignissen gebracht worden sein, frühestens jedoch nach dem Abschluss, den diese 1315 mit Morgarten fanden; das gilt auch für den Fall, dass man die Tellgeschichte eher früher anzusetzen geneigt wäre. Die Einverleibung der skandinavischen Erzählung ist kaum vor 1330–1340 denkbar, aber auch nicht später als 1370–1380. Denn mit Beginn des 15. Jahrhunderts, wahrscheinlich sogar früher, war das Pfropfreis so gut angegangen, dass niemand mehr den fremden Ursprung bemerkte. Betrachtet man das *Tellenlied* als mögliches Zwischenglied, so ergibt sich ein weiterer Hinweis: Es weiß nur von der Apfelschussszene und lässt dann den Helden ertrinken.

Bruno Meyer lehnt einen nordischen Einfluss nicht so vollkommen ab wie Karl Meyer. Er meint allerdings, der in Frage kommende Zeitraum sei zu kurz für eine so gelungene Verpflanzung. Er löst die Schwierigkeit auf verblüffende, aber wohl unhaltbare Weise: Die nordische Legende sei schon vor der dramatischen Begegnung zwischen Tell und Gessler bekannt gewesen, und sie habe den Vogt direkt zu seinem sadistischen Spiel inspiriert! In diesem Falle müsste allerdings auch Tell sich bewusst an das Drehbuch gehalten haben, als er heimlich einen zweiten Pfeil vorbereitete. Mit anderen Worten, die beiden Protagonisten hätten ein Szenario nachgespielt, das beiden vorher bekannt war – eine Art Psychodrama ... Bisweilen treibt auch profundeste Gelehrsamkeit sonderbare Blüten.

Die Assimilierung des Apfelschussmotivs ist fraglos dermaßen perfekt, dass man fast Mühe hat, an eine Interpolation der gesamten Szene in eine bereits bestehende Erzählung zu glauben. Es ist wohl nicht abwegig anzunehmen, dass das fremde Motiv ein einheimisches verdrängt oder zumindest abgewandelt hat: eine Szene, die ebenfalls die Provokation des Helden und seine Meisterschaft in irgendeiner Kunst enthalten hat, doch in weniger spektakulärer, weniger emotionsträchtiger Form. Mit gleicher Berechtigung kann man aber auch die Apfelschussszene ganz weglassen und direkt von Tells Missachtung des Huts zu seiner Festnahme und den folgenden Szenen übergehen, ohne dass die Geschichte dadurch inkonsistent würde. Insgesamt wirkt sie so sogar echter und beginnt historisch überzeugend zu werden. Dem Volksgedächtnis mag sie aber mit der Zeit zu farblos, zu gewöhnlich vorgekommen sein. Richtig eingepasst, vermochte die nordische Episode sie spannender und damit einprägsamer zu machen.

Die anderen Szenen schulden überhaupt nichts irgendwelchen skandinavischen Vorbildern oder sonstigen bekannten fremden Quellen. Man hat versucht, im Föhnsturm, in Tells Ruderkünsten und im rettenden Sprung auf das felsige Ufer des Urner Sees (der in seiner topographischen Struktur stark an einen norwegischen Fjord erinnert) eine Umformung der halsbrecherischen Skiabfahrt zu sehen, zu der Toko und Heming gezwungen wurden. In beiden Fällen gebe es einen steil zum Wasser abfallenden Felsen, und der Erzähler habe den Bezug auf das Skifahren, in dem die Schweizer damals noch keine Meister waren, durch eine physische Höchstleistung ersetzt, von der seine Zuhörer eine lebhafte Vorstellung hatten. Das erscheint weit hergeholt und nimmt auch das »Vorbild« zu wenig beim Wort: Tells zweite Heldentat wurde ihm nicht vom Tyrannen zur Aufgabe gestellt, sie ergab sich aus zufälligen Umständen (aus dem Wetter). Und die in beiden Geschichten vollzogene Rache, der Tyrannenmord an König Harald Blauzahn beziehungsweise an Vogt Gessler, ist in den Erzählungen ein so geläufiges Motiv – und in der Realität auch so häufig vorgekommen –, dass sie als ganz logischer Schluss ohne weiteres mehrfach vorkommen kann.

So reduziert sich das »dänische Mährgen« auf einen norwegischen Apfel, mitsamt den reichhaltigen Details, die diese an die Gestade des Vierwaldstätter Sees verpflanzte Episode außerdem enthält. Lässt man diese emotionsträchtige Anleihe weg und berücksichtigt nur die Geschichte des Bauern, der in seiner Heimat als Schütze berühmt ist und wohl zur örtlichen Prominenz gehört, der zu stolz ist und zu gut weiß, was er will, um ein Freund von Kompromissen zu sein, der für sich und sein Volk eine althergebrachtem Brauch zuwiderlaufende Huldigung an eine fremde Macht ablehnt, der dem Statthalter dieser Macht öffentlich Missachtung bezeugt und deshalb festgenommen wird, aber fliehen kann und schließlich den Vogt, das lebende Symbol der Unterwerfung, tötet – dann erscheint diese Geschichte als vollkommen glaubhaft und geeignet, sich bei den nachfolgenden Generationen ins Bewusstsein zu prägen.

Die Archäologie der Orte und Personen

Bei der Untersuchung der materiellen Umstände unserer Erzählung wollen wir uns hier nicht allzu lange aufhalten, weil wir uns mit den wichtigsten von ihnen im zweiten Teil des Buches ausführlich beschäftigen werden. Doch wenn wir uns ein Urteil bilden wollen über den Wert dieser Erzählungen und den Wahrheitsgehalt ihrer Aussagen, müssen wir die Darstellung auch unter dem Aspekt der ins Spiel gebrachten konkreten Details überprüfen. Entstammen diese Details lediglich dem Erleben späterer Liedsänger und Chronisten in einer physischen, materiellen und geistigen Umwelt des späten 14., des 15. und des frühen 16. Jahrhunderts? Oder haben die Träger der mündlichen Tradition, die sich bis zur Niederschrift folgten, die Dinge mehr oder weniger so geschildert, wie sie im ursprünglichen Milieu im 13. und 14. Jahrhundert erlebt wurden?

Was die Ortsnamen und die Topographie angeht, welche die einzelnen Episoden lokalisieren, so entsprechen sie durchwegs und bis ins letzte Detail den tatsächlichen Gegebenheiten, wie noch vor kurzem archäologische Studien für den Burgensturm ergeben haben. Alle erwähnten oder beschriebenen Orte ergeben einen plausiblen geographischen Rahmen, der nirgends unwahrscheinlich ist oder beim Leser Zweifel aufkommen lässt, ob sich die geschilderten Ereignisse wirklich an den behaupteten Orten abgespielt haben können. Berge, Wälder, Seen, Flüsse, Wege und Dörfer sind richtig benannt und am richtigen Platz. Die von den Protagonisten begangenen Wege, die Entfernungen und die Gehzeiten sind vollkommen realistisch. Die klimatischen Besonderheiten – Föhnsturm, erster Schnee – werden zutreffend beschrieben. Erstaunlich ist das aber nicht: Menschen sterben und die Erinnerung an sie mag verblassen, doch Orte, Entfernungen und geographische Besonderheiten bleiben. Die Erzähler hatten die Orte, von denen sie sprachen, aufgesucht, sie waren mit den Schauplätzen bestens vertraut. Wäre nun die ganze Befreiungstradition nichts als erdachte oder von woanders bezogene Legende, so müssten wir das Geschick bewundern, mit dem die Erzähler ihre Fiktionen oder Anleihen in die vertraute Landschaft eingebettet hätten. Diese geographische Stimmigkeit ist ein zuverlässiges Zeugnis für die Echtheit unserer Erzählungen, nicht im Sinne einer globalen Echtheit, doch im Sinne eines wahren Kerns. So verstanden, ist sie eine Art Herkunftszertifikat.

Für die handelnden Personen trifft das nicht im selben Maße zu – verständlicherweise. Hier mag die Erinnerung undeutlich geworden sein, sie kann die Protagonisten verwechselt, die Generationen durcheinandergebracht, den Sohn an die Stelle des Vaters gesetzt haben und umgekehrt. Doch die meisten der in den Erzählungen genannten Familiennamen und zumindest einige der Personen haben tatsächlich um 1300 existiert. Sie tauchen beiläufig in Quellen auf, auch wenn diese nichts mit unserer Geschichte zu tun haben. Reine Phantasie war also nicht am Werk bei der Namensgebung – mit einer sehr gewichtigen Ausnahme: Der Name Wilhelm Tell gibt ein Rätsel auf.

Zwei Vögte werden von der Befreiungstradition mit Namen genannt: Landenberg, der Vogt von Sarnen, der Arnold von Melchtals Ochsengespann in seinen Besitz bringen wollte, und der in Küssnacht – also außerhalb seines Jurisdiktionsgebiets – residierende Vogt von Schwyz und Uri, der berühmte Gessler. Letzterer tritt zweimal auf, zuerst mit Tell in Altdorf, dann vor Stauffachers stattlichem Haus in Steinen bei Schwyz. Wir wissen, dass man diese beiden Episoden wahrscheinlich trennen muss und dass sie möglicherweise nicht in derselben Zeit anzusiedeln sind. Selbst wenn man beide als historisch gelten lässt, so ist keineswegs gesichert, dass in beiden ein und derselbe habsburgische Beamte auftritt. Der Gegenspieler Tells ist wahrscheinlich älter, sein Name verlorengegangen; um der Geschichte mehr Geschlossenheit zu verleihen, identifizierten ihn die Erzähler mit dem jüngeren Gessler, dessen Geschlecht in Erinnerung geblieben war. Zwar ist weder für Landenberg noch für Gessler die Rolle verbürgt, die sie in der Überlieferung spielen. Es standen aber mehrere Ritter aus dem thurgauischen Geschlecht der Landenberg im Dienste König Rudolfs von Habsburg, seiner Söhne und seiner Enkel; es liegt also völlig im Bereich des Möglichen, dass einer von ihnen im Sarner Schloss residierte und sogar für dessen Bau verantwortlich war. Spätere Quellen sprechen von diesem Schloss und von dem Hügel, auf dem es stand, als vom »Landenberg«, gemäß der gängigen Praxis, ein großes Gebäude nach dessen Erbauer zu benennen. Was das Ministerialengeschlecht der Gessler von Meienberg im Aargau betrifft, so befindet es sich im 13. Jahrhundert in stetigem gesellschaftlichen Aufstieg; eines seiner Mitglieder wird später Küchenmeister und Kreditgeber von Herzog Leopold, dem Besiegten von Morgarten.

Im Weiler Melchi, an der Melchaa am Ausgang des Melchtals in Obwalden gelegen, besitzen Heinrich und Arnold von Wenighusen kurz nach 1300 einen Acker; der zweite könnte unser Arnold »von Melchtal« sein. Conrad von Baumgarten ist nicht aktenkundig; man weiß nur, dass ein aus Wolfenschießen stammender Mann dieses Namens und seine Frau Itta bei einem Bootsunglück auf dem See im Jahre 1391 ums Leben kamen. Stauffacher hingegen sind so viele bekannt, dass wir für unsere Geschichte die Qual der Wahl haben: Rudolf war 1275 und 1281 Landammann von Schwyz; er erscheint nochmals in den Jahren 1291 und 1309. Sein Sohn Werner stand zum Zeitpunkt der Schlacht von Morgarten an der Spitze seines Landes. Da nur Tschudi dem Sohn, Werner Stauffacher, eine Rolle in unserer Geschichte zuspricht – im *Weißen Buch,* unserer ältesten Quelle, ist er nur »der Stoupacher« –, haben Vater und Sohn gleiche Chancen. Ihr gesellschaftlicher Rang am Ort und zweifellos auch ihr Besitzstand rechtfertigen in ihren Augen den Bau eines Hauses aus behauenem Stein, das sich durch dieses Baumaterial wie ein kleines Schloss ausnehmen mochte. Nach Reichsrecht musste aber der Bau eines Schlosses vom Landesherrn genehmigt werden. Der Vogt, der den habsburgischen Ansprüchen Geltung zu verschaffen hatte, konnte also von seinem Standpunkt aus Stauffacher beschuldigen, mit dem nicht genehmigten Bau geltendes Recht verletzt zu haben. Den späteren Erzählern scheint dieser Legalitätsaspekt, der vor Morgarten noch Gültigkeit hatte, entgangen zu sein. Auch die Urner Familien Fürst und Der Frauen, vom *Weißen Buch* in einem Atemzug genannt, sind belegt. Ein Conrad Fürst (oder sind es mehrere?) wird in Urkunden aus den Jahren 1257, 1290 und 1301 genannt, ein Walter Fürst mehrere Male zwischen 1313 und 1317. Die Der Frauen tauchen erst im 14. Jahrhundert auf, doch als Landammänner von Uri; sie müssen also schon früher einflussreich gewesen sein.

Nur der Name Wilhelm Tell bleibt ein Rätsel. Der Vorname braucht uns nicht zu beschäftigen, denn wie wir bei William of Clouderly, dem englischen Namensvetter, gesehen haben, erhielt Tell ihn erst sehr spät, wohl nicht vor dem ausgehenden 15. Jahrhundert. Aber Tell? Selbst das *Weiße Buch* ist sich nicht sicher, es schwankt zwischen Thell, Thaell, Thall, Tall, Tal und Tellen. Das bedeutet, dass sich Orthographie und Aussprache erst mit der Zeit, wahrscheinlich mit dem *Tellenlied,* gefestigt haben – ein weiteres Indiz für einen langen mündlichen Überlieferungsweg. Dass Tell oder ein ähnlicher Name in keiner einzigen erhaltenen Quelle auftaucht, sagt jedoch überhaupt nichts aus über die historische Existenz der Person. Wie schon bemerkt, ist bei der Bergbevölkerung, mit der wir es zu tun haben, die Schriftkultur weithin unbekannt; lokale schriftliche Quellen sind in diesen Tälern außerordentlich selten, und unzählige für ihre Umgebung bedeutende Menschen sind für immer dem Vergessen anheimgefallen. Wenn der eine oder andere als prominente Person, als Kontrahent oder Zeuge bei einer Transaktion, als Stifter einer Schenkung an eine religiöse Institution oder sonst wie bei einer Beurkundung in die Archive geraten ist, so war dies reines Spiel des Zufalls.

Gleichwohl klingt dieser Name Tell eigenartig, aus dem Rahmen fallend. An gelehrten Spekulationen über seine Herkunft und Bedeutung fehlt es nicht. Die einen vermuten seine

Wurzel in der germanischen oder keltischen Mythologie und untermauern damit ihre These eines nordischen Ursprungs der Erzählung. Andere meinen, der ursprüngliche Name sei vergessen und der Held mit einem Phantasienamen versehen worden, vielleicht auch mit einem Namen, der auf seine Taten hinwies. Die berühmte Tellsplatte, auf die sich unser Held mit einem Sprung aus dem Boot gerettet haben soll – schon im 15. Jahrhundert war sie ein Wallfahrtsort mit Kapelle –, hat von Anfang an so geheißen. J. E. Kopp fragt sich sogar, ob nicht diese Ortsbezeichnung vielleicht älter als die Episode selbst und ihr Name auf den flüchtigen Gefangenen übergegangen sei. Sehr überzeugend ist der Gedanke nicht.

Bei seinen akrobatischen Bemühungen, die historische Echtheit der Tellgeschichte nachzuweisen, schlug der Historiker Karl Meyer schon 1927 eine raffinierte Lösung vor, die jedoch auch nicht überzeugender ist. Meyer ist nicht nur von der historischen Wirklichkeit der ganzen Sache überzeugt, er versteht sie auch geradewegs als direkte Vorgeschichte des Bundesbriefes von 1291. Zu dieser Zeit trug, wenn der späten Chronik des Luzerners Diebold Schilling zu glauben ist, der für Schwyz und Uri zuständige Vogt den Titel eines Grafen von Seedorf; er hieß also nicht Gessler, wie das *Weiße Buch*, oder »Grisler«, wie Etterlin angibt. Seedorf liegt in Uri, nahe bei Altdorf, doch am linken Reußufer; es ist natürlich nie ein Grafensitz gewesen. Nun lebte aber zur selben Zeit am Hof Rudolfs I. von Habsburg ein Ritter mit Namen Konrad von Tilndorf oder Tillendorf; dieser Mann diente dem Hause Habsburg unter anderem als Vogt des Schlosses Kyburg bei Winterthur, nördlich von Zürich. Das vor kurzem erworbene Kyburger Lehen war eine der wichtigsten Besitzungen des Hauses Habsburg, und die Aufgabe des Vogtes schloss die Verwaltung eines weiten Umlandes ein, das sich bis in die Alpen, namentlich bis in die Gegend von Schwyz, erstreckte. Unser Tilndorf, der das Amt von 1288 bis 1291 innehatte, konnte durchaus als Sachwalter der Habsburger in Schwyz und in Uri gelten. Wir wissen, dass er zwischen Frühjahr und Herbst des

Jahres 1291 starb, also genau in der Zeit, zu der Meyer die Tellgeschichte ansiedelt: Er wäre dann zwar nicht Gessler, aber der wirkliche Vogt der Geschichte. Und der Name Tell wäre nichts anderes als der versehentlich auf den Helden übertragene Name seines Gegenspielers *Tillendorf*, verkürzt und falsch ausgesprochen. Auch »Graf von Seedorf« sei nur ein falsch transkribiertes *Tilndorf* ...

Warum einfach, wenn es auch umständlich geht! Ob wirklicher Name oder später so getauft, Tell kann jedes beliebige Individuum geheißen haben, was auch immer sein Schicksal gewesen sein mag. So besonders ist der Name nun auch wieder nicht: Im benachbarten Graubünden gab es den Namen *Tello*, in Unterwalden ist im 13. Jahrhundert eine Familie *Tellon* belegt. Es sei nochmals betont, dass das Fehlen von exakten Quellen und urkundlichen Belegen überhaupt nichts darüber aussagt, ob im 13. Jahrhundert in Uri ein Mann namens Tell gelebt hat oder nicht.

Der gesellschaftliche Kontext

Vom Vogt abgesehen, gibt die Erzählung bei keiner der handelnden Personen deren gesellschaftliche Stellung an. Nur von Stauffacher sagt das *Weiße Buch,* dass er *wol mügend* (vermögend) sei. Sein Haus aus Stein stellt dies so zur Schau, dass der Vogt es als Provokation auffasst. Die Charakterisierung der Eidgenossen beschränkt sich auf Floskeln wie »bieder« (rechtschaffen) und »fromm«, weil sich das so gehört, obwohl es nicht unbedingt zu ihren Taten passt. Im Übrigen sind sie Bauern wie alle anderen, und nichts unterscheidet sie von vornherein von ihren Mitmenschen. Diese Beschreibung ist bei weitem kein Zufall: Im 14. und noch im frühen 15. Jahrhundert ist die Ideologie der einheimischen Erzähler streng darauf bedacht, die Helden als schlichte Mitglieder einer bäuerlichen Bevölkerung hinzustellen. Vor allem dürfen sie nicht zu Angehörigen des Landadels werden, denn dieser hat manchmal die Partei der

Österreicher ergriffen und ist inzwischen zum Teil verschwunden; einige Geschlechter sind erloschen, andere haben im 14. Jahrhundert das Land verlassen müssen; jedenfalls hat diese Gesellschaftsschicht Einfluss und Ansehen eingebüßt. Der Historiker Tschudi wird sich später ziemlich schwertun mit diesem Umstand, und er wird auf unbeholfene Art versuchen, eine Teilnahme dieses Kleinadels an der Unabhängigkeitsbewegung bäuerlicher Prägung glaubhaft zu machen. Um die Mitte des 15. und vor allem im 16. Jahrhundert gilt nämlich in der Eidgenossenschaft eine nochmals andere Ideologie, bei der die städtischen Aristokratien, deren Macht und Einfluss vorherrschend geworden sind, den Ton angeben. Sie müssen nachträglich mit Verdiensten versehen werden.

Nach allem, was wir aus den Erzählungen selbst und aus der Identifizierung mit historischen Personen über unsere Helden wissen, gehörten sie zwar tatsächlich zum bäuerlichen Milieu, aber innerhalb dieses Milieus zur Führungs- und Oberschicht.

Die althergebrachte Autonomie, auf die sich diese Bauern beriefen und die sie mit so viel Energie und Geschick verteidigten, hatte nicht verhindert, dass sich in den Alpentälern ziemlich starre gesellschaftliche Hierarchien herausbildeten, die der allgemeine Wohlstand der Gegend im 13. Jahrhundert noch akzentuierte. Sie gründeten auf dem rechtlichen Unterschied zwischen Freien und Hörigen, auf dem Besitzstand (Haus aus Stein, Äcker, Ochsengespann zum Pflügen), auf der Größe der Viehherde. Bestimmt aber auch auf dem persönlichen Ansehen, das auf die Familie ausstrahlte. So war Wilhelm Tell angesehen als »Schütze«, was so viel wie Jäger bedeutet, denn Tell und seine Landsleute waren nur gelegentlich Krieger. »Schütze« war dabei keine Berufsbezeichnung, sondern ein Bewunderung ausdrückender Beiname; er bezog sich auf einen allgemeinen Zeitvertreib, bei dem sich manche durch besonderes Geschick auszeichneten, ähnlich wie heute beim Sport.

Die Oberschicht dieser Gesellschaft, ihre herrschende Klasse, waren die Grundbesitzer, Viehzüchter und Viehexporteure.

Weil sie reicher waren und sich auch durch ihre Kontakte zu den städtischen Eliten außerhalb der Talschaft gesellschaftlich abhoben, bildeten sie eine Elite, im materiellen wie im kulturellen Sinn. Dieser Elite entstammen die Protagonisten unserer Erzählung ausnahmslos; die Helden haben also auch gesellschaftlich das Sagen. Diese Elite, in der sich einige sogar den Lebensstil und bisweilen die Rechte eines Landadels angeeignet hatten, regierte auch die Talgemeinschaften, sie hatte die politischen Ämter wie das des Landammanns inne. Die Gesellschaft war also aristokratischer strukturiert, als es das idealisierende Demokratiebild wahrhaben wollte, das in der Revolutionszeit aufkam und im 19. Jahrhundert zur offiziellen Lesart wurde.

Merkwürdig ist das völlige Schweigen, mit dem unsere Erzählungen den internationalen Verkehr auf der Gotthardroute und den damit zusammenhängenden Dienstleistungsbetrieb übergehen. Zur Zeit der geschilderten Vorfälle nimmt nämlich dieser Verkehr, vor allem in Uri, eine bedeutende Rolle im örtlichen Wirtschaftsleben ein, er leistet einen nicht zu unterschätzenden Beitrag zu den Einkünften und zur Bildung von Reichtum. Doch Handwerk und Transportwesen sind weniger einträglich als große Viehherden, die Elite betätigt sich darin nicht. Man überlässt dieses Geschäft einer halb bäuerlichen, halb handwerklichen Mittelschicht; auch diese wird aufsteigen, doch erst im 14. und 15. Jahrhundert. Zu dieser Zeit werden unsere Erzählungen längst zur Überlieferung geronnene Erinnerung an weit zurückliegende Zustände sein.

Statussymbole. Tells Armbrust

Die Elite der Waldstätte hatte ihre Statussymbole. Ein Haus aus Stein, fast schon ein Schloss, ein Ochsengespann, eine Badestube (und, warum nicht, eine attraktive Ehefrau): Das sind die Besitztümer der drei Eidgenossen in der Legende – und genau sie führen zum Konflikt mit den Vögten und damit zum

Aufstand. Sie sind die äußeren Zeichen ihres Reichtums, ihres Prestiges, ihrer Vorrangstellung. Ist die Armbrust, die Wilhelm Tell ganz selbstverständlich, ohne erkennbare Notwendigkeit, beim Gang nach Altdorf mit sich führt, nicht auch ein Rangabzeichen, ähnlich wie das Schwert an der Seite des Adligen oder des Stadtbürgers?

Ohne diese Armbrust wird unser Held fortan nicht mehr anzutreffen sein. All die Jahrhunderte hindurch wird sie ihn begleiten und zum Hauptrequisit des Mythos werden. Als Warenzeichen, das in der Schweiz Produkte *made in Switzerland* auszeichnet, führt sie heute sogar ein tausendfaches Eigenleben. Wohl deshalb ist die Armbrust, neben ihrem Besitzer, zum bevorzugten Ziel der Mythosvernichter geworden. In einem Schweizer Massenblatt behauptete unlängst ein Journalist, im 13. Jahrhundert sei diese Waffe sehr wenig verbreitet gewesen, noch weniger natürlich in den Alpentälern, weswegen ein Bauer wie Wilhelm Tell sie unmöglich habe besitzen können – woraus wieder einmal ersichtlich werde, dass der Mann samt Requisit nichts als das Phantasieprodukt eines sachunkundigen Erzählers sein könne. Das Argument ist vollkommen haltlos. Als Kriegsgerät wie als Jagdwaffe war die Armbrust zu Tells Zeiten weit verbreitet. Sie wird in fast allen Kriegsberichten erwähnt und kam insbesondere in den Kreuzzügen zum Einsatz. Als einzige »Abstandswaffe« hatte sie eine Reichweite von etwa 400 Metern; auf eine Entfernung von 30 bis 80 Meter traf sie ihr Ziel mit absoluter Sicherheit; Tells Meisterschuss auf den Apfel liegt also, ebenso wie der tödliche Schuss in der Hohlen Gasse, durchaus im Bereich des Möglichen. Ihre mörderische Treffsicherheit hatte sogar das Lateran-Konzil von 1139 veranlasst, die militärische Nutzung der Armbrust zu verbieten; weil aber auch Konzile den technischen Fortschritt nicht aufhalten können, verschwand sie mitnichten von den Schlachtfeldern. Im Gegenteil, vom 12. bis zum 14. Jahrhundert wurde sie weiterentwickelt, vor allem beim Spannmechanismus, um Reichweite und Zielgenauigkeit zu erhöhen und insbesondere ihren Hauptnachteil, das umständliche Laden, auszugleichen.

Die Armbrust gehörte also sehr wohl zur Standardausrüstung, im Krieg wie auf der Jagd, und zwar das ganze Mittelalter hindurch, bis sie im 15. Jahrhundert allmählich von den Feuerwaffen verdrängt wurde. Doch nicht jeder Bauer konnte sie sich leisten. Ihre keineswegs einfache Handhabung wollte gelernt und geübt sein. Die komplizierte Bauweise machte sie zum teuren Gerät. Zu Tells Zeit war der Kolben zwar noch aus Holz, doch der Bogen bestand schon aus mehreren übereinanderliegenden Hornlamellen (später Stahlfedern); der Schütze konnte ihn auch nicht mehr, wie den einfachen Bogen, von Hand spannen, es brauchte dazu eine spezielle Vorrichtung, die, ebenso wie der Hebel der gabelförmigen Abzugsvorrichtung, aus Metall bestand. Nur spezialisierte Handwerker konnten solche Teile fertigen und zusammenbauen, und diese fanden sich nur in den großen Städten. Tells Waffe konnte also nur ausländischer – deutscher oder italienischer – Fertigung entstammen und muss teuer gewesen sein.

Sollte unserem Helden die Anschaffung deshalb verwehrt sein? Seit der Eröffnung des Sankt Gotthard im 13. Jahrhundert passierten erwiesenermaßen Waren aller Art, auch Waffen, das Urner Tal. Die Bauern und Viehzüchter, die normalerweise ihre Erzeugnisse selbst auf die städtischen Märkte des Alpenvorlandes brachten (Lombardei, schweizerisches Mittelland, Süddeutschland), konnten sich dort im Gegengeschäft die ausgefallensten technischen Geräte besorgen; die aus den Verkäufen erzielten Gewinne machten sie erschwinglich. Tell konnte also ohne weiteres als Armbrustkäufer auftreten, persönlich oder über einen Mittelsmann. An einigen Stellen der Innerschweiz sind denn auch Teile von Armbrustpfeilen im Boden gefunden worden, die wahrscheinlich aus dem 13. oder 14. Jahrhundert stammen, so im Weiler Perfinden (»Bärenweide«) im Kanton Schwyz.

Eine kulturelle Identität

Verteidigung der angestammten Rechte bedeutet auch Verteidigung der kulturellen Eigenart. Dieses »Volk von Hirten«, dessen angebliche Einfachheit später bald hoch gelobt, bald verspottet wurde, hatte sein eigenes Brauchtum, seine eigene Kultur. So grobschlächtig, wie sie vom städtischen Milieu gerne gesehen und geschildert wurde, war diese Kultur nicht. Auf jeden Fall finden die Talgemeinschaften in dieser kulturellen Eigenart ihre Identität und dadurch ein mächtiges Gefühl der Zusammengehörigkeit. Unsere Erzählungen lassen deutlich werden, wie stark dieser innere Zusammenhalt angesichts der äußeren Bedrohung ist. Bei der Führungsschicht ist dieses Gefühl der Zusammengehörigkeit augenfällig, doch es besteht sicherlich bei allen Talbewohnern, auch bei den Unfreien, die im Übrigen nicht sehr zahlreich sind und bald ganz verschwinden werden. Die gemeinsame Bedrohung weitet den Zusammenhalt auf die benachbarten Talschaften aus, wenn auch mit feinen Rangunterschieden.

Die Erzählungen machen außerdem auf die herausragende Rolle der Familie, der Sippe aufmerksam. Sie dokumentieren die Weigerung, einem fremden Mann, sei er noch so hochgestellt, zu gestatten, dass er um die Gunst einheimischer Frauen und Mädchen wirbt; allgemein belegen sie ein sehr empfindliches Ehrgefühl in sexueller Hinsicht. Ein immer wiederkehrender und schwerwiegender Vorwurf an die Adresse der Vögte lautet, sie hätten »ihren Mutwillen getrieben« mit Frauen und Mädchen, die sie unterwegs angetroffen oder ins Schloss gelockt hätten – ein Hinweis vielleicht auch darauf, dass einige leicht verführbar waren. Diese Haltung der Schweizer hat nichts mit besonders puritanischer Moral zu tun, sie ist eine Frage der Ehre.

Beachten wir auch die Stellung der Frau in der beschriebenen Gesellschaft und die relative Selbständigkeit, die sie genießt: die Art, wie in der Erzählung Stauffachers Frau ihren Mann berät, und wie sie sich ganz selbstverständlich für die öffentlichen Belange interessiert. Oder die Rolle des Kindes, die noch eigentümlicher, aber auch durch andere Quellen belegt ist. Schließlich die Wildheit bestimmter Gebräuche. Hier gibt es bezeichnende Widersprüche in den Erzählungen. Ihre späteren Versionen – und danach die Historiker, von Tschudi über Johannes von Müller bis zu den Vertretern der Romantik – betonen unermüdlich, die ersten Eidgenossen seien in ihrem Kampf jeglichem Blutvergießen abhold gewesen – im Grunde lauter Pazifisten, Anhänger der Gewaltfreiheit. Man wollte damit Handlungen, auf die man ab dem 16. Jahrhundert eine politische Moral gründen wollte, einen moralischen Anstrich verleihen. Doch dieser Anstrich kaschierte mehr schlecht als recht die Wirklichkeit mit ihrer ununterbrochenen Kette von Mord, Hinterlist, Brachialgewalt und Partisanenkampf, wo man ritterliche oder höfische Sitten vergebens suchte.

Mündliche Überlieferung, Dichtung und historische Wahrheit

Am Anfang war es eine Ansammlung von Geschichten und Begebenheiten: vom *Weißen Buch von Sarnen* geschildert, vom Tellenlied in holprige Verse gebracht, von Chroniken des späten 15. und des 16. Jahrhunderts aufgegriffen und schließlich von Tschudi mit viel Mühe geordnet und stellenweise ergänzt. Am Ende war es eine Erzählung, die wunderbar geschlossen und stimmig, also wahr wirkte. Dieser Anschein bescherte ihr einen langanhaltenden Erfolg gläubiger Aufnahme. Doch die Stimmigkeit hat getäuscht. Sie versagte vor der kritischen Betrachtungsweise, die sich fast ausnahmslos an die nicht zu erhärtenden Tatbestände hielt *(quod non est in scriptis non est in factis)* und den Erzählungen wegen ihres zu geringen Alters keinen Glauben schenkte. Zum Entsetzen vaterländisch gesinnter oder romantisch veranlagter Gemüter hätten in den vergangenen eineinhalb Jahrhunderten die meisten Historiker Wilhelm Tell deshalb am liebsten in die Rumpelkammer der Fabeln und

Märchen verwiesen, und die drei Eidgenossen und Konsorten gleich mit ihm. Sollten sie dabei das Kind mit dem Bade ausgeschüttet haben?

Es stimmt, dass die historische Faktizität der von der Befreiungstradition erzählten Begebenheiten nicht zu erhärten ist und dass sich diese Begebenheiten außerdem schwer in das chronologische Netz der bekannten historischen Ereignisse einfügen lassen. Nicht weniger eindeutig ist, dass der spät entstandenen schriftlichen Tradition gerade wegen ihrer zu genauen Angaben zu misstrauen ist. Bei der positivistischen Lektüre, der sie von einer ganzen Gelehrtenschaft unterworfen wurde, hatte sie denn auch nicht die geringste Chance.

Aber ist diese Lektüre die einzig mögliche? Mir scheint eine andere nicht nur legitim, sondern auch notwendig zu sein: eine Lektüre, die sich auf das von der Semiotik vorgeschlagene Verfahren stützt, einer Semiotik im zweiten Grade allerdings. Es bedeutet, dass wir in unseren Quellen die aus ursprünglicher Tradition stammenden Zeichen von jenen Elementen trennen, welche von den – zum Glück nur mittelmäßigen – Erzählern, Lieddichtern und Chronisten hinzugefügt oder verändert wurden, und zwar entsprechend ihrer Zeit und ihrer Wahrnehmung dieser Zeit, entsprechend ihrer Perspektive und entsprechend der herrschenden Ideologie mit all ihren Rechtfertigungszwängen – mit einem Wort: entsprechend ihrem eigenen Denken und Fühlen. Sie waren geschickt und ungeschickt zugleich. Geschickt, insofern sie es verstanden, eine Ansammlung von bruchstückhaften Erinnerungen in eine ganzheitliche Erzählung einzuhüllen, doch auch ungeschickt, insofern die Umhüllung längst nicht vollkommen ist und so manches verräterische Zeichen unbeachtet lässt, wodurch sie uns ungewollt der authentischen Wirklichkeit ein Stück näher bringt.

Wir stehen vor dem Problem der erzählten Geschichte, jener Geschichte, die lange Zeit nur mündlich weitergegeben wird, bis jemand auf den Gedanken kommt, sie aufzuschreiben. Sie ist allerlei bewussten und unbewussten Verdrehungen und Manipulationen ausgesetzt, und sie unterliegt ihnen auch unweigerlich. Bald fügt sie neue Details hinzu, bald versteht sie den Sinn eines Details nicht mehr, lässt es aber dennoch stehen. Wer immer der Erzähler sein mag, er kann das, was er erzählt, immer nur bruchstückhaft nachvollziehen. Also muss er ergänzen, doch er vergisst fast augenblicklich, dass er bewusst oder unbewusst eine Wissenslücke überbrückt hat. Von einem Erzähler zum anderen überkreuzen sich die einzelnen Ereignisse, sie werden chronologisch vertauscht, sie kollidieren miteinander, geraten durcheinander. Und stets ist die Versuchung groß, Personen miteinander zu verbinden oder gar zu verschmelzen (etwa den Vogt Gessler), die gar nichts miteinander zu tun hatten, womöglich gar nicht in derselben Zeit lebten. Das vereinfacht die Sache für den Zuhörer und verleiht der Geschichte mehr dramatische Spannung, mehr »emotionale Färbung« (Tomaschewski). Und wo die Phantasie nicht weiterhilft, kann man vielleicht eine Anleihe machen bei Legenden und Erzählungen, die ein Reisender ins Land gebracht hat. In unserer Befreiungstradition sind solche Anleihen, wie etwa der Apfelschuss, so erstaunlich dem *genius loci* angepasst, dass sie wie original wirken.

Guy P. Marchal hat ein gutdokumentiertes Beispiel dafür vorgelegt, wie ein legendenhaftes Motiv in die mündliche Weitergabe einer Erinnerung integriert wird. Das Beispiel ist umso informativer, als es sich auf dieselbe Gegend, die Innerschweiz, und sogar auf die Zeit bezieht, in der die Tellsage im Entstehen war. Im Jahre 1437 plante die Stadt Luzern den Bau einer Brücke über die Emme, wogegen natürlich der Betreiber der Fähre Einspruch erhob, da es das Ende seines Gewerbes bedeutet hätte. Im Prozess machte die Obrigkeit geltend, dass es schon einmal eine solche Brücke gegeben habe, und man ließ mehrere betagte Zeugen auftreten, die aussagten, sie hätten in ihrer Jugend von der alten Brücke gehört; die Erinnerung bezog sich auf einen Zeitraum von etwa hundert Jahren. Einer der Zeugen erzählte nun auch, und zwar mit vielen Einzelheiten, die Geschichte von einem Mann, der geträumt habe, er finde auf dieser Brücke einen Schatz; der Brückenzöllner,»das Meisterli von Emmenbrücke« genannt, habe den Unbekannten von seinem Vorhaben abbringen können, indem er ihm erzählte, er selbst habe von einem Schatz hinter dessen Haus geträumt, worauf der Mann wieder nach Hause gegangen sei und dort den Schatz gefunden habe ... Hier liegt ganz offensichtlich eine Abwandlung einer im Mittelalter hundertfach verbreiteten Legende vor, die mit unzähligen Brücken verknüpft wurde, nicht nur im Alpenraum (Sitten, Thun, Innsbruck, Villach und andernorts), sondern auch mehr oder weniger überall in Europa, im Orient und sogar in Japan. Im Zeitraum von drei oder vier Generationen hat sie sich in der mündlichen Überlieferung als Realität festgesetzt. Vielleicht ist die Analogie, die Guy P. Marchal zwischen der Emmenbrücke und Wilhelm Tell herstellt, nicht ganz zulässig, denn die Erinnerung des alten Zeugen wird vom Luzerner Gericht provoziert, während sie bei den Erzählern der Tellsage spontan ist. Gleichwohl offenbart die Brückengeschichte vieles von den Mechanismen der kollektiven volkstümlichen Erinnerung; diese können in ähnlicher Weise auch bei unserer Geschichte gewirkt haben.

Doch alle Kunstgriffe der Erzähler schließen keineswegs aus, dass es eine authentische, ursprüngliche Erzählung gegeben hat; sie verdunkeln auch nicht deren gesamten Gehalt. Wir haben vorhin festgestellt, dass die auf uns gekommene Erzählung materielle und kulturelle Gegebenheiten zitiert, die tatsächlich der geschilderten Zeit entsprechen. Andererseits wäre es wenig wahrscheinlich, dass sich Erzählungen, die zur Gänze fremden Überlieferungen entstammen oder reine Fiktion sind, in einem so kurzen Zeitraum – weniger als hundert Jahre – so tief im kollektiven Gedächtnis eines Volkes festsetzen, dass sie sogar zum Kern seiner Geschichte werden. Und dies bei einem Volk, das im ausgehenden Mittelalter längst nicht so vierschrötig und naiv ist, wie es später dargestellt wird, und das bereits ein klares Bewusstsein seiner Identität erworben hat.

Wenn wir für einen Augenblick Wilhelm Tell beiseitelassen, dessen Geschichte in einigen Aspekten weniger typisch ist und wenigstens chronologisch gesondert behandelt werden sollte – sie ist zweifellos etwas älter –, so bilden die anderen Erzählungen durchaus ein Ganzes, das kohärent in seiner Typologie und repetitiv in seiner Bedeutung ist. Jedes Detail, jede geschilderte Begebenheit fügt sich mühelos in die gesellschaftliche, wirtschaftliche und kulturelle Wirklichkeit der Waldstätte im 13. Jahrhundert ein. Die Geschichte vom betrogenen Ehemann, der seine Ehre und die seiner Frau rächt, indem er den Rivalen im Bade mit der Axt erschlägt (wobei unwichtig ist, ob dieser Rivale nun der böse Vogt oder sonst ein Parteigänger des verhassten fremden Herrn ist), und anschließend in den Wald flieht – untertaucht, würden wir heute sagen –, um sich der Bestrafung zu entziehen: Eine solche Bluttat muss die Gemüter so erregt und beschäftigt haben, dass man sie über Generationen hinweg erzählte. Ebenso das Unglück jenes Ackerbauern, der, als ihm der Statthalter der fremden Macht das Ochsengespann wegnimmt, sich wehrt und dafür grausam bestraft wird, während sich sein Sohn in Sicherheit bringt. Desgleichen die Geschichte vom reichen Mann, dessen allzu stattliches Haus beim Vogt Eifersucht oder Misstrauen erweckt. All das sind Vorfälle, deren emotionales Potential durchaus in der kollektiven Erinnerung fortbestehen konnte.

Der Burgensturm führt zu ähnlichen Beobachtungen. Es geht hier ganz einfach, natürlich, fast alltäglich zu. Zwar entbehrt die Erzählung nicht ganz der epischen Züge, doch tendieren diese eher ins Komische und Volksfesthafte als ins Heroische. Von den vier Burgen, deren Erstürmung uns berichtet wird, sind drei unbewacht. Die Zwing-Uri bei Altdorf erregte den Zorn der Urner – doch sie war ohne Garnison; so trutzig der Turm im Lauerzer See den Schwyzern vorkam – er war leer. In Nidwalden musste man zur List greifen und eine Magd als Komplizin gewinnen, um die vier Pechvögel von Bewachern zu überwältigen. Nur in Sarnen war es etwas heikler; doch leistete auch hier weder die überrumpelte Garnison noch der Vogt Widerstand, und niemand fand es nötig, ihnen nachzusetzen. Zwar erwähnt keine zeitgenössische Quelle die Vorfälle, doch Ausgrabungen haben bestätigt, dass es die Burgen der Legende tatsächlich gegeben hat und dass sie überstürzt verlassen wurden, Zwing-Uri sogar im unfertigen Zustand. Die Sache ist also zumindest möglich. Und auch hier ist zu fragen: Hätte eine Fiktion nicht unwillkürlich mehr heldenhaften Kampf hineingebracht und den Erstürmern etwas ruhmreichere Taten zugeschrieben?

Die kollektive Erinnerung hat die einzelnen Vorfälle nicht nur zusammenhanglos aneinandergereiht. Sie hat sie, im Dienste eines Geschichtsbewusstseins, das die eigene Sache als gerechte Sache verstand, geordnet und zueinander in Beziehung gebracht. Sie hat sie zu Zeichen des kollektiven Widerstandes gemacht, hat in einen zwar wirklichen, doch namenlosen Kampf gegen einen Erbfeind – das Haus Habsburg – Helden mit Namen hineingebracht. Der Name Habsburg rührte, nicht ohne Grund, bei den Eidgenossen an alte Wunden und Ressentiments, vor allem an die alte Angst, es könnten gebietsfremde, Bräuche und Sitten nicht respektierende Herren Einfluss und Macht über sie gewinnen. Von Geld ist in diesen Erzählungen wenig die Rede, dafür umso mehr von Gerechtigkeit und Ehre. Die Helden unserer Erzählungen handeln eigentlich eher aus persönlichen, familiären Motiven heraus; lediglich Tell tritt von Anfang an als politisch Handelnder auf, wobei allerdings seine letzte Tat, die Erschießung des Tyrannen, wiederum persönlich motiviert ist: Er rächt sich für dessen ebenso grausames wie borniertes Verhalten. Aus der Rückschau heraus – und aus der Sicht der neuen Situation nach dem Sieg am Morgarten – unterstellt die Tradition allen diesen Ereignissen politische Motive und politische Auswirkungen, wobei alles möglichst edel, heldenhaft und vor allem gemeinschaftssolidarisch zugehen muss: Die Erinnerung führt die Protagonisten zum Triumph und macht sie, vielleicht gegen deren Absicht, zu Trägern einer ideologischen Botschaft ihrer Gemeinschaft. Es findet eine Werteverschiebung statt, der wir heute noch oft begegnen: *Jede Gemeinschaft lebt durch das, was sie sich erzählt; die Erzählungen lehnen sich an die Wirklichkeit an, dann bemächtigen sich die Erzähler der Sache; die Tatsachen verändern sich, weil man sie entweder verherrlicht oder vergisst.* Gilt das, was hier die Brüder Taviani in Bezug auf ihren Film *Die Nacht von San Lorenzo* sagen, nicht auch für die Anfänge der Eidgenossenschaft?

Im Nachhinein und aus der vieles durcheinanderbringenden kollektiven Erinnerung heraus werden historische Bestandteile zusammengefügt, um ein bestimmtes Bild zu vermitteln: Man benützt sie, um die Unnachgiebigkeit der Eidgenossen und ihre Siege auf dem Schlachtfeld zu legitimieren, indem man die Ursachen für den jahrhundertlangen Konflikt in die Zeit davor verlegt. Diese Erzählungen denken sich also einen zeitlichen Ablauf der Ereignisse aus, und zwar so, dass er sich wie von selbst ergibt. Immerhin werden keine Jahreszahlen genannt – wovon die Gelehrtenzunft profitiert, die dadurch Stoff für allerhand Spekulationen bekommt. Was kümmerten die Zuhörer Datumsangaben und Jahreszahlen, die ihnen ohnehin nichts sagten? Und was tat es, wenn die Bezüge auf einen größeren historischen Rahmen – die Teilung der beiden Habsburgerlinien, die Geschicke des Reichs – mehr oder weniger, wie wir gesehen haben, Phantasieprodukte waren?

Beim Zuhörer zählte, dass die Erzählung sinnvoll war durch ihren Aufbau. Der Linguist und Semiotiker A.J. Greimas zerlegt die Erzählung in eine narrative Sequenz: Manipulation, Kompetenz, Performanz und Sanktion. Die Tellgeschichte entspricht sehr exakt diesem Schema, weswegen sie auch »konstruierter« wirkt als die anderen Erzählungen. Die Manipulation – die Situation, aus der die Handlung entsteht – ist die Missachtung des Gebots, den Hut zu grüßen. Die Kompetenz ist Tells Meisterschaft im Armbrustschießen. Die Performanz des Helden besteht darin, dass er drei Proben besteht; die beiden ersten (der

Apfelschuss und das Steuern des Bootes im Sturm) werden als »qualifizierend« bezeichnet, wobei die erste »entscheidend« ist – genau die, welche wahrscheinlich eine spätere Interpolation oder ein Substitut ist. Die Flucht aus dem Boot ist die dritte, »glorifizierende« Probe. Und die Sanktion besteht in der Erschießung Gesslers.

Die Geschichte der drei Eidgenossen weist nicht dieselbe Geschlossenheit und strenge Abfolge auf, doch auch sie entspricht dem Phasenmuster. Jeder der Helden wird, seinem Widersacher auf Gedeih und Verderb ausgeliefert, hinreichend provoziert (»Manipulation«), um eine »Probe« seiner »Kompetenz« zu liefern: Tötung des Entehrers, aktiver Widerstand gegen die Beschlagnahme der Ochsen, politische Überlegungen bei Stauffacher. »Entscheidend« ist hier der Rütlischwur, das heißt der Zusammenschluss der Aufständischen; und die »Sanktion« besteht in der Erstürmung der Burgen mitsamt der Vertreibung der Statthalter einer ausländischen Macht.

Diese Geschichten haben also eine bemerkenswerte erzählerische Eigenschaft: Sie sind Schöpfungen. Nicht Schöpfungen des Verfassers des *Weißen Buches* oder möglicher Vorgängerversionen – diese haben bereits viele Einzelheiten aus den Augen verloren oder deren Sinn nicht mehr verstanden –, sondern Schöpfungen einer älteren mündlichen Überlieferung, die den tatsächlichen Ereignissen noch zu nahe ist, um sie nicht recht genau zu widerspiegeln, auch wenn sie sie in eine rekonstruierte Erzählung eingießt und vielleicht ausschmückt, um ihr emotionalen Gehalt und gleichzeitig einen Sinn und einen höheren Wert zu verleihen. Die kollektive Erinnerung, die hier von der Erzählung transportiert wird, ist in jeder Generation ein Kompromiss zwischen Vergangenheit und Gegenwart.

Noch ein anderer Zug unserer Erzählungen spricht für ihre Wirklichkeitsnähe und damit für die Echtheit des bearbeiteten erzählerischen Materials: Zu keinem Zeitpunkt lassen sie übernatürliche Mächte intervenieren. Die Helden mögen noch so »fromm« sein und »Tag und Nacht zu Gott beten«, nie hilft ihnen wunderbarer Beistand, weder von Gott selbst noch von der Mutter Gottes, noch von irgendeinem Heiligen. Aber auch der Teufel bringt sie nicht in Bedrängnis oder in Versuchung; es braucht ihn nicht, die Bosheit der Menschen genügt sich selbst. Außerhalb des kirchlich-religiösen Bereichs (der, nebenbei bemerkt, in dieser ganzen Sache seltsam ausgespart ist) findet sich keine Spur dieser Wunderwesen, die im Mittelalter ständig und überall herumspuken in einer Vorstellungswelt, bei der Natürliches und Übernatürliches ganz ungeniert nebeneinander – oder völlig durcheinander – liegen. Dieses gänzliche Fehlen von Wundern, Teufelserscheinungen und überhaupt Übernatürlichem ist erstaunlich bei einem mittelalterlichen Erzählkomplex, der dazu noch bei Bergbauern spielt. Erstaunlich genug, um ein zusätzliches Argument für seine Glaubwürdigkeit zu bieten.

Insgesamt gesehen, haben wir es, da bleibt nicht der leiseste Zweifel, mit einer Erzählung zu tun, die stark bearbeitet, stark auf ein zentrales ideologisches Thema hin organisiert ist. Der Bearbeitung ist also zu misstrauen. Zu misstrauen ist auch dieser oder jener Episode, die »eingebaut« wurde, um die Geschichte packender zu machen, um ihre emotionale Wirkung zu steigern, um sie für Gemüt und Gedächtnis einprägsamer werden zu lassen. Das ist der Fall bei der Apfelschussepisode, einer Anleihe aus der skandinavischen Tradition, die ohne weiteres den Weg in die Alpen finden konnte. Doch scheint dieser Fall der einzige zu sein; er genügte auch für den Zweck. Die anderen Bestandteile der Erzählung stehen in keinem zwingenden Zusammenhang zueinander. Sie entstammen wahrscheinlich verschiedenen Schichten der Erinnerung, wobei die Geschichte von Wilhelm Tell sicher die älteste ist.

Hat möglicherweise diese etwas andersartige, etwas rätselhaftere und im Vergleich zu den anderen Geschichten weniger typische, weil stärker dichterisch bearbeitete Tellgeschichte einfach das Handeln einer Gruppe auf einen einzigen legendären Helden übertragen? Ist Wilhelm Tell vielleicht eine Art

Sammelname? Natürlich kann so etwas nicht vorbehaltlos behauptet werden. Aber es entspräche durchaus der Logik dieser ganzen zunächst mündlich überlieferten, später schriftlich festgehaltenen Befreiungstradition, die in einzelnen Personen das kristallisiert, was die Gefühle, Empfindungen und Taten eines ganzen Volkes, zumindest seiner bewussten und aktiven Schichten waren.

Wir haben nun die Befreiungstradition – in ihrem doppelten Sinne von kollektiver Erinnerung und chronikalischer Überlieferung – zwei ersten Analysen unterworfen. Als Erstes haben wir die Texte untersucht, die über sie berichten. Diese schriftlichen Fassungen stehen zwar in zu großem zeitlichen Abstand zu den geschilderten Ereignissen, aber wir sind zu dem Ergebnis gelangt, dass sie dennoch – nicht immer mit gleichem Geschick und manchmal mit Nebenabsichten – Erinnerungen gesammelt haben, die sehr viel weiter zurückreichen. Als Zweites haben wir die Texte auf ihre Kohärenz hin untersucht: Kohärenz nicht der Erzählung als eines starkbearbeiteten Ganzen, sondern Kohärenz ihres subjektiven Gehalts. Diese Analyse bescheinigt, von angelagerten Details abgesehen, zumindest einem Teil der Episoden Glaubwürdigkeit. Und diese Glaubwürdigkeit führt zu einem Echtheitszertifikat für das Material, den eigentlichen Erzählstoff, mit wenigen Ausnahmen (wie dem norwegischen Apfel).

Wie jede gute Legende des Mittelalters hat unsere Befreiungstradition nun einen dritten und letzten Test zu bestehen. Er ist der aufwendigste und schwierigste: die Gegenüberstellung mit der Geschichte.

II. TEIL

Im Urteil der Geschichte

Wilhelm Tell dem Urteil der Geschichte zu unterwerfen bedeutet, dass wir ihn in die Zeit, in den Raum und in das soziale Gefüge stellen, in denen er gelebt haben mag. Wir müssen also die Geschichte seines Volkes nachzeichnen, die Geschichte jenes Bündnisses der Täler, die ihn zum Helden gemacht hat, lange bevor er zum Helden einer entstehenden Nation – der heutigen Schweiz – oder zum weltweiten Mythos werden konnte.

Zeit, Raum, soziales Gefüge. Die Zeit ist von mittlerer Dauer, sie erstreckt sich über vier oder fünf Generationen, vom frühen 13. Jahrhundert bis ins frühe 14. Jahrhundert. Der Raum ist eng, von hohen Bergen umschlossen. Das soziale Gefüge ist das einer bäuerlichen Gemeinschaft, in der man aufeinander angewiesen ist; es ist fest, doch verhältnismäßig einfach, wenig von feudalen Hierarchien belastet, die sonst noch fast überall bestimmend sind.

Die Welt, in der Tell lebt, ist eine kleine Welt für sich, mit ausgeprägter Eigenart. Außerdem ist sie für uns weit weg. Sie wird uns kaum zugänglich werden, wenn wir uns nicht vorweg die Mühe machen, sie in einen räumlich und zeitlich größeren Zusammenhang zu stellen. Viele Aspekte dieser nur leidlich bekannten Geschichte werden erst verständlich, wenn wir sie im Zusammenhang mit einer noch älteren Vergangenheit sehen, im Zusammenhang mit der langsamen Herausbildung der politischen, wirtschaftlichen und gesellschaftlichen Strukturen, die von unserer Geschichte ins Spiel gebracht werden. Diese Strukturen haben auch bestimmte Mentalitäten hervorgebracht und zu bestimmten Bestrebungen geführt. Die Tellgeschichte und ihr gesamter Hintergrund sind stets auch Reaktionen auf diese Mentalitäten und Bestrebungen: Sie schaffen eine Konfliktsituation.

Es ist also angebracht, dass wir einige Jahrhunderte zurückgehen. Dass wir uns vor Augen führen, unter welchen Bedingungen und durch wen die Region bevölkert wurde – nicht nur die Täler der Zentralalpen, sondern auch ihr Vorland im Norden und Westen, das sogenannte schweizerische Mittelland, und die lombardische Ebene im Süden. Wir müssen uns die miteinander verwobenen Geschicke dieser benachbarten Regionen vor Augen führen, die, so verschieden sie sind, sich bald auch ergänzen. Wir müssen wissen, welche Bedürfnisse bei den Bergbewohnern zu einer bestimmten Lebensweise und Form des Zusammenlebens führten und wie sich die Beziehungen gestalteten, die diese Menschen mit dem Unterland und mit den Nachbartälern im Osten und im Westen knüpften. Und wir müssen uns die Gegensätze vergegenwärtigen zwischen den unterschiedlich strukturierten Gesellschaften, den unterschiedlich verstandenen und empfundenen Herrschaftsformen, den sich unterschiedlich ausdrückenden Kulturen und Gefühlen. Um die kleine Welt des Wilhelm Tell herum müssen wir die große Welt herbeizitieren.

5
Der Schmelztiegel

Helvetier und Römer
Die Zentralpen und ihr nordwestliches Vorland bis zum Jura und zum Rhein, eigentlich sogar bis zum Tal der Saône und zum Mittelgebirge des Schwarzwalds, waren immer ein Knotenpunkt der Wanderbewegungen gewesen, ein Schmelztiegel, in dem die verschiedensten Völker und Kulturen aufeinandertrafen und aufeinanderprallten, sich aber auch gegenseitig vermischten und bereicherten. Die »Nation«, die heute den Großteil dieses Raums bewohnt und Schweiz heißt, die ihren Institutionen und Wirtschaftsunternehmen einen so nationalen Anstrich verleiht, ist sie wirklich eine Nation? Von außen gesehen, mag die Schweiz durchaus geschlossen und einheitlich wirken. Doch ihre Bürger wissen, wie problematisch es war – und immer noch ist –, uneinheitliche und sich ständig wandelnde Volksgruppen zu vereinen, die vier verschiedene, dazu noch in Dialekte zerfallende Sprachen sprechen, die drei verschiedenen, ihr Zentrum im Ausland habenden Kulturen angehören, die in den unterschiedlichsten Höhenlagen und Klimazonen leben, die recht

und schlecht zwei Konfessionen im Ausgleich halten (vom 16. bis ins ausgehende 19. Jahrhundert haben sie das Land regelrecht zerrissen), die sich auf verschiedene Wertesysteme und Traditionen, sogar auf verschiedene historische Vergangenheiten berufen ... Das Land gilt als klein, doch es scheint die Unterschiede geradezu anzuhäufen: ein Erbe von Einwanderungs- und Besiedlungswellen, von einander zwar verdrängenden, doch nicht völlig auslöschenden Kulturen – als hätte eine Art Komplizität zwischen ihnen geherrscht.

Bildet die Geographie dafür eine hinreichende Erklärung? Das sich zwischen Alpen und Jura öffnende Mittelland bietet den wandernden Völkern einen bequemen Durchgang. Berge und Flüsse sind Hemmschwellen, an denen die Züge haltmachen müssen. Die Seen bieten Nahrung oder Schutz. Diese Faktoren haben alle ihre Rolle gespielt, und viele andere dazu. Der Raum, mit dem wir uns befassen, brachte keine eigene Zivilisation hervor, doch er befand sich am Kreuzungspunkt mehrerer Kulturen mit großer Ausstrahlungskraft, und er wurde zum Ort ihrer Begegnung. Ergibt sich daraus nicht auch die Berufung, Ort der Begegnung zu bleiben?

Ein Knoten- und Kreuzungspunkt war die Region schon immer, so weit uns die archäologische Forschung überhaupt zurückblicken lässt. Jedenfalls schon in der Bronzezeit im zweiten vorchristlichen Jahrtausend. Wir sehen es genauer in der älteren Eisenzeit oder Hallstattzeit (benannt nach einer damals betriebenen Salzmine in den österreichischen Alpen), das heißt in der ersten Hälfte des ersten Jahrtausends vor Christus; dann in der zweiten Eisen- oder La-Tène-Zeit (nach einem Fundort am Ostufer des Neuenburger Sees) ab der Mitte desselben Jahrtausends. Das schweizerische Mittelland und die großen fruchtbaren Talböden der Alpen waren damals relativ dicht besiedelt, hauptsächlich um die blühenden Handelsplätze herum: An ihnen kam es schon zum Kontakt zwischen der relativ fortgeschrittenen mediterranen Zivilisation und den Stämmen aus dem westlichen und nördlichen Europa, die zwar weniger verfeinert, aber weder primitiv noch dem Luxus schöner Gegenstände abhold waren.

Der Ursprung dieser vorgeschichtlichen Bevölkerung der Schweiz ist ziemlich unklar und sicherlich nicht einheitlich. Bereits damals war die Gegend ein Schmelztiegel für durchziehende Völker, die bald aus dem Norden, bald aus dem Westen, spärlicher aus dem Osten und Süden kamen. Ohne im Einzelnen auf das einzugehen, was wir mehr oder weniger zuverlässig wissen, wollen wir festhalten, dass das Mittelland und die Eingänge der Haupttäler von Kelten besetzt waren; in die Ostalpen (östlich des Rheintals) wanderten die Räter ein, die im Raum Graubünden (»Rätien«) außerordentlich sesshaft wurden. Am Südfuß der Alpen (Tessin) siedelte sich der Stamm der Lepontier an, der mit den Etruskern verwandt oder von ihnen beeinflusst war. Diese Zuordnungen sind indessen relativ, eindeutige Grenzen zwischen den Völkern hat es nie gegeben. Die Kelten oder Gallier fielen in Norditalien ein und vermischten sich mit den Lepontiern. Diese wiederum überschritten den Alpenhauptkamm und besiedelten mehr oder weniger unbewohnte Täler auf der Nordseite (Uri und Oberwallis). Auch die Räter haben, freiwillig oder gezwungenermaßen, lepontische und mehr noch keltische Elemente übernommen. Unter den Kelten selbst gab es zudem große kulturelle Unterschiede, je nachdem, ob sie aus Gallien oder aus Germanien kamen.

Mit dem Zug der Kimbern und Teutonen aus dem Norden kamen die Helvetier. Ihre vier Stämme überschritten den Rhein in den letzten Jahrzehnten des zweiten vorchristlichen Jahrhunderts. Es sind Halbnomaden, die auf Brandrodungen etwas Ackerbau und Viehzucht betreiben: Sie brennen ein Waldstück nieder und säen es an; nach einigen Jahren, wenn der Boden erschöpft ist, ziehen sie weiter und brennen neuen Wald ab, während der alte auf dem verlassenen Stück nachwächst. Mindestens zweimal versuchen sie, ihre Wanderbewegung in eine Art Gelobtes Land im südwestlichen Gallien zu lenken, doch sie werden jedes Mal über den Jura nach Osten zurückgetrieben:

ins schweizerische Mittelland. Zuletzt von Julius Cäsar persönlich, der sie 58 v. Chr. in der Schlacht von Bibracte (in der Gegend von Autun) besiegt. Cäsar behauptete, es seien 263 000 Menschen gewesen, dazu an die 100 000 Angehörige von Nachbarstämmen, die sich ihnen angeschlossen hätten. Das ist mit Sicherheit übertrieben; diese Zahlen sollten wohl Cäsars Feldherrenkunst herausstreichen und die hohen Kosten für die Expedition gegen die Helvetier rechtfertigen.

Es waren immer noch genügend Helvetier, die im Nebeneinander mit anderen, weniger bekannten Völkern reichlich dieses Helvetien bevölkerten, das ihren Stempel bewahrte. Sehr viel später werden sich die Schweizer so mit diesen fernen Vorfahren identifizieren, dass sie ihren Bund *Confoederatio helvetica* nennen. Die Bezeichnung »Schweizer« (zunächst »Schwyzer«) kam etwa zur Zeit Tells und der Schlacht am Morgarten auf, doch wurde sie damals nur von Außenstehenden benützt, die den Namen des bekanntesten der drei Länder, nämlich Schwyz, auf die Waldstätte insgesamt übertrugen.

Durch das Eingreifen Cäsars und das definitive Sesshaftwerden der Helvetier verband sich das Schicksal der Region der heutigen Schweiz eng mit dem des römischen Imperiums, obwohl die Römer Helvetien, also das Mittelland zwischen Jura und Alpen, nie im eigentlichen Sinne erobert hatten. Sie hatten es durch Umzingelung praktisch in der Hand, nachdem sie sämtliche angrenzenden Provinzen bis zur Donau und zum Niederrhein unterworfen hatten. Außerdem setzten sie Garnisonen ins Land: Cäsar errichtete zwei Militärkolonien mit Garnisonen an den beiden Enden des Mittellandes, die eine in Nyon am Genfer See, die andere am Rhein. Letztere wurde von Kaiser Augustus schließlich in Augst angesiedelt (Augusta Raurica, heute ein Vorort von Basel). Die westlichen Alpen hingegen (Wallis und Savoyen) wurden von den Römern um 25 v. Chr. gewaltsam erobert. In einer großangelegten kombinierten Unternehmung vom Rhein und von der Gallia cisalpina (Norditalien) aus wurde einige Jahre später auch Rätien besetzt. Das

Siegesdenkmal von La Turbie bei Nizza, das die unterworfenen Stämme aufführt, feiert die vollendete Eroberung aller Alpenvölker durch Augustus. Mit der Kontrolle der Alpenübergänge sicherte sich Rom die Verbindung zum Limes, der befestigten Nordgrenze des Reiches, und gleichzeitig geschützte Handelswege. Im Westen hatte es den Kleinen und den Großen Sankt Bernhard und die zugehörigen Zugangstäler: das Aostatal, die Tarentaise (oberes Isère-Tal) mit den wilden Salassern und das *Vallis poeniae,* das später als Wallis, als das Tal schlechthin bezeichnet wird. Im Osten sicherte Rom sich die rätischen Alpenübergänge, insbesondere den Julier und den Septimer.

Ob militärisch unterworfen oder durch Bündnisse an die neuen Herren gebunden, die helvetischen und rätischen Gebiete entlang der Hauptstraßen und im Mittelland romanisierten sich jedenfalls schnell. Die Symbiose zwischen den römischen Kolonisatoren und den Helvetiern ging fast reibungslos vonstatten. Sie äußerte sich in der landwirtschaftlichen Erschließung des Mittellands und mehr noch in der intensiven Urbanisierung des ganzen Gebiets zwischen Genfer See und Bodensee: Märkte, Handels- und Finanzzentren sowie Relaisstationen an den großen Nord-Süd- und Ost-West-Achsen bescherten dem römischen Helvetien eine beachtliche Wirtschaftsblüte und eine Kultur, die zwar lateinisch dominiert war (die Sprache der Römer setzte sich durch), aber dennoch originale Züge aufwies. An den großen Straßen, vor allem an den Ausgängen des Rhonetals und des Rheintals, entstanden bedeutende Kolonien mit Garnisonen. Die Bergregionen hingegen, die Alpen, Voralpen und der Jura, blieben mit Ausnahme einiger weniger Durchgangsorte von den Römern unbeachtet. Ich werde noch auf diesen zeitlich weit zurückliegenden, doch für unser Thema wesentlichen Umstand zurückkommen.

Vom ersten bis zum dritten nachchristlichen Jahrhundert herrschte der »Römische Friede« – lange und verlässlich genug, um tragfähige gesellschaftliche Strukturen und kulturelle Traditionen entstehen zu lassen. Diese erwiesen sich auch später, in den Wirren der Völkerwanderung, als tragfähig: in den allmählich sich germanisierenden Nord- und Zentralregionen wenigstens zum Teil, weitgehend jedoch in den westlichen und südlichen Gebieten sowie in einem großen Teil Rätiens, wo sich überall das romanische Idiom erhielt.

Um die Mitte des 3. Jahrhunderts freilich geriet die Stabilität der Besiedlung und des Zusammenlebens im helvetischen Mittelland in Gefahr, um kurz danach unter dem Druck der aus dem Norden kommenden Völker vollends zusammenzubrechen. Der Zusammenbruch erfasste übrigens den gesamten westlichen Teil des Imperiums, sogar Italien und schließlich Rom selbst.

In den Jahren 259 und 260 mussten die Römer wegen der schweren Wirren in der Hauptstadt ihre nördliche Rheingrenze, den Limes, aufgeben, wodurch dem Andrang der Alemannen Tür und Tor geöffnet wurde. Helvetien wurde bei diesem Einfall verwüstet. Die Angreifer waren rasch zurückgedrängt, doch der Schock hatte das wirtschaftliche und gesellschaftliche Leben erschüttert und die geistigen Energien gelähmt. Alle verbleibenden Kräfte und Mittel wurden zur Verteidigung aufgeboten, sowohl am Rhein als auch im Landesinnern, im ganzen Mittelland. Die einst blühenden Städte wichen einigen wenigen befestigten Fluchtburgen. Sie sollten sich als nutzlos erweisen.

Alemannische Gefahr jenseits, wirtschaftlicher Stillstand diesseits des Limes: die Grenzregionen des Imperiums entvölkern sich im 4. Jahrhundert. Viele romanische, das heißt römische oder römisch assimilierte Familien, insbesondere die Vermögenden unter ihnen, ziehen sich an sichere Orte zurück. Die einen überqueren die Alpen, die anderen suchen deren Schutz und lassen sich in sicheren Tälern nieder: im Rheintal um das *castrum* (Festung) Chur oder unterhalb, auch in der engen Schneise des Walensees (einer später alemannisierten Gegend, in der aber Ortsnamen heute noch den römischen Stempel tragen: Terzen, Quarten, Quinten); außerdem im Rhonetal oberhalb des Genfer Sees sowie im Aaretal um Brienzer und Thuner See. Einige Gruppen suchen Schutz in den Wäldern der Voralpen und der Jurahänge. Sie finden an diesen Fluchtorten freie, unbesetzte Räume, nicht allzu karge Böden und ein noch erträgliches Klima, können hier also ihren gewohnten Landbau mit Getreide, Wein und Gemüse wiederaufnehmen. So entvölkert sich das schweizerische Mittelland teilweise, vor allem im nördlichen, dem Rhein und der drohenden Gefahr nahen Bereich, wogegen sich der Alpenrand entwickelt. Doch ist dies eine Entwicklung in engen Grenzen: Die kleinen Gemeinwesen, die hier autark und in der Abgeschlossenheit leben, pflegen zwar weiterhin bestimmte romanische Traditionen und Bräuche, entziehen sich aber der in Auflösung begriffenen römischen Verwaltung – und den römischen Steuern.

Als im Jahre 401 die letzten römischen Legionen für immer vom Limes abziehen und nach Italien zurückkehren, lösen sich die Provinzen, die Rom im Norden mit so viel Sorgfalt aufgebaut und verwaltet hatte, eine nach der anderen von dem sich auf den Mittelmeerraum zurückziehenden Reich. Neue Strukturen, neue Hierarchien beginnen sich herauszubilden, ganz ohne Erschütterungen.

Alemannen, Burgunder – und Christen

Ohne Erschütterungen? Es ist eine Tatsache, dass das erwartete Aufeinanderprallen ausblieb, sowohl in Helvetien als auch in den benachbarten gallo-römischen Provinzen. Die Volksstämme mit den Alemannen an der Spitze hatten nicht, wie man glaubte, nur auf den Abzug der römischen Verteidiger gewartet, um sich in die freiwerdenden Landstriche zu ergießen. Nichts dergleichen geschah, wenigstens nicht unmittelbar und nicht mit der Grausamkeit, die man befürchtet hatte. Und die ersten »Barbaren«, das heißt reichsfremden Stämme, die sich der leeren Räume bemächtigten, waren nicht die gefürchteten Alemannen, sondern ein, was seine Zahl und seine Kultur betraf, viel bescheideneres Volk, nämlich die Burgunder. Dieses Volk scheint Skandinavien, vielleicht die Insel Bornholm, im 2. Jahrhundert n. Chr. verlassen zu haben und bis zum Mittelrhein gewandert zu sein. Von den zwischen Main und Schwarzwald sitzenden Alemannen am Weiterziehen gehindert, überquerte es den Rhein und wollte sich irgendwo zwischen Lothringen und der Champagne festsetzen. Dort wurde es aber von den Franken abgewiesen und schließlich im Jahre 436 vom römischen General Aetius vernichtend geschlagen. Aetius wollte sich die Überreste des burgundischen Volkes nutzbar machen und wies ihnen als Siedlungsland *Sapaudia* an; unter diesem Gebiet darf man sich nicht das spätere Savoyen vorstellen (obwohl dieses seinen Namen von ihm hat), es ist vielmehr die Gegend zwischen Genf, Lausanne und der Jurakette. Andere Burgunder konnten sich zwischen Saône und Rhone (Bresse, Bugey) festsetzen. Wenig zahlreich und zudem versprengt, nahmen sie umso bereitwilliger die lateinische Sprache und die romanische Kultur an, als sie sich im Vergleich zur ansässigen Bevölkerung plump und verachtet vorkamen. Hingegen bewahrten sie ihren Zusammenhalt und ihre gesellschaftliche Ordnung, so dass sie trotz ihrer zahlenmäßigen und kulturellen Unterlegenheit bald dem ganzen ihnen zugewiesenen Wohngebiet ihre Herrschaft, ihr Gesetz und ihre Institutionen aufzwangen (die berühmte *Lex Burgundionum* oder *Lex Gundobada*). Im Jahre 451 errichteten sie ein burgundisches Reich, das sich zunächst bis Lyon ausdehnte, später im Süden bis zur Durance, im Westen bis zur Saône und im Nordosten bis zur heutigen Westschweiz, die dieser Zugehörigkeit zum burgundischen Reich ihre romanische (französische) Sprache zu verdanken hat. Dieses Burgund, das erste einer ganzen Reihe von burgundischen Fürstentümern und Königreichen, bestand nur knapp ein Jahrhundert lang, dann fiel es unter den Merowingern den Franken anheim. Es hatte aber bereits einen Kulturbereich und dadurch eine regionale Zusammengehörigkeit begründet, die sich durch alle Wechselfälle der Politik hindurch nie mehr verlieren sollte.

Die allseits so gefürchteten Alemannen betraten den helvetischen Boden erst ein gutes Jahrhundert später als erwartet, nämlich um das Jahr 500, und sie taten es gewissermaßen auf Zehenspitzen. Es war kein Überrennen mit Morden und Brennen wie im 3. Jahrhundert, sondern eine stille, kontinuierliche Landnahme von Viehzüchtern und Ackerbauern, von Halbnomaden, denen zum Sesshaftwerden das Land für Äcker und Viehweiden fehlte. Diese Alemannen waren ursprünglich keine wirkliche Volksgemeinschaft von gemeinsamer Herkunft gewesen. Sie waren eine Art Konglomerat, ein lockeres Bündnis von Stämmen, die in Germanien umherirrten, aber durch ihre gemeinsame Sprache und ihr gemeinsames Brauchtum zusammengeführt wurden. Ständig und überall abgedrängt durch andere, besser organisierte und straffer geführte Völker – Franken, Bajuwaren, Ostgoten, Hunnen –, sammelten sie sich schließlich im Süden Germaniens, im später als Schwaben bezeichneten Alemannien, das heute in etwa dem Land Baden-Württemberg entspricht. Die wilden Horden zivilisierten sich dort allmählich und bildeten eine kulturelle Identität heraus, ohne indessen zu einem wirklichen Volk mit eigenem Staatsgebilde zu werden. Ihre Führer, die ab dem 6. Jahrhundert erwähnten Herzöge von Alemannien, scheinen eher fränkische Beamte gewesen zu sein als Volkszugehörige.

Wie dem immer sei, die Alemannen sind zahlreich, viel zu zahlreich für den Raum, in dem sie leben. Ein Teil von ihnen wandert deshalb über den Rhein aus: ins Elsass, nach Helvetien und in die Alpen. Sie dringen in die von den römischen Kolonisatoren zurückgelassenen Leerräume ein, vermeiden den direkten Zusammenstoß mit den Zurückgebliebenen, weichen den noch bewohnten Städten und befestigten Plätzen aus, nehmen aber das unbewohnte Land in Besitz: die bestehenden Rodungen im dichten Waldgebiet des Mittellands und der Voralpen sowie die wärmsten Hänge in den Alpentälern. So besiedeln sie intensiv das nördliche und zentrale Mittelland und die meisten Flusstäler zwischen Aare und Rhein, die von dort aus erreichbar sind. Ganz allmählich prägen sie mit ihrer germanischen Sprache und Kultur einen Großteil der heutigen Schweiz sowie das Elsass. Sie dringen auch weit nach Südwesten vor, zum Genfer See hin, in das dichter und stabiler besiedelte romanische Gebiet. Sie geben hier ihren Ansiedlungen und Gehöften alemannische Namen, die heute noch in Ortsnamen erkennbar sind. Doch im Gegensatz zu dem, was im Nordosten geschieht, lassen sie sich hier als Minderheit nach und nach von der sie umgebenden Kultur aufsaugen und nehmen die regionalen romanischen Dialekte an. Das burgundische Herrschaftsgebiet um Genf berühren sie praktisch nicht. So entsteht im ehemaligen Helvetien ein friedliches Nebeneinander von romanischen und alemannischen Elementen; vom Gewicht des einen oder des anderen hängt ab, welche gemeinsame Sprache in einer Region gesprochen wird. Langsam zeichnet sich eine Sprachgrenze ab, unscharf und fließend bisweilen, je nach lokaler Mobilität der Bevölkerung. Sie zieht sich von den letzten Juraketten oberhalb Basels im Norden südwärts und die Alpen überquerend bis ins Wallis, das sie in zwei Sprachgebiete teilt. Diese Grenze zwischen zwei so kontrastierenden Kulturbereichen – der eine französischer, der andere deutscher Zunge – ist insofern erstaunlich, als sie von der Topographie überhaupt nicht vorgezeichnet ist und vor allem nie zu einer eindeutigen und dauerhaften politischen Grenze wird, genauso wenig wie sie jemals zu unterschiedlichen wirtschaftlichen Entwicklungen führt. Auch heute noch hält sie sich längst nicht überall an die Grenzen der Kantone, durch mehrere läuft sie mitten hindurch und macht sie dadurch zweisprachig. Angemerkt sei noch, dass die alemannische Durchdringung in jener Zeit selten die obersten Talböden erreichte und auch den Alpenhauptkamm nicht überschritt. Sie hörte auch unvermittelt auf an der Grenze zu Rätien, wo die Einheimischen ihr Gebiet resolut verteidigten; ein Teil Rätiens wurde zwar ebenfalls alemannisiert, doch erst im 11. Jahrhundert und unter ganz anderen Umständen.

Der in mehreren aufeinanderfolgenden Phasen entstandene Schmelztiegel zwischen Alpen, Jura, Rhein und Rhone gewann zusätzlich Gestalt und Festigkeit durch die Christianisierung seiner heterogenen Bevölkerungsgruppen. Da es keine starke Zentralmacht gab, erfolgte sie nicht – wie in Frankreich und in anderen Ländern – durch die Taufe eines Königs, also per Dekret von oben, sondern durch mehrere Missionierungswellen von ganz unterschiedlichen Zentren aus. Die einzige Ausnahme bildete die Bekehrung Sigismunds zu Beginn des 6. Jahrhunderts in Genf mit dem kollektiven Übertritt seiner burgundischen Untertanen zum Christentum.

Das Christentum hatten schon die Römer nach Helvetien gebracht, einige ihrer Städte hatten einen Bischof. Außer im Wallis und im romanischen Westen drang es jedoch kaum in die ländlichen Gebiete vor. Deren Christianisierung ist das Werk von Mönchen, die hier im 5. und 6. Jahrhundert missionierten und die ersten Grundlagen einer kirchlichen Organisation legten. Diese Mönche kamen aus Burgund, manche sogar aus Irland, wie Gallus und Kolumban kurz nach 600. Doch trotz aller Bemühungen der Bischöfe (ein Bistum Alemannien wird um 600 in Konstanz gegründet, ihm untersteht fortan das ganze alemannische Helvetien) und der ersten Klöster, auch trotz des wachsenden fränkischen Einflusses, der die Bekehrung der alemannischen Stammesführer zur Folge hat, scheint das gemeine Volk lange unzugänglich geblieben zu sein für den neuen Glauben, der möglicherweise als Instrument der Fremdherrschaft und Untergrabung lokaler Autonomie empfunden wurde. Dieses Misstrauen mochte besonders bei der Bergbevölkerung bestehen, noch zur Zeit Tells und darüber hinaus tat sie sich in puncto Glaubenseifer, Frömmigkeit und kirchlichen Gehorsam keineswegs hervor. In der ganzen urschweizerischen Befreiungstradition ist der religiöse Bezug merkwürdig abwesend.

Karl der Große und die Erschließung der Alpen

Frühling des Jahres 773. Der Frankenkönig Karl der Große will ein für allemal das Problem des Langobardenkönigs Didier aus der Welt schaffen, der seit Jahren ganz Italien unter seine Herrschaft zu bringen versucht und sogar den Papst verhöhnt. Karl versammelt sein Heer in Genf und lässt es in zwei getrennten Scharen über die Alpen marschieren; die eine Schar benützt den Großen Sankt Bernhard (oder Mont-Joux, *Mons Jovis*, wie er damals noch hieß), die andere den Mont-Cenis. Karl siegt jenseits der Pässe, vor Pavia, wo sich der eingeschlossene Didier bald ergibt. Er setzt sich die lombardische Krone auf und vereinigt so unter seiner Herrschaft den Norden und den Süden und damit auch den Alpenraum. Dieser trennt nun die beiden Reiche nicht mehr, er verbindet sie vielmehr.

Es war nicht das erste und schon gar nicht das letzte Mal, dass die Alpen zu Eroberungszwecken überschritten wurden. Karls Vater, Pippin der Kurze, war zweimal, 755 und 756, unter ähnlichen Umständen nach Italien gezogen. Ein Jahrhundert später überschritt sein Enkel Karl der Kahle ebenfalls den Großen Sankt Bernhard – mit weniger Glück: Von seinem eigenen Neffen Karlmann vertrieben, der über den Brenner aus seinem Bayern hergeeilt war, und in Frankreich durch eine Erhebung seiner Vasallen bedroht, wollte der alternde und kranke Karl über die Berge zurück; im Maurienne-Tal kam er nicht mehr weiter, er starb in einem abgeschiedenen Weiler am 7. Oktober 877.

Mit den karolingischen Feldzügen über die Alpen beginnt ein neues Kapitel in der Geschichte dieser europäischen Region. Schon im 6. Jahrhundert hatte das Volk der Franken, zahlenmäßig überlegen, besser organisiert und zweifellos auch ehrgeiziger, alle anderen Völker zwischen Nordsee und Alpen einschließlich der Burgunder und Alemannen unter seine Kontrolle gebracht. Die fränkischen, später merowingischen Könige übten keine eigentliche Herrschaft aus, wenigstens nicht so, wie wir es heute verstehen. Sie errichteten vielmehr ein Netz von Einflusssphären, indem sie Getreue – die alemannischen Herzöge, die Bischöfe – in Schlüsselpositionen einsetzten. Die Merowinger waren indessen zu schwach und zu sehr in Anspruch genommen von der Spaltung der Franken und den ihren Ruf kompromittierenden Palastintrigen; es gelang ihnen nicht, dem ganzen disparaten Einflussbereich den Zusammenhalt und die Strukturen zu verleihen, die ihre Herrschaft hätten sichern können. Sie ließen die Dinge treiben, und ihre Gefolgschaft, darunter die Alemannenherzöge, nutzte die Gelegenheit, um ihre Eigenständigkeit zurückzuerlangen. Noch ausgeprägter war diese Tendenz bei den Randvölkern in den Bergen.

Doch im 8. Jahrhundert nahmen die »Hausmeier« Austrasiens die Sache in die Hand. Aus diesen hohen königlichen Beamten des östlichen Merowingerreichs (dessen Hauptstadt Metz war) sollte die Dynastie der Karolinger hervorgehen. Sie begriffen die stragische Bedeutung Alemanniens, Helvetiens und der Zentralalpen zwischen Rhone und Rhein: Wer die Kontrolle über diese Gebiete ausübte, kontrollierte den Weg nach Italien, vor allem nach Rom; er konnte auch die Konkurrenten in Schach halten, die vom Osten her über Pannonien (die Donauebene) eingedrungen waren, nämlich die in der Poebene ansässig gewordenen latinisierten Lombarden. Die Alpen konnten auch als Schutzwall, notfalls als Expeditionsbasis dienen gegen jenes andere, zuletzt angekommene Volk der Bajuwaren, das sich in der ehemaligen römischen Provinz Noricum niederließ (Ostbayern und Oberösterreich, der Alpennordrand zwischen Bodensee und Linz). Die ersten Karolinger erreichten um 740 die definitive Unterwerfung der Herzöge von Alemannien. Deren Titel verschwand. Doch dieser politische Erfolg war so wenig konkret, wie die Herrschaft dieser Herzöge über den alemannischen Raum konkret gewesen war. Die Herrschaft über die dort ansässigen Völker musste also effizienter werden; auch galt es, entlang der Handels- und Militärstraßen Lücken in der noch unregelmäßigen, weitmaschigen Besiedelung zu schließen. Die Erschließung des künftigen Herrschaftsbereichs setzte zunächst bei den kirchlichen Institutionen an: nur wirklich Getreue auf den Bischofsstühlen von Basel, Genf, Lausanne und Konstanz, später auch im lange widerspenstigen Chur. Außerdem reichdotierte Klostergründungen an strategisch wichtigen Stellen: Reichenau im Bodensee (724), Pfäfers (731) und, an einer der in die Lombardei führenden Straßen Rätiens, Disentis (um die gleiche Zeit); andere Neu- oder Wiedergründungen waren Saint-Maurice im Wallis und Sankt Gallen. Diese Institutionen zogen nicht nur Mönche an, sondern auch Bauern und Handwerker, die sich in ihrer Nähe niederließen und gegebenenfalls für den Unterhalt und die Sicherheit der Wege, sogar der ganzen Gegend sorgen konnten. Die meisten dieser Klöster hatten auch ihre Waffenknechte.

Karl der Große wurde zusammen mit seinem Bruder Karlmann im Jahre 768 König der Franken. Drei Jahre später war er Alleinherrscher über das *Regnum Francorum*. Dieses gewaltige Reich war indessen zu groß, um sich einer zentralen und wirksamen Verwaltung zu fügen. Zudem war es ständig bedroht an allen seinen (stets nur ungefähren und fließenden) Grenzen, die von Spanien bis nach Sachsen und zu den bayerischen und slawischen Marken reichten. Vor allem war es inhomogen, und die Krone war eine zu schwache Klammer für so viele Völker mit so unterschiedlichen Ursprüngen, Bräuchen, Wirtschaftsaktivitäten, Kulturen und Sprachen. Die Franken selbst waren in mehrere Zweige gespalten, die schlecht und recht von der gallorömischen Kultur zusammengehalten wurden. Außerdem gab es die Burgunder, die Alemannen, die Westgoten und andere mehr. Und in den Bergen hatten Urbevölkerungen die Völkerwanderungswirren mehr oder weniger intakt überstanden. Jedes dieser Völker hatte seinen Raum mit ziemlich unscharfen Grenzen, und dieser Raum war wiederum unterteilt in kleinere Gebiete: Der *pagus* – der Gau, das Land – war der einzige Ort, an dem sich in engem Horizont ein öffentliches Leben abspielte.

Karl der Große setzt die von seinen unmittelbaren Vorgängern begonnene Einigung und Erschließung des Reichs fort.

Auch er bedient sich geschickt der Kirche: Sie wird zum Werkzeug der Einflussnahme und der Zusammenführung, vor allem aber des moralischen und kulturellen Zusammenhalts. Das Christentum wird zum Einigungsprogramm für die mehr oder minder seiner Herrschaft unterstehenden Völker. Indem er sich am Weihnachtstag des Jahres 800 in Rom zum Kaiser des Abendlands krönen lässt, will er die weltliche Verantwortung für das ganze christliche Abendland übernehmen. Dies setzt aber eine deutlichere Trennung der geistlichen und weltlichen Herrschaft voraus, auch auf der Ebene der Völker und der *pagi*. Der Kaiser setzt also neben den Bischöfen und Äbten einen ganzen Apparat von weltlichen Beamten ein, die vor Ort die zivile Verwaltung und die militärische Befehlsgewalt übernehmen. Die Völker erhalten (sofern sie noch keine haben) Anführer in Gestalt von Herzögen oder (in den Marken) Markgrafen vorgesetzt; die Gaue, ob groß oder klein, lässt er von seinen Getreuen leiten (*comes*, Gefährte, daraus das französische *comte*, Graf). Viele, wenn auch nicht alle dieser Beamten sind zunächst Franken; doch manchmal erweist es sich als nötig oder vernünftiger, einheimische Adlige, die mit den Möglichkeiten und Bräuchen ihres Volkes besser vertraut sind, als Grafen einzusetzen. Zivile und militärische Aufgaben gehen ineinander über in einer Gesellschaft, in der alle Männer der adligen Oberschicht in der Kriegskunst geübt sind. Die vom Kaiser großzügig zugeteilten Ländereien ermöglichen nicht nur ein standesgemäßes Leben, sondern auch den Unterhalt der Ausrüstung.

Selbst die großen Abteien haben, wie schon erwähnt, ihr Kontingent von Kriegsleuten; diese sind zum Dienst im königlichen Heer verpflichtet, oder aber sie haben lokal die Straßen zu sichern wie in Saint-Claude im Jura oder in Saint-Maurice im Wallis, am Zugang zum strategisch bedeutenden Großen Sankt Bernhard.

Beim Aufbau der Regierungsstrukturen und der Reichspolizei achtet der Herrscher besonders auf die Verbindungen nach

Italien, also die Alpenpässe und ihre Zugangstäler: Maurienne, Tarentaise, das Wallis und, auf der Südseite, das Susa- und das Aostatal; außerdem Rätien. Durch ergebene Bischöfe, Äbte und Grafen hat er die Gebiete der ehemaligen Burgunderreiche entlang der Rhone und beiderseits des Jura fest in der Hand. Seine Anstrengungen gelten vor allem dem weniger sicheren Rätien, das in der kaiserlichen Strategie wichtig ist, weil seine Pässe den Norden mit den stets unruhigen Provinzen im Süden verbinden, in die es immer wieder rasch Truppen zu entsenden gilt. Der Bischof von Chur hatte im 8. Jahrhundert die geistliche und die weltliche Macht über Rätien und einen Teil Tirols in seiner Hand vereinigt; sein Herrschaftsbereich erstreckte sich vom Gotthardmassiv bis zum Brenner. Den Franken gegenüber behauptete er entschieden die angestammte religiöse, politische und kulturelle Unabhängigkeit der Rätier, wobei ihm der relative Wohlstand der Region zustatten kam. Karl der Große konnte den Widerstand brechen, wenn auch nur kurzfristig: Er setzte dem Ausdehnungsdrang im Osten Schranken, indem er 798 einen Bischofssitz in Salzburg errichtete und den rätischen Bischof durch einen ihm ergebenen Kirchenfürsten zu ersetzen versuchte; außerdem setzte er 807 in Chur einen Grafen ein. Doch nach seinem Tod stellte der Bischof seine Herrschaft wieder her, und das für lange Zeit.

Im Raum zwischen Rhone und Rhein hingegen, entlang der hier praktisch nicht überschreitbaren Alpenmauer, ist wenig von den karolingischen Bestrebungen zu spüren. Die Alpen und ihr unmittelbares Vorland bleiben von der großen Politik ausgespart.

Verfall der Zentralmacht

Das Schicksal des karolingischen Gebäudes ist bekannt. Es war zu wenig tragfähig, um den auseinanderstrebenden Kräften standzuhalten, die Karl der Große nie ganz zu neutralisieren vermochte. Mehrere, völlig willkürliche Erbteilungen zerrissen es zusätzlich: Das fränkische Gesetz kannte noch keine Staatsverantwortung.

Der Vertrag von Verdun schaffte drei Reiche für die drei Enkel Karls: im Westen das Reich der Franken, das nach und nach zu Frankreich wird, im Osten ein Reich, das einen Großteil Germaniens umfasst (und von den romanischen Völkern nach einem seiner mächtigsten Völker *Allemagne,* Land der Alemannen, genannt wird). Zwischen den beiden zieht sich Lotharingien, das Reich Lothars, als schmales, doch schier endloses Band von der Nordsee bis nach Italien; Lothringen, das davon seinen Namen ableitet, und die Grande Bourgogne bilden die Mitte. Im helvetischen Mittelland folgt die Grenze dieses Lotharingiens zum germanischen Reich ganz natürlich dem Rhein und der Aare; sie entspricht so einigermaßen (doch nicht durchgängig) der Grenze zwischen den burgundischen und alemannischen Ländern und damit auch der Sprachgrenze; diese natürlichen Gegebenheiten scheinen bei der Teilung freilich nicht den Ausschlag gegeben zu haben. Die Grenze verläuft dann durch die Alpen zum Gotthardmassiv, was bedeutet, dass dieser schwerbegehbare Pass und seine Zugangstäler in den Augen der Erbteiler keinerlei Bedeutung haben: Es ist quasi ein Niemandsland.

Unregierbar und kaum lebensfähig, verschwand Lotharingien bei der nächsten Teilung im Jahre 870. Übrig blieb eine Erinnerung, ein zählebiger Mythos, ein stolzes Ziel für so manchen Fürsten späterer Generationen bis hin zu Karl dem Kühnen, dem Grafen von Burgund im 15. Jahrhundert. Der westliche Teil des Reichs beiderseits des Jura fiel Ludwig dem Deutschen zu. Der südliche Teil wurde zum Königreich Italien, das auch das ganze Rhonetal einschloss, vom Gletscher bis hinunter in die Camargue.

Doch es waren formale Teilungen, die zweite war noch bedeutungsloser als die erste. Denn je weiter das 9. Jahrhundert fortschritt, desto rapider entglitt den karolingischen Fürsten, einem nach dem anderen, die tatsächliche Kontrolle über ihre

Reiche. Im 10. Jahrhundert waren sie nur noch Schatten ihrer selbst, außer dem König kümmerte sich kaum noch jemand um sie. Stämme und Gaue kehrten zu einer faktischen Selbständigkeit zurück, die zu vergessen sie nicht die Zeit gehabt hatten. Gleichwohl hat das karolingische Unternehmen das Bild einer königlichen Herrschaft hinterlassen, die Vorstellung von einer bestimmten Gesellschaftsordnung, die auf hierarchisch abgestufte Verantwortung und Machtausübung aufbaut. Es blieben auch die reich mit Gütern und Privilegien ausgestatteten Familien, eine ganze Klasse von versierten, ehrgeizigen Menschen: der Adel. Dieser ging sehr bald dazu über, Privilegien und königliche Güter zu vererben, er wurde zum Erbadel. In ihrem Gau beanspruchten die Grafengeschlechter königliche Machtvollkommenheit, sie versahen sich auch mit den Anzeichen königlicher Macht – bis hin zum Königstitel. So ließ Boso sich 879 zum König der Provence ausrufen.

In Lotharingien, das nach dem Vertrag von Verdun mit westfränkischen Adligen durchsetzt wurde, erhielt ein gewisser Konrad, Spross des bereits mächtigen Grafengeschlechts von Auxerre, von seinem König den Auftrag, eingesessenen kleinen Herren die Kontrolle über die Klöster Moutier-Grandval im Jura und Saint-Maurice im Wallis abzunehmen; beide Klöster lagen an der für dieses sonderbare Reich lebenswichtigen Nord-Süd-Achse. Konrad führte den Auftrag gewissenhaft aus – doch zum eigenen Nutzen: Ohne sich weiter auf den König zu berufen, übte er von 864 an selbst die Herrschaft über das sogenannte transjuranische Burgund (die heutige Westschweiz) aus. Sein Sohn Rudolf, der bereits die erblichen Titel eines Grafen von Genf, Lausanne und Sion (Sitten) auf sich vereinigte, tat im Januar 888 in Saint-Maurice den letzten Schritt: Er ließ sich zum König ausrufen und krönen. Es genügte, dass er sich grundsätzlich zur Kaisertreue bekannte, im Übrigen konnte er sein eigener Herr sein. Das Beispiel Rudolfs zeigt noch etwas anderes: Dieser Adlige, dessen Geschlecht keineswegs alteingesessen war im Land, das er regierte, hatte sich Kultur und Lebensart des ihm untertanen Bergvolkes vollkommen angeeignet. Reginon von Prüm, ein zeitgenössischer Chronist, beschreibt es treffend: *Dieser Rudolf entkam allen, die ihm übel wollten; er kletterte auf die Berge, um sich in den sichersten Verstecken zu verbergen.* Sein Reich erstreckte sich vom Mont Blanc über das Wallis, die Westschweiz und den Jura bis an die Saône und entlang der Rhone bis nach Lyon. Er kontrollierte damit alle westlichen Alpenübergänge und hielt den König der Westfranken ebenso auf respektvolle Distanz wie den König Germaniens, der fortan traditionell den Kaisertitel führte. Doch Letzterer beschäftigte sich mehr und mehr mit den Besitzungen in Italien und begann deshalb, sich auch für das burgundische Alpenreich näher zu interessieren. Es fiel ihm übrigens 1032 zu, als der letzte Rudolfinger ohne eheliche Kinder starb.

Unter ähnlichen Bedingungen entsteht Anfang des 10. Jahrhunderts weiter nördlich, links und rechts des Rheins, im Gebiet des ehemaligen Herzogtums Alemannien ein neues Herzogtum, Schwaben genannt. Das sehr ausgedehnte Gebiet ist nur schwer auf der Landkarte definierbar. Es vereinigt auch weniger ein Volk als ein Konglomerat von verschiedenen Stämmen und Sprachgruppen, die in Süddeutschland, im Bodenseegebiet, in der Nordschweiz und in Rätien bis hinauf zu den Passhöhen Graubündens ansässig sind. Diese neuen Herzöge herrschen übrigens, wenn auch nur von ferne, über die Täler der Zentralschweiz, die Heimat des künftigen Helden Tell.

Die Entstehung dieser großen Fürstentümer am Alpennordrand zeugt vor allem davon, wie hoch sichere Verbindungswege nach Italien immer veranschlagt wurden. Rom und das reichere, aktivere und kultiviertere Italien bleiben von beispielloser Anziehungskraft für das ganze Abendland. Man hat bei diesen Fürstentümern, die die Schlüssel nach Italien in Händen hielten (Provence, Burgund, Schwaben, Bayern, Tirol, Salzburg) auch von »Pass-Staaten« gesprochen. Das ist nicht falsch. Nur unterschlägt es, dass diese Staaten ihre Basis hauptsächlich im Flachland hatten und wirtschaftlich zu einem Gutteil von ihm lebten; außerdem vermittelt es die falsche Vorstellung von einer wirtschaftlichen, finanziellen und militärischen Organisation, die es so nicht gab. In Wirklichkeit blieb die Regierungsgewalt des Fürsten unbestimmt, diffus; sie hing von der Gefolgstreue und dadurch vom Belieben der Vasallen, der Grafen und der einheimischen Adligen ab, die alle sehr auf ihre Vorrechte bedacht waren. Selbst die Grenzen waren nicht eindeutig bestimmbar – das Mittelalter tat sich insgesamt schwer mit diesem Begriff. Im Endeffekt waren diese strukturlosen Staaten, die keine andere Politik kannten als das Machtstreben ihrer Fürsten (das selten Bleibendes hinterließ), kaum lebensfähiger als das karolingische Reich oder die Reiche nach dessen Teilung. Auch sie zerbröckelten und überließen das Feld kleinräumigeren, doch konstruktiveren Kräften: den mit örtlichen Lehen ausgestatteten Vasallengeschlechtern, die sich zu Erbdynastien entwickelten. Um die Wende vom 11. zum 12. Jahrhundert musste man ganz von vorn beginnen, mit neuen Herrschaftsmustern.

Ungarn und Sarazenen

Dieser allmähliche Machtverfall bei Kaisern, Königen und Fürsten war die Folge fehlender Strukturen. Beschleunigt und verschlimmert wurde er durch unvorhersehbare äußere Ereignisse: die blitzschnellen, grausamen und verheerenden Einfälle der Normannen im Norden, der Ungarn im Osten und der Sarazenen im Süden.

Die über das Meer und die Atlantikzuflüsse eindringenden Normannen kamen nicht bis in die Gegend, mit der wir uns hier befassen. Diese war dafür in vorderster Linie den anstürmenden Ungarn ausgesetzt. Das christliche Abendland hatte überhaupt nichts von diesem Volk gewusst, als es sich gegen Ende des 8. Jahrhunderts in Pannonien niederließ (wo es schließlich blieb). Von dort aus unternahmen die Ungarn eine beeindruckende Serie von Überfällen: Zwischen 899 bis 955 waren es dreiunddreißig, und sie führten bis nach Bremen, Orleans und Otrante. Die Spur der Verwüstung dieser Reiterhorden, die zu schnell waren, als dass man sich vorsehen und Alarm schlagen konnte, zog sich vor allem durch die Ebenen Deutschlands, der Lombardei und des Alpennordrands. Sozusagen im Vorbeigehen plünderten sie 907 das Kloster Tegernsee, am 1. Mai 926 auch das Kloster Sankt Gallen, wo man die kostbare Bibliothek – die heilige Wiborada half mit einem Wunder – gerade noch rechtzeitig in Sicherheit bringen konnte. 909 verwüsteten sie Schwaben und Rätien. 924 gelang es ihnen, die Alpen zu überqueren und in die Gegend von Nîmes einzufallen. Auf dem Rückweg von ihrem letzten, bis in die Niederlande und nach Burgund reichenden Raubzug kamen sie 954 nochmals über die Alpen und durch Italien. Nichts, so schien es, konnte diese apokalyptischen Reiter aufhalten, die, wenn sie abzogen, Frauen und Kinder als Beute mitschleppten, um sie als Sklaven – wohl an griechische Händler – zu verkaufen. War es Ermüdung oder allmähliches Sesshaftwerden? Dem germanischen König und Kaiser Otto I. gelang endlich das, was so viele vor ihm versucht hatten: Mit der Schlacht auf dem Lechfeld bei Augsburg im Jahre 955 setzte er diesen »Hunneneinfällen« ein Ende. Die Bedrohung durch die Steppenvölker aus dem Osten war von der ländlichen Bevölkerung des Abendlands gewichen – die Erinnerung an sie blieb lebendig in der Gleichsetzung des Wortes »Hunne« mit »Barbar«.

Um die gleiche Zeit, in den letzten Jahren des 9. Jahrhunderts, begannen die Sarazeneneinfälle in den Alpen. Sie hielten wesentlich länger an als die Ungarneinfälle. Doch waren sie von etwas anderer Art und weniger verheerend für die heimgesuchten Landstriche, außer an der Provence-Küste. Hier nämlich, in der Grafschaft Fréjus, haben sich um 890 aus Spanien über das Mittelmeer gekommene maurische Horden eingenistet. Von hier aus verbreiten sie Angst und Schrecken, erst in der Küstenregion, dann im gebirgigen Hinterland. Von Tal zu Tal sickern sie tiefer in die Gegend ein und setzen dabei auf den

Überraschungseffekt, ähnlich wie die Ungarn. Zwar sind sie nicht so schnell wie diese – sie kommen zu Fuß –, doch sind sie Meister der Tarnung. Sie greifen Marktflecken und Dörfer an, ihre bevorzugten Ziele aber sind die Klöster mit ihren vollen Kornspeichern und Weinkellern. So erreichen sie 940 das Wallis, Hunderte Meilen von ihrer Ausgangsbasis entfernt. Sie verwüsten das Kloster Saint-Maurice und pressen den Reisenden auf dem Großen Sankt Bernhard Lösegeld ab. Sie tauchen noch mehrmals in der Gegend auf, dringen in den Juratälern mindestens bis Vallorbe-Jougne vor: Sie kennen die Handelswege, an denen sie sich in den Hinterhalt legen müssen. Im Jahre 972 brüskieren sie aber die gesamte Christenheit, indem sie den berühmten und hochverehrten Abt von Cluny, den heiligen Maiolus, auf seinem Weg nach Rom gefangen nehmen. Jetzt ist das Maß voll. Der Graf der Provence (Wilhelm »der Befreier«, den Beinamen trägt er deswegen), geht mit dem Grafen von Turin, dem Grafen von Forcalquier und anderen Adligen gemeinsam gegen das gefährliche Sarazenennest vor und zerstört es (972–973).

6
Der Kaiser und die Großen des Reichs

Ein germanisches Reich

Um die Jahrtausendwende hellt sich in Europa der Horizont auf. Mit den Einfällen, woher immer sie kamen, hat es ein Ende. Eine Zeit des relativen Friedens bricht an; die Kirche wacht über ihn, nachdem sie ihre geistliche und moralische Autorität festigen konnte. Langsam, aber sicher erheben sich die Länder aus ihrer langen wirtschaftlichen Lethargie. Die Bevölkerung, die Vertrauen fasst, beginnt zu wachsen; in den kommenden drei Jahrhunderten wird sie sich annähernd verdoppeln. Für unsere Begriffe mag dies nicht viel sein. Doch im Verhältnis zur langen Stagnation und zur extremen Unterentwicklung, in der die Völker zu Beginn des Aufschwungs noch leben, ist es beachtlich; dies umso mehr, als es eine ziemlich stetige Tendenz bleibt. Um das Jahr 1000 nehmen die Menschen dieses veränderte Klima auch wahr: Das Leben ist weniger elend, die Hungerjahre sind nicht mehr gar so häufig und die Nahrung wird etwas abwechslungsreicher. Mehr Bauern roden nun die Wälder, sie pflügen größere Äcker und führen weniger mageres Vieh auf die Weide. Die Wege beleben sich, und von Dorf zu Dorf, von Marktflecken zu Marktflecken, von Stadt zu Stadt wird der Handel reger: Korn, Wein, Salz, Vieh und Handwerkserzeugnisse finden den Weg hin und her, und in ihrem Gefolge auch Menschen, Gedanken, neue Formen.

In einem befriedeten und dynamischeren Raum beginnen sich nun auch die politischen Strukturen feiner abzuzeichnen. Mit einem Herrschaftssystem, das Rechte und Pflichten auf der Basis eines hierarchischen Grundmusters verteilt, kommt die Feudalgesellschaft einem ziemlich allgemein empfundenen Bedürfnis nach Ordnung und Autorität entgegen. Zwei oder drei Jahrhunderte lang – bis in die Zeit Wilhelm Tells – entspricht diese Gesellschaft auch einer funktionalen Notwendigkeit; dann wird sie erstarren und allmählich verfallen.

Die beiden großen aus den karolingischen Erbteilungen hervorgegangenen Frankenreiche im Westen und im Osten bestehen weiter. Im 9. und 10. Jahrhundert ist indessen jedes organische Band zwischen ihnen verlorengegangen. Das eine ist zum *regnum Francie,* zum Königreich Frankreich, geworden. Eines seiner Adelsgeschlechter, die Kapetinger, kann sich für Jahrhunderte den Thron sichern, indem es das Thronfolgerecht für den ältesten Sohn durchsetzt; es muss dafür allerdings den Lehnsträgern, den Provinz- und Regionalfürsten, weitreichende Selbständigkeit zugestehen.

Das Reich der Ostfranken, das *regnum teutonicum* oder »Reich der Deutschen«, verfolgt ehrgeizigere Ziele, die allerdings weniger klar umrissen sind. Es umfasst neben dem alten Germanien auch linksrheinische, ehemals gallische Gebiete sowie das ehemalige Helvetien. Die Königreiche Burgund und Provence stehen zu ihm im Lehnsverhältnis. Und schließlich herrscht sein König und Kaiser formal und zeitweise auch real über einen Teil Italiens. Die gesamte Alpenregion untersteht also mehr oder weniger direkt seiner Herrschaft. Das Ganze ist sehr weitläufig und heterogen. Selbst das imposante Kernland Germanien bildet ethnisch und politisch keine Einheit. Es setzt sich aus denselben Stämmen zusammen, aus denen sich die großen Herzogtümer herausgebildet haben: Schwaben (das frühere Alemannien), Bayern, Franken, Sachsen; daneben gibt es viele kleinere, über ganz Deutschland verstreute Fürstentümer und kirchliche Herrschaften. Einige Städte sind reichsunmittelbar, das heißt, sie unterstehen direkt dem König. Und schließlich sind da noch die »Marken«, die Grenzgebiete zu den östlichen, vor allem slawischen Völkern.

Unter diesen Bedingungen wiegt die Königswürde der letzten Karolinger, die auf Ludwig den Deutschen folgten, nicht allzu schwer im Vergleich zur übergroßen Macht der Regionalfürsten. Trotz aller Gegensätze pflegen diese sich zu versammeln, um wichtige Entscheidungen möglichst gemeinsam zu treffen. Sind diese Tage der gemeinsamen Beratung, die *dieta* (von *dies*, Tag) oder »Reichstage«, eine Art Parlament? Wohl kaum, denn die Teilnehmer repräsentieren nur sehr unvollkommen die Völker des Reichs. Die Rolle des Reichstags ist eher konsultativ. Er wird bald vom König, bald von einem der großen Fürsten oder einer Fürstenpartei dominiert. Ab 911 wählt der Reichstag den König aus der Reihe der Fürsten: Das deutsche Reich ist also ein Wahlkönigtum, selbst wenn manchmal die Königswürde eine Zeitlang in einer Familie bleibt.

Im August 936 wird ein Herrscher aus dem Hause Sachsen zum König gewählt: Otto I. Er stellt sich die gewaltige Aufgabe, der im wahrsten Sinne des Worts in Anarchie versinkenden Königsherrschaft ein Minimum an Organisation und Autorität zu verschaffen und für das Reich eine Politik zu umreißen. Er stützt sich dabei, so weit es eben geht, auf die Clans des germanischen Hochadels und begegnet dessen Widerspenstigkeit dadurch, dass er ihm weitreichende administrative Kompetenzen überträgt. Sein Sieg über die Ungarn im Jahre 955 festigt endgültig sein Prestige, das er sogleich ausnützt, um sich in römischer Manier zum Imperator ausrufen zu lassen. Diese Ausrufung sichert er institutionell ab: 962 empfängt er in Rom aus der Hand des Papstes die Kaiserkrone. Dem »Heiligen Römischen Reich Deutscher Nation« steht von nun an ein König vor, den die Fürsten aus ihrem Kreise erkoren haben – wobei sich das Wahlmännerkollegium der »Kurfürsten« schnell zu einem sehr kleinen Klub von weltlichen und geistlichen Herren entwickelt. Es ist dann Sache des gewählten Königs, sich nach Rom zu begeben, um dort die Kaiserkrone entgegenzunehmen. Freilich erreichen längst nicht alle deutschen Könige dieses höchste Ziel fürstlichen Ehrgeizes.

Die Herren der Alpen

Die – in sehr unterschiedlichem Maße beherrschte – Regierungskunst der deutschen Könige und Kaiser besteht nun darin, die großen Fürsten, von denen sie gewählt wurden, in Schach zu halten, indem sie sich des eingesessenen Kleinadels, der Städte und der reichsunmittelbaren Gebiete als Stütze versichern. Im Großen und Ganzen gelingt ihnen dies, sie fördern dadurch aber auch den Aufstieg von Adelsfamilien von geringerer oder gar obskurer Herkunft und die Selbständigkeit der reichsunmittelbaren Gemeinschaften. Wie überall im Abendland bildet sich so im Deutschen Reich das für die Feudalgesellschaft typische Gefüge von Abhängigkeit und Schutzherrschaft heraus. Aber das Feudalwesen ist hier flexibler als etwa in Frankreich, weil die Krone, der die Einsetzungsgewalt zukommt, immer wieder nicht nur den Besitzer, sondern auch die Familie und den Volksstamm wechselt. Und weil das riesige Land genug Raum und Ländereien für Lehnsvergaben bietet. Es ist gewissermaßen dehnbar; es gibt nicht nur die Marken im Osten, sondern auch einige Täler in den Alpen zu kolonisieren. Das System bietet außerdem den Vorteil gesellschaftlicher Mobilität: Kleinadlige, ja sogar Nichtadlige können durch kaiserliche Gunst rasch aufsteigen. Es baut auf Gefolgschaft auf: Ist diese verlässlich und beständig, so ist alles gewonnen. Und welche Gefolgschaft ist verlässlicher als die von Menschen, die alles zu gewinnen, doch nichts zu verlieren haben? Von Leuten bescheidenster Herkunft, die zu jedem Dienst bereit sind, wenn er sie nur aus ihrer Lage herausführt und die gesellschaftliche Stufenleiter emporsteigen lässt? Sowohl der Kaiser als auch die Großen des Reichs beriefen Unfreie, Hörige in ihren Hofdienst. Dieser Dienst, durch den sich das Vertrauen des Herrn gewinnen ließ, bewirkte, dass aus unfreien Familien bald faktisch Freie wurden, sowie die Eingliederung in die städtische Gemeinschaft einen Unfreien zum faktisch freien Bürger machte. »Stadtluft macht frei«, sagt eine alte Redensart. Doch eben nicht nur Stadtluft, sondern auch der Fürstendienst und in fürstlichem Auftrag ausgeführte Aufgaben: auch Hofluft machte frei. Etwas später machte sie nicht nur frei, sie adelte auch. So bildete sich im Reich die Klasse der »Ministerialen« oder Dienstmannen heraus, eine für die deutsche Gesellschaft eigentümliche Einrichtung: eine Truppe von Dienstwilligen, die man mit allen Aufgaben, von der ehrenvollsten bis zur niedrigsten, betrauen konnte. Diese Ministerialen werden einige der wichtigsten Rollen spielen bei den Ereignissen, mit denen der Name Wilhelm Tell verbunden ist.

Ersparen wir uns den Gang durch die Wirrnisse der kaiserlichen Politik im 11. und 12. Jahrhundert: die Streitigkeiten zwischen dem Kaiser und seinen Kurfürsten, die Kämpfe mit Rom, auch den berühmten Investiturstreit, der zwischen 1059–1122 um das Recht der Einsetzung in kirchliche Ämter tobt, bis schließlich das Wormser Konkordat im Reich die Trennung von kirchlicher und weltlicher Gewalt statuiert. Italien ist der magische Anziehungspunkt des Reichs, finanziell aber ein Fass ohne Boden. Die Kaiser, ohne feste Hauptstadt und ohne bleibende Dynastie, sind ständig unterwegs von Pfalz zu Pfalz und von Stadt zu Stadt, wie es der Augenblick gerade erfordert. Immer wieder überqueren sie die Alpen, auf wechselnden Wegen, meistens aber über die Pässe Graubündens (Rätiens) oder über den Brenner. Immer wieder zieht es sie nach Italien, das sie lange festhält. Im Durchschnitt verbringen sie die Hälfte ihrer

Regierungszeit dort. Heinrich IV., der Gedemütigte von Canossa (der immerhin fünfzig Jahre lang regiert, von 1056 bis 1106), Friedrich I. Barbarossa (1152-1190) und vor allem Friedrich II. (1212-1250) sind trotz ihrer Herkunft und ihres Kaisertitels mehr Italiener als Deutsche.

Innerhalb einer Reihe komplexer, oft verworrener Vorgänge wollen wir uns auf die Rolle der Alpen in der Strategie der Kaiser konzentrieren: Es war dieselbe, die ihnen schon die Karolinger zuerkannt hatten. Die Kontrolle über die Alpen garantierte den freien Verkehr zwischen den beiden Kronen, der deutschen Königskrone und der römischen Kaiserkrone. Nach dem Vorbild Karls des Großen betrieben die Ottonen und ihre Nachfolger in den Alpenländern eine Politik der Intervention. Dabei richteten sie ihr Augenmerk vor allem auf die Zugänge zu den Pässen. Friedrich I. und Friedrich II., beide aus dem schwäbischen Hause der Staufer, verfolgten allerdings ehrgeizigere Pläne. Hauptziel blieb die Herrschaft über Italien, doch das gesamte Alpengebiet – nicht mehr nur einige Straßen – avancierte nun zum territorialen Instrument der Machtentfaltung. Aus dieser Perspektive heraus förderten die Kaiser in den Alpen und Voralpen die Bildung von Feudalherrschaften unter ihrer Obhut. Allerdings achteten sie darauf, dass diese jungen Mächte sich nicht zu sehr ausdehnten und nicht zu sehr nach Unabhängigkeit trachteten.

Ersparen können wir uns auch die Aufzählung sämtlicher Adelsgeschlechter, die im Vorland der Zentralalpen – der uns interessierenden Region – zu einer gewissen Bedeutung gelangen sollten. Wir würden uns in einem ganzen Katalog von Lehen, Titeln und Namen verirren, von denen die meisten schnell verschwinden, weil die Dynastien aussterben und ihre Lehen und Funktionen auf andere Familien übergehen oder an den Kaiser zurückfallen, der die Karten jeweils mehr oder weniger neu mischt. Begnügen wir uns damit, kurz die Geschlechter zu nennen, die für unsere Geschichte und die Gegend, in der sie spielt, am bedeutsamsten sind.

Beginnen wir mit dem improvisierten Königreich Burgund; wir wissen bereits, dass es erlischt und an den Kaiser fällt, als der letzte Rudolfinger 1032 ohne akzeptablen Erben stirbt. Mehrere aus obskuren Grafenfamilien stammende lokale Herren nützen das aus, um in ihrem Gebiet sehr umfangreiche Rechte auszuüben und sich so eine Machtbasis zu schaffen. Einige von ihnen, wie etwa der Graf von Albon in der Dauphiné, sind Vasallen des Herzogs von Schwaben, doch die meisten haben keinen Lehnsherrn außer dem Kaiser, der zwar weit weg, doch, wie wir gesehen haben, willens ist, ihnen den Aufstieg zu erleichtern.

Das Haus von Albon, das vom Erzbischof von Vienne als Lehen das südliche Viennois und vom Bischof von Grenoble das breite Isèretal nördlich von Grenoble erhält, errichtet sich im Jahre 1029 die Dauphiné als Herrschaft, die 1038 zum Reichsfürstentum erhoben wird. Es erhält später auch das Land von Briançon, das bis auf die italienische Seite der Alpen reicht und den Pass Mont-Genèvre kontrolliert. Noch später (1202) kommen die Länder von Embrun und Gap hinzu und zuletzt einige kleinere Herrschaften im Süden, an der Grenze zur Provence.

Ganz in der Nähe dieser Fürsten, die sich fortan Dauphins nennen, beginnt in Savoyen unter ähnlichen Umständen ein anderes Geschlecht Rechte und Einflussgebiet auszuweiten; noch zurückhaltend im 11. Jahrhundert, schon entschiedener im 12. Jahrhundert. Es beweist dabei einen territorialen Realismus, der für jene Zeit ziemlich selten ist. Statt überall nach zwar rentablen, doch zerstreuten Lehen zu suchen, konzentrieren die Grafen von Savoyen alles um ihr Stammlehen herum, das sie systematisch erweitern. Sie schaffen sich auf diese Weise ein geschlossenes, ziemlich homogenes Herrschaftsgebiet. Es ist kein reiches Land, enthält aber die drei wichtigsten Alpenübergänge: den Mont-Cenis, den Großen und den Kleinen Sankt Bernhard. Der Simplonpass fehlt, er gehört dem Bischof von Sion; doch er ist nicht sehr interessant, weil er vor dem ausgehenden 13. Jahrhundert kaum begangen wird. Die Grafen von Savoyen werden später, um 1280, die Grafschaft Turin erwerben und sich so im Piemont festsetzen. Doch auf die Würde des Reichsfürstentums, die vom Lehnseid an den Kaiser befreit, werden sie bis 1310 warten müssen. Während dieser sich für die Dauphiné nicht sonderlich interessiert, will er ein so wichtiges Gebiet wie Savoyen nicht aus der Hand geben.

Um den Genfer See herum treffen die Grafen von Savoyen allerdings auf Konkurrenten. Schwächere, wie die Grafschaft von Genf, werden einverleibt, andere eingeschlossen, wie die winzige Herrschaft des Fürstbischofs von Genf (die nicht identisch ist mit der Grafschaft). Ein Rivale erweist sich aber als hartnäckiger: die Zähringer.

Diese Familie führt uns nordwärts, ins Herzogtum Schwaben, das sich links und rechts des Rheins vom Elsass bis zum Gotthard und vom Jura bis zu den Donauquellen erstreckt. Die Herzöge von Schwaben hatten Anfang des 10. Jahrhunderts ihre Residenz zunächst in Zürich errichtet. Doch als sich der Herzog ein Jahrhundert später gegen den König erhob und auch mit den eingesessenen Rittern überwarf, wurde er 1030 getötet, seine Erben abgesetzt. Die Herzogswürde war nun gewissermaßen zum Erwerb ausgeschrieben, und zwei Generationen lang lieferten sich mehrere Adelsfamilien erbitterte Kämpfe um die Nachfolge. Der Investiturstreit war voll entbrannt und hatte eine Kluft aufgerissen zwischen zwei Lagern, zu denen man sich je nach Interessenlage und erhofftem Vorteil schlug. Die Anwärter auf den Herzogtitel ließen sich die Gelegenheit nicht entgehen, sich auf einer der Seiten hervorzutun. Erst 1098 akzeptierten die beiden letzten Kandidaten einen Kompromiss. Der eine stammte aus dem Geschlecht der Staufer; er stand im Investiturstreit auf der Seite des Königs und erhielt die herzogliche Herrschaft über Schwaben.

Der andere Anwärter, Berthold II., war das Haupt des Geschlechtes der Zähringer und Inhaber eines bedeutenden Lehens beiderseits des Rheins. Er war eine der führenden Persönlichkeiten der Gegenpartei, ein eifriger Verfechter sowohl der Kirchenreform als auch der Unabhängigkeit der Kirche vom

König. Durch den starken Rückhalt beim schwäbischen Adel, vor allem südlich des Rheins, wo er sozusagen eine helvetische Lobby hatte, ging er nicht völlig leer aus. Als Ersatz für das entgangene Herzogtum erhielt er wenigstens den Herzogtitel, was ihn mit seinem Rivalen auf eine Stufe stellte. Sein Lehnsbesitz, darunter das ihm vor kurzem zugefallene bedeutende Erbe des erloschenen Geschlechts von Rheinfelden, wurde ihm bestätigt; außerdem wurde er zum Vogt des Krongutes von Zürich bestellt. Berthold II. gewann auf diese Weise die Oberherrschaft über ein ausgedehntes Gebiet, das etwa der westlichen Hälfte der heutigen Schweiz entsprach. Es gab also keine territoriale Aufteilung Schwabens zwischen den beiden Rivalen, sondern eine ganz dem Feudalwesen entsprechende Aufteilung der Lehnsverhältnisse. Die Vasallen der Zähringer hatten den persönlichen Lehnseid nicht mehr dem Herzog von Schwaben zu schwören, obwohl dieser formal ihr Souverän blieb. In der Praxis wurde das Gebiet der Zähringer und ihrer Vasallen selbständig wie ein riesiges Allod (Freigut) innerhalb des Herzogtums Schwaben. Dieses wiederum verlagerte seinen Schwerpunkt nordwärts. Die Staufer gaben natürlich Zürich als Hauptsitz auf und residierten nun in Ulm.

Haben sie schon die höhere Position, nach der sie gestrebt hatten, nicht erlangt, so glauben die Zähringer, sie hätten nun freie Hand, um im schweizerischen Mittelland und bis in die Alpen hinein einen regelrechten Staat im Staate zu errichten. Sie handeln auch entsprechend. Durch das Rheinfelder Erbe haben sie in Burgund (so heißt noch die romanische Schweiz in Erinnerung an das alte Reich) Fuß fassen können. Ein wenig später verschaffen ihnen undurchsichtige Intrigen, aber auch die Gunst des neuen Kaisers, des Sachsen Lothar, das ziemlich theoretische, doch ehrenvolle »Rektorat von Burgund«, durch das sie zu Stellvertretern oder Statthaltern des Kaisers in den Grafschaften Burgunds (Westschweiz und Comté) und der Provence werden (1127). Doch bald wendet sich das Blatt von neuem.

Im Jahre 1152 wird nämlich Friedrich I. Barbarossa, ein Staufer und Herzog von Schwaben, zum König gewählt: Ein Nachkomme des Rivalen wird zum Souverän. Und diesem obersten Herrn ist die von den Zähringern angehäufte Machtfülle ein Dorn im Auge, weil sie seiner Alpen- und Italienpolitik zuwiderläuft. Er nimmt ihnen die Rechte über Burgund und die Provence umgehend wieder ab. Darüber hinaus fördert er energisch die regionalen Kräfte, von denen er annimmt, dass sie den Ausdehnungsdrang des gefährlichen Lehnsträgers bremsen könnten. Er befreit die Bischöfe von Genf und Lausanne von allen Lehnspflichten gegenüber den Zähringern. Mehr noch, er unterstützt die Bestrebungen der Savoyer. Mit dem Segen des Kaisers etablieren sich diese klug und sehr modern regierenden Gebirgsgrafen am Nordufer des Genfer Sees. Sie bauen sich hier als Residenz das wehrhafte Schloss Chillon und dazu eine Villeneuve, eine »neue Stadt« (1214). Diese ist zugleich Zollstation, Umschlagshafen am Weg nach Italien, Hospiz für Reisende und Kranke, Warenlager für den Handel zwischen Italien und den berühmten Messen der Champagne. Mit der Herrschaft über das Waadtland runden Thomas I. von Savoyen und sein Sohn Peter mit dem Beinamen »le petit Charlemagne« diesen grundsoliden und vor allem langlebigen Alpenstaat ab.

Den unglücklichen Zähringern bleibt nichts anderes übrig, als sich auf ihre Erblande nördlich der Saane zurückzuziehen. Sie konsolidieren hier ihre Macht und polieren ihr Ansehen durch eine dynamische Bevölkerungs- und Erschließungspolitik auf. Sie gründen zahlreiche Städte, von denen drei eine große Zukunft haben werden: 1120 Freiburg im Breisgau, 1157 Fribourg (das schweizerische Freiburg im Uechtland in der »Welschschweiz«), 1191 Bern. Ihr Scheitern an der Rhone versuchen sie durch die Erschließung von Aare- und Reußtal wettzumachen, und sie wenden der bisher kaum beanspruchten Zentralschweiz besondere Aufmerksamkeit zu. Vielleicht sind sie sogar mit von der Partie bei der Öffnung der Gotthardroute – allerdings ist dies alles andere als sicher. Schließlich ereilt sie aber ein tragisches Schicksal: 1218 erlischt mit Berthold v. das Geschlecht.

Abwechselnd oder konkurrierend hatten die Herzöge von Schwaben und die Zähringer vom 11. bis ins angehende 13. Jahrhundert die gesamte deutschsprachige Schweiz und Rätien regiert. Die schwäbischen Herzöge hatten sich schon bald aus der Gegend zurückgezogen und sie ihrem Schicksal überlassen. Die Zähringer starben aus. Ein Vakuum entstand, doch nicht für lange. Es mangelte nicht an Adelsfamilien, die bereit waren, die Gunst der Stunde zu nutzen. Die vom Glück begünstigten Gegenspieler der Zähringer, die Savoyer, warteten am Genfer See nur darauf, ihren Einfluss auf das helvetische Mittelland ausdehnen zu können; sie nahmen die jungen Städte Fribourg und Bern unter ihren Schirm und erwarben bald hier, bald dort Rechte, die ihren Absichten dienen mochten. Am anderen Ende des Mittellands, zwischen Zürich- und Bodensee (im Gebiet der heutigen Kantone Zürich und Thurgau), hatte ein anderes Adelsgeschlecht inzwischen Bedeutung gewonnen: die Kyburger. Auch sie waren ernstzunehmende Anwärter für das feudale und politische Erbe der Zähringer.

Sosehr der Kaiser auch anderswo in Anspruch genommen war, es entging ihm nicht, was am Nordhang der Alpen gespielt wurde. Seine Befürchtung war, dass eine oder mehrere Familien in dieser Gegend zu viel Einfluss gewinnen und gegebenenfalls seine kostbaren Verbindungswege nach Italien gefährden könnten. Bei den bestehenden politischen Spannungen war auf keinen Treueeid lange Verlass, und nur zu oft wurden Bündnisse gebrochen, selbst wenn sie durch Heirat abgesichert waren. So vorbehaltlos Friedrich Barbarossa noch die Bestrebungen der Savoyer gutgeheißen hatte, sein Sohn und Nachfolger Heinrich VI. wollte sie bereits dämpfen. Er entriss ihnen 1187 gewaltsam ihre Gebiete im Wallis, unterstellte den Bischof von Sion seiner unmittelbaren Herrschaft und nahm den Großen Sankt Bernhard unter persönlichen Schutz. Die Grafen von Savoyen kontrollierten freilich weiterhin dessen Zugänge: am Eingang zum Rhonetal, das sie am oberen Ende des Genfer Sees mit ihrer Feste Chillon abriegelten, und im oberen Aostatal, an der Südrampe.

Eine Generation später, als das Geschlecht der Zähringer erlosch, war auch Barbarossas Enkel Friedrich II. darauf bedacht, das Erbe so dosiert auf mehrere Familien aufzuteilen, dass keine zu mächtig werden konnte. Alle Vasallen des verstorbenen Herzogs erhielten einen Teil. Den Kyburgern fiel nicht nur der größte, sondern auch der einträglichste zu, dem aber der Kaiser keine wesentliche strategische Bedeutung zumaß. Im Übrigen erging es den Kyburgern nicht besser als den Zähringern. Ihre letzten Vertreter, Hartmann der Ältere und Hartmann der Jüngere, glänzten als Herrscher wenig; sie erlagen zudem dem Einfluss Peters von Savoyen, dessen Schwester der ältere Hartmann 1218 geheiratet hatte. Der gesamte Besitz der beiden Kyburger war praktisch auf diese Savoyerin und ihre Verwandten übergegangen, als sie fast zur gleichen Zeit starben, ohne männliche Erben zu hinterlassen – ein mit den Zähringern und so vielen anderen geteiltes Schicksal.

Doch hinter den Zähringern und den Kyburgern begann bereits eine Dynastie aufzusteigen, die sich nicht so leicht abdrängen ließ und vor allem nicht zur Unzeit aussterben sollte: die Habsburger.

Ein Städtegürtel

Während die hohen Herren ihre Rivalitäten und Konflikte austrugen und Adelsfamilien aufstiegen und verschwanden, wandelte das Land allmählich sein Gesicht. Wie anderswo auch, kümmerten sich im ganzen schweizerischen Mittelland die Bauern wenig um das politische Geschehen, es sei denn, es artete in kurze Feudalkriege aus, die sie manchmal mitzumachen und fast immer zu erleiden hatten. Diese Kriege waren zum Glück nicht allzu häufig und richteten keine sehr großen Verwüstungen an. Und wenn in einigen Gebieten die alemannischen Zähringer und die romanischen Savoyer einander ablösten, so berührte das die lokalen Gewohnheiten und Gebräuche nicht im Geringsten. Die Bauern arbeiteten, entrichteten ihre Zinsen und Zehnten und lebten recht und schlecht von dem, was übrig blieb. Neue Rodungen, verbesserte Landbaumethoden wie die allmählich sich durchsetzende Dreifelderwirtschaft, auch eine breitere Produktpalette – auf besonnten Hängen wurde immer mehr Wein angebaut –, das alles vermochte nun sicherer übers Jahr zu bringen. Es reichte auch für eine größere Familie, in der wiederum mehr Arme anpackten. Und es reichte sogar dafür, dass der Herr von den Zehnten oder der Bauer von dem ihm Bleibenden etwas verkaufen konnte, nämlich an den Teil der Bevölkerung, der selbst keine Landwirtschaft trieb, die Städter.

Die Renaissance der Städte vom 11. zum 13. Jahrhundert ist eine der augenfälligsten Erscheinungen der allgemeinen Wirtschaftsblüte, die diese lange Epoche erlebt. Der Aufschwung resultiert aus einer doppelten Bewegung. Einige gallo-römische Städte hatten die Wirren der Völkerwanderung überlebt. Als Bischofs- und Verwaltungssitze, Fluchtorte und Garnisonen waren sie westlich und nördlich der Alpen auf Minimalmaße geschrumpft: Die Mauern umschlossen ein Areal von einigen hundert Fuß Durchmesser. Südlich der Alpen hingegen hatte die Stadtkultur durch alle Widrigkeiten hindurch etwas vom alten Glanz bewahren können. Hier leben denn auch die Städte zuerst wieder auf, vor allem die Bischofsstädte. Sie sind zunächst religiöse und administrative Zentren, doch an Festtagen sind sie auch regionale Märkte. Aus diesen Markttagen entwickelt sich eine lokale Handelstätigkeit, der sich einige Menschen ausschließlich widmen: die Händler. Weil die zu engen Stadtmauern sie bald nicht mehr alle fassen können, bauen sie sich vor den Toren ihre Buden und Wohnungen und begründen so die Vorstädte. Handwerker gesellen sich zu ihnen.

Nördlich der Alpen liegen diese Städte weit auseinander. Im uns beschäftigenden Viereck zwischen Rhone, Jura, Alpen und Rhein sind sie schnell gezählt: Es sind die Bischofsstädte Genf, Lausanne und Sion im Südwesten, Basel, Konstanz und Chur im Norden und Osten. Das ist wenig, zu wenig für die Bedürfnisse des Handels und des Handwerks, wo Angebot und Nachfrage ständig steigen. Es ist auch zu wenig für die ehrgeizigen Ziele fürstlicher und kleinerer Herren. Schon im 10., vor allem aber im 11. und 12. Jahrhundert erkennen diese den Nutzen, den sie aus einer Stadt im eigenen Einflussbereich ziehen können. Sie bringt Prestige. Sie ist militärisch von Wert; für eine Garnison und als Operationsbasis eignet sie sich besser als eine Burg im Lande draußen. Auch politisch ist sie nützlich, da sich vom Bannkreis einer Stadt aus sehr effektiv Macht über das Hinterland ausüben lässt. Und schließlich der materielle Nutzen, denn die Stadt zieht viel Volk an und belebt die wirtschaftlichen Aktivitäten; man kann in ihr allerhand gebührenpflichtige Einrichtungen ansiedeln und diese teilweise oder ganz selbst betreiben: einträgliche Straßen- und Brückenzölle, Gerichte und anderes mehr. Die Stadt kann dem Feudalherrn auch zum Vorwand dienen, eigene Münzen zu prägen, und welches Privileg könnte wirkungsvoller die eigene Macht demonstrieren? So werden in diesen drei Jahrhunderten in zügigem Tempo Städte gegründet. Die einen wachsen gleich kräftig und werden bedeutend; ihre Bürger, die Freie sind, zeigen schon bald Unabhängigkeitsgelüste. Andere hingegen bleiben im Keimstadium stecken, sinken später zu Marktflecken oder Dörfern herab oder verschwinden ganz in den großen Notzeiten des 14. Jahrhunderts. Doch alle erhalten bei ihrer Gründung Privilegien für die Zuziehenden; unter der Aufsicht des Feudalherrn oder eines von ihm bestellten Beamten können sie sich selbst verwalten, und sie erhalten einen Mauerring, der ihnen Schutz bietet, aber auch den privilegierten Bezirk abgrenzt.

Einige dieser Städte entstehen um ein schon bestehendes Kloster herum, doch von ihnen erweisen sich nur Sankt Gallen und Luzern als langfristig lebensfähig. Saint-Maurice im Wallis bleibt ein Marktflecken ohne Eigendynamik. Ein anderer Sonderfall ist Zürich, heute die größte Stadt der Schweiz. An der Stelle eines *vicus,* eines gallo-römischen Marktorts, stand schon im Hochmittelalter am Grab der heiligen Märtyrer Felix und Regula ein kleines Kloster. Ludwig der Deutsche gründete daneben 853 ein Frauenkloster für seine eigene Tochter, die er zur Äbtissin machte; er stattete es großzügig aus, indem er ihm nicht nur seine sämtliche Ländereien in Zürich selbst und in dessen Umland schenkte, sondern auch – wir werden bald sehen, dass dies etwas theoretisch war – das Land Uri, die zukünftige Heimat Wilhelm Tells. Uri gehörte noch niemandem und war wohl auch noch nicht sehr einträglich ... Jedenfalls beschloss etwas später der erste Herzog von Schwaben, neben diesem Klosterkomplex seine Residenz zu errichten. Die Anwesenheit dieses hohen Fürsten mit seinem Hof und den vielen Ministerialen gab den Ausschlag für den Aufschwung des Orts, der bald auch das Stadtrecht erhielt: Schon im Jahre 929 erkennt ihm eine Urkunde den Status einer *civitas* zu. Als religiöses und politisches Zentrum wurde Zürich bald auch zum Markt und regionalen Handelszentrum, dessen Bedeutung aber bis zum 13. Jahrhundert nicht überschätzt werden darf.

Ein Gürtel von ansehnlichen Städten zieht sich nun über das Mittelland hin. Die Zähringer-Gründungen Fribourg und Bern sind alemannische Vorposten zum Burgundischen hin; das auf romanischem Boden stehende Fribourg erhält eine Bevölkerung mit deutlicher alemannischer Mehrheit. Hinzu kommt eine Unzahl von Kleinststädten. Im 13. Jahrhundert hat die Urbanisierung des schweizerischen Mittellands eine außerordentliche Dichte erreicht, was den relativen, aber unstreitigen Wohlstand der umliegenden ländlichen Gebiete anzeigt, die ihre Versorgung gewährleisten. Diese Städte sind wie Einsprengsel in der Landschaft. Oder, um ein der Chemie entlehntes Bild zu verwenden: Es ist eine Emulsion von Städten in ländlichem Milieu.

Aus entfernterer Perspektive betrachtet, bilden diese Städte auch einen Gürtel um das gesamte Alpenmassiv herum, in mehr oder weniger respektvoller Entfernung. Nach Norden und Osten setzt sich die Städtelandschaft des Mittellands fort im Elsass, in Schwaben, in Bayern und in Österreich; im Westen und Südwesten schließen sich die Städte des Saône- und des Rhonetals an; und südlich der Alpen vervollständigen die großen Städte Norditaliens, insbesondere der Lombardei und Venetiens, den Ring.

Obwohl sie von Städten umgeben sind, zu deren Ernährung, Belebung und Verbindung sie beitragen, weisen die Alpen das Städtische von ihren »ewigen Mauern« ab. Wie Johannes von Müller Ende des 18. Jahrhunderts zutreffend bemerken wird: *Von Städten weiß dieses Land nichts.* Im Mittelalter ergreift die Urbanisierung weder die Alpen noch die Voralpen, und es wird bis zum Industriezeitalter so bleiben. Die wenigen Ausnahmen wie die mittelalterlichen Bischofsstädte Chur und Sion bestätigen die Regel. Von der Einwohnerzahl her gesehen bleiben sie unbedeutend.

7
Die vergessenen Täler

Die Bevölkerung des Gebirges

Der Leser hat sich vielleicht gewundert: Zwei Kapitel lang war nun die Rede von Völkern und von Herrschaften, die sich in dem Gebiet ansiedelten und entfalteten, das später Schauplatz der Auseinandersetzung zwischen den Waldstätten und den fremden Machthabern sein wird. Doch wenn dabei die Berge vorkamen, so allenfalls im Zusammenhang mit ihrer strategischen Bedeutung oder ihrer Erschließung für den Verkehr. Und meistens ging es um die Passtäler: das Wallis und Savoyen im Westen, Rätien im Osten. Kein Wort über Wilhelm Tells Heimat und die benachbarten Kantone. Habe ich diese Täler vergessen?

Nein, die Geschichte hat sie vergessen. Wie wir noch sehen werden, wurden sie überall besiedelt. Spärlich zwar, nach Maßgabe dessen, was man den Bergen abzuringen verstand, doch regelmäßig. Hingegen wurden sie von all den Potentaten, die sich um das Unterland stritten, sehr lange Zeit, bis ins 13. Jahrhundert hinein, überhaupt nicht beachtet. Diese Täler waren für sie völlig uninteressant. Schwer zugänglich und fast immer als Sackgasse endend, führte keines von ihnen zu einem bequemen Übergang nach Italien; andere Routen waren unendlich geeigneter und auch mit den notwendigen Einrichtungen versehen. Außerdem schienen sie zu ewiger Armut verdammt. Weder die königliche Steuer noch der landhungrige Hochadel hatten hier substantielle Einnahmen zu erwarten. Keinerlei Lagerstätten von edlen oder unedlen Metallen, keine einzige Saline fand sich in ihnen. Wozu sich also abplagen und Herrschaftsansprüche durchsetzen, wo es in diesen von Wald, Fels und Schnee bedeckten Gebieten nichts zu holen gab? Aus diesem Grund führten diese Täler eine wenn auch nicht friedliche – das bestimmt nicht –, so doch vollkommen abgeschlossene Existenz. Sie teilten darin übrigens das Schicksal fast des gesamten Alpengebiets; lediglich einige damals begangene Durchgangstäler bildeten die Ausnahme.

Besiedelt waren diese Berge also sehr wohl. Sie waren es schon immer gewesen, so weit wir es anhand der mageren Hinweise zurückverfolgen können. Doch bis zu dem Zeitpunkt – etwa um 1200 –, an dem diese Bergvölker in die Geschichte eintreten, wissen wir sehr wenig über sie. Wer waren sie? Was taten sie? Welche Gesellschaftsordnung hatten sie sich gegeben, und wie funktionierte diese? Die spärlichen Anhaltspunkte, die wir besitzen, sind so vereinzelt, dass wir sie nicht immer eindeutig interpretieren können; wir sind auf Vermutungen angewiesen. Oder müssen uns mit Rückschlüssen aus Beobachtungen in späteren Zeiten helfen, wo die Quellen etwas zahlreicher und genauer werden.

Es ist beeindruckend festzustellen, wie früh bereits sich Menschen in den Bergen aufhielten, selbst wenn sie nicht ständig dort lebten. Kaum hatte die letzte große Eiszeit die Talgründe freigegeben, drangen Menschen in sie vor. Was suchten sie dort? Unterschlupf? Jagdbares Wild? Jedenfalls nutzten sie schon im sechsten Jahrtausend so ziemlich überall in den Alpen Unterschlupfmöglichkeiten unter den Felsen; vom Vercors über die Walliser und Berner Alpen und das Gotthardmassiv bis hinunter zu den Dolomiten ist dies von der Archäologie nachgewiesen worden. Eine ständige, durch Grabfunde belegte Besiedelung der Alpentäler scheint in der mittleren Steinzeit, etwa um 4000 v. Chr., eingesetzt zu haben. Im Verlauf der Jahrtausende haben sich dann anthropometrisch und kulturell unterschiedliche Menschentypen abgelöst, überlagert oder vermischt, was zu der Annahme berechtigt, dass Wanderungswellen bis in die Alpen vordrangen, hier zum Stillstand kamen, Schutz fanden und zu siedeln begannen. In einigen Tälern – nicht in den unseren – mochten auch Kupferlagerstätten Menschen sesshaft werden lassen. Jedenfalls gab es in der frühen Bronzezeit ein Alpenvolk, das von der Dauphiné bis nach Österreich einen einheitlichen Typus aufwies, sich aber von den Völkern der tiefer liegenden Gebiete unterschied.

Im Verlauf des ersten Jahrtausends vor der Zeitenwende (Hallstatt- und La-Tène-Zeit) steigt die Bevölkerungsdichte in den Alpen an. Es beginnen sich auch ethnische und kulturelle Unterschiede abzuzeichnen, an denen neue Wanderungswellen sicherlich ihren Anteil haben. Die Kelten sickern vom Unterland aus auch, wie wir gesehen haben, in das gesamte Gebiet der West- und Zentralalpen ein, von der Rhonemündung bis zu den Rheinquellen. Einige bronzezeitliche Fundstellen, insbesondere die Anhöhe der Zwing-Uri bei Amsteg, belegen, dass sie tief in die Waldstätte vorgedrungen sind. Ist das Urner Haupttal für sie eher ein Durchgangsort als ein Siedlungsgebiet? Die sieben Goldringe aus der La-Tène-Zeit (um 400 v. Chr.), die in einem Geröllfeld gegenüber von Erstfeld gefunden wurden, ließen schon an einen keltischen Handelsweg über den Gotthard denken; doch so beeindruckend der Fund ist, er ist zu isoliert für einen solchen Schluss. Wir wissen von den Lepontiern, die den Etruskern nahestanden und von Süden her in die Leventina, das südliche Zugangstal zum Gotthard, vordrangen; vielleicht haben sie den Hauptkamm auch überschritten. Die sowohl zahlenmäßig als auch kulturell bedeutendste Gruppe besiedelt ein ganzes Netz von Tälern und Höhenzügen zwischen Rhein und Etsch. Sie begründet das, was die Archäologen als Melauner Kultur, die Historiker allerdings lieber als Volk der Rätier bezeichnen: das einzige prähistorische Alpenvolk, das in die geschichtliche Zeit hineinreicht und in ihr noch sehr lange seine Identität bewahrt, ja, sie bis heute nicht ganz verloren hat. Dieses romanisierte Volk hat gegen alle Alemannen, Lombarden, Goten und Bajuwaren sein romanisches Idiom bewahrt und selbst dem Kulturzentralismus der neuesten Zeit widerstanden. Es spricht noch immer sein Rätoromanisch, die vierte Landessprache (allerdings nicht Amtssprache) der Schweiz, die in verschiedenen Dialekten auch in mehreren zu Italien gehörenden Tälern gesprochen wird.

Man darf sich aber von diesen großen ethnischen Familien keine falsche Vorstellung machen: Die unregelmäßig verteilte, in den größeren, offenen Talböden jedoch ziemlich dichte Alpenbevölkerung ist in Wirklichkeit unendlich zersplittert in kleine Stämme, deren jeder seinen Teil des Haupttals oder sein Seitental bewohnt. Die Beziehungen zwischen ihnen sind eher marginal, vor allem sind es wohl Konflikte: um eine Weidefläche, um einen umdirigierten Wasserlauf, um ein geraubtes Mädchen. Jeder Stamm bildet eine homogene, solidarische Einheit und entscheidet über gemeinsame Belange auf der Volksversammlung, wenngleich eine innere Hierarchie besteht. Sicher ist, dass es praktisch keine Einmischung von außen gibt.

Abgesehen von den Verkehrsadern gilt das sogar für die Zeit der römischen Herrschaft. Die Unterwerfung dieser Völker ist ein politisches Konstrukt der Römer, das von der Mehrheit der Betroffenen wohl kaum wahrgenommen wurde; zumindest hat es sie wenig eingeengt, am wenigsten in den abgelegenen Tälern. Reste römischer Villen findet man bis an den Alpenrand, weiter kaum, außer in Küssnacht und in *Alpiniacum* (Alpnach in Obwalden), wo ein gewisser Alpinius im 2. oder 3. nachchristlichen Jahrhundert eine Villa baute. Die Romanisierung, der verallgemeinerte Gebrauch des Lateins (die Umstände, unter denen sich diese wohl langsame, also spät abgeschlossene sprachliche Eroberung vollzogen hat, kennen wir nicht) mag kulturell als praktisch empfunden worden sein. Wie dem auch sei: Die Geschichte kreist diese Völker vom Süden und vom Norden her ein, ignoriert sie aber weiterhin.

Ein Wandel tritt im 3. Jahrhundert ein, in der Zeit des Niedergangs des Imperiums. Ein Wandel, keine Umwälzung: Die römischen Siedler ziehen sich vom Limes in die sicheren Berge zurück, weil sie nach dem Alemanneneinfall um 260 n. Chr. eine Invasion dieses Volkes befürchten. Diese Fluchtbewegung hatte nicht unbedeutende Ausmaße; für viele Gebiete des Alpenrands, vor allem für das rätische Rheintal, ist sie zweifelsfrei belegt. Man weiß, dass sich die Kolonisatoren dort an den freien Plätzen ansiedelten und Kulturen anpflanzten, die man in der Gegend noch nicht kannte: Wein, Kernobst und die Walnuss, aus der sie ihr Öl gewannen.

In den Waldstätten haben wir kaum Hinweise auf solche Fluchtorte. Dass es dort welche gab, ist jedoch sehr wahrscheinlich. Die bewaldeten Täler von Unterwalden und Schwyz boten den gewünschten Schutz und genug Raum für ein wenig Landbau. Und Uri, diese vielbeschworene Festung, die praktisch nur über den See zu erreichen war, bot im Notfall eine geradezu ideale Zuflucht. Eine Siedlertätigkeit von Familien römischen Ursprungs wäre die plausibelste aller Erklärungen für den später belegten Anbau mediterraner Nutzpflanzen (Wein, Kastanie, Walnuss) an den Ufern des Vierwaldstätter Sees und der Reuß, wo ein ziemlich mildes Klima dies erlaubte. Auch trägt das Dorf Bürglen *(Burgilla),* Tells angeblicher Wohnort, schon in der Karolingerzeit diesen Namen, der auf eine Burg oder befestigten Platz hinweist. Keines der Völker, die zuvor das Tal besiedelten, hatte einen Grund für einen solchen Bau, die römischen Flüchtlinge dagegen sehr wohl. Diese haben sich wahrscheinlich relativ leicht in die einheimische Bevölkerung integriert, die wohl zahlenmäßig gering und ziemlich primitiv war – nur wissen wir nichts über sie. Gab es darin lepontische Elemente, Menschen südlicher Herkunft? Dafür sprechen linguistische Hinweise: Noch lange nach der Alemannisierung der Zentralschweiz erhielten sich in Uri, in Glarus und im Oberwallis einige Ausdrücke – in der Viehzucht vor allem –, die man auch im Tessin findet und deren Wurzeln etruskisch-lateinisch sind.

Die auf das Römische Reich folgenden Jahrhunderte gehören zu den aufgewühltesten Zeiten der europäischen Geschichte. Doch in unseren Tälern war davon kaum etwas zu bemerken. Wenn die Ostalpen von Lombarden, Awaren, Bajuwaren und Slawen überrannt wurden und es auch in den Westalpen zu Zusammenstößen kam, so wurde der Nordrand der Zentralalpen kaum berührt von den hereinbrechenden Barbaren, die in diesen wilden Tälern nichts fanden, was sie angelockt oder zum Bleiben angeregt hätte. Weder Rätien noch das Oberwallis, noch die Waldstätte waren von den Barbareneinfällen betroffen.

Die langsame Inbesitznahme durch die Alemannen

Im 15. Jahrhundert zirkuliert in der Schweiz eine eigenartige Legende, die von Chronisten und Historikern lange Zeit ziemlich ernst genommen wird. Unter dem Titel *Das Herkommen der Schwyzer und Oberhasler* verficht der Autor oder Kolporteur dieser Legende, ein Schwyzer, die detailliert ausgeführte These, dass die Bevölkerung seines Kantons auf eine Einwanderung von Schweden zurückgehe, die er im 4. Jahrhundert annimmt. Die Skandinavier seien vom Hunger aus ihrem Land vertrieben worden, durch Germanien und den Rhein hinaufgekommen und hätten einen Teil der Zentralschweiz »erobert«. Von hier aus seien sie noch nach Rom gezogen, um dort Papst und Kaiser vor dem ins Heidentum zurückgefallenen römischen Pöbel zu erretten ... Gleichzeitig seien Friesen in das Haslital im Berner Oberland vorgedrungen und dort geblieben. Die Legende kaschiert nur dürftig den politischen Hintergedanken: Es gilt, das Recht der Schwyzer auf ihr Land zu untermauern und sich gegen Felix Hemmerli, den Zürcher Parteigänger der Habsburger, zu wehren: Er hatte die Schwyzer verächtlich gemacht und behauptet, sie stammten von sächsischen Sklaven ab, die Karl der Große zur Kolonisierung der Gegend in Schwyz angesiedelt habe.

Hinter der blühenden Phantasie stecken indessen auch vage Reminiszenzen. Teils sind sie literarischer Herkunft wie die Normannenzüge, die aber nie bis zur Schweiz vorgedrungen sind; oder die phonetische Nähe der Wörter *Sveci* (Schweden) und *Svici* (Schwyzer). Andere Reminiszenzen entstammen dem Volksgedächtnis, dem zufolge die Urahnen aus der Kälte kamen.

In Wirklichkeit waren es weder Schweden noch Friesen, auch nicht Sachsen, sondern einfach Alemannen. Es war dasselbe Volk, das sich friedlich und fast verstohlen in Süddeutschland und im schweizerischen Mittelland festgesetzt hatte. In die abgeschiedeneren Gegenden der Voralpen und der Alpen drang es erst später vor (kaum vor Ende des 7. Jahrhunderts), wohl als es im Vorland nicht mehr genug Land gab und das Herzogtum Alemannien bereits unter fränkischer Kontrolle stand. Übrigens wird im Zusammenhang mit dem letzten Alemannenherzog im Jahre 732 Uri zum allerersten Mal erwähnt. Herzog Theobald, dessen Neigungen noch eher dem alten Heidentum galten als dem frisch und aus politischen Gründen angenommenen Christentum, befand sich im Streit mit den religiösen Würdenträgern seines Herrschaftsgebiets. Ihm schwebte wohl die hinterste Ecke seines Herzogtums vor, als er den Reichenauer Abt Eto nach *Uronia* verbannte. Eto blieb allerdings nicht die Zeit zum ausgiebigen Kennenlernen seines Exils: Karl Martell, der Theobald besiegte, rief ihn noch im selben Jahr nach Reichenau zurück. Der Vorfall besagt zumindest, dass die Alemannen zu Beginn des 8. Jahrhunderts erst im Begriff waren, die Gegenden um den Vierwaldstätter See einschließlich seines oberen Endes zu besiedeln. *Uronia* ist vielleicht die damalige Bezeichnung für Altdorf, dessen älteste Kirche aus der Zeit um 700 stammt.

Jedenfalls ging die Alemannisierung des Berglandes sehr langsam vonstatten und stieß auf mancherlei Hindernisse. In Rätien war das Hindernis soziologischer oder gar politischer Natur. Die Rätier verteidigten wild entschlossen ihren Boden und leisteten deshalb lange Zeit allen Eindringlingen Widerstand. Eine rätische Familie hatte sich im 6. oder 7. Jahrhundert in Chur die Macht sichern können: Das Geschlecht der Victoriden vereinigte dort in seinen Händen den weltlichen Herrschaftstitel eines Präses und die geistliche Funktion des Bischofs. Von Karl dem Großen für einige Jahre aus dem Amt vertrieben, rissen die Victoriden nach dessen Tode sogleich die Macht wieder an sich. Anderswo war das Hindernis natürlicher Art – die Leere. Es ist das »Grenzphänomen«, das die Amerika-Historiker bestens kennen: Bewohnte und bebaute Gebiete zu erobern kann ziemlich leicht sein; viel schwerer ist die Landnahme im leeren Raum, wo noch nichts ist. Die bis ins 10. oder sogar 11. Jahrhundert ankommenden Alemannen sind nicht sehr erfinderisch: Überall betreiben sie dieselbe Art Landwirtschaft mit ein wenig Ackerbau und einigen Stück Vieh. Im Bergland fehlt aber oft der Raum, um mit den damaligen Produktionsmethoden und Ernteerträgen eine Familie zu ernähren.

So besiedeln die alemannischen Einwanderer bis zum 11. Jahrhundert allenfalls die etwas breiteren Talgründe, und auch dies nur langsam: Die kleinen Ebenen von Schwyz und Lauerz, das Reußufer bis hinauf nach Erstfeld (germanisch *Ourzcvelt,* die Etymologie bleibt unklar) sowie den offensten Teil des Obwaldner Haupttals. Die Siedlungen, die sich im Wallis wegen des trockeneren Klimas schon auf 1500 Meter oder noch höher hinauf wagen, finden sich in Rätien bis in maximal 1000 Meter, in den Waldstätten bis in 700 oder 800 Meter Höhe: Es sind schmale Streifen. Im Urner Haupttal hat die erste Welle der Alemannisierung nicht einmal die Siedlungsplätze oberhalb von Erstfeld erreicht, deren Namen denn auch romanisch bleiben (erst später erhalten sie deutsche Endungen): Gurtnellen kommt von *curtinella,* der kleine Hof; Göschenen war die *cascina,* die Hirtenhütte, und die gefürchtete Schöllenen die *scalina,* die Treppe ... Gallo-römische und alemannische Nachbarn haben wohl einige Generationen lang eine Zweisprachigkeit praktiziert, von der noch der Wortschatz des Mittelalters Spuren aufweist.

Freilich gab es die Unternehmungen der ersten Karolingerkaiser, die, wie wir gesehen haben, großen Wert auf sichere Straßen legten und deshalb eine stabile und dichte Besiedlung der Durchgangstäler wünschten. Das um diese Zeit gegründete Disentis und andere Klöster in den Ost- und Westalpen dokumentieren die autoritäre Erschließungspolitik der Karolinger. Disentis wurde kurz nach 700 weit oberhalb bestehender Ansiedlungen in fast 1200 Meter Höhe gegründet: *in desertis (monasterium disertinense):* »das Kloster in der Wüstenei«. Die Mönche siedelten in ihrer Nähe den Kern einer Bevölkerung an, die zu roden begann und deren Beispiel in ziemlich weitem Umkreis allmählich nachgeahmt wurde. Auf die Menschen in den Waldstätten scheint Disentis allerdings kaum eingewirkt zu haben; die Entfernung war zwar nicht groß, doch es lagen zu hohe Bergrücken dazwischen.

Möglicherweise sind einige Bergregionen von den einheimischen Bewohnern auch völlig aufgegeben worden, ohne dass neue Siedler nachkamen. Entgegen der erwähnten Legende gilt dies sicher für das oberhalb des Brienzer Sees, sozusagen im hintersten Berner Oberland gelegene Haslital. Dieses heute sehr touristische und den Conan-Doyle-Lesern bestens bekannte Tal (hier stürzt Sherlock Holmes in den Reichenbachfall und in den Tod) scheint bis ins 12. Jahrhundert verlassen gewesen zu sein. Solche verlassenen Gegenden (war die Bevölkerung abgewandert, war sie ausgestorben?) und ganz allgemein die Enge des im Mittelalter besiedelten Lebensraums in den Bergen sind beredte Zeugnisse für die prekären, ja elenden Lebensbedingungen dieser Menschen, für ihre geringe

Lebenserwartung und ihre beengten Aussichten – im doppelten Sinne des Worts: Die Zukunft war ebenso versperrt wie der Horizont.

Trotz allem sickern die Alemannen ein, wo sie nur können. Reibungslos, soweit wir wissen (mit Ausnahme Rätiens), setzen sich ihre Sprache, ihr Brauchtum und ihr Gesetz bei der eingesessenen, vermutlich ausgebluteten Bevölkerung durch. Im Unterschied zu dieser, die zerstreut in Einsiedlerhöfen lebt, besitzen die Alemannen einen ausgeprägten Stammes- und Gemeinschaftsgeist: Sie wohnen in Dörfern zusammen, vielleicht aus altem Schutzreflex, sicher aber auch aus Gründen der Zweckmäßigkeit. So können sie mit vereinten Kräften alle zwei Jahre neue Felder gewinnen und die Bewässerung bewerkstelligen. Die Dörfer eines Tals oder Talabschnitts bilden ein Gemeinwesen mit eigenen Institutionen und eigener Verwaltungskompetenz: Sie sind *pagi*, »Länder«. Im Gebirge ebenso wie im Mittelland sind sie die fernen Vorläufer der meisten Kantone, auch der »Zenden« im Wallis und der rätischen »Grauen Bünde«, deren Zusammenschluss das heutige Graubünden hervorbrachte. Es sind auch die Alemannen, die mit Hilfe der Mönche das Christentum in die Täler bringen.

Geheimnisvolle Walser

Hier ist ein kurzer Exkurs über ein einzigartiges Phänomen angebracht, das für die Anthropologie der Alpen von Bedeutung ist und auch einige Auswirkungen auf unser Thema hat. Doch die genauen historischen Umstände und die Chronologie dieses Phänomens bleiben ein mehr oder weniger undurchdringliches Geheimnis, trotz leidenschaftlicher Forschungsbemühungen – vielleicht auch gerade ihretwegen, denn bei all den Emotionen, welche die Walser bei ihren (wirklichen oder vermeintlichen) Nachkommen immer noch hervorrufen, muss es zwangsläufig zur Legendenbildung, zu Übertreibungen und Überzeichnungen kommen.

Der Oberbegriff »Walser« bezeichnet ein Volk alemannischen Ursprungs, das zunächst im Wallis ansässig war (daher der Name), sich dann aber auf lange Wanderschaft begab. Anders als andere Bergbewohner bewegte es sich jedoch nicht in Richtung Unterland, sondern zog innerhalb der Alpen rastlos von Tal zu Tal – gleichsam auf der Suche nach der ewig grünen Weide, dem verheißenen Land.

Das Unterwallis vom Genfer See bis zur Bischofsstadt Sion war stark romanisch geprägt, bevor es, wie wir uns erinnern, zur Wiege des Königreichs Burgund mit dem Kloster Saint-Maurice als Zentrum wurde. Das obere Rhonetal hingegen, das eng, karg und den Kaprizen des Flusses ausgesetzt war, blieb abseits. Die Alemannen besetzten es, wobei sie wohl die Übergänge aus dem Berner Oberland benutzten (Gemmi, Lötschenpass, Rawil). Und vermutlich in zwei Wellen kamen. Die erste besetzte die besseren Plätze, vor allem die Terrassen über dem Rhonetal wie Montana, ferner das Goms (das Rhonetal zwischen Brig und dem Rhonegletscher) sowie die ersten zugänglichen Stufen der Seitentäler (Mattertal, Saastal, Binntal). Die zweite Welle, die im Verlauf des 11. Jahrhunderts folgte, hatte das Nachsehen; sie musste mit Plätzen vorliebnehmen, die weniger besonnt, karger und steiniger waren, auch höher lagen. Sie stieß bei den Siedlern aus der ersten Welle auf Misstrauen und Ablehnung. Es kam nicht zur Verschmelzung der beiden Wellen. Ohne jeden politischen Druck und ohne ersichtliche wirtschaftliche Notwendigkeit – die Neuankömmlinge hatten sich erfindungsreich den schwierigen Lebensbedingungen angepasst – beschlossen die »Walser« weiterzuziehen. Wegen des unfreundlichen Empfangs? Oder aus altem Nomadeninstinkt?

Sie zogen nicht schlagartig von einem Tag auf den andern weg, auch nicht alle miteinander. Die Wanderungsbewegung begann wohl im 12. Jahrhundert und erstreckte sich über zwei Jahrhunderte. Der Zug ging auf gut Glück und sippenweise in verschiedene Richtungen: In Vallorcine am Fuße des Mont Blanc tauchten die Walser ebenso auf wie in den lombardischen Alpen und im Tessin (Leventina). Der Hauptstrom des Zuges richtete sich indessen nach Osten, über Furka, Urserental und Oberalp in das Vorderrheintal (Disentis). Von hier aus verstreuten sich die Walser über einen Großteil Graubündens bis nach Vorarlberg und sogar nach Tirol. Sie hatten ihre Bräuche und Gesetze mitgenommen; wo immer sie haltmachten, blieben sie zusammen und bildeten eine Gemeinschaft, die sich von den anderen absonderte, ein wenig wie eine religiöse Sekte (was sie anscheinend nicht waren). Und wo sie zu bleiben beschlossen, besetzten sie die noch übriggebliebenen Böden; die guten waren, wie einst im Wallis, längst besetzt. Die Walser wurden dadurch zu ausgesprochenen Höhensiedlern, die bis fast an die Waldgrenze gedrängt wurden – sofern sie nicht wieder gehen mussten. Endgültig sesshaft und in die neue Umgebung eingegliedert wurden sie erst lange nach den Heldentaten Wilhelm Tells.

Das seltsame Wandervolk hinterließ bei seinem Durchzug Spuren, Spuren seines Geschicks. Es hatte gelernt, den kargsten Böden noch etwas abzutrotzen, die dürrsten Flächen durch umgelenkte Bäche zu bewässern, die steinigsten Hänge zu Weideland zu machen. Es hatte seine eigene Weise, Häuser und Wege zu bauen. Vielleicht hat es auf dem Durchzug sein Können an die eingesessenen Bewohnern weitergegeben. Der Disentiser Benediktinerpater Iso Müller, der die Geschichte seines Klosters und des Gotthardpasses schrieb, glaubt die Hand der Walser in den künstlichen Stegen zu erkennen, die um 1220 die Schöllenenschlucht endlich begehbar machten, dadurch den Gotthard für den großen Verkehr öffneten und die Waldstätte aus ihrer Abgeschiedenheit holten. Sicher ist das nicht. Doch die Kühnheit der Bauten, mit denen man das Hindernis überwand, entsprach ganz ihrer Art.

Die Täler, die Kaisertöchter und der Vogt

Die Besiedlung der *pagi* oder »Länder« der Zentralschweiz war noch längst nicht abgeschlossen, als sich im 9. Jahrhundert die Fürsten darauf besannen, dass es dort Untertanen und somit etwas zu besteuern gab. Die Karolinger hatten die konfiszierten Erblande der alemannischen Stammesherzöge an sich gezogen. Darunter befand sich das Krongut Zürich; um den Ort herum, an dem die spätere Stadt entstehen sollte, umfasste dieses eine ganze Reihe von landwirtschaftlichen Anwesen. Am 21. Juli 853 begabte Ludwig der Deutsche das Nonnenkloster Fraumünster, das er kurz zuvor in Zürich für seine Tochter gegründet hatte. Die Schenkung beinhaltete natürlich das Gut Zürich selbst sowie die unmittelbar umliegenden bewaldeten Hänge des Albis. Er schlug aber auch ein Gebiet dazu, das die Urkunde als *pagellus Uroniae,* das Ländchen Uri, bezeichnet. Mitsamt seinen Kirchen, seinen Häusern, seinen »Hörigen beiderlei Geschlechts und jeglichen Alters«, seinem bebauten oder unbebauten Ackerland, seinen Wäldern, Wiesen und so fort. Was genau zu dieser Schenkung gehört hat, ist indessen keineswegs klar. Die bei solchen Akten übliche Aufzählung darf nicht missverstanden werden, denn der Kaiser kann nur verschenken, was er hat. Und das ist nicht das ganze Land Uri, das zum Großteil noch gar nicht besiedelt und erkundet ist. Es kann sich allenfalls um die kleine Reußebene und die angrenzenden Hänge zwischen dem Seeufer und dem Dorf Silenen gehandelt haben, das heißt um das Land um die beiden Kirchen Bürglen und Silenen; und es ist nicht einmal gesagt, dass sämtliche Bauern der Gegend wirklich davon betroffen waren.

Vier Jahre später besinnt sich derselbe Ludwig etwas anders und gibt die Zürcher Kirche Sankt Peter sowie die beiden Urner Kirchen samt den zu ihrem Unterhalt bestimmten Gütern nicht mehr seinen Töchtern, beziehungsweise dem Fraumünster, sondern dem für dieses Kloster zuständigen Priester, und zwar persönlich und auf Lebenszeit. Es handelt sich um einen gewissen Berold, einen einflussreichen, aus Südfrankreich gekommenen kirchlichen Würdenträger. Als Berold 894 stirbt (lange nach Ludwig und seinen beiden als Äbtissinnen des Fraumünsters waltenden Töchtern), fallen diese Besitzungen schlicht und einfach an den König zurück. Erst 952 begabt Otto I. das Frauenstift von neuem, doch die Schenkung schließt nun nicht mehr das ganze Land Uri ein, sondern nur noch die beiden Kirchen. Um die Sache etwas aufzuwerten, legt er die Einkünfte aus dem Kirchenzehnten dazu. Das Fraumünster wird diese Einkünfte sehr lange Zeit beziehen; erst Anfang des 15. Jahrhunderts werden das Land Uri und die Pfarreien sich von den Abgaben freikaufen. Sie sind freilich bescheiden. Im Jahre 1370, als Uri bereits reich ist, beziffern sie sich auf etwa 1000 Kilogramm Käse, 18 Ziegen, 24 Ziegenhäute, 60 Schafe und Lämmer, ein wenig Wolle, 14 Quart Nüsse und 53 Münzpfunde. Das entspricht kaum dem Jahresertrag eines mittelgroßen Bauernhofs im Mittelland. Auffällig an dieser Liste ist, dass sie weder Getreide noch Wein enthält und vor allem kein Großvieh aufführt, obwohl die Großviehzucht der bei weitem wichtigste Erwerbszweig der Urner ist.

Für uns von Belang ist aber nicht das Hin und Her der königlichen Schenkungen und Rücknahmen, auch nicht die im Übrigen nicht sehr drückende Präsenz des Fraumünsters und seiner Gutsverwalter; bei der Erhebung der Waldstätte werden die Rechte des Zürcher Stifts auch nicht angetastet oder angefochten. Für uns interessant ist vor allem der rechtliche und politische Status der Region, wie wir ihn aus dieser ganzen Reihe von Vorgängen herauslesen können. Das Fazit daraus ist, dass das noch kaum besiedelte »Ländchen Uri« im Grunde niemanden interessiert. Es ist noch derart arm, dass es schlicht übergangen wird; kein Feudalherr hat sich zum Herrn darüber gesetzt. Die Schenkung von 853 entzieht es übrigens ausdrücklich jeder gräflichen oder feudalherrlichen Gerichtsbarkeit. Wem gehört es also? Faktisch den Bewohnern. Diese fristen hier schlecht und recht ihr Leben; außer der königlichen Steuer und dem Kirchenzehnten schulden sie aber niemandem etwas. Ein paar Äcker oder Wiesen gehören zum Gut der beiden Kirchen, sie werden anscheinend von Hörigen bestellt. Andere Unfreie sind wohl örtlichen Grundbesitzern hörig, die, weil sie umtriebiger und reicher sind als die anderen, im Dorf den Ton angeben. Rechtlich aber untersteht dieses Land, das keinen hochadligen Besitzer kennt, direkt dem König und Kaiser, der im Übrigen, wie wir gesehen haben, darüber beliebig und wie beiläufig verfügt. Es ist ein Teil des Krongutes, allerdings ein minderer Teil, ein Randstück sozusagen, das höchstens als Beigabe zu der unendlich viel wertvolleren Besitzung Zürich taugt.

In Zürich residiert der Verwalter des Guts, der Landvogt, der kaiserliche Sachwalter (»Vogt« ist eine Verballhornung des lateinischen *advocatus*). Er treibt die Steuer ein, übt die hohe Gerichtsbarkeit aus, manchmal auch die niedere, wenn diese nicht den Bewohnern selbst überlassen ist. Seine richterliche Zuständigkeit beschränkt sich allerdings nicht auf die Schenkungen von 853, sie erstreckt sich auch auf das Land Schwyz und in gewissem Maße auch auf Unterwalden. Die drei Waldstätte sind also von Anfang an vereinigt in der Ausübung der Reichsunmittelbarkeit durch einen allen gemeinsamen hohen Beamten und obersten Richter.

Über das, was in Schwyz und in Unterwalden vor dem 11. Jahrhundert geschah, haben wir wenig Kenntnis. Die beiden Länder bleiben ebenso »vergessen« wie Uri, sogar noch mehr. Sie sind nie Gegenstand einer aktenkundigen Schenkung oder sonstigen Übereignung. Unterwalden ist vielleicht erst im späten 9. oder 10. Jahrhundert, also noch später als das Reußtal, kolonisiert und alemannisiert worden, was vermuten lässt, dass es vorher kaum bewohnt war. Es untersteht von Anfang an unmittelbar den Ottonen, die es allerdings an den mit ihnen verbündeten König von Burgund abtreten; mit dem Erlöschen der Rudolfinger im Jahre 1032 fällt es an den Kaiser zurück. Ein Jahrhundert später, als tief im Gebirge in menschenleerem Gebiet das Kloster Engelberg gegründet wird (1124), gilt dieses noch als *der Provinz Burgund und dem pagus Zürich* zugehörig: Diese widersprüchliche Formulierung – Zürich ist nie burgundisch gewesen – belegt, wie wenig Aufhebens man damals am Hof um diese Gegend macht. Die Bauern sind dort frei; Hörige wird es erst ab dem 11. Jahrhundert auf den Klostergütern geben. Die Bewohner üben selbst die niedere Gerichtsbarkeit aus; die höhere, die Blutgerichtsbarkeit, hat der kaiserliche Vogt inne.

Das Land Schwyz ist noch ein winziges Territorium am Fuß der Mythen, das einige alemannische Familien zu roden begonnen haben. Einer der Siedler, vermutlich ihr Oberhaupt, nannte sich Suito; die ganze Siedlergemeinschaft galt als seine Sippe, die man *Suitenses* nannte, woraus »Schwyz« abgeleitet ist (und durch eine spätere Verallgemeinerung »Schweiz«). Auch diese Bauern sind frei, das heißt, dass noch niemand daran gedacht hat, sie zu Untertanen zu machen. Formal gehören sie ebenfalls zum Krongut Zürich. Sie haben allerdings Nachbarn, die schon bald unbequem, sogar bedrohlich werden. Nördlich, in dem zum oberen Zürichsee abfallenden Voralpenland, und westlich, in Arth am Zuger See, aber auch in Küssnacht und in Gersau, gehen Ländereien als Lehen an verschiedene weltliche und geistliche Herren.

Vor allem die bescheidene Einsiedelei des heiligen Meinrad nimmt allmählich Dimensionen an, die für die Schwyzer störend werden. Der Reichenauer Mönch hatte hier um 828 die Einsamkeit gesucht, »im finstern Walde«, der die Moränen zwischen Schwyz und dem Zürichsee bedeckte. Er wurde ermordet, der Legende nach von Räubern. Die Einsiedelei blieb verwaist, bis Anfang des 10. Jahrhunderts, angezogen vom Geruche der Heiligkeit des Eremiten, zwei Straßburger Kanoniker sie wiederbelebten. Um sie scharten sich andere Mönche, die bald die Regel des heiligen Benedikt annahmen. 974 bestätigte Kaiser Otto I. die Existenz dieses Eremitenklosters Einsiedeln; er gewährte den Mönchen das Recht, ihren Abt zu wählen, der wiederum zur Würde eines Reichsfürsten erhoben wurde. Natürlich waren diese Privilegien von umfangreichen Landschenkungen im Umland begleitet; Herzog Hermann von Schwaben rundete das Klostergut ab. So entstand ein umfangreiches Gebilde, das einen schnellen Aufschwung nahm: in religiöser Hinsicht durch seine Ausstrahlung in der Klosterkultur Deutschlands, aber auch in materieller Hinsicht durch die Viehzucht, die es als die einzige rentable Möglichkeit in dieser feuchten und kalten Gegend intensiv betrieb. Insbesondere favorisierten und entwickelten die Mönche auch die Pferdezucht, die dem rasch steigenden Bedarf der Feudalherren mit ihrer Vorliebe für das Reiten und Kriegführen entgegenkam. Bereits um die Jahrtausendwende belieferten die renommierten Einsiedler Gestüte einen ansehnlichen Teil des Reichsadels mit Streitrössern und Paradepferden.

Wie nicht anders zu erwarten war, kam es sofort zu Grenzstreitigkeiten zwischen den reichsfreien Schwyzern und den Einsiedler Mönchen. Diese Händel, die sich endlos hinzogen und oft in Gewalttätigkeiten ausarteten, werden als auslösendes Moment wirken, als es darum geht, ob sich Schwyz der Erhebung in den Waldstätten anschließt. Die Lage ist für die wiederholt angerufenen Schlichter und Gerichte umso verworrener, als sich Rechte und Besitzungen ineinander verschränken: Einerseits hat das Kloster Ländereien im Kernland von Schwyz erworben, und die auf ihnen wirtschaftenden Pächter oder Hörigen bilden ein eigenes Gemeinwesen; andererseits versuchen die Schwyzer mit ihren knappen Weidegründen und Wäldern, sich in diese »March« auszudehnen, die zwischen ihrem Stammland und dem Zürichsee liegt, aber von den Mönchen kontrolliert wird. Exponierter als ihre Urner Nachbarn und unabhängigkeitsbewusster als die Unterwaldner, können sie gegenüber der entstehenden Kloster- und Feudalmacht nur auf den Kaiser und seinen Zürcher Vogt bauen – was nicht wenig ist, wie die weitere Geschichte erweisen wird.

Die Ära der Zähringer

Wie dem immer sei, die Berge bleiben bis ins 11. Jahrhundert wirklich verschlossen und vergessen. Die tiefer gelegenen Täler, so auch die Waldstätte, sind enge Flaschenhälse, durch die sich einige wenige Familien oder Gruppen von Familien auf Landsuche hindurchzwängen – unweigerlich gefolgt von einem königlichen Beamten, der die Gegend begutachtet, insbesondere im Hinblick auf künftige oder bereits getätigte Schenkungen; diesem wiederum folgen Leute, die den Zehnten für die Kirche fordern. Diese Emissäre der geistlichen und der weltlichen Macht sind bisher noch der einzige spärliche Kontakt der Waldstätte zur Außenwelt und zur Geschichte (dasselbe gilt für viele andere ähnlich lebende Völker von der Provence bis nach Kärnten).

Dieser Sachverhalt beginnt sich etwa um 1100 zu ändern. Ich verwende diese Jahreszahl nur als ungefähre Handhabe. Es gibt keinen plötzlichen Einschnitt, es beginnt sich lediglich etwas abzuzeichnen, was von Jahrzehnt zu Jahrzehnt deutlicher wird. Doch es ist durchaus denkbar, dass die Generation, die die Wende zum 12. Jahrhundert erlebt, als erste spürt, dass sich etwas verändert, zum Guten wie zum Schlechten.

Der Wandel hat vielfältige Gründe: wirtschaftliche, politische, soziale, religiöse. In die geschlossene, autarke, statische, auf das Feudalgut beschränkte Selbstversorgungswirtschaft des Mittelalters ist Bewegung gekommen, schon seit einigen Generationen, im schweizerischen Mittelland ebenso wie im übrigen europäischen Flachland. Die Auswirkungen werden schon vor 1100 spürbar. Die Bevölkerung wächst bereits so, dass ein deutliches Bedürfnis nach mehr Lebensraum entsteht. Obwohl wir keinerlei direkten Beleg dafür haben, erscheint eine Wanderungsbewegung von landsuchenden Bauern in das Gebirge als sehr wahrscheinlich; und es ist anzunehmen, dass diese Bauern den Mönchen und Adelsfamilien aus dem Unterland nachzogen, die, wie wir sehen werden, in den Alpentälern Güter erwerben. Mit der Bevölkerung wachsen die Bedürfnisse, und sie werden vielfältiger; die Städte haben einen wachsenden Anteil an der allgemein steigenden Nachfrage. Auch die Gebirgsregionen können zur Befriedigung dieser Nachfrage beitragen, und sie werden dafür eigene Mittel und Wege finden, wie wir im nächsten Kapitel sehen werden. Jedenfalls bahnt sich um 1100 ein Warenaustausch zwischen den Bergen und dem Flachland an.

Auf der politischen Ebene sind die Hauptereignisse das Verschwinden des Herzogtums Schwaben aus dem Machtspektrum und seine oben geschilderte Aufteilung in die beiden Einflusssphären der Staufer und der Zähringer. Mit dem Herzogtum verschwindet auch das, was zwar nicht als Einheit, doch immerhin als ein gewisser Zusammenhalt des alemannischen Volkes gelten konnte. Das alte alemannische Recht, das bislang die rodenden Bauern – so auch unsere »Waldleute« – begünstigt und geschützt hatte, kam außer Gebrauch. Der Herzog von Schwaben scheint sich kaum je ernsthaft in ihre Angelegenheiten eingemischt zu haben, die Bauern konnten sich aber an ihn wenden, wenn einer seiner Vasallen Ansprüche gegen sie geltend machte. Er war im Bedarfsfall näher als der Kaiser und empfänglicher für die besonderen Anliegen seiner Untertanen. Dieser Herzog nun, der Amt und Würden an die Staufer abgibt, zieht sich nach dem Kompromiss von 1089 auf die nördliche Seite des Rheins zurück. Südlich des Rheins überlässt er das Feld praktisch dem anderen Herzog, der zwar kein Herzogtum, aber völlig freie Hand hat: dem Herzog von Zähringen.

Diese Zähringer, ohne die im ganzen 12. Jahrhundert nichts geht zwischen Rhein und Rhone, verkörpern geradezu den Idealtypus des Feudalherrn. Sie gründen ihre Macht nicht auf ein Stammland; da sie keinen »Staat«, das heißt kein Herzogtum im karolingischen Sinne mit einem bestimmten Land und Volk haben, lassen sie ihren Einfluss spielen, wo immer sich eine Gelegenheit, ein Bündnis, ein Beistandsabkommen bietet. Sie haben von ihrer Herrschaft keine räumliche, sondern eine punktuelle und vor allem persönliche Vorstellung. Pausenlos knüpfen sie Lehnsverhältnisse, einerseits streng nach ritterlichem Kodex, andererseits in schier machiavellistischer Berechnung des zu erzielenden Nutzens an persönlichem Einfluss und Prestige. Sie gründen mit Erfolg mehrere Städte, weil es Mode ist und weil ihre Macht die Lebensfähigkeit dieser Gründungen längerfristig gewährleisten kann – die Geschichte Berns und der beiden Freiburg wird ihnen darin recht geben –, aber auch weil diese Städte Renommierobjekte sind und zu politischen, wirtschaftlichen, finanziellen und kulturellen Ausstrahlungszentren werden, von denen ihre Gründer in höchstem Maße profitieren.

Die Zähringer, wie übrigens alle großen Feudalherrn des Reichs, sind umso stärker, je schwächer das Reich ist. Dieses ist nämlich Schauplatz eines Intrigenspiels, das insbesondere die zentrifugalen Kräfte begünstigt. Diese Kräfte werden noch verstärkt durch den langen Streit zwischen Kaiser und Papst um die Investitur – de facto geht es darum, ob die weltliche oder die geistliche Macht die Vorherrschaft hat. Nun ist aber in vielen Provinzen des Reichs, insbesondere in Schwaben und Helvetien, die von Bischöfen und Klöstern vertretene Kirche sehr stark; sie ist auch reich. Und so mancher Fürst oder Feudalherr schlägt sich, aus Überzeugung oder aus Opportunismus, auf ihre Seite.

Ein Mittel der Herrschaft, wie sie von den Zähringern verstanden wird, besteht darin, sich durch Verleihung von einträglichen Rechten, Lehen und Gütern eine Klientel zu sichern. Auf niedrigerer Ebene wenden die Vasallen das gleiche Mittel an, indem sie sich kleinere Adelsgeschlechter treuepflichtig machen. So konkretisiert sich die Feudalgesellschaft, die oben beim Fürsten beginnt und unten beim kleinen, bauernnahen Lokaladel endet; andersherum steigt sie vom Ritter und seinem Gefolge von einigen Waffenknechten auf bis zum Fürsten, der gegebenenfalls für seine militärischen Unternehmungen auf den Ritter zurückgreift oder ihn, wenn es ihm beliebt, in das Reichsheer eingliedert (diese Verpflichtung wird im riesigen und verzettelten germanischen Reich weit weniger eingelöst als beispielsweise im französischen Königreich).

Die Lehen schaffen zwischen Lehnsherrn und Lehnsnehmer (Vasall) wichtige gegenseitige Verpflichtungen. Im 12. Jahrhundert wird normalerweise nur größerer Grundbesitz belehnt. Es braucht dazu auch die Einwilligung des Königs, die nicht ohne weiteres zu haben ist. Um einen Vasallen zu belohnen oder ihn sich dienstbar zu machen, ist es meist einfacher, ihm eines oder mehrere Güter ganz zu schenken; solche Güter können klein sein, oft tun es ein paar Felder. Diese Schenkungspraxis wird auch bei den Ministerialen angewandt, die sich als Beamte in herrschaftlichen Diensten ihrer ursprünglichen Unfreiheit entledigt haben.

Grundherren in den Waldstätten

Geben kann nur, wer hat. Vor ihrem Aufstieg besaßen die Zähringer nur bescheidene Erblande um den Schwarzwald herum. Zu der Zeit, als sich ihr Einfluss festigt, haben die meisten bestehenden (oder noch zu rodenden) Ländereien bereits ihre Besitzer. Die Zähringer wenden zunächst, wie alle ihre Standesgenossen, die feudalste aller Expansionsstrategien an: die Einheirat und die Übernahme von erbenlosen Lehen. Auf diesem Weg fallen ihnen die weitläufigen Besitzungen in Burgund (Westschweiz) zu, die das erloschene Grafengeschlecht von Rheinfelden dort hatte.

In Sachen Gutsbesitz zeigten die kleinen und großen Feudalherren den sonderbaren Hang, sich selbst die ärgste Konkurrenz zu schaffen, mit den Klöstern nämlich. Jeder Adlige, der auf sich hielt – und an das Jenseits dachte –, glaubte es sich schuldig zu sein, ein Kloster zu gründen oder ersatzweise einem bereits bestehenden einen Teil seines Besitzes zu schenken. Diese Klöster nun gingen weder Heiraten ein, noch starben sie aus. Die Güter, die sie als Schenkungen erhielten und wirtschaftlich nutzten, verblieben ihnen auf immer, es sei denn, sie verkauften oder – was öfter geschah – tauschten sie gegen andere. Nicht immer waren es die besten Ländereien, die ihnen gestiftet wurden. Doch machten einige Adelsfamilien gewissermaßen eine Lieblingsbeschäftigung und Berufung daraus, Klöster zu gründen und mit Schenkungen auszustatten – am laufenden Band, wenn man so will.

So auch die Herren von Sellenbüren, die unweit von Zürich an den Westhängen des Albis saßen. Ein Urahn hatte bereits im 10. Jahrhundert das Kloster Sankt Blasien im Schwarzwald gegründet, und einer seiner Nachfahren war an der Gründung von Muri beteiligt gewesen. Dessen Bruder Konrad nun stiftete im Jahre 1120 am oberen Talende von Obwalden, wo er Weiderechte besaß, das Kloster Engelberg, das damals *Engilberc* (der enge Berg) hieß. Hatte Konrad von Sellenbüren auf die Seite des Kaisers gewechselt? Oder war es eine Folge des Wormser Konkordats, das 1122 den blutigen Investiturstreit beendete? Jedenfalls stellte Kaiser Heinrich v. zwei Jahre später die Neugründung unter seinen besonderen Schutz. Ihrem Stifter half sie freilich wenig: Konrad fiel 1126 einem Mord zum Opfer, und ohne seinen Wohltäter hatte das Kloster etliche Mühe, inmitten von Felsen und Gämsen emporzukommen ... Erst ab 1143, unter Abt Frowin, begann seine Blüte, die das ganze Mittelalter hindurch währte. Insbesondere entwickelte es sich zu einem bedeutenden Skriptorium, einer Schreibwerkstatt, in der Bücher kopiert wurden.

Das unwirtliche Waldgebiet Unterwaldens kam übrigens fast zur Gänze unter den Krummstab: Im 12. Jahrhundert hatten dort außer Engelberg noch folgende Klöster Besitzungen: Sankt Leodegar (Luzern), Beromünster (es bekam das Land von den Lenzburgern), Sankt Blasien (das entfernteste) und Muri (dessen Schirmherrn ebenfalls die von Sellenbüren waren). Was für Schwyz die Nachbarschaft zum berühmten Einsiedeln bedeutete, haben wir bereits gesehen. In Uri ist uns die Schenkung an das Zürcher Fraumünster bekannt, die sich allerdings auf die Güter der beiden ärmlichen Pfarrkirchen beschränkte. Auch die Klöster Wettingen (im Aargau, bei Baden) und Disentis werden hier Land besitzen, allerdings erst im 13. Jahrhundert. Im Flachland wie in den Bergen nahmen diese Klostergüter viel Fläche ein und beschäftigten zahlreiche Menschen. Für Unterwalden können wir annehmen, dass dort die freien Bauern, die um 1200 ihr eigenes Land bestellten, nur ein Drittel der erwerbstätigen Bevölkerung ausmachten. Die übrigen zwei Drittel arbeiteten auf den Klostergütern; die meisten als Hörige, eine Minderheit als »Gotteshausleute«, das heißt als freie Bauern, als Pächter.

Die Zähringer fanden einen weiteren Weg, um ihre Gefolgsleute und Ministerialen mit Schenkungen zu belohnen. Sie verfügten schlicht und einfach über Ländereien des Kronguts. Berthold II. hatte sicherlich entsprechende Hintergedanken, als er im Jahre 1098 den Kompromiss akzeptierte, der ihn zwar um den Herzogtitel von Schwaben brachte, ihm aber die Herrschaft über die Lehen zuerkannte, die der Graf von Lenzburg innehatte. Unter diesen befand sich nämlich auch die kaiserliche Vogtei von Zürich, das heißt die Verwaltungs-, Steuer- und Gerichtshoheit über dieses Territorium, zu dessen Dependancen auch die Ländereien der Waldstätte, insbesondere Uris zählten. Berthold II. wurde so zu einer Art Obervogt. Ein Jahrhundert später (1173) übernahm sein Nachkomme das Erbe der erloschenen Lenzburger direkt, einschließlich der Zürcher Vogtei. Diese Stellung gestattete ihm die völlig freie Verfügung über die Urner Ländereien, die noch niemandem gehörten außer dem König, der weit weg war, und den Bauern selbst. Es war nicht das ganze Urner Land davon betroffen, sondern nur der Teil, der ursprünglich zur Schenkung von Ludwig dem Deutschen an das Fraumünster gehört hatte, dann aber wieder an den König zurückgefallen war, nämlich die schon früh kolonisierte Fläche in der kleinen Reußebene zwischen Silenen und Flüelen, dazu einige Wiesen weiter talaufwärts.

Erste Nutznießerin zähringischer Freizügigkeit in Uri ist eine ihrer Ministerialenfamilien: die der Herren von Rapperswil. Sie hat ihren Namen von einem kleinen Ort am oberen Zürichsee, wo sich der See stark verengt, so dass er hier besonders bequem zu überqueren ist; die Stelle ist also ein wichtiger Verkehrsort und Kontrollpunkt. Diese Herren von Rapperswil (1232 werden sie die Grafenkrone erhalten) erwerben sich im Dienste der Zähringer ein stattliches Vermögen, außerdem eine ansehnliche Hausmacht im Voralpengebiet östlich von Zürich. In Uri finden sich ihre Besitzungen vor allem in der Reußebene, doch sie haben auch ein Gut in Göschenen ganz oben im Tal mit einem Turm. Als im Jahre 1227 die Rapperswiler ihre sämtlichen Urner Besitzungen an die Zisterzienser von Wettingen abgeben, wird deren Wert auf 300 Mark Silber geschätzt, eine beträchtliche Summe.

Die Rapperswiler sind indes nicht die Einzigen. Mindestens ein Dutzend anderer kleinerer Herren haben sich auf Urner Gebiet beschenken lassen. Einige von ihnen stammen fast aus der Gegend, aus dem Vorland von Luzern. Andere kommen von ziemlich weit her, sie sind »Burgunder«, also Herren aus dem früheren Königreich Burgund in der Westschweiz, wo die Zähringer das ganze 12. Jahrhundert hindurch versucht haben, ihren Einfluss und ihre Macht auszubauen. Sie sind aber nicht romanischer Zunge. Die Zähringer stützen sich vorzugsweise auf Leute alemannischen Ursprungs, auf Landsleute sozusagen. Die meisten der neuen Urner Grundbesitzer wohnen in der Berner Gegend, entlang der Aare zwischen Thun und dem Jura. Fast alle behalten auch ihren angestammten Wohnsitz und lassen die Einnahmen aus den neuen Besitzungen durch einen Verwalter eintreiben.

Mit einer Ausnahme: Die Herren von Schweinsberg aus dem bernischen Emmental beschließen, nach Uri auszuwandern. Sie lassen sich auf ihrem Gut nieder, das sich ein wenig oberhalb von Altdorf, doch auf dem anderen Reußufer, im Dorf Attinghausen befindet. Sie nehmen dessen Namen an, wohl um zu demonstrieren, dass sie im neuen Land Wurzeln schlagen wollen. Zum Beweis der örtlichen Macht, mit der sie sich ausgestattet fühlen, bauen sie ein Schloss. Sie sind verhältnismäßig reich; zu ihrem Stammgut von Attinghausen kaufen sie überall im Tal Land hinzu, von Sisikon am Seeufer bis hinauf nach Wassen. Sie leben auf großem Fuß und bleiben weiterhin in engem Kontakt mit ihrer »burgundischen« Verwandtschaft. Aus ihrem Besitz ist eine prunkvolle, mit burgundischen Wappen verzierte Schmuckschatulle aus dem 13. Jahrhundert erhalten.

Wahrscheinlich Ende des 12. Jahrhunderts nach Uri gekommen, haben die von Attinghausen nur knapp zwei Generationen gebraucht, um als einheimische Notabeln zu gelten. Sie verstehen es, sich die Hoffnungen und Sorgen ihrer Umgebung zu eigen zu machen und sich, als es darauf ankommt, mit besonderem Engagement für die Urner Sache einzusetzen. Sie verwenden ihren ganzen Einfluss darauf. Gleichwohl bleiben sie Fremde, in gewisser Weise Usurpatoren – Leute jedenfalls, die etwas Besseres sein wollen, und die Bevölkerung empfindet dies auch so: Sie wird sich im 14. Jahrhundert gegen diese Herren wenden und sie aus dem Land vertreiben, zu dessen Errettung sie beigetragen haben. Doch das ist schon eine andere Geschichte.

8
Den Stier im Wappen

Schaf kontra Rind

Im gelben Feld den schwarzen Stierkopf von vorn mit lang heraushängender roter Zunge und einen durch die Nase gezogenen, früher gelben, später roten Ring. Das zeigt das Wappen, welches sich das Land Uri vermutlich zwischen 1231 und 1243 gab, um nach außen hin die Selbständigkeit und politische Identität zu demonstrieren, die zu gewinnen es im Begriff stand. Dieser Stier im Wappen ist in zweifacher Hinsicht beredt: Einerseits spielt er auf die durchaus mögliche Herleitung des Namens *Uronia* von *urus*, Auerochs, an, andererseits weist er auf die Großviehzucht hin, die zur Zeit Wilhelm Tells dem Land als Haupterwerbszweig einen unbestreitbaren Wohlstand bescherte. Eine örtliche Überlieferung besagte auch, ein Papst, dem die Urner irgendwelche Dienste geleistet hätten, habe dem Wappentier den Nasenring als Zeichen der Zähmung angelegt; er habe damit sagen wollen, die Urner hätten nicht nur die Wildheit des Landes bezwungen, indem sie die Tiere zähmten, sondern auch die Wildheit ihrer Sitten, indem sie der Kirche ihre Treue bewiesen.

Wie die meisten Legenden enthält auch diese ihr Körnchen Wahrheit. Mit der Viehzucht haben die Urner in der Tat das Beste aus dem unwirtlichen Klima und den kargen Böden ihres Landes gemacht. Dieses Kompliment ist allerdings auch einer ganzen Reihe von anderen Völkern zu machen, fast allen, die in den Alpen ansässig wurden und mit derselben Kargheit der Böden und denselben Gefahren zu kämpfen hatten. Vom einen Ende der Alpen zum anderen, von der Provence im Westen bis zu den östlichsten Ausläufern in der Steiermark und in Slowenien, war es immer die intensive Beschäftigung mit dem Vieh und dessen geschickte, vielfältige Nutzung gewesen, was die Bergbewohner am sichersten ihr Auskommen finden und sie manchmal zu regelrechtem Wohlstand gelangen ließ. Die als eigentliche Existenzbasis betriebene Viehzucht reicht übrigens in den Alpen weiter zurück, als das historische Quellenmaterial vermuten lässt: Haben doch archäologische Funde erwiesen, dass das Eringer Rind aus dem Val d'Hérens (ein südliches Seitental des Wallis, wo diese Rasse heute noch wegen ihrer Robustheit und Trittsicherheit geschätzt wird) bereits im zweiten vorchristlichen Jahrtausend in den Poeninischen Alpen (Wallis, Aostatal) verbreitet war ...

Die Rinderzucht scheint denn auch in dieser grauen Vorzeit ihren Anfang genommen zu haben. Entwickelt hat sie sich wohl vor allem in den Zentralalpen, im Gebiet zwischen dem Mont-Blanc (vielleicht sogar dem Oisans-Massiv in der Dauphiné) und dem Gotthardmassiv. Vom Wallis aus konnte das kleine, klettergewandte Braunvieh ohne weiteres Pässe überqueren und vielleicht im Berner Oberland, sicher aber in den Waldstätten heimisch werden. Wann dies geschah, wissen wir nicht. Doch der Wortschatz der Urner Hirten, in dem sich eine Reihe von romanischen Ausdrücken erhalten hat, lässt es als durchaus plausibel erscheinen, dass die Akklimatisierung dieser südlichen Rasse auf die keltisch-römische Besiedlungszeit der Zentralschweiz zurückgeht.

Südlich und östlich dieses Verbreitungsgebiets – in den Provenzalischen Alpen einschließlich des ganzen Durance-Beckens, im Piemont, in Rätien und im gesamten österreichischen Alpenraum – scheinen hingegen Schaf und Ziege lange Zeit dominiert zu haben. Was diese Tiere für die Randgebiete des Mittelmeerraums in römischer Zeit ebenso wie im Mittelalter und bis in die Neuzeit hinein bedeutet haben, ist hinlänglich bekannt. Bekannt sind auch die speziellen jahreszeitlichen Modalitäten der Transhumanz, jener endlosen, im Frühjahr bergwärts, im Herbst talwärts führenden Wanderungen der riesigen Schafherden. In den Ostalpen hatten die Herden weniger große Strecken zurückzulegen. Die Schafhaltung wurde dort eher lokal, weniger flächendeckend betrieben und war die Angelegenheit spezieller, ausschließlich Schafe züchtender Betriebe. Das Schaf, oder beim ärmeren Bauern die Ziege, bietet einen vielfältigeren Nutzen als das Großvieh und ist deshalb kurzfristig vorteilhafter. Es liefert genauso Fleisch und Milch wie die Kuh; sein Leder ist sogar feiner als das der Kuh und deshalb besser bezahlt; vor allem gibt es Wolle. Mit seiner Zucht ist, bei ungefähr gleichem Arbeitsaufwand, ein schnellerer Gewinn zu erzielen als mit der Großviehzucht. Das erklärt wohl, weshalb in der Provence, in Graubünden und in Tirol die geistlichen und adligen Großgrundbesitzer im Hochmittelalter grundsätzlich dem Schaf den Vorzug vor dem Rind gaben. Letzteres erscheint in diesen Gegenden erst ziemlich spät, in Graubünden etwa nicht vor dem 12. Jahrhundert. Über sehr lange Zeit hinweg machen sich überall in den Alpen Schaf und Rind die Weideplätze streitig. Noch im 19. Jahrhundert stehen sich in Schwyz die Kleinbauernpartei der »Klauenmänner« und die großbäuerlichen »Hörnermänner« gegenüber.

Die Viehzucht ist also im gesamten Alpengebiet ebenso alt wie allgemein verbreitet. Doch haben sich schon sehr früh Zonen der Schafzucht (im Süden und Osten) und Zonen der Rinderzucht (in den Zentralalpen) herausgebildet.

Das Ungenügen des Ackerbaus

Auch wenn die frühe Viehhaltung in den Alpen eindeutig belegt ist, so darf uns das nicht zur falschen Vorstellung von einer frühzeitigen Spezialisierung, einer Art planmäßiger und systematisch betriebener Monokultur verleiten. Bis zum 11., meist auch noch im 12. Jahrhundert, ist es in den Alpentälern nicht anders als überall im Flachland: Der Bauer hält sich einige Stück Vieh sozusagen im Nebenerwerb, als Ergänzung zum Ackerbau, der seine Haupttätigkeit ist. Die wenigen herrschaftlichen Großbetriebe in der Provence, in Rätien und in Tirol, die ausschließlich Schafzucht betreiben, sind die Ausnahme. Wie wir gesehen haben, beschränkte sich die Besiedelung der Gebiete, die unseren Handlungsrahmen bilden, zunächst auf die Talgründe, wo Flüsse zwar winzige, doch fruchtbare Schwemmebenen gebildet hatten. Und es blieb deshalb so lange bei dieser Beschränkung, weil sich nur hier Getreide, etwas Gemüse und Obst anbauen ließen.

Im Hochmittelalter war die Landwirtschaft eine reine Subsistenzwirtschaft, auf die Produktion des unmittelbar Lebensnotwendigen ausgerichtet, und zwar in eng autarkem Rahmen. Die übergroße Mehrheit der Männer und Frauen war die meiste Zeit nur damit beschäftigt, das Allernotwendigste zu erwirtschaften, in erster Linie natürlich die Nahrung. Diese Menschen verbrachten ihr Leben auf den Feldern. Produktivität und Ertrag waren aber angesichts der archaischen Anbaumethoden, an deren Verbesserung niemand dachte, so gering, dass bei harter Arbeit und einigermaßen guter Ernte eine Familie oder eine Dorfgemeinschaft gerade ihr Leben fristen konnte. In einem durchschnittlichen Jahr kamen auf ein gesätes Weizenkorn drei oder vier geerntete; Gerste und Roggen warfen etwas mehr ab, denn diese Getreidesorten waren widerstandsfähiger, allerdings auch weniger nahrhaft (vor allem der Roggen bewährte sich im Klima und auf den Böden der Bergtäler). War das Saatgut für das nächste Jahr entnommen, der gegebenenfalls dem Grundherrn zustehende Teil in Form von Zehnten und anderen Naturalabgaben abgeführt, blieb dem Erzeuger herzlich wenig, manchmal gar nichts: Es stand ein Hungerjahr bevor, und wenn die nächste Ernte nicht besser war, eine Hungersnot. Das war die allgemeine Realität, die auch die Alpentäler nicht ausnahm. Ganz im Gegenteil: Die naturgegebene Isolierung der Täler voneinander, die weite Entfernung der wenigen Märkte, die jeglicher Initiative entgegenstehende Enge des geistigen Horizonts, vor allem aber das knappe Ackerland und das raue Klima, das all dies machte für die Bauern das Leben noch schwerer und das langfristige Überleben noch unsicherer als anderswo. Da und dort mag ein wenig Vieh, das man auf den untersten Hängen der besonnten Talseite hielt, ein willkommenes Zubrot bedeutet haben. Es hatte den Vorteil, dass es wenig Arbeit verursachte und auch von den Frauen und den Kindern betreut werden konnte; die Weiden nahmen zudem den Kulturen nicht die guten Böden weg. Es brachte eine erwünschte Bereicherung des Speisezettels, sowohl qualitativ (Proteine) als auch quantitativ; es lieferte Wolle und Häute für die Kleidung und ein wenig Dung für die Äcker. Aber was tun im Winter, wenn Kälte und Schnee es lange Monate hindurch unmöglich machten, das Vieh auf die Weide zu treiben? Woher das erforderliche Futter nehmen? Die Bauern ernteten auf den Bergwiesen und in den Wäldern Wildheu, das sie für den Winter einlagerten, doch das reichte allenfalls für ein paar Wochen. Und die ohnehin knappen Äcker zu Wiesen zu machen, kam nicht in Frage. So mussten wohl zu Beginn des Winters die meisten Tiere geschlachtet werden; zum Glück ließ sich das Fleisch durch Trocknen an der kalten Winterluft relativ leicht haltbar machen.

Unbegrenzt konnte solche Viehhaltung nicht Bedürfnisse befriedigen. Bei der Feldarbeit war eine größere Ernte immer willkommen, sie ließ sich ohne weiteres konsumieren oder lagern. Beim Vieh hingegen hatte eine Ertragssteigerung wenig Sinn. Mit Fleisch konnte man sich allenfalls an den Schlachttagen den Bauch vollschlagen, und auch Milchprodukte ließen sich nicht in beliebiger Menge verzehren. Und was tun mit der Wolle und den Häuten, wenn einmal die ganze Familie, gegebenenfalls auch die Nachbarn von Kopf bis Fuß eingekleidet waren? Ein Ausbau der Viehzucht wäre nur sinnvoll gewesen, wenn Märkte und ein verarbeitendes Gewerbe die Überschüsse abgenommen hätten. Doch Derartiges bot sich weit und breit nirgends an, schon gar nicht für die Bauern der vergessenen Täler.

Düstere Aussichten um die Jahrtausendwende

Die insgesamt elenden Lebensbedingungen verschlechterten sich im Hochmittelalter zusätzlich durch eine kalte Klimaperiode, die sich – grob gesprochen – zwischen 400 und 750 in einem starken Vordringen der Gletscher manifestierte. Die Besiedelung der Alpen war noch nicht so dicht, dass die Bevölkerung durch das Eis in so beängstigendem Ausmaß unmittelbar bedroht gewesen wäre, wie sie es in der »kleinen Eiszeit« des 17. Jahrhunderts sein wird. Doch die Menge des Schnees, seine späte Schmelze, der kurze und nasse Sommer verdüsterten das Leben der Bergbevölkerng und schmälerten die schon kargen Erträge zusätzlich. Das Klima begann sich wieder zu erwärmen in der Zeit Karls des Großen, was dessen Besiedelungspolitik in einigen hochgelegenen Durchgangstälern mit Klöstern als Stützpunkten möglicherweise zustatten kam. Die Erwärmung war damals allerdings langsam und schwach, die Gletscher wichen nur zögernd zurück, und es dauerte mindestens zwei Jahrhunderte, bis die natürlichen Lebensbedingungen in den Bergen besser wurden; eine Tendenzwende gab es also sicher nicht vor der Jahrtausendwende, eher erst um 1100.

Im Hochmittelalter war also das in den Bergen immer schon prekär gewesene Gleichgewicht zwischen Besiedelung und Natur gestört. Dieses Gleichgewicht war zwar nie optimal gewesen, aber immerhin hatte es den Menschen erlaubt, recht und schlecht ihr Leben zu fristen und die am wenigsten unwirtlichen Plätze ständig zu bewohnen. Ausmaß und Umstände der Krise, die das Alpengebiet um das Jahr 1000 durchmachte, sind schwer zu fassen. Die kleinen Völker, die unter ihr zu leiden hatten, lebten zu abgeschieden und wurden vom Rest der Welt zu wenig wahrgenommen, als dass von ihrem Elend direkte Zeugnisse geblieben wären. Die akademische Geschichtswissenschaft hat sich bisher noch kaum dafür interessiert. Die spärlich vorhandenen Hinweise deuten auf eine Entvölkerung ganzer Täler oder Talabschnitte hin. Zum Beispiel das Haslital, das Quellgebiet der Aare im hintersten Berner Oberland, das, wenn auch dünn, schon in römischer Zeit und im Hochmittelalter besiedelt war: An der Schwelle zum zweiten Jahrtausend scheint es menschenleer gewesen zu sein. Die alemannisch-schwäbische Einwanderung und die Kolonisierung durch Kluniazenser Mönche (die Gegend gehörte zum Königreich Burgund) besetzen die Ufer des Brienzer Sees und die kleine Ebene oberhalb sowie die anstoßenden Hänge und Seitentäler erst in der zweiten Hälfte des 11. Jahrhunderts wieder. In anderen Tälern hatten die Menschen durchgehalten. Doch um welchen Preis?

Das Klima war sicher zum Teil für diese Krise verantwortlich, doch es erklärt nicht alles. Wir können uns noch andere Faktoren denken, die hinzugekommen sind. So ist wahrscheinlich ein Teil der alpinen Bevölkerung in das Flachland ausgewandert, wo die Überlebenschancen besser waren, und diese Auswanderungswelle hat möglicherweise ganze Sippen und Talschaften erfasst, so dass die unwirtlichsten Plätze ganz verwaisten. Das kann sich gegen Ende des 10. und in der ersten Hälfte des 11. Jahrhunderts abgespielt haben, als die Temperaturen wieder anstiegen und wieder mehr Leben in das Unterland brachten, während in den höheren Lagen der lange Winter noch andauerte. Im ausgehenden Mittelalter wird es unter ähnlichen Umständen erneut zu Abwanderungswellen kommen, zum Beispiel im Oisans-Massiv (Dauphiné). Ferner ist nicht ausgeschlossen, dass einige Bauern angesichts der allzu kümmerlichen Ernten ihre Äcker teilweise oder ganz aufgaben und sich der weniger mühseligen und rentableren Viehzucht zuwandten. Doch diese Umstellung führte schnell in die Sackgasse, weil es für die Überschüsse keine Märkte gab und weil das Salz fehlte, dieser so rare, für die Gesundheit der Tiere unabdingbare Stoff, ohne den sich zudem die Erzeugnisse der Viehzucht nicht konservieren ließen.

Andererseits hat man der Eindruck, dass diejenigen Gebiete am schlimmsten betroffen waren, in denen das Feudalsystem am stärksten Fuß gefasst hatte. Bei der ohnehin prekären Subsistenzwirtschaft konnten selbst bescheidene Abgaben an einen Feudalherrn untragbar und letztendlich tödlich sein. Der Herr hatte seinen Wohnsitz fast immer im Unterland, weit weg; er hatte keine Anschauung vom Elend, in dem seine Hörigen, Lehnsträger oder Pächter lebten, und er konnte nicht initiativ werden oder durch eigenes Beispiel Anbaumethoden propagieren, die den gegebenen Umweltbedingungen besser entsprochen hätten. Seine Verwalter oder Ministerialen waren nur daran interessiert zu kassieren. Für die Hypothese eines durch Steuerlasten ohne Gegenleistung entstehenden Ungleichgewichts haben wir eine Art Gegenbeweis: Wenn der weltliche Herr am Ort selbst wohnte oder wenn es im Tal ein Kloster gab, dessen Abt und Mönche um das Wohlergehen ihres Hauses besorgt waren, wurde die Krise gemeistert oder zumindest abgemildert.

Versuchen wir schließlich, uns den Verschleiß der zu armen Bevölkerungsteile vorzustellen: den biologischen Verschleiß durch zu harte Arbeit für ein zu karges Brot und den geistigen Verschleiß durch ein Leben ohne jede Zukunft, ohne Hoffnung, ohne Zeiten der Erholung und der Freude. Bei diesem doppelten Verschleiß ist anzunehmen, dass die Fruchtbarkeit der Frauen gering war (wozu eine extrem hohe Kindersterblichkeit kam). Jedenfalls wird so verständlich, warum es um die Jahrtausendwende hier zu einem Rückgang, dort zu einer Stagnation der Bergbevölkerung kam. Es war eine Zeit der Trostlosigkeit, der Angst.

Die Alpen öffnen sich

Wann ging diese Zeit zu Ende? Eine sichere Antwort gibt es nicht, noch weniger eine einheitliche. Das eine Gebirge mag schon recht früh mit dem wiederbelebten Unterland in Kontakt getreten und von ihm beeinflusst worden sein; ein anderes, in dem der hochmittelalterliche Winter länger herrschte, verharrte derweil noch in der Abgeschlossenheit. Ohne großes Risiko können wir das Wiedererwachen der Alpen und ihre wirtschaftliche Belebung in der Zeit zwischen der zweiten Hälfte (oder dem Ende) des 11. und den ersten Jahrzehnten des 12. Jahrhunderts ansetzen. Jedenfalls beobachten wir um 1100 und kurz danach die ersten zaghaften Regungen: Die Alpen beginnen sich zu öffnen.

Es ist wirklich nur ein Beginn. Denn die sich abzeichnende Entwicklung ist keine strikt endogene Erscheinung, ohne jede Einwirkung von außen entstanden. Ganz allmählich veränderte die Bergbevölkerung ihr Verhalten und beschritt neue Wege, weil bestimmte Veränderungen in ihrer Umgebung einen Anreiz dazu geschaffen hatten.

Die Natur selbst spielt mit, indem sich das Klima zum Besseren wendet. Der Anstieg der mittleren Jahrestemperatur (um 1° Celsius zwischen dem 10. und dem 14. Jahrhundert, was nicht so unbedeutend ist, wie es scheint) verbessert im Bergland mehr denn anderswo die Ertragsaussichten. Die Vegetationsperiode wird länger; einige Tage, zwei oder drei Wochen weniger lang Schnee und Frost machen sich schnell bemerkbar im Aussaat- und Erntekalender. Die Gletscher ziehen sich zurück, und auf den hinterlassenen Moränen wächst bald Wald oder Gras; der Mensch und seine Tiere können den zusätzlichen Raum gut gebrauchen. Außerdem – doch das wird sich erst im 13. und 14. Jahrhundert richtig auswirken – geben die geschmolzenen Gletscher und Schneemassen den Übergang über die hohen Gebirgskämme frei; ungeahnte Kontaktmöglichkeiten eröffnen sich, so manches Hochtal wird aus seiner Abgeschiedenheit erlöst, und die Bauern können nicht nur ihre Schafe und Kühe auf neue Weideplätze treiben, sie finden auch neue Absatzmärkte. Die Viehzüchter von Evolène im Val d'Hérens können nun ihre Produkte auf dem Markt in Aosta anbieten, der kaum weiter entfernt, dafür aber weniger überlaufen ist als der von Sion. Sie benützen dabei die erst kurz zuvor eisfrei gewordenen Pässe (die Eiszeit des 17. Jahrhunderts wird sie wieder versperren, und selbst heute können sie nur mit guter Ausrüstung begangen werden). Neuere waldarchäologische Forschungen haben in einigen Walliser Gletschern (Mont-Miné im Val d'Hérens) Nadelbaumstämme zutage gefördert, die man mit den Methoden der Dendrochronologie datiert hat: Sie belegen zweifelsfrei, dass im Mittelalter der Wald 200 oder 300 Meter über seine jetzige Grenze hinaufreichte, und das ist ein unzweifelhafter Beweis für ein außerordentlich mildes Klima.

Freilich musste man diese von der Natur nur äußerst langsam, fast unmerklich dargebotene Chance auch zu nutzen wissen. Erst zur Zeit Wilhelm Tells wird sie sich entscheidend auswirken, da aber wird die wirtschaftliche Blüte der Alpenregion fast schon ihren Höhepunkt erreicht haben. Ohnehin hätte die klimatische Erholung für sich allein genommen allenfalls eine leichte Verbesserung bringen können, die es vielleicht erlaubte hätte, ein paar hungrige Mäuler mehr zu stopfen. Sie erleichterte der Bevölkerung die Aufgabe nicht, und den Aufschwung brachte nicht sie hervor.

Dieser Wirtschaftsaufschwung ist sicherlich nicht allein dem Wollen einer Bevölkerung zuzuschreiben, die intuitiv die Chance einer weniger feindlichen Natur erkannt hätte. Doch er wurde auch nicht von außen ins Land gebracht von Leuten aus dem Flachland, die die Gegend kolonisiert oder sie fremden Ansprüchen unterworfen hätten. Der Aufschwung ist die Frucht einer Begegnung, eines schließlich zustande kommenden Kontakts zwischen dem Gebirge und den umliegenden Ländern. Es beginnt – zaghaft zunächst – ein Austausch zwischen Bevölkerungsgruppen mit unterschiedlichen, aber komplementären Bedürfnissen: ein Hin und Her von Waren kann beginnen.

In den westeuropäischen Ebenen rund um die Alpen hat die wirtschaftliche Aufwärtsentwicklung schon ein Jahrhundert früher, um das Jahr 1000, eingesetzt. Nach drei oder vier Generationen beginnt das Wachstum eine Reihe von sehr deutlichen Folgen zu zeitigen, und einige von ihnen berühren auch den Alpenraum: der Bevölkerungsdruck, der Nahrungsmittelbedarf der Städte, außerdem die Notwendigkeit, praktikable und sichere Verkehrswege zwischen dem Mittelmeerraum und den westlichen und nördlichen Regionen des christlichen Abendlandes zu schaffen. Auf den letzten Punkt kommen wir im nächsten Kapitel zu sprechen.

Der Bevölkerungsanstieg offenbart recht schnell das Ungenügen der verfügbaren Anbauflächen für Lebensmittel. Rodung und Bodenmelioration genügen nicht überall. Wanderungs- und Kolonisationsbewegungen zeichnen sich ab. So lassen sich bayerische Landadlige in Tirol nieder, wo sie sich mit Lehen betrauen lassen; Bauern begleiten sie. Schwäbische Herren und Landwirte tun dasselbe und kolonisieren die kaum oder gar nicht besiedelten hinteren Talabschnitte Rätiens. Das Berner Oberland wird, wie schon erwähnt, neu erschlossen. Auch auf die Waldstätte wirkt der Einwanderungsdruck, die näheren Umstände sind hier allerdings wenig bekannt. Schwyz entgeht zwar der Feudalisierung im »Altviertel«, seinem Kernland um den Hauptort herum, es wird jedoch regelrecht umzingelt von kleinen Feudalgütern. Uri bietet den Herzögen von Zähringen ein Reservoir für zu vergebende Lehen; die meisten Lehnsträger lassen sich allerdings am Ort nicht blicken. Und Unterwalden versieht eine ganze Reihe von Klöstern mit Ländereien; doch nur eines, Engelberg, wird im Kanton selbst gegründet. Der Druck des Feudalsystems wirkt hier also ziemlich schwach oder lediglich aus der Entfernung. Hingegen erhalten die drei

Waldstätte und ihre Nachbartäler zur alemannischen Bevölkerung hinzu, die schon seit mindestens dreihundert Jahren hier siedelt, Verstärkung von Bauerngruppen, die aus dem Mittelland oder dem Rheintal kommen. Wie dabei das Land zwischen Eingesessenen und Zuzüglern aufgeteilt wurde, entzieht sich unserer Kenntnis. Die Krise um die Jahrtausendwende hatte wahrscheinlich Felder brachliegen lassen, die nun wieder unter den Pflug genommen wurden. Und die Einwanderer werden wohl auch, wie dies in Rätien geschah und wie es die Walser zur gleichen Zeit taten, die noch freien, weil kargsten Böden besetzt haben: die der oberen Talenden und der noch brachliegenden Seitentäler.

Wie dem auch sei: Die Einwanderer übertragen den neuen, im Unterland herrschenden Geist auf die Altsiedler. Ihr Tatendrang wirkt ansteckend. Sie importieren und propagieren auch neue Anbaumethoden (Dreifelderwirtschaft) und bringen neue Pflanzensorten mit (Wein, Hülsenfrüchte, widerstandsfähigere Getreidesorten).

Die Urbanisierung und der Nahrungsmittelbedarf der Städter sind eine längerfristige Folge des Aufschwungs, die sich jedoch bereits in der ersten Hälfte des 12. Jahrhunderts bemerkbar macht. Das städtische Leben lässt einen Lebensmittel- und Rohstoffmarkt entstehen, der mögliche Überschüsse der landwirtschaftlichen Erzeugung in den Bergen aufnehmen kann. Er wird für die Rentabilität der Viehzucht ausschlaggebend sein. Im Gegenzug können hier die Bewohner der Alpentäler das Getreide finden, das auf ihren Feldern nicht in ausreichender Menge wächst; außerdem Werkzeug und anderes Gerät; und vor allem Salz.

Bedingung für diesen Warenaustausch ist, dass die Verbindung hergestellt wird. Wer mögen die ersten Vermittler gewesen sein, wenn man nicht vom Unwahrscheinlichen ausgehen will, dass nämlich die Bergler aus eigenem Antrieb in die fernen Städte reisten oder die Städter den umgekehrten Weg gingen?

Wahrscheinlich kommt dieses Verdienst jenen kleinen Adligen oder Ministerialen zu, die von ihren Herren mit Lehen oder Gütern in den Bergen ausgestattet wurden, sich aber dort nicht niederließen. Sie pendelten regelmäßig zwischen Stadt, flachem Land und Bergtälern hin und her; sie konnten den jeweiligen Bedarf und die bestehenden Absatzmöglichkeiten am ehesten einschätzen. Den Mönchen gebührt dieses Verdienst ebenso, denn auch sie waren immer wieder unterwegs zwischen ihrem Kloster und den Gütern in den Alpen.

Zuwanderung mit dichterer Besiedelung der fruchtbaren Böden, sich gegenseitig ergänzendes Warenangebot der Städte und der Bergtäler, Organisation der Bewirtschaftung und des Warenaustauschs durch die wichtigsten Grundbesitzer – das waren die Startbedingungen für das Wirtschaftswachstum, das in den Alpen um 1100 oder kurz danach einsetzte.

Eine gewaltige Umstellung
Der Wirtschaftsaufschwung war in erster Line ein Aufschwung der Viehzucht. Als vor allem in den Städten ein lohnender Absatzmarkt für sie entstand und Mittelspersonen die potentiellen Handelspartner zueinanderführten, stand ihrer Entwicklung nichts mehr im Wege.

Man darf sich diese Entwicklung aber nicht explosionsartig vorstellen. Es geschah nicht von heute auf morgen, auch nicht von einer Generation zur anderen, nicht einmal in der Zeitspanne eines Jahrhunderts, dass die im Elend lebenden Bergbauern ihre kärglichen Getreideäcker in grünende Wiesen umwandelten, wohlgenährte Herden auf die Weide trieben, Fleisch, Käse und Häute in die Städte trugen und dort mit gutem Gewinn verkauften. Der Wandel ging langsam, in Phasen vor sich. Die erste Phase umfasste in etwa das 12. (zweite Hälfte) und das 13. Jahrhundert. Spätere Phasen folgten im 15. und sogar noch im 17. Jahrhundert.

Die Entwicklung vollzog sich auch nicht im gesamten Alpengebiet gleich schnell und in derselben Breite. Ausgeprägt war sie vor allem in den Tälern des westlichen Alpenrands: in der Dauphiné und in Hochsavoyen (die Gegend um den Mont-Blanc), außerdem in einem Teil des Wallis und im Berner Oberland; ferner in den Alpen und Voralpen der Zentral- und Ostschweiz, im Arlberggebiet, im nördlichen Tirol und im Fürstentum Salzburg. Immer waren es Täler, in denen hohe Bergkämme die vom Atlantik her kommenden feuchten Luftmassen aufhalten und die deshalb niederschlagsreich sind. Durchschnittliche Niederschlagsmengen von 100 cm im Jahr oder mehr bekommen dem Getreideanbau schlecht; hingegen sind sie günstig für die Grünlandwirtschaft und demnach für die Viehzucht. Uri zum Beispiel erhält, je nach Lage, durchschnittlich zwischen 120 und 170 cm Wasser pro Jahr. In den Tälern und Gebirgen der inneralpinen Zone, die von den Westwinden abgeschirmt und deshalb weniger niederschlagsreich sind, erhielt sich hingegen der Mischbetrieb von Ackerbau und Viehzucht; dadurch verharrte man hier aber auch im Stadium der Subsistenz und der Selbstversorgung, das umso ausgeprägter war, als diese Gebiete von den einträglichen städtischen Märkten weiter entfernt lagen.

Doch selbst in den von der Natur begünstigten Zonen hat die erste Phase der Umstellung auf die Viehzucht den Bauern gewaltige Umstellungen und Umgestaltungen abverlangt. Da musste mit uralten Gewohnheiten des Landbaus und der seit alters geübten Selbstversorgung gebrochen werden. Man musste sich an einen neuen jahreszeitlichen Arbeitsablauf und an eine neue Arbeitsteilung gewöhnen. Man musste lernen, mit bislang unbekannten Risiken und einer fremden Kundschaft umzugehen, mit der man verhandeln und Geschäfte abschließen sollte. Man musste herausfinden, wie weit man von anderen abhängig werden und wie weit man das Vertrauen gehen lassen wollte. Und zuallererst musste man lernen, einen

Partner einzuschätzen. Die Zeit, die Entfernungen, die Waren, die Tiere, sogar die Menschen, alles bekam einen neuen Stellenwert. Oder einen Wert schlechthin: Man musste den Preis einer Sache kennen. Diese gewaltige geistige Umstellung konnte nur in kleinen, vorsichtigen Schritten geschehen, und der von Haus aus enge Horizont des Berglers war nicht die beste Voraussetzung dafür. Nicht alle vollzogen diese Umstellung gleich schnell, und nicht allen fiel sie gleich leicht. Viele Gemeinschaften, ja ganze Täler widersetzten sich lange der Neuerung, weil bei ihnen der Druck weniger stark war; Ungleichheiten in der Entwicklung waren die Folge. In Unterwalden zum Beispiel behielten Ackerbau und Forstwirtschaft noch bis ins 15. Jahrhundert den Vorrang, während die beiden Nachbarn und Bundesgenossen schon im 12. Jahrhundert zur intensiv betriebenen Viehzucht übergegangen waren. Und Obwalden hatte bei den Ereignissen, die um 1300 die Gründung der Eidgenossenschaft begleiteten, weniger Kontakt zum Unterland, weniger Ansehen und Gewicht bei den Beratungen, und es war weniger reich.

Selbst innerhalb eines Gemeinwesens wird die Umstellung nicht von allen im gleichen Maße begrüßt. Wer sich zuerst für sie entscheidet, ist den Verwandten und Nachbarn gegenüber im Vorteil. So bilden sich, trotz prinzipiell solidarischer und weitgehend demokratischer Gemeinschafts- und Gesellschaftsformen, Unterschiede in Besitz und Ansehen heraus: Hierarchien entstehen. Die Gewieftesten im Dorf versuchen, die anderen zu überbieten und die Gemeinschaft zu bevormunden. Doch sie geraten aneinander, vor allem in Uri im 13. und noch im 14. Jahrhundert; ihre Fehden durchziehen als blutige Spur die ganze Geschichte der Alpen (und der heutigen Gesellschaften): Wir kommen noch darauf zu sprechen.

Dieser Wandel, es sei noch einmal betont, kam nicht von selbst in Gang. Er wurde betrieben, und nicht überall von denselben Leuten. In einigen Gegenden waren es die Adligen, die sich zum Wohnsitzwechsel in die Alpen entschlossen hatten;

in den Waldstätten findet man sie allerdings kaum, wenigstens nicht in der Anfangszeit des wirtschaftlichen Aufbruchs. Als sich die Attinghausen Ende des 12. Jahrhunderts in Uri niederließen, war die Entwicklung schon weit fortgeschritten; sie können sie also nicht mehr mitveranlasst haben. Andernorts lag die Initiative bei Ministerialen oder Vertretern auswärts residierender adliger Grundbesitzer oder von Klöstern im Flachland, die Schenkungen in den Alpen erhalten hatten. Wieder anderswo waren es Klöster vor Ort. Meines Erachtens waren die Mönche die hauptsächlichen Urheber des Wandels in den Bergen, im geistigen wie im materiellen Sinn.

Wenn von der Rolle der Mönche in den Bergen die Rede ist, denkt man zuerst an jene beiden Ende des 11. Jahrhunderts gegründeten Orden, die in den abgeschiedensten Tälern die Einsamkeit suchten, um hier in aller Stille ihrer kontemplativen Berufung zu leben, die aber auch, um hier leben zu können, die Gegend erschlossen und dafür sorgten, dass das Klostergut rationell bewirtschaftet wurde und gedieh. So wählte der 1084 vom heiligen Bruno von Köln gegründete Kartäuserorden jenes *schroffe, gefahrenvolle Bergmassiv, in das man nur mit größter Mühe gelangt und auch nur sehr selten* (Guibert de Nogent); gemeint ist die Grande-Chartreuse in den Voralpen der Dauphiné. Wenig später folgte der Zisterzienserorden. Beide entwickelten sich rasch und vervielfachten die Tochtergründungen. Doch in den Zentralalpen suchten nirgends Kartäuser die Einsamkeit, und die Zisterzienser kamen erst spät in die Nähe (Wettingen bei Zürich, gegründet 1227, mit umfangreichem Landbesitz in Uri; Frauenklöster in Steinen bei Schwyz, gegründet 1262, und Frauenthal bei Zug, gegründet 1254). Weder der eine noch der andere Orden spielte eine herausragende Rolle in unserer Gegend.

Diese stand schließlich unter dem alleinigen Einfluss des Ordens des heiligen Benedikt, dessen starke Präsenz und sehr alte Verwurzelung am Nordrand der Alpen ich im Zusammenhang mit der karolingischen Erschließungspolitik dargelegt habe. Von Sankt Gallen bis Romainmôtiers, über Disentis, Reichenau (720), Pfäfers (730), Einsiedeln (934), Engelberg (1120) und die Mittelland-Klöster mit Besitzungen in den Alpen (Murbach – St. Leodegar in Luzern, 850; Stein, 966; Muri, 1037) überzieht eine ganze benediktinische Kultur die Zentralalpen. Selbst Saint-Maurice, zunächst ein Kloster von Säkularklerikern, später von Augustiner-Chorherren, wird von ihr erfasst. Von diesen Ordenshäusern kamen vielleicht nicht alle, doch jedenfalls die wirksamsten Impulse.

Knappe Böden

Der ab dem Ende des 11. Jahrhunderts im ganzen Alpenbereich zu beobachtende Aufschwung der Viehzucht beruht gleichwohl auch auf einer Praxis, die, wie wir gesehen haben, in die Vorgeschichte zurückreicht. Die Schwierigkeit für die Bauern war also nicht, mit dem Vieh umgehen zu lernen; das verstanden sie bestens. Das Problem bestand darin, Land für Futter und Weide zu gewinnen, und dies in einem Ausmaß, das es fortan gestattete, große Herden zu halten, und zwar ganzjährig. Dazu musste man das Vieh im Winter einstellen können. Das auf den Berghängen eingesammelte Wildheu genügte dafür nicht. Und den Bestand zu Beginn der kalten Jahreszeit zu dezimieren, kam nicht mehr in Frage. Es blieb nur die Alternative, einen Großteil der Äcker zu opfern und sie in Grasland umzuwidmen.

Weil es aber undenkbar war, ganz auf den Ackerbau zu verzichten, musste man nach und nach Wege finden, um die Böden nach ihrer Beschaffenheit auf die jeweilige Nutzung aufzuteilen. Es musste auch neues Land gewonnen werden. Man begann also, genau wie im Flachland, zu roden. Aber so einfach wie dort war es hier nicht. Die wenigen ebenen Talabschnitte, die kleinen Schwemmebenen der Flüsse im untersten Bereich, wurden längst genutzt. Man musste also höher hinauf und die am wenigsten steilen Sonnenhänge in Angriff nehmen; oder die oberen, meist engen und schwer zugänglichen Partien der Haupt- und Seitentäler urbar machen.

Im ganzen Alpenraum verrät eine Fülle von Ortsbezeichnungen die intensive Rodungstätigkeit jener Zeit. In den Waldstätten kann man die Weiler gar nicht zählen, die daran erinnern: Grüt, Rüt, Rüti, Rütli – eine dieser Rodungsflächen wird die Überlieferung zur berühmten Schwurwiese machen. Diese Namen besagen, dass die Bäume dort gefällt wurden. Das ebenfalls häufige Schwendi erinnert an das »Schwenden«, ein anderes Rodungsverfahren: Man schälte die Rinde weg, ließ die Bäume verdorren und zündete sie dann an. Auch die vielen auf -ingen endenden Ortsnamen im Schächental berichten von den Rodungen im 12. Jahrhundert.

Übermäßige Entwaldung konnte allerdings Erdrutsche verursachen und Felder, Almen und Scheunen den Lawinenabgängen aussetzen. Der Kulturlandgewinnung waren also ziemlich enge Grenzen gesetzt, und man kann sich in etwa vorstellen, wie lange die Bauern Erfahrungen sammeln mussten und wie viele Unglücksfälle und Katastrophen es kostete, bis zwischen den menschlichen Bedürfnissen und den natürlichen Gegebenheiten ein befriedigendes ökologisches Gleichgewicht gefunden war. Doch die Bauern fanden dieses Gleichgewicht, und sie wussten es zu wahren. Bedroht wurde es erst wieder, als die Immobilienmakler, Touristenmassen und Skisportler kamen und Schneisen für Lifte und Pisten in die schützenden Wälder geschlagen wurden.

Berghänge, sogar ziemlich steile, eignen sich als Weideflächen; das Gras hält die Humusschicht fest. Für den Ackerbau (Getreide, Hülsenfrüchte, Wein) hingegen mussten an den besonnten Hängen Mauern errichtet und schmale Terrassen angelegt werden. So entstand das charakteristische Profil der Talflanken, nicht nur in den ganzen Alpen, sondern auch in anderen Gebirgsregionen des Mittelmeerraums und der ganzen Welt, bis nach Nepal. Jeder Bauer schuf sich auf diese Weise in mühsamster Arbeit einige handtuchgroße, mehr oder minder fruchtbare Ackerflächen. Der Rest wurde zu Weideland umgewandelt.

Als ergiebiger erwies sich langfristig die Erschließung der Hochlagen. Bereits ab dem 11. Jahrhundert wurden sie in unseren Waldstätten kolonisiert, zum Teil von Einwanderern, zum Teil von eingesessenen Familien, die sich unter dem auch hier spürbaren Bevölkerungsdruck aufteilen und bergwärts ausschwärmen mussten. Im Land Schwyz betraf es das Muotatal oberhalb der kleinen Ebene, in der das älteste Dorf liegt, in Uri das obere Reußtal um Wassen und Göschenen unterhalb der Schöllenenschlucht, auch Seitentäler wie das Maderanertal und vor allem das Schächental, das sich östlich der alten Ansiedlungen Altdorf und Bürglen ziemlich weit öffnet. Dort oben bildeten sich neue Dorfgemeinschaften (so Spiringen im Schächental), die relativ selbständig waren, weil der Weg zum Hauptort zu weit war; sie waren jedoch weiterhin auf diesen angewiesen, weil sich dort der Markt und die Pfarrkirche befand und Entscheidungen von allgemeinem Interesse getroffen wurden. In noch höherem Grade als unten im Tal war in den Hochlagen die Viehzucht geradezu geboten, denn nur sie konnte die Bewohner ernähren.

Um ertragreich zu sein, erforderten die Weideflächen und die Felder eine Reihe von Erschließungsarbeiten. Einige Arbeiten waren die Sache des einzelnen Bauern: Er musste die Wiesen von Steinen befreien, weil sie die Sense beschädigt hätten; um das Heu für den Winter zu lagern, musste er Scheunen bauen, mit einem Stall im Erdgeschoss, so dass das Vieh an Ort und Stelle gefüttert werden konnte. Andere Arbeiten waren zwangsläufig Gemeinschaftswerk, so Bau und Unterhalt der Wege und der Bewässerungskanäle. Satte Wiesen ließen sich im meist recht trockenen Sommer nur durch Bewässern erzielen. Dazu musste das Wasser im Bachbett gefasst, an den Hängen entlang in Kanälen zu den Wiesen geführt und dort gerecht auf die einzelnen Parzellen verteilt werden. Der Bau dieser im Wallis »Bissen« genannten, manchmal in ausgehöhlten Baumstämmen oder Bretterrinnen kühn über Felswände geführten Kanäle entwickelte sich zu einer beachtlichen Kunst, die sich auch auf den Wege- und Brückenbau in den Bergen übertrug.

Ein Reich der Tiere

Wenn das ganze Kulturland für Äcker und vor allem Wiesen reserviert ist, wo soll man dann die Herden im Sommer weiden lassen, wenn die Bauern mit der Heu- und Getreideernte beschäftigt sind? Einst hatte man das Vieh in das Unterholz und auf die nächstliegenden Weiden getrieben, doch diese Flächen wurden jetzt ebenfalls zu Grasland. Sicherlich – Genaues wissen wir nicht – waren die Bauern im Sommer schon dazu übergegangen, ihre wenigen Tiere als Herde einem oder mehreren Hirten anzuvertrauen, der sie auch auf entferntere Weideplätze treiben konnte. Doch nichts weist darauf hin, dass auch schon die großen, hochgelegenen Almen aufgesucht worden wären.

Vom 11. bis zum 13. Jahrhundert erobern nun die Menschen diese riesigen Flächen oberhalb der Waldgrenze (die im 13. und 14. Jahrhundert bei über 2000 Metern liegt, mindestens hundert Meter höher als heute). Die Tiere sind hier unter sich, in ihrem Reich sozusagen: Von Juni, Zeit der Schneeschmelze, bis zum Abtrieb Ende September weiden Gemeinschaftsherden mit Dutzenden, ja Hunderten von Kühen; sie sind den Sommer lang draußen, fressen das kurze, aber nahrhafte Gras mit den vielen Inhaltsstoffen, die nicht nur für die Gesundheit der Tiere, sondern auch für Milch, Fleisch und Leder wertvoll sind. Gehütet werden die Kühe von einer kleinen Gruppe von Hirten (vermutlich sind es abwechselnd die Eigentümer) und einem Käser, der an Ort und Stelle die anders nicht konservierbare Milch zu Käse verarbeitet. Im Herbst werden die Käselaibe unter den Besitzern des Viehs aufgeteilt, entsprechend der Zahl der Rinder, die jeder auf der Alm hatte.

Da sie nur im Sommer besetzt sind, gibt es auf diesen Almen keine festen Einrichtungen; für die Sennen und den Käsekessel genügt eine Hütte. Einige Almen an geschützter Stelle, wo es auch ein paar Heuwiesen gibt, werden aber schließlich ganzjährig bewohnt. So das Urserental im Quellgebiet der Reuß, oberhalb der Schöllenenschlucht: Einige seiner Weideplätze sind schon sehr früh von Menschen genutzt worden, die aus der Leventina südlich des Gotthard kamen. Der Archäologe Werner Meyer fand oberhalb von Hospental die Fundamente zweier Hütten, deren Bau er im 9. Jahrhundert ansetzt. Reste einer dem heiligen Kolumban geweihten Kapelle aus dem 11. Jahrhundert bei Andermatt deuten darauf hin, dass das Tal schon damals ganzjährig bewohnt war, wohl von Leuten, die dem Kloster Disentis unterstanden. Diese Bewohner werden nun mehr und mehr minorisiert und weggedrängt, zuerst von den Walsern, die über die Furka aus dem Wallis kommen, später, als um 1220 die Schöllenenschlucht begehbar wird, von Urner Bauern.

Doch dies ist die Ausnahme. Auch das milder gewordene Klima erlaubt in den Hochlagen keinen ganzjährigen Aufenthalt. Im Sommer hingegen herrscht dort Betriebsamkeit. Die Bauern roden den Wald von der oberen Grenze her, wodurch sie einen völlig gefahrlosen Zugang zu neuen Bergwiesen erhalten, deren Heu sie in die tiefergelegenen Scheunen bringen. Die »Maiensässe« genannten, auf halbem Wege zwischen den Dörfern und den Almen gelegenen Zwischenweiden, auf die die Bauern im Frühjahr und im Herbst mit ihrem Vieh ziehen, werden sich erst im 14. Jahrhundert entwickeln; allerdings baut man auch jetzt schon gelegentlich auf halber Höhe Ställe mit Käseküchen, um den Weg für das Heu und das Vieh zu verkürzen. Maiensässe findet man heute noch, vor allem in den Voralpen. Im Mittelalter wurden einige von ihnen von Großgrundbesitzern betrieben: Das Fraumünster besaß welche in Bürglen, im Schächental, in Gurtnellen und in Silenen; die Grafen von Habsburg bei Schwyz; das Kloster Einsiedeln versah seine Besitzungen mit eine ganzen Kette solcher Einrichtungen.

Die hochgelegenen Almen sind von unterschiedlicher Güte, je nach Exposition, örtlichem Mikroklima und Geröllanteil. Die recht wählerischen Kühe brauchen viel Platz, jeden Tag wollen sie eine neue Weide. So zwingen die schnell wachsenden Herden die Hirten, immer entferntere Almen aufzusuchen. Schon bald, bereits im 12. Jahrhundert, werden die guten Weideplätze knapp. Einige Dorfgemeinschaften behelfen sich damit, dass sie über große Entfernungen freie Almen suchen; so kaufen – allerdings wesentlich später, im Jahre 1514 – die Leute von Törbel (oberhalb von Visp im Wallis) eine bernische Alm am Grimselpass: Ein Almauftrieb von 70 Kilometern ...

Sennenkriege

Diese Weideknappheit führte unweigerlich zu Konflikten: Jede Talgemeinschaft beiderseits eines Gebirgszuges beanspruchte die Almen im Gebiet des sie trennenden Kamms. Die Hirten gerieten aneinander. Doch mit Knüppeln, Viehraub und all den anderen rüden Methoden, zu welchen die ein hartes und raues Leben gewohnten Gegner neigten, ließ sich das Problem auf Dauer nicht lösen. Irgendwann musste man sich dazu durchringen, die Sache vor ein Schiedsgericht zu bringen.

Die Leute von Uri erwarben sich den zweifelhaften Ruf von »Almbesetzern«. Die Topographie mag sie entschuldigen. Ihr Land war ringsum von konkurrierenden Viehzüchtern umgeben, dazu war es eng, steil, und seine guten Weideplätze waren nicht eben groß. Andererseits hatten die Urner eindeutig als Erste in der ganzen Gegend den Vorteil erfasst, den ihnen die Viehzucht anstelle des bei ihnen besonders undankbaren Ackerbaus bringen konnte. Sie züchteten große Herden, bevor ihre Nachbarn es taten, und sie taten es besonders schnell. So stießen sie früh an die Grenzen, die das Tal der Futtergewinnung setzte. Ganz selbstverständlich begannen sie, die zu den Nachbartälern hin geneigten Hänge zu beweiden. Doch deren Bewohner erhoben bald Anspruch auf das, was sie vom Gebirgsrelief her als ihr Eigentum ansahen.

Ihre ersten Streitigkeiten um Weidegrenzen hatten die Urner mit den Leuten von Glarus, den Nachbarn jenseits des Klausenpasses, der das Schächental abschließt. Ein erster Schiedsspruch des Herzogs von Schwaben aus dem 11. Jahrhundert ist sicherlich eine Fälschung, mit der die Urner Partei versuchte, zweifelhafte Rechte geltend zu machen. 1196 jedoch bestätigt Pfalzgraf Otto von Burgund eine Grenzziehung, die eindeutig die Urner in den Vorteil setzt: Sie sichert ihnen den obersten Abschnitt des (Glarner) Linthtales zu, das seither »Urner Boden« heißt. Nach einer örtlichen Legende entschied ein »Marchenlauf« über die Grenzziehung: Beim ersten Hahnenschrei sollte in Glarus und in Altdorf je ein Läufer auf die etwa 60 Kilometer lange Strecke geschickt werden; die Urner hätten aber ihren Hahn extra hungern lassen, damit er früher krähte und ihrem Läufer einen Zeitvorteil verschaffte ... Wie dem auch sei, die Übereinkunft von 1196 wurde nicht immer eingehalten. Im Juli 1315 (es war ein für ganz Europa katastrophales Regenjahr) gerieten die Hirten aus den beiden Kantonen handgreiflich aneinander. Auch in der Folgezeit kam es immer wieder zu Zwischenfällen.

Direkt daneben, am selben Gebirgskamm, doch an der Grenze zum Schwyzer Muotatal, verhielten sich die Urner nicht ganz so aggressiv; gleichwohl besetzten und behielten sie mehrere Weideflächen auf der zum Nachbartal geneigten Seite. Auch heute noch hält sich die Grenze zwischen den beiden Kantonen längst nicht überall, wie sonst üblich, an die Wasserscheiden; der Urner Expansionsdrang wurde legalisiert.

Auf der gegenüberliegenden Seite des Reußtals, nach Westen hin, hatten die Urner Herden schon Ende des 11. Jahrhunderts den Surenenpass überschritten, der zum Kloster Engelberg hinüber und zu mehreren hochwertigen Weiden führte. Diese Weiden gehörten noch niemandem, und die Hirten besetzten sie völlig ungehindert. Bald beanspruchten jedoch die

Mönche des 1120 gegründeten Klostern diese Almen, die sie als ihr natürliches Eigentum betrachteten. Der Konflikt brach mit Sicherheit sehr bald aus, dokumentiert wird er aber erst ab dem 13. Jahrhundert durch eine Serie von Prozessen und Schiedssprüchen, die sich bis gegen Ende des 15. Jahrhunderts hinzieht. 1260 gibt es in der ganzen Gegend gewalttätige Zusammenstöße zwischen Hirten. 1273 weist Königin Gertrud, die Gattin König Rudolfs I. von Habsburg, die Urner zurecht; zwei Jahre später beschränkt ein königlicher Richter die Urner Nutzung dieser Almen. Die bewegten Jahre des ausgehenden Jahrhunderts – es ist die Zeit, in der Wilhelm Tell auftritt – dienen den Urnern zum Vorwand, mit brutaler Gewalt vorzugehen: Die Almen der Mönche werden verwüstet, ihr Vieh wird abgeschlachtet oder gestohlen; die Angreifer treiben die Unverfrorenheit so weit, dass sie, Stierenbanner voran, unter den Fenstern des Klosters erscheinen. Möglicherweise haben auch diese Vorfälle in der Legende ihren Niederschlag gefunden, indem sich der Sennenkrieg, bei dem es um handfeste Interessen ging, in der kollektiven Erinnerung festsetzte. Diese Legende erzählt von einem blutrünstigen Ungeheuer auf der Surenenalm, das schließlich von einem eigens zu seiner Bekämpfung gezüchteten Stier besiegt wurde. Irgendwann, allerdings erst 1516, wird Engelberg ganz auf die Surenen verzichten.

Nicht weit davon entfernt und unter recht ähnlichen Umständen, auch in etwa derselben Zeitspanne, gerieten im Waldgebiet an der Sihl die Leute von Schwyz mit den Einsiedler Mönchen und deren Bauern aneinander. Auch hier hatten unscharfe Grenzen und widersprüchliche Rodungsrechte bereits im 12. Jahrhundert zu Konflikten geführt (kaiserliche Schiedssprüche ergingen 1114 und 1143); im 13. Jahrhundert, als die freien Flächen wirklich knapp wurden, artete der Konflikt aus. Im Jahre 1217 versuchte Graf Rudolf der Ältere von Habsburg, einen dreijährigen Waldguerillakrieg mit einem Urteil zugunsten der Schwyzer zu beenden. Die Gemüter beruhigten sich für eine Weile, doch der eigentliche Konflikt war nicht behoben. Er flammte später wieder auf, in Zusammenhängen, auf die wir noch zu sprechen kommen.

Agrarkapitalismus

Auch wenn wir kaum Zahlen nennen können, steht außer Zweifel, dass diese zugleich intensiv und extensiv betriebene Viehzucht sehr schnell Früchte gezeitigt, Gewinne erbracht und bei einigen Großbauern oder Gemeinwesen wie beispielsweise der Urner Talgemeinde zur Bildung bedeutender Kapitalien geführt hat. Es ist keine Übertreibung, von einem Agrarkapitalismus zu sprechen, lange bevor der Begriff entsteht. Wertmaßstab ist zunächst noch das Stück Vieh, weniger die monetäre Einheit. Doch der Zwang, die neuen Produktionsmengen zu vermarkten, führt zu einer schnellen und tiefgreifenden Monetarisierung der Täler. Im 13. Jahrhundert ist diese eindeutig vollzogen, denn 1231 bezahlen die Urner das Privileg der Reichsunmittelbarkeit mit klingender Münze; eingesetzt hatte sie allerdings schon früher.

Möglicherweise hatten die Waldstätte in dieser Hinsicht einen deutlichen Vorsprung vor anderen Bergvölkern. Gleichwohl gilt der Einzug der Geldwirtschaft für das ganze Alpengebiet. Die südlichen und östlichen Gebiete, die sich vor allem auf die Schafzucht spezialisieren – Provence, Lombardei, österreichisches Donautal –, beliefern städtische Tuchweber mit Rohwolle. Insbesondere Tirol, sowohl das Inntal im Norden als auch das Etschtal im Süden, entwickelt sich zu einem Hauptproduzenten. Seine Züchter, die es den Graubündnern nachmachen, denken schon früh in Kategorien der wirtschaftlichen Entwicklung: Warum nicht, statt die Wolle roh zu verkaufen, sie wenigstens teilweise selbst verarbeiten? Sie beginnen, ein festes, dichtes, etwas grobes, aber dafür haltbares Tuch herzustellen, das seither unter dem Begriff »Loden« fingiert – der Stoff, aus dem Bayern und Tiroler seit Jahrhunderten ihre unverwüstlichen Trachtenjanker herstellen.

Auch in den Zentralalpen hat man nicht ganz auf Schaf und Ziege verzichtet. Doch sie bleiben ein Nebenerwerb der ärmeren Leute. Schafhalter in den Voralpen liefern Wolle an einige Handwerker in der Stadt, vor allem in Fribourg. Doch ist das die Ausnahme. Im Allgemeinen behalten die Bauern die Wolle für den Eigenbedarf; mit Spinnen und Weben füllt man den langen Winter aus.

In unseren Bergen konzentriert man sich mit ganzer Kraft auf die Rinderzucht, also die Fleisch- und Milchproduktion (der Marktwert des Rindsleders ist nicht besonders hoch). Zum Leidwesen der Historikerzunft hat aber der Handel mit diesen Produkten bis ins ausgehende Mittelalter, als sich der Markt schon erheblich gewandelt hat, keinerlei schriftliche Spuren hinterlassen. Wir können uns deshalb kein Bild davon machen, wie der Warenaustausch konkret vor sich gegangen sein könnte, wie rege er war, welche Mengen und Summen umgesetzt wurden; wir kennen nicht einmal die Produktpalette, die sich mit der Zeit gewandelt haben mag. Ein paar Verzeichnisse haben sich erhalten, vor allem in Klöstern; sie zählen die Abgaben auf, die dem herrschaftlichen Grundbesitzer geschuldet sind. Die verschiedensten Erzeugnisse werden genannt, wobei uns der geringe Anteil an Ackerfrüchten (Getreide und Gemüse) schon nicht mehr erstaunt. Häufiger sind die Baumfrüchte, vor allem Nüsse – zur Ölgewinnung – und Kastanien. Die Esskastanie nahm in der Ernährung der Bergbevölkerung eine bedeutende Stellung ein, und zwar nicht nur südlich des Gotthard (wo sie heute noch sehr verbreitet ist), sondern auch im Norden: Durch das milde Klima konnte sie um den Vierwaldstätter See herum gedeihen; in der Gegend von Altdorf auch der Wein, der allerdings im ausgehenden Mittelalter wieder verschwand. Tierische Erzeugnisse stehen allerdings eindeutig im Vordergrund, sowohl bei den Abgaben an die weltlichen Herren als auch bei den Kirchenzehnten. So wird der Lammzehnt der Leute von Uri für das Zürcher Fraumünster schon 995 erwähnt, was beweist, dass die Schafzucht selbst im Lande des

Stiers nicht völlig unbedeutend war. Häute spielen keine große Rolle. Eigenartigerweise werden Schweine nur selten erwähnt. Ihre Zucht scheint in den Waldstätten wirklich unbedeutend gewesen zu sein. Weitaus am gefragtesten ist der Käse.

Bedeutet das, dass die Viehzucht in den Zentralalpen in erster Linie eine Milchwirtschaft war? Die Frage lässt sich schwer beantworten. Käselaibe sind bekanntlich recht haltbar, wenn zu ihrer Herstellung genügend Salz verwendet wird; sie sind auch gut zu transportieren und können über weite Entfernungen verschickt werden. Viel später, im 16. Jahrhundert, werden die großen Hartkäseräder aus dem fribourgischen Greyerz, aus dem bernischen Emmental und dem luzernischen Entlebuch eines der Grundnahrungsmittel der französischen und holländischen Seefahrer sein – doch so weit sind wir noch nicht. Produzierten die Urner und die Schwyzer Hart- oder Weichkäse? Ich neige zur Annahme, dass sie nach und nach vom zweiten zum ersten übergegangen sind, weil sich Hartkäse besser vermarkten ließ. Mehr für den Eigenbedarf stellte man aus der Molke auch »Ziger« her. Den Glarnern, die dem Schaf und der Ziege länger die Treue hielten, blieb es vorbehalten, ihn berühmt zu machen.

Ihren schwunghaften Handel haben die Waldstätte zweifellos mit dem Käse begonnen. Doch spätestens Mitte des 12. Jahrhunderts veranlasste eine wachsende städtische Nachfrage sie dazu, vermehrt auch Fleisch zu exportieren und die Produktion entsprechend anzupassen. Zu Beginn wurde wohl mit gesalzenen und luftgetrockneten Fleischstücken gehandelt; wie beim Käse verursachte deren Lagerung und Transport keine großen Schwierigkeiten. Die Herstellung war aber recht arbeitsintensiv, und der Transport per Rückentrage oder Lastpferd zu den mehrere Tagesmärsche entfernten städtischen Märkten war aufwendig. Außerdem brauchte man große Mengen Salz dazu, etwa ein Zehntel des Fleischgewichts. Das Trockenfleisch war also kein gutes Geschäft, außer vielleicht in Hungerjahren, wenn in den Städten die Preise stiegen. Zu normalen Zeiten entsprach es nicht den Bedürfnissen der Städter, die nach Frischfleisch verlangten. Infolgedessen gingen die Züchter bald dazu über, Lebendvieh zur Schlachtung zu verkaufen. Die näheren Umstände, die Handelswege und die Preise entziehen sich unserer Kenntnis. Es gab keine Verkaufsverträge, man bezahlte bar oder tauschte gegen Salz, Getreide, Handwerkserzeugnisse (Armbrüste!), Eisenwerkzeuge und anderes mehr. Eines ist indessen gewiss: In den Waldstätten wird es bald üblich, dass man die Ware selbst in die Stadt, ins Mittelland, ins Schwäbische, ins Elsass oder südwärts in die Lombardei bringt. Natürlich begibt sich nicht jeder Züchter einzeln auf eine solche Reise. Die größeren Bauern nehmen das Schlachtvieh der weniger begüterten Nachbarn mit. Sie handeln im Namen ihrer Talgemeinschaft. Diese hat sich ja schon zusammenfinden müssen, um gemeinschaftlich die Almen zu betreiben, Wege und Bewässerungskanäle zu bauen, Wälder zu roden und manch andere Aufgabe zu bewältigen, die den Einzelnen überfordert hätte; jetzt, gewissermaßen am Ende der Produktionskette, organisiert sie auch die kollektive Vermarktung der Erzeugnisse. Dieser letzte Aspekt, der von den Historikern selten gewürdigt wird, erscheint mir wesentlich. Er begründet eine enge Interessengemeinschaft und ein Vertrauensverhältnis zwischen deren Mitgliedern – vom Großbauern bis zum Kleinhäusler.

Der Horizont bricht auf

Diese Vermarktung in Eigenregie durch die Erzeuger war notwendig, und sie war vorteilhaft. Notwendig war sie, weil dem Bergland im 12. und 13. Jahrhundert – und noch lange danach – ein Binnenmarkt fremd war: Es gab keinen eigens dafür vorgesehenen Ort, an dem Erzeuger und Großhändler regelmäßig zusammengekommen wären. Einen solchen Markt kannte man nur in den Städten, und in den Alpen, jedenfalls in den Zentralalpen, gab es ja keine Städte. Altdorf, Schwyz, Stans, Sarnen, Einsiedeln, Glarus, all diese Hauptorte der Täler, waren nur mehr oder weniger große Dörfer. Frühestens in der Zeit von Wilhelm Tell, also gegen Ende des 13. Jahrhunderts, erhielten auch die Alpen einen Markt, der aber immer nur lokale Bedeutung hatte. Der erste, dessen Gründungsjahr wir kennen, der Markt von Appenzell, fand erstmals 1358 statt.

Dass unsere Züchter gleichzeitig Händler waren und deshalb regelmäßig in die Städte zu den Schlächtern reisten, hatte in kultureller und politischer Hinsicht erhebliche Auswirkungen. Der beengte Horizont der Bergler weitete sich, es tat sich für sie, wenn auch punktuell und oberflächlich, eine neue Welt auf. Die Leute brachten von ihren Reisen Geschichten, Ideen, Vorstellungen und Gegenstände mit – Tells Armbrust zum Beispiel –, und das beeinflusste unmerklich auch die Anschauungen ihrer Mitbürger. Je mehr diese über andere Gesellschaften und Machtverhältnisse erfuhren, desto bewusster nahmen sie die Realität und politische Identität des eigenen kleinen Volkes wahr. Sie begannen es zu schätzen, dass sie trotz harter äußerer Bedingungen faktisch in Freiheit lebten, und sie schätzten es umso mehr, als diese Freiheit angesichts dessen, was anderen Völkern widerfuhr, nicht mehr so selbstverständlich war und verlorengehen konnte. Wie schützend war der enge Horizont noch?

Vor allem aber machte dieser Handel reich, in allen Bedeutungen des Worts, angefangen bei der materiellsten. Die Waldstätte waren in den Sog eines Wirtschaftswachstums geraten, und sie suchten nach Mitteln und Wegen, sich darin zu halten. Die leicht erreichbaren Absatzmärkte schienen beschränkt aufnahmefähig zu sein; neue Märkte zu erobern erschien vorteilhaft und verlockend.

9
Die Erfindung des Gotthardpasses

Verlockende Lombardei
Die größte Verlockung für die Waldstätte waren die Märkte südlich der Alpen.

Die fruchtbare, bevölkerungsreiche Lombardei war nie auf jenes Stadium der Unterentwicklung herabgesunken, das im Hochmittelalter fast ganz Europa erfasst hatte. Deshalb konnte diese Region früher als jede andere die Chancen nutzen, die eine allgemeine Wirtschaftsbelebung im 11. Jahrhundert bot, und sie entwickelte ein ausgesprochen rasches Wachstum. Die Poebene zwischen Alpen, Apennin und Adria war übersät von Städten, von denen manche für die damalige Zeit ungewöhnlich groß waren: Etwa fünfzehn von ihnen hatten schon vor 1300 mehr als zehntausend Einwohner, einige sogar viel mehr. Mailand hatte Pavia als Hauptstadt des einstigen karolingischen Lombardenreichs abgelöst und war zum religiösen und kulturellen Zentrum ganz Norditaliens geworden; mit seinen etwa 100 000 Einwohnern war es im 13. Jahrhundert eine der fünf großen Metropolen des Abendlandes. Miteinander rivalisierend und sich zugleich ergänzend, bildeten Genua und Venedig die Tore der Lombardei zum Meer und zum Orient. Nur wenig hintan standen regionale Zentren wie Como, Bergamo, Brescia, Verona, Mantua, Ferrara, Parma, Modena, Bologna, Piacenza, Asti und andere; südlich davon schlossen sich die Städte der Toskana an und schließlich Rom. Alle diese Orte wurden von der unerhörten Dynamik ergriffen, die vom »Städteviereck« (Fernand Braudel) Genua-Mailand-Venedig-Florenz ausging. Sie hatten sich ein weitläufiges *contado* unterworfen, ein Hinterland, dessen Agrar- und Rohstoffressourcen sie größtenteils selbst beanspruchten, um ihren Bedarf an Nahrung, Gewerbe und Handel zu decken.

Nachdem sie sich in der kommunalen Bewegung jeder fürstlichen Vormundschaft entledigt hatten, wurden die großen Städte selbst zu Feudalherren, wenngleich sie im Inneren Republiken – Handelsrepubliken – waren. Eine starke, aus der Antike geerbte Handwerks- und Handelstradition, die während der Jahrhunderte des Hochmittelalters zwar in einen Winterschlaf verfallen, aber nie ganz erstorben war, belebte sich neu; sie weitete sich aus und öffnete sich neuen Techniken und Organisationsformen. Die Anhäufung von Kapital, von beweglichem und unbeweglichem Besitz in den Händen der Kaufleute und der adligen Grundbesitzer sind Zeichen der Wirtschaftsblüte dieser Region, und sie zeugen davon, wie weit sie in jeder Hinsicht den anderen Nationen des Abendlandes voraus war.

In guten wie in weniger guten Zeiten erbrachte der Ackerbau genug, vor allem an Getreide, um die außerordentlich dichte städtische Bevölkerung zu ernähren. Sie erwirtschaftete sogar einige exportierbare Überschüsse. Hingegen vermochte das wenige Grasland in der Ebene und in den nahen Gebirgszügen die städtische Nachfrage nach tierischen Produkten, vor allem nach Fleisch, nur unvollkommen zu befriedigen. Für unsere innerschweizerischen Viehzüchter bestand also eine ganz reelle Marktchance: Es lockte die lombardische Nachfrage, die bares Geld oder Tauschhandelsgüter in Aussicht stellte. Und sogar in erträglicher Entfernung.

Man musste nur hingelangen ...

Eine Alpenüberquerung im Hochmittelalter

Welche politische und militärische Bedeutung die wenigen Alpenübergänge für das römische und das karolingische Reich hatten, wurde schon erwähnt. Für das Hochmittelalter darf man daraus keinen regen Verkehr ableiten. Nachdem der karolingische Traum vom vereinigten Abendland ausgeträumt war, wurden die wenigen offenen Übergänge nur noch in weiten Abständen von Kriegsleuten begangen; etwas öfter kamen Rom-Pilger, manchmal auch der Tross eines Fürsten oder hohen Adligen oder irgendwelche Beamte, die in politischen oder religiösen Geschäften nach Italien eilten. Reisende in privaten Geschäften hingegen waren selten, und ihr Warensortiment ist schnell aufgezählt. Bis ins 11. Jahrhundert ermutigte die europäische Wirtschaftslage nicht zu langen Handelswegen. Die Kosten für den Transport auf Menschen- oder Pferderücken, die anstrengenden Tagesmärsche, die unzureichenden Bedingungen für Verpflegung und Herberge in den Bergen, all das verhinderte einen regen Handel mit Gütern des täglichen Bedarfs und ließ nur wenige Luxusartikel den Weg über die Alpen finden. Dies beschränkte gleichzeitig die Kundschaft für solche Waren auf einen sehr kleinen Kreis von Privilegierten: Fürsten und ihre unmittelbare Umgebung, große Grundherren, üppig beschenkte Bischöfe oder Äbte. So wird von einem ungewöhnlichen Transport von italienischem Marmor im Jahre 940 berichtet, der auf ungeeigneten Karren nach Lothringen geliefert werden sollte – einer brach auf dem Weg über den Großen Sankt Bernhard zusammen. In der Nord-Süd-Richtung überquerten Metalle (Zinn aus Cornwall) und Sklaven den Pass. Der von jüdischen Kaufleuten betriebene Import von östlichen Gewürzen, Seidenstoffen und Pelzen bevorzugte ohnehin die Route durch das Königreich Kiew und Mitteleuropa und mied den Weg über das Mittelmeer und die Alpen.

Die Passwege waren zudem in miserablem Zustand. Das prächtige Straßennetz, das die Römer in den ersten nachchristlichen Jahrhunderten angelegt hatten, war schon so lange dem Verfall anheimgegeben – mindestens seit dem 5. Jahrhundert –, dass nur noch einzelne Reste davon übrig blieben. Keine Aufsicht, keine zentrale militärische oder zivile Behörde, vermochte für den kostspieligen Unterhalt zu sorgen oder ihn zu finanzieren. Selbst die so auf sichere Verbindungswege nach Italien bedachte karolingische Regierung, ansonsten ein Lichtblick in dieser Zeit, musste sich auf den guten Willen ihrer örtlichen Sachwalter verlassen, vor allem auf die Klöster, die sie an den besten Übergängen eigens dazu gegründet oder wiedererweckt hatte. Der gute Wille der Klöster reichte aber nur so weit, wie sie selbst einen Nutzen davon hatten. So unterhielt Disentis gewissenhaft den Lukmanier, weil der Weg zu den auf der Alpensüdseite gelegenen Klostergütern über diesen Pass führte.

Der Verwahrlosung entsprach die Unsicherheit der Wege. Nicht nur die im 10. Jahrhundert einfallenden Ungarn und die im Hinterhalt liegenden Sarazenen hatten es auf die Reisenden und ihr Gepäck abgesehen. Vom Elend getrieben oder von leichter Beute verleitet, wurden auch Bauern zu Straßenräubern. Karl der Große und seine Nachfolger hatten eine ausreichende Bewachung der wichtigen Pässe Mont-Cenis und Mont-Joux (Sankt Bernhard) organisieren können. Im Jahre 789 bestätigte der König der Franken dem Kloster Novalesa (gegründet 726) seine Schenkungen, um am Mont-Cenis einen Stützpunkt zu besitzen; Ludwig der Fromme ließ dort das erste Hospiz für Reisende auf einer Passhöhe errichten. Aus denselben Gründen erfreuten sich Saint-Maurice im Wallis, Disentis, Mustair (im graubündischen Münstertal) und Innichen-San Candido (Pustertal) kaiserlicher Gunst. Die vorübergehend wiederhergestellte Sicherheit überdauerte aber den Zerfall der karolingischen Herrschaft nicht. Im 10. und 11. Jahrhundert standen die Straßen in allerschlimmstem Ruf.

Und doch kamen Reisende und Waren durch. Es ist kein Zufall, wenn ab dem 11. Jahrhundert so viele dem heiligen Nikolaus, dem Patron der Handelsleute, geweihte Kapellen gebaut werden, auch auf Nebenrouten – selbst am Klausenpass, der doch praktisch nur Uri mit Glarus verbindet. Auch wenn sie gefahrvoll, langwierig und kostspielig ist: die politische, religiöse, militärische und gelegentlich auch kommerzielle Verbindung über die Alpen bleibt eine Notwendigkeit.

Einige an dieser Verbindung interessierte Fürsten, vor allem solche, die in den Alpen territoriale Rechte besitzen, beginnen im 11. Jahrhundert, die Verkehrsbedingungen und insbesondere die Sicherheit zu verbessern. Sie lassen Wachtürme errichten und Dörfer befestigen. Als Sicherungspunkte wählen sie jene natürlichen Engpässe, die fast überall den Zugang von den Tälern ins Flachland versperren und durchschritten werden müssen. Diese »Klausen« *(clusae)* sind übrigens ein Überbleibsel der römischen Verwaltung. Um die Kosten zu decken, erheben sie Straßenzölle, was wiederum die Transportkosten verteuert. Was andere Herren dazu führt, für sich oder ihre Untertanen Sondertarife auszuhandeln. So bemüht sich 1027 König Knut II. von Dänemark auf seiner Romreise bei Kaiser Heinrich II. und König Rudolf III. von Burgund um Gebührenfreiheit für seine Untertanen, *seien sie Kaufleute oder Reisende um des Gebetes willen.* Ein berühmter Text aus dem 11. Jahrhundert, die *Honorantie civitatis Papie* (Pavia), zählt die Klausen auf, die auf dem Weg in die Lombardei liegen: Susa (Mont-Cenis), Bard (Großer und Kleiner Sankt Bernhard), Bellinzona (Lukmanier und San Bernardino) und einige andere weiter östlich. Der Text nennt auch die Tarife für Tuche, Leinwand, Gewürze, Zinn, Pferde und Sklaven, und er berichtet über häufige Streitigkeiten zwischen den Zöllnern und den angelsächsischen Kaufleuten; ein Abkommen zwischen dem englischen und dem lombardischen König versuchte, das Problem zu lösen.

Entlang der Alpenwege, doch auf örtlicher Ebene, entdeckt die einheimische Bevölkerung, dass es lohnender ist, sich in den Dienst des aufkommenden Verkehrs zu stellen, statt ihn zu beeinträchtigen. Ein Text von 1129 beschreibt die *marrones,* die Führer auf dem Großen Sankt Bernhard: Sie sind mit Handschuhen, Pelzmützen und Nagelschuhen ausgerüstet und führen lange Stöcke mit sich, um damit die Schneehöhe zu messen. Die Gilde dieser Führer aus dem 10. und 11. Jahrhundert nimmt die Säumergenossenschaften vorweg, die in den folgenden Jahrhunderten an jedem großen Pass entstehen.

So kommt es zu einigen punktuellen und zögernden Versuchen, den Verkehr über die Alpen zu sanieren und anzukurbeln. Doch sie zeugen hauptsächlich von unbewältigten Schwierigkeiten; einen aus regelmäßigem Verkehr entstehenden Bedarf widerspiegeln sie noch nicht.

Die Wege beleben sich

Ein solcher Bedarf entsteht schließlich doch. Denn zu den nur gelegentlichen Importwünschen der Fürsten und der höfischen Märkte kommen jetzt, drängender und regelmäßiger, Angebot und Nachfrage der Städte diesseits und jenseits der Alpen hinzu. Die ersten Kreuzzüge bringen neues Leben in die Alpenwege; nach dem Orient richten sich Sehnsucht und Entdeckerlust, aber auch Modeströmungen im christlichen Abendland, zumindest in den Städten. Etwa um 1100 beginnt die Alpenüberquerung häufiger zu werden, selbst wenn sie noch nichts von ihren – keineswegs nur eingebildeten – Schrecken verloren hat. Da wir bis zum 13. Jahrhundert nur sehr wenige Zeugnisse haben, können wir die Belebung lediglich erahnen. Angaben zur Zahl der Reisenden, zum Umfang und Wert der transportierten Waren sind jedenfalls nicht möglich. Eine gewagte Schätzung für das 13. Jahrhundert unterstellt, dass auf den wichtigen Pässen durchschnittlich etwa 10 000 Zentner (1 Zentner = 100 Gewichtspfunde), das sind etwa 560 metrische Tonnen, pro Jahr und Pass transportiert wurden. Bei einem knappen Dutzend solcher Alpenübergänge ergäbe dies zwischen Italien und dem nördlichen Europa ein Handelsvolumen von insgesamt 5000 bis 6000 Tonnen (ohne Seewege).

Diese Berechnungen des österreichischen Historikers Herbert Hassinger ergeben einigermaßen vernünftige Größenordnungen; sie berücksichtigen aber weder den Binnenverkehr zwischen den Tälern selbst noch die offensichtliche Tatsache, dass längst nicht alle Pässe gleichmäßig begangen wurden. Die Nutzung der einzelnen Übergänge und der Warenfluss auf ihnen richteten sich nach Angebot und Nachfrage beiderseits der Alpen, variierten also kurzfristig wie langfristig. Sie hingen auch davon ab, wie gut ein Pass zu den verschiedenen Jahreszeiten begehbar war, wie weit die Etappen auseinanderlagen, welche Straßenzölle zu entrichten waren, wie für Verpflegung, Herberge und Transport von Ort zu Ort gesorgt war und welche Gefahren durch die Natur (Lawinen, Hochwasser) und durch den Menschen (Straßenräuber, kriegerische Unternehmungen) drohten. Bei der Routenwahl entschieden beim Kaufmann die jeweiligen Kosten und Risiken, wobei er auch zu veranschlagen hatte, wie lange sein Kapital in Form von transportierten Waren immobilisiert war. Sicherheit und Schnelligkeit waren gegeneinander abzuwägen. So entstand zwischen den verschiedenen sich darbietenden Pässen eine Konkurrenz, die auch heftig sein konnte, wenn zwei Routen benachbart und alternativ zu begehen waren. Es gab Passkonjunkturen, ganze Passgeschichten, die kaum erforscht sind.

Andererseits darf nicht vergessen werden, dass ein und derselbe Passweg mehrere Aufgaben erfüllte und von Menschen mit den unterschiedlichsten Motiven und Zielen begangen wurde.

Da kommen Bauern aus dem Tal, die ihre Herden auf eine Alm treiben oder dem nächsten Dorf, vielleicht dem Hauptort zustreben; der Viehtrieb auf kurze oder weite Strecken zeichnet oft den Weg vor, auf dem andere nachkommen. Andere Bergbewohner müssen zu irgendwelchen Geschäften oder Prozessen auf die andere Seite des Passes, doch ihr Reiseziel liegt innerhalb der heimatlichen Gegend. Wieder andere Menschen irren ihr Leben lang in den Bergen umher – man denke nur an das erstaunliche Volk der Walser, das in endloser Wanderschaft zwei Jahrhunderte lang, vom 12. bis zum 14. Jahrhundert, auf der Suche nach Plätzen ist, die ihm Nahrung und Wohnung bieten. Da steigen Mönche zu ihrem Bergkloster hinauf, vielleicht begleitet von Ordensbrüdern, die nach Rom oder nach Jerusalem pilgern. Bauern tragen ihre Käse oder ihre Wolle ins Flachland, in die Stadt hinunter. Dann sind da noch die Dienstmannen, Richter, Steuereintreiber, königlichen Beamten. Schließlich die Kaufleute und all die anderen, die sich von den Bergen nicht aufhalten lassen, sie aber überqueren müssen. Insgesamt sind Letztere in der Minderheit, und sie unterscheiden sich dadurch von den anderen Reisenden, dass sie von erfahrenen Säumern und einer Kolonne von Lasttieren begleitet werden. Die Kaufleute begehen die Pässe meist im Konvoi, weil dies kostengünstiger und sicherer ist; vielleicht ist ihnen auch wohler so, in der Einsamkeit und unheimlichen Stille der Hochgebirgslandschaft.

Für diese von Stadt zu Stadt reisenden Kaufleute, für die Pilger, die Kreuzfahrer und andere Fernreisende bedeutete die Alpenüberquerung lediglich eine Etappe auf ihrer langen Unternehmung, wenn auch vielleicht die abenteuerlichste. Es waren einige Tagesmärsche oder -ritte, sechs oder acht vielleicht, und nur zwei oder drei davon wirklich im Hochgebirge. Alternativen hatten sie jedenfalls kaum. Die Straße von Gibraltar wurde erst um 1300 von genuesischen und venezianischen Galeeren geöffnet; es passierten sie auch nur Handelswaren, vor allem große Lasten; dieser Seeweg war zwar weniger kostspielig, aber auch weniger sicher (die Versicherungsprämien waren deshalb höher) und vor allem weniger schnell. Bei den ungewissen Lieferfristen des Seetransports bevorzugte man bei hochwertigen, nicht allzu sperrigen Gütern wie Gewürzen und Seidenstoffen noch lange – bis in die sogenannte Neuzeit hinein – den Transport auf dem Landweg. Die Mühsale und Schrecken der Alpenüberquerung konnte man sich auch ersparen, indem man die Rhone hinunterfuhr und sich in Aigues-Mortes einschiffte; diese Route wurde oft von Leuten gewählt, die es nicht eilig hatten und auf Komfort Wert legten. Doch die Mittelmeerküsten von der Rhonemündung bis Genua oder Pisa wurden nicht nur häufig von Piraten heimgesucht, sie waren auch nicht sehr gastlich im Falle eines Sturms oder eines Schiffbruchs; ihr Ruf war nicht besser als der der Alpenwege.

Weil sie bei allen Nachteilen doch die insgesamt sichersten und schnellsten Verkehrsverbindungen boten, fanden die Alpen gegen Ende des 11. und vor allem dann im 12. Jahrhundert Eingang in die Geographie der neu einsetzenden Reise- und Handelstätigkeit.

Die Pässe mit Tradition

Allerdings nicht die ganzen Alpen. Wie häufig ein Übergang benützt wird, hängt einerseits von der Bevölkerungsdichte und der Wirtschaftstätigkeit in den Ländern ab, die er miteinander verbindet, andererseits davon, ob er jenes Minimum an Einrichtungen bietet, das ihn erst praktikabel macht. Bis zum 13. Jahrhundert ändert sich das Wegenetz in den Alpen nicht. Es bleibt bei dem, was die Römer gebaut und die Karolinger etwas verbessert, jedoch nicht erweitert haben. Dieses Netz enthält die beiden großen Pässe im Westen, Mont-Cenis und Mont-Joux (Großer Sankt Bernhard), und im Osten das vielfältige, mehr oder weniger austauschbare Wegesystem Graubündens sowie, zwischen Inn und Etsch, den Brenner mit seiner Neben- oder Ausweichstrecke Reschenpass. Die noch weiter östlich gelegenen Tauern und der Tarvisio haben bislang kaum mehr als lokale Bedeutung.

Der Mont-Cenis im Westen (2084 m) hat etwas von seiner einstigen Bedeutung eingebüßt. Als Route von der Lombardei zu den Messen der Champagne, in die Ile-de-France oder in die Niederlande ist er ein zu großer Umweg. Das gilt noch mehr für den Kleinen Sankt Bernhard (2797 m) und den Fréjus (2797 m): Sie sind nur mehr Ersatzübergänge, wenn die normalen Routen nicht passierbar sind. Die Pässe der Südwestalpen (Tende, von Turin nach Menton, 1279 m; Mont-Genèvre, von Turin nach

Briançon, 1854 m) werden erst bekannter und besser begehbar, als die Päpste in Avignon residieren, also deutlich später.

Im Vergleich zum Mont-Joux bietet nur der Simplon eine ebenso direkte, vielleicht sogar schnellere Verbindung. Zur Zeit der Römer mäßig begangen, ist er aber völlig in Vergessenheit geraten. Was an ihm abschreckt, ist nicht so sehr die Passhöhe (2000 m), sondern die Länge und die ungewöhnlichen Höhenunterschiede der eigentlichen Gebirgsstrecke, die in Brig auf 600 Metern beginnt und in Domodossola auf weniger als 300 Metern endet. Noch schlimmer ist der schier endlose Anmarsch im nicht ausgebauten Rhonetal, in dem der Fluss ständig seinen Lauf wechselt. Der Reisende muss sich an den Talflanken durch Felsen, Schluchten und Gebüsch seinen Weg bahnen, bald auf dem linken, bald auf dem rechten Flussufer. Erst auf Betreiben der Mailänder Kaufherren, die auf kürzestem Wege zu den Messen der Champagne gelangen wollen, werden um 1270 die Zugänge zum Simplon ausgebaut.

Einstweilen behält der Große Sankt Bernhard sein über tausendjähriges Ansehen als wichtigste Verbindung zwischen der italienischen Halbinsel und dem nördlichen Abendland. Als zwischen dem 11. und 12. Jahrhundert der internationale Handel über die Alpen wieder auflebt, ist er der Hauptbeteiligte und Hauptnutznießer. Im Süden führt er vom Po her kommend, der bis an den Fuß der Berge schiffbar ist, das Aostatal hinauf; im Norden führt er direkt zum Genfer See, von wo aus die Straße das Waadtland und, durch die Klus von Jougne, den Jura durchquert. Er bietet den am wenigsten beschwerlichen Weg nach Burgund und in die Champagne zu den dreimal jährlich stattfindenden Messen (Troyes, Provins, Lagny und Bar-sur-Aube), auf denen sich im 12. Jahrhundert der ganze europäische Handel ein Stelldichein gibt. Dass der wirtschaftliche Erfolg des Großen Sankt Bernhard mit dem Erfolg dieser Messen verquickt ist, beweist eine 1177 bestätigte Schenkung: Graf Heinrich von Troyes überlässt dem Hospiz und der Kirche des heiligen Bernhard am Mont-Joux die Hälfte des Gewinns aus den Zöllen, die auf dem Markt von Provins auf das verkaufte Tuch erhoben werden. Diese Bevorzugung bestand allerdings schon länger. Bereits um etwa 1050 errichtete ein Mönch aus der Gegend, der Archidiakon Bernhard von Aosta (gestorben 1081) knapp unterhalb der Passhöhe ein Hospiz, eine Kirche und ein kleines Kloster, um den Reisenden eine Herberge zu bieten und ihnen im Notfall Hilfe zu leisten. Ein Jahrhundert später begrüßte ein durchreisender isländischer Mönch die Einrichtung als »Hospiz des heiligen Bernhard«; der Name übertrug sich nicht nur auf das gastliche Haus, sondern auch auf den Pass selbst. Denn hier oben hatte, wie eine Liturgie aus dem 13. Jahrhundert verkündet, der heilige Bernhard *eine Hölle vernichtet und ein Paradies errichtet.* Die wohltätige Einrichtung fand bald Anerkennung in Form von beträchtlichen Schenkungen, deren weit gestreute Herkunft von Italien bis England von der Bedeutung zeugt, die dem Pass zugesprochen wurde. Das Hospiz wurde zum Vorbild für ähnliche Häuser auf der Höhe aller regelmäßig begangenen Pässe – und zum Vorbild einer Herbergstradition und Herbergskultur, die keineswegs auf die Berge beschränkt blieb.

Eine Bezifferung des Handelsverkehrs über diese Hochalpenstraße ist erst ab 1283–84 möglich, denn ab dieser Zeit sind die Rechnungsbücher der Straßenzölle erhalten, die von Beamten des Grafen von Savoyen in Bard (Aostatal), Saint-Maurice und Villeneuve-de-Chillon (Rhonetal) erhoben wurden. Sie zeigen, dass der Warentransport bereits einen beachtlichen Umfang angenommen hat: Allein die für die Webereien in Italien bestimmte Wolle (sie stammt vor allem aus England) beläuft sich durchschnittlich auf 3000 Ballen (etwa 300 heutige Tonnen) pro Jahr.

In weiter Entfernung davon, im Nordosten, lag das verwinkelte Netz der graubündischen Pässe. Es bedeutete für Deutschland das, was der Große Sankt Bernhard für Frankreich war. Der Handelsverkehr kam hier allerdings etwas langsamer in Gang. Diese Pässe hatten seit den Karolingern vornehmlich eine strategische und politische Bedeutung, die angesichts der kaiserlichen Unternehmungen in Italien bis weit ins 13. Jahrhundert fortbestand. Insgesamt gesehen, waren sie nicht allzu beschwerlich. Doch alle erforderten auf beiden Seiten einen recht langen Anmarsch durch Täler, denen die Gebirgsfaltung eine sehr unregelmäßige, fast labyrinthische Form gegeben hat und die von der Erosion tief eingegraben sind. Der Splügenpass (2116 m) zwischen Como–Chiavenna und Chur führte – in sehr steilem Anstieg – am direktesten von der Lombardei in die Ostschweiz und von dort nach Schwaben und Bayern. Er wurde deshalb wohl häufiger begangen als die benachbarten Pässe. Doch die immer dieselben Schrecken und Mühsale ausmalenden Reiseberichte vermengen oft die Landschaften, deren Feinheiten das ungeübte Auge kaum wahrnahm, waren doch die Felswände, Schneefelder, Wildbäche und Steilhänge überall dieselben ...

Der westlich des Splügen gelegene *Mons Avium* oder *Monte Ucelle* vertauschte später seinen Vogelnamen mit dem seines Schutzpatrons, des heiligen Bernhardin von Siena; doch bevor 1967 Tunnel und Schnellstraße eröffnet wurden, vermochte dieser San Bernardino (2066 m, Bellinzona–Chur) nie große Massen von Reisenden anzulocken. Nicht weit von ihm entfernt bot der *Locus Magnus,* der Lukmanier, einen ziemlich niedrigen Übergang (1919 m); er verlangte allerdings einen langen Umweg über die Leventina, das Val Blenio und, auf der Nordseite, das Vorderrheintal (Sursilva). Von den Disentiser Benediktinern leidlich instand gehalten, bot er einen sicheren, mit der nötigen Infrastruktur versehenen Weg; er wurde eher von Reisenden begangen als von Kaufleuten und diente mehreren Kaisern als Übergang. Östlich des Splügen gab es noch den Septimer (2313 m) und den Julier (2287 m); ihre von den Römern einst gutausgebaute Trasse befand sich immer noch in besserem Zustand als die anderer Pässe.

Schon die Goten und später die Franken hatten immer dafür gesorgt, dass diese rätischen Verbindungswege nach Italien passierbar blieben. Und wir wissen, welchen Wert Karl der Große ihnen zumaß. Die Selbständigkeit und relative Ungestörtheit Rätiens im Hochmittelalter erleichterte die Instandhaltung, ohne sie auf Dauer zu gewährleisten. Mangels einer direkteren Verbindung wurde Graubünden bald über diesen, bald über jenen Pass zur bevorzugten Route der deutschen Kaiser, wenn sie zur Krönung nach Rom oder zu anderen Unternehmungen nach Italien zogen. Zwischen der Regierungszeit Ottos I. (10. Jahrhundert) und dem Interregnum (Mitte des 13. Jahrhunderts) sind insgesamt achtzig kaiserliche Alpenüberquerungen bekannt. Der aufblühende Handel fand also auch in Graubünden eine Palette möglicher Routen vor, als man im 12. Jahrhundert in Schwaben und in den Gebieten um den Bodensee begann, Leinwand zu weben und die Stoffe nach Italien und in den Orient zu exportieren, um von dort im Gegenzug südliche Erzeugnisse zu importieren. Am Zusammenfluss aller dieser Verbindungen wurde Como, nach einem Wort Friedrichs II. aus dem Jahre 1239, für die Deutschen zum »Schlüssel Italiens«. Die Kaufleute von Como und Mailand ließen sich im 12. und 13. Jahrhundert eine Reihe von Privilegien gewähren; diese begründeten, neben den sicheren Wegen in Graubünden, den zunehmenden Erfolg ihrer Handelstätigkeit in Deutschland.

Die Barriere der Schöllenenschlucht

Im Raum zwischen diesen aufgezählten Pässen, zwischen dem Genfer See und Rätien, bilden Voralpen und Alpen entlang des schweizerischen Mittellands eine geschlossene Mauer. Die Täler der Aare und der Reuß kratzen sie zwar an, dennoch bleibt sie so gut wie unüberwindbar – bis im 13. Jahrhundert das geschieht, was man mit Fug und Recht die Erfindung des Gotthardpasses nennen kann. Es ist ein Ereignis von außerordentlicher Bedeutung in der Geschichte des mittelalterlichen Handels, vergleichbar mit der knapp hundert Jahre später erfolgten Öffnung der Straße von Gibraltar; und es hat bedeutende Auswirkungen auf die politische Geschichte Mitteleuropas, dessen strategische Gegebenheiten durch den neuen Alpenübergang stark verändert werden.

Der Weg über den Gotthard war nicht völlig unbekannt gewesen. Die Bewohner der umliegenden Täler, die Bauern der Leventina und des Urserentals, auch die Mönche von Disentis, gelangten über ihn zueinander. Die Urner selbst benutzten ihn, um nach Italien zu kommen; schon im 12. Jahrhundert gingen ihre Viehexporte zweifelsohne über den Gotthard, eine andere Möglichkeit hatten sie gar nicht.

Der Pass selbst ist mit seinen 2112 Metern weder höher noch niedriger als die meisten anderen Alpenübergänge. Die Überschreitung ist mühelos und kurz (etwa 20 km), weil die beiden Ausgangsorte schon recht hoch liegen: Hospental im Urserental auf 1450 Metern, Airolo in der Leventina auf 1175 Metern.

Das große Hindernis liegt auf dem nördlichen Zugangsweg: Es ist die tief eingeschnittene Schöllenenschlucht, die das Urserental flussabwärts gegen Uri hin abriegelt. Die Reuß windet sich hier zwischen Felswänden hindurch, die nicht einmal eine Handbreit für einen noch so schmalen Weg übrig lassen, und dies auf mehrere hundert Meter. Ein vollkommen unüberwindliches Hindernis. Man kann es umgehen, muss dazu aber den mühsamen Aufstieg durch die Felsen des Bäzbergs westlich der Schlucht oder die Höhen östlich von ihr in Kauf nehmen. Dieser Übergang ist höher als der Gotthardpass selbst, und man muss erst wieder ins Urserental absteigen, bevor man im Gegenanstieg auf den eigentlichen Passweg gelangt. Ein solcher Umweg schreckt den Reisenden ab, und mit Lasttieren ist er fast unvorstellbar; jedenfalls ist er zu lang und zu teuer, um unter normalen Umständen regelmäßig für den Warenverkehr benützt zu werden. Öde und menschenleer ist der Gotthard gleichwohl nicht: Ein kleines Hospiz erwartet seit 1170 die Reisenden; der Erzbischof von Mailand, zu dessen Gebiet die Leventina bis zur Passhöhe gehört, hat den Bau veranlasst.

Schon in der zweiten Hälfte des 12. Jahrhunderts mögen die Kaufleute dieses Hindernis als ärgerlich empfunden haben. Wären nicht diese teuflische Schlucht, diese wenigen nicht zu machenden Schritte gewesen, der Weg über den Gotthard hätte eine wunderbar kurze und bequeme Verbindung von der Lombardei nach Norden geboten: in die Rheinländer, nach Süd- und Mitteldeutschland, ins Elsass, nach Lothringen, Flandern, Brabant, ja bis nach Skandinavien und England. Es waren Gebiete in voller wirtschaftlicher Entwicklung, denen immer mehr an guten Handelsbeziehungen, auch an kulturellen Kontakten mit dem Mittelmeerraum gelegen war – lauter Märkte für die italienischen Geschäftsleute. Über den Großen Sankt Bernhard gelangte man zwar zu den Messen der Champagne, doch schon vor 1200 vermochten diese nicht mehr den gesamten transalpinen Handel abzuwickeln. Für die nordeuropäischen Länder bedeutete die Champagne außerdem ein langer Umweg, der nun als überflüssig empfunden wurde.

Ab etwa 1200 wirkte also ein wachsender Druck auf die Barriere der Schöllenenschlucht. Früher oder später musste sie aufgehen. Es musste nur jemand die Sache in die Hand nehmen und wissen, wie man es anstellte. Beides, Initiative und Ausführung, sind das Verdienst der Vorväter Tells, der Urner.

Legenden um das Wie der Erfindung

Der Bau eines Steges durch die berühmte Schlucht ist ebenso üppig von Legenden umrankt wie Wilhelm Tell und der Ursprung der Eidgenossenschaft. Nur dass es sich hier um echte Legenden handelt, in denen sich Übernatürliches mit den wirklichen Ereignissen vermengt und der Teufel mitmischt beim menschlichen Tun. Auch hier hat bei den Bewohnern des Reußtals das kollektive Imaginäre dauerhaft ein Ereignis festgehalten und dessen umwälzende Wirkung und Leistung richtig erfasst: Es war eine Herausforderung der Natur und ihrer Gesetze, eine stolze, aber fruchtbringende Weigerung, sich deren Zwängen zu fügen.

Die Legende stützt sich auf einen Mythos, der sehr häufig vorkommt in der Geschichte der Brücken, jener Bauwerke, die, weil sie in die Horizontale wachsen, scheinbar der Gesetze des Gleichgewichts spotten. Es ist der Mythos eines Paktes zwischen den Flussanrainern und dem Teufel. Dieser verspricht, das Unmögliche in einer einzigen Nacht zu vollbringen, fordert aber zum Lohn die Seele des ersten Lebewesens, das über die Brücke kommt. Die List der Leute besteht nun darin, dass sie ein Tier über die Brücke treiben; im Falle der Teufelsbrücke in der Schöllenenschlucht ist es eine Ziege. In seiner grenzenlosen Wut schleudert der genarrte Baumeister einen Felsbrocken vom Bäzberg auf das Dorf Göschenen hinunter, das sich zunächst unterhalb der Schlucht befindet. Der gewaltige Stein liegt noch immer dort und wird von den Bewohnern des Dorfs in Ehren gehalten. Auch der Autobahn, die dort vor einiger Zeit gebaut wurde, sollte er nicht zum Opfer fallen: Die Straßenbauer ließen ihn mit hohen Kosten behutsam um die etwa fünfzig Meter verschieben, die es zu seiner Rettung brauchte.

Eine Variante der Legende erzählt, ein junger Schmied aus Göschenen habe die Schöllenenschlucht begehbar gemacht (und den Pakt mit dem Teufel geschlossen). Doch ist nicht der Brückenbau eher etwas für Zimmerer und Maurer als für einen Schmied? Doch die Archäologie gibt der Legende recht. Das Problem in der Schöllenenschlucht war nicht so sehr der Bau einer Brücke. Der Wildbach ist nicht breit, und die Bergler beherrschten allenthalben die Kunst der steinernen Bogenbrücke. Die Gegend bietet noch andere Beispiele dafür, so jene Brücke mit dem ungemein eleganten Schwung zwischen der Schöllenenschlucht und Göschenen, ein Bauwerk des frühen 18. Jahrhunderts nach älteren Vorbildern, das leider Ende August 1987 vom Hochwasser der Reuß weggerissen wurde. Es brauchte dazu nur einige Kühnheit. Die eigentliche Schwierigkeit begann weiter unten, wo eine Felswand zu umgehen war. Forschungen des Archäologen Rudolf Laur-Bélard im Jahre 1924 haben nachgewiesen, dass dort ein Brettersteg auf Eichenbohlen knapp über dem Wasser verlief; doch statt auf Pfeilern oder Sockeln zu ruhen, war dieser Steg an Eisenringen aufgehängt, die oberhalb in der Felswand verankert waren. Bei Hochwasser riss die Reuß den Steg sicherlich oft mit, doch die Verankerung blieb erhalten, so dass die Instandsetzung bloße Routine war. Der technische Kunstgriff und seine Ausführung können also sehr wohl das Werk eines Schmieds sein.

Davon abgesehen, verlangte das Ganze eine Erfahrung und ein Geschick, wie es die Walser in hohem Maße besaßen. Dass sie im 13. Jahrhundert im Urserental waren, ist nachgewiesen. Ihre direkte Beteiligung am Bauwerk, das sie anscheinend nicht selbst nutzten, ist aber durch nichts belegt. Die Analogie zwischen dem Steg in der Schöllenenschlucht – er wurde später durch einen galerieartigen, in den Fels gehauenen Weg ersetzt (1303 erwähnt) – und den ebenfalls aufgehängten Walliser »Bissen« oder »Suonen« hat keine Beweiskraft.

Rätselraten um das Wann

Wie, mit welcher Technik das Hindernis überwunden wurde, können wir durch die Legende hindurch wenigstens erahnen. Wann das folgenträchtige Ereignis stattgefunden hat, lässt sich hingegen nicht einmal annähernd angeben. Das ist natürlich eine unerfreuliche Sache. Die Historiker mussten sich damit begnügen, Hinweise zu sammeln – einer indirekter als der andere – und aus ihnen eine Chronologie herauszulesen. An Hypothesen mangelt es nicht, sie verwirren uns aber nur zusätzlich, da sie für die Eröffnung des Gotthardpasses Jahreszahlen nennen, die bis zu eineinhalb Jahrhunderte auseinanderliegen. Das ist viel ...

Karl Meyer, der engagierte Verteidiger Wilhelm Tells, glaubt am weitesten zurückgehen zu können, bis ins beginnende 12. Jahrhundert. Er beruft sich auf die Herrschaftsrechte, die die Grafen von Lenzburg um 1150 sowohl in Uri als auch in der Leventina und im Bleniotal geltend machten. Die räumliche Verzettelung der durch die einzelnen Adelsgeschlechter ausgeübten Grundrechte war damals freilich eine allgemeine Erscheinung; nichts weist darauf hin, dass die Lenzburger versucht hätten, ihrem Herrschaftsgebiet eine geschlossene räumliche Struktur zu geben. Meyer verweist auch auf die 1237 entstandene schriftliche Abfassung älterer Gewohnheitsrechte, nach denen sich das Säumerwesen in der Leventina richtete. Doch diese konnte sich genauso gut auf den – nachweislich weit früher bestehenden – Warenverkehr über den Lukmanier beziehen, der ja ebenfalls durch die untere Leventina ging. Die Jahreszahl 1237 lässt vielmehr annehmen, dass jetzt, nach der Eröffnung des Gotthardpasses, der Verkehr stark anschwoll und es deshalb ratsam schien, die Gewohnheitsrechte genauer zu fassen und schriftlich niederzulegen.

Am anderen Extrem vertrat Ferdinand Güterbock seinerzeit ein sehr spätes Datum: Ende des 13. Jahrhunderts. Nach ihm ist das Ereignis genau zeitgleich mit der Erhebung der Waldstätte und dem Bund von 1291. Tatsächlich häufen sich erst in dieser Zeit die direkten und präzisen Belege dafür, dass der Gotthard eine Hauptverkehrsachse ist. Zum Beispiel gibt es jetzt die kaiserliche Zollstätte am Hafen von Flüelen. Aber es sprechen zu viele andere Indizien dafür, dass bereits in der ersten Hälfte des 13. Jahrhunderts reger Verkehr herrschte.

Es besteht kaum Hoffnung, dass die Eröffnung dieser Straße irgendwann genau datiert werden kann. Steht überhaupt fest, dass sie in einem Zuge errichtet wurde, sozusagen als Geniestreich eines Baumeisters – oder als Teufelswerk einer Nacht? Die Erbauer mussten sicherlich einiges ausprobieren, die Bauwerke nach und nach verbessern und vervollkommnen. Und als die Schlucht endlich begehbar war, kann es mehrere Jahre gedauert haben, bis Reisende und Kaufleute diese bequeme Route entdeckt hatten und sie regelmäßig benützten.

Im Sinne einer reinen Hypothese scheint mir die bereits 1900 von Aloys Schulte vorgebrachte approximative Datierung durchaus vernünftig. Die Arbeiten dieses deutschen Historikers über den Alpenverkehr im Mittelalter sind heute noch maßgeblich. Schulte zitiert den Abt Albert von Stade, einen Norddeutschen, der eine Wegbeschreibung seiner Pilgerfahrt nach Rom im Jahre 1236 gibt: *Wenn du es für gut findest, über den Berg Elvelinus, den die Lombarden Ursare [Urseren] nennen, zurückzukehren, so gehe von Rom ... nach Lowens [Lugano] ... Da fängt der Berg an und läuft bis Zonrage [Zürich?]. Von Lowens bis Bellenze [Bellinzona] ist es eine Tagesreise, von da drei Tagreisen bis nach Luzern mit dem See.* Es ist die erste gesicherte Erwähnung einer Reise über den Gotthard. Die kurze Reisezeit von nur drei Tagen, die für die Strecke zwischen Bellinzona und Luzern angegeben wird – sie bedeutet drei Tagesritte zu je 50 Kilometern – schließt den Umweg über den Bäzberg aus. Den Steg durch die Schöllenen muss es also schon vor 1236 gegeben haben.

Bestätigen dies nicht die politischen Spannungen, die just um diese Zeit plötzlich die beiden Zugangstäler zum Gotthard aus ihrem jahrhundertelangen Dornröschenschlaf herausreißen? Nachdem sie lange Zeit von den Mächtigen sowohl des Nordens als auch des Südens vernachlässigt oder schlicht übersehen wurden, ziehen jetzt die Täler der Reuß (Uri und Schwyz) und des Ticino (Leventina) urplötzlich die Aufmerksamkeit auf sich und lösen ein Gerangel um ihre Kontrolle aus.

Nördlich des Passes drängt die junge Dynastie der Habsburger in das Netz von Einflüssen, das die inzwischen von der Bildfläche verschwundenen Zähringer geknüpft haben. Sie benützt es, um in den Waldstätten Fuß zu fassen und die Gegend unter ihre Fittiche zu nehmen. Das bedeutet, dass es dort etwas zu holen gibt, wovon die früheren Generationen noch nichts wussten: die Kontrolle über eine Straße, Zolleinnahmen. Doch weder der Kaiser noch die Talgemeinschaften wollen darauf eingehen: Im Jahre 1231 gewährt – oder vielmehr verkauft zu einem guten Preis – Friedrich II. den wohlhabenden Urnern das Privileg der Reichsunmittelbarkeit. Er entzieht damit das Tal dem Zugriff des habsburgischen Fürsten. Solche Schachzüge ergäben keinen Sinn, wäre die Gegend nicht wirtschaftlich und strategisch plötzlich aufgewertet worden. Im Süden entbrennt zwischen Como und Mailand eine Rivalität, die ebenfalls von einer veränderten Geographie der Verkehrsverbindungen zeugt. Die Bischöfe dieser beiden Städte und die Zünfte der Kaufleute streiten sich auf einmal erbittert um Bellinzona und dessen Burg, die den Zugang zur Leventina versperrt. Zwischen 1129 und 1242 gibt es eine Reihe von Kämpfen und komplizierten Verhandlungen, in die sich der gemeinsame Gegner der lombardischen Städte, Kaiser Friedrich II., einmischt, der selbst die Kontrolle über die Südrampe erlangen will, nachdem er die Nordrampe durch das Urner Privileg bereits seit 1231 kontrolliert. Schließlich gewinnt aber 1242 doch die große Handelsmetropole Mailand die Oberhand in der Leventina. Und ihr *Podestà* (kaiserlicher Statthalter) kann an den päpstlichen Legaten schreiben, dass die Einnahme der Feste von Bellinzona in diesem Jahr *uns den Weg nach Frankreich und nach Deutschland öffnet und unseren Feinden verschließt.* Mit diesem Weg kann nur der Gotthard gemeint sein.

Es gibt noch Hinweise anderer Art. So die Vervielfachung der Zollstätten auf den Straßen, die vom Norden her zum Gotthard führen: Saint-Amarin in den Vogesen (1128), Reiden bei Zofingen (auf dem *caminus Basle,* dem Weg von Luzern nach Basel, 1240), sowie Freudenau an der Aare, knapp unterhalb der Einmündungen von Reuß und Limmat (1251). Die den Habsburgern gehörende Zollstelle von Reiden ist von allen Hinweisen der stichhaltigste: Außer dem Lokalverkehr, der niemals eine Zollstelle von dieser Größe gerechtfertigt hätte, durchquerte den Ort nur der Gotthardverkehr, der von hier aus dem großen Knotenpunkt Basel zustrebte.

Aus all dem leitet Schulte den vielleicht etwas zu engen Zeitraum von 1218 bis 1225 für die Eröffnung des Gotthardpasses ab. Die besten Historiker, die sich mit der Frage befasst haben – Laur-Bélard, Charles Gilliard, Gottfried Boesch – schließen sich ihm an. Ein Gran vorsichtiger, möchten auch wir eine Zeitspanne von etwa 15 Jahren annehmen: 1215–1230. Allzu weit von der Wahrheit können wir damit nicht entfernt sein. Denn ab dieser Zeit gibt es wirklich Anzeichen für eine regelmäßige Benutzung der Route und einen schnell zunehmenden Verkehr.

Übrigens entsteht auch vor der Jahrhundertmitte auf der Passhöhe ein erstes Hospiz nach dem Beispiel des Bernhard von Aosta. Es wird – man weiß nicht genau, warum – einem Benediktiner geweiht, der zweihundert Jahre zuvor Bischof von Hildesheim war und 1038 starb: Sankt Godehard oder Gotthard. Wie häufig der Fall, übertrug das Hospiz seinen Heiligennamen auf den Pass und die ganze Straße. Die alten Namen gerieten in Vergessenheit: *Mons Elvelinus (Evelinus, Evel)* oder »Ursernberg« für den Berg und »Tremola« für den Pass.

Die Frage nach dem Erbauer

Es bleibt die Frage, wer diese Erschließung betrieben haben mag, die sich für Handel und Politik als so folgenträchtig erwies. Die handwerkliche Arbeit wurde eindeutig von den Talleuten ausgeführt. Dass irgendwelche auswärtigen Bauleute unter Vertrag genommen worden wären, ist auszuschließen. Doch in wessen, auf wessen Anregung oder Anweisung haben sie gearbeitet, und auf wessen Kosten? Hinter dem legendären Schmied von Göschenen erscheinen drei Anwärter.

Erster Anwärter, vom deutschen Historiker Heinrich Büttner präsentiert, ist Berthold v., der letzte Herzog von Zähringen, und zwar um 1200 oder kurz danach, denn er stirbt kinderlos im Jahre 1218. Erinnern wir uns: Friedrich Barbarossa hatte 1189 den Zähringern die Privilegien und Rechte entzogen, die diese in der Westschweiz besaßen; damit hatte er ihnen auch die Aufsicht über den Großen Sankt Bernhard weggenommen. Über die Köpfe der Grafen von Savoyen und der mit ihnen rivalisierenden Bischöfe von Sion hinweg hatte sich der Kaiser die Kontrolle über die wichtigste Verbindung zwischen Italien und dem nördlichen Europa selbst vorbehalten. Den zurückgesetzten Zähringern blieb nichts anderes übrig, als sich auf ihre Besitzungen und Privilegien in der Nord- und Zentralschweiz zu besinnen.

Um den im Westen verlorenen strategischen Vorteil (samt Zolleinnahmen) wettzumachen, sollen die Zähringer zunächst an eine politische Unterstützung der Route über den Grimsel (2165, im Quellgebiet der Aare) gedacht haben, die über den Gries (2479) nach Domodossola und von hier in die Lombardei fortzuführen gewesen wäre. Dieser schwierige Übergang wäre vor allem ihrer Neugründung Bern zugutegekommen. Doch die Route war völlig unrealistisch: Sie hätte eine sehr weite Reise bedeutet, mit zwei sehr steilen Pässen hintereinander. Überdies verlief sie quer zu den Achsen, die einen regen Handel erwarten ließen. Einmal überzeugt von der Unmöglichkeit des Vorhabens, soll Berthold V. sich dann für den Gotthard interessiert und den Stegbau in der Schlucht veranlasst haben.

Die Hypothese hat ihren Reiz. Doch es gibt keinen einzigen Text, der auch nur den Ansatz eines Beweises liefern würde. Die Zähringer hatten in Uri großzügig über kaiserliche Güter verfügt und damit Vasallen und Ministeriale beschenkt. Doch sie selbst zeigten nie irgendein ernsthaftes Interesse an dem unwirtlichen Land. Eine konsequente Wegepolitik hätte aber eine entschiedenere Einflussnahme auf die Gegend erfordert (die Habsburger werden sie bald anstreben). Meines Erachtens wird hier also zu viel an politischem Verstand und strategischem Instinkt bei diesen Feudalherren vorausgesetzt, deren tatsächlicher Einfluss vor Ort so gut wie null war. Es ist nicht auszuschließen, dass die Zähringer der Sache interessiert und wohlwollend gegenüberstanden. Das gilt noch mehr für den kleinen Adel, den sie in Uri angesiedelt oder mit Land begabt hatten – zum Beispiel die Attinghausen, die sicherlich an der neuen Straße ein persönliches und unmittelbares Interesse hatten, um ihr Vieh zu exportieren. Es erscheint mir gleichwohl reichlich gewagt, ihnen deswegen das alleinige Verdienst zuzuschreiben.

Zweiter Anwärter ist eine Gruppe: die Kaufleute von Como und Mailand. Haben sie nicht das offensichtlichste Interesse an einem direkten und bequemen Verbindungsweg in die Länder nördlich der Alpen? In der Tat sind sie bei der Nutzung der neuen Möglichkeit früher zur Stelle als ihre deutschen Berufsgenossen. Wir haben soeben gesehen, mit welcher Heftigkeit sie aneinandergeraten sind, als es um die Kontrolle über die Leventina und um die vorteilhaftesten Zugangsbedingungen zum Gotthard ging, und wie sich Mailand schließlich mit der Eroberung von Bellinzona durchgesetzt hat.

Doch wäre ein regelrechter Auftrag zur Überwindung der Schöllenenschlucht und zum Ausbau der Straße nicht schriftlich in Vertragsform niedergelegt worden, und hätte man nicht mit Vereinbarungen Bau und Unterhalt geregelt? Die Mailänder hätten ihr finanzielles Engagement sicherlich genau umreißen, die Zuständigkeiten zwischen sich und den Anliegern der Straße festlegen wollen, so wie sie es fünfzig Jahre später beim Simplon taten. Ihr dortiges Engagement ist in allen Einzelheiten dokumentiert. Für den Gotthard ist kein einziger solcher Text aufgetaucht. Dass die Handelsherren von Mailand und Como, auch *universitates* und Handelszünfte aus anderen lombardischen, eventuell sogar schwäbischen Städten, gewissermaßen eine Lobby gebildet und lebhaftes Interesse dem Unternehmen gegenüber gezeigt haben, steht wohl außer Zweifel. Doch sie agieren, wie mir scheint, im Hintergrund.

Bleibt als letzte, ebenfalls kollektive Anwartschaft die der ansässigen Bauern, der Bewohner des unteren Reußtales, des eigentlichen Landes Uri. Vielleicht auch die der abgeschnittenen Bewohner des Urserentals, die sicherlich an einer leichten Verbindung ins Untertal interessiert waren. Ich möchte indessen nicht für die Letzteren votieren (im Gegensatz zu ihrem verdienten Historiker, dem Benediktinerpater Iso Müller). Sie sind um 1200 noch sehr wenige, erst die Straße wird ihr Tal beleben und bevölkern; und sie haben nicht diesen mächtigen Anreiz, wie ihn die Nachbarn im unteren Tal haben. Die Legenden, wenn sie denn eine brauchbare Information enthalten, reden von der Gesamtheit der Talleute unterhalb der Schöllenenschlucht. Es gibt zwar keinen einzigen Quellenhinweis für einen Anteil der Bewohner am Werk, weder für die Leute des oberen noch für die des unteren Tals. Doch so misstrauisch uns das Fehlen schriftlicher Vereinbarungen machen muss, wenn es sich um adlige Herren oder Kaufleute handelt, so normal ist es bei Bauern; sie empfinden noch keinerlei Bedürfnis, unter sich getroffene Abmachungen schriftlich festzuhalten – sie könnten es auch gar nicht.

Das Bauwerk entstand ja schließlich bei ihnen, und auswärtige Unterstützung war mitnichten erforderlich. Die Urner besaßen alles, was es brauchte: das zu investierende Kapital (es ist kaum der Rede wert), die Arbeitskräfte mit der erforderlichen langen Baupraxis im Gebirge, das Know-how und das Material. Und die Motivation war da. Niemand hatte ein größeres Interesse als sie, einen Weg zu bauen, auf dem man Vieh, Fleisch, Häute, Butter und Käse unter bestmöglichen Bedingungen exportieren konnte, südwärts wie nordwärts, und auf dem sich die Güter einführen ließen, die ihnen fehlten. Unter Letzteren war mit Sicherheit erstrangig das Salz. Nun waren aber die Zentralalpen im 13. Jahrhundert für den laufenden Bedarf ausschließlich auf das Salz aus dem Mittelmeer angewiesen. Für die Viehzüchter in Uri, in Schwyz, im Wallis und anderswo war es also enorm wichtig, möglichst praktikable Salzstraßen zu schaffen, auf denen sie diesen schwergewichtigen und kostbaren Stoff heranführen konnten.

Hinzu kam, dass die Urner auf den Messen der Lombardei, die sie seit einigen Generationen besuchten, erfahren hatten, wie sehr den Kaufleuten an einem direkten Alpenübergang gelegen war. Sie wussten also, dass sie, wenn sie diese Straße bauten, einen lebhaften Durchgangsverkehr und ansehnliche Einkünfte daraus erwarten konnten. Sie sollten sich nicht täuschen.

Mangels direkterer Beweise glaube ich also, dem Hirtenvolk der Urner das Verdienst zuerkennen zu dürfen, um 1220 oder wenig später die bislang unpassierbare Schöllenenschlucht begehbar gemacht zu haben, und damit gleichzeitig den Gotthardweg insgesamt, der sehr schnell zur transalpinen Hauptverkehrsader, zur großen europäischen Handelsstraße wurde. Vielleicht halfen ihnen die Leute aus dem Urserental oder die Walser. Vielleicht auch die Leute von Schwyz und – warum nicht – sogar die Mönche von Einsiedeln, die sich ebenfalls einen Nutzen versprechen mochten. Wahrscheinlich bestand ein gewisser Druck von Seiten der Handelsmetropolen. Und das Unternehmen mag den Segen der Zähringer oder anderer Herrscherhäuser gehabt haben, die in dieser Alpenregion in irgendeiner Weise präsent waren.

Was der Gotthard bewirkt

Die »Erfindung« des Gotthardpasses zeitigte sehr schnell Folgen. Wie sie sich in wirtschaftlicher, kultureller und politischer Hinsicht auswirkte, können wir jedoch erst im längeren Zeitraum ermessen.

Wirtschaftlich wirkt sie sich insofern aus, als sich nördlich der Alpen die Handelsgeographie verändert und die Schwerpunkte der gewerblichen Produktion und des Reichtums verlagern. Nicht nur die nördliche Schweiz, sondern auch das südliche Deutschland bis nach Nürnberg und Frankfurt und schließlich das ganze Rheintal bis zum Meer erhalten durch den Gotthardpass neue Impulse. Diese Regionen sind fortan für ihren Handel mit Italien und dem Mittelmeergebiet nicht mehr auf den Umweg über die Messen der Champagne oder die Pässe in den Westalpen angewiesen. Sie werden selbständiger – und wohlhabender. Die Messen der Champagne bekommen es zu spüren; etwa um 1300 setzt ihr rascher Niedergang ein. Andere – politische – Ursachen haben dazu beigetragen. Den Ausschlag gibt aber, dass sich eine europäische Haupthandelsachse ostwärts verschiebt. Südlich der Alpen profitieren die Lombardei, Venedig und Florenz ebenfalls von den Märkten, die der Gotthard eröffnet oder leichter zugänglich gemacht hat. Insgesamt kommt dieser neue Pass genau richtig oder fast ein wenig spät, um einen Handelsbedarf einer wachsenden Bevölkerung zu decken, die ihren Lebensstandard und ihre Aktivitäten aufrechterhalten will. Die neue Straße tritt nicht an die Stelle der alten, so wenig wie die um 1300 eröffnete Straße von Gibraltar. Sie tritt vielmehr ergänzend hinzu, um mehr Waren zirkulieren zu lassen und das Netz der europäischen Verkehrswege zu erweitern.

Auf lokaler Ebene, das heißt in den uns beschäftigenden Waldstätten, ermöglicht der Gotthardpass wie gesagt ein ungemein gewinnträchtiges Export- und Importgeschäft. Er bringt mit dem durchziehenden Verkehr Leben in die Gegend, und die Anlieger beziehen aus ihm erhebliche Einkünfte, indem sie als Säumer, Führer und Gastwirte tätig werden, Pferde stellen, Verpflegung für Reisende und Saumtiere verkaufen. Er ist ein wahres Füllhorn für alle; selbst die kleinsten Bauern können etwas von seinem Segen erfahren. Das konnte zum mächtigen Ansporn werden, das System der kollektiven Selbstverwaltung um jeden Preis bewahren zu wollen. Es musste aber auch unweigerlich zu gesellschaftlichen Veränderungen führen, zu einem Wandel der Mentalitäten, zu inneren Spannungen, die sich in der Umwelt Wilhelm Tells auch auswirken werden.

Die Zentralalpen sind nun keine Sackgasse mehr, die Waldstätte sind an den großen Verkehr angebunden. Das Tor nach Italien und der Strom der Durchreisenden lassen den bisher auf die engen Talwände beschränkten Horizont weit aufgehen. Ein beredtes Beispiel: Zwei von J.-C. Hocquet aufgefundene venezianische Verträge vereinbaren Lieferungen von Viehsalz in die Waldstätte (und ins Wallis). Das Salz kommt aus den Salinen von Ra's al-Makhbaz (Lybien) und Djerba (Tunesien). Wilhelm Tells Kühe bekommen Futter aus Afrika ...

Die politischen Auswirkungen des neuen Passes sind nicht geringer als die wirtschaftlichen. Einiges konnten wir schon erahnen. Wir müssen uns eingehender damit befassen. Dieser Gotthard wird eine herausragende Rolle spielen bei den Ereignissen, die Wilhelm Tell und die drei Eidgenossen auftreten lassen. Es ist keine Übertreibung zu behaupten, dass die Eidgenossenschaft dem Gotthardpass ihre Existenz und ihr Selbstbewusstsein verdankt. Um ihn herum kristallisiert sich das Bündnis wie Kandiszucker um den Stab.

10
Friedrich II. und die Waldstätte

Die kaiserlichen Clans

Im Jahre 1218 stirbt der letzte Zähringer. 1231 handelt sich Uri das Privileg der Reichsunmittelbarkeit aus, das heißt, dass es innerhalb des Reichs völlig autonom wird. Was hat sich in diesem kurzen Zeitraum abgespielt? Welche Begehrlichkeiten hat das Aussterben der mächtigsten Dynastie zwischen Rhein und Rhone geweckt? Welche Kämpfe um Macht und Einfluss mögen in so kurzem Zeitraum zur Vereinbarung zwischen den Hirten vom Gotthard und ihrem weit entfernt residierenden Kaiser geführt haben? Um die Frage zu beantworten, müssen wir ein wenig zurückblenden.

Im vorangegangenen Jahrhundert hatten die alten feudalen Rivalitäten innerhalb des deutschen Adels zur Bildung von politischen Parteien geführt; eigentlich waren es eher Clans, denn sie gruppierten sich um die wenigen für die Königswahl in Frage kommenden Fürstengeschlechter. Über die stärkste Anhängerschaft – man könnte auch »Lobby« sagen – verfügten die Staufer (in Schwaben) und die Welfen (in Bayern und im nördlichen Deutschland). Die Gegnerschaft zwischen diesen

Clans mochte auf Ideologien beruhen, die von den jeweiligen Fürsten oder ihren Hofgeistlichen mehr oder weniger explizit formuliert wurden. Nach außen gesehen waren es gegensätzliche Auffassungen vom Verhältnis zwischen Reich und Kirche, von der Kirchenreform oder vom Verständnis von königlicher, feudalherrlicher oder kirchlicher Macht überhaupt. In Wirklichkeit ging es um die Macht schlechthin und mit ihr um Prestige, Reichtum, Sicherheit.

Kaiser Friedrich I. Barbarossa aus dem Hause Schwaben war eine ungewöhnlich lange Regentschaft beschieden: von der Krönung im Jahre 1152 bis 1189, dem Jahr seines Aufbruchs zum Kreuzzug, von dem er nicht wiederkehrte. Er ragte in seiner Zeit aber auch durch seine politische Intelligenz heraus. Er vermochte die Gegensätze zwischen seinen Vasallen niederzuhalten und der Krone einen Teil der Macht zurückzugeben, die jene an sich gerissen hatten. Er schuf den »großen Entwurf« eines kaiserlichen Staatsgebildes, das stark genug war, um in allen seinen Ländern, von Friesland bis Sizilien, Frieden herrschen zu lassen. Sein Hauptziel war, eine dem Wohlstand gedeihliche Ordnung zu schaffen: eine notfalls mit Gewalt durchgesetzte, doch durch Naturrecht und positives Recht legitimierte Ordnung. In gewisser Hinsicht kam dieser Politik das Aussterben einiger der unbequemsten Adelsgeschlechter zustatten. Die längerlebigen Dynastien, unter ihnen noch die Zähringer, entwickelten dafür einen umso ausgeprägteren Machthunger. Friedrich I. konnte auch problemlos seine Nachfolge regeln: Sein Sohn Heinrich war bereits König von Sizilien und wurde 1191, nur wenige Monate nach dem Ableben des Vaters, zum Kaiser gekrönt. Doch Heinrich VI. war nur eine kurze Zeitspanne vergönnt, und bei seinem frühen Tod im Jahre 1197 war sein Sohn zu jung, um sich um die Nachfolge bewerben zu können. Die Hoffnung der Staufer auf ein Erbkönigtum war dahin, und damit geriet das ganze von Barbarossa errichtete Gebäude einer neuen Staatsordnung ins Wanken. Dieser Bruch der Kontinuität ließ im deutschen Hochadel sogleich die alten, nie ganz erloschenen Konflikte wieder auflodern; einige bislang eher im Schatten der Mächtigen verbliebene Geschlechter ließen sich zu hochfliegenden Plänen hinreißen.

Die Kurfürsten konnten sich denn auch nicht auf einen Kandidaten für die Kronfolge einigen. Der Clan der Staufer schickte Barbarossas zweiten Sohn, Herzog Philipp von Schwaben, ins Rennen; er hatte die moralische Unterstützung des französischen Königs Philipp August. Im anderen Lager unterstützte Richard Löwenherz aus dem Hause Plantagenêt mit seinem Gold die Anhänger des welfischen Lagers und die Kandidatur Ottos von Braunschweig. Zwar hatte dieser in Deutschland keine ausgedehnte Hausmacht, doch er war auch Graf von Poitou und als solcher unmittelbarer Lehnsnehmer des englischen Königs. Die Kaiserwahl erhielt damit internationale Dimensionen, und die Alpen gerieten in das Spannungsfeld zwischen England und Frankreich. Hoch über dem kleinen Lande Tells begannen sich seltsame europaweite Strategien abzuzeichnen.

Da keine Einigung zustande kam, hielt man nach einem Kompromisskandidaten Ausschau. Eine Weile war auch der Name Bertholds v. von Zähringen im Gespräch. War Berthold sich nicht sicher genug, ob er die erforderlichen Stimmen – die er wohl hätte kaufen müssen – auf sich vereinigen würde? Oder schreckte er vor der Bürde des ihm angetragenen Amts zurück? Der letzte Zähringer war nicht eben der erleuchtetste und überzeugendste Vertreter dieses Geschlechts, dessen Ambitionen eher feudaler als politischer Natur waren. Jedenfalls stellte er sich, obwohl die Welfenpartei mit ihm Fühlung aufgenommen hatte, schließlich hinter den staufischen Kandidaten ... Er war wohl der Ansicht (was in seiner durch und durch feudalen Sicht der Dinge nicht einer gewissen Klugheit entriet), dass ihm die Unterordnung unter den nahen und hochangesehenen Nachbarn mehr Vorteile brächte als eine Krone, von der er vielleicht nicht so ganz wusste, wie sie ihm angestanden hätte. In der Tat wurde sein Verzicht zugunsten von Philipp von Schwaben mit der Vogtei von Schaffhausen belohnt, die seine Rechte in der Ostschweiz glücklich abrundete.

So führte die Königswahl von 1198 vollends in die Sackgasse: Beide Kandidaten wurden von ihren jeweiligen Clans erkoren und gekrönt. In jahrelangen zermürbenden Kämpfen versuchte jeder, den anderen niederzuringen, in Italien wie in Deutschland. Der Staat und die konkrete Aufgabe seiner Verwaltung rückten weit in den Hintergrund, während die feudalen Rivalitäten sich wieder ungehindert austoben konnten. Philipp von Schwaben verschwand als Erster; er wurde 1208 vom abgewiesenen und verbitterten Verlobten seiner Tochter, einem bayerischen Wittelsbacher, ermordet. Doch dem alleine im Rennen gebliebenen Otto IV., der 1209 die Kaiserwürde erlangt hatte, stellte sich sogleich ein anderer Staufer in den Weg: Es war der Enkel Friedrich Barbarossas, der 1198 zu jung gewesen, inzwischen aber mündig geworden war und bereits als König von Sizilien fest auf einem Thron saß. Er wusste Papst Innozenz III. auf seiner Seite, besaß ein feines strategisches Gespür und hatte natürlich den Clan seiner Familie hinter sich, dem sich die deutschen Fürsten einer nach dem anderen anschlossen, als sie merkten, dass sich die Gewichte bald neu verteilen würden.

Friedrich II. betritt im Sommer 1212 (mit 18 Jahren) zum ersten Mal in seinem Leben deutschen Boden, und schon im Dezember lässt er sich zum König wählen. Deutschland hat von neuem zwei Herren, doch diesmal ist Otto IV. kein ernsthafter Gegner mehr angesichts des Prestiges und der Intelligenz des jungen Stauferkönigs, der zudem von einer ganz neuen Machtkonstellation profitiert. Otto IV. wendet sich an seinen Schirmherrn, den englischen König, doch dieser zeigt keinerlei Neigung, ihm in Deutschland zu helfen; er schickt ihn vielmehr gegen den französischen König ins Feld. Am 27. Juli 1214 wird Otto IV. von Philipp August in der berühmten Schlacht bei Bouvines vernichtend geschlagen. Er entkommt zwar, doch er lässt seinen letzten Rest an Autorität und Anhang auf dem Schlachtfeld zurück ... Friedrich II. ist nun Alleinherrscher. Er erreicht, dass schon 1220 sein noch ganz junger Sohn Heinrich VII. zum künftigen Thronfolger erkoren wird, und er setzt ihn in Deutschland als seinen Stellvertreter, sozusagen als Regenten ein. Er selbst lässt sich in Rom auf der Durchreise zum Kaiser krönen und kehrt dann in sein Königreich Süditalien zurück, das seine eigentliche Heimat ist. Dem Süden, der italienischen Halbinsel, wird er auch seine hauptsächliche Sorge zuwenden, und hier wird er sich bis zu seinem Tod im Jahre 1250 fast ständig aufhalten. Gleichwohl verliert er das ferne Deutschland nicht aus den Augen, und er ist vor allem darauf bedacht, dass sich die beiden so verschiedenen Reiche ergänzen. Noch mehr als sein Großvater Barbarossa hat er ein waches Gespür für seine kaiserliche Mission als Oberhaupt der Reichsgebiete, die für ihn Staaten sind und nicht bloß Konglomerate von Besitzungen, Lehen und Gemeinwesen unterschiedlichster Art. Der deutsche Adel beharrt natürlich auf seinen angestammten Rechten, über die sich der Kaiser nicht hinwegsetzen kann. Dieser lernt jedoch, sich ihrer zu bedienen im Interesse dieses Überstaates, des Reichs, dem er nun konkrete Gestalt geben will. Gegenüber einem Hochadel, dessen Dynastien immer wieder erlöschen, beruft er sich auf die Überzeitlichkeit der Kaiserkrone. Verwaiste Lehen verteilt er geschickt neu. Wenn immer sich die Gelegenheit bietet, zieht er das Hochgericht über seine Untertanen an sich oder lässt es von seinen Beamten ausüben – eine der wirksamsten Möglichkeiten, Souveränität zu demonstrieren. Und mit viel Umsicht wählt er die loyalsten Vasallen aus, wenn er Kompetenzen zu delegieren hat, die er in einem so riesigen und vielgestalten Reich nicht selbst wahrnehmen kann.

Dieses Konzept einer zentralistischen, sich auf Beamte stützenden kaiserlichen Macht setzt voraus, dass die stets gefährdeten Nahtstellen zwischen dem deutschen und dem italienischen Teil des Reichs sorgsam unter Kontrolle behalten werden; die Verbindungen zwischen den beiden Reichen müssen ständig zur Verfügung stehen und dürfen nicht der Gefahr von Unterbrechungen oder Eingriffen ausgesetzt sein. Die Alpen und ihre Pässe stehen deshalb im Zentrum der Vorsorge. Schon Barbarossa hatte sich aus genau demselben Grund die Aufsicht selbst vorbehalten oder der Treue der Herren vergewissert, die diese Aufsicht ausübten. Er hatte, als der Lehnsträger erbenlos starb, die Schirmvogtei über das Bistum Chur mit dem Zugang zu den Pässen Graubündens an die Krone zurückgehen lassen. Am südlichen Zugang zu diesen Pässen hatte er Chiavenna seinem angestammten Herzogtum Schwaben einverleibt. Das großzügig mit Gütern in Norditalien beschenkte Kloster Disentis wachte über den Lukmanier, den er selbst mehrfach benützte. Andere ihm ergebene Adelige im Bleniotal und im Misox sicherten für ihn die Passzugänge im Tessin. Im Westen verstand er geschickt die Rivalitäten im Genferseegebiet auszunützen und sowohl die Savoyer als auch die Zähringer vom Großen Sankt Bernhard fernzuhalten. Ganz im Osten schließlich war er Herr über den Brenner. Friedrich II. schickt sich nun an, es ihm gleichzutun.

Die Eröffnung des Gotthardpasses fällt, wie wir gesehen haben, genau in die erste Zeit der Regentschaft Friedrichs II., als dieser seine Passpolitik konsolidiert. Es deutet indessen nichts darauf hin, dass der Kaiser irgendeinen, selbst bescheidenen Anteil an der Schaffung des neuen Passes hätte. Er hat kein Interesse an ihm. Der Große Sankt Bernhard im Westen und vor allem die Übergänge in Graubünden genügen für seine strategischen Bedürfnisse. Die neue Straße ist sicherlich ein Gewinn für seine Untertanen, doch sie nützt auch den norditalienischen Stadtrepubliken, Mailand vor allem, und diese empfindet er als ständige Bedrohung. Im Grunde ist der Gotthardweg eher störend, doch da er nun einmal besteht, ist es besser, man bedient sich seiner. Vor allem gilt es zu verhindern, dass er seiner möglichst direkten kaiserlichen Aufsicht entgleitet. Friedrich II. hätte diese Aufsicht wohl gerne den treuergebenen Zähringern anvertraut. Doch sie sterben leider gerade zu dem Zeitpunkt aus, als der Gotthard und seine Zugangstäler aus dem Dunkel der Geschichte heraustreten, in dem sie so lange vergessen worden sind. Diese herrenlose Region wird auf einmal interessant und weckt Gelüste. Ließe sie sich nicht zu einer guten politischen Basis ausbauen? Einträglich wäre sie obendrein ...

Eine Dynastie steigt auf

Das 1218 verwaiste Erbe der Herzöge von Zähringen war beträchtlich. Die erloschene Dynastie hinterließ einerseits ihre zwar verstreuten, doch sehr zahlreichen Erblande im Mittelland zwischen Saane und Rhein und in Schwaben; sie schlossen die Städte Fribourg, Thun und Burgdorf ein, dazu ein konzentrierteres Gebiet in der ziemlich bergigen Gegend zwischen Zürichsee und Bodensee. Andererseits hatten die Zähringer im Namen des Kaisers verschiedene Schirmherrschaften und Vogteien inne: Neben etlichen Klöstern nebst Besitzungen gehörten dazu die Reichsstädte Bern (eine Gründung ihres Geschlechts) und Zürich, außerdem diverse selbständige Landgemeinden wie das Haslital am oberen Aarelauf – und eben Uri, das der Verwaltung durch die kaiserliche Vogtei Zürich unterstand. Es war ein ganzes Geflecht von Besitzungen, Rechten und Einflusssphären, das insgesamt fast ein kleines Königreich innerhalb des deutschen Reiches ausmachte. Wobei allerdings nie ein Zähringer auf den Gedanken gekommen war, es zu einem geschlossenen Staatswesen zu gestalten, wie es die Nachbarn im Südwesten, die Savoyer, taten.

Die Erblande Bertholds V., des letzten Herzogs, gingen natürlich an seine nächsten Verwandten, seine beiden Schwager. Der eine erhielt die schwäbischen Ländereien, der andere, der Graf von Kyburg, die schweizerischen. Die reiche Erbschaft versetzte diesen Kyburger in die Lage, sich selbst in das Netz von Machtstellungen hineinzudrängen, das die Zähringer einst geknüpft hatten. Er hatte keine glückliche Hand dabei. Und er starb seinerseits kinderlos im Jahre 1264.

Kaiser Friedrich II. hatte im Übrigen darauf geachtet, dass sich am Nordrand der Alpen keine Feudalmacht zusammenballte, die möglicherweise gefährlich werden konnte. Er hatte wohlweislich nicht sämtliche kaiserlichen Rechte, die in den Händen der Zähringer gewesen waren, auf die Kyburger übertragen, sondern sie auf mehrere Adelsgeschlechter der Region verteilt, die alle in seinen Augen nicht so bedeutend waren, als dass sie zu einflussreich hätten werden können. In die Vogtei Zürichs – ohne die Stadt – teilten sich mehrere lokale Dynastien, die einst Vasallen der Zähringer gewesen waren und nun unmittelbar dem Kaiser die Treue schuldeten. Zürich, Bern und einige andere Städte, ebenso das Haslital, fielen an die Krone zurück, was bedeutete, dass sie praktisch sich selbst überlassen waren und vom eingesessenen Landadel, reichen Bürgern oder wohlhabenden Bauern regiert wurden. Uri wurde nun endlich aus dem Zürcher Zuständigkeitsgebiet herausgelöst und als kaiserliche Vogtei konstituiert. Als solche wurde das Land einem anderen örtlichen Adelsgeschlecht anvertraut, das seit Generationen den Staufern die Treue gehalten hatte: die Grafen von Habsburg. Um 1220 gerieten also die Waldstätte in den Einflussbereich dieser Dynastie, der gegenüber sie noch ein sehr berechtigtes Misstrauen entwickeln sollten.

Einstweilen deutete nichts auf die späteren gespannten Beziehungen hin. Diese Habsburger waren noch ziemlich kleine Herren, und nichts unterschied sie von den anderen staufischen Vasallen in der Schweiz. Was sie vom reichen Erbe der Zähringer als Lehen erhalten hatten, war lediglich eine Vogtei, eine im Namen des Kaisers ausgeübte Verwaltung, keineswegs eine Grundherrschaft im Vollbesitz. Und sie bestand auch noch in diesem uninteressanten, weltfernen Tal, das Uri damals noch war oder zu sein schien. Der Gotthardpass war vermutlich noch nicht eröffnet; vielleicht war er im Bau, doch seine Bedeutung ließ sich noch nicht absehen. Die Habsburger schienen vom großen Mahl nur Brosamen abbekommen zu haben. Sie schickten sich an, das denkbar Beste daraus zu machen.

Die Habsburger stammten von einem Grafengeschlecht in jenem Lotharingien ab, das in der kurzen Zeit seines Bestehens eine beeindruckende Anzahl von Adelsgeschlechtern mit großer Zukunft hervorgebracht hatte. Der Umstand, dass im lotharingischen Niemandsland lange Zeit keine wirkliche königliche Autorität bestand, mag das Selbstbewusstsein der dortigen Provinzherren gestärkt haben. Um die Jahrtausendwende besaßen die Habsburger zwar auch einige Ländereien im Elsass und in Schwaben, ihr Hauptbesitz lag aber am Zusammenfluss von Aare und Reuß im Aargau. Jedenfalls residierten sie ab dieser Zeit hier, nahe der Römerstadt Vindonissa und am Aareübergang der Straße von Basel nach Zürich, die vom Rheinland und von Flandern her über die Graubündner Pässe nach Italien führte. Zu Beginn des 11. Jahrhunderts stand Graf Radbot zusammen mit seinem Vetter Werner, dem Bischof von Straßburg, in kaiserlichem Dienst, und er nutzte diese Position zum Erwerb neuer Lehen und zur Abrundung des aargauischen Besitzes. Vielleicht war es dieser Radbot, der um 1025 als Wohnsitz den Weiler Habicht erwählte, der zuäußerst auf dem Grat eines von der Aare unterbrochenen Höhenzugs liegt. Er ließ dort eine Burg bauen, die heute noch besteht: ein plumper Klotz, den die Touristen links liegenlassen, weil es in der Schweiz Dutzende von weit sehenswerteren Burgen gibt. Sie zeugt vom bescheidenen Besitzstand ihrer damaligen Bewohner, die natürlich vornehmere Residenzen bezogen, nachdem sie österreichische Herzogs- oder gar Kaiserwürden erlangt hatten. Im 11. Jahrhundert galt aber noch nicht der Kaiseradler, sondern der Habicht, und die Burgherren benannten sich, wie es beim kleinen Adel Sitte war, nach ihrem Wohnsitz: Habichtsburg, was zu Habsburg verkürzt wurde.

Die Grafen bewährten sich im 12. Jahrhundert als ergebene Vasallen der Staufer und nahmen an deren Feldzügen in Italien teil. Das Glück blieb ihnen treu, weil sie vorsichtig waren. Aus den gefährlichsten Abenteuern ihres Lehnsherrn hielten sie sich heraus, im Gegensatz zu so vielen anderen Geschlechtern, die im Kampf, auf der Reise oder bei Epidemien erloschen. Würdevoll, doch systematisch übernahmen sie Erbteile erloschener Nachbarfamilien. Ihr Einfluss wuchs mit ihrem Besitz. Er erstreckte sich nun entlang der Reuß bis in die Gegend von Luzern, also zu den Bergen hin, die sie am fernen Horizont erblickten. Die Habsburger beugten sich der frommen Mode und beteiligten sich an der Gründung und Begabung des Benediktinerklosters von Muri. Anfang des 13. Jahrhunderts waren sie schon so reich, dass Graf Rudolf der Ältere dem jungen Friedrich II., der den Herzog von Lothringen mit Geld auf seine Seite ziehen wollte, ein Darlehen von 1000 Mark Silber gewähren konnte. War die Urner Vogtei, die ihnen nun zugeteilt wurde, das Pfand für diesen Kredit? Im Frühjahr 1218, als der letzte Zähringer starb und man fieberhaft über seine Nachfolge verhandelte, wurde dem jungen Grafen Albrecht von seiner Frau Hedwig, einer Kyburgerin, ein Sohn geboren: Es war der spätere Graf Rudolf IV., der als Rudolf I. römischer, das heißt deutscher König wurde. Seine Regierung und vor allem sein Tod im Jahre 1291 sollten die Ereignisse auslösen, mit denen die Taten Wilhelm Tells und der drei Eidgenossen verknüpft werden.

Luzern und das Erwachen der Waldstätte
Das Jahr 1218 bedeutet also den Anschluss der Waldstätte an die große Politik. Jetzt beginnen für sie aber auch die Widerwärtigkeiten. Diese Völker hören auf, in glücklicher Abgeschiedenheit zu leben. Sie treten in die Geschichte ein.

Als frischernannte kaiserliche Vögte fassen die Habsburger in Uri Fuß. Welche Machtbefugnisse und welche Einkünfte sind mit dieser Funktion verbunden? Die allzu seltenen Quellen geben wenig Auskunft darüber. Der Vogt richtet Zivilfälle in zweiter Instanz; das ist unfehlbar ein Mittel der Einflussnahme. In Strafsachen übt er die hohe Gerichtsbarkeit aus, sofern sie nicht schon das Privileg eines anderen Herrn ist. Wie oft hält der neue Vogt Gericht? Und tut er es von sich aus oder auf Ersuchen der seiner Rechtsprechung unterliegenden Untertanen? Wir wissen es nicht. Wir wissen auch nicht, welche Steuerlast er den Bewohnern im Namen des Kaisers auferlegt. Unzweifelhaft ist hingegen, dass die Urner keineswegs begeistert sind über dieses neue Regime, das ihrer althergebrachten Selbständigkeit zuwiderläuft. Sie suchen sehr schnell nach Mitteln und Wegen, es wieder loszuwerden.

Aber nicht nur Uri ist von den Veränderungen der Feudalverhältnisse betroffen. Denn im Zuge derselben Verteilung von Lehen und Rechten haben die Habsburger auch die Schirmvogtei über einige Klöster erhalten: Muri im Aargau, Murbach im oberen Elsass; später kommt das Zisterzienserkloster Wettingen hinzu, an dessen Gründung sie sich 1227 beteiligen. Sie nehmen diese Klöster unter ihren Schutz und üben für den Abt in den ihm unterstellten Gebieten bestimmte Rechte aus, vor allem die Gerichtsbarkeit. Sie beziehen daraus natürlich gewisse Einkünfte und weiten gleichzeitig ihren Einfluss aus. Alle diese Klöster besitzen aber Güter in der Zentralschweiz, insbesondere in Unterwalden und in Uri, wo Wettingen reich beschenkt wird – so dass die Habsburger auch auf diesem Umweg die Täler unter ihre Habichtsfittiche nehmen können.

Es kommt noch anderes hinzu. Mönche aus dem elsässischen Murbach hatten schon vor langer Zeit – im 8. Jahrhundert – ein Priorat am westlichen Ende des Vierwaldstätter Sees gegründet, an der Stelle, wo die Reuß den See verlässt. In den Jahren 1170 bis 1180 gründete der Abt von Murbach – er stammte aus dem Kleinadel der Gegend – dort einen Markt und eine Stadt: Luzern. Es war die erste Stadt in unmittelbarer Nähe der Waldstätte, der einzige geschützte und mit Privilegien ausgestattete Markt, der keine weite Reise mehr bedeutete.

Die näheren Umstände der Gründung Luzerns und der schnellen Blüte der Stadt haben Anlass zu einer umfangreichen Historikerdebatte gegeben. Dass diese neue Stadt dazu bestimmt war, das Ansehen des örtlichen Gründergeschlechts zu mehren – wer wollte es bezweifeln. Ausschlaggebend waren aber wirtschaftliche Erwägungen. Eine Stadt mit Markt in einer Region, die sich demographisch und landwirtschaftlich mächtig entwickelte, aber noch ohne städtischen Bezugspunkt war, musste zwangsläufig einen relativ raschen Aufschwung nehmen. Sie förderte innerhalb der Region den Warenaustausch, die Arbeitsteilung und den Arbeitsertrag; sie belebte das Handwerk und den Handel mit anderen Zentren des Mittellandes, von Bern bis Zürich. Sie akkumulierte Kapital und ließ es wieder in der Gegend zirkulieren, was den Geldverkehr ankurbelte. Viehzüchter, Ackerbauern und Holzfäller aus Unterwalden, Schwyz und Uri fanden in ihr einen ganz natürlichen und bequemen Absatzmarkt für ihre Überschüsse und gleichzeitig einen Ort, wo das angeboten wurde, was ihnen fehlte: Werkzeuge, Wein, gegebenenfalls Getreide. Ihre Äcker mit den kläglichen Erträgen konnten sie desto gefahrloser und schneller in Grasland umwandeln. So waren die Waldstätte von Anfang an die eifrigsten Besucher des neuen Marktes in städtischem Rahmen; er kam genau zum richtigen Zeitpunkt, um sie an die wirtschaftliche Entwicklung anzubinden, noch bevor die Anbindung an die Politik erfolgte.

Luzern war andererseits verkehrspolitisch ideal gelegen: Hier begann oder endete für Reisende und Güter der Wasserweg von und nach den Waldstätten. So lag es für die Historiker nur nahe, die Gründung des Marktes Luzern und die Eröffnung des Gotthardpasses miteinander in Verbindung zu bringen. Auch wenn keines der beiden Ereignisse genau datierbar ist, zeitlich nah sind sie sich auf jeden Fall. Karl Meyer, dem eifrigsten, wenn nicht unbedingt überzeugendsten unter den neueren Verteidigern Wilhelm Tells, gebührt das Verdienst, die Gründung Luzerns einsichtig erklärt und sie ziemlich sicher mit dem Jahr 1180 datiert zu haben. Hingegen hat er zweifellos unrecht, wenn er in ihr eine Folge der Gotthardstraße sieht, die um diese Zeit schon für den großen Verkehr offen gewesen wäre; Meyer glaubte damit seine Annahme stützen zu können, dass die Schöllenen schon um die Mitte des 12. Jahrhunderts begehbar gewesen sei. Wir haben bereits festgestellt, dass diese Annahme durch andere Beweisstücke widerlegt wird und dass der Gotthardpass frühestens um etwa 1220, also ein halbes Jahrhundert nach der Gründung Luzerns, eröffnet worden sein kann. Natürlich profitierte die Stadt gewaltig von der Straße, und ihre ganze Entwicklung bis in die Jetztzeit hinein war stets eng mit ihrer Lage an dieser Hauptverkehrsader verknüpft. Sie verdankt aber der Straße nicht ihre Existenz. In neuerer Zeit meinte ein anderer Historiker, Gottfried Boesch, der schnelle Aufschwung Luzerns sei zwar nicht mit dem Gotthard, aber mit dem etwas weniger renommierten Brünigpass in Verbindung zu bringen. Das Gründergeschlecht hatte bedeutende Besitzungen im oberen Aaretal, und dorthin gelangte man vom Reußbecken aus bequem über diesen Pass, der durch das Obwaldner Tal hinaufführt. Luzern konnte also – zum Nachteil Berns – mit seinem Markt auch die Bauern aus dem Berner Oberland angezogen und somit von zwei Einzugsgebieten profitiert haben.

Wie dem auch sei, jedenfalls belebte sich die ganze Zentralschweiz an der Wende vom 12. zum 13. Jahrhundert. Wirkten sich die politischen Veränderungen und der Einzug der Habsburger in diese Region als Störfaktor aus? Wir wissen nicht mit Sicherheit, ob sich die Habsburger gleich an den Aufbau einer regelrechten Feudalherrschaft über die Region machten. Fest steht, dass die Gegenwart ihrer Ministerialen, die sie als Statthalter einsetzten, als Einmischung und Anmaßung empfunden wurde. Sie störte die empfindlichen gesellschaftlichen Gleichgewichte in den Talgemeinschaften; sie komplizierte das tägliche Leben, die Erwerbstätigkeit, den Handel; sie brachte neue Lasten und zehrte am Einkommen der Bauern; sie kollidierte mit den kollektiven Entscheidungsprozessen; sie brachte fremde Maßstäbe in die Rechtsprechung; sie erzeugte Misstrauen und Unsicherheit, störte die Ordnung. Kurz, die Einmischung einer fremden Macht führte schon bei der ersten Bekanntschaft mit den Habsburgern zu einer Abwehrhaltung, die in den Gemütern haftenblieb, und zwar in sämtlichen Gesellschaftsschichten. Der unverhoffte, in einer solchen Atmosphäre einsetzende Geldsegen aus dem Gotthardverkehr musste den Konflikt zwangsläufig verschärfen. Beide Parteien waren natürlich bestrebt, die Einkommensquellen und die strategischen Vorteile des neuen Alpenübergangs möglichst für sich allein zu beanspruchen.

Das Privileg der Urner

Friedrich II. ließen diese Dinge nicht unberührt, vor allem die strategischen Aspekte nicht. In seinem Entwurf eines ebenso römischen wie deutschen, beide Teile vereinigenden Reiches nahmen die Alpen einen besonderen Stellenwert ein. Die Bergvölker, die die wenigen Übergänge sicherten, verdienten seine Aufmerksamkeit. Nach seiner Rückkehr vom Kreuzzug ins Heilige Land (1228–1229) erfuhr er von dem Konflikt, der in der Zentralschweiz schwelte. Er begriff sofort: Der Gotthardpass bediente die permanent unruhige und seinen Plänen feindlich gegenüberstehende Lombardei. Auf der anderen Seite waren die Habsburger verdiente Vasallen. Dem Kaiser konnte keinesfalls daran gelegen sein, seine Getreuen in Deutschland zu brüskieren, indem er ihre Rechte beschnitt oder ihren Ehrgeiz bremste. Die Geschäfte in Italien erforderten seine ständige Anwesenheit und ganze Energie; der Erfolg seiner Politik hing davon ab, dass nördlich der Alpen alles stabil blieb, das heißt, dass ihm die Vasallen gewogen blieben.

Es kam zu Verhandlungen. Wir wissen nichts Näheres darüber, auch nicht, auf wessen Betreiben sie zustande kamen. Wahrscheinlich handelten die Urner wieder eigenmächtig; als Hüter des Gotthards konnten sie bei Friedrich II. durchaus Gehör finden. Wie auch immer, diese Verhandlungen waren recht schnell erfolgreich: Mit einer Urkunde, die am 26. Mai 1231 im elsässischen Hagenau, einer Lieblingsresidenz der Staufer, gesiegelt wurde, gewährte der junge König Heinrich VII. im Namen und zweifelsohne auf Anweisung seines Vaters den Leuten von Uri das Privileg der Reichsunmittelbarkeit. Diese Urkunde machte sie zu Angehörigen einer freien Reichsgemeinde, die direkt dem König oder einem von ihm ernannten persönlichen Vertreter unterstand; sie befreite sie von jeglicher feudaler Botmäßigkeit. Ein solches Privileg war an und für sich keine außergewöhnliche Gunst, doch es wurde normalerweise nur Städten gewährt, wie etwa Lübeck im Jahre 1227, wo Wirtschaftswachstum und Wohlstand gefördert werden sollten.

Die Urkunde verlieh den Urnern das Recht, ihren Landammann zu wählen, der ihrer Talgemeinde politisch vorstand und zugleich ihr Richter war. Das politische Amt dokumentierte die institutionelle Existenz und politische Identität der Talgemeinschaft. Das Richteramt musste sich der Landammann möglicherweise mit einem kaiserlichen Vogt, einem Hofbeamten, teilen, doch sicher ist das keineswegs, denn ein solcher Beamter tritt nie in Erscheinung. Diese Verfügung brachte keine Neuerung. Sie bestätigte vielmehr einen alten Zustand oder stellte ihn wieder her und verlieh ihm Rechtsgültigkeit, und das entsprach ganz Friedrichs Stil, der überall klare rechtliche Zuständigkeiten schaffen wollte. Fortan war es dem König oder einem seiner Stellvertreter vorbehalten, in Uri Recht zu sprechen, zumal in Berufungsfällen. In Anbetracht der Entfernung des Hofes und der Tatsache, dass der König meist andere, wichtigere Sorgen hatte, bedeutete das Privileg faktisch für den Landadel und die Bauern im Land Uri die vollständige Selbständigkeit, auch beim Betrieb und beim Unterhalt der Gotthardstraße auf ihrem Gebiet.

Jedenfalls wurden 1231 die Habsburger regelrecht aus Uri hinauskomplimentiert. Da sie sich keiner Verfehlung dem König gegenüber schuldig gemacht hatten, müssen sie mit Geld entschädigt worden sein. Man kann davon ausgehen, dass die Urner die erforderliche Summe aufbrachten, dass sie sogar einen zusätzlichen Tribut an die königliche Schatzkammer entrichteten. Sie konnten es sich ja leisten. Es erschien ihnen von

Vorteil, selbst ziemlich teuer eine Freiheit zu erkaufen, die die althergebrachte Ordnung wiederherstellte und sich langfristig auch finanziell bezahlt machen würde. Doch es bedeutete Freiheit nur für Uri. Eine irgendwie beschaffene Solidarität, die die Waldstätte zusammengeführt hätte, ist einstweilen nicht absehbar.

Spaltungen

Ein Jahr darauf trifft die Habsburger ein neuer Schicksalsschlag, der das inzwischen gewonnene Ansehen erschüttert und den im Gebiet zwischen dem Rhein und den Alpen bereits erreichten Einfluss eine Zeitlang schwächt. Der alte Rudolf II. stirbt Anfang 1232, worauf sich seine beiden Söhne Albrecht IV. und Rudolf III. sofort heftig um das Erbe befehden. Eine erste Einigung über die Teilung des väterlichen Erbes kommt 1234, eine zweite 1238–1239 zustande, vermutlich durch Schlichtung, möglicherweise durch den Kaiser selbst. Doch die Übereinkunft beendet die Streitigkeiten nur scheinbar, denn von nun an befeinden sich die beiden aus der Teilung hervorgegangenen Linien unerbittlich und systematisch über ein Jahrhundert lang; jede Möglichkeit wird genutzt, um der anderen Partei Knüppel zwischen die Beine zu werfen. An Gelegenheiten, einander Hass und Missgunst zu beweisen, wird es nicht mangeln; was sich wiederum in der Schweiz vielfältig auswirken wird.

Die Linie des älteren Bruders, Albrechts IV. – sie wird Habsburg-Österreich heißen, nachdem sich Albrechts Sohn, der spätere König Rudolf, die Herzogtümer der Ostalpen angeeignet hat –, erhält bei der Erbteilung die Stammlande im Elsass und im Aargau, einschließlich der Schirmvogteien über die reichen Klöster Muri und Säckingen am Rhein. Die Linie des jüngeren Rudolf III. behält (oder beansprucht vielmehr) den Grafentitel. Sie übernimmt die verstreuten Lehen der Familie um Zürich herum, einige Herrschaften westlich von Luzern (Sempach, Willisau) sowie die Herrschaft von Laufenburg am Rhein.

Letztere macht Rudolf III., der Schweigsame genannt, zu seiner Stammresidenz, wodurch die von ihm begründete Linie den Namen Habsburg-Laufenburg annimmt. Sie erbt außerdem die Vogtei über das Kloster Murbach und damit auch über Luzern. Und sie übt, was uns hier vorrangig interessiert, auch das Amt des kaiserlichen Vogts über die Länder Unterwalden und Schwyz aus, die beide nicht das Urner Privileg besitzen.

Kaum hat Rudolf der Schweigsame Genugtuung erhalten und damit begonnen, seine Herrschaft über die Waldstätte zu demonstrieren, bringen Ereignisse von europäischer Tragweite seine Bestrebungen zum Erliegen. Im Jahre 1235 erhebt sich der junge König Heinrich VII., der Unterzeichner des Urner Freiheitsbriefes, gegen seinen Vater, den Kaiser, indem er einige unzufriedene Adlige um sich schart. Noch schwerer wiegt, dass er sich mit dem lombardischen Städtebund, dem Hauptopponenten des Kaisers in Italien, zusammentut. Das Gleichgewicht des Reichs, ja seine Existenz selbst ist in Gefahr. Nach fünfzehnjähriger Abwesenheit eilt Friedrich II. wieder nach Deutschland, um nach dem Rechten zu sehen, seinen aufrührerischen Sohn abzusetzen, zu verurteilen und einzukerkern, und an seiner Stelle Konrad, einen anderen Sprössling, krönen zu lassen. Aber er will auch den schwäbischen Adel für ein energisches Vorgehen gegen die lombardischen Städte mobilisieren. Eines der Ritterkontingente, das sich in Basel versammelt, nimmt vielleicht den Weg über den Gotthard, wahrscheinlicher aber ist, dass es einen der Bündner Pässe benützt, die den Staufern vertrauter sind.

Friedrich II. erringt 1236 und 1237 mehrere Erfolge gegen die Lombarden, doch endgültig brechen kann er den Widerstand des Städtebundes nicht, der immer offener von Papst Gregor IX. unterstützt wird. Der Kaiser appelliert nun an die Solidarität der Könige des Abendlandes. Das Unabhängigkeitsstreben der Städte bedroht in Friedrichs Augen das Prinzip der Monarchie selbst, und das lombardische Beispiel könnte anderswo Schule machen: *Es betrifft auch Sie und alle anderen Kö-*

nige der Erde, schreibt er an Ludwig IX. Er findet Gehör. Französische, englische, kastilische, ungarische, sogar griechische und arabische Truppenkontigente verstärken das schon große Heer aus italienischen und deutschen Untertanen. Doch der Kaiser scheitert vor Brescia: Die zahlenstärkste Armee erweist sich mit den im 13. Jahrhundert üblichen Mitteln als unfähig, eine gut verteidigte Stadt einzunehmen. Friedrichs Misserfolg enttäuscht die internationalen Hilfstruppen, die abziehen. Hingegen ermutigt er die italienische Opposition gegen den Kaiser, an deren Spitze sich der über achtzigjährige Papst Gregor IX. stellt. Als Friedrich für den Städtebund doch bedrohlich wird, zögert der Papst nicht mehr, seine gefürchtetste Waffe gegen ihn anzuwenden, nämlich die Exkommunikation. Sie wird am Palmsonntag 1239 ausgesprochen.

Friedrich II. im Kirchenbann – seine Vision einer mystischen Einheit von Priestertum und kaiserlicher Herrschaft verflüchtigt sich. Vor allem aber sind im ganzen Reich Tür und Tor geöffnet für Treuebruch, Abtrünnigkeit, Rivalität und Unordnung. Die Schweiz bleibt davon nicht verschont.

Zwischen Kaiser und Papst

Alle ergreifen sogleich Partei: Fürsten, Adlige, Reichsstädte, mehr oder minder freie Reichsgemeinschaften. Die einen für den Kaiser, die anderen für den Papst. Es tut sich ein Graben auf, der sich weder an geographische noch an genauer definierbare gesellschaftliche Trennlinien hält. Ideologien, Überzeugungen, Frömmigkeit oder Treuepflicht zählen wenig bei der Parteinahme: Jeder entscheidet sich nach gerade gültiger Interessenlage für eine Seite, und wenn er sie wechselt, müssen seine Untertanen mitziehen. Diffuse Rivalitäten werden deutlicher, brechen offen aus. Wenn ein Nachbar oder ein Konkurrent sich für den Kaiser entscheidet, meint sein Rivale, ein so guter Sohn der Kirche zu sein, dass er sich unmöglich dem Willen des Papstes widersetzen könne. Eine gute Gelegenheit für die verfeindeten Habsburgersöhne, politisch gegeneinander Stellung zu beziehen. Albrecht, der Ältere, hält sich an die Familientradition, die sich als einträglich erwiesen hat; er bleibt deshalb seinem staufischen Lehnsherrn treu. Ohne vertrauten Umgang zu pflegen, kennen der Kaiser und sein Vasall sich gut; sie scheinen füreinander auch Sympathie zu empfinden, selbst wenn Graf Albrecht dem Beispiel seiner Vorfahren folgt und sich klug hütet, sich in der Italienpolitik seines Königs zu sehr zu engagieren. Ausreichender Grund für Rudolf den Schweigsamen, um seinerseits für den Papst Partei zu ergreifen, zusammen mit seinen kyburgischen Vettern, denen Albrechts Einfluss in der Nordschweiz ebenfalls nicht behagt.

In Schwyz finden die Bauern wenig Geschmack an der Herrschaft, die Habsburg-Laufenburg inzwischen bei ihnen ausübt. Sie beneiden ihre Urner Nachbarn, die seit einigen Jahren jede äußere Einmischung los sind. Geschwind nehmen sie die Parteinahme Rudolfs des Schweigsamen zum Anlass, dem Kaiser vorzutragen, sie könnten nicht länger einem kaiserlichen Vogt unterstellt sein, der sich des Vertrauens seines Herrn, dessen Stellvertreter er doch sei, als unwürdig erwiesen habe. Die Schwyzer haben einige Mühe, Friedrich II. zu erreichen, der in sein fernes Königreich Sizilien zurückgekehrt ist. Eine Delegation trifft ihn schließlich im Herbst 1240 vor den Mauern des päpstlichen Faenza, zu dessen Belagerung sich die Kaiserlichen anschicken. Als schlagendes Argument haben die Schwyzer Anführer einen bewaffneten Haufen mitgebracht, der sich an der militärischen Operation beteiligen soll. Doch den Kaiser reizt vor allem die Aussicht, dass die Schwyzer, wie die Urner, ihm den Gotthard hüten könnten. Sie ist umso aktueller, als die Urner uneinig sind und eher zur Seite des Papstes und der lombardischen Städte zu neigen scheinen; Letztere sind immerhin die besten Kunden ihrer Viehexporte. Erinnern wir uns, dass Friedrich II. zur selben Zeit auch versucht, den Streit zwischen Mailand und Como um Lugano und Bellinzona auszunützen, um selbst die Kontrolle über die Südrampe des Gotthard zu erlangen. Es ist auch nicht auszuschließen, dass der andere Habsburger, der junge Graf Rudolf IV., sich bei seinem Taufpaten Friedrich II. für die Schwyzer verwendet, weil er damit seinem Bruderfeind gehörig eins auswischen kann.

Friedrich II. geht also willig auf das Ansuchen der Schwyzer ein und gewährt ihnen in den letzten Wochen des Jahres 1240 ein ähnliches Privileg der Reichsfreiheit, wie er es 1231 den Urnern gewährt hatte. Ähnlich deshalb, weil er eine geschickt kalkulierte Zweideutigkeit darin belässt: Die Urkunde bestätigt zwar, dass die Schwyzer fortan unmittelbar der kaiserlichen Gerichtsbarkeit unterstehen, sie gibt aber nicht an, ob der Kaiser dabei von einem Vogt vertreten wird. Vor allem wird nicht gesagt, ob der Graf von Habsburg-Laufenburg seine Rechte verliert, wie es bei seinem Vater in Uri der Fall war ... Man kann die Urkunde also auslegen, wie man will: Schwyz erachtet sich als völlig frei; der Schweigsame behauptet, sein Amt weiter innezuhaben ...

Die Freude der Schwyzer ist ohnehin verfrüht. Graf Rudolf ist zwar schweigsam, aber gleichwohl ein Opportunist. Einige Monate nach der Ausstellung des Freibriefs von Faenza dreht er sein Fähnchen und schlägt sich zu den Kaiserlichen; kurz darauf erhält er alle seine Ansprüche auf Schwyz zurück. Doch auch dies ist nicht von Dauer, denn schon 1247 steht er wieder auf der Seite des Papstes, und die Schwyzer erheben ein zweites Mal Anspruch auf den Freibrief.

Am anderen Seeufer ist Unterwalden mehr denn je entzweit durch die ewigen Eifersüchteleien zwischen den beiden Tälern Obwalden und Nidwalden. Obwalden hatte 1240 versucht, sich an die Verhandlungen der Schwyzer vor Faenza anzuhängen, doch es fand kein Gehör beim Kaiser. Dieser kleine Kanton war für Friedrich II. zu uninteressant; für ein halbes Land lohnte es keine Umstände. Zumal Nidwalden, die andere Hälfte, soeben mit Luzern und der Mehrheit der Urner dem Papst den Vorzug gegeben hatte. Die Parteinahmen sind, wie man sieht, fließend und subtil. Nur in Schwyz scheint Einmütigkeit zu herrschen, was dem Land im Augenblick sehr zugutekommt. Die anderen Waldstätte sind tief zerstritten, wobei die Fronten den Einflussgrenzen der örtlich führenden Familienclans folgen. Das große Zerwürfnis zwischen Kaiser und Papst wird in dieser Gesellschaft nicht als Konflikt zwischen Priestertum und weltlicher Herrschaft verstanden; man fühlt sich hier nur dann betroffen, wenn Wirtschaftstätigkeit, Handel und Einkünfte aus dem Transportwesen berührt werden. Der Konflikt in Italien ist den Leuten zu hoch, er wird von ihnen nicht verstanden und dient nur als Etikett für alle möglichen alten Streitigkeiten und als Vorwand, sie nun wieder völlig offen auszutragen. Schlägereien, reihenweise Morde und Überfälle auf Herden und Scheunen geben sich einen Anstrich von Rechtmäßigkeit.

Im Jahre 1245 bestätigt das von Innozenz IV., dem Nachfolger Gregors IX., nach Lyon einberufene Konzil die Exkommunikation Friedrichs II. und spricht ihm die Kaiserwürde ab. Der Kampf, der bisher kaum auf Deutschland übergegriffen hatte, entbrennt nun auch hier. Im schweizerischen Mittelland stellen sich einige Reichsstädte – Bern, Zürich, Schaffhausen und die Bischofsstadt Konstanz – hinter ihren kaiserlichen Oberherrn, weil sie ihre Privilegien behalten wollen. Sie befinden sich damit auf der Seite der wenigen staufertreuen Adelshäuser, an deren Spitze Graf Rudolf IV. von Habsburg steht. Es ist ein Häuflein Getreuer gegenüber der päpstlichen Partei mit ihren Bischöfen, Äbten und hohen Adligen der Region wie den Grafen von Kyburg und von Habsburg-Laufenburg. Schwyz und Obwalden schlagen sich ohne Zögern zu den Kaiserlichen. Nidwalden und Uri, von internen Konflikten gespalten, scheinen sich vorsichtig neutral zu verhalten. Es kommt zu einigen kriegerischen Operationen; eine kurze Belagerung Luzerns durch die Kaiserlichen lässt vermuten, dass auch hier wirtschaftliche Interessen bei der Stellungnahme für eine bestimmte Partei mitspielen und die Strategie diktieren.

Doch Friedrich II. stirbt am 13. Dezember 1250 in Castel Fiorentino in seinem Geburtsland Apulien. Sein Tod allein kann natürlich weder die politischen Probleme lösen, die ihn eine ganze große Regentschaft lang beschäftigt haben, noch die überall im Reich bestehende Unordnung beseitigen. Immerhin entzieht er dem Adel in Deutschland und in der Schweiz den Konfliktstoff. Doch wie es weitergeht, wer dem gestrengen Herrscher nachfolgen wird, das weiß niemand. In Augenblick ist Ruhe eingekehrt, und man wartet ab. Die Spannungen aber lassen nicht nach.

11
Habsburgs große Versuchung

Die Zeit des Interregnums

Man musste lange warten. Dreiundzwanzig Jahre, bis mit Graf Rudolf IV. von Habsburg wieder ein König ordnungsgemäß gewählt und in ganz Deutschland anerkannt wurde. Und zweiundsechzig Jahre, bis ein neuer Kaiser in Rom gekrönt wurde (Heinrich VII. von Luxemburg). Das »Große Interregnum« nennen die Historiker zutreffend diese Zeit. Es war keine herrscherlose Zeit im strengen institutionellen Sinn – Herrscher gab es übergenug –, doch im politischen Sinn: Niemand war in der Lage, wirklich zu herrschen.

Friedrich II. hatte geglaubt, die Nachfolge längst geregelt zu haben, sogar für beide Kronen, die er trug: In Deutschland hatte er nach dem Abfall seines Erstgeborenen Heinrich einen anderen seiner zahlreichen Söhne, Konrad IV., zum König wählen lassen. Für das Königreich Sizilien hatte er Enzio, das begabteste seiner Kinder, designiert. Doch als er starb, war Enzio in den Händen der Feinde, die ihn dreiundzwanzig Jahre lang, bis zu seinem Tod, in Bologna einkerkern sollten. Konrad, der in Deutschland einen schweren Stand hatte, wollte seinen unglücklichen Bruder befreien und die väterlichen Unternehmungen in Italien weiterführen, doch es kostete ihn schon bald das Leben (1254). Manfred, einem anderen Bruder, erging es nicht besser: Er fiel 1266 in der Schlacht von Benevent gegen Karl von Anjou, den der Papst zu Hilfe gerufen hatte. Der Knabe Konradin, letzter überlebender Staufer und allerletzte Hoffnung der Kaiserlichen, wurde ebenfalls von Karl von Anjou gefangen genommen und 1268 auf dem Marktplatz von Neapel enthauptet. Das Haus Anjou bestieg nun diesen sizilianischen Thron, der Generationen von Staufern so lieb und teuer gewesen war.

1247 hatten Friedrichs Gegner in Deutschland, von Innozenz IV. unterstützt, Graf Wilhelm von Holland zum Gegenkönig gewählt. Außer im Rheinland hatte diese Marionette keinerlei wirkliche Macht, selbst nach Konradins Tod nicht, obwohl er nun formell allein herrschte. Doch auch dieser theoretische Vorteil nützte Wilhelm kaum noch, da er seinen Rivalen nur um wenig überlebte. Im Jahre 1257 wählten zwei Kurfürsten-Parteien jeweils einen ausländischen Herrscher: Der eine war Richard von Cornwall; er wurde nach traditionellem Ritus in Aachen gekrönt, aber mit keinerlei wirklicher Macht ausgestattet. Der andere war Alfons, der bereits König von Kastilien war und Deutschland überhaupt nie betrat.

Kronen im Überfluss also, doch keine wirkliche Souveränität im deutschen Teil des Reiches, ja, im Reich überhaupt. Die Folgen sind leicht abzusehen: Einige große Feudalherren mit einer bereits modernen Staatsauffassung nützen die Gelegenheit, um ihre Territorialherrschaft nach innen und nach außen auszubauen, auf Kosten der städtischen und ländlichen freien Gemeinwesen, der Lehnsnehmer und eventueller Nachbarherren, die weniger geschickt agieren oder in schlechterer Ausgangslage sind. Solche Fürsten, wie die Grafen der Provence – dasselbe Haus Anjou, das sich eben Sizilien einverleibt hat – oder die Grafen von Savoyen, in geringerem Maße auch die Dauphins des Viennois, setzen vor allem auf den Aufbau einer kompetenten und effizienten Verwaltung. Andere lassen sich von diesem Beispiel anregen und versuchen ebenfalls, zusammenhängende Territorien zu bilden und Herrschaften desselben Typs zu errichten. Das ältere Haus Habsburg hat dieses Ziel in Österreich schon fast erreicht, und es hat seine Absicht nicht aufgegeben, es auch zwischen Rhein und Gotthard zu erreichen – womit wir beim Sachverhalt wären, für den Wilhelm Tell symbolisch stehen wird. Andere Feudalherren wissen trotz guter Voraussetzungen die Chance nicht zu nutzen. Es ist das elende Schicksal auch der reichen Kyburger: Stück für Stück treten sie Macht und Besitz an die verschwägerten Savoyer ab, die sie im wahrsten Sinn des Worts umgarnt haben.

Global gesehen bildet sich rasch ein Staatsbegriff heraus, der auf die Territorialherrschaft gründet; er verdrängt und ersetzt weitgehend die traditionellen Formen des feudalen Lehnssystems, das sich auf persönliche Bindungen stützt und die Reichslehen wahllos verzettelt. Das Reichsideal – oder wenigstens das Ideal eines alle germanischen Völker einigenden Reichsstaates –, das die großen Staufer Barbarossa und Friedrich II. genau ein Jahrhundert lang beseelt hat, dieses Ideal erstirbt – und zwar zur selben Zeit, zu der es sich in Frankreich von Philipp August bis zu Philipp dem Schönen endgültig durchsetzt. Deutschland wird nicht mehr zu ihm zurückfinden. Außer in allerjüngster Zeit in jenem »Dritten Reich«, das, so kurz es dauerte, uns allen liebend gern erspart geblieben wäre.

»Landfriedensbündnisse«

Was sollen angesichts des schrankenlosen Machtstrebens der Großen jetzt jene Städte und ländlichen Gemeinwesen tun, die zwar Reichsunmittelbarkeit genießen, sich aber nicht mehr an dieses Reich wenden können?

Das gängigste Mittel ist, sich einer fürstlichen Schirmherrschaft zu unterstellen, die einerseits möglichst effektive Sicherheit verheißt, andererseits möglichst wenig kostet. Das heißt, dass man sich für den Fürsten entscheidet, der am wenigsten Neigung zeigt, die im Handel, in der Rechtsprechung und im

Geldwesen genossenen örtlichen Freiheiten und Privilegien einzuschränken; das ist nämlich das Entscheidende. Bern, die wohlhabendste aller Städte im schweizerischen Mittelland, entscheidet sich für die Grafen von Savoyen. Bei weitem nicht zufällig: deren Staaten sind für den bernischen Handel ein Markt.

Am Ausfluss des Genfer Sees, in der von Fürstbistum und Stadt Genf gebildeten Enklave, beginnt übrigens ein interessanter Marktplatz den großen Handel auf sich aufmerksam zu machen. In genau der Zeit, von der hier die Rede ist, nämlich im Jahre 1262, werden die Genfer Messen zum ersten Mal erwähnt. Das betreffende Dokument spricht von einer Zahlung auf der Messe; es weist also darauf hin, dass in Genf jener Finanzapparat schon besteht, der internationale Messen von Märkten mit nur lokalem Einzugsgebiet unterscheidet. Die viermal jährlich stattfindenden und mit Privilegien versehenen Genfer Messen werden auch schon von italienischen Kaufleuten besucht. Für die Bürger Berns sind sie ein unverhofftes Glück; es ist also ganz natürlich, dass sie mit dem Haus Savoyen liebäugeln, das überdies mit dem Piemont die westlichen Zugänge zu Italien, zum Rhonetal und zu Südfrankreich beherrscht.

Die weiter östlich im Mittelland gelegenen Städte – Zürich zumal, Basel hingegen nicht – suchen den Schirm des Grafen Rudolf von Habsburg. Auch sie haben gute Gründe dafür: Rudolf ist mittlerweile der mächtigste und unabhängigste unter den großen Herren der Region. Seinen Konkurrenten, den Grafen von Savoyen und den verwandten Rivalen von Habsburg-Laufenburg, kann er ohne weiteres die Stirn bieten, und er tut es auch. Er hat sich überdies den Ruf eines aufgeklärten Fürsten erworben und zeigt sich liberal den Reichsfreien gegenüber, seien sie nun städtische oder ländliche Gemeinwesen. Sein Umgang mit den Zürcher Bürgern ist freundschaftlich, ja vertraut; er hat ein offenes Ohr für die Bedürfnisse des Volkes und ist um dessen Wohlergehen besorgt. Selbst die Urner werden kaum noch zögern, seine Dienste in Anspruch zu nehmen.

Diese Art, sich an einen adligen Schirmherrn anzulehnen, schließt bei den Reichsfreien eine andere Strategie nicht aus: Man hilft sich gegenseitig durch sogenannte »Landfrieden«. Landfriedensbündnisse werden nicht geschlossen, um Feindseligkeiten zu beenden, sondern um ihnen vorzubeugen. Sie werden auch nicht zwischen Kriegsleuten, also Adligen, ausgehandelt. Sie haben in erster Linie zivilrechtliche Geltung und binden die gesamte Bevölkerung eines bestimmten Raums. Dieser Raum kann sich auf den Innenraum einer Stadt beschränken, er kann aber auch mehrere Städte umfassen, die untereinander eine Art Bündnis abschließen. Genauso gut kann er für das Gebiet einer oder mehrerer reichsfreien Landgemeinden gelten.

Der Landfriede als Institution ist im 13. Jahrhundert nicht neu. Es gibt ihn schon seit spätestens dem 10. Jahrhundert; ursprünglich ging die Initiative von der Kirche aus, deren Bischöfe versuchten, den überall herrschenden Wirren entgegenzuwirken. Er hieß damals »Gottesfrieden«. Mit der Zeit verlor sich die kirchliche Inspiration, und der Landfriede wurde in den Händen der Könige und der großen Territorialfürsten zu einem Instrument der politischen Regulierung im Interesse ihrer Untertanen: Er schützte die Menschen voreinander und vor den allzu häufigen Übergriffen von Rittern und Adligen. Friedrich Barbarossa hatte ihn im Jahre 1152 grundsätzlich auf das ganze Reich ausgedehnt, um so die Lehnsinhaber unter Kontrolle zu halten. Und Friedrich II. hatte 1235 auf dem Reichstag von Mainz den Gedanken des Landfriedens aufgegriffen: Mit dem verkündeten Reichslandfrieden (er war erstmals deutsch abgefasst) wollte er dem deutschen Reich eine konstitutionelle Ordnung verleihen. Durch die königslose Zeit des Interregnums verloren diese universellen Landfrieden ihre Grundlage. Hingegen vervielfachten sich die lokalen oder regionalen Landfrieden, in welchen die ihres Reichsherrn beraubten Gemeinwesen ein Mittel zur Selbstverteidigung fanden.

Der Grundgehalt dieser Landfriedensbündnisse ist immer der gleiche. Die Parteien, die sie aushandeln und beschwören, versichern sich gegenseitig, dass sie sich nicht angreifen werden; der Schwur bindet sowohl kollektiv die vertragschließenden Gemeinschaften als auch individuell deren Mitglieder. Man gelobt sich gegenseitige Hilfe in der Not und legt das Schiedsverfahren für Streitfälle fest. Insbesondere schützt der Landfriede die Kaufleute: Die Parteien garantieren den aus dem Bündnisgebiet stammenden Händlern, dass weder sie selbst behelligt noch ihre Ware beschlagnahmt werden. Es ist ein erster, doch wichtiger Schritt zur Sicherung des freien Handels.

Ein Landfriede ist nicht zeitlich begrenzt, er soll vielmehr ewig gelten. Machen wir uns aber keine falsche Vorstellung von dieser Ewigkeit. Die Menschen des Mittelalters haben einen recht diffusen, subjektiven und fragmentarischen Zeitbegriff, der vor allem statisch ist oder nur Wiederholungen sieht, nach dem Muster der Tages- oder Jahreszeiten. Die Ewigkeit ist immer nur eine Projektion des Augenblicks und der momentanen Bedürfnisse auf eine Zukunft, die als geradlinige Fortsetzung gedacht wird. Sie ist sofort beendet, wenn die ursprünglichen Bedürfnisse vergessen oder überholt sind. Unzählige »ewige« Landfrieden dauern nur einen Vormittag lang, um gleich wieder vom Tumult der Ereignisse hinweggefegt zu werden. Bestehen die Gründe für das Bündnis hingegen weiter, ist es aus derselben Logik ratsam, den Bund des Öfteren zu erneuern, mindestens einmal pro Generation, damit er jederzeit aus lebendiger Erinnerung bezeugt werden kann.

Natürlich ist dieses Mittel zur Wahrung der öffentlichen Ordnung vor allem von den Städten angewandt worden, die damit ihre oft angefochtenen oder schlicht ignorierten Privilegien verteidigen wollten. Die lange Zeit auf sich gestellten Städte Italiens und Südfrankreichs bauten es zu einem multilateralen System aus, das im 12. Jahrhundert zur Bildung von Städtebünden, sogenannten Ligen, führte. Eine von ihnen, die

Lombardische, behauptete sich gegen den staufischen Absolutismus, insbesondere den Friedrichs II. Das Beispiel machte in der Schweiz Schule, zunächst im Machtvakuum zu Beginn des 13. Jahrhunderts und vor allem dann während des Interregnums.

Schon vor 1218 hatten Bern und Fribourg mit dem Segen ihrer gemeinsamen Schirmherrn, der Zähringer, einen Landfrieden geschlossen, offenbar bereits mit handelspolitischer Zielsetzung. Die beiden Städte erneuern den Vertrag im Jahre 1243 und noch mehrmals in der Folgezeit. Jede von ihnen verbündet sich außerdem mit anderen benachbarten Orten, so dass im ehemaligen transjuranischen Burgund ein ganzes Netz von Landfrieden geknüpft wird, das allerdings aus lauter bilateralen Verträgen besteht. Sie bezwecken den Schutz des Handels vor willkürlicher Schädigung und Ausraubung der Transporte; für strittige oder nicht beglichene Handelsschulden ist ein eigener Gerichtsstand vorgesehen. Mit dem Vertrag von 1243 gehen diese Landfrieden freilich einen Schritt weiter und nehmen eine politische Färbung an. Die beiden Städte gehören jetzt nicht mehr demselben Herrn: Bern ist reichsfrei geworden, Fribourg ist von den ausgestorbenen Zähringern auf die Kyburger und damit indirekt auf die Grafen von Savoyen übergegangen. Es handelt sich jetzt in erster Linie darum, den Folgen möglicher Konflikte zwischen den beiden Schirmherren zu begegnen. Berner und Fribourger verpflichten sich, in einem solchen Fall zwischen ihren Herren zu vermitteln und eine gütliche Einigung vorzuschlagen. Sind Feindseligkeiten nicht mehr abzuwenden, halten die beiden Städte nach der Aufkündigung des Friedens eine Frist von zwei Wochen ein, bevor sie sich im Kampf begegnen. In der Grenzzone zwischen den Einflussgebieten der Savoyer und der Habsburger ist es durchaus sinnvoll, sich entsprechend vorzusehen.

Doch alle stadtbürgerliche Klugheit vermag den Frieden nicht zu erhalten. In diesem wirtschaftlich blühenden Teil des Mittellandes, am Knotenpunkt der großen Handelsstraßen, prallen die Interessen der Großen besonders hart aufeinander. Die Kämpfe werden sich noch bis weit ins 14. Jahrhundert hinein fortsetzen, bei ständig wechselnden Allianzen und Parteinahmen. Die städtischen Friedensbündnisse und der mit ihnen gegebene Neutralitätsstatus können dem nicht auf Dauer standhalten. Doch Bern und Fribourg, von den endlosen Kämpfen in ihrer wirtschaftlichen Entwicklung hart betroffen, erneuern immer wieder die konstruktiven Bande untereinander und zu den kleineren Nachbarstädten. Im 14. Jahrhundert wird sich aus dieser nicht abreißenden Folge von Vertragsschlüssen eine Art Städte-Eidgenossenschaft entwickeln, mit Bern als Mittelpunkt.

Zur gleichen Zeit, ab der Mitte des 13. Jahrhunderts, lässt ein ähnliches System von Landfriedensbündnissen die süddeutschen Städte im links- und rechtsrheinischen Schwaben zusammenrücken. Es schließt Zürich, Schaffhausen und Sankt Gallen ein. Hier werden allerdings multilaterale Verträge abgeschlossen, und es entsteht ein Städtebund nach lombardischem Muster. Das Ziel bleibt immer, trotz Anarchie und Machtkämpfen zwischen den rivalisierenden Adelshäusern die eigene Sicherheit zu gewährleisten, die für eine gedeihliche Entwicklung der Geschäfte Voraussetzung ist. Rudolf von Habsburg, der spätere König, wird großes politisches Geschick beweisen, indem er mit diesen Städten gegen seine Konkurrenten – Kyburg, Laufenburg und einige andere – sympathisiert und so den Städtebund und die aufstrebenden Kräfte des Bürgertums auf seine Seite zieht.

Landfriedensbündnisse sind aber nicht nur eine Sache der Städte, sie können ebenso gut und im selben Geiste zwischen freien ländlichen Gemeinschaften geschlossen werden. Auch hier geht es um den freien Handel (mit landwirtschaftlichen Erzeugnissen), um das gegenseitige Nichtangriffsversprechen sowie um die friedliche Beilegung von Streitfällen, beispielsweise um Gemarkungen oder Weiderechte. Die ländlichen Bündnisse können auch eine Klausel zur gemeinsamen Abwehr von äußerer Gefahr oder von Eingriffen in die freie Selbstverwaltung der Vertragsparteien enthalten. Der berühmte Bund, den die Waldstätte im August 1291 gemeinsam feierlich besiegelten und der heute als Gründungsakt der modernen Schweiz gilt, ist nichts anderes als ein solcher präventiver Landfriede; er wurde allerdings in einer ziemlich speziellen Situation geschlossen, auf die ich zu gegebener Zeit zu sprechen kommen werde.

Die Urkunde des Bundes von 1291 – der »Bundesbrief« – wird in der Präambel vermerken, dass es sich nicht um einen neuen, sondern um die Erneuerung eines bereits bestehenden, früheren Bundesschlusses handelt, einer *antiqua confederationis forma*. Deren Datum wird allerdings nicht angegeben, es war wohl vergessen. Die Urkunde dieses älteren Landfriedens – wenn er überhaupt schriftlich niedergelegt wurde – ist nie aufgefunden worden. 1291 liegt dieser Bund schon länger zurück, denn der Bundesbrief spricht von *antiqua ... forma*, von einem alten, der Erneuerung bedürftigen Vertrag. Die Annahme scheint mir berechtigt, dass er in den letzten Jahren der damals bereits angefochtenen Herrschaft Friedrichs II. geschlossen wurde, also in den vierziger Jahren des 13. Jahrhunderts, oder noch wahrscheinlicher zu Beginn des Interregnums, also in den fünfziger Jahren.

Das Erbe der Kyburger

In seinem Schloss, das bei Winterthur, wenige Kilometer nordöstlich von Zürich, die Töss überragt, stirbt am 27. November 1264 Hartmann der Ältere, Graf von Kyburg. Mit ihm erlischt eines der letzten großen Adelsgeschlechter zwischen Rhein und Alpen. Hartmann war Herr über den ganzen Thurgau, kaiserlicher Schirmvogt von Zürich und Glarus, außerdem Erbe eines beträchtlichen Teils des ehemals zähringischen Besitzes. Seine Rechte und Besitzungen reichten im Osten bis zum alpinen Rheintal, im Westen bis zum Neuenburger See und zur Stadt Fribourg. Seine Ehe mit Margarete, der Schwester Peters II. von

Savoyen, war kinderlos geblieben; sein einziger naher männlicher Verwandter, der Neffe Hartmann der Jüngere, war ihm im Tod vorausgegangen, ebenfalls kinderlos.

Man kann sich leicht ausmalen, welche Begehrlichkeiten die Aussicht auf eine solche Erbschaft weckte. Graf Rudolf von Habsburg hatte Ansprüche anzumelden, war doch seine Mutter eine Kyburgerin gewesen und er demnach ebenfalls ein Neffe Hartmanns des Älteren. Doch dessen Gemahlin Margarete von Kyburg hatte nie vergessen, dass sie eine geborene Gräfin von Savoyen war. Sie hatte leichtes Spiel gehabt, den schwachen Hartmann zu beeinflussen, der vor allem auf seinen Luxus und seine Ruhe bedacht war. So hatte sie ihn überredet, ihren Bruder Peter von Savoyen, den »petit Charlemagne«, im Voraus zu seinem Erbnachfolger zu bestimmen. Dieser herrschte über den Familienbesitz am Genfer See, den er im Waadtland schon vergrößert hatte, und sein Einfluss reichte, wie wir gesehen haben, bis nach Bern, Burgdorf und Murten. Er hatte im Übrigen mächtige Trümpfe in der Hand, vor allem seinen großen Einfluss in England, dessen König Heinrich III. sein Neffe war. Seine englischen Titel und Besitzungen – er war Graf von Richmond und verfügte in London über eine Residenz (das Savoy Hotel erinnert noch daran) – stärkten ihm politisch den Rücken und verschafften ihm vor allem beträchtliche Einkünfte, die er in den Ausbau seiner Macht in der Schweiz investieren konnte. Die Hartmann-Nachfolge hatte er gekauft, indem er die Schulden seines Schwagers beglich.

Doch als es jetzt konkret um die Nachfolge geht, weilt Peter in England. Er kann nicht unverzüglich seine Rechte geltend machen, die im Übrigen anfechtbar sind. Rudolf hingegen ist zur Stelle und bereit, durch List oder Gewalt an sich zu reißen, was er nur kann. So fällt ihm der ganze östliche Teil des Erbes zu, einschließlich der Zürcher Vogtei – es ist ja kein Kaiser da, der es anders verfügen könnte … Rudolf greift auch nach den westlichen Besitzungen der Kyburger. Obwohl der Papst interveniert, bemächtigt er sich der Stadt Fribourg, bevor Peter II.

endlich erscheint und vom erhofften Erbe zu retten sucht, was noch zu retten ist. Viel ist es nicht mehr, immerhin kann er die savoyischen Ansprüche über die Gegend südlich von Fribourg durchsetzen.

Graf Rudolf von Habsburg ist also der große Gewinner. Es gelingt ihm der Durchbruch zu einem richtigen Territorialstaat, der sich vom Jura und von dem Elsass bis zum Alpenrand und von der deutsch-französischen Sprachgrenze (Fribourg) bis an den Bodensee erstreckt. Er ist Herr über die ganze Osthälfte der Schweiz, wo sich ihm die letzten auf Freigütern sitzenden Grundherren schnell unterwerfen, meist unter dem Druck der Waffen.

Die Waldstätte im Interregnum

Die langen Jahre des – bis 1273 dauernden – Interregnums haben auch in den Tälern der Zentralschweiz für ziemlich viel Unordnung gesorgt. Wenngleich diese nicht in die eben geschilderten Auseinandersetzungen hineingezogen wurden und auch die Geißel des Krieges, unter der Bauern und Stadtbürger im Mittelland so zu leiden hatten, nicht zu spüren bekamen.

Kein Krieg also, aber Anarchie. Und zwar im buchstäblichen Sinn, denn es gab keine Machtinstanz mehr, die anerkannt und stark genug gewesen wäre, um die Ordnung aufrechtzuerhalten. Hier liegt wohl auch der Grund dafür, dass wir so wenig über diese Zeit wissen. Da die Waldstätte weitgehend sich selbst überlassen waren und ein mächtiger Schirmherr und oberster Richter fehlte, gibt es kaum Zeugnisse über ihre internen Zwistigkeiten. Anhand einiger Interventionen von außen können wir gleichwohl ahnen, dass die Lage gespannt war und lokal erbitterte Kämpfe getobt haben müssen.

Die Schwyzer hatten, wie wir schon sahen, in zwei Anläufen versucht, sich unmittelbar der Schirmherrschaft des Kaisers zu unterstellen. Die Bannung Friedrichs II. und das auf seinen Tod folgende Interregnum hatten ihre Hoffnungen zunichtegemacht. Wie im benachbarten Unterwalden, gab es auch in Schwyz während der Wirren um die Jahrhundertmitte mehrere Erhebungen. Einige frühere Historiker brachten die Erzählungen vom Bundesschluss und dem Burgensturm mit diesen Aufständen in den Jahren 1247–1249 in Verbindung. Mangels Wahrscheinlichkeit findet diese Annahme heute kaum noch Berücksichtigung. Völlig auszuschließen ist sie indessen nicht, wenn es um die Erstürmung der Schlösser Sarnen-Landenberg und Schwanau im Lauerzer See geht, denn ab dieser Zeit waren diese Burgen tatsächlich nicht mehr ständig besetzt.

Die Söhne Rudolfs des Schweigsamen, der 1249 starb, regierten mit weniger harter Hand als ihr Vater. Liberalere Gesinnung oder Schwäche? Die scheinbare Tugend war wohl eher eine Not. Vor allem waren die beiden Brüder offenbar ständig in Geldnöten, wobei man sich allerdings fragt, wofür sie wohl ihr ganzes großes Vermögen ausgaben. Jedenfalls erlaubten sie 1269 ihren hörigen Pächtern in Schwyz, sich freizukaufen – was, nebenbei bemerkt, auf den Wohlstand und die Finanzkraft dieser Bauern hinweist. Sie verschleuderten nach und nach ihr Erbe, das, Lehen für Lehen, von ihrem Vetter Rudolf aufgekauft wurde. Der zweite Sohn versetzte sogar den Besitz seiner Frau (einer Kyburgerin), wobei er Rudolf auch das Dorf Arth am Zuger See überließ, das Tor nach Schwyz vom schweizerischen Mittelland aus.

Der Habsburger aus der älteren Linie schlug damit zwei Fliegen mit einer Klappe: Er drängte die gegnerische Linie aus dem Rennen und übernahm gleichzeitig bedeutende Grundrechte in den Waldstätten, von denen aus er nach den Tälern – Uri ausgenommen – greifen konnte. Im selben Zuge bemächtigte er sich im Jahre 1273 der Schirmvogtei über das Urserental, indem er sich ein Erbe der Grafen von Rapperswil zuschlug. Selbst Uri, das nunmehr umzingelt war, konnte sich seiner Freiheit nicht mehr sicher sein.

Das strenge Regiment Rudolfs des Schweigsamen hatte die Schwyzer das Zusammenstehen gelehrt. Es hatte ihren Gemeinschaftssinn verstärkt und aus dem Bewältigen rein wirtschaftlicher Gemeinschaftsaufgaben, etwa im Weidebetrieb, das Bewusstsein einer gemeinsamen politischen Identität erwachsen lassen. Die nachfolgende, unter dem Interregnum aufgewachsene Generation profitierte von der langen Vernachlässigung der Herrschaftsausübung und setzte diese Identität in ein System der Selbstregierung um. Was vorher nur Landnutzungsgemeinschaft und kollektive Organisation der Almwirtschaft war, entwickelte sich zu einer differenzierteren Verwaltung, die sich auf alle Bereiche des öffentlichen Interesses erstreckte: Rechtsprechung, Steuerwesen, Vertretung des Gemeinwesens nach außen. Das Land Schwyz wurde in »Viertel« eingeteilt, deren Bewohner eine angesehene Person zu ihrem »Ammann« wählten. Das Kollegium der zwei – später vier – Ammänner bildete den Ansatz einer Exekutive. Es scheint ganz so, als habe der Feudalherr mit der Zeit seine Befugnisse an sie delegiert und damit de facto die Selbständigkeit des Landes anerkannt. Gegen Ende des Jahrhunderts (1291) wird der Erste Ammann in den Urkunden als Landammann auftreten (das Amt gibt es in den Kantonen der Zentralschweiz heute noch). Der Landammann leitet die Versammlung der freien Männer des Landes, die Landsgemeinde. Er erhebt die Steuern für das Gemeinwesen. Er richtet in erster Instanz, was bedeutet, dass die Talleute, sehr altem Herkommen gemäß, vor keinem auswärtigen Richter zu erscheinen haben. Der Landammann führt schließlich auch die Truppe an, die Schwyz gegebenenfalls aus seinen Bauern aushebt, um an militärischen oder paramilitärischen Unternehmungen teilzunehmen. Wir werden noch sehen, dass es an Vorwänden dazu nicht mangelt.

In den beiden Tälern Unterwaldens liegen die Dinge am Anfang ähnlich. Auch sie unterstehen der Herrschaft der Grafen von Habsburg-Laufenburg. Sie können sich indessen nicht im selben Maße den Niedergang des Herrscherhauses zunutze machen, um ihre Eigenständigkeit auszubauen und eine ähnliche politische Identität wie die Schwyzer zu entwickeln. Die bei-

den Täler – mit Ausnahme des Klostergebiets von Engelberg –
gelten für die Außenwelt noch als ein einziges Gemeinwesen.
In den Jahren 1239 und 1240 versuchen sie gemeinsam, sich zu
erheben und zusammen mit Schwyz das Privileg der Reichsunmittelbarkeit zu erhalten. Erfolglos freilich, weil es nur halbherzig geschieht. Die Gemeinschaft ist nämlich in eine päpstliche
und eine kaiserliche Partei gespalten, wobei die Zugehörigkeiten wie gesagt nicht auf einer objektiven Einschätzung der für
die Bauern kaum verständlichen großen Politik beruhen, sondern auf lokalen Gegensätzen zwischen einzelnen Clans. Überlagert wird diese innere Spaltung immer deutlicher von den Gegensätzen zwischen den beiden Tälern »ob und nid dem Wald«
(zwischen ihnen der »Kernwald«, eine Art Niemandsland). Worauf ist dieser Mangel an Gemeinsinn zurückzuführen? Wahrscheinlich auf die topographische Isolierung der beiden Täler
voneinander. Aber wohl auch auf Unterschiede in der landwirtschaftlichen Entwicklung. Im offeneren und fruchtbareren
Gelände Obwaldens wird im 13. Jahrhundert noch halbwegs
rentabel Getreide angebaut. Nidwalden hat sich der Weidewirtschaft zugewandt, doch mit weniger Erfolg als Schwyz und Uri;
der Kanton ist noch arm. Im Gegensatz zum Schwyzer Einheitsbewusstsein blockieren diese Misshelligkeiten in Unterwalden
den Prozess, der zu Selbständigkeit und politischer Identität
führt. Zumindest beschränken sie ihn auf den allzu engen Bereich um die Pfarreien Stans und Sarnen, die für die beiden
Halbkantone stehen.

Gesellschaftliche Krise in Uri. Die Izzelin und die Gruoba
In Uri ist die Situation natürlich ganz anders. Ist sie auch besser? Um die Mitte des 13. Jahrhunderts befindet sich der Kanton mitten im wirtschaftlichen und gesellschaftlichen Wandel.
Der relative Reichtum, durch Viehzucht und Exporthandel entstanden, ist noch jung. Er verteilt sich auch nicht, er verschärft
vielmehr die materiellen und gesellschaftlichen Unterschiede,

nährt Hass und Eifersucht. Der Verkehr über den Gotthard nimmt schnell zu. Auch er trägt zur globalen Wirtschaftsblüte bei, indem er Beschäftigung und Einkünfte bringt. Der Beschäftigungseffekt ist erwünscht. Denn die Viehzucht unterscheidet sich insofern vom Ackerbau, als sie weniger arbeitsintensiv ist und dadurch die Bevölkerung weniger auslastet. Das Beschäftigungsproblem hat in Uri sicherlich noch nicht die Schärfe, die es im 15. und 16. Jahrhundert annehmen wird, als ein großer Teil der männlichen Jugend auswandern muss und sich in allen Heeren Europas als Söldner verdingt. Doch es stellt sich bereits. Dienstleistungen für die Straße (Führer, Transport im Gebirge und auf dem See, Beherbergung, Lieferung des Futters für die Lasttiere, der Verpflegung und Ausrüstung für die Reisenden, Unterhalt der Straße, Betrieb der Lagerhäuser oder »Susten«) brachten eine Lösung. Doch diese Lösung kommt nicht allen Talbewohnern gleichmäßig zugute. Sie konzentriert zunehmend die Tätigkeiten entlang der Straße und in den wenigen Anliegerdörfern von Flüelen bis Göschenen; die Seitentäler haben das Nachsehen. Sie verpflanzt also Familien, versetzt die Bevölkerung in Bewegung und wahrscheinlich in Unruhe. Sie schafft Unterschiede und führt zu einem Gegensatz zwischen dem traditionellen Berufsstand des Bauern und Hirten und den neuen Berufen des Transportgewerbes, selbst wenn diese meist nur nebenbei ausgeübt werden. Und es steht außer Zweifel, dass der Durchgangsverkehr, der Kontakt mit der Außenwelt und die Marktbesuche im Ausland die Mentalität beeinflussen, in freilich unterschiedlichem Ausmaß.

Auf dem Hintergrund dieser empfindlichen Störung des gesellschaftlichen Gleichgewichts sind wohl auch die Familienfehden zu verstehen, die in der Zeit des Interregnums in Uri wüten. Die verfügbaren Informationen lassen sie uns freilich nur erahnen. Lediglich über eine dieser Tragödien besitzen wir genauere Zeugnisse. Diese offenbaren aber einen solchen Flächenbrand der Leidenschaften, der auch so lange anhält, dass man nicht an einen Einzelfall glauben mag. Gemeint ist die blutige Fehde zwischen den Familien Izzelin und Gruoba. Familie ist im weiteren Sinn zu verstehen, es zählen auch entfernte Verwandte dazu; und da es sich um wohlhabende Familien mit Herden- und Landbesitz handelt, ist anzunehmen, dass jede von ihnen eine ganze Anhängerschaft von Dienstboten, Schuldnern und Nachbarn um sich schart. Das Urteil, das die Fehde zu beenden versucht, nennt die Namen von zwanzig Verantwortlichen auf jeder Seite, fast durchwegs führende Personen und Familienvorstände; insgesamt müssen also Dutzende, wenn nicht Hunderte von Menschen in die tragischen Vorfälle verwickelt gewesen sein.

Wir wissen nicht, wodurch kurz nach 1250, also zu Beginn des Interregnums, dieser Streit entfesselt wurde. Der Clan der Izzelin saß hauptsächlich im mittleren Reußtal, zwischen den Dörfern Schattdorf und Gurtnellen; die Gruoba wohnten im Schächental, einem der Hauptseitentäler. Vielleicht stand ein Viehdiebstahl oder ein Streit um Weidegrenzen am Anfang, vielleicht auch die geschändete Ehre einer Tochter oder einer Schwester ... Die reihenweise von den Clans an Mitgliedern der Gegenseite verübten Morde erinnern jedenfalls stark an Gepflogenheiten der korsischen Vendetta (inklusive der Hitzköpfigkeit) und an die Abrechnungen zwischen den »Familien« der Mafia.

Dass diese blutigen Auseinandersetzungen auch eine politische Färbung annahmen, ist nur ein Nebenaspekt. Die Izzelin bekannten sich zu den Ghibellinen, den Kaiserlichen; die Gruoba waren folglich Guelfen, Päpstliche. Diese Etiketten hatten freilich unter dem Interregnum nur noch emotionalen Wert, da es gar keinen Kaiser mehr gab. Sie entsprachen auch keiner bewussten politischen Entscheidung. Noch heute wird auf Dorf- und Gemeindeebene das Partei- und Wählerverhalten der Bergbauern vom Clan bestimmt, dem die Familie seit Generationen angehört. Wenn eine von den Politikern des Hauptorts vertretene Parteiliste gewählt wird, so geschieht das nicht aufgrund eines Programms, geschweige denn einer Ideologie. Wichtig ist vor allem, dass man anders als der gegnerische Clan wählt. In den Bergen ist man konservativ oder liberal, schwarz oder grün nicht aus Überzeugung, sondern aus Familientradition. Im selben Sinne waren auch die Urner aus Familientreue Guelfen oder Ghibellinen; den Sinn der politischen Farben, die sie in ihrem Zwist hochhielten, verstanden sie nicht.

Rudolf von Habsburg als Schiedsrichter

In Uri tobt also die blutige Fehde zwischen den Sippen der Izzelin und der Gruoba. Die öffentliche Ordnung ist gefährlich gestört, Handel und Gewerbe können nicht mehr gedeihen. Die mit Führungsaufgaben am Ort betrauten Personen sind nicht imstande, dem Blutvergießen Einhalt zu gebieten. Sie sind es umso weniger, als das ganze Land gespalten ist, bis hin zu den Oberhäuptern der Talgemeinde. Rechtlich zuständig als Schiedsinstanz wäre allein der Kaiser, doch es gibt ihn nicht mehr, und es gibt auch keinen anderen allseits anerkannten Souverän. An wen sich also wenden?

Uri entscheidet sich nun für etwas, was im Augenblick als sinnvoll erscheinen mag, längerfristig aber eine ernsthafte Bedrohung in sich birgt. Es wendet sich an Rudolf von Habsburg: Er ist der einzige Herr in der Gegend, dessen politische Geschicktheit allgemein anerkannt ist und dessen tatsächliches Ansehen und Prestige genügend Gewicht haben, um die erhitzten Gemüter besänftigen zu können.

Rudolf sagt zu. Hat er sich selbst angeboten, gar aufgedrängt? Die Gelehrten streiten sich darüber – wie über vieles andere auch –, denn nichts berechtigt zur einen oder anderen Festlegung. Der Schiedsspruch ist erhalten, zwar nicht im Original, doch in einer Abschrift, die glücklicherweise unser Aegidius Tschudi im 16. Jahrhundert angefertigt hat. In dieser Urkunde steht zwar, der Graf habe sich auf Bitten der Urner eingeschaltet, doch ist dies eine in Schiedssprüchen geläufige Wendung, die keine Beweiskraft hat. Wie auch immer, für den Habsburger ist es eine unverhoffte Gelegenheit, in diesem zu strategischer Bedeutung gelangten Land, das er ohnehin seit mehreren Jahrzehnten im Visier hat, Fuß zu fassen.

Rudolf kommt Ende des Jahres 1257 nach Altdorf. Und er kommt mit großem Gefolge: Acht seiner Ritter werden die Urkunde als Zeugen unterschreiben. Wie viele Tage oder Wochen hat er gebraucht, um die beiden Parteien zum Aufgeben zu bewegen? Zwei Tage vor Weihnachten, am 23. Dezember, besiegeln der Graf und die Urner Talgemeinde den Schiedsspruch: Die Männer der beiden Sippen beschwören die Versöhnung. Wer gegen den Spruch verstößt, muss dem gegnerischen Clan 60 Mark Silber zahlen, und ebenso viel dem Grafen – ein wirklich abschreckendes Bußgeld, selbst für so reiche Familien. Der Zuwiderhandelnde gilt außerdem als meineidig und fällt unter Kirchenbann und Reichsacht, er verliert alle seine Rechte und wird wegen Mordes vor Gericht gestellt. Diese Bestimmung bricht mit dem alten Brauch, wonach Privatfehden nicht als verbrecherische Handlungen galten. Vier angesehene Urner, von denen zwei dem Adel angehören, haben die Einhaltung des Schiedsspruchs zu überwachen.

Doch alle Mühe und Strafandrohung ist umsonst, die Fehde bricht fast augenblicklich wieder aus und wütet schlimmer denn je. Rudolf muss schon im folgenden Frühjahr wieder nach Altdorf kommen. Doch diesmal kommt er nicht mehr zur Schlichtung, sondern zum Hochgericht. Eine der beiden Sippen, die der Ghibellinen Izzelin, wird mit am 20. Mai 1258 ergangenem Urteil für schuldig erklärt. Hat ihre kaiserfreundliche Gesinnung eine Rolle im Urteil des Grafen gespielt? Es gibt keinerlei Beweis dafür. Noch wenige Jahre zuvor hat die ältere Linie des Hauses Habsburg ihre – vorsichtige – Treue zu den Staufern bekannt, und auch unter dem Interregnum deutet nichts auf einen opportunistischen Wechsel ins päpstlichen Lager hin. Es war anscheinend ein objektives Urteil gegen den Clan, der den Waffenstillstand gebrochen hat. Die Bestrafung ist hart, sie verhängt unnachsichtig die vom Schiedsspruch angedrohten Maßnahmen. Die Habe der Izzelin, sowohl die bewegliche (Herden, Bargeld) als auch die unbewegliche, wird konfisziert, und zwar *cum conniventia universitatis vallis Uranie*, mit Billigung der Talgemeinde von Uri; die vom Zürcher Fraumünster zum Lehen erhaltenen Güter fallen an dieses zurück. Den Verurteilten, ihren Frauen und ihren Nachkommen wird für alle Zeiten untersagt, das Urteil vor wem auch immer anzufechten; sie haben zu schweigen. Ansonsten verhängt das Urteil keinerlei körperliche Strafe, auch keine Verbannung, die gesellschaftliche Ächtung genügt vollauf. Lange scheinen die Verurteilten aber nicht gebeugten Haupt einhergegangen zu sein, denn einige von ihnen zählen schon nach wenigen Jahren wieder zur Urner Prominenz ...

Weist der Zwist auf Auseinandersetzungen zwischen dem örtlichen Landadel und nichtadligen Bauern hin, wie bisweilen vermutet wurde? Ich glaube es nicht. Die Kluft, auf die er hinweist, ist eher mentaler als gesellschaftlicher Natur. Die Familiennamen der zum Schiedsspruch vorgeladenen Personen bezeichnen eindeutig Nichtadlige. Wenn der Adel in der Tragödie eine Rolle gespielt hat, dann allenfalls bei der Wahl des Richters: Er mochte sich von ihm die ihm fehlende Schirmherrschaft und eine Stärkung seiner prekären Position innerhalb der Urner Elite versprechen. Doch das ist nur Spekulation. Wohl hat das Interregnum in Deutschland und im schweizerischen Mittelland die Lage des Kleinadels verbessert, doch nichts berechtigt zu der Annahme, dass dies auch in den Waldstätten der Fall ist.

Eindeutig ist hingegen der Einfluss, den Rudolf von Habsburg durch diesen Anlass gewonnen oder offeriert bekommen hat. Er wird ihn nicht verkommen lassen. Obwohl die raren Quellen nichts darüber sagen, erscheint es doch als wahrscheinlich, dass der Graf Beauftragte am Ort ließ, die das Verdikt gegen die Izzelin zu vollstrecken hatten. Diese Vollstreckung muss etliche Zeit in Anspruch genommen haben, denn die beschlagnahmten Güter waren zu inventarisieren, und es musste über ihr weiteres Schicksal bestimmt werden. Es ist keineswegs ausgeschlossen, dass die Anwesenheit der Vollzugsbeauftragten sich in die Länge zog und dass diese Leute unter dem Vorwand ihres eigentlichen Auftrags auch andere Polizei- und Justizaufgaben wahrnahmen. Sie können sich so ganz allmählich zu jenen Vögten gewandelt haben, denen die Befreiungstradition später so viele Missetaten zuschreiben wird. Wir wissen heute nur allzu gut, wie eine zu Hilfe gerufene fremde Macht sich zur Tyrannei entwickeln kann. Dass die Polizisten, die Rudolf 1258 zur Wiederherstellung von Recht und Ordnung am Ort beließ, eine Generation später als ungeliebte Eindringlinge galten, kann eigentlich nicht überraschen, selbst wenn sich Rudolf nach seiner Krönung zum König den Urnern gegenüber recht leutselig gab.

König Rudolf

Nachdem er zwanzig Jahre lang um Erbschaften geschachert, sich freigewordene Rechte angeeignet, hinderliche Grundherren mit Waffengewalt beseitigt oder ihre Güter aufgekauft und Städte in seinen Besitz gebracht hat, ist Rudolf von Habsburg, der beim Tode Friedrichs II. noch ein ziemlich unbedeutender Graf war, zum mächtigen Lehnsherrn geworden. Er hat sein verzetteltes Erbe zu einem beinahe homogenen Territorium ausbauen können, das eine dichte Bevölkerung, relativ wohlhabende Landstriche, mehrere Städte, zahlreiche aufstrebende Marktflecken und ein engmaschiges Straßennetz aufweist. Einige der Straßen dienen dem internationalen Warenverkehr: Die Gotthardstraße führt über Luzern, den Aargau und Basel in die Städte am Rhein, im Elsass, in Flandern, in Brabant, in der Champagne und in der Ile-de-France. Eine andere Verkehrsader verbindet Mitteleuropa über Konstanz, Bern und Fribourg mit den Messen in Genf, Lyon, Avignon, Aigues-Mortes und Spanien. Der habsburgische Staat kontrolliert einen europäischen Verkehrsknotenpunkt. Einzig Basel will sich, sosehr er sich anstrengt, nicht seiner Herrschaft fügen, doch nördlich davon hat Rudolf die Reichsstädte Mulhouse und Colmar in Besitz genommen. Der Staat, über den er regiert, imponiert den Nachbarn durch seine Ausdehnung, durch seinen wirtschaftlichen Entwicklungsstand, durch die in Ansätzen bestehende und von den Ministerialen des Grafen ausgebaute Verwaltung, auch durch die in ihm allmählich einkehrende Ordnung. Bei der in Deutschland bestehenden Ungewissheit können die kleineren Adligen kaum etwas Besseres tun, als sich in den Dienst eines soliden, energischen und, wenn es seinem Interesse dient, sogar großzügigen Fürsten zu stellen.

Das Ansehen, das sich Rudolf von Habsburg erworben, und die Fähigkeiten, die er auf zivilem wie militärischem Gebiet bewiesen hat, bewegen die deutschen Kurfürsten dazu, ihm Ende 1273 die Königskrone anzutragen. Richard von Cornwall, einer der beiden in der Doppelwahl von 1257 gewählten Könige, hat nie zu regieren vermocht; er ist im Jahr zuvor gestorben. Den Fürsten wäre es nur recht, wenn das Interregnum fortdauerte, weil sie dann niemandem Rechenschaft schuldig wären. Doch das Volk und vor allem die Städte fordern einen König als Garanten der öffentlichen Ordnung, die sie endlich wiederhergestellt sehen wollen. Auch der Papst drängt: Das Reich soll ein Oberhaupt haben; er droht sogar, selbst eines zu ernennen. Mehrere Monate lang sind sich die Kurfürsten nur darin einig, welche Kandidaten sie auf keinen Fall wählen wollen. Es sind dies Kurfürst Ludwig, ein Wittelsbacher, der über Bayern herrscht, und vor allem der gefürchtete Ottokar Przemysl, König von Böhmen und Herzog von Österreich, Kärnten und der Steiermark – der mächtigste Territorialherrscher an den östlichen Grenzen des Reichs.

Bei ihrer ängstlichen Suche nach einem Kompromisskandidaten einigen sich die Kurfürsten schließlich auf Rudolf. Er ist zwar mächtig in seiner südlichen Provinz, doch im Reichsmaßstab nicht übermächtig; er hat Talent und ist zudem schon älter (fünfundfünfzig), was eine kurze Regierungszeit erhoffen lässt, eine Übergangslösung sozusagen ... Rudolf ist gerade dabei, Basel, die störende Lücke auf der Karte seines Territoriums, zu belagern, als ihn das Angebot der Kurfürsten erreicht. Er disponiert sofort um, schließt eiligst einen Waffenstillstand mit dem Bischof und eilt nach Frankfurt, wo er am 1. Oktober 1273 erkoren wird, und von hier aus nach Aachen, wo am 24. die Krönung stattfindet.

Der Übergangskönig regiert achtzehn Jahre lang. Und es sind achtzehn sehr aktive Jahre, selbst wenn sie ihm nicht die höchste Weihe der römischen Krone eintragen sollten. Doch Rudolf I. kümmert sich wenig darum. Im Unterschied zu den Staufern hat er keine erhabenen Pläne; die Machtmystik, die seine Vorgänger beseelt hat, ist ihm fremd. In Deutschland geboren und politisch groß geworden, sieht er im deutschen Teil des Reichs die Bühne, auf der er Macht und Ehrgeiz entfalten will. Italien interessiert ihn nicht, die Alpenkette und ihre Pässe haben deshalb für ihn nicht diesen strategisch-militärischen Stellenwert. Das Gebirge ist für ihn vielmehr vertrauter Horizont seines Stammbesitzes, natürliche Grenze seines Herrschaftsbereichs. Rudolf ist der erste Souverän, für den die Alpen nicht mehr nur ein Hindernis, eine Barriere oder ein Bündel von Verkehrswegen nach Italien und ins Morgenland darstellen; für ihn sind sie ein Raum mit Landschaften, von denen jede ihre eigene Dichte, ihr eigenes Leben, ihre eigenen menschlichen und materiellen Ressourcen besitzt, um deren Wert er auch weiß. Die Pässe sind im Verlauf des 13. Jahrhunderts zu geographischen Faktoren des aufblühenden Handels geworden, der mehr und mehr den Wohlstand der Städte ausmacht. Rudolf hat auch als einer der ersten Herrscher die neue Bedeutung dieser Städte erkannt: Sie versorgen das Reich mit gewerblichen Erzeugnissen und Geldmitteln, sie sind Horte der Kultur und der Meinungsbildung; ohne sie kann königliche Herrschaft nicht ausgeübt werden. Die Kontrolle über die Pässe und die Handelswege wird zum Regierungsziel, aber noch mehr zum Instrument der Konsolidierung der Territorialmacht, die er unter Ausnützung der Königswürde der habsburgischen Dynastie, seiner Familie, verschaffen will.

Denn Rudolf I. ist ein pragmatischer, berechnender König. Die feudalen Spielregeln kennt er bestens, er hat sie ja sein Leben lang angewandt; er kennt aus Erfahrung die Kämpfe, die sich die Großen des Reichsadels liefern, um auf Kosten des jeweils anderen den eigenen materiellen Vorteil und das eigene Ansehen zu mehren. Regieren bedeutet für ihn zunächst, diese Konkurrenten zu neutralisieren, die sich nicht nur bereichern wollen, sondern auch schon in den Startlöchern stehen für den Tag, an dem er nicht mehr leben und der Wettlauf um die Krone von neuem beginnen wird. Das ist denn auch die einzige Sorge, die er mit seinen erlauchten Vorgängern gemeinsam hat: eine Dynastie zu begründen, seinen eigenen Nachkommen die Thronanwartschaft zu sichern. Dieses Ziel wird er bekanntlich erreichen, doch erst in fernerer Zeit, sozusagen mit einigen Generationen Verspätung.

Rudolf hält also die Fürsten und hohen Herren auf Distanz und versucht, sie niederzuhalten; seine Stütze sind das städtische Bürgertum, aber auch die Ritterschaft und der Kleinadel. Aus diesen Kreisen rekrutiert er eine ihm ergebene Gefolgschaft, ein schlagkräftiges Heer, einen Stab von Regierungsbeamten. Er zieht sogar die Ministerialen heran und betraut sie mit vielfältigen Aufgaben in Verwaltung, Finanzwesen und Justiz. Er setzt sie überall dort ein, wo er seine Macht in Erscheinung treten lassen will. Diese Leute von unfreier Herkunft, die rein nach ihren Fähigkeiten ausgewählt werden, sind von einer durch nichts zu erschütternden Treue, denn sie verdanken ihm alles und sind ohne ihn nichts. Rudolfs Herrschaft leitet damit einen gesellschaftlichen Wandel ein, der sich in seinen Stammlanden und in den seinem Einfluss direkt unterworfenen Gebieten, also praktisch im ganzen schweizerischen Mittelland, abzuzeichnen beginnt. In dessen südwestlichem Teil, in der Welschschweiz, treibt das Haus Savoyen eine ähnliche Entwicklung voran. Die *nobiles*, die alten Adelsgeschlechter, treten immer mehr in den Hintergrund, weil sie erlöschen oder ihren Besitz verlieren. Statt ihrer steigen die *milites* auf: Ritter von niederer Abkunft oder erst vor kurzem in diesen Stand erhoben, darunter etliche Ministeriale und vornehme Stadtbürger.

Rudolf ist einen Großteil seiner Regierungszeit als König damit beschäftigt gewesen, den Familienbesitz zu vergrößern und seine Söhne mit Ländereien auszustatten, so dass diese schließlich als Fürsten von Rang dastanden. Sein großer Coup in dieser Hinsicht war die Beschlagnahmung Österreichs. Kurz vorher, im Jahre 1265, hatte der böhmische König Ottokar II. unter wenig ehrenvollen Umständen die Herzogtümer Österreich (das heutige Niederösterreich mit Wien), Steiermark, Kärnten und Krain an sich gerissen, also das ganze deutsch-slawische Gebiet der Ostalpen östlich von Tirol und Salzburg. Mit diesem gewaltigen Territorialstaat im Rücken hatte Ottokar Anspruch auf die Reichskrone erhoben, doch man hatte ihm den zurückhaltenderen Habsburger vorgezogen. Nachdem Rudolf die Wahl gewonnen hatte, machte er sich daran, die Territorien zurückzuerobern, deren Aneignung als widerrechtlich erachtet wurde. Er unternahm zwei siegreiche Feldzüge (1276–1278) gegen Ottokar, der in der Schlacht bei Dürnkrut bei Wien fiel. Die dem Gegner abgenommenen Herzogtümer konfiszierte der König zugunsten seiner Söhne Albrecht und Rudolf, später für Albrecht allein, seinen Ältesten, der den Titel eines Herzogs von Österreich und der Steiermark annahm.

Eine dynastische Verfügung von 1283 sah vor, dass der leer ausgegangene, noch unmündige Sohn Rudolf in den folgenden vier Jahren mit einem Fürstentum ausgestattet oder aber mit einem Geldbetrag abgegolten werden sollte. Das geplante Fürstentum oder gar »Königreich« sollte die großzügig abgerundeten Stammlande der Habsburger im Elsass, in Schwaben, im Aargau und im Gebiet von Zürich umfassen. Vorgesehen war also, zugunsten des jüngeren Sohnes praktisch das ehemalige

Herzogtum Schwaben wiederherzustellen, doch diesmal als geschlossenen, homogenen Territorialstaat. Die Täler der Waldstätte waren in diesem Staat eingeplant. Das Königreich entstand nicht, auch das Geld wurde nicht ausbezahlt. Rudolf junior, für den es bestimmt war, starb 1290 in Prag; im selben Jahr wurde sein Sohn Johannes geboren, der später seine benachteiligte Linie gnadenlos rächen sollte, indem er seinen Onkel Albrecht ermordete.

Der König und die Waldstätte

Über die Beziehungen zwischen Rudolf I. und seinen Untertanen in den Waldstätten findet sich so gut wie nichts in den erhaltenen Quellen. Das ist einigermaßen seltsam. Eigentlich würde man erwarten, dass Rudolf sich sehr häufig eingeschaltet hätte und dass zumindest einige greifbare Spuren davon geblieben wären. Das Schweigen der Quellen ist umso irritierender, als wir mit der Regierungszeit Rudolfs endlich beim unmittelbaren historischen Kontext angelangt sind, in dem Tell seine Taten vollbracht und jener Schwur stattgefunden hat, den die mündliche Überlieferung als Ursprung der Eidgenossenschaft ansieht. Das Geheimnis, das diese Überlieferung umgibt, wird also eher undurchdringlicher, als dass es sich aufklärte; wir müssen uns mit Hypothesen zufriedengeben.

Das Schweigen der Quellen könnte bedeuten, dass der König und die Waldstätte in der Tat nur gelegentlich und oberflächlich miteinander zu tun hatten, dass man alles beim Alten beließ und in mustergültiger Weise die überkommenen Bräuche, Rechte und Privilegien respektierte; die Beziehungen wären also freundschaftlich, friedlich, insgesamt problemlos gewesen. Der Herrscher könnte ja anderweitig genug beschäftigt gewesen sein: In Österreich hatte er die Herrschaft seiner Dynastie zu festigen, er musste dem wachsenden Widerstand der Fürsten und des Hochadels begegnen und außerdem die murrende Bevölkerung in Stadt und Land besänftigen.

Rudolf I. profitiert nämlich nicht mehr von einem wirtschaftlichen Aufwärtstrend. Das seit der Jahrtausendwende fast ununterbrochen anhaltende Wachstum erlahmt. Krisenwolken verfinstern den Horizont. Die Bevölkerung wächst und vermehrt sich, als ob nichts wäre, doch die Nahrungsmittelproduktion kann nicht mehr Schritt halten. Die Ernährungslage ist angespannt, Hungerjahre folgen in immer kürzeren Abständen aufeinander und betreffen immer größere Gebiete. Die Lebensmittelpreise steigen, Missbräuche häufen sich. In den Städten verschärfen sich die sozialen Unterschiede zwischen den durch Handel und Gewerbe reich gewordenen Bürgern und der Masse der Handwerker, Arbeiter und Diener. Und Rudolfs Politik kostet viel Geld, auch ohne Italienabenteuer. Er muss Heere ausrüsten und unterhalten, die Treue der *milites* und der Ministerialen kaufen und, stets gegen Gold, den einen zum Mitmachen, den anderen zum Stillhalten bewegen. Wer bezahlt das alles, wenn nicht die Bauern, auf denen Reichssteuer und Abgaben lasten, und die Städte, die einen wachsenden Teil des erwirtschafteten Vermögens abgeben sollen oder müssen? Jedenfalls Sorgen genug, um die Quellenlage im Sinne einer geringen Aufmerksamkeit des Königs für die Waldstätte zu deuten.

Aber steht ein solcher Mangel an Aufmerksamkeit nicht im Widerspruch zu der Art, wie Rudolf sonst überall seine Interessen klar erkennt und energisch wahrnimmt? Als er noch ein einfacher Graf war, hatte er die Waldstätte geduldig mit seinen Netzen umsponnen. Wie soll er sie nun als König vergessen haben? Eine der ersten mit seinem königlichen Siegel versehenen Urkunden, noch im Krönungsjahr ausgestellt, lässt die vakant gewordene Schirmvogtei über das Urserental an die Krone zurückgehen; er überträgt sie sofort seinem Sohn. Einige Jahre später baut er seine Stellung aus, indem er in Laax im Vorderrheintal (Sursilva) ein als Grafschaft bezeichnetes, ihm unterstelltes Gericht schafft; er fordert damit übrigens einige Nachbarn – fünf Ritter aus dem Oberwallis, den Abt von Disentis und den (dabei umkommenden) Bischof von Chur – zum bewaffneten Widerstand heraus. 1283 erwirbt er käuflich vom Vetter der laufenburgischen Linie die Rechte über Schwyz und Unterwalden. Und 1291 schließlich veräußert ihm der überschuldete Abt des elsässischen Murbach die Stadt Luzern mit umliegenden Gütern für die Summe von 2000 Mark Silber, Basler Gewicht. Man kann also nicht behaupten, dass er sich nicht mehr für die Gegend interessiert hätte. Er hat sie vielmehr in die Zange genommen: Mit Luzern im Norden und dem Urserental im Süden hat er die beiden Tore ihrer Handelsstraße – ihrer Lebensader – besetzt.

Es ist also vielmehr zu vermuten, dass die Urkunden uns nicht alles sagen, dass sie uns sogar das Wichtigste verschweigen, weil es diskret geschieht: die machtpolitische Unterwanderung. Im Jahre 1274 bestätigt Rudolf die Reichsunmittelbarkeit Uris, das ist gesichert. Eine Geste des guten Willens, zum Einstand sozusagen; doch die Geste ist zweischneidig. Die kaiserliche Macht, die in Uri allein intervenieren darf, vertritt er ja selbst, auch wenn er nicht in Rom gekrönt worden ist. Hat er dasselbe in Schwyz vor? Anscheinend nicht, denn ein solches »Privileg« hätte nicht völlig unbemerkt bleiben können; die Schwyzer hätten sich natürlich in der Folgezeit darauf berufen. Der König erteilt ihnen aber etwas später, im Jahre 1282, ein ganz ähnliches, doch spezieller zugeschnittenes Privileg: Ihre Prozesse dürfen nur von einem Richter der Talgemeinschaft, vom König selbst oder von einem seiner Söhne entschieden werden. Eine Rechtsprechung durch auswärtige Feudalherren ist also ausgeschlossen. Noch später, wenige Wochen vor seinem Tod im Jahre 1291, sichert derselbe Rudolf denselben Schwyzern zu, dass sie sich nicht vor unfreien Richtern, das heißt vor Ministerialen, zu verantworten haben. Das bedeutet aber, dass sie es zuvor tun mussten, dass also der König Ministeriale als Richter, Steuereintreiber oder Ordnungshüter im Lande eingesetzt hatte.

So wirkten sich also die »Privilegien«, die 1274 den Urnern und 1282 den Schwyzern gewährt wurden, in Wirklichkeit restriktiv aus. Sie bewirkten, dass diese Kantone allein dem König und seiner Dynastie unterstellt waren, diesem Rudolf von Habsburg also, der die Vermengung seiner königlichen Befugnisse mit der gräflichen Herrschaftsausübung zur Meisterschaft entwickelt hatte. Mit anderen Worten: Mit den scheinbar wohlwollenden Gesten hat er die beiden Kantone unter seinen Einfluss gebracht. In Unterwalden gab es keine solchen Winkelzüge: Rudolf ließ hier seinen laufenburgischen Vetter noch eine Zeitlang walten, dann kaufte er ihm das Land ganz einfach ab.

Die Waldstätte sind also unter seinem Einfluss, ohne direkt von ihm regiert zu werden: Vorsichtshalber macht der König sie noch nicht zu bloßen Lehen. Dazu ist er zu klug, er kennt die Gegend, auch die Empfindlichkeit und Hitzköpfigkeit der Bergler. Ihnen ihre Freiheit, ihre traditionelle Selbständigkeit zu nehmen, würde nichts bringen; die Zeit, so glaubt er, wird für ihn arbeiten. Im Augenblick würde eine unverhüllte Annexion nur einen zähen und kostspieligen Widerstand heraufbeschwören – was die Zukunft bald bestätigen wird, am Morgarten und danach. Rudolf zieht demgegenüber einen Modus Vivendi mit den Waldstätten vor, bei dem er sich gewissermaßen einschleichen kann – eine Technik, wie sie noch so mancher Machthaber bis in die jüngste Zeit hinein angewandt hat. Er tut so, als würde er die Autonomie der Talgemeinschaften und die Institutionen, die sich aus ihr entwickelt haben, respektieren. Er anerkennt die lokalen Kompetenzen des Landammanns und seiner Ammänner und lässt diesen ziemlich große Bewegungsfreiheit. Aber da ist auch die öffentliche Ordnung aufrechtzuerhalten – seit der traurigen Affäre Izzelin-Gruoba kein leeres Wort –, das Hochgericht auszuüben, was er wegen der Entfernung normalerweise nicht selbst tun kann, und es braucht eine Steuerverwaltung: Vorwände genug, um eine ganze Beamtenschaft ins Land zu schicken. In Flüelen, am untersten Ende des Urner Tals, wo für den Reise- und Güterverkehr der Wasserweg über den Vierwaldstätter See beginnt, wird ein Reichszoll erhoben. Die Urner werden sich ihn später aneignen, doch erst im Jahre 1360. Einstweilen ist es aber noch ein königlicher Beamter, der ihn verwaltet und den Erlös zu hundert Prozent in die Kasse des Habsburgers fließen lässt. Ein anderer Beamter schlichtet 1275 im Namen des Königs den Streit zwischen Urner und Engelberger Hirten um die Surenenalmen; ein weiterer weist das Land Schwyz zurecht, als es entgegen altem Brauch die Zisterzienserinnen von Steinen der Steuerpflicht unterwerfen will.

Ob diese Beamten zahlreich waren oder nicht und ob sie in jedem Tal einem Chefbeamten unterstellt waren, der vermutlich das Gericht innehatte, das alles ist ziemlich unwichtig. Es ist auch unerheblich, ob der leitende Beamte den Titel eines Landvogts trug. Entscheidend ist, dass es solche königlichen Beamten gab, dass sie landesfremd waren und dass viele oder gar die meisten von ihnen jener Berufsgruppe der qualifizierten, treu ergebenen Ministerialen angehörten. Wie wäre sonst das Versprechen an die Schwyzer von 1291 zu erklären, der König werde solche Leute nicht mehr über sie richten lassen? Rudolf musste übrigens den Forderungen der Schwyzer entsprechen, weil er eine Dankesschuld abzutragen hatte.

In den letzten Jahren seiner Regierungszeit war er nämlich gegen seine Feinde im Westen zu Felde gezogen: gegen den Grafen von Savoyen und den Pfalzgrafen Otto von Burgund, der, obwohl seine Franche-Comté ein Reichslehen war, sich weigerte, dafür dem König Huldigung zu leisten. Rudolf belagerte 1288 zweimal erfolglos Bern, den gegnerischen Vorposten inmitten seiner Besitzungen; erst im Frühjahr 1289 ließ ihm eine List die Stadt in die Hände fallen. Im Juli zog er über den Jura nach Burgund, eine Spur der Verwüstung hinter sich ziehend – *Maximus desolator et destructor castrorum,* »der größte Verwüster und Burgenzerstörer«, wie der Chronist Johannes von Winterthur später vermerkte. Vor Besançon scheiterte er jedoch, und Otto, dem französische Ritter Verstärkung brachten, drohte ihm den Rückzug abzuschneiden. Die Situation war umso bedenklicher, als Rudolfs Heer den Proviant aufgezehrt und es selbst die Ernten im weiten Umkreis vernichtet hatte. Zu diesem Heer zählte unter anderem auch ein Schwyzer Kontingent (was, nebenbei bemerkt, den Einfluss verdeutlicht, den der Habsburger in diesem Land inzwischen erlangt hatte, denn es handelte sich bestimmt nicht um Freiwillige). Am Ufer des Doubs, mitten in Burgund, rettete nun dieser Schwyzer Haufen Rudolf und seine Leute mit einem kühnen Handstreich. Der Überraschungseffekt war so groß, dass Graf Otto einen Kompromiss vorschlug: Er leistete die geforderte Huldigung, blieb aber faktisch Herr über seine Provinz. Der Form halber protestierte Rudolf noch beim französischen König wegen der Unterstützung Ottos durch seine Ritter. Philipp der Schöne ignorierte gelassen die Note.

Die Stunde Wilhelm Tells

Beschäftigen wir uns wieder mit den Waldstätten und der zumindest zweischneidigen politischen und rechtlichen Lage, in die sie durch Rudolfs Herrschaft geraten sind. Die Talleute haben allmählich begriffen, dass der König in längeren Zeiträumen denkt und dass alles davon abhängt, wie sich die sicherlich baldige Nachfolge gestalten wird. Sie sind auf dem Quivive, besorgt und nervös, aber sie warten ab. Einstweilen haben sie gar keine andere Wahl, als die Anwesenheit der königlichen Beamten zu ertragen, seien diese nun Vögte oder nicht. An Anlässen zu Reibereien und an Provokationen mangelt es sicher nicht.

In dieser gespannten Atmosphäre löst der Übereifer eines königlichen Beamten, der wahrscheinlich ein Ministeriale ist, nur allzu leicht einen Zwischenfall aus. Andererseits bejubeln die Bergler alles, was ihnen ein Stück Ehre zurückgibt und ihre verletzte Würde wiederherstellt. Hat dieser Beamte Gessler geheißen, und der Bergler mit dem leicht verletzbaren Stolz Wilhelm Tell? Wir werden es nie wissen. Aber so wichtig ist es auch gar nicht; genauso wie es unwichtig ist, den wirklichen Verlauf des Zwischenfalls zu kennen.

Doch liegt es vollkommen im Bereich des Möglichen, sogar des Wahrscheinlichen, dass in den Jahren um 1280 im Tal Uri ein Mann oder vielleicht mehrere Männer absichtlich und in aller Offenheit den auf öffentlichem Platze aufgestellten Insignien des Herrschers die Ehrbezeugung verweigert haben, dass sich daraus – ohne Apfel – die Geschichte ergeben hat, die von der mündlichen Überlieferung dem Schützen Wilhelm Tell zugeschrieben wird. Und dass diese Ehrenrettung bei den Landsleuten des Helden in stolzer Erinnerung blieb und weitererzählt wurde.

12
Die kleine Welt, in der Tell lebt

Wir halten hier für einen Augenblick den Gang der Ereignisse an. Denn um ihren Sinn besser verstehen zu können, müssen wir mit Tells Zeitgenossen besser bekannt werden. Das heißt, dass wir die wenigen Anhaltspunkte sammeln müssen, die uns in Umrissen die Umwelt unseres Helden erahnen lassen. Wir können diese Welt wirklich nur erahnen, denn wir haben über sie nur sehr wenige Zeugnisse, die auch keineswegs eindeutig zu interpretieren sind. Sie stammen nämlich meist aus einer Welt außerhalb der Gesellschaft, die wir näher kennenlernen möchten; sie bieten also ein unvollständiges, subjektives, zumeist entstelltes Bild. Dürfen wir – mit der gebotenen Vorsicht natürlich – unser dermaßen lückenhaftes Wissen etwas aufwerten, indem wir Schlüsse aus späteren Quellen ziehen oder aus Quellen, die andere Alpenvölker betreffen? Die relativ stabilen Strukturen in Gesellschaft, Wirtschaft und Mentalität der Berggesellschaften und die von einem Tal zum anderen doch recht ähnlichen Lebensformen erlauben es, das eine oder andere zu übertragen.

Ein kleines Volk

Die erste Frage, die wir zu stellen haben, und zugleich die erste unüberwindbare Schwierigkeit: Welche Bevölkerung lebte in unseren Tälern? Welche demographische Struktur wies sie auf, und welche Bewegungen gab es in ihr? Keinerlei Quelle hilft uns hier weiter, weder eine Zählung noch eine steuerliche Registrierung der Herdfeuer, natürlich auch kein Tauf- oder Sterberegister. Der Nebel ist in den Berggegenden noch undurchdringlicher als in den Städten und Dörfern des Flachlands. Das einzige Dokument, das wir besitzen, kann ihn nicht lichten: Als im März 1290 in Spiringen (Uri) die neue Pfarrei mit eigener Kirche errichtet wird, verpflichten sich die Familien, die im Schächental zwischen Bürglen und dem Klausenpass Äcker und Wiesen besitzen, für deren Unterhalt aufzukommen: Es sind 83 Familienoberhäupter (darunter neun Frauen). Doch wie viele Mitglieder zählte durchschnittlich eine Familie? Fünf, sechs? Und wie viele andere Bauern lebten im Tal, ohne Grund zu besitzen? Insgesamt mag das Tal zwischen 700 und 1000 Einwohnern gezählt haben, doch diese Schätzung ist zu unsicher und auch zu isoliert, um globalere Schlüsse zu erlauben.

Kann man wenigstens eine Größenordnung angeben, durch einen Vergleich mit anderen Gebieten, über die es etwas mehr Material gibt, oder durch Rückschlüsse aus späteren, besser dokumentierten Zeiten? Neuere Untersuchungen von Anselm Zurfluh über die Bevölkerung Uris vor der Französischen Revolution kommen auf 8800 Einwohner um das Jahr 1600. Von 1300 bis 1600 ist natürlich viel Wasser die Reuß hinuntergeflossen; im 14. Jahrhundert hat die Pest gewütet (aber wie schlimm?), die nach und nach von den Städten unterjochte Wirtschaft ist geschwächt, die Gesellschaft ärmer geworden; die intensiv betriebene Viehzucht hat die Arbeitsmöglichkeiten noch weiter verringert; eine starke Auswanderungsbewegung hat eingesetzt, die die Einwohnerzahlen dem Arbeitsangebot und den wirtschaftlichen Ressourcen angleicht. Es ist also nicht unvernünftig, wenn wir uns das Urner Völkchen zur

Zeit seines Helden als nicht deutlich kleiner, vielleicht sogar fast gleich groß wie um 1600 vorstellen. Also mit etwa 7000 bis 8000 Seelen.

Eine notgedrungen sehr summarische Schätzung, die ich mir einmal erlaubt habe, ergab für die Zeit um 1300 eine Größenordnung von 1,3 bis 1,4 Millionen Einwohnern im ganzen Alpenraum, davon zwischen 150 000 und 180 000 auf der schweizerischen Nordseite (Alpen und Voralpen). Das würde eine Bevölkerungsdichte von 7 bis 10 Einwohnern pro Quadratkilometer bedeuten. Diesen Faktor auf das Urner Gebiet angewandt, kämen wir auf eine Einwohnerzahl zwischen 7000 und 10 000 Seelen. Relief und Lebensbedingungen des Kantons geben natürlich eine niedrige Dichte vor. Auch aus dieser Sicht erscheint also die Zahl von 7000 bis 8000 Einwohnern als plausibel.

Als Länder des Voralpengebiets mögen Schwyz und Unterwalden eine etwas höhere Einwohnerdichte als Uri aufgewiesen haben. Man kann also für das Stammland von Schwyz in seiner damaligen Ausdehnung eine Zahl von etwa 5000 Einwohnern annehmen. Für Unterwalden und das Gebiet von Engelberg wären es zwischen 5500 und 7000 Einwohner.

Das sind Größenordnungen, wie gesagt. Sicher ist jedenfalls, dass das »kleine Volk von Hirten« ein sehr kleines Volk war. Insgesamt zählte es bestenfalls um die 20 000 Seelen.

Eine dynamische, doch häusliche Bevölkerung

Die Strukturen dieser Bevölkerung können wir uns nur ansatzweise vorstellen. Wie überall im Mittelalter ist die Lebenserwartung nicht hoch. Noch im 20. Jahrhundert ist sie im Bergland niedriger als in der Ebene: 1920–1921 lag sie in den schweizerischen Bergkantonen bei 52 Jahren, während sie im Landesdurchschnitt 55 Jahre betrug. Allerdings spricht einiges dafür, dass es dieses Gefälle im Mittelalter nicht gab, dass es sogar zugunsten der Berggebiete verlief. Die Menschen lebten dort weniger dicht aufeinander als in der Stadt oder in den Dörfern des Unterlandes. Das Klima in den Tälern ist zwar rau, doch im 18. Jahrhundert wird man merken, dass es gesund ist. Ihre relative Abgeschiedenheit mag bestimmte Teile der Bevölkerung besser vor den häufigsten Epidemien und Endemien geschützt haben. Die tägliche Betreuung der Tiere zwang die Bauern sicherlich zu einem weniger nachlässigen Umgang mit der Körperhygiene, als es wohl bei anderen Berufsgruppen der Fall war. Schließlich und vor allem kannte man in den Bergen im Mittelalter – vom 12. bis mindestens ins 16. Jahrhundert – nur selten Hungerzeiten und genoss eine Ernährung, zu der die Tierhaltung mit ihren Erzeugnissen – Fleisch, Milchprodukte, Eier –, die Jagd, das Fischen, gesammelte oder geerntete Früchte regelmäßig Proteine, Vitamine und Mineralstoffe lieferten. Die Berge brachten außerdem klares, unverschmutztes Wasser in die Küche und auf den Tisch. Eine gesunde Ernährung also, die insgesamt auch ausreichend war, außer vielleicht für ärmere Familien in schwierigen Zeiten.

Die Quellen scheinen auf kinderreiche Familien hinzudeuten: Es überrascht uns nicht. Wie anderswo auch, ist eine große Kinderzahl für die Eltern die beste Vorsorge – zumindest denkt man traditionell so. Angesichts des geringen Beschäftigungseffekts der Viehzucht und des beengten Horizonts kann allerdings eine übermäßige Geburtenhäufigkeit eine Gesellschaft auch belasten. Obwohl wir über Heiratsfreudigkeit, Geburtenrate und allgemein über das demographische Verhalten überhaupt nichts wissen, können wir eine Bevölkerungsdynamik, eine Vitalität annehmen, die der wirtschaftlichen Dynamik der Täler entspricht und auch ihr Bewusstsein einer politischen Identität und ihren Willen zur Unabhängigkeit erklären hilft.

Im ausgehenden Mittelalter und noch sehr lange danach gab es im gesamten Alpengebiet kaum eine Gegend, die vom Zwang zur Auswanderung – vor allem der männlichen Jugend – verschont gewesen wäre. Die Waldstätte werden die Abwanderung sehr drastisch erleben, hauptsächlich in der Gestalt des

Reislaufens: Die jungen Leute treten als Söldner in den Dienst der Herrscher Europas. Gelegentlich gehen junge Hirten auch ihrer angestammten Tätigkeit in der Fremde nach; 1698 sind sie beispielsweise auf Weiden in den Vogesen bezeugt (siehe Fernand Braudel, *Frankreich. 1. Raum und Geschichte,* Stuttgart 1989, S. 145). Hat diese Auswanderung schon im 13. oder im beginnenden 14. Jahrhundert eingesetzt? Es gibt keine entsprechenden Belege, und ich sehe auch keinen Grund dafür. Ein paar Bergler im zeitweiligen Sold des Königs oder irgendwelcher Herren des Mittellandes im 13. Jahrhundert machen noch keine Abwanderung aus. Es kann durchaus sein, dass die Viehwirtschaft bereits weniger Arme brauchte, als zur Verfügung standen. Doch es gab noch andere Beschäftigungen, zumal im Transportgewerbe. Lieferungen ins Unterland von Baumaterialien, Holz und Stein, die sich bequem über den See und die Flüsse transportieren ließen, boten zusätzliche Arbeitsmöglichkeiten. So ganz ohne Kontakt zur Ebene und zu den Städten waren die Bergler wie gesagt nicht. Einige von ihnen mögen versucht gewesen sein, dort ihr Glück zu versuchen, doch das waren sicherlich Ausnahmen. Insgesamt haben wir den Eindruck, als wäre das Völkchen stolz auf seine Bergheimat gewesen und hätte seinem Tal, das ihm Brot und Arbeit bot, die Treue gehalten; die Bevölkerung mag also stabil gewesen sein.

Familienbande

Die Erzählungen von Tells Taten und die gesamte »Urschweizer Befreiungstradition«, die ich im ersten Teil dieses Buches wiedergegeben und untersucht habe, verraten uns einige Züge der Mentalität in Tells Umwelt, und zwischen den Zeilen erfahren wir etwas über die Gefühlswelt der Helden. In der uns vorliegenden Form stammen diese Erzählungen frühestens aus der zweiten Hälfte des 15. Jahrhunderts, bei der Lektüre ist also Vorsicht, vielleicht sogar Skepsis geboten. Wir konnten den Erzählungen gleichwohl zugestehen, dass sie mit ihrer Treuherzigkeit einige Elemente weitergaben, die im kollektiven Gedächtnis haftengeblieben waren, das wiederum verlässlich genug war, um die Wirklichkeit und die Gefühle aus der Zeit Wilhelm Tells und seiner Gefährten fortleben zu lassen. Dass diese von Generationen von Erzählern lebendig gehaltene Erinnerung von fremden Elementen und Ausschmückungen überlagert wurde wie von den Ablagerungen eines Wildbachs, daran besteht gar kein Zweifel. Die zeitliche Abfolge geriet dabei durcheinander, sie ist nicht mehr rekonstruierbar. Das Gedächtnis hat die Helden vermengt und imaginäre Bande zwischen ihnen geknüpft, um die Erzählung kohärenter und spannender zu machen. Kurz, es hat die Ereignisse und die Protagonisten fast bis zur Unkenntlichkeit verfremdet, und wir müssen seinen Beteuerungen misstrauen. Unter der Verfremdung haben wir aber Situationen, Begebnisse und Personen ausgemacht, die alle Erzählprozeduren heil überstanden haben: Sie können nicht vollkommene Erfindung und auch nicht samt und sonders fremden Ursprungs sein. Sie lassen ein Weltbild und eine Lebenshaltung sichtbar werden, die von den Chronisten des ausgehenden 15. und des 16. Jahrhunderts nicht mehr erkannt wurden. Insofern vermitteln sie recht brauchbare Bilder der ursprünglichen Mentalität, jener Mentalität, die wir den Zeitgenossen Wilhelm Tells zuschreiben können.

Die zeitgenössischen Quellen sind zu selten und zu fragmentarisch, als dass sie uns in vollem Umfang bestätigen könnten, was uns in den Erzählungen als Mentalität der Talleute entgegentritt; die Erzählungen bleiben also die detaillierteste Quelle. Immerhin werden einige Züge dieser Mentalität bestätigt durch das wenige, das wir über die blutige Sippenfehde zwischen den Izzelin und den Gruoba wissen. Beispielsweise geht aus dieser um 1250 wirklich geschehenen Tragödie und aus den Erzählungen der Befreiungstradition klar hervor, wie viel die Familienehre galt und wie ungestüm gewisse Gewaltriten waren.

Die Familie bildet in der Berggesellschaft den Kern, der nahezu allem trotzt. Das ist nicht weiter erstaunlich, denn im Mittelalter gilt allenthalben, zumal auf dem Land, dass die Familienbande den gesellschaftlichen Zusammenhalt gewährleisten. Im alemannischen Raum hat überdies – ein Überbleibsel aus der archaischen Stammesgesellschaft – die familiäre Abkunft mehr Bedeutung bewahrt als in den romanischen Ländern; das gilt verstärkt für das Alpengebiet, wo seit der alemannischen Einwanderung im 8. und 11. Jahrhundert die Verwandtschaftsstrukturen nicht mehr durch neue Wanderungsbewegungen gestört wurden. Die Verwandtschaft im weiteren Sinne, die Sippe, ist hier Schutzgemeinschaft ihrer Mitglieder; sie ist auch Produktionsgemeinschaft. Sie hat ihre eigene Hierarchie, die quer oder parallel zur übergeordneten Hierarchie der Talgemeinschaft verläuft. Sie hat ihr Oberhaupt oder ihre Oberhäupter: Wir sehen sie vor Graf Rudolf treten, als er über die Fehde zwischen den Izzelin und den Gruoba richtet. Das Oberhaupt organisiert die Arbeit. Es verfügt auch über die Menschen; ohne seine Zustimmung wird keine Ehe geschlossen, die im Normalfall auch Heirat innerhalb der Sippe bedeutet – was die Partnerwahl einschränkt, das Heiratsalter vermutlich hinausschiebt und vorehelichem Geschlechtsverkehr möglicherweise Vorschub leistet.

Die Familie ist jedenfalls die Produktions- und Verbrauchseinheit ihrer Mitglieder, die alle zusammen am selben Tisch sitzen. Sie nährt dadurch einen sehr intensiven Gemeinschaftssinn, aus dem sie wiederum ihre Kraft bezieht. Sie ist auch praktisch der einzige Ort, an dem die Gefühle, die wir uns als sehr heftig vorstellen, ausgelebt und ausgedrückt werden können.

Im Gebirge hat die Familie einen noch höheren gesellschaftlichen Stellenwert als anderswo. Zunächst bedingt durch die Art der täglichen Arbeit: Die Viehwirtschaft erfordert im Tages- und Jahresrhythmus eine sehr ausgeprägte Arbeitsteilung innerhalb der Familie. Den Frauen, Töchtern, Schwestern obliegen nicht nur der Haushalt und die Kindererziehung – das überlässt man möglichst den Älteren unter ihnen. Sie arbeiten direkt mit und tragen somit unmittelbar Verantwortung im Familienbetrieb. Zusätzlich schweißt der enge gesellschaftliche und kulturelle Horizont im Gebirge die Familie zusammen; er schließt Mobilität aus und macht die Verwandtschaft zum Pol, nach dem sich jeder gezwungenermaßen richten muss.

Im engeren Sinn bedeutet Familie die Kleinfamilie: Eltern und Kinder. Sie ist der emotionale Hort, Tell als zärtlich liebender Vater ist ein Beispiel dafür. Unter Familie ist aber mehr noch die Verwandtschaft zu verstehen: Großeltern, soweit sie noch leben, Onkel, Tanten, Vettern. Und schließlich bedeutet Familie die Sippe, zu der auch die entferntesten Verwandten zählen, ja sogar Menschen, die statt durch Blutsbande durch irgendwelche Abhängigkeit oder einfach Nachbarschaft mit ihr verbunden sind. In dieser auf ein Tal, eine Pfarrei oder ein Dorf beschränkten Gesellschaft, in der die Verwandtenehe die Regel gewesen zu sein scheint – wo, wenn nicht im Tal, hätte man auf Brautschau gehen können? –, muss es regelrecht selten gewesen sein, dass die Bewohner eines Dorfes nicht auch miteinander verwandt oder verschwägert gewesen wären. Im 17. und 18. Jahrhundert mussten in Uri vierzig Prozent der Paare vor der Eheschließung um kirchliche Dispens nachsuchen, weil durch Verwandtschaft ein Ehehindernis bestand. Im Mittelalter war es sicher nicht viel anders.

Frau, Ehre und Sexualität

Wir haben eben gesehen, welche wirtschaftliche und emotionale Bedeutung das weibliche Element in dieser Familienstruktur einnimmt. Die Frau – als Gattin, Tochter, Schwester – ist zwar nicht selbständig, weil sie in die familiäre Arbeitsteilung eingebunden ist und dem Familienoberhaupt zu gehorchen hat, das normalerweise ein Mann ist (die erwähnte Liste der Grundeigentümer im Schächental im Jahre 1290 führt ein Zehntel weibliche Betriebsleiter auf). Doch in gewisser Weise ist die Frau emanzipiert, jedenfalls in weit höherem Grade, als es ihre Urenkelinnen zwei- oder dreihundert Jahre später sein werden. In den Erzählungen haben wir gesehen, wie stark die Frauen in Erscheinung treten, wie aktiv sie werden und sogar eine Meinung vertreten – sofern wir dem glauben wollen, was Stauffachers Frau in den Mund gelegt wird: Was sie im Einzelnen sagt, ist sicher erfunden, doch dass sie sich in dieser Weise äußert, ist keineswegs unwahrscheinlich. In den Bergen sind den Frauen auch Tätigkeiten nicht verwehrt, die sonst als typisch männlich gelten. Selbst Diana hat dort ihre Anhängerinnen: eine »Jägerin Mechthild« tritt 1290 im Schächental als Grundbesitzerin auf.

Durch ihre wichtige Rolle hat die Frau auch ihren Preis, der sich in der auch vor Gewalt nicht zurückschreckenden Heftigkeit ausdrückt, mit der ihre Männer – Ehemann, Vater oder Sohn – ihre Ehre verteidigen. Die Ehre der Frau steht vor allem dann auf dem Spiel, wenn ein Fremder sie kompromittiert: Dass man den Vögten wiederholt in dieser Heftigkeit anlastet, sie hätten den Landestöchtern nachgestellt, ist kein Zufall, es bestätigt vielmehr dieses Ehrprinzip. Dieses Prinzip verbindet sich mit einem eingefleischten, uralten Misstrauen gegenüber Fremden und einem Standesbewusstsein, gegen das selbst die Liebe, geschweige denn die Sexualität etwas ausrichten kann, auch wenn es einen gesellschaftlicher Aufstieg brächte; dazu kommt die Angst, es könne zu wenig heiratsfähige Mädchen geben, zumal es die Verführer natürlich auf die anziehendsten unter ihnen abgesehen haben.

Heißt das, dass in dieser Gesellschaft nach innen ein rigoroser Puritanismus geherrscht hat? Es fehlen Hinweise, um die Frage zu beantworten. Im Allgemeinen hatten die Bergvölker einst ziemlich freie Sitten. Ehebruch, Konkubinat, selbst Vergewaltigung war nichts Außergewöhnliches. Die Einsamkeit in den langen Sommern auf der Alm begünstigte Homosexualität und Sodomie. Wir wissen nicht, ob diese Abweichungen von der sexuellen Norm moralisch oder gesellschaftlich geächtet waren. Strafrechtlich wurden sie in der Grafschaft Savoyen nur mit Bußen geahndet, und ein Verfahren wurde erst auf förmliche Anzeige hin eröffnet. Die Waldstätte, beziehungsweise ihre Richter, führten keine Register über Verfahren und verhängte Bußen wie die Schlossherren der Grafen von Savoyen. Wir haben lediglich den nicht verbürgten Bericht unserer Erzählungen. Die Dame in Conrad von Baumgartens Bad sträubt sich zwar gegen die Zudringlichkeiten des Verführers; doch es genügt verbaler Druck von seiner Seite, um sie das gemeinsame Bad, nackt mit ihm in einer Wanne, erwägen zu lassen. Und die Magd auf dem Schloss Rotzberg genießt die Neujahrsnacht mit ihrem Liebhaber sehr ... Doch diese Details, ob erdichtet oder nicht, sind zu vereinzelt, um von Bedeutung zu sein.

Gewalttätigkeit und Ausgelassenheit

Dass es immer wieder gewaltsam zuging, ist hingegen unstreitig. Selbst wenn die Erzählungen die Gewalt zu verschleiern versuchen, um die Erhebung der Schweizer nachträglich moralisch zu legitimieren, so decken sie sich doch in diesem Punkt mit allem, was wir anderweitig über die Sitten in den Waldstätten erfahren. Die handgreiflichen Auseinandersetzungen um Weideplätze diesseits und jenseits der natürlichen Kantonsgrenzen (Klausenpass, Surenen), die Vendetta zwischen den Izzelin und den Gruoba, die wiederholten »Heimsuchezüge« der Schwyzer ins Kloster Einsiedeln, bei denen sie die Mönche samt Habe verschleppten, die Viehdiebstähle, die reihenweise verübten Morde und all die anderen Anschläge, von denen unsere Erzählungen berichten, schließlich Tells Taten selbst: Gewalt, individuelle wie kollektive, begegnet uns auf Schritt und Tritt. Und sie gilt als rechtmäßig, wenn sie nicht heimlich oder aus rein persönlicher Bosheit verübt wird.

Der Spannungszustand, der in der zweiten Hälfte des 13. Jahrhunderts in den Tälern herrscht und der vor allem für Uri verbürgt ist, ist nicht allein auf die angespannte politische

Situation und die Bedrohung der Unabhängigkeit zurückzuführen, sondern auch auf die Atmosphäre der Gewalt, die dabei um sich greift. Spannungszustand und Gewaltatmosphäre schaukeln sich gegenseitig hoch. Aber geschieht das nicht zwangsläufig in jeder Gesellschaft, wenn ihre Integrität, Stabilität oder Identität gefährdet ist? Die Geschichte ist bis in die neueste Zeit hinein übervoll von solchen Entfesselungen der Emotionen. In Uri ist die Gewalt unstreitig eine negative Auswirkung des Wohlstands und der Umwälzungen, zu denen die erfolgreiche Viehwirtschaft und die Gotthardstraße geführt haben.

Aber hat diese grassierende Gewalt nicht auch einen Beigeschmack von Ausgelassenheit? Das Leben in den Bergen war eintönig wie das bäuerliche Leben überall. Mit Festen konnte man sich über die Eintönigkeit hinwegtäuschen, man ließ auch keine Gelegenheit zum Feiern aus. Die Feste des Kirchenjahres und des Brauchtums, gesellschaftliche Anlässe, Familienfeiern, Sonnenwende und Erntedank boten eine Gelegenheit, über die Stränge zu schlagen, wobei fast alles erlaubt war. Die Aggressivität der wenig zimperlichen Bauern konnte sich in allerlei Spielen und Wettkämpfen austoben. Nicht selten arteten diese Feste aus: Junge Leute aus dem Nachbardorf oder der Nachbarsippe brachen in eine Hochzeitsfeier ein, eine Rauferei ließ alte Feindschaften auflodern, ein kokettes Frauenzimmer spielte seine Verehrer gegeneinander aus ... Ich meine, man darf sich solche kollektiven Ausschreitungen wie die Überfälle in Einsiedeln oder am Surenenpass auch als mehr oder minder spontane Aktionen vorstellen, die den überhitzten Gemütern der jungen Bauern ein äußeres Ziel boten – die wohlbekannte Flucht nach vorn.

Kirche, Frömmigkeit und Berglerkultur

Durch Pfarrkirchen und durch Klöster ist die Kirche in den Tälern mindestens seit dem 11. Jahrhundert präsent. Die Pfarreien deckten sich ursprünglich mit den Hauptorten, den ältesten

Siedlungen der einwandernden Alemannen: Altdorf, Schwyz, Sarnen und Stans. Mit der Besiedelung der oberen Talabschnitte und der Seitentäler wurde die Entfernung zu Kirche und Friedhof immer problematischer, und man musste neue Pfarreien errichten. Schon im 11. Jahrhundert kam zu Altdorf die Pfarrei Bürglen hinzu, etwas später Silenen und 1290 Spiringen. Neben Schwyz entstanden 1125 Steinen und um 1200 Muotathal; in Unterwalden scharten Kerns und Alpnach (1173), später auch Buochs die Gläubigen um sich. Über das Leben dieser Pfarreien, die wohl von einem wenig qualifizierten Klerus betreut wurden, wissen wir so gut wie nichts.

Was die Klöster betrifft, so treten sie fast nur in Erscheinung als Konkurrenten um Weideplätze und als Grundherren, denen Abgaben geschuldet werden. In Uri spielt das Zürcher Fraumünster die wichtigste Rolle, nicht nur, weil es hier Güter besitzt, sondern auch, weil das ihm ganze Tal kirchlich untersteht: Pfarrer und Kapläne werden von ihm ernannt und besoldet, der Kirchenzehnt wird von ihm erhoben. Zur Betreuung seiner Besitzungen und Rechte setzt es im 13. Jahrhundert Gutsverwalter, sogenannte Meier, ein; es sind Angehörige der wohlhabendsten Familien im Tal, die diese Funktion bereits im Dienste anderer Grundherren ausüben. Es gibt drei solche Klostermeier: in Bürglen, in Erstfeld und in Silenen; wir werden bald sehen, dass sie als führende Familien eine Rolle spielen, als die Urner gegen Ende des Jahrhunderts den Widerstand gegen die Habsburger organisieren. Das Zürcher Stift ist auch Grund- und Leibherr einer ganzen Gruppe von Bauern, die rechtlich und gesellschaftlich als »Gotteshausleute« eine besondere Stellung einnehmen. Es sind großenteils ehemalige Hörige, die sich ihre persönliche Freiheit dadurch erwarben, dass sie sich der Kirche schenkten. In der Praxis scheinen sich diese Gotteshausleute völlig in die Urner Gesellschaft integriert zu haben, so dass sie sich in nichts von den anderen Bauern unterschieden. Das Haus der Lazaristen in Seedorf (Uri) scheint keinen bemerkenswerten Einfluss in der Region ausgeübt zu haben.

Die rechtlichen und administrativen Beziehungen zu den kirchlichen Institutionen mögen also eng und beständig gewesen sein (vom Unabhängigkeitsprozess wurden sie überhaupt nicht berührt). Doch über die religiöse Praxis und Gefühlswelt der Bergbevölkerung offenbaren sie uns nichts. Dieser Aspekt des Lebens in den Tälern entzieht sich unserer Kenntnis, und zwar so vollständig, dass man sich wundern muss. Weder die zeitgenössischen Quellen noch die späteren Erzählungen geben uns darauf den mindesten Hinweis.

Das obligate Attribut »fromm«, mit dem die Protagonisten unserer Erzählungen bedacht werden, ist ein Gemeinplatz, der beim Zuhörer Sympathie erwecken soll; und wenn einer das Wort »Gott« im Munde führt, wirkt es meist wie eine Floskel oder rituelle Formel. Zumindest erstaunt, dass in den frommen Reden, die die Menschen in den Waldstätten angeblich oder wirklich führen, immer nur Gott allein genannt wird. Die Mutter Gottes kommt ebenso wenig vor wie die anderen Heiligen.

Fromm waren unsere Bergler allemal, wie alle ihre Zeitgenossen. Doch ihre Frömmigkeit war konventionell und anscheinend wenig hinderlich im Alltag. Wie schon bemerkt, spielen Kirche, Klerus, Glaube und religiöse Empfindungen nicht die mindeste Rolle in den Erzählungen vom Freiheitskampf. Keine Spur von göttlicher Fürsorge oder göttlichem Zorn. Weit und breit auch kein Kirchenmann unter den Leuten, die da auftreten. Vergleicht man damit die zahllosen Legenden der Gebirgsregionen – die richtigen Legenden, in denen übernatürliche Mächte beispielsweise eine Teufelsbrücke über die Reuß bauen –, so fällt auf, dass in diesen ein ganzes Arsenal von magischen und wunderbaren Kräften aufgeboten wird und die Menschen nur Mittler sind.

Diese Geister lassen ihre guten oder bösen Kräfte immer von oben nach unten wirken: Es ist die vertikale Perspektive des Gebirges, die hier Leben und Fühlen der Menschen prägt. Von oben, von den Gebirgskämmen, die den Horizont versperren, kommt für sie alles Unheil, aber auch letztlich alles Heil. Das gilt für das Übernatürliche ebenso wie für die sehr natürliche, alltägliche Wirklichkeit der Lawinen- und Murenabgänge, der Steinschlaggefahr und der bei Gewittern plötzlich anschwellenden Gebirgsbäche.

Aber waren die Mönche nicht die Träger des geistlichen Lebens, das von ihren Klöstern ausstrahlte? Sicherlich. Doch ihre Spiritualität war aus den großen religiösen Zentren des Unterlandes importiert und entsprach nur unvollkommen den Bedürfnissen der Bergbevölkerung. Eine alpin inspirierte Spiritualität ist nicht auszumachen. Einer der Gründer der mittelalterlichen Scholastik, Anselm von Canterbury, stammte zwar aus dem Aostatal, doch diese Herkunft zeigte sich nur noch in praktischen Dingen; er wusste zum Beispiel, wie man eine klare Quelle findet. In der Karolingerzeit hatte frommer Sinn tief in den Alpen einige unvergleichliche Meisterwerke religiöser Kunst entstehen lassen, wie etwa den um 800 entstandenen, 82 Fresken zählenden Zyklus von Mustair in Graubünden. Doch diese Kunst kam von Italien her.

Wir müssen aus diesen Feststellungen schließen, dass die Bergler ihre Religion zwar praktizierten, dass ihre Frömmigkeit aber eher lau, formelhaft und von so manchem Aberglauben durchsetzt war. Doch auch das ist ein ziemlich durchgängiger Zug der Mentalität überall auf dem Lande vor den großen Notzeiten des 14. Jahrhunderts.

Der lauen Religiosität entsprach übrigens ein völliges Fehlen eigner kultureller Sensibilität. Von einigen bemerkenswerten Ausnahmen abgesehen, war das Gebirge im Mittelalter kein Hort künstlerischen Schaffens. Die Architektur war geschickt, doch rein funktional. Sie zeigte nur wenig Sinn für Ornamentales und Dekoratives. Und wenn sich entlang der großen Straßen vereinzelt Bergler doch dazu verleiten ließen, so waren es Moden und Stile aus dem Tiefland, vor allem aus der Lombardei. Über die Zeit Wilhelm Tells sagen diese wenigen Ausnahmen nichts aus; sie sind auch ziemlich weit entfernt von seinem Ländchen. Es gab weder Zentren religiöser Kultur, die auf dieses Ländchen hätten ausstrahlen können, noch Orte höfischer Lebensart. Der »Meister von Waltensburg« und seine Gehilfen, die im 14. Jahrhundert so viele Kirchen im Vorderrheintal ausmalten, überschritten noch nicht das Gebirge, das sie von den Waldstätten trennte; man hat auch nicht den Eindruck, dass sie dort so gewürdigt worden wären, wie es diesem seltenen originalen Alpentalent gebührt hätte. Und braucht es noch den Hinweis, dass bis ins ausgehende Mittelalter die Schriftkultur in der Welt der Bergbewohner völlig fehlte? Die Schreiberschulen von Engelberg und Einsiedeln waren einsame, für ihre Umgebung völlig unzugängliche Inseln.

Tages- und Jahreszeiten im bäuerlichen Alltag

Ein vorhergehendes Kapitel hat gezeigt, mit wie viel Recht die Urner den Stier zu ihrem Wappentier machten: Er war das Symbol ihrer Landwirtschaft, die sich mehr und mehr zu einer rentablen, exportorientierten Viehwirtschaft entwickelte.

Diese fortschreitende und in großem Umfang betriebene Spezialisierung blieb in den Waldstätten nicht ohne Auswirkungen auf Gesellschaft und Mentalität. Eine geschlechtsspezifische Arbeitsteilung erwähnte ich bereits: Die Betreuung des Viehs obliegt allein den Männern. Sie führen es auf die Weide und hüten es den ganzen Sommer lang, sie melken es, kochen die Milch und stellen daraus die Käselaibe her; zu gegebener Zeit schlachten sie auch. Die Frauen hingegen besorgen die Arbeit auf den noch beibehaltenen Getreidefeldern; sie dreschen, mähen auf den Wiesen das Gras und bringen das Heu ein.

Diese spezielle Aufteilung der landwirtschaftlichen Arbeit zwischen den männlichen und weiblichen Familienmitgliedern findet man in den Bergen überall dort, wo das Großvieh den Haupterwerb darstellt. Sie ist hingegen unbekannt in den Gebieten, in denen noch die Schafzucht dominiert, in Tirol und in Österreich zum Beispiel; und natürlich im Flachland. Hier kümmert sich die Frau um das Vieh, das ohnehin nur einen Nebenerwerb darstellt.

Diese eigenartige Arbeitsteilung in den Tälern der Zentralalpen fiel damals schon auf. Auswärtige Beobachter registrierten sie teils mit Bewunderung, teils mit Spott. Schon um die Jahrtausendwende sollen, wie ein Sankt Galler Mönch und Annalist berichtet, zwei alemannische Grafen vor einem Hirten den Hut gezogen haben, weil sie ihn wegen seiner stolzen Haltung für einen Edelmann hielten. Die Anekdote deckt sich mit dem allgemeinen Eindruck, den unsere Erzählungen vermitteln und den viele andere Quellen bestätigen: Diese Hirten waren selbstbewusst und stolz auf ihren Stand; sie legten auf ihre persönliche Freiheit ebenso Wert wie auf ihre kollektive Unabhängigkeit. Sehr viel später, in der humanistischen Literatur des 16. Jahrhunderts, wird es zum Gemeinplatz werden, das Hirtendasein in den Alpen mit der Freiheit schlechthin gleichzusetzen und als Beispiel dafür die Eidgenossenschaft zu zitieren, die man sich als ideale Demokratie vorstellt.

Die Wertschätzung wandelt sich allerdings schon bald in Unverständnis und verächtlichen Spott. Das folkloristische Klischee vom Schweizer Sennen und Älpler, der auf einer tadellos gepflegten Alm seine Kühe hütet, ist sehr alt. Schon im 16. Jahrhundert macht man sich in Deutschland über diese *Kuebuben* oder *Kuemelker* lustig, die so gar nicht in das Bild passen, das sich der Städter vom Bauern macht. In seiner Schmähschrift gegen die Leute von Schwyz zieht der Zürcher Felix Hemmerli hemmungslos über diese närrischen Bergler her, die in ihr Vieh verliebt seien und es selbst betreuten, statt, wie es sich gehört, diese Arbeit den Frauen zu überlassen; er fragt sich sogar, ob sie überhaupt richtige Mannsbilder seien, wenn sie Arbeiten verrichteten, die normalerweise dem schwachen Geschlecht vorbehalten sind. Mit mehr Sympathie, doch nicht weniger verwundert erinnert sich Luther in seinen Tischreden an seine Alpenüberquerung (über den Septimer in Graubünden): *Die Schweizer,* sagt er, *sind sehr kräftige Menschen, aber weil sie in den Alpen wohnen, haben sie keinen Ackerbau, sondern nur Wiesen ... In Friedenszeiten melken die Männer selbst die Kühe und machen den Käse ...*

Der Bergbauer hat allerdings noch anderes zu tun, und oft ist es Schwerarbeit. Auf der Sommeralm braucht es einige wenn auch primitive Bauten, die jedes Jahr instand gesetzt werden müssen: eine Hütte für die Hirten, eine andere, mit Feuerstelle, für die tägliche Käseherstellung. Sie bestehen aus Trockenmauerwerk und sind mit Schindeln oder Schiefer gedeckt. Ausgrabungen des Archäologen Werner Meyer haben einige solche Bauten zutage gefördert: im Urserental (9. Jahrhundert, bis um 1700 benützt), im Muotatal (um 1100, im 13. Jahrhundert vergrößert, im 14. Jahrhundert allmählich aufgegeben zugunsten eines anderen Standorts) sowie in den Glarner Alpen (ausgehendes Mittelalter).

Zu diesen Almen und zu den anderen Weiden, die jedes Fleckchen nutzten und deshalb im ganzen Tal verstreut waren, mussten durch Wälder und Schluchten Wege gebaut und über Wildbäche Stege errichtet werden. Wir haben gesehen, dass die dabei gewonnenen Erfahrungen möglicherweise beim Bau der Gotthardstraße Anwendung fanden, vor allem in der Schöllenenschlucht. Die Wiesen mussten bewässert und manchmal entwässert werden; dafür brauchte es ein ausgeklügeltes, gemeinsam betriebenes Netz von Kanälen, aus denen man mit Schiebern das Wasser gleichmäßig verteilen konnte. Für die Terrassenkulturen musste man Stützmauern bauen und häufig reparieren, und immer wieder musste die Erde hochgeschafft werden. Ihre auf Steinfundamenten ruhenden Holzhäuser bauten die Bauern ebenso selbst wie die Ställe und Scheunen.

Für diese Bauten brauchte man große Mengen Haustein für die Fundamente, außerdem Speckstein (ein ziemlich weicher, daher leicht bearbeitbarer, dunkelgrüner Serpentin) für bestimmte Wände, für Herde und Öfen, zumindest in stattlicheren Häusern; außerdem brauchte man Schindeln und natürlich Bauholz. Holz war auch der einzige verfügbare Brennstoff, und die langen Winter, die Käseherstellung und das Fleischräuchern bedeuteten einen enormen Verbrauch. Die Nutzung des breiten Waldgürtels der Täler deckte diesen Bedarf reichlich, so dass sogar Holz in die nächsten Städte, vor allem nach Luzern, ausgeführt werden konnte. Ganz ohne Risiken war diese Nutzung nicht. Unbedachter Einschlag verstärkte die Erosion und öffnete Gassen für die Lawinen. Wir wissen nicht, ob man sich dieses Problems in den Waldstätten im 13. oder 14. Jahrhundert schon bewusst war. Die ersten Waldschutzmaßnahmen traf man 1298 im Wallis, in der Gegend von Saint-Maurice. Im Jahre 1339 erklärte die Schwyzer Landsgemeinde einen Wald im Muotatal zum Bannwald: Es durfte dort keine Kohle mehr gebrannt werden. Der Grund für dieses Verbot ist allerdings unbekannt.

Ein Volk von Jägern

Wenn Tell ständig seine Armbrust mit sich führt und den Ruf eines außerordentlich geschickten Jägers hat, so ist das keine bloße Stilfigur.

Im Unterschied zu den Bauern im Flachland hatten die Bergbauern nie den Gebrauch der Waffe verlernt. Sie mussten sich ihrer jederzeit bedienen können, um die Herden vor angreifenden wilden Tieren zu schützen: Es gab Bären, sehr viele Wölfe, Luchse, Adler. Das Sicherste in einem solchen Fall war eine Schusswaffe, das heißt ein Bogen oder eben eine Armbrust. Die Männer übten sich regelmäßig im Schießen und veranstalteten Wettkämpfe. Der Meisterschuss unseres Helden passt also, auch wenn die vom *Weißen Buch* und vom *Tellenlied* geschilderten dramatischen Umstände wohl eine Interpolation sind, sehr gut zu einer alltäglichen und volkstümlichen Praxis, die der Sicherheit und dem Vergnügen diente.

Ein weiterer Gebrauch der Waffe, der sich ganz natürlich ergab, war die Jagd. Statt bloß die Herden zu schützen, stellte man dem Wild von sich aus nach. So viele Arbeiten im Tages-

und Jahresrhythmus auch auf den Bergbauern warten mochten, sie ließen ihm genügend freie Zeit zum Jagen, mehr als dem Flachlandbauern. Und die Jagd scheint wirklich eine Lieblingsbeschäftigung gewesen zu sein, der auch Frauen nachgehen konnten. Sie erfüllte einen doppelten Zweck: Einerseits war es ein sportliches Vergnügen, einsam durch die Hochgebirgslandschaft zu streifen, in der das Wild lebte. Diese Lust am Bergwandern in grauer Vorzeit bahnte den sehr viel jüngeren Bergsport an: die Bergführer im 18. und 19. Jahrhundert waren Jäger und Säumer, vielleicht beides in einem. Andererseits ließ sich mit der Jagd ein wenig Abwechslung in den Speisezettel bringen. Zwar bestand hierzu ein weniger großes Bedürfnis als bei den Flachlandbauern, wenn diese zum Jagen, sofern sie es durften, oder zum Wildern gingen; den Bergbauern mangelte es in der Regel nicht an Fleisch. Doch das Wildbret durchbrach ein wenig die Gleichförmigkeit der Mahlzeiten. Werner Meyer fand bei den ausgegrabenen Sennhütten Knochen der Tiere, von denen sich die Hirten im Sommer ernährten: Etwa zwei Drittel stammten von Schafen und Ziegen, die man meist noch neben den Kühen hielt; der Rest belegt einen regelmäßigen Verzehr von Gämsenfleisch – Gamswild gab es reichlich im Hochgebirge, und sein Fleisch war jederzeit willkommen. In geringerem Maße vertreten waren das schwer zu jagende Murmeltier, der Steinbock, der Auerhahn und das Schneehuhn.

Dass man regelmäßig auf die Jagd ging, belegen manchmal auch die sogenannten Urbarien, die Verzeichnisse der Güter, aus denen die Grundherren ihre Zinsen bezogen – wenigstens solange diese noch in Naturalien entrichtet wurden, das heißt bis ins 13. Jahrhundert hinein. Ins Kloster von Pfäfers in Graubünden brachten die Bauern um 1160 nicht nur Wolle und Ziegenhäute, sondern auch Hirschbälge.

Weit weniger gut informiert sind wir über den Fischfang in den Seen und Bächen der Berge. Man weiß, dass die Gewässer fischreich waren, insbesondere der Vierwaldstätter See, der Zuger See, der Zürichsee und der Walensee. Wir wissen auch, dass im 15. und 16. Jahrhundert das Fischen als Sport, in den Uferdörfern auch als Gewerbe betrieben wurde und dass Fische und Flusskrebse häufig auf den Tisch kamen, zur Freude übrigens der Schweizreisenden. Einer von ihnen, der Engländer Fynes Morrison, bewunderte um 1600 auch, wie geschickt die Schweizer in den schnellfließenden Bächen schwimmen konnten. Kein Zweifel, dass es diese kulinarischen Genüsse und dieses Geschick schon weit früher gab.

Die Imkerei schließlich wird nur selten erwähnt, und wenn, dann weniger des süßen Honigs als des Wachses und der Kerzen wegen, die in den Kirchen brannten.

Wohnen, Essen und Trinken mit Wilhelm Tell

Die Landsleute und Zeitgenossen Wilhelm Tells wohnen eng zusammen in den größeren (Altdorf, Schwyz, Brunnen, Stans und Sarnen) oder kleineren Dörfern und in verstreuten Weilern. Die sich zusammendrängenden Ansiedlungen sind ständigen Gefahren ausgesetzt. Die Leute haben zwar gelernt, die Schneisen zu vermeiden, auf denen regelmäßig Lawinen abgehen, doch der Weiße Tod kann sie an jedem beliebigen Hang ereilen. Ihre Holzbauten sind eine leichte und häufige Beute der Flammen, vor allem, wenn der Föhn sich in den Kaminen verfängt und aus einer nicht abgedeckten Herdstelle die Glut aufwirbelt. Die Leute leben in ständiger Angst vor Dorfbränden, auch vor Waldbränden.

Anders als in den Bauernhäusern des Unterlands leben in den Bergen selten Menschen und Tiere unter einem Dach. Das Vieh ist zu zahlreich. Den ganzen Sommer über ist es weg, im Winter zieht es von Stall zu Stall, bis die darin lagernden Heuvorräte aufgebraucht sind. So ist die Wiesenlandschaft übersät von unzähligen Ställen mit aufgesetzten Scheunen.

Die Häuser sind wie gesagt aus Holz und stehen auf einem gemauerten Fundament. Auf relativ kleinem Grundriss erheben sich zwei oder drei Stockwerke mit ebenso vielen Herdstellen. Die Räume sind niedrig und die Fenster klein, weil die Heizwärme möglichst gut gehalten werden soll. Wahrscheinlich besitzen schon im Mittelalter die reicheren Häuser gemauerte Öfen. Die Schindel- oder Schieferdächer sind natürlich geneigt, um die Schneelast abzuleiten. Im Übrigen variieren die Haustypen recht stark von einem Tal zum anderen. Holzhäuser aus der Zeit, die uns beschäftigt, sind im Original keine erhalten.

Steinbauten sind eher die Ausnahme. Nur die Sennhütten und die Almkäsereien werden regelmäßig, doch primitiv, aus Stein errichtet, damit sie den Unbilden der Witterung und den Schneemassen besser widerstehen. Unten im Tal sind außer den Kirchen, den Festungen und einigen öffentlichen Gebäuden (Warenlager) nur die Häuser der Adligen und einiger führender Familien aus Stein gebaut; sie sind Zeichen des Prestiges und der Macht – wir sahen es schon in Zusammenhang mit dem Stauffacher'schen Haus in Steinen, das Gesslers Begehrlichkeit erweckte. Einige dieser festungsartigen Häuser stehen noch; sie wurden zu Bauernhäusern, als im 14. Jahrhundert die Adelsfamilien auswanderten.

•

Wilhelm Tell und seine Mitmenschen genossen eine ausreichende, wenn auch nicht immer üppige Nahrung, die reich an Proteinen, doch weniger reich an bestimmten Vitaminen war. Jedenfalls war diese Ernährung weit ausgeglichener als die der Mittelklasse in den Städten oder die der Flachlandbauern, bei denen man sehr viel Brot aß. Die Nahrung der Bergbauern im Mittelalter war auch insofern befriedigender, als sie vergleichsweise abwechslungsreich war: Man hatte Fleisch vom Rind und vom Schaf (das Schwein war selten), auch vom Geflügel, und ziemlich oft Fisch und Wildbret. Allerdings war das Fleisch meist nicht frisch, sondern durch Salzen, Räuchern und vor allem durch Lufttrocknung konserviert. Butter und Käse standen täglich auf dem Tisch. Mit diesen Nahrungsmitteln konsumierte der Bauer ziemlich viel Salz, trotz des hohen Preises dieses aus dem Mittelmeerraum importierten Gewürzes (siehe die venezianischen Lieferungen von afrikanischem Salz in die Waldstätte im Jahre 1299). Roggenbrot war häufiger als Weizenbrot – man baute eben das Getreide an, das am besten dem Klima entsprach; Weizen musste im 13. Jahrhundert eingeführt werden. Das Gemüse entsprach dem, was die Felder überall im nördlichen Europa hergaben: Zwiebeln, Kohl, Rüben, Bohnen und Erbsen als Suppengemüse. Es gab Äpfel, Birnen, Trauben und wahrscheinlich auch schon die Kirschen, aus denen die Zuger und die Schwyzer heute ihr berühmtes Kirschwasser brennen. Als Speiseöl hatte man Walnussöl. Gewürze kannte man hingegen nicht, sie waren noch viel zu teuer für den gewöhnlichen Bauern. Man aß jedenfalls nicht immer gleich: Im Allgemeinen war das Mahl eher kärglich, bei Festen hingegen – man feierte häufig – wurde es zur Schlemmerei.

Auf die ziemlich magenbelastende Kost trank man vor allem Wasser, das es ja reichlich gab, oder Milch, die auch immer zur Verfügung stand (auch wenn die Milchleistung der damaligen Kühe weit unter den heutigen Mengen lag und fünf oder sechs Liter pro Tag kaum überstieg); der tägliche Bedarf wurde häufiger von den Ziegen gedeckt, im Winter auch von den ins Tal abgetriebenen Schafen. Der Wein, der vor allem für die Kirche angebaut wurde, floss wohl kaum in Strömen bei den Bauern – bis ins 16. Jahrhundert galten die Schweizer als nüchterne Menschen, sie verloren den Ruf aber durch das Reislaufen, den Dienst in fremden Heeren, wo die Söldner andere Sitten annahmen.

Das Transportgewerbe

Schon vor der Eröffnung des Gotthardpasses, nun aber erst recht, gehört bei den Tälern, durch die ein bedeutender Verkehrsstrom verläuft, die Straße zum landschaftlichen Erscheinungsbild. Und das Transportgewerbe gehört zu ihrem gesellschaftlichen Erscheinungsbild. Das gilt natürlich vor allem für das Urner Reußtal mit dem anschließenden Vierwaldstätter See, in geringerem Maße auch für Obwalden mit seiner Brünigstraße, die eher regionale Aufgaben erfüllt. Schwyz und Nidwalden hingegen werden vom Durchgangsverkehr kaum berührt, da beide Länder in lauter gebirgige Sackgassen führen. Die wenig sichere Straße von Brunnen nach Zürich, die den dichten Sihlwald um Einsiedeln und die Hügellandschaft der zum Zürichsee abfallenden »Marchen« und »Höfe« durchquert, wird nur ungern begangen.

Die Straße bringt Beschäftigung. Zunächst einmal muss man die Straße, die Brücken und die Stege bauen und unterhalten. Diese Arbeiten sind das Gemeinschaftsunternehmen der Anlieger, die auch so lange wie möglich den Schnee räumen. Außerdem müssen die Reisenden und ihre Reittiere versorgt und beherbergt, ihre Waren untergebracht – und in Flüelen die Zölle erhoben werden. Dieses Gewerbe ist ab dem 13. Jahrhundert eine nicht zu verachtende Einkommensquelle der Urner und der Luzerner Stadtbürger. Allerdings ist dieser letzte Aspekt sehr schlecht dokumentiert.

Dass sich hierzu kein Quellenmaterial findet, ist erstaunlich, denn der Verkehr selbst ist spätestens ab der zweiten Hälfte des 13. Jahrhunderts bestens verbürgt. Ich habe schon beiläufig darauf hingewiesen, dass sich auch unsere Erzählungen über diesen Beschäftigungszweig am Ort ihrer Handlung seltsam ausschweigen, und ich habe eine gesellschaftliche Erklärung dafür vorgebracht: Das Transportgewerbe ist in der Zeit, die uns interessiert, ein noch neues Betätigungsfeld, das einer Klasse von Kleinunternehmern bäuerlicher Herkunft überlassen wird; fast alle sind noch Bauern, doch ohne eigenes Land. Vielleicht sind auch Hörige darunter, die das Geld für den Freikauf verdienen wollen. Vielleicht auch Gotteshausleute. Wir wissen es nicht. Sowohl die Erzählungen als auch die zeitgenössischen Quellen lassen praktisch nur die Oberschicht der landbesitzenden Viehbauern mit ihrem Anhang auftreten.

Der wichtigste Mann im Transportgewerbe ist der Säumer, der Führer und Transporteur zugleich ist. Denn bevor in der Renaissance »multinationale«, meist in Genueser Händen liegende Transportunternehmen auftreten, wird der Transport über die Alpen lokal, von Relais zu Relais, abgewickelt. Jede Talgemeinschaft, bisweilen jedes Dorf, selbst wenn es nicht weit vom nächsten entfernt ist, verteidigt das Transportmonopol über den auf eigenem Gebiet liegenden Streckenabschnitt. In Dörfern und Tälern entstehen Säumergenossenschaften, die mit strengen Vorschriften die Warenbeförderung reglementieren, die Preise festsetzen und die Frachten unter ihren Mitgliedern aufteilen. Gegenüber den Nachbargenossenschaften praktizieren sie einen fanatischen Protektionismus.

Schon in der uns beschäftigenden Zeit kommt es häufig zu Konflikten zwischen diesen Genossenschaften, sowohl in Graubünden, wo sie allenthalben entlang der Straßen entstehen, als auch in Uri und in der Leventina entlang der Gotthardstraße. Konflikte gibt es auch mit der Kundschaft, die ungehalten ist über die Kleinlichkeit und Pedanterie eines Reglements, das eben das einer Zunft ist, die nur das kurzfristige Interesse ihrer Mitglieder im Auge hat. Es hält den Transport auf, weil ständig und unnützerweise die Lasttiere gewechselt werden müssen; es verteuert ihn; es zwingt den Kaufmann, auf der ganzen Reise bei seiner Ware zu bleiben, anstatt vorauszureiten und ihre Ankunft außerhalb des Gebirges in einer bequemeren Station abzuwarten ... Solche Behinderungen sind nicht unwichtig für die Kaufleute, so dass sie sich bald für diese, bald für jene Passroute entscheiden. Machen sich die Säumergenossenschaften an einer Straße zu kompromisslos intern Konkurrenz, so kann sich das als Vorteil für die äußere Konkurrenz auswirken und eine parallel verlaufende Straße begünstigen. Eine solche äußere Konkurrenz besteht die ganze Zeit hindurch zwischen dem Gotthard und dem Straßensystem Graubündens. Erst im ausgehenden Mittelalter kommt es unter dem Druck der großen Handelsgesellschaften zu Vereinbarungen zwischen den Tälern, wodurch Tarife und Gewerbesatzungen einigermaßen aneinander angeglichen werden. Ganz können sie das Übel nicht abstellen. Jahrhunderte später lässt erst der Straßen-, dann der Eisenbahnbau mit seinen Untertunnelungen die alten Rivalitäten zwischen den Tälern wieder aufleben. Die Geschichte wiederholt sich: Noch vor kurzem entzweite das Projekt eines Basistunnels die Bergkantone: Sollte er in Graubünden (zwischen Thusis und Chiavenna) oder wieder unter dem Gotthard (Erstfeld–Biasca) gebaut werden oder gar unter dem Simplon?

Es gibt nicht nur bürokratische Schikanen, es gibt auch noch die Zölle. Doch wenigstens gelten die Alpenübergänge im 13. Jahrhundert und danach als ziemlich sicher. Insbesondere in den Zentralalpen tobt nie ein Krieg, der den Verkehr für längere Zeit umleiten würde. Die örtliche Obrigkeit nimmt ihre Verantwortung für Sicherheit und Ordnung auf der Straße ernst; noch heute zeugen unzählige im 12. und 13. Jahrhundert erbaute Wachtürme und Burgen davon. Über Wegelagerei haben sich die Kaufleute hier weniger zu beklagen als im Unterland oder an den Pässen der Westalpen (Mont-Cenis und Mont-Genèvre). Selbst schlechtes Wetter unterbricht den Verkehr nur kurzzeitig, denn auch bei stärksten Schneefällen versucht man, so schnell wie möglich zu räumen.

Die Waren werden ausschließlich von Lasttieren über die Berge getragen. Im 13. Jahrhundert sind es noch Pferde. Das Maultier, das sich eigentlich besser für das Gelände eignet, erobert, vom Mittelmeerraum her kommend, die Alpen erst im ausgehenden Mittelalter.

Aber es gibt auch die Wasserwege: meist Seen, in geringerem Maße Flüsse, die oberhalb der Seebecken kaum schiffbar sind und sich allenfalls zum Holzflößen eignen. Beim Vierwaldstätter See ist – die Tellgeschichte erinnert daran – der Wasserweg zwingend, es herrscht also lebhafter Verkehr auf ihm. Auch daraus ergibt sich ein Beschäftigungszweig. Doch im Gegensatz zu den Säumern gehören die Fährleute eher zur lokalen Elite, so in Flüelen am oberen und in Luzern am unteren Ende des Sees, auch in Uferorten wie Brunnen und Gersau. In Luzern entstehen schon im 14. Jahrhundert Schifffahrtsunternehmen, doch ihre Fährleute haben ständig mit der besser organisierten Urner Konkurrenz zu kämpfen.

Der Handel und das Geld

Der Handel hingegen ist in den Waldstätten kein eigenes Gewerbe. Wir wissen, dass die Viehzüchter, zumindest die wohlhabenden unter ihnen, ihre Erzeugnisse regelmäßig selbst auf die Märkte bringen – immer weiter weg, bis an den Rhein und in die Lombardei. In welchem Ausmaß mögen sich einige von ihnen zu Mittelsmännern für diese Transaktionen, zu Viehhändlern gewandelt haben? Wir wissen es nicht. Wir begegnen auch den fliegenden Händlern nicht, die hausierend durch die Lande ziehen und Artikel des städtischen Handwerks, Stoffe, Werkzeuge, Waffen und allerlei nützlichen oder angenehmen Tand feilbieten. Auch hier bedeutet das Schweigen der Quellen nicht, dass es sie nicht gegeben hätte. Doch die Bergler gehen lieber selbst in die Stadt – nach Luzern, Zug, Zürich, Como, Mailand oder noch weiter –, um sich vor allem mit Getreide und Salz einzudecken.

Die Geldwirtschaft hat auf diese Weise schon zu Wilhelm Tells Zeiten allenthalben Einzug in die Täler gehalten. Durch die großräumigen Handelsbeziehungen ist das Tauschhandelsprinzip der autarken Gesellschaft schnell hinfällig geworden. Im 13. Jahrhundert werden die von den Bergbauern geschuldeten Zinsen und Renten zunehmend in Geldbeträgen statt in Naturalien festgesetzt (mit Ausnahme der Abgaben für das Zürcher Fraumünster). Das bedeutet nicht unbedingt, dass die Abgaben tatsächlich in Geld entrichtet wurden, doch es beweist eine zunehmende Vertrautheit mit dem Geld.

Mit welchem Geld? Was das 13. Jahrhundert angeht, liegen die Geldflussströme durch die Alpentäler für uns ziemlich im Dunkeln. Der große Durchgangsverkehr war sicher ein solcher

Strom, der durch die Inanspruchnahme von Dienstleistungen Gold- und Silberstücke hinterließ. Es mochten also Münzen aus aller Herren Länder sein. Eigenartigerweise findet sich in den Waldstätten keine Spur von diesen Geldverleihern, die man »Lombarden« nannte (zu Unrecht übrigens, denn es waren Piemontesen, fast alle kamen aus Asti). Im Unterwallis und in Savoyen, auch im Tessin, in Graubünden, sogar in Tirol und in Burgund gab es sie in großer Zahl schon gegen Ende des Jahrhunderts. Hat es dieses weite Netz von Wucherern auch hier gegeben, und es fehlen einfach die Quellenhinweise? Oder haben diese Leute die Gotthardstraße ausgespart, während sie an alle anderen Alpenübergänge ausschwärmten? Oder machte das von den Urnern und Schwyzern angehäufte Kapital ihre Dienstleistung überflüssig? Ich neige zur letzteren Erklärung.

Sicher ist, dass die Waldstätte noch nicht selbst Münzen schlagen. Wenn von Zahlungen die Rede ist, wird die Zürcher Währung am häufigsten genannt. Diese monetäre Vorrangstellung hat ihre Folgen. Sie bindet, zuerst wirtschaftlich und monetär, sehr bald aber auch politisch. Im Jahre 1291, kurz nach dem berühmten Bund der Waldstätte, suchen die beiden wohlhabenderen Kantone Schwyz und Uri Rückhalt in Zürich. Sie demonstrieren damit übrigens zum ersten Mal ihre politische Identität gegenüber der Außenwelt.

13
Die Gemeinwesen der Alpentäler

»Talgenossenschaften« unklaren Ursprungs

Im 13. Jahrhundert verlassen also unsere Täler die graue Vorzeit und treten aktiv in die Geschichte ein. Sie tun es nicht in Unordnung, sondern mit gefestigten Gesellschaftsstrukturen, mit eigenen Hierarchien, politischen Organen und Institutionen. Sie haben Gemeinwesen, Talgemeinden oder, wie die Historiker es nennen, »Talgenossenschaften« gebildet. Im Verlauf des Jahrhunderts werden diese Gemeinwesen ihre Identität nach außen bekunden. Sie werden handeln. Wenn sie mit auswärtigen Herren oder Gemeinwesen zu tun haben, treten sie mit den Insignien dieser Identität auf: mit designierten Führungspersonen und mit einem Banner, das ihr Wappen zeigt. Und natürlich mit einem Siegel.

Diese Talgemeinden oder Talgenossenschaften sind nicht eben erst aus der Taufe gehoben worden, als sie sich uns mit ihren ersten besiegelten Urkunden zur Kenntnis bringen. Sie sind ganz offensichtlich älteren Datums. Doch wann und wie sind sie entstanden? Diese schwer zu beantwortende Frage gilt übrigens für das ganze Alpengebiet, die Gemeinwesen der

Waldstätte sind nur ein Beispiel unter vielen. Denn die Organisationsform der alpinen Gesellschaften gleicht sich erstaunlich von Tal zu Tal; was die Kantone der »Urschweiz« von anderen Talgemeinschaften unterscheidet, ist nicht die Einzigartigkeit oder besondere Dynamik ihrer Institutionen, sondern der außerordentlich lange Bestand, den sie besonderen Umständen zu verdanken haben.

Die Frage nach dem Ursprung dieser Talgenossenschaften hat zu einem Gelehrtenstreit geführt, der schon alt ist, aber in den letzten dreißig Jahren besonders leidenschaftlich geführt wurde; er ist keineswegs entschieden. Die Ansichten der Fachgelehrten – Spezialisten der politischen Geschichte, der Rechtsgeschichte, der Gesellschafts- und Wirtschaftsgeschichte, fast durchweg aus dem deutschen Sprachraum – kreisen um Theorien, die deutschen Denkmustern vertrauter sind als romanischen und insbesondere französischen. Es kann mir nicht daran gelegen sein, zu weit ins Gewirr der Meinungen und des gelehrten Scharfsinns vorzudringen: Ich würde mich allzu leicht darin verlieren, und der Leser sich mit mir. Ohnehin kann ich eine gewisse Skepsis nicht verbergen angesichts dieser oft exzessiv abstrakten Gedankengebäude, die eine der Realität unangemessene juristische Logik anwenden.

Italienisches Vorbild?

Um die Mitte des 11. Jahrhunderts bildet sich in Norditalien und in Südfrankreich eine kommunale Bewegung heraus. Sie entsteht aus einem ganzen Gefüge von örtlichen Initiativen zur gemeinsamen Selbsthilfe und Selbstregierung, mit denen man sich gegen eine Feudalherrschaft wehrt, die sich hier relativ spät etabliert hat und deshalb im Verhältnis zu anderen Gegenden Europas weniger rigoros ist. Diese Gemeinwesen sind freiwillige, beschworene Zusammenschlüsse, die sich auf eine organisierte bewaffnete Miliz stützen. Die Versammlungen ihrer Mitglieder erwecken den Eindruck einer demokratischen Verfassung. In Wirklichkeit regiert aber eine Elite, eine Oligarchie, die die Versammlungen so manipuliert, dass sie ihren Willen durchsetzen kann. Diese kommunale Bewegung nimmt ihren Ausgang in den Städten der Lombardei, etwas später setzt sie auch in den Städten der Toskana ein. Schließlich greift sie auch auf das Land über. In den Dörfern bilden sich Nachbarschaftsgenossenschaften, sogenannte *viciniae,* die ebenfalls politische Formen und Funktionen annehmen.

Ein formaler Vergleich zwischen den lombardischen Landgemeinden und den Gemeinwesen in unseren Tälern zeigt tatsächlich deutliche Ähnlichkeiten: derselbe Organisationstyp, dieselbe führende Rolle einer bäuerlichen Elite. Auch dieselbe Zielsetzung – teilweise: Zwar waren hier wie dort die Gemeinwesen Organe der gemeinschaftlichen oder »genossenschaftlichen« Landnutzung. Doch die antifeudale Zielsetzung, die der italienischen Bewegung eigen war, kann in den Alpentälern kaum das treibende Motiv gewesen sein, noch weniger in den Waldstätten, wo die Feudalherrschaft nur wenig Fuß fassen konnte und vor Mitte des 14. Jahrhunderts auch gar nicht angefochten wurde; zu dieser Zeit war aber das, was uns hier beschäftigt, bereits Vergangenheit.

Die Annahme eines unmittelbaren Einflusses oder einer Vorbildfunktion der lombardischen kommunalen Bewegung auf die Entstehung unserer Talgenossenschaften lässt sich also nur spekulativ einigermaßen begründen. Sie stützt sich auf die eben erwähnte Ähnlichkeit der Institutionen. Die Täler südlich der Zentralalpen, das heutige Tessin und ein Teil Graubündens, unterstanden im 11. und 12. Jahrhundert unmittelbar dem Einfluss Mailands und Comos; zum Teil waren sie Herrschaftsgebiet ihres Bischofs oder Domkapitels; sie mögen unmittelbar an der Bewegung teilgehabt haben, ähnlich wie andere lombardische Täler, zum Beispiel das Val Camonica. Aus der nahen Leventina hatte aber das Vorbild keinen weiten Weg über den Gotthard, es konnte also auch auf die Bergbauern auf der Alpennordseite wirken. Zumal diese schon im 12. Jahrhundert die großen Märkte der Lombardei aufzusuchen begannen. Liegt es nicht nahe, dass sie sich von den dort vorgefundenen Institutionen und Ideen beeinflussen ließen? Der Gedanke hat einiges für sich. Es ist in der Tat mehr als wahrscheinlich, dass das italienische Beispiel in den Waldstätten bekannt wurde und dass man dort namentlich das Vokabular übernahm, das mit dieser Bewegung aufgekommen war. Der Begriff *universitas*, mit dem sie ihre Gemeinwesen in den Urkunden des 13. Jahrhunderts bezeichnen, ist sicherlich eine Anleihe aus der gebildeten Welt Italiens, wo der Ausdruck übrigens auf alle möglichen Vereinigungen angewandt wurde, auf organisatorische Zusammenschlüsse von Einwohnern ebenso wie auf Genossenschaften von Kaufleuten, Lehrern oder Schülern einer Hochschule.

Bloß – wenn man davon ausgehen will, dass sich dieser südliche Einfluss nicht nur auf die Terminologie, also auf rein Äußerliches bezog, sondern ursächlich an der Entstehung unserer alpinen Gemeinwesen beteiligt war, dann müsste diese Entstehung außerordentlich spät angesetzt werden, weiter zurückreichen als ins ausgehende 12. Jahrhundert könnte sie kaum. Eine solche Datierung widerspräche aber den Tatsachen: Die Täler weisen schon sehr viel früher zumindest Ansätze einer Organisation auf. Sie widerspräche auch der Quellenlage: Bereits 945 – also zweihundertfünfzig Jahre vorher und etwa hundert Jahre vor dem Aufkommen der lombardischen Kommunalbewegung – handeln die *inhabitantes Uroniam* gemeinschaftlich und selbständig in einer Angelegenheit, bei der es um die Entrichtung des Zehnten geht. Hundertfünfzig Jahre danach, im Jahre 1196, schlichten die Urner und die Glarner einen ihrer zahllosen Händel um Weidegrenzen, und zwar ohne fremde Mitwirkung; das setzt voraus, dass die Talgemeinschaften bereits einen Organisationsstand erreicht haben, aufgrund dessen sie Personen aus ihrer Mitte mit einem Verhandlungsmandat ausstatten können.

Fränkische Wurzeln?

Diese Beispiele mögen isoliert sein, doch im Verein mit dem, was wir sonst noch von der langen »Vorgeschichte« der Täler wissen – selbst wenn es wenig ist –, legen sie eher die Annahme sehr alter Organisationsstrukturen nahe. Deren Urformen, die sich allmählich differenziert und gefestigt haben, reichen in die graue Vorzeit zurück. Die Eigenart des Lebens und der Arbeit in den Bergen erfordert eben, dass die Menschen einander helfen und beistehen, dass sie zusammenarbeiten. Selbst die Menschen der Steinzeit hatten, nach den aufgefundenen Grabstätten zu urteilen, ihre Hierarchie und ihr Herrschaftsgefüge, also Ansätze einer Gemeinschaftsstruktur.

Die in verschiedenen Wellen in die Berge einwandernden Völker, von den Kelten und Rätern bis zu den Burgundern und Alemannen, passten sich der dort vorgefundenen Umwelt an – es war für alle dieselbe – und versuchten, ihre hergebrachten Bräuche in sie einzufügen. Die letzte dieser Einwanderungswellen, die der Alemannen, war wahrscheinlich die zahlenmäßig bedeutendste; sie brachte auch das reichste gesellschaftliche und kulturelle Gepäck mit. Mehr als alle Einwanderungswellen zuvor verstand sie es, die menschliche Umwelt in den Bergen im Sinne ihrer angestammten Bräuche zu verändern. Doch auch sie spürte das Gewicht der natürlichen Zwänge und respektierte das vorgefundene keltische und römische Gepräge, das sich noch lange in romanischen Fachausdrücken der Almwirtschaft erhielt. So war die Gesellschaft, die diese Alemannen nach und nach hervorbrachten, ein Kompromiss zwischen einer importierten Lebensweise (mit den ihr eigenen Beziehungsmustern) und den Lebensbedingungen in den Bergen. Diese Lebensbedingungen veranlassten bekanntlich diese strebsamen und unternehmerischen neuen Siedler, ihr Glück in der Viehzucht zu versuchen, statt weiterhin die undankbaren Böden zu pflügen. Althergebrachtes Brauchtum, naturgegebene Zwänge und wirtschaftliche Umorientierung bedingten gleichermaßen eine gesellschaftliche und politische Entwicklung,

die auf die enge Zusammenarbeit der Familien und auf eine Art
– partielle – Vergemeinschaftung der Produktionsmittel und ihres Unterhalts gründete. Das Gemeinschaftswerk führte zur Gemeinschaftsstruktur.

Ist es da noch nötig, diese gesellschaftliche Organisation auf Institutionen fränkischen Ursprungs zurückzuführen? Rechtshistoriker haben geglaubt, in ihr eine besondere rechtliche Kategorie der alten fränkischen Königreiche ausmachen zu müssen, nämlich die Institution der »Königsfreien« oder »Königszinser«, die anderswo den Kern gemeinschaftlicher Institutionen gebildet haben mag. Andere haben in ihr den Widerschein jener »Markgenossenschaften« entdeckt, die in den Grenzgebieten des fränkischen und des karolingischen Reiches angesiedelt worden waren; auch dort hätten die »altfreien« Bauern Land in Gemeinschaftsbesitz gehabt. Doch die Alemannen, die sich in den Wäldern und Talsohlen der Waldstätte niederließen, gehörten nicht zu den Bevölkerungsteilen, für die diese Bräuche und Privilegien galten. Und man wüsste auch nicht, über welche Umwege und Edikte diese speziellen Institutionen in die Alpen gelangt sein sollten – vom österreichischen *Noricum* vielleicht abgesehen. Es hieße den Alemannen des Gebirges, den letzten und am wenigsten integrierten Zuzüglern, ein Rechtsdenken und Rechtsbewusstsein zuzuschreiben, das sie mit Sicherheit nicht besessen haben. Sie entwickelten dieses Rechtsbewusstsein erst mit der Zeit, entsprechend ihren Bedürfnissen und vollkommen selbständig.

Derselbe Gesellschaftstyp von Tirol bis in die Dauphiné

Die These von einer eigenständigen, bedürfnisgesteuerten Herausbildung der Talgenossenschaften wird bestätigt durch das gehäufte Vorkommen ähnlicher Organisationsformen im gesamten Alpenraum, von Tirol bis in die Dauphiné. Es sind sehr unterschiedliche Gegenden, sowohl hinsichtlich ihrer ethnischen Zusammensetzung als auch hinsichtlich ihrer Stellung zur jeweiligen Oberherrschaft. Gemeinsam sind ihnen jedoch die Wirtschaftsformen der Viehzucht und des Verkehrsgewerbes, in mehr oder minder entwickelter Form. Sie haben sich also alle mit denselben Problemen auseinanderzusetzen, und sie brauchen Organisationsformen für die interne Leitung der Gemeinschaftsaufgaben und die Vertretung ihrer Interessen nach außen, gegenüber von Nachbartälern oder auswärtigen Herrschaften. Die Geschicke dieser Gemeinschaften mögen noch so unterschiedlich gewesen sein, doch sie haben alle, jede auf ihre Art, ähnliche Wege beschritten. Eine Ausnahme machen nur jene Alpenprovinzen, wo sich, wie in Savoyen oder in der Provence, schon sehr früh mächtige Feudalherren etabliert hatten, die auch im Lande residierten; ferner die östlichen Herzogtümer Österreichs, die mit Mitteleuropa zu *latifundia,* zu weitläufigen Herrschaftsgebieten zusammengefasst waren. Genossenschaftliche Organe gab es auch dort, doch sie wurden von den Landesherren kontrolliert oder für ihre Zwecke eingespannt. Diese Genossenschaften konnten – sofern ihnen überhaupt daran gelegen war – weder eine politische Identität noch einen politischen Gestaltungswillen entwickeln.

In Tirol mussten die ausnahmslos freien Bauern ihre Selbständigkeit gar nicht erst erkämpfen. Im Unterschied zu den Schweizern unterstanden diese Bauern einheimischen, volksnahen Herrschaftsverwaltern und Vögten; sie waren von vornherein an der Leitung der öffentlichen Belange beteiligt. Im 14. Jahrhundert saßen sie in den gräflichen Gerichten und sogar in den Landständen der Grafschaft. Tirol erlebte so eine ganz einzigartige Form der Zusammenarbeit zwischen Herrscher und Untertanen; erst im 16. Jahrhundert verlor sich diese Sonderstellung allmählich.

In unmittelbarer Nachbarschaft der Waldstätte beteiligten sich die Tessiner Gemeinden an der italienischen kommunalen Bewegung und bauten dabei ältere Bräuche aus. Den Kern bildete hier das Dorf oder *la pieve,* die Pfarrei, nicht die Talschaft. Doch regelten Verträge zwischen den Dörfern allfällige gemeinsame Angelegenheiten wie das Säumerwesen in der Leventina oder die Nutzung der Weiden im oberen Talbereich durch die Bauern aus dem Untertal, die den Bewohnern des oberen Tals im Gegenzug das Recht einräumten, in ihren Wäldern Kastanien zu sammeln. In Graubünden ist ab etwa 1100 die Entstehung von Gemeinden zu beobachten, die manchmal das Dorf, manchmal die ganze Talschaft umfassen. Ebenso alt, wahrscheinlich sogar älter, ist der Ursprung der Gemeinwesen im Wallis. Dort sind die »Zenden« für den Bischof von Sion selbstbewusste und hartnäckige politische Gegner; auch sie vereinigen die Bewohner der großen Seitentäler des Rhonetals: Val d'Hérens, Val d'Anniviers, Saastal, Lötschental sowie das Goms (das oberste Rhonetal zwischen Brig und Rhonegletscher). Ähnlich ist es im Berner Oberland, bis es 1334 von der Stadt Bern einverleibt wird. Im 13. Jahrhundert tritt das Haslital als *universitas* auf; es hat einen Ammann. Die Gemeinde des Frutigentals verhandelt im Jahre 1260 mit Peter von Savoyen über einen Beistandspakt. Die Beispiele, prominente und weniger prominente, ließen sich vervielfachen.

Eines von ihnen verdient eine besondere Erwähnung. Es betrifft eine Gegend, die von den Waldstätten weit entfernt ist, doch mit ihnen einige bemerkenswerte Ähnlichkeiten aufweist. Sie hatte sogar ihre wenn auch kurzlebige »Eidgenossenschaft«. Es handelt sich um die *Escartons* in der Gegend von Briançon in der Dauphiné. Auch hier waren die Gemeinwesen aus ganz materieller Zusammenarbeit erwachsen: beim Weidebetrieb, bei der Wasserzuführung, bei der Waldwirtschaft, beim Unterhalt und Betrieb der Verkehrswege. Denn die Bergbauern des Briançonnais waren nicht nur, wie die Bauern der Waldstätte, durch Viehzucht wohlhabend geworden, sie hatten mit ihnen auch die Lage an einem internationalen Handelsweg gemeinsam: Was den einen der Gotthard, war den anderen der Mont-Genèvre; beide Gesellschaften befanden sich jedenfalls in vorteilhafter wirtschaftlicher Lage.

Trotz dieser ähnlichen Ausgangsbedingungen haben sich diese beiden Unabhängigkeitsbewegungen – sie waren die konsequentesten des Mittelalters im ganzen Alpengebiet – unterschiedlich entwickelt. Die Täler des Briançonnais anerkannten als gemeinsamen und unbestrittenen Souverän den Dauphin des Viennois. Im 13. Jahrhundert wurden sie zu einer Vogtei zusammengefasst, die sich beiderseits des Mont-Genèvre erstreckte, also sowohl das obere Becken der Durance als auch das obere Doriatal umfasste. Dem Dauphin waren die Rechte, die seine Vasallen im kleinen Landadel ausübten, ein Dorn im Auge; er unterstützte deshalb die Bauern in ihren Forderungen diesem Adel gegenüber. Die Bergler kamen auf den Geschmack der Freiheit, die sie nun genossen, und gegen Ende des Jahrhunderts – zur gleichen Zeit, als die Waldstätte gegen die Habsburger zu den Waffen griffen – forderten sie steuerliche und gerichtliche Unabhängigkeit auch vom Fürsten. Die Auseinandersetzung zog sich in die Länge, bis Hubert II. im Jahre 1343 seinen Bauern schließlich einen Brief gab, der ihnen gegen eine jährlich zu entrichtende hohe Summe die Unabhängigkeit innerhalb des Dauphin-Staates gewährte. Jeder zahlende Kanton der Eidgenossenschaft (Briançonnais, Queyras, Château-Dauphin, Oulx und Valcluson) wurde fortan als *Escarton* bezeichnet. Doch die Dauphiné wurde kurze Zeit danach zum Lehen: Hubert II. hatte sie an den König von Frankreich abgetreten. Diesem neuen, autoritären und die Zentralisierung vorantreibenden Oberherrn widerstanden die *Escartons* nicht lange. Sie hatten lediglich eine Art Republik im Inneren, doch kein entschlossenes Bündnis nach außen zu schaffen vermocht; es war ihnen auch nicht die Zeit vergönnt gewesen, bei freien und starken Städten jene Unterstützung zu suchen, die die Schweizer Kantone im 14. Jahrhundert bei Luzern, Zürich und Bern fanden.

Konservative Grundhaltung und Freiheitswille
Was die Eidgenossenschaft der Waldstätte von all diesen anderen alpenländischen Gemeinwesen unterscheidet, ist zunächst sicherlich die Tatsache, dass sie den Schritt oder vielmehr den Sprung gewagt hat von der auf technische und landwirtschaftliche Zusammenarbeit beschränkten Genossenschaft hin zur politisch organisierten Schicksalsgemeinschaft, die anderen Gemeinwesen oder auswärtigen Mächten gegenüber als Verhandlungspartner oder militärischer Gegner auftreten kann. Ein weiteres Kennzeichen dieses Gemeinwesen ist, dass es auf etwas aufbaut, was man wohl Ideologie nennen muss.

Ideologie der Waldstätte, das ist gewiss ein großes Wort. Umso mehr, als wir inhaltlich kaum etwas von ihr wahrnehmen können, bevor sie mehr oder weniger deutlich im Bundesbrief von 1291 zum Ausdruck kommt. Dennoch gibt es sie, denn alle öffentlichen Handlungen der drei Kantone im 13. Jahrhundert lassen eine sehr eindeutige politische Intention erkennen: Die drei Talgenossenschaften – bis 1291 treten sie noch getrennt auf – wollen äußere Einmischungen aller Art abwehren und die Wahrung ihrer angestammten Rechte durchsetzen.

Die Gesellschaften des Alpengebiets wurden als insgesamt entschieden konservativ eingestuft. Ihr politisches Verhalten bestätigt diesen Eindruck auch heute noch. Ich glaube allerdings nicht, dass das Etikett »konservativ« einem Impuls gerecht wird, der auf das Bewahren und Überleben ausgerichtet ist. Die Bergbauern waren unternehmerische und erfinderische Leute, und sie sind es heute noch. Sie haben einstmals eine beachtliche Fähigkeit bewiesen, ihre Lebensweise den Zwängen der Umwelt anzupassen; sie haben Techniken und Mentalitäten entwickelt, um mit einer feindlichen Natur zurechtzukommen und deren Gefahren zu begegnen. Nach allem, was wir über ihre Geschichte wissen, waren sie für Neues aufgeschlossen, allerdings nur dann, wenn es von ihnen selbst kam, eigener Erfindung und Initiative entstammte oder zumindest von ihnen selbst gewollt war. Sie übernahmen auch Bräuche, Werkzeuge, Ideen und Moden, die woanders aufgekommen waren, sofern sie selbst von deren Nutzen oder Annehmlichkeit überzeugt waren. Hingegen begegneten sie allem, was die Außenwelt ihnen auf politischem oder kulturellem Gebiet aufdrängen wollte, mit äußerstem Misstrauen und hartnäckigster Ablehnung.

Dieser Abwehrreflex hat nichts mit geistiger Rückständigkeit im Vergleich zu anderen Bevölkerungsgruppen der damaligen Zeit zu tun. Wie wir schon feststellen konnten, sind die Bergbauern des 11. und 12. Jahrhunderts weder in wirtschaftlicher noch in gesellschaftlich-kultureller Hinsicht zurückgeblieben, ganz im Gegenteil. Ihr Misstrauen ist also nicht Ausdruck einer geistigen Unbeweglichkeit, sondern eines kollektiven Bewahrungsimpulses: Es soll ein hart erarbeitetes Gleichgewicht bewahrt werden, mit all den materiellen und gesellschaftlichen Vorteilen, die es gebracht hat. So wird jede Einmischung von außen, und sei sie noch so gut gemeint, als Bedrohung dieses Gleichgewichts empfunden.

Hierin liegt meines Erachtens die Triebfeder für alles politische Handeln der Waldstätte und die Grundlage ihrer Ideologie. Es erklärt ihren schon im Hochmittelalter erkennbaren Widerstand gegen die vordringende Feudalherrschaft. Ein Widerstand, der es, das muss man eingestehen, nicht schwer hatte, weil ihnen die Mächtigen wenig Aufmerksamkeit widmeten und nur halbherzige Versuche unternahmen, in ihren Tälern Feudalstrukturen zu errichten. Als die Zähringer im 12. Jahrhundert einige Adelsfamilien in Uri installierten, wurden diese – siehe die Attinghausen – entweder absorbiert und assimiliert oder dorthin zurückgeschickt, wo sie hergekommen waren ... Das verschaffte den Waldstätten einen gewaltigen Vorteil gegenüber fast allen anderen Alpenregionen. Denn als ihre Unabhängigkeit im 13. Jahrhundert ernsthafter angefochten wurde, waren sie bereits politisch reif und erfahren genug, um mit den selbstgeschaffenen Machtinstrumenten Widerstand zu leisten.

Das also ist der Inhalt des Freiheitswillens, von dem die Waldstätte vor und nach 1291 beseelt waren und den spätere Generationen so glorifiziert haben, allerdings ohne seine Wurzeln noch richtig zu verstehen. *Freiheit im Mittelalter darf nicht verwechselt werden mit dem modernen Begriff ›Freiheit‹,* bemerkt zutreffend Guy P. Marchal in seinem ausgezeichneten Kapitel *Die Ursprünge der Unabhängigkeit* in der *Geschichte der Schweiz und der Schweizer. Sie war ... ein ausfüllungsbedürftiger Begriff, dessen Inhalt nicht zum vornherein feststand, sondern je nach den Herrschafts-, Schutz- oder Rechtsverhältnissen anders ausgeprägt erscheint.* Sie ist kein individuelles Gefühl, sondern ein gemeinsamer Wille: Freiheit bedeutet in erster Linie, die hergebrachte Ordnung und ein ganzes Gefüge von vertrauten Aktivitäten und Gebräuchen bewahren zu können. Jede Bedrohung dieser Ordnung und dieses Gefüges wird als Beeinträchtigung der Freiheit gewertet. Die Habsburger werden dies noch bitter erfahren müssen.

Die Mechanismen der Gemeinschaft

Wir wissen wenig darüber, wie die Talgenossenschaften vor 1921–1315 im Inneren funktioniert haben, da uns die wenigen erhaltenen Urkunden, in denen sie auftreten, nur über ihre Beziehungen nach außen berichten. Wir wissen, dass jede von ihnen die gesamte Einwohnerschaft des jeweiligen *pagus*, des Kantons, einschließt. In Uri sind dies das ganze Reußtal von der Schöllenenschlucht bis zum Seeufer sowie die Seitentäler, also etwa fünfzehn Dörfer. Ebenso viele sind es im alten Land Schwyz.

Bei Unterwalden ist es etwas komplizierter, da das Gemeinwesen nur recht und schlecht die beiden Talschaften von Nidwalden und Obwalden zusammenhält. Zwischen den beiden Halbkantonen besteht, bevor sie sich Mitte des 14. Jahrhunderts endgültig trennen, alles andere als Gleichheit. Obwalden ist weniger organisiert, seine Bewohner halten weniger eng zusammen. Sie sind sogar gespalten, was ihre Haltung zur Feudalherrschaft betrifft (was diese ausnützt, um sich im 13. Jahrhundert mit wachsendem Druck bemerkbar zu machen). Unter den Obwaldner Freien gibt es einige erklärte Anhänger des Feudalherrn, des Grafen von Habsburg-Laufenburg, und sie bleiben es auch, als 1273 die Rechte über ihr Tal an Rudolf von Habsburg verkauft werden. Obwalden schließt sich deshalb nicht sofort dem Bund von 1291 an. Und eine österreichische Partei besteht noch bis zur entscheidenden Schlacht am Morgarten im Jahre 1315 fort, sogar noch darüber hinaus. Erinnern wir uns, dass das *Weiße Buch von Sarnen* im 15. Jahrhundert dieses glorreiche Ereignis verschweigt – sicherlich nicht aus Zufall.

Die Talschaft von Nidwalden hingegen manifestiert schon zu Beginn des 13. Jahrhunderts ihren Unabhängigkeitswillen. Zunächst nur im Bereich der Stanser Pfarrei, deren Einwohner ihr eigenes Siegel besitzen: *sigillum universitatis hominum de Stannes*. Doch dann schließen sich auch Buochs am Seeufer und die Dörfer talaufwärts der Genossenschaft an, die sich spätestens ab 1261 als *universitas hominum intramontanorum vallis inferioris* bezeichnet. Im Gegensatz zu den zögernden Obwaldnern widersetzen sich die Leute »nid dem Wald« bereits jetzt den geistlichen und weltlichen Herren, die ihre Unabhängigkeit einschränken wollen (im unteren Tal der Graf, im oberen das Kloster Engelberg). Dass die beiden Länder so verschiedene Haltungen einnehmen, lässt sich nur mit Unterschieden in ihrer Wirtschaftsstruktur und in ihrer Mentalität erklären. Obwalden ist das einzige Tal der Waldstätte, in dem noch der Ackerbau vorherrscht. Seine Wirtschaft ist also noch weitgehend auf Selbstversorgung eingestellt, das Land noch wenig auf die auswärtigen städtischen Märkte angewiesen. Seine Einwohner sind nicht sehr mobil, Freizügigkeit ist für sie ein geringeres Bedürfnis als für ihre Nachbarn. Sie haben weniger Kontakte. Wahrscheinlich sind sie insgesamt auch weniger wohlhabend als die Menschen in den anderen Waldstätten, zumindest weniger als die Urner und die Schwyzer; sie haben also auch weniger zu verteidigen. Das Ochsenpaar, auf das Vater und Sohn Melchtal in unseren Erzählungen so stolz sind und das ihnen der Vogt wegnehmen will, zeugt von einem Wohlstand, der die Ausnahme ist und diese begüterten Bauern auch so widerspenstig macht; doch ihr Beispiel ist untypisch für das Land. Schließlich und vor allem bildet die Feldarbeit, die hier die Hauptbeschäftigung bleibt, nicht denselben Gemeinschaftsgeist heraus, den die extensive Viehzucht erfordert und den die Hirten in Nidwalden, Schwyz, Uri und im Haslital – dem Nachbartal jenseits des Brünigs – schon entwickelt haben. So ist ihnen der Wert ihrer Freiheit weniger bewusst.

Die Talgenossenschaften wurden ursprünglich sozusagen für den Hausgebrauch gebildet, zunächst in den ältesten Siedlungen der winzigen, aber fruchtbaren Schwemmebenen an den unteren Talenden. Am Anfang handelte es sich darum, das Ackerland aufzuteilen; später waren dann Sommerweide, Bewässerungsmaßnahmen, Waldwirtschaft, Wegebau und anderes gemeinsam zu organisieren. Die Arbeiten wurden im Frondienst ausgeführt, der Beitrag des Einzelnen bemaß sich nach seinem Land- und Viehbesitz. Wohl ziemlich früh schon versuchten die größeren Bauern, sich von der zeitaufwendigen Gemeinschaftsarbeit freistellen zu lassen. Mit der aufkommenden Geldwirtschaft ging man gegen Ende des 12. Jahrhunderts dazu über, die Arbeiten von Bauern ausführen zu lassen, denen die Gemeinschaft wenn nicht einen eigentlichen Lohn, so doch eine Entschädigung bezahlte. Dazu brauchte sie aber eigene Geldmittel, und diese erhielt sie durch Abgaben, die sie von den Grundeigentümern oder auch von allen Haushaltsvorständen erhob. Um also ihre finanziellen Aufgaben wahrnehmen zu können, versah sich die Talgenossenschaft mit einem Steuerwesen. Gemeinsam mit den Verwaltern der feudalherrschaftlichen Güter (zum Beispiel den Meiern des Zürcher Fraumünsters) trieb sie auch andere Abgaben ein, vor allem den Kirchenzehnten.

Dass einige Gemeinden auf diese Art beträchtliche Geldsummen verwalteten, steht außer Zweifel. Wir wissen zwar nicht, zu welchen Zahlungen sich die Urner verpflichteten, als sie 1231 das Privileg der Reichsunmittelbarkeit erwarben, doch wir können davon ausgehen, dass es eine hübsche Summe war. Und dieser Handel war kein Einzelfall; auch anderswo, in Graubünden und im Wallis (Goms), sahen sich Talschaften in der Lage, grundherrliche Lasten abzulösen. Im 13., vor allem aber im 14. Jahrhundert kauften sich ganze Gruppen von Hörigen mit Unterstützung ihrer Gemeinden frei.

Mehr noch als die steuerlichen Aufgaben stärkte die Ausübung der Gerichtsbarkeit das Selbstbewusstsein der Gemeinden. In Uri wurde alles Recht von Richtern des Tals gesprochen, nur im Berufungsfall musste der in Zürich residierende kaiserliche Vogt, ab 1231 der König selbst oder ein von ihm Bevollmächtigter eingeschaltet werden. In Schwyz und in Nidwalden war die Gerichtshoheit länger umstritten, denn diese beiden Länder unterstanden, formal zumindest, einer gräflichen Herrschaft. Das Hochgericht blieb der Talgemeinde verwehrt; diese versuchte hauptsächlich zu erreichen, dass die gräflichen Richter weder Fremde, die mit den örtlichen Verhältnissen nicht vertraut waren, noch Ministerialen, also Unfreie waren. Letzteres bedeutete nämlich in den Augen der freien Schwyzer Bauern eine Missachtung ihrer persönlichen Stellung und ihrer Würde, also indirekt ihrer kollektiven Vorrechte. Erinnern wir uns, dass König Rudolf ihnen mehrere diesbezügliche Privilegien gewährte.

Die Frage der richterlichen Zuständigkeit kann übrigens zur Spaltung Unterwaldens in zwei Talgenossenschaften beigetragen haben. Traditionell bildeten sie bis ins 13. Jahrhundert ein einziges Gericht, das bei Wisserlen im Freien abgehalten wurde, im selben »Kernwald«, in dem auch die Landsgemeinde stattfand. Hier stand die Richtstatt, hier ließ der Graf in seinem Namen Recht sprechen. Doch während die Anwesenheit fremder Richter im 13. Jahrhundert die Nidwaldner rebellisch machte, fanden sich die Obwaldner damit ab; es fiel ihnen umso leichter, als ihr Landammann auf einem Teil des Gebiets weiterhin die hohe und die niedere Gerichtsbarkeit ausübte.

Das Neben- und Übereinander der gerichtlichen Zuständigkeiten in den Waldstätten war jedenfalls einigermaßen verwirrend; für die Leute war es nicht leicht festzustellen, welcher Richter für sie zuständig war. Es erstaunt nicht, dass dieser sehr wesentliche Aspekt des öffentlichen Lebens ständig zu Reibereien führte und schließlich zur zentralen Forderung der Erhebung wurde. Mehr als für andere Bevölkerungskreise war es für die organisierten Viehzüchter von entscheidender Bedeutung, vor welchem Gericht, vor allem vor welchem Richter sie zu erscheinen hatten, sowohl bei Zivilsachen, die mit der genossenschaftlichen Landwirtschaft zu tun hatten, als auch in Strafsachen, in die Angehörige der Gemeinschaft verwickelt waren. Jede Einmischung von Richtern, die mit den örtlichen Bräuchen und Beziehungsgefügen nicht vertraut und damit möglicherweise sachunkundig waren, konnte in den Augen der Leute die wohlgefügte Ordnung und die empfindlichen Gleichgewichte stören, die auf einem ungeschriebenem, nie eindeutig formulierten Konsens der Talgenossenschaft beruhten.

Regionale Eliten und Führungsorgane

Verwaltung der Gemeinschaftsfinanzen, Steuerwesen, Rechtsprechung und – immer häufiger – Vertretung der Talgenossenschaft gegenüber Dritten: Das alles setzt Entscheidungs- und Ausführungsorgane voraus. Die Institutionen, die aus dieser Notwendigkeit heraus entstehen, sind außerordentlich einfach. Nicht ganz so einfach sind die Mechanismen, nach denen sie funktionieren und nach denen insbesondere die Führungspersonen ausgewählt werden.

Oberste Instanz der Gemeinschaft ist natürlich die Versammlung sämtlicher Mitglieder ab dem 14. Lebensjahr. Sie wird auf dem Platz des Hauptorts abgehalten, gewöhnlich am Sonntag nach der Messe in der Pfarrkirche. Einberufen wird sie mindestens ein- oder zweimal jährlich, zu den mehr oder weniger festen Zeiten, an denen periodisch anstehende Entscheidungen getroffen werden müssen; nach Bedarf gibt es auch außerordentliche Versammlungen. In einigen kleinen Bergkantonen der Schweiz ist diese »Landsgemeinde« heute noch oberste Instanz, nämlich in Obwalden, Glarus, Appenzell Innerrhoden und Appenzell Außerrhoden. Andere Kantone haben sie vor nicht allzu langer Zeit wegen der gestiegenen Einwohnerzahlen aufgegeben ... Früher war diese Gemeindeversammlung die Norm, auch in den Städten.

Die Einrichtung erhielt den Nimbus vorbildlicher Demokratie, wie überhaupt die alten Talgenossenschaften als Inbegriff aller demokratischen Tugenden gefeiert wurden. Zu Recht und zu Unrecht. Zu Recht sicherlich insofern, als die Landsgemeinde als Versammlung aller Bürger eines Tals (sogar die Unfreien scheinen manchmal zugelassen worden zu sein) den Willen zum Konsens, zur Einigung durch Mehrheitsbeschluss dokumentiert. Diese war nach innen, wo praktische Dinge zu regeln waren, ebenso wichtig wie nach außen, wo es gegenüber Nachbarn und Gegnern die Geschlossenheit der Talschaft zu demonstrieren galt.

Aber auch zu Unrecht; jedenfalls ist es eine heillose Übertreibung, wenn man diese Demokratie als völlig freie Selbstbestimmung der an der Landsgemeinde teilnehmenden Menschen versteht. Wir wissen nicht, wie diese im Jahrhundert Tells ablief. Doch alle vorhandenen Hinweise zeigen, dass die zur Billigung vorgelegten Entscheidungen zuvor von einer kleinen Gruppe führender Personen abgesprochen waren; der einfache Bauer hatte kaum die Möglichkeit, eine gegenteilige Meinung zu äußern, geschweige denn durchzusetzen; es ging ihm nicht anders als dem einfachen Stadtbürger.

Zur gleichen Zeit nämlich, in der sich die Talgenossenschaften herausbildeten – und unter demselben Druck veränderter Gegebenheiten – festigte eine kulturelle, moralische und dadurch auch politische Elite ihre Vorrangstellung. In Umrissen haben wir sie bereits im vorhergehenden Kapitel kennengelernt. Aufgrund eines ganz natürlichen Gefälles, das man zu wenig wahrnahm, um dagegen aufzubegehren, übernahm diese gesellschaftliche Elite die Rolle und die Aufgaben einer führenden Schicht. Schon im 13. Jahrhundert regierte sie die Gemeinschaft, und zwar allein: Sie stellte die Ammänner (die *ministri* der lateinischen Urkunden) und, ganz zuoberst, den Landammann. Dieser war politisches Oberhaupt und Richter zugleich, sofern die zweite Aufgabe ihm nicht entzogen und einem Vogt übertragen wurde. Die Ammänner waren seine Beisitzer; in Schwyz waren sie auch Oberhäupter der Bezirke, die praktisch den geographischen Landesteilen, dem Haupttalbecken und den Hauptseitentälern, entsprachen. Im Prinzip wurde man in diese Ämter gewählt. Die rekonstruierten, allerdings Lücken aufweisenden Listen der im ausgehenden 13. und im 14. Jahrhundert regierenden Ammänner und Landammänner offenbaren freilich lange Amtszeiten und damit die faktische Macht einer sehr kleinen Zahl führender Familien.

Zum Beispiel in Schwyz: Rudolf Stauffacher und Werner von Seewen amtieren im Jahre 1275 und auch noch 1281, allerdings nun zusammen mit Ulrich dem Schmied und Konrad Ab Yberg; Werner von Seewen und Konrad Ab Yberg sind auch noch 1286 im Amt, zusammen mit zwei weniger bedeutenden Kollegen. Von 1291 bis 1303 und wieder von 1309 bis 1313 – es sind die für die Waldstätte entscheidenden Jahre – ist Konrad Ab Yberg junior Landammann; in den Jahren dazwischen hat ein Rudolf Stauffacher regiert, ein Sohn oder Neffe des Ersteren. Ihnen folgen weitere Stauffacher (Werner, Heinrich und wieder ein Werner), dann ein dritter Konrad Ab Yberg – eine bis 1373 fast ununterbrochene Reihe. Ein Jahrhundert lang haben also zwei Familien die Regierung praktisch monopolisiert. Die Ab Yberg tauchen noch bis ins 19. Jahrhundert immer wieder auf, während die Stauffacher im 14. Jahrhundert verschwinden.

Ein Großbauer aus dem Schächental, Burkhard Schüpfer, bestimmt in der zweiten Hälfte des 13. Jahrhunderts für lange Zeit die Geschicke Uris. Seine Regierungszeit als Landammann ist von 1273 bis 1284 belegt, doch möglicherweise ist er schon seit 1251 im Amt. Auch nachdem er die Würde abgegeben hat, behält er noch bis zum Jahrhundertende einen maßgeblichen Einfluss auf alle Ereignisse. Er ist es, der in Zürich im März 1290 die Errichtung einer neuen Pfarrei in Spiringen, in seinem Tal, aushandelt. Im Oktober des folgenden Jahres begegnen wir ihm erneut in Zürich als Mitglied der Urner Abgesandtschaft, die einen Pakt mit der Stadt aushandelt. Ohne Zweifel ist er auch einer der Urheber des Bundes von 1291. An der Landesspitze folgt ihm zunächst sein Nachbar Walter von Spiringen (1284?–1290), dann der Meier des Fraumünsters, Arnold von Silenen (1290–1294), der im Jahr des Bundesschlusses amtiert. Nach ihm beginnt die Regierungszeit der Ritter von Attinghausen, die den Landammannstitel für Generationen beanspruchen: Werner von 1294 bis 1325, danach Johannes bis 1357 – ein erstaunliche Langlebigkeit im politischen wie im biologischen Sinn.

Die allzu lückenhaften Verzeichnisse von Obwalden und Nidwalden sind weniger beredt. In Nidwalden begegnen wir der Familie von Wolfenschießen; einer ihrer Angehörigen erlangte traurige Berühmtheit, weil er die Frau des Bauern Baumgarten verführen wollte: Sein unrühmliches – laut Befreiungstradition von den Seinen ungerächtes – Ende in einem Badebottich kennen wir bereits.

Das Besondere an der führenden Schicht der Waldstätte war, dass sie in ihrer gesellschaftlichen Verantwortung und Sonderstellung zwei Gruppen vereinigte und fast miteinander verschmolz, die scheinbar wenig miteinander gemein hatten, obwohl sie beide dasselbe Ansehen genossen. Hierin unterschied sie sich am meisten von der Unabhängigkeitsbewegung in der Dauphiné. Die eine Gruppe bestand aus dem (keineswegs zahlreichen) Kleinadel und den wenigen Ministerialen, die sich auf ihren im 12. Jahrhundert von den Lenzburgern oder den Zähringern erhaltenen Gütern niedergelassen hatten. Eingesessene bäuerliche Familien bildeten die andere Gruppe: Manche waren als Besitzer großer Herden wohlhabend geworden und dadurch gesellschaftlich aufgestiegen, andere fungierten als Gutsverwalter für nicht am Ort residierende Grundherren wie das Fraumünster, wieder andere hatten sich persönliche Verdienste erworben (Wilhelm Tell konnte auf diese letztere Weise zur Elite gehören, ohne dass seine Familie mit einbezogen worden wäre, und das könnte der Grund sein, weshalb sie nie erwähnt wird). Zwischen diesen beiden anfänglich so verschiedenen Oberschichten kam es schnell zur faktischen Verschmelzung, sehr schnell sogar, im Zeitraum von ein oder zwei Generationen. Doch allzu schnell, um vollkommen zu gelingen: Die Adligen vergaßen nie ganz, dass der alte Titel sie gesellschaftlich abhob, und beim einfachen Volk blieb ein Rest von unterschwelligem Misstrauen bestehen. Bei den großen Ereignissen um 1300 kam dieses Misstrauen nicht zum Tragen: Die Attinghausen zum Beispiel, das bekannteste in Uri vertretene Adelsgeschlecht, scheinen in dieser Zeit ihre Verantwortung für die Gemeinschaft völlig loyal wahrgenommen zu haben; der Gemeinschaftsgeist funktionierte reibungslos. Erst im 14. Jahrhundert wurde der Unterschied bewusster wahrgenommen, doch vielleicht lag dies weniger daran, dass sich die Adligen negativ oder zwiespältig verhalten hätten, sondern eher daran, dass inzwischen eine neue gesellschaftliche Gruppe emporgekommen war, die mit ihnen nicht mehr gemeinsame Sache machen wollte.

Bevor es zu diesem Bruch und zur Verdrängung der Adelsfamilien kam, war die Osmose vollkommen. Einerseits weil diese vergleichsweise wenig wohlhabenden Adligen selbst Hand anlegten: Sie bewirtschafteten selbst ihre Höfe und besorgten, wie jeder andere Bauer auch, ihre Landwirtschaft und handelten mit ihrem Vieh und ihrem Käse; sie übernahmen also ganz und gar die Lebensweise der Leute, teilten Freud und Leid mit ihnen. Andererseits weil die reich gewordenen Bauern ihr Verhalten diesen Adligen anpassten und deren Gewohnheiten und Statussymbole übernahmen – jene Statussymbole, denen wir in den Erzählungen der Befreiungstradition begegnet sind. Zwar ist dieses Phänomen in Uri besonders deutlich auszumachen, doch mit einigen nicht interpretierbaren Abweichungen besteht es auch in den benachbarten Talschaften. Es steht völlig außer Zweifel, dass die Durchsetzungskraft und relative Macht der Urschweizer Kantone dieser eher oligarchischen als demokratischen Führung zu verdanken ist. Diese Familien hatten nicht nur ein feineres Gespür für das, was die Gemeinschaft brauchte. Ihre durch den Handel oder die Verwaltung fremder Güter gewonnene Erfahrung im Umgang mit Auswärtigen und die kulturellen Voraussetzungen, die sie mitbrachten, befähigten sie auch zu adäquaten Antworten und rechtfertigten ihre Autorität. Bisweilen freilich erwies sich diese doch als ungenügend: Als um 1250 die Familienfehde zwischen den Gruoba und den Izzelin die öffentliche Ordnung schwer beeinträchtigte, konnten diese führenden Persönlichkeiten nichts ausrichten. Die beiden Familien, die den verfeindeten Sippen vorstanden, gehörten wohl selbst zur Führungsschicht und machten diese handlungsunfähig. Es blieb kein anderer Ausweg, als einen Schiedsrichter zu suchen: Rudolf von Habsburg besaß die Autorität, um der Vendetta Einhalt gebieten zu können – freilich auch nur mit Mühe und erst im zweiten Anlauf. Die Initiative zu dieser Schlichtung, die den Bock zum Gärtner machte (das darf man wohl sagen!), war wohl von den selbst nicht direkt in die Affäre verwickelten Attinghausen ausgegangen.

Mit Banner und Siegel

Bei Verhandlungen oder Auseinandersetzungen mit Nachbarn oder auswärtigen Mächten treten unsere Talgenossenschaften von Anfang mit den Insignien ihrer politischen Identität auf; stolz präsentieren sie die sichtbaren Symbole ihrer – zumindest dem Anspruch nach bestehenden – juristischen und politischen Selbständigkeit. Sie geben sich ihr Wappen und lassen dieses heraldische Zeichen vom Souverän anerkennen; sie zeigen es bei jeder sich bietenden Gelegenheit, sie besiegeln damit Urkunden und führen es auf dem Banner, das sie bei Waffengängen vorantragen. Der Urner Stier erscheint erstmalig kurz nach 1231, er ist sozusagen der institutionelle Schild des ganz frischen Privilegs der Reichsunmittelbarkeit, das ihnen die Unabhängigkeit gibt. Seit derselben Zeit besitzen die Urner auch ihr Siegel: 1243 wird es erstmals erwähnt; die ältesten erhaltenen Urkunden, an denen es hängt, stammen aus den Jahren 1248 und 1249. Es zeigt, bereits mit Nasenring, den Stierkopf im Profil und trägt die Umschrift *sigillum vallis uraniae*. Ein neues, ein ganzes Jahrhundert lang verwendetes Siegel erscheint 1258; der Stierkopf ist nun von vorn zu sehen, und das wird auch so bleiben. Derselbe Stierkopf schmückt das Urner Banner: Dessen ältestes Exemplar – hinter ihm scharen sich die Urner in der Schlacht am Morgarten – wird in Uri noch pietätvoll aufbewahrt.

Das Schwyzer Wappen ist simpler: ein schlichtes rotes Feld; das kleine weiße Kreuz rechts oben kommt erst im 17. oder 18. Jahrhundert hinzu. Das Siegel der *universitas in Swites* erscheint erstmalig an einer Urkunde vom 15. Dezember 1281, von da ab regelmäßig; es stellt den heiligen Martin von Tours dar, den Kirchenpatron des Hauptorts. Wappen und Siegel von Unterwalden, sowohl des Gesamtkantons als auch der Halbkantone, begegnen uns erstmalig Mitte des 13. Jahrhunderts in Nidwalden, in Obwalden erst im 14. Jahrhundert; beide zeigen den Schlüssel des heiligen Petrus.

Insignien, Umschriften, erstmaliges Auftreten – das alles tut öffentlich kund, dass die Talgemeinschaften in den Bergen sich selbst regieren und unabhängig sein wollen vom Unterland und seinen »Tyrannen«.

14
August 1291

König Rudolfs Tod

Der plötzliche Tod König Rudolfs von Habsburg am Abend des 15. Juli 1291 in Speyer hatte nicht nur seine Umgebung, sondern auch das ganze Reich unvorbereitet getroffen. Obwohl das Ereignis so unerwartet nicht gewesen sein konnte: Der im Frühjahr 1218 geborene Rudolf war mehr als dreiundsiebzig Jahre alt, ein für die damalige Zeit schon ehrwürdiges Greisenalter.

Der Verstorbene hatte die langen Jahre an der Spitze des älteren Hauses Habsburg und mehr noch seine achtzehnjährige Regentschaft als König darauf verwandt, für seine Familie ein gewaltiges Erbe anzusammeln und sie mit einer Machtbasis auszustatten, die er bei seinem Tod als gesichert betrachten konnte. Er hatte für sein Haus zwei territoriale Herrschaftsbereiche geschaffen: im Osten das Herzogtum Österreich, das zwar neu erworben war, doch bei seinem Sohn Albrecht in festen Händen lag; im Westen das Reich, das, rings um die alten Stammlande herum, im Herzogtum Schwaben und im ehemaligen Königreich Burgund eine Vielzahl von Lehen, Ländereien, Städten, Vogteien und Herrschaftsrechten aller Art vereinigte, die er geerbt, erschlichen, erobert, gekauft oder erfunden hatte ... Aus diesen scheinbar disparaten, doch mit großer Hartnäckigkeit und beachtlicher Zielstrebigkeit gesammelten Besitzungen hatte er eine Territorialherrschaft errichten wollen, ein Fürstentum oder Königreich, das seinem zweiten Sohn zugedacht war. Doch dieser Sohn – sein Lieblingssohn, ebenfalls mit Namen Rudolf – war ihm einige Monate im Tod vorausgegangen, worauf Albrecht im Namen seines noch im Säuglingsalter stehenden Neffen Johannes (und bald auch unter Missachtung der Erbschaftsansprüche des Heranwachsenden) die Oberherrschaft über die gesamten habsburgischen Besitzungen beanspruchte.

Rudolf hatte sich nur in einem Punkt verrechnet. Er hatte gedacht, sein persönliches Ansehen und die inzwischen aufgebaute Macht des Hauses Habsburg würden so auf seinen Sohn zurückfallen, dass man ihn automatisch für seine Nachfolge designieren würde. Damit hatte er nicht nur die Haltung der Kurfürsten verkannt, die wenig Neigung zeigten, einen allzu imposanten Kandidaten zu krönen. Er hatte auch die jüngste Geschichte des Reiches vergessen: Mehrere seiner Vorgänger waren, genau wie 1273 er selbst, sozusagen im Ausschlussverfahren gekürt worden, bei dem gerade der relativ niedrige Stand und bescheidener Besitz den Ausschlag gegeben hatten, weil die Kurfürsten sich so am sichersten wähnten – zu Unrecht, wie sich bei Rudolf erwies.

Es wiederholte sich also dasselbe wie 1273 und bei den Königswahlen zuvor: Herzog Albrecht von Österreich meldete natürlich seine Kandidatur an. Doch eine diesmal recht schnell zustande gekommene Mehrheit des Wahlkollegiums entschied sich für einen Fürsten von weit geringerem Ansehen, der auch nicht sehr bekannt und begütert war. Sie erzwang am 5. Mai 1292 die Wahl des Grafen Adolf von Nassau aus einem Geschlecht, das sich im Jahrhundert zuvor im Rheinland angesiedelt hatte (die Linie, der er selbst entstammte, erlosch mit ihm, während ein Nachfahre einer anderen Linie im 16. Jahrhundert als Statthalter der Niederlande und Gründer des Hauses Nassau-Oranien Berühmtheit erlangte). Diese für den Habsburger bittere, unerwartete Wahl war begünstigt worden durch Erhebungen, die sich auf die Nachricht von Rudolfs Tod hin wie ein Lauffeuer in den habsburgischen Besitzungen ausbreiteten und Albrecht die persönliche Anwesenheit am Ort des Wahlgeschehens verwehrten. Er konnte also weder seine Gefolgschaft auf sich einschwören noch seine Kandidatur durch Stimmenkauf oder Einschüchterung durchsetzen. Diese Welle von mehr oder weniger koordinierten Erhebungen war eine Erscheinung, die in der Struktur des Reichs selbst angelegt war: Starb ein Herrscher, der seine Lebenszeit darauf verwandte, Lehen zu schachern und den persönlichen Herrschaftsbereich nach Kräften auszuweiten, wurden sofort zentrifugale Kräfte frei, die das Gebäude zum Einsturz zu bringen drohten. Vasallen, städtische und ländliche Gemeinden und Untertanen aller Stände versuchten, ihre Unabhängigkeit zurückzugewinnen ... Die Herrschaft Rudolfs, die vielerorts auf schwachem Fundament stand, wurde brüchig.

Herzog Albrecht hatte ziemlich bald seinen österreichischen Adel wieder an die Kandare genommen. Seine Mittel waren Zuckerbrot und Peitsche gewesen: energisches militärisches Durchgreifen, aber auch Zugeständnisse und Versprechungen an die Besiegten. Die schnellen Aktionen in seinem Stammland hatten ihn freilich die Wahl verpassen lassen. Doch statt sie anzufechten und ohne Vorbereitung mit seinem Rivalen in den Kampf einzutreten, hielt er es für klüger, zuerst die Erhebungen in seinen westlichen Besitzungen, das heißt in der Schweiz, niederzuringen.

Auch hier hatte nämlich die Nachricht von Rudolfs Tod die unzufriedenen Untertanen unruhig werden lassen, und Unzufriedene gab es zuhauf. Rudolf hatte zu viele Städte unterworfen, zu viele kleinere Herren, Bischöfe und Äbte gedemütigt und beraubt, als dass alle diese Unterlegenen, die zu Lebzeiten des Königs mehr oder weniger stillgehalten hatten, die Gelegenheit nicht ergriffen hätten: Der eine versuchte seinen Besitz, der andere seine Freiheit zurückzuholen. Zu groß war auch die Versuchung, Albrechts Herrschaft abzuschütteln, während dieser noch in Österreich festgehalten war. Um den Bischof von Konstanz – er stammte aus der von den mächtigen Vettern gedemütigten Linie Habsburg-Laufenburg, zu seiner Diözese gehörten auch die Waldstätte – scharte sich eine gegen Albrecht gerichtete Liga, der sich die bedeutendsten Regionalgrößen anschlossen: Wilhelm von Montfort, der von Rudolf aus dem Amt vertriebene Abt von Sankt Gallen, Elisabeth von Homberg, eine geborene Rapperswil, deren Rechte und Besitzungen in der Zentralschweiz der König beschlagnahmt und persönlich vereinnahmt hatte, sowie eine ganze Reihe anderer, darunter auch Amadeus v. von Savoyen, der eifrig bemüht war, der rivalisierenden Dynastie in der Westschweiz zuzusetzen. Dieser Sammlung von Adligen schlossen sich auch die wichtigsten Reichsstädte der Gegend an, nämlich Zürich und Bern (Bern stellte sich schon am 9. August erneut unter den Schirm Savoyens). Auch Luzern folgte, nachdem seine Bürger nicht sehr darüber erbaut waren, dass ihre Stadt – eben erst, im April – dem ehrgeizigen Monarchen abgetreten worden war, der möglicherweise hohe Steuern von ihnen fordern würde. Wir werden bald sehen, dass bei diesem ziemlich buntscheckigen und für einen ausdauernden Widerstand eindeutig zu lockeren Zusammenschluss im Herbst 1291 auch die Länder Uri und Schwyz teilweise mitmachten.

Denn auch in den Waldstätten hatte der Tod des Königs Alarm ausgelöst.

Der Bundesbrief von 1291, die Umstände
Die Nachricht von diesem Tod hatte sich auch an den Ufern des Vierwaldstätter Sees verbreitet, und mit beachtlicher Schnelligkeit, denn der Bund von 1291, den sie unmittelbar veranlasste, wurde *incipiente mense augusto,* also Anfang August besie-

gelt. Dazwischen lagen mit Sicherheit einige Tage der Beratung zwischen den Häuptern der Talgemeinden, man musste ja diese Beratung vorher einberufen und danach den »Bundesbrief« schriftlich abfassen. Die ungenaue Datierung der Urkunde mag daher rühren, dass sie von einem Hauptort zum anderen gewandert ist, die Siegel also nicht alle am selben Tag angebracht wurden; sie besagt immerhin, dass die im Brief niedergelegten Vereinbarungen im Laufe der ersten Augusttage getroffen wurden.

In den Tälern rief der Tod des Königs gemischte Gefühle hervor. Auf der einen Seite Erleichterung: Rudolf war zwar klug genug gewesen, den gewählten Häuptern der Talgemeinden höflich zu begegnen und sich den Gemeinden selbst gegenüber eher tolerant und nur mäßig fordernd zu zeigen, doch er hatte auch hier seine Herrschaftsinstrumente installiert und seine eigenen Leute, mögen sie nun »Vögte« oder anders geheißen haben, mit diversen Funktionen ausgestattet. Am Anfang mag die Bevölkerung die Anwesenheit dieser Leute eher als beruhigend empfunden haben, weil nun Tagesarbeit, Handel und Gotthardverkehr wieder den gewohnten Gang gehen konnten; inzwischen war sie aber misstrauisch geworden, denn nach und nach, doch immer eindeutiger führte diese Anwesenheit zu einer Einschränkung ihrer gemeinschaftlichen Freiheit. Schlimmer noch, Ungeschicklichkeiten der »Vögte«, zusehends dreistere, den Stolz der Bergler verletzende Schikanen, arrogantes Auftreten oder gar Übergriffe auf Eigentum und Ehre der Bewohner und – wenn man den häufigen Anspielungen in den Erzählungen glauben darf – die Unbescholtenheit der Frauen, das alles hatte zu heftigem Unmut gegen diese Dienstleute und damit auch gegen deren Herrn geführt.

Wir haben es als sehr wahrscheinlich erachtet, dass die von der Tradition Wilhelm Tell zugeschriebenen Taten in diesem Klima der Erregung anzusiedeln sind, welches gegen Ende der Regentschaft Rudolfs in den Waldstätten um sich griff und vor allem in Uri hohe Wellen schlug, wo man noch weniger als bei den Nachbarn gewohnt war, sich von Vertretern einer auswärtigen Macht bevormunden zu lassen. Wilhelm Tell mit oder ohne Apfelschuss, mit oder ohne den Mord an Gessler. Wilhelm Tell als einsam Handelnder oder als symbolische, den kühnen Mut einer Gruppe von Berglern verewigende Figur. War der Urheber des Attentats in der Hohlen Gasse bei Küssnacht wirklich allein? War es derselbe, der in Altdorf dem Gesslerhut die Reverenz verweigert hatte? Im Grunde ist das alles zweitrangig; es schmälert nicht die Glaubwürdigkeit der Erinnerung in ihrem wesentlichen Gehalt: Ein in seinem Stolz und in seinem als gerecht empfundenen Unabhängigkeitsanspruch verletztes Volk begehrt auf; es finden sich in ihm einen oder mehrere Helden, die diesem Aufbegehren öffentlich und konkret Ausdruck verleihen.

Ein Aufatmen also in diesen ersten Augusttagen des Jahres 1291: Den lästig gewordenen, am Ende wohl gehassten, zumindest gefürchteten Herrscher gibt es nicht mehr. Man weiß aber in den Waldstätten, dass sein Tod objektiv die Probleme nicht löst. Kurzfristig mögen sich die Dienstleute des Königs in unbehaglicher Lage befunden und, ohne Stütze von oben, eine Weile zurückgehalten haben. Doch was würde die Zukunft bringen, die »Arglist der Zeit«, die der Bundesbrief einleitend beschwört? Unter die Erleichterung mischt sich auch Angst vor dem Kommenden. Die Thronfolge ist offen, doch in den Waldstätten hat man noch allen Anlass zur Befürchtung, dass die Königswürde einem anderen Habsburger zufallen werde, diesem Albrecht, der nicht im Ruf steht, weniger ehrgeizig als sein Vater zu sein. Und selbst wenn er die Krone verfehlen sollte, so würde er als Rudolfs Erbnachfolger mit Sicherheit tätig werden, um aus dessen Rechten und Besitz den größtmöglichen Gewinn zu ziehen.

Neben allem, womit man zu rechnen hat, beunruhigt die kleine Führungselite der Talgemeinden noch etwas anderes: Sie wissen, dass in Unterwalden und im nahen Luzern habsburgerfreundliche Parteien aktiv sind. Es könnte also zu Unruhen kommen, die den Passverkehr behindern, den Markt stören und die Geschäfte beeinträchtigen. Selbst in Schwyz und in Uri droht das Vakuum, das durch die fehlende königliche Autorität entstanden ist, zentrifugale Kräfte freizusetzen, alte Fehden wieder aufleben zu lassen und den Zusammenhalt der Gemeinschaften zu lockern oder gar aufzulösen; dieser Zusammenhalt hat bislang die innere Ordnung aufrechterhalten, doch er gründete ja in der allgemeinen Feindseligkeit gegen die Vertreter der Königsmacht. Die Aufrechterhaltung der Ordnung durch ein funktionierendes Polizei- und Gerichtswesen in den Händen der Bewohner selbst hat unter diesen Umständen höchste Priorität. Da sich die drei Talgemeinschaften sehr nahestehen und zunehmend zur Interessengemeinschaft werden, ist es nur vernünftig, wenn sie gemeinsam die für die innere Stabilität und die äußere Sicherheit erforderlichen Maßnahmen treffen.

Das sind denn auch die Erwägungen, die den Inhalt des Bundesbriefs von 1291 vorgeben. Die Situation ist übrigens nicht völlig neu, hat sie sich doch bei jedem vorangegangenen Machtvakuum ähnlich ergeben: bereits ein Jahrhundert zuvor (1197), nach dem Tode Barbarossas und seines Sohnes Heinrichs VI., dann wieder 1245, als Friedrich II. unter dem Kirchenbann stand, und schließlich während des Interregnums. In allen diesen Zeiten der Ungewissheit hatten die Reichsuntertanen den gegenseitigen Beistand gesucht, namentlich in jenen Landfriedensbündnissen, die im 13. Jahrhundert in großer Zahl geschlossen und immer wieder erneuert wurden. Auch die Waldstätte hatten ja – wir wissen es durch den Bundesbrief von 1291, der sich auf ihn bezieht – bereits mindestens einen solchen Landfrieden geschlossen und gegenseitige Hilfe, insbesondere im Gerichtswesen, vereinbart. Der Brief von 1291 spricht von diesem ersten Bund als einer *antiqua confederatio;* er ist also schon ältern Datums, doch es wird nicht angegeben, was ihn veranlasste (hatte man es vergessen?). Die Gelehrten vermuten seine Entstehung mit einigem Grund in der unsicheren Zeit um das Ende der Regentschaft Friedrichs II., also etwa 1245, oder aber zu Beginn des Interregnums (Bruno Meyer schlägt das Jahr 1252 vor); weniger vernünftig erscheint die Datierung 1273, dem Krönungsjahr Rudolfs I. (Karl Meyer). Wie dem immer sei, im August 1291 ist der »alte Bund« zwar angestaubt, doch weder hinfällig noch völlig vergessen.

Anfang August 1291 wird also eiligst eine Versammlung der politisch Verantwortlichen einberufen. Geladen sind Vertreter von Uri, von Schwyz und von Nidwalden. Obwalden wird nicht anwesend sein, man weiß nicht genau, weshalb. Kommt die Ladung zu spät? Durchaus möglich. Zögert man dort noch? Oder haben die Bundesgenossen diesen Nachbarn absichtlich nicht eingeladen? Wir haben gesehen, dass Obwalden etwas abseits steht, dass es sich leichter mit der Herrschaft der Habsburger abfindet, die in diesem Tal noch immer über eine verlässliche Anhängerschaft im örtlichen Landadel verfügen. Doch auch Obwalden wird sich bald (höchstens einige Wochen später) dem Bund anschließen. Den Text des Briefes, der für Unterwalden nur die *communitas vallis inferioris,* also Nidwalden, nennt, wird man aber für den Nachzügler nicht abändern, es wird auch kein zusätzliches Siegel angehängt; man wird lediglich den Schriftzug des Nidwaldner Siegels neu gravieren und um *et vallis superioris* ergänzen.

Der Bundesbrief ist nur ungefähr datiert; es werden weder der Ort noch die Namen derer genannt, die ihn ausgehandelt und beschlossen haben. Diese sind allerdings leicht auszumachen: Es sind die Landammänner sowie weitere Amts- und Führungspersonen, dieselben, die einige Wochen später, im Oktober 1291, für Schwyz und Uri den Vertrag mit Zürich abschließen. Für Uri unterzeichnen dort Arnold, der Meier von Silenen, Werner von Attinghausen, Burkhard Schüpfer und Konrad, der Meier von Erstfeld; für Schwyz unterschreiben Konrad Ab Yberg, Rudolf Stauffacher und Konrad Hunn. Die Nidwaldner Unterzeichner des Bundesbriefes (die beim Vertrag mit Zürich nicht vertreten sind) sind weniger leicht zu identifizieren, doch man kann annehmen, dass Walter von Wolfenschießen, die Freiherren Heinrich von Malters und Heinrich Schrutan und andere dabei waren.

Als Ort scheidet das allzu romantische Rütli leider aus, auch wenn ich damit romantisch veranlagte Gemüter ebenso enttäuschen muss wie jene ganze Tradition, die seit Rousseau bis auf den heutigen Tag demokratische Gesinnung und erhebende Gebirgslandschaft in innigstem Zusammenhang sieht. Elias Canetti erzählt in seinen Kindheitserinnerungen, wie während eines Urlaubs in Seelisberg seine Mutter, eine Wienerin, mit ihm oft zur legendären Wiese hinuntergestiegen sei, und zwar vor allem, um die dort wachsenden, stark duftenden Zyklamen zu pflücken; sie war überzeugt, dass es der Geruch dieser Blumen gewesen sei, der den alten Schweizern die Kraft zur Erhebung gegeben habe. Die weltberühmte Wiese, in deren Nähe ein aufragender Fels als »Schillerstein« das Andenken des Tell-Dichters ehrt, hat wohl tatsächlich als leicht erreichbarer und dennoch sicherer Beratungsort für dringende Angelegenheiten gedient. Als solcher lebt sie auch in der Erinnerung und in den Erzählungen fort. Es ist auch nicht auszuschließen, dass hier auf die Nachricht von König Rudolfs Tod hin eine vorbereitende Versammlung stattgefunden hat. Doch der Bundesbrief selbst entstand nicht hier; ausgehandelt, beschlossen und von einem Kleriker etwas ungeschickt (oder zu flüchtig) in Latein und zu Pergament gebracht wurde er an einem Ort, der sich besser dazu eignete als eine offene Wiese: wahrscheinlich in einem Haus in Brunnen, vielleicht auch in Schwyz, Flüelen oder Altdorf. Dass das Schwyzer Siegel als Erstes rechts unten am Pergament hängt, mag auf eine Ortschaft im Kanton Schwyz hindeuten.

Auch die Vorstellung einer Verschwörung, wie sie unsere Erzählungen wahrhaben wollen, ist völlig verfehlt. Ist es überhaupt die Erinnerung an den Bund von 1291, was diese Erzählungen – mit verfälschten Begleitumständen – weitergeben? Oder sprechen sie von einer anderen Episode dieser bewegten Zeit? An Anlässen für hastig einberufene Beratungen fehlte es ja nicht, weder vor 1291 noch danach. Ich glaube indessen, dass die Erzähler die Ereignisse nur falsch in den zeitlichen Ablauf eingeordnet und sie kräftig dramatisiert haben; dass sie eine genau geplante Verschwörung in etwas hineininterpretierten, was in Wirklichkeit nur eine Beratung war, kurzfristig angesetzt mit einer gewissen Hast, die der allgemeinen Aufregung über die Nachricht vom Tod des Königs entsprach. Im Übrigen wurde sicherlich auf Verschwiegenheit geachtet, mindestens bis zum Bundesschluss. Es scheinen also sehr wohl die Ereignisse des Augusts 1291 zu sein, auf die die Erzählungen anspielen, in Bildern allerdings, die mit der Zeit fast unkenntlich wurden.

Der Brieftext

Vom Bundesbrief von 1291 muss es wenn nicht mehrere Ausfertigungen, so doch zumindest Kopien für jeden Bündnispartner gegeben haben. Wiedergefunden wurde nur das heute in Schwyz aufbewahrte Original, und auch dies erst spät, im Jahre 1758 – um dann allerdings Verwirrung zu stiften unter den Historikern, die vordem fast einmütig und aufs Wort den Erzählungen geglaubt hatten, wie sie von ihrem Altmeister Aegidius Tschudi zusammengefügt und bearbeitet worden waren.

Der Text wurde sehr schnell berühmt und in zahllosen Abschriften verbreitet, sowohl im lateinischen Original als auch in Übersetzungen, die jede Generationen nach ihrem Geschmack anfertigte. Ich halte es dennoch für angebracht, ihn hier ein weiteres Mal abzudrucken: Nicht jeder Leser wird ihn zur Hand haben. Er spricht übrigens so für sich selbst, dass sich ein Anmerkungsapparat erübrigt. (Die Einteilung in nummerierte Artikel stammt natürlich von den modernen Quellenforschern.)

In nomine domini amen. Honestati consulitur et utilitati publice providetur, dum pacta quietis et pacis statu debito solidantur.	*Im Namen Gottes, amen. Man dient dem Ansehen und sorgt für das öffentliche Wohl, wenn Verträge für Ruhe und Frieden durch die richtige Form gesichert werden.*

1 – Noverint igitur universi, quod homines vallis Uranie universitasque vallis de Switz ac communitas hominum Intramontanorum Vallis Inferioris maliciam temporis attendentes, ut se et sua magis defendere valeant et in statu debito melius conservare, fide bona promiserunt invicem sibi assistere auxilio, consilio quolibet ac favore, personis et rebus, infra valles et extra, toto posse, toto nisu contra omnes ac singulos, qui eos vel alicui de ipsis aliquam intulerint violenciam, molestiam aut iniuriam in personis et rebus malum quodlibet machinando.

1 – Es sollen daher alle wissen, dass die Leute des Tales Uri, die Gemeinde des Tales Schwyz und die Gemeinde der Leute von Unterwalden in Nidwalden in Anbetracht der Arglist der Zeit in guten Treuen versprochen haben, damit sie sich und das Ihre eher verteidigen und besser im rechtmäßigen Stand bewahren können, einander gegenseitig mit Hilfe, jedem Rat und Gunst, mit Leib und Gut beizustehen, innerhalb der Täler und außerhalb, mit aller Kraft und aller Anstrengung gegen alle und jede, welche ihnen oder einem von ihnen Gewalttat, Beschwerde oder Unrecht zufügen und gegen Leib und Gut etwas Böses im Schilde führen würden.

2 – Ac in omnem eventum quelibet universitas promisit alteri accurrere, cum necesse fuerit, ad succurrendum et in expensis propriis, prout opus fuerit, contra impetus malignorum resistere, iniurias vindicare, prestito super hiis corporaliter iuramento absque dolo servandis antiquam confederationis formam iuramento vallatam presentibus innovando,

2 – Und es hat jede Gemeinde versprochen, in jedem Fall der andern zu Hilfe zu eilen, sofern es nötig wäre beizuspringen und zwar in eigenen Kosten, soweit es notwendig wäre, um dem Angriff Böswilliger zu widerstehen und Unrecht zu rächen. Sie haben hierüber einen leiblichen Eid geschworen, dies ohne Hintergedanken zu halten und dadurch die alte, durch Eid bekräftigte Form des Bündnisses zu erneuern.

3 – ita tamen, quod quilibet homo iuxta sui nominis conditionem domino suo convenienter subesse teneatur et servire.

3 – Dies in der Meinung, dass jedermann gemäß dem Stande seiner Familie seinem Herrn nach Gebühr untertan sein und dienen soll.

4 – Conmuni etiam consilio et favore unanimi promisimus, statuimus ac ordinavimus, ut in vallibus prenotatis nullum iudicem, qui ipsum officium aliquo precio vel peccunia aliqualiter conparaverit vel qui noster incola vel conprovincialis non fuerit, aliquatenus accipiamus vel acceptemus.

5 – Si vero dissensio suborta fuerit inter aliquos conspiratos, prudenciores de conspiratis accedere debent ad sopiendam discordiam inter partes, prout ipsis videbitur expedire, et que pars illam respueret ordinationem, alii contrarii deberent fore conspirati.

6 – Super omnia autem inter ipsos extitit statutum, ut, qui alium fraudulenter et sine culpa trucidaverit, si deprehensus fuerit, vitam ammittat, nisi suam de dicto maleficio valeat ostendere innocenciam, suis nefandis culpis exigentibus, et si forsan discesserit, nunquam remeare debet. Receptatores et defensores prefati malefactoris a vallibus segregandi sunt, donec a coniuratis provide revocentur.

4 – Mit gemeinsamem Rat und einhelliger Zustimmung haben wir auch versprochen, festgesetzt und angeordnet, dass wir in den genannten Tälern keinen Richter, welcher sein Amt um irgendeinen Preis oder um Geld irgendwie erworben hätte oder der nicht unser Einwohner oder Landsmann wäre, je auf- und annehmen.

5 – Wenn aber zwischen Eidgenossen Uneinigkeit entstehen würde, sollen die Verständigeren unter den Eidgenossen dazutreten, um den Streit zwischen den Parteien zu schlichten, so wie es ihnen nützlich zu sein scheint; und welche Partei diese Anordnung zurückweisen würde, deren Gegner sollen die andern Eidgenossen werden.

6 – Zu alledem besteht zwischen ihnen das Gesetz, dass wer einen andern hinterlistig und ohne Schuld tötet, wenn er ergriffen wird, sein Leben verlieren soll, außer er könne seine Unschuld an diesem Verbrechen beweisen, wie es seine schwere Schuld verlangt; und wenn er etwa entweichen sollte, so darf er niemals zurückkehren. Wer den genannten Verbrecher aufnimmt und beschirmt, soll aus den Tälern weichen, bis er von den Eidgenossen ausdrücklich zurückgerufen wird.

7 – Si quis vero quemquam de conspiratis die seu nocte silentio fraudulenter per incendium vastaverit, is nunquam haberi debet pro conprovinciali. Et si quis dictum malefactorem fovet et defendit infra valles, satisfactionem prestare debet dampnificatio.

8 – Ad hec si quis de coniuratis alium rebus spoliaverit vel dampnificaverit qualitercumque, si res nocentis infra valles possunt reperiri, servari debent ad procurandam secundum iusticiam lesis satisfactionem.

9 – Insuper nullus capere debet pignus alterius, nisi sit manifeste debitor vel fideiussor, et hoc tantum fieri debet de licencia sui iudicis speciali.

10 – Preter hec quilibet obedire ebet suo iudici et ipsum, si necesse fuerit, iudicem ostendere infra [vallem], sub quo parere potius debeat iuri.

11 – Et si quis iudicio rebellis exstiterit ac de ipsius pertinatia quis de conspiratis dampnif[i]catus fuerit, predictum contumacem ad prestandam satisfactionem iurati conpellere tenentur universi.

7 – Wer aber einen Eidgenossen bei Tag oder heimlich bei Nacht hinterlistig durch Brand schädigt, der soll niemals mehr als Landsmann gehalten werden. Und wer diesen Übeltäter begünstigt und beschirmt in den Tälern, muss dem Geschädigten Genugtuung leisten.

8 – Wenn ferner ein Eidgenosse einen andern seines Gutes beraubt oder ihn irgendwie schädigt, so soll, wenn das Gut des Übeltäters innerhalb der Täler zu finden ist, dieses beschlagnahmt werden, um dem Geschädigten nach dem Recht Wiedergutmachung zu leisten.

9 – Überdies soll niemand den andern pfänden, außer er sei offenkundig sein Schuldner oder Bürger, und auch dies soll nur mit der besondern Erlaubnis seines Richters geschehen.

10 – Außerdem soll jeder seinem Richter gehorchen und, wenn es nötig wäre, jenen Richter im Tal nennen, unter den er nach Recht gehören soll.

11 – Und wenn einer sich einem Urteil widersetzt und wegen seiner Hartnäckigkeit ein Eidgenosse Schaden erleidet, sollen alle Verbündeten gehalten sein, den Widerspenstigen zur Wiedergutmachung zu zwingen.

12 – Si vero guerra vel discordia inter aliquos de conspiratis suborta fuerit, si pars una litigantium iusticie vel satisfactionis non curat recipere conplementum, reliquam defendere tenentur coniurati.

12 – Sollte jedoch Fehde und Zwietracht unter den Eidgenossen sich erheben und die eine Partei der Streitenden die Erfüllung des Rechtes und der Wiedergutmachung nicht annehmen, sind die Eidgenossen gehalten, die andere Partei zu schützen.

13 – Suprascriptis statutis pro conmuni utilitate salubriter ordinatis concedente domino in perpetuum duraturis. In cuius facti evidentiam presens instrumentum ad peti[ci]onem predictorum confectum sigillorum prefatarum trium universitatum et vallium est munimine roboratum. Actum anno domini M°CC°LXXXX° primo incipiente mense Augusto.

13 – Die obenstehenden, zu gemeinsamen Nutzen und Heil aufgestellten Abmachungen sollen, so Gott will, ewig dauern. Zum Beweis dessen ist die vorliegende auf Wunsch der Vorgenannten ausgestellte Urkunde durch den Schutz der Siegel der drei Gemeinden und Täler bekräftigt worden. Gegeben im Jahr des Herrn 1291 zu Beginn des Monats August.

Unklarheiten und Kontroversen

Der Bundesbrief von 1291 mag bei der ersten Lektüre etwas verwirrend wirken. Da ist von allem Möglichen die Rede, in einem sonderbaren Durcheinander von Bestimmungen, die meist privatrechtlicher Natur sind und gegenseitige Rechtshilfe in Straffällen vorsehen. Andere Bestimmungen hingegen – sie sind weniger präzise oder mit beinahe ängstlicher Zurückhaltung formuliert – kündigen bereits einen Bündniswillen der Täler an, zumindest stipulieren sie eine gegenseitige Absprache für den Fall, dass von außen gegen sie vorgegangen wird.

Die unklaren Stellen dieses nur scheinbar eindeutigen Vertragstextes, der zwar präzise innenpolitische Maßnahmen vorsieht, aber nur äußerst vage eine gemeinsame Politik formuliert, haben, wie man sich denken kann, eine ganze Flut von Interpretationen hervorgerufen. Jeder Exeget findet in ihnen, was er gerade finden will. Die Patrioten, die dem Text ein wenig nachhelfen, sehen in ihm wenn nicht die Geburtsurkunde eines Staates, so doch den förmlichen Abschluss eines engen Bündnisses, die Begründung einer gemeinsamen Außenpolitik der Waldstätte. Im Vorgriff auf das weitere Schicksal dieses Bundes, dem in der Tat »ewige Dauer« beschieden zu sein scheint (immerhin schon über 700 Jahre ...), schreibt man ihm in vaterländischer Begeisterung eine herausragende Bedeutung in der Geschichte der Schweiz zu. Nun fiel aber die Wiederentdeckung und die ab 1760 einsetzende Verbreitung des Bundesbriefes zusammen mit dem Aufkommen liberalen und revolutionären Gedankenguts. Im Schwur der Eidgenossen, von dem der Brief zeugt, erblickte der neue Geist nicht nur die demokratischen Wurzeln der Eidgenossenschaft, sondern auch die Geburtsstunde der Freiheit, die Absage an die Tyrannei und den originären Ausdruck des Rechtes der Völker auf Selbstbestimmung. Das war die Sichtweise, die Ende des 18. Jahrhunderts von Johannes von Müller eingeführt und von französischen Revolutionären ab 1789 übernommen wurde; bei den Letzteren galt der Bundesschwur als erste Erklärung der Menschen- und Bürgerrechte. Es war auch diese Interpretation, die Schiller poetisch und idealisierend verarbeitete. Und in »freisinnigen«, fortschrittlichen und schließlich auch in sozialistischen Kreisen war sie im ganzen 19. Jahrhundert vorherrschend. In der Schweiz bleibt sie sozusagen die offizielle Lesart, verpflichtend in den Ansprachen zu den traditionellen Feiern zum 1. August, der im Gedenken an das Gründungsereignis zum Nationalfeiertag wurde.

Früh schon wurden kritische Stimmen laut, die diese glorifizierende Interpretation relativierten, anfochten oder ganz verwarfen. Sie boten dabei nicht weniger Gelehrsamkeit auf, vielleicht sogar mehr, und ihre Argumente waren nicht weniger seriös. Doch objektiver war ihre Intention nicht immer. Im Gegensatz zu den Liberalen, die den Bundesbrief als ihr Panier hochhielten, spielten sie seine Bedeutung herunter: Dieser reine Gebrauchstext verkünde keineswegs die Freiheit, er zeuge vielmehr vom ausgesprochen konservativen Willen, die von Anarchie bedrohte hergebrachte Ordnung festzuschreiben und die alten Herrschaftsverhältnisse mit ihrer ständisch gegliederten Hierarchie zu wahren. Der »Sonderbund« der katholisch-konservativen Kantone (die Waldstätte gehörten dazu), der in der Schweiz 1847 zum Bürgerkrieg führte, verwarf den Bundesbrief noch radikaler und, wie wir schon sahen, die ganze »Befreiungstradition« gleich mit ihm. Aus dieser Sicht war der Bund vom August 1291 eine belanglose – für die fanatischsten Vertreter der »kritischen Schule« sogar eine unglückliche – Episode, bar jeder Bedeutung für die Zukunft. Der Sieg der städtisch-protestantischen Liberalen im Sonderbundskrieg und die 1848, im Jahr danach, verabschiedete bundesstaatliche Verfassung polierten den Wachsglanz der Siegel an der Urkunde wieder auf. Wie 1291, so sorgte auch in den Jahren 1870, 1914 und 1939 die »Arglist der Zeit« dafür, dass er erhalten blieb, wenigstens in der Schweiz; der Graben im Gelehrtenkrieg verlief nun zwischen deutschen und österreichischen Historikern auf der einen und schweizerischen auf der anderen Seite. Dem Nationalismus und Pangermanismus der einen stand der Patriotismus der anderen gegenüber. Die Wogen legten sich, als die sie aufwerfenden Leidenschaften und Ängste verschwanden. Heute gehen die Historiker gelassener an den Text heran, freilich noch immer nicht unvoreingenommen: Bei den einen führt eine nationalistisch gefärbte Einstellung zu Vorurteilen, bei den anderen die Kritik am Staat, der für sie eine traditionalistische, konformistische und dem Konsens verhaftete Grundhaltung verkörpert.

Der Geist hinter den Buchstaben

Um den Geist des Bundesbriefes zu verstehen, darf man sich vielleicht nicht allzu eng an den Buchstaben halten. Erinnern wir uns: Die Bündnispartner waren von der Nachricht vom Tod

König Rudolfs überrumpelt worden, die Zeit drängte; der Vertrag wurde in Eile geschlossen, es blieb nicht die Zeit, jedes Wort so auf die Goldwaage zu legen, wie es später die Historiker tun konnten ... Unter diesen Umständen ist es durchaus denkbar, dass man keinen besonderen Wert auf Originalität legte. Man bediente sich wohl des Textes oder zumindest einzelner Artikel des früheren Briefes, jener *antiqua confederatio,* von der zweimal, in der Präambel und im Brieftext selbst, die Rede ist. Dieses alte Bündnis war unter recht ähnlichen Umständen zustande gekommen und hatte sich offenbar bewährt; warum also alles völlig neu schreiben? Mit einigen Ergänzungen oder Änderungen ließ es sich den Gegebenheiten anpassen. Ebenso wenig ist auszuschließen, dass sich die von der Eile gedrängten Taloberhäupter an ein oder mehrere Vorbilder hielten. Schließlich gab es solche Landfriedensbündnisse in großer Zahl, die Klauseln der Vertragstexte wurden herumgereicht. Die strafrechtlichen Bestimmungen des Bundesbriefes sind exakter formuliert und schärfer gehalten als das, was sonst in entsprechenden Texten steht; sie gleichen eher innerstädtischen Friedensbündnissen, mit denen die Bürger die von Fehden gestörte innere Ordnung wiederherstellten; insbesondere der »geschworene Brief« der benachbarten Stadt Luzern vom 4. Mai 1252 könnte als Vorlage gedient haben. Solche Anleihen würden auch die ungeschickte Gliederung des Bundesbriefes und seine Wiederholungen (in den Artikeln 5 und 12) erklären.

Wie auch immer der Brieftext zustande gekommen sein mag, seine Verfasser hatten offensichtlich ein dreifaches Anliegen. Alle Kontroversen der Interpretation rühren daher, dass man diese drei Komponenten unterschiedlich gewichtet hat. Mir scheint aber, dass sie nicht zu trennen sind, denn bei jeder kommt es darauf an, wie die beiden anderen behandelt werden; es kann also keiner der drei Komponenten ein Vorrang gegenüber den beiden anderen zugesprochen werden.

Erstes Anliegen: die innere Ordnung. Den drei Tälern ist ihre Aufrechterhaltung zum gemeinsamen Bedürfnis geworden, nachdem ihre Interessen so eng miteinander verquickt und ihre nachbarschaftlichen Beziehungen so intensiv geworden sind. Erinnern wir uns an die Erzählungen, in denen die Verfemten, durch Provokationen der Vögte zu Mördern geworden, in ein anderes Tal fliehen, nach Uri, dem sichersten Fluchtort. Darum die Bestimmungen über gegenseitige Rechtshilfe, die auch auf eine gemeinsame Strafrechtspraxis abzielen. Die Ordnung, die es aufrechtzuerhalten gilt, umfasst drei Aspekte: Zunächst geht es um die Verhinderung und Bestrafung individueller, gemeinrechtlicher Straftaten. Das heißt, dass Diebe, Brandstifter (die Angst vor Bränden sitzt den Berglern ständig im Nacken) und natürlich Mörder verfolgt werden, wo immer sie Unheil anrichten. Es sei denn, der Mord wäre vom Getöteten provoziert worden: Sollte hier etwa implizit ein Wilhelm Tell oder ein Conrad von Baumgarten freigesprochen werden? Ein solcher Vorbehalt gründet jedenfalls auf Erfahrungen, er könnte ein Echo der Ermordung habsburgischer Dienstleute sein, und sollte diese Annahme zutreffen, so wäre 1291 die Tat Tells noch in frischer Erinnerung ... Die Ordnung aufrechtzuerhalten bedeutet außerdem zu verhindern, dass in den Tälern Familienfehden, blutige Vendettas wie die zwischen den Izzelin und den Gruoba, wieder aufflackern. Schließlich und möglicherweise vor allem bedeutet es, die Sicherheit des Gotthardverkehrs und des Handels allgemein zu gewährleisten. Denn eine gestörte Ordnung schreckt die Kaufleute ab – die folgenden Jahre werden es erneut erweisen. Sie bremst auch den Viehhandel. In diesem Sinn ist der Artikel zu verstehen, der es Gläubigern verbietet, eigenmächtig das Eigentum oder die Ware des Schuldners zu beschlagnahmen.

Zweites Anliegen: die äußere Sicherheit. Ist der Bundesbrief ein Verteidigungsbündnis? 1291 gibt es noch keinerlei Anlass, das Bündnis im militärischen Sinn zu verstehen und eine gemeinsame Abwehr eventueller Überraschungsangriffe durch österreichische Ritter vorzusehen. Diese Gefahr wird sich erst im Verlauf der kommenden Jahre abzeichnen und

1315 konkret werden. Es ist zwar eine Tatsache, dass der Bund am Morgarten plötzlich das Kettenhemd anlegte und als militärischer Beistandspakt funktionierte; doch zur Zeit seines Abschlusses war diese Eventualität noch nicht aktuell. Was 1291 unter äußerer Sicherheit verstanden wurde, das waren in erster Linie die verwaltungsmäßige und die richterliche Unabhängigkeit der Täler und die Bewahrung der kaiserlichen Privilegien, die nicht ganz unanfechtbar waren.

Das Ziel dieser gemeinsamen äußeren Sicherheit ist verhüllter formuliert als die anderen Bestimmungen. Dabei ist es das Element, das im Brief von 1291 gegenüber dem oder den Vorläufern neu ist. Es scheint in der Präambel durch, wo von der Sicherung des Friedens und der Ordnung die Rede ist: Die Bedrohung kann sowohl von außen als auch von innen kommen. Expliziter erscheint es im ersten, allgemeineren Teil, in dem die drei Gemeinschaften versprechen, sich gegenseitig mit Rat und Tat beizustehen, und zwar *innerhalb der Täler und außerhalb ... gegen alle und jede, welche ihnen oder einem von ihnen Gewalttat, Beschwerde oder Unrecht zufügen und gegen Leib und Gut etwas Böses im Schilde führen würden.* Der Brief vermeidet es, jemanden Bestimmten zu verdächtigen; er will von allgemeiner und zeitloser Gültigkeit sein. Die Verfasser haben sich auch klug gehütet, die Gefahr zu benennen; sie hatten sie aber im Auge, und die Anspielung auf den Usurpator, das Haus Habsburg und seine Dienstleute, ist zwar nicht offen, doch unmissverständlich. Sie wird konkreter an der Stelle, die am häufigsten kommentiert wurde, nämlich im Richterartikel.

Der Bundesbrief spricht hier die ständige Angst der Waldstätte an, sie könnten Richtern unterstellt werden, die landesfremd und inkompetent sind, oder die ihr Amt gekauft haben und deswegen einer auswärtigen Macht dienstbar sind. Wir haben gesehen, dass ihre ganzen diplomatischen Bemühungen der voraufgegangenen Jahrzehnte dieser richterlichen Unabhängigkeit galten, die Zeichen und Vorbedingung jeglicher wahrer Freiheit war. Doch die Häufigkeit ihrer Vorstöße und die wiederholten königlichen Zusicherungen belegen vor allem die geringe Sicherheit dieses Privilegs, das von den »österreichischen« Vögten und Dienstleuten ständig in Frage gestellt, heimtückisch ausgehöhlt oder umgangen wurde. In diesem heiklen und wesentlichen Punkt haben die Täler aber bisher keine geschlossene Front gebildet; nun, im August 1291, ist dies die entscheidende Neuerung und zugleich der Ausdruck einer fortan gemeinsamen Politik der einsickernden fremden Macht gegenüber.

Das dritte Anliegen wird nur beiläufig, in einem Einschub genannt – dass nämlich *jedermann gemäß dem Stande seiner Familie seinem Herrn nach Gebühr untertan sein und dienen soll.* Hier lassen die führenden Familien ihre Interessen und ihre konservative Gesinnung einfließen. Doch sie verraten damit gleichzeitig, dass die Spannungen im ausgehenden Jahrhundert die unantastbare und geheiligte Feudalordnung schon ein wenig angekratzt haben. Die Unfreien erblicken in den Wirren der Zeit ihre Gelegenheit, die persönliche Freiheit zu erlangen; die Anfechtung der landesherrlichen Autorität münzen sie zur Anfechtung der persönlichen Herrschaft um, der sie immer noch hörig sind. Nicht ohne Grund sehen die führenden Häupter darin eine Gefahr für die gesellschaftliche Stabilität und ihre eigene privilegierte Stellung. Sie befürchten zudem, dass die allgemeine Erregung die Bauern dazu verleiten könnte, den Grundherren die Zinsen und Zehnten zu verweigern. Die führenden Familien sind zum Teil selbst Zinsempfänger oder üben die einträgliche Verwaltung von Gütern auswärtiger, vor allem klösterlicher Grundherren aus (Zürcher Fraumünster, Zisterzienserkloster Wettingen). Sie sprechen also ein energisches Wort. Dieser Artikel hat natürlich erbitterte Polemiken ausgelöst. Absurder Widerspruch, heißt es bei den demokratischen Patrioten, oder auch einfach: inhaltslose Floskel. Zentrale Bestimmung des Bundesbriefs, verkünden die Konservativen: die Schweizer von 1291 waren alles andere als Revolutionäre ... Eine Lektüre, die den Satz besser in den wirtschaftlichen und gesellschaftlichen Kontext stellt, gibt natürlich weder den einen noch den anderen Recht.

Hinter der etwas formelhaften Rhetorik und Feierlichkeit des Bundesbriefes steckt ebenso viel wirtschaftlicher und gesellschaftlicher Inhalt wie er eine in höchst idealistischem Sinn politische Intention verrät: Frieden und Sicherheit haben dem Wohlstand der Länder zu dienen, die – vergleichsweise – reich sind. Jedenfalls reich genug, um ihre finanziellen Verpflichtungen nicht in Frage stellen zu müssen. Aber auch reich genug, um die Gewinne aus Viehzucht, Handel und Passverkehr gesichert und weitervermehrt sehen zu wollen.

Da die Waldstätte keinen oberherrlichen Richter anerkennen wollen, brauchen sie ein eigenes Schiedsverfahren, um gegebenenfalls interne Konflikte beilegen zu können. So selbstverständlich diese Einrichtung erscheinen mag, die fernere Zukunft wird ihr einen besonderen Wert verleihen. Dieses Schiedsgericht hat sich nämlich bewährt, und es ist in solchem Maße zur Normalprozedur der Eidgenossen geworden, dass es die Grundlage ihres politischen Systems bildet. Noch heute beruht das eidgenössische Leben weitgehend auf dem Prinzip des stets auf Kompromisse abzielenden Schiedsverfahrens. Die sogenannte »Sozialpartnerschaft« zeugt davon, die mit ihren erstmals 1937 von Unternehmern und Gewerkschaften unterzeichneten Gesamtarbeitsverträgen die Parteien im Fall eines Arbeitskonflikts zu einem Schiedsverfahren verpflichtet; sie entspricht durchaus dem Geist des Bundesbriefes von 1291 und der langen Erfahrung, die sich aus ihm ergeben hat.

Schließlich soll der Bund *ewig dauern.* Das bedeutet, dass er nicht auf bestimmte Zeit abgeschlossen wird. Die Lage, der er zu begegnen versucht, ist mehr als ungewiss; niemand weiß, wohin die Dinge treiben werden. Niemand ist aber auf den Gedanken gekommen, ein territorial geschlossenes Ganzes zu bilden und die Talgemeinschaften zusammenzuschweißen, vielmehr behalten diese ihre volle Eigenständigkeit. Noch weniger soll ein Staat, eine Nation, ein »einig Volk« begründet werden.

Nur durch ein erstaunliches Zusammentreffen von Umständen war es dem auf eine momentane Lage reagierenden Bund vergönnt, fortzudauern, erneuert und erweitert zu werden und zu erstarken, bis er sich allmählich zu einer wirklichen politischen Konföderation auswuchs.

Die Erhebung fand nicht statt

Hier ist der Moment gekommen, zu unseren Erzählungen zurückzukehren, die auf die bildhafte Weise, die wir zu Beginn dieses Buches kennengelernt haben, von der Erhebung oder »Befreiung« der Schweizer berichten. Denn wenn es eine Gewissheit gibt bei diesen Erzählungen, dann die, dass sie die verschwommene Erinnerung an die Zeit um 1291, an die unruhigen Jahre davor und die Zeit danach tradieren. Die nur spärlich dokumentierten Ereignisse, die sich rekonstruieren lassen, reichen gewiss nicht aus, um diese Erzählungen im Einzelnen zu beglaubigen. Bestätigen sie wenigstens ihre Substanz? Lassen sie ein gesellschaftliches und politisches Klima erahnen, in dem sich die denkwürdigen Episoden, von denen unsere Erzählungen berichten, tatsächlich ereignet haben könnten, in das sie sich so einfügen ließen, dass sie glaubwürdig wären?

Für Wilhelm Tell, die herausragende Figur des kollektiven Gedächtnisses, habe ich schon als sehr wahrscheinlichen Kontext die Jahre vor 1291 vermutet, also die letzte Regierungszeit Rudolfs I. Ich habe auch die Vorbehalte benannt, die sich hinsichtlich der einzelnen ihm zugeschriebenen Taten aufdrängen. Doch insgesamt passt unser Held zu gut in die damalige Situation, um ihr völlig fremd zu sein. Seine Handlungen und Reaktionen widerspiegeln die gespannte, drückende, unheilschwangere Atmosphäre, die auf den Tälern lastete wie die schweren Wolken, die sich von den Berggipfeln senken, bevor das Gewitter losbricht.

Die drei Eidgenossen der Legende personifizieren die drei Täler. Es ist unerheblich, dass die überlieferten Namen nur in einem Fall den Personen entsprechen, die wahrscheinlich den Bundesbrief ausgehandelt haben, nämlich beim Schwyzer Stauffacher (und selbst da mit Generationenverwechslung). Allerdings war ihr Schwur keine Verschwörung, sondern lediglich eine eilig einberufene und halbwegs geheime Beratung. Ort des Geschehens war auch nicht das Rütli, selbst wenn diese Wiese zu improvisierten Treffen von Abgesandten der drei Kantone gedient haben mag. Die Erzählungen haben also ein wirkliches Ereignis verarbeitet, das zwar keineswegs die ihm nachträglich verliehene Dramatik besaß, durch seine Tragweite für die Zukunft aber so bedeutend war, dass es in den Gedächtnissen haftenblieb. Was die misslichen Vorfälle betrifft – der Entehrer in der Badewanne, die konfiszierten Ochsen, das zu stattliche Haus –, durch welche die drei Männer zu den Helden des Schwurbundes wurden, so stehen sie natürlich in keinerlei direktem Zusammenhang weder mit dem Bundesbrief noch mit seinen Urhebern (mit Ausnahme vielleicht Stauffachers). Zu realistisch indes, um bloße Erzählerphantasien zu sein, widerspiegeln diese fast banalen Vorfälle im selben Maße wie die Tellgeschichte die Ungewissheit und Angst der Zeit, die dem Bundesbrief voraufging und seine Entstehung erklärt.

Und die Burgen?

Bleibt der »Burgenbruch«, die Schleifung der vier Festen, deren Umstände – wir erinnern uns – die Erzählungen schildern: simultane, gut vorbereitete Aktionen, die Einnahme fast mühelos und ohne Heldentum ... Fügt sich auch dieser Burgenbruch in das Bild der Ereignisse um 1291 ein? Keine einzige Quelle spricht von solchen Erstürmungen und von einem Volksaufstand; nicht einmal zwischen den Zeilen lässt sich irgendwo herauslesen, dass solcherlei stattgefunden hätte.

Bei dieser Quellenlage wird jegliche Interpretation der auf die Burgen bezogenen Erzählungsinhalte zur gewagten Hypothese. Dennoch erscheint mir eine solche als möglich.

Es steht fest, dass es weder 1291 noch in den darauffolgenden Jahren eine das ganze Volk erfassende Bewegung gab, die sich gegen die Statthalter der Habsburger und deren Residenzen gerichtet hätte. Keinerlei vorbedachte Gewaltaktion. Keinerlei koordinierte Erhebung, die in einer abgesprochenen Erstürmung der Burgen gegipfelt hätte. Unternehmungen von solchem Ausmaß hätten in irgendeiner Weise greifbare Spuren in den Archiven hinterlassen, und sei es auch nur als Reaktion, als Verurteilung durch die geschädigte österreichische Partei. Was die Erzählungen kolportieren, kann also auch hier nur Umformung von sehr viel banaleren Vorfällen sein. Da der tatsächliche Kontext bei der Weitergabe der kollektiven Erinnerung verlorenging, rekonstruierten die Erzähler die Geschehnisse, so gut es eben ging; sie dachten sich einen Zusammenhang aus und dramatisierten natürlich fleißig. Dennoch besitzen die Geschichten meines Erachtens eine authentische Grundlage.

Der Bundesschluss und der Inhalt des Briefes wurden natürlich bei der Bevölkerung rasch bekannt. Nach der fast gleichzeitig verbreiteten Nachricht vom Tod des Königs löste dieser Monat August 1291 auf einen Schlag die Spannung, die zuvor jahrelang geherrscht hatte. Er führte zu einem Freudentaumel bei den erleichterten Berglern. Die Zukunft blieb ungewiss, das wussten die führenden Leute. Das Volk spürte es sicher auch. Doch im Augenblick war man voller Zuversicht, was ja dem Zweck des Bundes entsprach – voller Zuversicht und Mut. Man verlor die Angst vor den Vögten ohne Herrn, den Beamten ohne Weisung, den von der eigenen Elite desavouierten fremden Richtern. In der ausgelassenen Stimmung dieses euphorischen Sommers gönnte sich das einfache Volk das Vergnügen, diese »Türmli« zu besetzen, die in den Augen der Bauern all das symbolisierten, was sie so sehr gehasst und vor allem gefürchtet hatten. Man muss, wie schon gesagt, unwillkürlich an jenen anderen Sommer mit der Erstürmung der Bastille denken. Nur dass es in den Waldstätten weit weniger »heiß« zuging: Die Baustelle von Zwing-Uri war nicht geschützt, Schwanau überhaupt nicht besetzt; beim kaum verteidigten Rotzberg genügte eine kleine List, und aus Sarnen floh der Vogt, in Ermangelung von Instruktionen und Rückhalt, Hals über Kopf gen Luzern ... Wieder kommt es nicht auf die Details an: Es mag etwas sein daran, sie sind aber nicht authentisch. Authentisch scheint mir die ungeordnete Besetzung der Burgen zu sein – in einem ziemlich unmotivierten Anfall rüder Ausgelassenheit, wie sie ganz zu diesem Bergvolk passt.

Aber nicht nur das Fehlen von Hinweisen in den wenigen zeitgenössischen Quellen macht die Geschichte vom Burgensturm für die Historiker unhaltbar, sondern auch die Archäologie. Zu Beginn des 20. Jahrhunderts durchgeführte Grabungen und vor allem die Forschungen von Werner Meyer widersprechen der Annahme einer Zerstörung oder Zweckentfremdung der Burgen im ausgehenden 13. oder beginnenden 14. Jahrhundert. Schwanau im kleinen Lauerzer See hat zwar wirklich gebrannt, doch wahrscheinlich schon um die Mitte des 13. Jahrhunderts: Vielleicht fiel das Schloss den Unruhen im Interregnum zum Opfer. Die Festung von Sarnen wurde den Archäologen zufolge ab dem frühen 13. Jahrhundert nach und nach verlassen. Zwing-Uri hingegen wurde erst im 14. Jahrhundert aufgegeben, in unfertigem Zustand übrigens.

Ob bewohnt oder verlassen, halb fertig oder schon halb verfallen, die Burgen waren da und standen herausfordernd in einer Landschaft, deren Unterjochung sie verhießen. Doch die Besetzer jenes Sommers oder Herbstes, wie ich sie mir vorstelle, hatten gar nicht vor, gewaltsam eine aufgezwungene Wirklichkeit zu verändern. Sie wandten sich weniger gegen die Symbole einer herrschenden Macht als gegen das, was sie subjektiv als Bedrohung empfanden. So ist durchaus denkbar, dass sie ihre Wut ebenso an irgendwelchen verlassenen Türmen ausließen als an zwar bewohnten, aber nicht ernsthaft verteidigten Burgen ... Sie mögen sie geplündert und vor allem entwaffnet haben. Doch weshalb sollten sie sie schleifen oder unbenutzbar machen? Es hätte niemandem gedient und überdies mehr als nur Ausgelassenheit erfordert, die auch bald wieder abgeklungen war; schließlich musste man wieder an die Arbeit, die Ernte einbringen, das Vieh von den Almen abtreiben.

Die Hauptmomente unserer Legenden haben damit ihre zwar hypothetische, doch vertretbare Einordnung in die gelebte Geschichte gefunden. Wir könnten also hier die Darstellung dieser Geschichte abschließen. Es scheint mir aber angebracht, sie um das Vierteljahrhundert zu verlängern, das zwischen August 1291 und November 1315 liegt, zwischen dem Bundesbrief und der Schlacht am Morgarten. Diese kurze, aber bewegte Zeit verleiht nämlich den Umständen von 1291 einen Sinn, der tiefer ist, als es zunächst den Anschein hat. Zudem sind die Geschichten unserer Erzählungen häufig und sehr lange in dieser Zeitspanne angesiedelt worden; wir müssen diese Jahre also auch in dieser Hinsicht beleuchten.

15
Das Haus Österreich, der Abt und die Holzfäller

Ein Bund mit Zürich

Die Euphorie des Sommers 1291 währte nicht lange. Alle ehemaligen Untertanen Rudolfs von Habsburg mussten bald feststellen, dass der Tod des Königs die Wolken über ihren Köpfen nur noch finsterer dräuen ließ. Wir sahen schon, dass sich überall im schweizerischen Mittelland die Unzufriedenen zusammentaten: kirchliche Würdenträger, Grafen, Ritter, Stadtbürger. Auch die Verantwortlichen der Waldstätte ahnten, dass die vom Bundesbrief als Eventualität behandelten Gefahren sehr schnell Wirklichkeit werden könnten und dass die bloß grundsätzlichen Vorkehrungen, die sie im August getroffen hatten, nicht ausreichten. Sie brauchten zusätzlichen Rückhalt.

Mitte Oktober wurde in Zürich eine Delegation von Urnern und Schwyzern zu Verhandlungen über einen gegenseitigen Beistandspakt empfangen. Den Ratsvertretern und Bürgern der Reichsstadt saßen gegenüber: der Urner Landammann Arnold Meier von Silenen sowie seine Landsleute Werner von Attinghausen, Altlandammann Burkhard Schüpfer und Konrad, der

Meier von Erstfeld. Schwyz war vertreten durch Landammann Konrad Ab Yberg, Rudolf Stauffacher und Konrad Hunn. Eine hochoffizielle Abordnung, wie die Zusammensetzung zeigt. Sie verdeutlicht einerseits das Ansehen, das die innerschweizerischen Länder in dieser Stadt genossen, wo man ihre Erzeugnisse schätzte und ihre Bewohner kannte. Andererseits beweist sie, dass die Zürcher vom Bund der Waldstätte wussten und dass sie diese als politische Ganzheit, als vollgültigen Gesprächspartner und mögliche Hilfe betrachteten. Denn zu den Verhandlungen in Zürich hatte sicher die Stadt selbst eingeladen. Man mag sich wundern über das Fernbleiben Unterwaldens, zumal der Leute »nid dem Wald«, die doch zu den Unterzeichnern des Bundesbriefs gehörten. Doch Unterwaldens innere Spaltung und die uneinheitliche Haltung den Ereignissen gegenüber machte dem Land wohl so zu schaffen, dass es vorzog, in dieser Sache neutral zu bleiben – oder es war schlicht nicht eingeladen worden. Gleichwohl stellt der am 16. Oktober in Zürich besiegelte Vertrag die erste außenpolitische Handlung dar, bei der die Täler als ein einziger Partner auftreten: Die ständige Kommission, die die Einhaltung der Vereinbarungen überwachen sollte, bestand aus sechs Vertretern Zürichs und ebenso vielen der Waldstätte.

Im Unterschied zum Bundesbrief hat der diesmal deutsch abgefasste Zürcher Vertragstext ganz entschieden einen politisch-militärischen Charakter. Der Feind wird nicht genannt, doch der Kontext bezeichnet unzweideutig die Habsburger. Die Vertragsparteien verpflichten sich, *von nun an bis Weihnachten und von da an auf drei Jahre* – für eine begrenzte Zeit also, in der sich die Lage klären soll – *einander zu schirmen, zu raten und zu helfen gegen männiglich.* Man wird noch konkreter: Werden Uri und Schwyz angegriffen, so setzt Zürich alle seine Mittel ein, um den beiden zu helfen; wird umgekehrt die Stadt angegriffen oder werden ihre Weinberge oder Wälder verwüstet, so kommen ihr Uri und Schwyz zu Hilfe, indem sie *mit Raub und mit Brand* gegnerische Besitzungen angreifen; die militärische Vorgehensweise der Bergler wird also angegeben. Der Vertrag enthält im Übrigen zwei gebräuchliche Klauseln: Verträge, die eine Partei mit Dritten geschlossen hat, sind für die andere Partei nicht bindend; bestehende Hörigkeiten müssen respektiert werden – allerdings jetzt mit der bedeutsamen Einschränkung, dass dies nur für Rechte gilt, die *vor des chünges zyten* (vor des Königs Zeiten) bestanden haben. Die Unterzeichner anerkennen also die Erwerbungen Rudolfs I. nicht mehr.

Der Erbe kommt
Im Spätherbst kommt es zu einigen Feindseligkeiten zwischen der Liga der Unzufriedenen und den Anhängern Habsburgs. Die Waldstätte sind nicht beteiligt, ebenso wenig im Frühjahr 1292, als die Zürcher vergeblich Winterthur belagern und sich vom Anführer der österreichischen Partei, Hugo von Werdenberg, überrumpeln lassen. Schwyz und Uri sind nicht verpflichtet, an diesen offensiven Unternehmungen des neuen Verbündeten teilzunehmen.

Die Lage wird jedoch ernst. Alarmiert durch den drohenden Verlust seiner Besitzungen und wütend über das Verfehlen der Königswürde, taucht im Mai Herzog Albrecht in der Gegend auf. Seine Anwesenheit genügt, um augenblicklich jeden Widerstandsgeist erlahmen zu lassen; die Liga der Unzufriedenen löst sich auf. Im Westen ziehen sich Bern und Savoyen auf vorsichtige Positionen zurück, im Norden leisten Bischöfe und adlige Herren die Huldigung. Nur Zürich bleibt noch eine Zeitlang widerspenstig, es steht eine Belagerung durch die österreichischen Truppen durch, verliert allerdings seine befestigten Stellungen im Umland. Haben Uri und Schwyz ihren sechs Monate zuvor eingegangenen Verpflichtungen Folge geleistet? Nichts weist darauf hin, und selbst wenn sie es gewollt hätten, so wäre ihnen wohl kaum die Zeit dazu geblieben. Gegen die Zusage, seine alten Bürgerprivilegien behalten zu können, öffnet Luzern schon Ende Mai dem Herzog seine Pforten. Nach einigem Zögern und vergeblichem Hoffen auf Hilfe durch den neuen König Adolf von Nassau akzeptieren im August der Bischof von Konstanz und schließlich auch Zürich einen ehrenhaften Frieden: Herzog Albrecht ist zu klug, um sich zu sehr in diesen Konflikt zu verbeißen. So verbleiben schließlich nur noch die Waldstätte im latenten Kriegszustand mit Albrecht und seinen Rittern.

Zweimal innerhalb dieses Jahres 1292 befindet sich der Herzog in unmittelbarer Nähe der Täler: Ende Mai nimmt er in Luzern die Unterwerfung der Stadt entgegen; im Oktober lagert er mit seinem Heer in Baar bei Zug. Doch es kommt nicht zum Waffengang, da keines der beiden Lager genügend vorbereitet ist. Es herrscht eine Art Nervenkrieg, mit einigen Ausfällen der Waldstätte gegen habsburgisches Gut und österreichischen Blockademaßnahmen. Im Herbst lässt ein Beamter des Herzogs – *wegen der von den Leuten des Tals Uri erzeugten Zwietracht* – in Luzern die Waren von Mailänder Kaufleuten beschlagnahmen, bevor sie eingeschifft werden; sie werden erst im April des folgenden Jahres wieder herausgegeben. Unterwalden sieht seine Versorgung beeinträchtigt. Die Reibereien hören jedoch Anfang 1293 auf.

Inzwischen hat der Herzog von Österreich seine westlichen Erblande wieder verlassen, in denen er ohne allzu viel Mühe die Ordnung wiederherstellen konnte. In Deutschland erwarten ihn wichtigere Geschäfte, als Erstes die zwar nicht sehr aufrichtige, aber unumgängliche Versöhnung mit Adolf von Nassau: Die beiden Rivalen treffen sich in Haguenau, einem der festen Plätze der Habsburger. Albrecht huldigt dem König und liefert ihm die Reichskleinodien aus, die sein Vater auf Schloss Kyburg verwahrt hatte; im Gegenzug erhält er seine österreichischen Lehen bestätigt.

Dieser Waffenstillstand trägt zu der Ruhe bei, die für einige Jahre im schweizerischen Raum einkehrt. König Adolf erscheint hier Anfang 1293 persönlich; er bestätigt die alten Rechte der Bürger von Bern, Zürich und Konstanz. Nicht jedoch die Privilegien der Waldstätte. Konnten diese keine Delegation zum König entsenden, weil immer noch Kriegszustand herrschte? Oder verweigerte der König die Bestätigung, um die Habsburger nicht zu reizen? Wie dem immer sei, trotz ihrer ungewissen rechtlichen Stellung erfreuen sich die Täler eine Zeitlang einer weitgehenden Selbständigkeit, die deutlich ausgeprägter ist als zu Rudolfs Zeiten. Mit dem Fürsten verkehren sie über weite Entfernungen nur gelegentlich, doch in höflichem Ton.

Gemeinsam (Uri mit Schwyz) oder jede für sich nutzen die Talgemeinden die Ruhe, um sich auf ihrem Gebiet stärker zu behaupten. Vor allem wollen sie den Einfluss und den Raum beschränken, den die Klöster bei ihnen einnehmen. Den Bauern bietet sich die Gelegenheit, alte Differenzen mit den Mönchen und Nonnen auszutragen. Es sind Differenzen wirtschaftlicher und fiskalischer Natur, doch mit gesellschaftlichen Wurzeln. Die Klöster besitzen nämlich zahlreiche Güter, Wiesen und Weiden, und sie finden immer wieder eine Gelegenheit, ihren Besitz durch Käufe oder Schenkungen auszudehnen; sie schulden der Gemeinde keine Steuern für diese Güter, und sie lassen sie von Hörigen und Gotteshausleuten bewirtschaften, die nicht der gemeindlichen Gerichtsbarkeit unterstehen. Im Jahre 1294 beschließt die Schwyzer Landsgemeinde in völliger Eigenmächtigkeit drakonische Maßnahmen, welche die nachbarschaftlichen Beziehungen zu den Mönchen von Einsiedeln und den Nonnen von Steinen und Schänis erheblich komplizieren werden. Jegliche Überlassung von Gebäuden an eine Ordensgemeinschaft wird untersagt, und die Klöster des Landes werden der Gemeindesteuerpflicht unterworfen. Maßnahmen dieser Art sind übrigens in ganz Deutschland an der Tagesordnung, zumal in den Städten, wo sie von den Fürsten geduldet werden, weil wohlgefüllte Stadtsäckel auch in ihrem Interesse sind.

Von diesen Jahren, die sehr viel ruhiger sind als befürchtet, profitiert auch Unterwalden. Die Parteigänger der Habsburger in Obwalden halten sich zurück, was die Annäherung der beiden Täler erleichtert; um 1300 haben diese ihren gemeinsamen Landammann, der vermutlich abwechselnd aus einer der beiden Talschaften kommt. Die Einheit des Kantons bleibt allerdings eine Episode, die nur bis etwa 1330 dauert. Sie übersteht aber die Ereignisse, die zur Schlacht am Morgarten führen, und verhilft Unterwalden zur endgültigen Eingliederung in den eidgenössischen Bund.

König Albrecht
Kühner geworden durch eine Unabhängigkeit, die ihnen anscheinend niemand streitig macht, beschließen die Waldstätte – noch ohne Unterwalden – im Herbst 1297, einen Vorstoß bei König Adolf von Nassau zu unternehmen. Sie hoffen, von ihm endlich ihre Privilegien und damit ihre Unabhängigkeit offiziell bestätigt zu erhalten. Eine Delegation reist zum König, der sich in Frankfurt aufhält; sie nimmt sicherlich eine prallgefüllte Börse mit, um Adolfs Habgier zu befriedigen. Die Reise ist ein Erfolg, die Abgesandten von Schwyz und Uri kommen mit den begehrten Pergamenten nach Hause, sogar mit mehr: Man hat ihnen nicht bloß die früheren Zugeständnisse bestätigt und die Formulierungen fast Wort für Wort übernommen; sie bringen auch am 30. November gesiegelte Privilegien mit, die als Geste persönlicher königlicher Gunst aufgefasst und präsentiert werden. Uri und Schwyz bilden sich wohl ein, die Gunst des Augenblicks genutzt zu haben: König Adolf und Herzog Albrecht stehen wieder auf Kriegsfuß, der König hat also keinen Anlass mehr, auf die Empfindlichkeit des Herzogs Rücksicht zu nehmen. Doch die in den Geheimnissen der Reichspolitik und der wetterwendischen Fürstendiplomatie wenig beschlagenen Waldstätte haben sich verrechnet.

Adolf von Nassau hat es nämlich seinen Vorgängern auf dem Thron gleichgetan und hemmungslos seine königlichen Vorrechte missbraucht, um seinen persönlichen Besitz abzurunden. Doch er hat es geradezu stümperhaft getan; so kaufte er Güter und Provinzen mit dem Geld, das er anderen unterschlagen hatte. Dadurch hat es sich dieser »raffgierige Tölpel« (Jean Favier) schon bald mit den meisten Fürsten des Reichs verdorben, allen voran mit denen, die ihn wenige Jahre zuvor gewählt haben. Mit dem einzigen Ziel, seine privaten Kassen zu füllen, hat er das Reich in eine völlig unsinnige Außenpolitik hineingezogen. Zunächst verkaufte er seine Unterstützung des englischen Königs gegen Philipp den Schönen, danach Letzterem auch seine Neutralität. Um sich Papst Bonifaz VIII. gewogen zu machen, von dem er immer noch die Kaiserkrone erhofft, bricht er 1296 auch die Versprechen, die er dem französischen König gegeben hat. Entnervt und bald auch angewidert von diesem habgierigen und untragbar gewordenen Herrscher, wenden sich die Kurfürsten dem Kandidaten zu, den sie abgelehnt hatten: Ob sie nicht doch mit Albrecht von Österreich besser bedient wären? Zunächst noch diskret gehaltene Winke ermutigen diesen zur Erhebung. Zur selben Zeit, als die Abgesandten der Waldstätte befriedigt von Frankfurt nach Hause reisen, ergreifen die deutschen Fürsten offen Partei für den Gegenspieler des neuen Schutzherrn. Sieben Monate später, am 23. Juni 1298 auf dem Reichstag zu Mainz, stimmen fünf von sieben Kurfürsten für die Absetzung Adolfs, dem bereits das Heer des Österreichers auf den Fersen ist. Zehn Tage danach (am 2. Juli) fällt der Exkönig bei Göllheim bei Worms. Albrecht I. von Habsburg wird sogleich gekrönt.

In der Innerschweiz lösten diese Ereignisse keine mit 1291 vergleichbare Reaktion aus. Vor allem natürlich keinen Freudentaumel: Über die Krönung eines Habsburgers konnten die Schweizer kaum begeistert sein, nachdem ihr jüngster diplomatischer Erfolg damit hinfällig, sogar kompromittierend wurde. Doch auch keinerlei Panik. Es passierte schlicht nichts – wenigstens nichts, wovon man wüsste. Auch wenn die Lage nicht gerade rosig schien, sie war wenigstens klar. Und man konnte vernünftigerweise darauf hoffen, dass Albrecht, der sich als Herzog von Österreich seit den Scharmützeln von

1292 den Waldstätten gegenüber recht maßvoll verhalten hatte, dies auch als König tun würde; außerdem wäre er wohl anderweitig, in Deutschland und in seinem Herzogtum Österreich, so beschäftigt, dass er sich nicht allzu sehr um die Täler kümmern würde. Und sollte der neue König an die staufischen Bestrebungen in Italien wieder anknüpfen und nach der Kaiserkrone streben, so verfügte er ja in Österreich selbst über die dazu nötigen Pässe und strategischen Positionen. Der Gotthard und die Bündner Pässe würden wohl nicht mehr dieselbe Bedeutung haben wie früher. Und Rudolfs Traum von einem Königreich Schwaben und Burgund, das er entlang des Nordrands der Zentralalpen errichten wollte, hatte sich politisch und dynastisch erledigt.

Tatsächlich bieten die zehn Jahre der Regentschaft Albrechts I. keinerlei plausibles Motiv für eine offene Rebellion der Waldstätte. Ich gehe hier einig mit der Mehrzahl der Historiker, die sich in letzter Zeit mit den Anfängen der Eidgenossenschaft befasst haben: Die chronologische Rekonstruktion Tschudis, an die sich die traditionelle Historiographie lange Zeit hielt und die alle von den Erzählungen geschilderten Ereignisse in den Jahren 1306–1307 ansiedelt, ist nicht haltbar. Diese Ereignisse haben sicherlich zum Teil stattgefunden, doch früher, in jenem anderen Zusammenhang, den ich im vorhergehenden Kapitel geschildert habe. König Albrecht hat die vielfältigen Erbrechte und Schirmherrschaften, die er in der Schweiz besaß, bestimmt nicht vernachlässigt. Doch nichts deutet darauf hin, dass er ihre Wahrung mit brutaler Einmischung, Einschüchterung oder schlichter Aneignung der Täler betrieben hätte. Insbesondere ist nicht zu erkennen, dass er Vögte ins Land geschickt hätte, die – wie Gessler, der Tyrann der Tellgeschichte – mit weitreichenden Vollmachten eine Willkürherrschaft ausgeübt hätten. Im Gegenteil, Albrecht regelt seine Angelegenheiten direkt mit den gewählten Taloberhäuptern, den Ammännern und Landammännern; er und Königin Elisabeth wenden sich in stets höflichem Ton an sie, um die Waldstätte,

insbesondere Schwyz, zu ersuchen, die Privilegien der von den Bauern immer öfter »heimgesuchten« Klöster und deren Güter zu respektieren. Dabei sind die widerrechtliche Besteuerung der Ordenshäuser und die gewaltsamen Übergriffe gegen sie in diesen Jahren offenkundig, doch sie bescheren den Schwyzern nur höfliche, fast schüchterne Ermahnungen.
Jede Seite scheint sich mit einer mehr als nebulösen institutionellen Lage abzufinden. Albrecht von Österreich denkt keinen Augenblick lang daran, auf seine vielfältigen Ansprüche in der Nord- und Zentralschweiz zu verzichten; doch er hat nicht das Bedürfnis oder die Zeit, ins Land zu kommen und sie durchzusetzen: Solange er sein Teil der Abgaben erhält, scheint das, was in diesen Tälern geschieht, seine geringste Sorge zu sein. Die Waldstätte wiederum wissen nur zu gut, dass jeder Vorstoß, beim neuen König die übliche Bestätigung ihrer angestammten Privilegien zu erhalten, nur das Gegenteil erreichen würde. Sie verzichten umso leichter auf diese formelle Anerkennung, als sich in der Praxis alles diesen Privilegien entsprechend verhält.

Am Rande der großen Politik
Albrecht ist tatsächlich viel zu sehr anderweitig beschäftigt. Auch er betreibt eine Politik voller Winkelzüge, doch mit mehr Geschick und Gespür als sein Vorgänger Adolf von Nassau. Bei dieser Politik haben ausnahmsweise einmal die Interessen der Krone Vorrang vor den Familieninteressen. Wenn sie sich darbietet, nützt zwar auch Albrecht die Gelegenheit, seine Hausmacht zu vergrößern. Doch seine wesentlichen Ambitionen gelten der Festigung der Kronmacht, vor allem in den östlichen Marken des Reichs, in Ungarn und in Böhmen; er stößt bis nach Polen vor. Und auch er möchte natürlich in Rom die kaiserlichen Insignien in Empfang nehmen. In Italien wartet eine starke Ghibellinenpartei auf ihn. Fleht nicht selbst Dante ihn an, er solle sie trösten kommen: *Sieh, deine Roma, die in hei-*

ßen Tränen, verwitwet und allein ...? Das Hindernis liegt jedoch bei Bonifaz VIII., der Albrecht sogar exkommuniziert hat wegen Treuebruchs am verstorbenen König Adolf, dem einstigen Verbündeten. Um dieses Hindernis aus dem Weg zu räumen, baut der Habsburger auf Philipp den Schönen, der sich mit dem Papst in offenem Konflikt über Souveränitätsfragen befindet und mit dem Albrecht bereits gegen seinen lümmelhaften Vorgänger paktiert hatte. Um die Bande zu festigen, verheiratet Albrecht seinen ältesten Sohn mit einer kapetingischen Prinzessin – klassischste aller diplomatischen Waffen, wenn auch nicht unbedingt die wirksamste: Der König von Frankreich unterlässt es nämlich, auf Bonifaz Druck auszuüben, damit er Albrecht kröne. Philipp dem Schönen ist zwar vor allem daran gelegen, ein für ihn gefährliches Einvernehmen zwischen Deutschland und England zu verhindern; doch eine Krönung durch den Papst, die nur das Prestige und die Macht des deutschen Monarchen mehren würde, liegt nicht in seinem Interesse. Sie könnte sich als unüberwindliches Hindernis für Frankreichs Ausdehnungspläne in Richtung Rhein, Jura und Alpen erweisen: Die Reichsländer Elsass und Lothringen sowie die Grafschaft Burgund hat Philipp der Schöne längst im Visier.

Es sind subtile Spiele in den weiten Grenzen Europas, mit denen Albrecht I. seine Position zu festigen sucht. Die winzigen, in ihren Alpentälern weitab der umkämpften Länder gelegenen Waldstätte fallen dabei kaum ins Gewicht.

Wenn der König sich schließlich doch an sie erinnert, dann der Einkünfte wegen, die ihm von dort zufließen können, deren Verwaltung er aber vernachlässigt glaubt. Um diese Verwaltung zu verbessern, lässt er von seinen Beamten in der Schweiz detaillierte Verzeichnisse aller Einkünfte und Rechte anfertigen, die das Haus Habsburg in seinen Stammlanden und um sie herum besitzt. Diese Verzeichnisse oder »Urbarien« wurden in Baden im Aargau geführt, am Sitz des für den gesamten Besitz zuständigen Vogtes. Sie sind erhalten: eine wahre Fundgrube für die Wirtschafts- und Rechtsgeschichte des Alpenvorlands zu Beginn des 14. Jahrhunderts. Aber es fehlt der Teil, der die Renten und Rechte in den drei Tälern der Waldstätte enthalten müsste. Entweder konnten diese Verzeichnisse nicht erstellt werden, oder sie wurden mit Bedacht vernichtet, als die Eidgenossen hundert Jahre später Baden und die Archive des Hauses Habsburgs eroberten.

Noch eine andere nicht unbeträchtliche Einkommensquelle fand Albrechts Aufmerksamkeit: die Zölle auf der Gotthardroute. Da war zunächst die Zollstätte in Flüelen, ein kaiserliches Privileg, mit dem zumeist Vasallen belehnt wurden. Außerdem erließ der König im Jahre 1299 eine wichtige Verfügung, deren praktischer Sinn unklar ist: Er befahl, den Zoll von Jougne im Jura nach Luzern zu verlegen; dieser Zoll lag an der Straße Vevey–Pontarlier–Besançon, also an der Route von Italien zu den Messen der Champagne. Bezweckte er damit, den traditionell weiter westlich verlaufenden Verkehr auf den Gotthard umzuleiten? Das wäre ziemlich unsinnig gewesen. Oder wollte er seinen Vettern und Inhabern des Zolls, den Herren von Châlons-Arlay, einen Gefallen erweisen, indem er ihre Zollstätte an eine von den großen Kaufleuten inzwischen stärker frequentierte Straße verlegte? Die Quellen geben ungenügend Auskunft über die königliche Absicht, doch sie offenbaren zumindest den Ansatz einer Wirtschafts- und Finanzpolitik im gemeinsamen Interesse des Fürsten, seiner Vasallen und seiner Untertanen.

Diese Maßnahmen gehören zu Bemühungen der Habsburger, die Bewirtschaftung ihrer Besitzungen zu aktualisieren und die Verwaltung nach einem Muster zu modernisieren, das andere Fürsten schon eine oder zwei Generationen vorher angewandt hatten, namentlich die Könige von Frankreich, aber auch die Grafen der Provence, die Grafen von Savoyen und andere. Rudolf von Habsburg hatte sich wenig darum gekümmert, doch Albrecht machte sich sofort ans Werk, als er die Herzogtümer Österreichs erhielt. Die dort gewonnenen Erfahrungen übertrug er nun auf sein Erbe in der Schweiz. Der traditionelle Adel hätte sich den Reformen widersetzen können. Doch er befand sich in einer Krise, in der Schweiz ebenso wie in vielen Gegenden Westeuropas. Die wenigen Grafengeschlechter des Hochadels, die einst mit den Habsburgern auf gleichem Fuß gestanden hatten, waren erloschen oder bedeutungslos geworden. Die *nobiles,* Herren von niedrigerem Stand, die oft reich waren, deren Einfluss aber durch die extreme Verzettelung ihrer Lehen und Allodien beschränkt war, hatten sich keine tragfähige Ausgangsposition zu schaffen vermocht; es fehlte ihnen das dynastische Bewusstsein, aus dem heraus sie als gesellschaftliche Gruppe Zusammenhalt und Stärke hätten gewinnen können. So verschwanden viele von ihnen, die einen durch Erlöschen der Linie, andere durch Teilung des Erbes, Verschleuderung des Besitzes, Überschuldung oder Aufgabe ihrer Privilegien. Allen machte die rasche Entwertung der Grundrenten zu schaffen, die im schweizerischen Mittelland in der zweiten Hälfte des 13. Jahrhunderts eingesetzt hatte. Die *milites* schließlich, die meist aus Ministerialenkreisen stammenden Ritter, dachten vor allem an die Sicherung ihres Wohlstandes und stellten sich in den Dienst der Städte, in denen sie Wohnsitz nahmen, oder der Herren, die ihnen am meisten boten, also der Habsburger.

Die Leistung Albrechts und seiner Nachfolger wird sein, die dynamischsten und ehrgeizigsten Elemente dieses untergehenden Schweizer Adels zu rekrutieren und sie sich durch Besoldung und Karriereversprechen dienstbar zu machen. Schon bald, ab etwa 1300, stellt dieser Adel, unter denen einige gebildet sind und in Bologna Rechtswissenschaften studiert haben, die Führungskräfte der habsburgischen Verwaltung in der Schweiz. Albrecht kommt dadurch nicht nur zu seinem qualifizierten Personal, er neutralisiert auch eine eventuelle Opposition im Adel und schafft sich eine ergebene Gefolgschaft – und dies bis vor die Tore der Waldstätte, im Falle Obwaldens sogar innerhalb ihres Gebiets.

Die bösen Vögte, die in den Erzählungen von Tell und vom Schwur der drei Eidgenossen auftreten, haben mit den Statthaltern Albrechts sicherlich einige Ähnlichkeit, was ihre soziale Herkunft und die Bedingungen ihrer Amtsausübung angeht. Vom intellektuellen Profil her unterscheiden sie sich aber ganz erheblich. Vor allem aber – das sei nochmals betont – findet sich unter Albrechts Regierung nicht die geringste Spur eines Aktivwerdens solcher Vögte in Schwyz, Uri oder Nidwalden. Hingegen ist es für die Zeit vor 1291 durchaus vorstellbar, dass Rudolf von Habsburg, der hierin weniger Umsicht walten ließ, Adlige oder Ministeriale auf Arbeitssuche beschäftigt und sie unter den geschilderten Umständen den Waldstätten zugemutet hat.

Das Drama von Königsfelden
Ironisches Schicksal: Albrecht I., dieser in reifen Jahren an die Macht gelangte, von großen Vorhaben beseelte und mit Erfahrung und sicherem politischen Instinkt begabte Souverän, fällt einer schäbigen Familienintrige zum Opfer und wird vom eigenen Neffen erstochen. Das Drama ereignete sich am 1. Mai 1308, am Ufer der Reuß, ganz in der Nähe der alten Stammfeste Habsburg, als Albrecht in Königsfelden, einem der Familiensitze, weilte. Johannes »Parricida« von Habsburg hatte eine Handvoll Verschwörer aus Schweizer Adelskreisen, die dem Habsburger noch immer unversöhnlich gegenüberstanden, um sich geschart; er wollte sich am Onkel dafür rächen, dass dieser sich weigerte, den ihm zustehenden Anteil am Erbe König Rudolfs herauszugeben ...

Ebenso unerwartet wie zehn Jahre zuvor beim Tod König Rudolfs, entstand durch König Albrechts gewaltsames Ende abermals eine grundlegend veränderte Situation, aus der die Waldstätte sogleich den größtmöglichen Gewinn ziehen wollten. Albrechts letzte Regierungsjahre hatten zunehmend befürchten lassen, dass der König eines Tages energisch durchgreifen würde. Es hätte dazu keiner weiteren Vorwände bedurft: Die wiederholten Beschwerden der Klöster hätten ausgereicht.

Eben hatten die Einsiedler Mönche ihre Schwyzer Nachbarn verklagt. Diese hatten sich nicht nur eine Reihe von Übergriffen gegen das Kloster zuschulden kommen lassen, sie zahlten auch die dem Abt geschuldeten Zinsen für gepachtete Wiesen und Weiden nicht; einen Teil davon hätte auch Albrecht als Schirmherr des Klosters bekommen sollen. Der Besuch des Königs in seinen Erblanden im Frühjahr 1308 ließ in den Waldstätten die Sorge wachsen. Das Drama von Königsfelden befreite sie davon. Die Mönche sahen sich schutzlos den ungebärdigen Berglern ausgeliefert.

Erneut hing alles von der Wahlentscheidung der Kurfürsten ab. Und wieder zogen diese einen zweitrangigen Provinzfürsten einem risikobehafteten Kandidaten vor. Die Partei der Habsburger konnte niemanden präsentieren: Albrechts ältester Sohn, König Rudolf von Böhmen, war kurz vor seinem Vater gestorben; die beiden jüngeren Söhne, die österreichischen Herzöge Friedrich der Schöne und Leopold, waren noch zu jung. Der einzige Anwärter von Gewicht war Karl von Valois, der Bruder Philipps des Schönen; gewitzt durch die schlechten Erfahrungen mit auswärtigen Herrschern, mochten die Kurfürsten aber die Regierung Deutschlands nicht einem französischen Fürsten anvertrauen, der für seinen Ehrgeiz bekannt war und sich überall präsentierte, wo eine Krone verwaist war. Sie entschieden sich schließlich für den harmloser wirkenden Grafen von Luxemburg, der allerdings am französischen Hofe ein- und ausging und besser französisch als deutsch sprach. Auch er sollte sie enttäuschen: Heinrich VII. verwandte seine ganze Energie und Tatkraft – über beides verfügte er – darauf, das große Bild staufischen Kaisertums wiederauferstehen zu lassen und gleichzeitig für sich selbst und seine Familie in Böhmen eine Machtbasis zu errichten. Er knüpfte auch an die Italienabenteuer seiner Vorgänger an, und es war ihm sogar Erfolg beschieden, denn 1312 konnte er endlich die Kaiserkrone entgegennehmen. Sie nützte ihm allerdings nicht mehr viel, denn er starb am 24. August des darauffolgenden Jahres bei den Dominikanern von Buonconvento nahe Siena, vielleicht durch Gift.

In Böhmen trat Heinrich VII. in offenen Konflikt mit der jungen Generation der Habsburger, die ebenfalls auf dieses Königreich Anspruch erhoben. Er brauchte sie also nicht zu schonen und fühlte sich auch nicht sonderlich an das Versprechen gebunden, das er bei seiner Krönung den Herzögen Friedrich und Leopold gegeben hatte, dass er nämlich ihren Vater rächen und ihnen alle ihre Rechte garantieren wolle. Die Waldstätte konnten also hoffen, beim neuen Herrscher ein geneigtes Ohr zu finden. Als Heinrich VII. einige Monate nach seiner Wahl den Rhein hinauf nach Konstanz kam, sandten sie eine Abordnung: Sie wurde mit offenen Armen empfangen.

Diesmal stehen die Waldstätte vollzählig vor dem König: Unterwalden hat sich endlich dazu durchgerungen, gemeinsam mit seinen Bundesgenossen aufzutreten. Das tut es sogar mit einer einzigen Stimme: Die beiden Täler ob und nid dem Wald haben ihre Zwistigkeiten überwinden können. Seit 1291 haben die Waldstätte ein großes Stück Weg zur Einheit zurückgelegt. Was zunächst nur ein Kooperations- und Beistandspakt war, hat sich rasch zu einer zusehends engeren Abstimmung und zur Entwicklung einer gemeinsamen Diplomatie entwickelt. Wir wissen nicht, ob Uri und Schwyz Druck auf Unterwalden ausübten, um die beiden Hälften zueinander- und hinter ihr Bündnis zu bringen, oder ob Unterwalden sich selbst von dessen Vorteilen überzeugt hat. Jedenfalls treten die drei Kantone nun zusammen auf, und sie sind aktiv. Gemeinsam handeln sie zum Beispiel mit den Bürgern von Luzern die Beilegung eines Handelskonfliktes aus, der in jenen unruhigen Jahren die Atmosphäre durch Willkürmaßnahmen vergiftet hat: Beschlagnahmung von Waren, Drangsalierung und Festsetzung von Personen, Behinderung der Schifffahrt auf dem See. Es kommt auch zu einer Annäherung mit den Bewohnern des Urserentals, die rechtlich immer noch den Habsburgern als Inhabern der Vogtei unterstehen, sich aber durch den Gotthardverkehr und die Aufteilung der Weideplätze mehr und mehr nach Uri statt nach Disentis orientieren.

Aus Konstanz kehrt die Gesandtschaft der Waldstätte reich beladen mit königlichen Urkunden zurück, die alle am 3. Juni 1309 gesiegelt wurden. Für jeden ist etwas dabei, für alle fast dasselbe, zumindest im Kern. Schwyz hat die von Friedrich II. (1240) und Adolf (1297) ausgestellten Privilegien bestätigt bekommen, Uri nur das Privileg Adolfs, weil das ältere, das allen anderen zum Vorbild gedient hat, nicht zur Bestätigung vorgelegt wurde. Unterwalden erhält eine etwas pauschale Bestätigung *aller von [Heinrichs] Vorgängern, Kaisern und Königen gewährten Freiheiten, Rechten, Privilegien und Gnaden* – wobei aber weder Obwalden noch Nidwalden diesbezüglich überhaupt etwas vorzuweisen haben, denn keines der Länder hat je so etwas erhalten ... Doch auf juristische Feinheiten kommt es der königlichen Kanzlei ebenso wenig an wie den Empfängern. Im Übrigen erhält jeder der drei Kantone noch eine Urkunde – alle drei sind identisch –, die ihn ausdrücklich von jedem auswärtigen weltlichen Gericht befreit. Das Reich ist alleinige Berufungsinstanz; das Hochgericht wird von einem kaiserlichen Vogt ausgeübt, der für alle drei Länder gemeinsamen zuständig ist und vom König eigens ernannt wird.

Die drei Waldstätte werden noch getrennt behandelt, jede gilt für den König als eine Untertanengemeinde. Doch zeigen schon die gleichlautenden Urkunden, die sie erhielten, dass sie zur Einheit tendieren; noch stärker erweist es sich in der Ernennung eines königlichen Beamten und Richters, der als kaiserlicher Vogt für alle drei Kantone und nur für sie zuständig ist. Für den König wie für die Betroffenen – und ihre Feinde – stellen die Waldstätte fortan ein zusammenhängendes und zusammengehöriges Ganzes dar; man beginnt jetzt auch, sie die »Schwyzer« zu nennen, weil die Leute von Schwyz im Vordergrund stehen.

In Konstanz begnügt sich der König nicht mit bloßen Worten. Unverzüglich – und ganz ohne Zweifel mit Einwilligung der

Schweizer, vielleicht sogar auf ihren Vorschlag hin – ernennt er den kaiserlichen Vogt. Es ist Graf Werner von Homberg. Als Erbe der Grafen von Rapperswil besitzt er selbst Güter in den Tälern, er kennt die Probleme und das Leben dort. Seine Mutter hat 1291 an der antihabsburgischen Bewegung teilgenommen. Der neue Vogt steht jedenfalls nicht im Verdacht, mit den Gegnern der Schweizer zu sympathisieren; er wird also ihre Unabhängigkeit schützen wollen. Um Werner von Homberg im Interesse der Schweizer zusätzlich den Rücken zu stärken, belehnt ihn der König kurz darauf mit der den Habsburgern entzogenen Vogtei über das Urserental – das fördert die Annäherung zwischen oberem und unterem Reußtal – und außerdem mit der Vogtei über die Leventina. Heinrich VII. stellt damit wieder beide Zugangstäler des Gotthardpasses unter eine einheitliche Aufsicht; gleichzeitig entzieht er sie dem Einfluss der Habsburger. Im Jahre 1313 erhält Graf von Homberg als Lehen auch die Hälfte des kaiserlichen Zolls von Flüelen, bis zu einer Höhe von 1000 Mark Silber in zehn Jahren. Mit der anderen Hälfte wird sein Halbbruder Johannes von Habsburg-Laufenburg belehnt – auch er ist ein Adliger, der die Interessen seiner Verwandten aus der älteren Linie kaum unterstützen wird.

Die Schweizer können sich also sicher wähnen, und diesmal nicht nur einiger Pergamente wegen. Werner von Homberg tritt sogleich seinen Dienst an; bereits am 22. Juni 1309, keine drei Wochen nach seiner Ernennung, siegelt er in Stans eine erste Urkunde.

Die Nacht von Einsiedeln

Innerhalb eines Jahres, zwischen dem Mord im Mai 1308 und den Privilegien vom Juni 1309, haben sich die Verhältnisse völlig umgekehrt. Die inzwischen vereinten und vom König konkret unterstützten Schweizer sind in der Offensive, und die Herzöge von Österreich haben allen Grund, sie zu fürchten. Im Sommer 1309 belagern diese Herzöge eine Burg in der Nähe

Zürichs, auf der einer der Mörder ihres Vaters sitzt; der Homberger und die Waldstätte könnten ihnen dabei in den Rücken fallen. Um dieser Möglichkeit vorzubeugen, handeln Friedrich und Leopold mit den Bürgern von Zürich aus, dass sie zumindest neutral bleiben; diese versprechen, den Eidgenossen keinerlei logistische Unterstützung zu gewähren und ihnen den Nachschub abzuschneiden. Es kommt nicht zum befürchteten Angriff. Die Fronten verhärten sich gleichwohl: Einerseits werden die Schweizer immer selbstbewusster, andererseits sind die jungen Herzöge, außer sich vor gerechtem Zorn über die Ermordung des Vaters und über die offensichtliche Zurücksetzung durch dessen Nachfolger, umso fester entschlossen, sämtliche Rechte ihres Hauses auf die Erblande und die vordem innegehabten Vogteien wiederherzustellen, notfalls mit Gewalt.

Obwohl die Waldstätte keinerlei Anteil am Drama von Königsfelden hatten, versteifen sich Friedrich und Leopold mit ganz besonderer Hartnäckigkeit darauf, sie zur Botmäßigkeit zu zwingen. Sie streben deswegen sogar die Versöhnung mit Heinrich VII. an und suchen diesen in Italien auf. Im Juni 1311, als sie an seiner Belagerung von Brescia teilnehmen, glauben sie, einen Teilerfolg errungen zu haben: Auf ihr Drängen hin verfügt Heinrich VII. eine Erhebung über die habsburgischen Rechte im Elsass und *in vallibus Switz et Urach et hominibus liberis in eisdem vallibus ac in bonis et opidis, que vulgariter Waldstet dicuntur*. Es ist das erste Mal, dass die Waldstätte offiziell so bezeichnet und als zusammengehörende Einheit anerkannt werden. Wurde die Erhebung auch durchgeführt? Anscheinend nicht. Im Sommer 1312 versprach noch der Sohn des Königs, Johannes von Böhmen, die Sache voranzutreiben. Doch Heinrichs offensichtliches Misstrauen und dann sein ebenso plötzlicher wie ominöser Tod im August 1313 wird sie kaum befördert haben. Die beiden Brüder fühlen sich umso freier, sie selbst voranzutreiben, und zwar mit Waffengewalt.

Um mit ihren Rittern gegen die Bergbauern zu ziehen, haben die Herzöge von Österreich Gründe genug – so sie denn welche bemühen wollten. Da sind zunächst einige Klöster, als deren Schirmherren sie sich betrachten und mit denen die Waldstätte hartnäckig Händel suchen. Dass die Schweizer so unentwegt ihre klösterlichen Nachbarn drangsalieren, ist übrigens seltsam. Sie tun es gewiss nicht aus Mangel an Respekt oder Frömmigkeit, auch nicht, weil sie sich ihren finanziellen Verpflichtungen der Kirche gegenüber entziehen wollen. Überall entrichten die Bauern pünktlich den Kirchenzehnten. Gewissenhaft werden die grundherrlichen Abgaben und Renten an die etwa zwanzig Ordenshäuser abgeführt, die in den drei Kantonen Güter, Bauernhöfe, Weiden und Herden besitzen. Nirgends gibt es Klagen über böswillige Zinsbauern, und die Klöster mit dem größten Besitz, das Zürcher Fraumünster, die Zisterzienser von Wettingen und die Benediktiner von Muri, haben zu dieser Zeit keinerlei Schwierigkeiten mit ihren Leuten. Im Übrigen sind ja die Meier, die sie in den Tälern eingesetzt haben, auch die führenden Leute in der Regierung der Talgemeinschaften.

Anlass, über die Schweizer zu klagen, haben lediglich die Klöster Engelberg und Einsiedeln, die in den Grenzgebieten der Kantone liegen und mit ihren Gütern den Lebensraum einengen. Warum dieser Landhunger? Die wachsenden Einwohnerzahlen mögen ihn teilweise erklären; als die Konflikte nach 1300 ihrem Höhepunkt zutreiben, ist allerdings der Bevölkerungszuwachs schon etwas abgeflacht. Es ist vor allem die stark expandierende Viehzucht – je schlechter die Versorgungslage im Flachland ist, desto rentabler wird sie – und die damit gegebene Ausweitung der Weideflächen, was die freien Bauern auf der einen und die Mönche auf der anderen Seite dazu treibt, sich so viel und so gutes Land wie nur möglich sichern zu wollen. Die Schweizer berufen sich auf das alte alemannische Gewohnheitsrecht, das ihnen die freie Bewirtschaftung der von ihnen gerodeten Flächen zusichert. Doch dieses Recht datiert aus den längst vergangenen Zeiten, als es noch Land übergenug gab. Sein Grund gilt also nicht mehr im 13. Jahrhundert, als

Mönche und Bauern im Hochgebirge und in den Wäldern aneinandergeraten, weil hier beide Seiten Flächen nutzen wollen, auf die noch niemand einen eindeutigen Titel hat.

Die Streitigkeiten sind schon alt, das ganze 13. Jahrhundert hindurch haben sie für Unruhe gesorgt. An der Schwelle zum 14. Jahrhundert ist das Problem der Nutzflächen akuter denn je, und zäher als je zuvor ringt man um die letzten rodbaren Flächen. An Appellen an die Vernunft und an Schlichtungsversuchen fehlt es nicht. König Albrecht und Königin Elisabeth bemühen sich mehrmals persönlich, die Ansprüche der Bergbauern zu mäßigen, und ihre Tochter Agnes, Witwe des Königs von Ungarn und geschickte Diplomatin an der Seite ihrer Brüder – sie lebt in Königsfelden –, hat Engelberg unter ihren Schirm genommen. Von Avignon aus schaltet sich Papst Clemens V. persönlich ein. Nichts hilft. Hatten die Schwyzer vor 1308 noch ein energisches Eingreifen des Königs zu befürchten, so verlieren sie nun nach Albrechts Tod die letzten Hemmungen. Der Kleinkrieg zwischen Urner und Engelberger Hirten um die Surenen-Alp erreicht im Frühling 1309 seinen Höhepunkt: Unter wehendem Stierenbanner marschieren die Urner über den Pass nach Engelberg hinüber, bedrohen das Haus der Nonnen, verwüsten deren Kirche und stehlen das Vieh. Allerdings kommt es hier auf Vermittlung von Unterwaldner und Schwyzer Persönlichkeiten am 25. Juni zu einer vertraglichen – für die Urner eindeutig vorteilhaften – Aufteilung der umstrittenen Almen.

Noch sehr viel erbitterter ist der Streit zwischen den Schwyzern und den Einsiedler Mönchen um die »March«, jenes Niemandsland im oberen Sihlbecken. Mitten in diesem hügeligen Waldgebiet voller Sümpfe hatte seinerzeit der heilige Meinrad die Einsamkeit gesucht. Der Kampf um diese Landstriche wird sowohl auf politischer und gerichtlicher Ebene als auch im Gelände selbst ausgetragen, das nur schwer begehbar ist und sich deshalb für Überfälle aus dem Hinterhalt bestens eignet.

Die Parteien klagen, wo immer eine Instanz sie anhören will. Einsiedeln hatte 1309 beim Bischof von Konstanz erreicht, dass er über die Gegner den Kirchenbann verhängte. Doch die Exkommunizierten gehen in Berufung beim Papst, der eine Untersuchung anordnet. Das in Avignon eingereichte Bittgesuch der Schwyzer trägt die Unterschriften beider Ab Ybergs, Rudolf Stauffachers, Werner Blums, Werner Redings und sämtlicher Männer, die durch irgendwelche politische Funktionen in ihrem Kanton seit 1291 hervorgetreten sind. Die Exkommunikation wird tatsächlich im Juli 1310 aufgehoben. Es ist nicht bekannt, von welchen Erwägungen sich Clemens v. leiten ließ, als er zugunsten dieser Bergler entschied, die sich so offensichtlich an Kirchengut vergriffen hatten. Hoffte er, die Schwyzer durch Milde wieder auf den rechten Weg zu bringen? Wenn ja, hat er vergebens gehofft. Die Übergriffe nehmen nur immer zu. Zwei Jahre später tritt – diesmal auf Anordnung Heinrichs VII. – in Zürich ein Schiedsgericht zusammen. Der Abt von Einsiedeln legt eine lange Liste mit sechsundvierzig detaillierten Beschwerdepunkten vor: Die Schwyzer hätten klostereigene Wiesen und Weiden besetzt, Kirchen und Häuser geplündert und verwüstet, vor dem Altar mit Messwein gezecht, in den Jagd- und Fischgründen der Mönche gewildert, Vieh, Heu und Gerät gestohlen. Doch alle Schlichtungsversuche und inständigen Beschwörungen sind umsonst; die Schwyzer bleiben verstockt und wollen die Ländereien, die sie besetzt haben und bereits bewirtschaften, nicht mehr herausgeben. Die Lage ist festgefahren, die Feindschaft erbittert.

Der Konflikt erreicht seinen Höhepunkt am Dreikönigstag des Jahres 1314. An diesem 6. Januar beschließen die Schwyzer auf ihrer Landsgemeinde einmütig, mit einer nächtlichen »Heimsuchung« dem Kloster Einsiedeln einen Denkzettel zu erteilen. Drei von Ammännern geführte Haufen mit Landammann Werner Stauffacher und dem Schwyzer Banner an der Spitze überfallen nächtens das Kloster. Die Rangeleien fordern zum Glück keine Menschenleben, die Mönche können keine Gegenwehr leisten, und ihren Bauern ist eine heile Haut auch lieber. In bester Stimmung plündert man Klosterkirche und

Klosterkeller – wie so oft, liegen derbe Gewalt und Ausgelassenheit nahe beieinander. Der Abt hat rechtzeitig fliehen können, doch der Großteil der Mönche und des Gesindes werden samt geraubtem Vieh und anderer Beute gut bewacht nach Schwyz abgeführt. Auch der Scholarch der Stiftsschule, Rudolf von Radegg, muss starr vor Entsetzen im denkwürdigen Zug mitmarschieren; das Missgeschick, das ihm und seinen Mitbrüdern widerfahren ist, schildert er später in einer naiven Schrift voll unfreiwilligen Humors – es ist die älteste Chronik, in der die Waldstätte auftreten.

Für die Schwyzer mochte die nächtliche Expedition eine bloße Privatkriegshandlung darstellen, wie sie in Familienfehden in der ganzen Gegend gang und gäbe war. Eine erlaubte Handlung also, die nicht im Gegensatz zu den geschlossenen Landfrieden stand, sondern der Gemeinschaft einen als rechtmäßig empfundenen Vorteil sichern sollte. Die Urner und Unterwaldner Bundesgenossen hatten am Zug nicht teilgenommen; sie missbilligten ihn aber auch nicht, sondern solidarisierten sich sofort mit den Schwyzern, als das Unternehmen allenthalben Empörung hervorrief. Gerichtliche und moralische Sanktionen ließen nicht auf sich warten. Der Abt erreichte beim Konstanzer Bischof eine neuerliche Exkommunikation, und zwar für alle drei Waldstätten. Zusätzlich verhängte einer der beiden kurz zuvor gewählten Gegenkönige den Reichsbann über sie. Dieser eine König war niemand anders als Friedrich von Habsburg, seines Zeichens auch Schirmherr des Klosters; ein so klarer Tatbestand war ihm hoch willkommen, um seine unbotmäßigen Untertanen endlich bestrafen zu können. Doch all diese Strafen gingen ins Leere, denn die Waldstätte bemühten sich unverzüglich um die Aufhebung des Reichsbanns durch Ludwig von Bayern, den anderen König. Doch nun wurden Sanktionen eines anderen Kalibers vorbereitet, auf politischem wie auf militärischem Gebiet.

Morgarten

Inzwischen hatte sich nämlich auch im Reich eine neue Lage ergeben. Nach dem Tode Heinrichs VII. war es zwischen den Kurfürsten wieder zum altgewohnten Tauziehen hinter den Kulissen gekommen; wieder konnten sie sich lange Zeit nicht auf einen Kompromisskandidaten verständigen. Einig waren sie sich nur in der Ablehnung eines neuen französischen Anwärters in der Person Ludwigs von Nevers, des Erben des Grafen von Flandern, der aber wegen einer Auseinandersetzung mit Philipp dem Schönen, seinem König, nicht nach Frankfurt kommen konnte. Zwei Parteien standen sich unversöhnlich gegenüber, und am Ende erkor jede ihren eigenen Kandidaten. Die Habsburgerpartei rief Friedrich den Schönen, den älteren Sohn Albrechts, zu ihrem König aus; die luxemburgische Partei des verstorbenen Kaisers scharte sich hinter Ludwig den Bayern.

Friedrich ist kein starker Charakter. Doch es steht ihm der energische jüngere Bruder Leopold zur Seite. Zu zweit schaffen sie sich eine solide Ausgangsbasis in Schwaben und am Rhein. In ihrer entschlossenen Opposition stehen die Schweizer nun völlig allein da. Sie können nicht einmal mehr auf die Freundschaft und Hilfe ihres kaiserlichen Vogtes zählen: Werner von Homberg hat sein Fähnchen nach dem Wind gedreht und ist zu den Habsburgern übergelaufen. Das herzliche Einvernehmen der ersten Amtsjahre war getrübt worden, als der Graf versuchte, sich ein eigenes Herrschaftsgebiet in der Gotthardgegend zu schaffen. Er geriet dabei in Konflikt mit den Taloberhäuptern, die ihre Rechte gefährdet sahen; außerdem gab es Streit mit dem einheimischen Adel, vor allem mit der Familie Attinghausen, um Lehen von Zöllen und Gütern. Ludwig der Bayer hingegen ermuntert die Schweizer zum Widerstand und verspricht Hilfe – wir haben eben gesehen, dass er sie vom Reichsbann gelöst hat, den sein Rivale über sie verhängt hatte. Doch er ist zu weit entfernt und ist zu sehr mit eigenen Angelegenheiten beschäftigt, um massiv zu intervenieren. Auf der anderen Seite beansprucht Friedrich offen die Waldstätte als Teil seiner Erblande.

Der Krieg kann also jeden Moment ausbrechen. Als Wirtschaftskrieg ist er schon da: Der Passverkehr über den Gotthard ist unterbrochen, über den Markt von Luzern verhängen die Schweizer eine Blockade. Wieder werden Kaufleute behelligt und Transporte beschlagnahmt. Es kommt zu Handgreiflichkeiten. Die Luzerner, Untertanen Habsburgs, kommen in Booten und greifen Hafeneinrichtungen der Waldstätte an; am Klausenpass geraten Urner und Glarner aneinander; habsburgische Vasallen aus dem oberen Aaretal fallen über den Brünig in Obwalden ein.

Einstweilen ist es noch ein Krieg auf kleiner Flamme, mit Plänkeleien, bei denen die Hirten der Waldstätte ja Übung haben. Mühelos wehren sie 1314 und im ersten Halbjahr 1315 diese konzept- und folgenlosen Angriffe ab. Doch sie leben in banger Erwartung eines weit massiveren Angriffs, bei dem die beiden Habsburger ihre Armee einsetzen würden. Die Urner können sich noch einigermaßen sicher wähnen hinter dem See und ihrem Wall von hohen Gebirgskämmen; was ihnen eher zu schaffen macht, ist die Handelsblockade, die sie nicht brechen können. Unterwalden und vor allem Schwyz sind gefährdeter. Die Schwyzer haben dies erkannt, schon 1310 haben sie begonnen, die offensten Zugänge zu ihrem Land einigermaßen abzusichern: Sowohl am See als auch vor Goldau in der Talöffnung von Arth, außerdem gegen die March und die Sümpfe von Rothenturm hin, haben sie »Letzinen«, Trockenmauern oder Holzpalisaden, errichtet und Gräben ausgehoben. (Ein Verteidigungskonzept, das mehr oder weniger unverändert noch im Zweiten Weltkrieg Geltung haben wird, als sich die Schweiz im »Réduit«, den zur Festung ausgebauten Zentralalpen, verschanzt ...)

Im Sommer 1315 bereitet Herzog Leopold tatsächlich für sich und seinen Bruder den massiven Angriff vor. Eine kurze Expedition in Schwaben lässt ihn – vielleicht entscheidende – Zeit verlieren. Doch im Herbst ist es so weit. Die Unternehmung ist mit sicherem strategischen Gespür geplant. Während sich der Hauptteil der »österreichischen« Streitmacht (es sind vor allem Ritter aus dem schweizerischen Mittelland mit ihrem Troß) vor den Mauern Zugs versammelt, um direkt nach Schwyz zu marschieren und zu einem schnellen, vernichtenden Schlag auszuholen, sammelt sich ein anderes Korps unter dem Befehl des Grafen Otto von Straßberg bei Interlaken im Berner Oberland; es soll über den Brünig marschieren und Obwalden vom Süden her einnehmen. Auf dem See sollen sich dann beide Streitmächte vereinigen, womit alle offenen Gebiete der Waldstätte besetzt wären. Uri und die Seitentäler, die zwar uneinnehmbar sind, doch abgeriegelt wären wie belagerte Städte, würden sich schnell ergeben.

Die Schwyzer sind gerüstet. Ein Urner Kontingent ist zu ihrer Verstärkung da. Die Eidgenossen sind über die Bewegungen von Leopolds Truppen und über ihre Massierung vor Zug gut informiert. Sie haben sicherlich Spione; im Vorland genießen sie beträchtliche Sympathien, denn dort gibt es genug Leute, die aus irgendwelchen Gründen auf die Habsburger nicht gut zu sprechen sind. Der Legende von Botschaften, die an Pfeile geheftet den Schwyzern zugeflogen sein sollen, brauchen wir keinen Glauben zu schenken: Sie ist eine dieser Allzweckgeschichten, die in ganz Europa erzählt werden; allenfalls bei einer belagerten Zitadelle hätte sie einen Sinn, denn von einem Bogen oder selbst von der besten Armbrust abgeschossen, hätte ein Pfeil die Schwyzer nie erreichen können. Beobachter auf den Hügeln, von denen aus man Zug und den See überblicken konnte, waren ohnehin geeigneter für den Zweck ...

Schwyz erwartet Leopold am Durchbruch von Arth. Doch im Morgengrauen des 15. November setzt sich die Ritterkolonne, gefolgt von zahlreicherem, doch leichter bewaffnetem Fußvolk und dem Troß, auf einem anderen Weg in Bewegung. Leopold glaubt besonders listig zu sein, wenn er einen Umweg nimmt, der zwar schwieriger zu begehen, aber eben deshalb nicht bewacht ist. Statt südwärts entlang des Zuger Sees in Richtung Arth zu ziehen, marschiert er östlich der Stadt die Hügel hinauf und von dort in das ringsum bewaldete kleine Tal des Ägerisees. Am östlichen Ende dieses Sees hat er einen kleinen Pass zu überqueren, dann sind es nur noch drei oder vier Meilen nach Steinen und Schwyz hinunter. Haben die Schwyzer von Leopolds Marschroute im letzten Moment Wind bekommen, oder haben sie ihn seit dem Abmarsch in Zug beobachtet? Viel länger als vier oder fünf Stunden braucht das Heer nicht, um das obere Ende des Sees und den Pass zu erreichen; um ihm also dort den Weg zu versperren, bleibt nur sehr wenig Zeit.

Die Einzelheiten der Schlacht sind nicht zweifelsfrei bekannt. Keiner der sie schildernden Chronisten war Augenzeuge. Man kann vernünftigerweise von einer Streitmacht mit vielleicht 1000 Rittern und 3000 oder 4000 Fußsoldaten auf der österreichischen Seite ausgehen, gegenüber etwa eineinhalbtausend Mann auf der eidgenössischen Seite. Morgarten ist im Übrigen keine regelrechte Schlacht, bei der sich die Feinde in Linien gegenüberstehen; es gleicht eher einer Guerillaoperation, bei der eine Marschkolonne plötzlich von einer Widerstandsgruppe überrascht wird und sich nicht mehr in Schlachtordnung aufstellen kann. Die Schweizer improvisieren, sie verlassen sich auf ihre bessere Kenntnis des Geländes, ihre Berggängigkeit und ihre Übung im Holzfällen. Als Waffen haben sie lediglich Äxte und Hellebarden, allenfalls einige Armbrüste. Doch sie kommen damit auf den bewaldeten Hängen über Stock und Stein, sie sind viel beweglicher als die schwergerüsteten Ritter auf ihren Pferden. Sie sind wendig und schnell, gehorchen diszipliniert den Befehlen ihrer Anführer, die gelernt haben, umsichtig zu disponieren und zu befehligen. Es ist übrigens nicht ausgeschlossen, dass ihnen die Wetterbedingungen zu Hilfe gekommen sind. Das Jahr 1315 war extrem niederschlagsreich, für die Landwirtschaft eine Katastrophe; es begann sich bereits Hunger auszubreiten, und in den ebenfalls miserablen Jahren 1316 und 1317 sollte es noch schlimmer kommen mit einer der großen Hungersnöte in der Geschichte Europas. Zwar wohl nicht der Hunger, doch die Nässe kann den Schweizern geholfen haben: Ihre Bewegungen wurden durch den Nebel getarnt, während die Bewegungen ihrer Gegner durch die schlammigen Wege erschwert und verlangsamt waren; die Sümpfe um den Ägerisee waren noch tückischer als zu normalen Zeiten.

Jedenfalls haben die Schweizer noch Zeit, etwas südlich des oberen See-Endes Stellung zu beziehen, dort, wo der österreichischen Vorhut nur ein schmaler Weg bleibt zwischen dem sumpfigen Gelände, das sich rechterhand an den See anschließt, und dem linkerhand steil ansteigenden Wald. Etwas weiter oben, auf der Höhe des Passes, versperrt ihr eine Abteilung Schwyzer den Weg. Die Vorhut stockt und bringt dadurch die ganze Marschkolonne in Verwirrung, die sich über einige Kilometer ohne Flankenschutz hinzieht. Jetzt erfolgt, gleichzeitig von vorn und seitlich von den Hängen herab, der eigentliche Angriff der Schweizer. Die Bergler wälzen Steinbrocken und eilig gefällte Baumstämme herab und stürzen dadurch die Ritter vom Pferd. Diese sind bereits am Boden, als sie frontal angegriffen werden, sie können sich nicht mehr verteidigen oder sinken im morastigen Boden ein. Das Ganze dauert nur wenige Augenblicke, weil der Überraschungseffekt vollkommen ist. Die Ritter, die sich im Sattel halten konnten, reißen ihr Pferd herum und verbreiten dadurch Panik im Fußvolk, das überhaupt nicht versteht, was sich abspielt. Die Österreicher haben weder den Platz noch die Zeit, sich in Schlachtordnung aufzustellen. Der größte Teil des Heeres ertrinkt oder wird erbarmungslos niedergemacht; die Blüte des Adels einer ganzen Region lässt dabei ihr Leben. Die Schweizer haben nur geringe Verluste. Leopold selbst entkommt mit knapper Not; er galoppiert nach Zug und reitet von dort völlig verwirrt nach Norden, um in Winterthur seine Schande zu verbergen.

In Obwalden ergeht es Otto von Straßberg nicht besser. Nach einigen anfänglichen Erfolgen wird auch er zurückgedrängt und von den wild dreinschlagenden Schweizern bis nach Interlaken verfolgt.

Der Bund wird erneuert
Die absolut unvorsehbare Niederlage der Österreicher – beziehungsweise der Sieg der Schweizer – wird im weiten Umkreis, im ganzen Machtbereich der Habsburger, als Katastrophe empfunden. Das Ansehen der Fürsten und des habsburgischen Gegenkönigs ist erschüttert, sogar der Lächerlichkeit preisgegeben, ihre Autorität ist beschädigt. Leopold hatte seine gesamte Militärmacht eingesetzt, weil er sich sicher war, dass die geplante Strafaktion ein Spaziergang sein würde. Jetzt ist er nicht nur ohne Armee, er hat auch seine besten Regierungsbeamten verloren. Es wird Jahre dauern, bis er selbst und sein Staat sich von diesem Schlag erholen werden. Die Schweizer hingegen werden sich derweil organisieren und Unterstützung von außen suchen – zunächst natürlich beim Gegenkönig, Ludwig dem Bayern. Dieser zeigt sich denn auch hocherfreut über das unverhoffte Glück und beglückwünscht seine treuen Untertanen sogleich zu ihrem Sieg. Im März 1316 schickt er ihnen die übliche Bestätigung ihrer Privilegien und als Zugabe eine Erklärung, wonach alle Güter und Rechte der Habsburger in den Tälern der Waldstätte – einschließlich des Urserentals – konfisziert sind und an das Reich zurückfallen.

Doch die drei Länder warten nicht ab, bis diese Glückwünsche aus der Ferne eintreffen. Drei Wochen nach ihrem Sieg, für den sie Gott danken, versammeln sich ihre Vertreter in Brunnen am See. Am 9. Dezember 1315 erneuern sie den Bund von 1291. Der neue Bundesbrief übernimmt die Bestimmungen des Briefes von 1291. Neu ist aber, dass er in der Sprache abgefasst wird, in der verhandelt wird, also in Deutsch. Und neu sind gewichtige Bestimmungen, die hinzukommen.

Jedes der drei Länder verpflichtet sich, fortan ohne die Zustimmung der beiden anderen keinen Herrn über sich anzuerkennen. Und kein Land darf mit irgendwelchen auswärtigen Mächten Verhandlungen führen oder Verträge abschließen, ohne dass die anderen einbezogen werden. Damit kommt der entscheidende Wille zum Ausdruck, ein enges Bündnis und – relativ für die Epoche – die Keimzelle eines Staates zu bilden. Ein Staat noch ohne Form und Organe. Doch innere Überzeugung, äußere Notwendigkeit und nun auch die Macht der Waffen haben ihm bereits seine Identität verliehen.

Im Jahre 1315 ist Tell schon ferne Vergangenheit. Denn es besteht keinerlei Wahrscheinlichkeit, dass er seine Taten in den Jahren vor Morgarten vollbrachte; genauso wenig sind der Rütlischwur und der Burgensturm in dieser Zeit anzusiedeln. Eine so späte Datierung ist von einigen Autoren vorgeschlagen worden; sie verlegen die Ermordung des Vogtes und den Volksaufstand in diese Zeit, weil sie darin den *casus belli* vermuten, der Friedrich den Schönen und Leopold von Österreich zum Einschreiten veranlasst hätte. Doch wie wir gesehen haben, brauchten diese keinen solchen Kriegsgrund. Und das Verhalten der Schweizer in den Jahren vor ihrem unerwarteten Erfolg beweist eindeutig, dass sie bereits als freie Völker handelten, dass sie ihre Geschicke selbst leiteten, ganz offiziell mit Papst und Bischof, König und Kaiser verkehrten und keiner Aufsicht oder Bevormundung durch irgendwelche Vögte unterstanden, welche sie im Übrigen, mit Ausnahme des kaiserlichen Vogts, auch nicht mehr bei sich geduldet hätten.

Wilhelm Tell ist also weit weg. Und doch sind kaum dreißig Jahre verflossen seit der Zeit, in der ich ihn leben und handeln sehe. Eine Generation liegt dazwischen. Doch welche Umwälzungen hat diese Generation erlebt! Am Vorabend vor Morgarten hat sich zu viel am Existenzrahmen der Schweizer geändert, es hat sich einfach zu viel ereignet, als dass die Menschen noch übersichtlich und genau in Erinnerung hätten, was damals geschehen war, was die Initiatoren der Unabhängigkeitsbewegung und des Bündnisses getan hatten. Geht es uns heute nicht ähnlich, verliert oder verwischt sich nicht auch bei uns schnell die Erinnerung an Ereignisse, die wir doch selbst erlebt haben? Halten die jungen Nationen unserer Zeit ihren ersten Helden besser die Treue? So wird verständlich, wie Erinnerungen, die zwar verschüttet, doch nicht vollkommen verlorengegangen sind, nach und nach, mit einem Glorienschein versehen, als Legende wiedererstehen.

III. TEIL

Die vielen Leben des Wilhelm Tell

DIE LEIBHAFTIGE, HISTORISCHE EXISTENZ Wilhelm Tells mag noch ungreifbar und deshalb seit Jahrhunderten umstritten und umkämpft sein, sein Nachruhm strahlt hell und weltweit. Dieser Nachruhm beschert ihm ein zweites Leben. Eine Vielzahl von Leben sogar, je nach dem wechselnden Licht, in das man seine sehr schnell zum Mythos werdende Gestalt taucht. Es ist ein gesellschaftlich-politischer Mythos, und einer der lebendigsten und widerstandsfähigsten Mythen überhaupt, die menschliches Vorstellungsvermögen und Hoffen je hervorgebracht und verehrt haben. Was den Ruhm des Helden zusätzlich vergrößerte, ist die vielseitige Verwendbarkeit des Mythos: national oder universell, konservativ oder revolutionär; einmal schrieben ihn die Rechten auf ihr Panier, dann wieder die Linken; er wurde in sämtlichen Tonlagen deklamiert und gesungen, in tausenderlei Posen abgebildet, bald verherrlicht, bald angefochten, wieder rehabilitiert, ins Lächerliche gezogen, dem Tagesgeschmack angepasst – immer war er in der gerade passenden Form zur Hand, wenn er gebraucht wurde, sei es zu ideologischen oder anderen, womöglich kommerziellen Zwecken ...

Im dritten Teil unseres Buches werden wir mit großen Schritten diese späteren Leben Tells durchlaufen. Unter den vielfältigen und gegensätzlichen Bildern des Helden werden wir diejenigen herausgreifen, die am bezeichnendsten sind. Wir werden beobachten, wie sie sich verwandelt haben, zu welchen Zielen sie verwendet und wie sie weltweit verbreitet wurden.

Das zweite Leben Wilhelm Tells beginnt nicht gleich nach dem ersten. Unser Held kommt erst ins Fegefeuer: Seine Gestalt muss einen ziemlich langen Läuterungsprozess durchmachen, verborgen im hintersten Winkel einer kollektiven Erinnerung, die eng lokal begrenzt ist. Diese Erinnerung wird schon bald unscharf. Doch dann, nach über hundert Jahren, aufersteht ein geläuterter, schon idealisierter, größer gewordener Held, und er erhält endlich seinen Platz in einer legendenhaften Saga, in einem Kontext, der das Puzzle zusammenfügt, indem er die verlorengegangenen Teile neu zeichnet. Wir müssen also ebenfalls erst durch das Fegefeuer gehen. Das heißt, dass wir kurz die weitere Entwicklung des Landes zu skizzieren haben, das die Erinnerung an Wilhelm Tell lange Zeit geheim hält, bis es das Geheimnis zu gegebener Zeit der großen Öffentlichkeit preisgibt. Das ist das Thema des ersten Kapitels. Im zweiten wird der auferstandene Held die beiden Parteien anführen, die sich in seiner Heimat gegenüberstehen – in dieser Schweiz, die ständig auf der Suche nach ihrer Legitimität und nationalen Identität ist, die vom täglichen Kompromiss lebt, fast unanständig gut sogar. Und wir werden uns am leidenschaftlichen Disput der Historiker um seine Person weiden dürfen. Doch im dritten Kapitel wird der Held den Machenschaften seiner Landsleute und gleichzeitig dem kritischen Scharfsinn der Gelehrten entfliehen. Er wird der Welt den Wunsch nach Freiheit und Unabhängigkeit bringen, zu deren leibhaftigem Symbol er (gemacht) wurde.

16
Wilhelm Tells Fegefeuer

Von Morgarten bis Sempach (1315–1386): Ein Debakel für das Haus Österreich

Im Jahre 1386 erleiden die Österreicher bei Sempach, wenige Kilometer vor Luzern, durch die Waldstätte eine neuerliche Niederlage, die ebenso vernichtend und beschämend ist wie die am Morgarten zwei Generationen zuvor. Das Fiasko, dem bald danach in der Schlacht bei Näfels im Kanton Glarus (1388) ein weiteres folgt, läutet das Ende der habsburgischen Herrschaftsansprüche im schweizerischen Raum ein. Gleichzeitig bestätigt es mit ungeheurem Widerhall – ganz Europa erbebt bei der Nachricht vom Sieg der Eidgenossen – den politischen Willen und die militärische Macht des Bündnissystems, das sich seit 1291 und 1315 von den Waldstätten aus auf die wichtigsten Städte des schweizerischen Mittellands ausgedehnt hat.

In der Zeit zwischen den beiden verhängnisvollen Jahren 1315 und 1386 hatten die österreichischen Herzöge unablässig Druck auf das ganze Land ausgeübt. Sie setzten dazu alle verfügbaren politischen, juristischen und finanziellen Mittel ein. Und es waren gewichtige Mittel. Von den ihnen untertanen Städten wie Luzern, Zug und Fribourg forderten sie die lückenlose Erfüllung ihrer rechtlichen Verpflichtungen, selbst wenn diese Städte Bündnisse mit Partnern schlossen, die, wie die Waldstätte, den Habsburgern feindlich gegenüberstanden. Um auch die ländlichen Gebiete an die kürzere Leine zu nehmen, unterstützten die Herzöge die Rechte und Ansprüche des kleinen und mittleren Adels, mit dem sie engere Lehnsverhältnisse knüpften. Über das Mittelglied dieser Vasallen regierten sie einen großen Teil des Flachlandes zwischen den Oberläufen der Aare und des Rheins, und gleichzeitig verhinderten sie, dass ihre Untertanen das – ohnehin mehr theoretische – Recht der Berufung auf die kaiserliche Justiz wahrnahmen. Unbewusst beförderten sie dadurch die spätere Abspaltung der Schweiz vom Reich. Durch den Erwerb Tirols im Jahre 1363 und der Grafschaft Feldkirch (Vorarlberg) im Jahre 1375 stellten sie die geographische Verbindung zwischen ihren elsässischen, schwäbischen und schweizerischen Herrschaftsgebieten und den Herzogtümern Österreichs her. Die Habsburger mussten sich schon fast am Ziel ihrer Bestrebungen glauben: Sie verfügten über eine weiträumige Territorialmacht, die sich von den Ostalpen zu den Zentralalpen und, im nördlichen Vorland, von der Donau bis zum Jura erstreckte. Ein Fürstentum, das im ganzen Reich nicht mehr seinesgleichen gehabt hätte, weder in der Ausdehnung noch in der Bevölkerungszahl, noch in den wirtschaftlichen Ressourcen.

Es blieben freilich noch einige Widerstandsnester zu beseitigen, um dieses Gebilde vollständig und funktionstüchtig zu machen. Es gab einige (freie) Reichsstädte, deren strategische und wirtschaftliche Bedeutung dem Haus Österreich eindeutig im Wege stand. Am Westrand ihres Territoriums ärgerte Bern die Habsburger, indem es seine guten Beziehungen zu den Grafen von Savoyen ausbaute. Die Stadt war ebenso reich wie ihre Politik ehrgeizig. Keine andere Stadt des Mittellands hatte sich so viel Umland unterworfen wie sie; ihr Herrschaftsbereich reichte die Aare hinauf weit ins Oberland, bis ins Haslital (1334); eine ganze Konstellation von kleineren Städten und Herrschaften zwischen Alpen und Jura hatte sie dadurch zu Satelliten reduziert. Diese Expansionspolitik betrieb sie mit so viel Energie und System, dass sie zur regelrechten Territorial- und Finanzmacht an der Westflanke des habsburgischen Herrschaftsbereichs wurde.

Am Rheinknie, an einer Stelle, die sämtlicher Handelsverkehr zwischen Italien und den nördlichen Ländern passieren musste, schnitt Basel die habsburgischen Besitzungen im Elsass von denen in der Schweiz ab; die Enklave störte, und die Herzöge versuchten mit allen Mitteln, mit Diplomatie und Gewalt, sie zu unterwerfen. Doch der Bischofsstadt gelang es jedes Mal, wenn auch nur knapp, den Anschlägen standzuhalten und ihre Unabhängigkeit zu bewahren.

Wie Basel war auch Luzern ein wichtiger, stark an den Gotthardverkehr gebundener Verkehrsplatz. Die Stadt war deshalb in ihrem wirtschaftlichen Gedeihen auf eine enge Partnerschaft mit Uri und den beiden anderen Waldstätten angewiesen, aus denen sie sich versorgte und denen sie im Gegenzug ihren Markt anbot. Nun war aber Luzern habsburgische Besitzung, seit Rudolf I. es im Jahre 1291 gekauft hatte. Die Habsburger benützten die Stadt für ihre Annexionspolitik im Gotthardgebiet und für die Wirtschaftsblockade, mit der sie die Waldstätte in die Knie zwingen wollten. Handel und Gewerbe litten natürlich darunter, so dass sich kurz nach Morgarten eine starke antihabsburgische Partei bildete, die dem Fürsten einige Zugeständnisse in Sachen Verwaltungsautonomie und Handelsfreiheit abrang. Obwohl begrenzt, erlaubte es dieser Toleranzrahmen, dass Luzern im Jahre 1332 mit den Waldstätten einen Bund schloss, ohne sich aus dem österreichischen Einflussbereich zu lösen. Die politische Doppelbindung sollte noch bis zum Ende des Jahrhunderts fortbestehen.

In nicht weniger zwiespältiger Situation befand sich Zürich, das lange Zeit zögerte und schwankte, je nach Laune des Ritters Rudolf Brun, dem 1336 ein von den Zünften angezettelter

Putsch quasi diktatorische Machtbefugnisse verschafft hatte. Zeitgenosse eines Etienne Marcel, spielte er eine ähnliche Rolle wie dieser in Paris, nur dass er nicht direkt seinen König zum Gegner hatte. Brun war als Politiker geschickter als die Herzöge von Österreich; es gelang ihm, sie zu manipulieren, indem er sich wechselweise mit ihnen verbündete oder sie offen herausforderte. Indessen konnte und wollte er Zürich nicht ganz aus der österreichischen Herrschaft herauslösen; mitten in deren Territorium gelegen, musste die Stadt wohl oder übel auf den übermächtigen Nachbarn Rücksicht nehmen, wenn sie ihre Freiheiten retten wollte.

Die schon in der ersten Hälfte des 14. Jahrhunderts unstabilen Kräfteverhältnisse verschieben sich nach 1350 immer rascher zum Nachteil Habsburgs. Die Pestepidemie von 1348 und die schwere wirtschaftliche Depression, die sie nach sich zieht, tragen sicherlich bei zum Debakel. Wie überall in Europa sind auch in der Schweiz die Städte und Dörfer sehr hart vom Schwarzen Tod betroffen. Ganze Dörfer sind verwaist, überall liegen Felder brach, Handel und Gewerbe in den Städten stagnieren. Renten und Zinsen bringen den Gutsherren, wenn überhaupt, nur noch bescheidene Einkünfte; unter den Überlebenden sind Fürsten, Grundbesitzer, weltliche und geistliche Herren die großen Verlierer.

Die Pest hat auch das Gebirge nicht verschont. In Engelberg soll sie im Benediktinerinnenkloster in vier Monaten hundertsechzehn Ordensfrauen hingerafft haben, im Männerkloster hingegen nur zwei Mönche und fünf Klosterschüler. Ingesamt gesehen, ist jedoch die Bevölkerung der Hochlagen weniger betroffen als die des Unterlandes. Ja, sie profitiert sogar vom allgemeinen wirtschaftlichen Stillstand. Mit ihrer intakten Viehzucht kann sie zur Versorgung der Städte beitragen, und die auf den Märkten erzielten hohen Preise bringen ihr einen zusätzlichen Handelsvorteil.

Gleichzeitig wird ein Großteil der einheimischen Adelsfamilien dezimiert oder ganz ausgelöscht, und die Habsburger büßen mit diesen Vasallen ihre verlässlichste Stütze ein. Dynastische und politische Probleme – schwieriges Verhältnis zum Kaiser, Tod im Jahre 1365 des rührigen Rudolf VI., Geldmangel – gefährden zusehends ihre Vorhaben. Darunter das, endlich den hartnäckigsten aller Widerstände zu brechen, den der Waldstätte.

Die Eidgenossenschaft der »Acht Orte«

Der Sieg der Eidgenossen am Morgarten hatte die österreichische Bedrohung nur momentan abgewendet. Der von den drei Kantonen sofort anschließend erneuerte Bund behielt also vollkommen seinen Sinn, und die ständige Bedrohung ließ das Zusammengehörigkeitsgefühl von Jahr zu Jahr stärker werden. Es ging um die Unabhängigkeit, die man mit der Waffe verteidigt hatte, es ging aber auch um wirtschaftliche Interessen: um den freien Verkehr auf der Gotthardstraße, von der Leventina bis Basel, und um den Zugang zu den lebenswichtigen Märkten. Überall dort im Mittelland, wo man die österreichische Expansionspolitik als störend oder bedrohend empfand, beeindruckte der geschlossene Block der Eidgenossen als die entschiedenste und fähigste Opposition.

Luzern hatte seit seiner Gründung mit den Waldstätten zu wertvolle Kontakte geknüpft, um nicht in ihren Bannkreis zu geraten, trotz der Unterwerfung unter die Habsburger. Die Talbewohner und die Bürger der einzigen Stadt der Gegend kannten sich zu gut, zu eng war die gegenseitige Vertrautheit. Es war also nur natürlich, dass Luzern mit den Waldstätten ein Zusammengehen suchte, das ein Gegengewicht zur Herrschaft der Habsburger bilden konnte. Es erreichte dies durch den Bund, den es am 7. November 1332 mit den Eidgenossen schloss. Der Bündnistext ist ziemlich allgemein gehalten, weil man die Ansprüche der österreichischen Herzöge nicht verletzen will, doch entschieden genug, um den Willen zum gegenseitigen Beistand und den gemeinsamen Standpunkt nach außen deutlich werden zu lassen.

In der Jahrhundertmitte erlebt dann das Bündnissystem der Eidgenossen plötzlich eine sensationelle Ausweitung: In kurzer Folge schließen sich ihm vier neue Partner oder »Orte« an, die freilich nicht alle gleich bedeutend sind. Um diese Ausweitung verstehen zu können, muss man sie vor dem Hintergrund des Schreckens und der tiefen Verwirrung sehen, die die Pest geschaffen haben. Ungewissheit und Angst haben mehr ausgerichtet als die Habsburger, wenn sich nun nacheinander 1351 Zürich, 1352 Glarus und Zug und 1353 sogar Bern der Eidgenossenschaft in die Arme werfen.

Es sind meist opportunistische Bündnisse, von der Strategie des Augenblicks diktiert. Sie sind ungleich hinsichtlich ihrer Intention und Tragweite, und meist werden sie getrennt geschlossen; sie stellen also keine eigentliche Einheit, keine gemeinsame Front aller beteiligten »Orte« her. Sie bilden vielmehr ein vielpoliges Netz von bilateralen und in ihrem Aktionsfeld beschränkten Verträgen, die ebenso viele Vorbehalte wie Verpflichtungen enthalten; selbst die drei »Urkantone« handeln nicht immer gemeinschaftlich. Das Netz ist anfänglich auch alles andere als unzerstörbar, umso mehr, als es sich mit den Verträgen überschneidet, die Bern und Zürich noch anderweitig binden. Die Eidgenossen verdanken es also weniger einem solidarischen Vorgehen als dem Bild, das sie nach außen, insbesondere für die Österreicher abgeben, wenn ihr Bund allmählich als homogenes Ganzes erscheint, als politische Einheit, die anfänglich gar nicht angestrebt war. Die Siege von Sempach und Näfels erweisen diese Einheit im Nachhinein, den Beteiligten war sie kaum bewusst. Sie hielt, solange es galt, die Habsburger vollständig und endgültig aus dem Raum zwischen Rhein und Alpen zu vertreiben, doch dann zeigte sich ihre Brüchigkeit. Jeder Kanton oder jede Gruppe von Kantonen (Stadtkantone und Bergkantone) war nur immer auf den eigenen Vorteil bedacht, mochte der Bund dabei auch permanent in Gefahr geraten. Die zentrifugalen Kräfte, zu denen noch die konfessionelle Spaltung kam, wirkten bis weit ins 19. Jahrhundert hinein.

Und jedes Mal, wenn der Bruch drohte, trat Tells Gestalt wieder aus dem Schatten: als einigender Mythos.

Die neuen Generationen in den Waldstätten

Im 14. Jahrhundert taucht die Gestalt noch nicht auf, auch im frühen 15. Jahrhundert nicht. Die Erinnerung an den Helden, an all die Ereignisse und Erlebnisse der früheren Generationen lebt lediglich im kollektiven Gedächtnis der Talbewohner fort. In der inzwischen bestehenden Konstellation sind diese Erinnerungen nicht nützlich, nicht verwertbar; besitzen sie noch keinen politischen Stellenwert, keine politische Wirksamkeit. Es besteht daher kein Anlass, sie mit den neuen Bundesgenossen zu teilen.

In den Waldstätten selbst sind tiefgreifende Veränderungen im Gange. Sie werden vor allem in der zweiten Jahrhunderthälfte sichtbar und sie betreffen insbesondere die Eigentumsverhältnisse und die gesellschaftlichen Strukturen der Täler.

Im 12. Jahrhundert waren die Besitzrechte an Grund und Boden zwischen den Grundherrschaften – Adelsfamilien und Klöster – und den freien Bauern unterschiedlich verteilt. Die herrschaftlichen Güter lagen vor allem im Talgrund, wo fruchtbares Schwemmland Ackerbau gestattete und die Getreidefelder noch länger nicht in Grünland umgewandelt wurden. Bäuerlicher Grundbesitz hingegen war vorherrschend in den höheren Lagen und in den Seitentälern, die erst später gerodet und weit stärker für die Viehzucht genutzt wurden, also hauptsächlich Weideland waren. Die Almen ganz oben gehörten gemeinsam den Bauern einer Sippe, eines Dorfs, manchmal einer ganzen Talschaft. Das waren die Verhältnisse noch um 1300. Nun verschiebt sich jedoch das Gleichgewicht zugunsten der freien Bauern. Zum einen, weil die politischen Ereignisse, an denen sie sich aktiv beteiligten, und der Wohlstand, zu dem sie durch ihre Viehzucht gelangten, sie selbstbewusster gemacht und bei ihnen den Ehrgeiz geweckt haben, allein Herren über die wirtschaftlichen Ressourcen ihres Landes sein zu wollen. Zum anderen, weil das politische Bewusstsein, das sie im Widerstand gegen das feindliche habsburgische Unterland gewonnen haben, sie den auswärtigen Grundherren, das heißt den Klöstern, zusehends misstrauischer begegnen lässt.

Dieses neue Gefühl – noch 1291 waren die Grundrechte noch vor jeglicher Anfechtung in Schutz genommen worden – ist vor allem in Uri spürbar. Die Zisterzienser von Wettingen bekommen es als Erste zu spüren, weil sie die größten Grundeigentümer sind. Im 13. Jahrhundert haben sie in Uri noch Gut um Gut hinzugekauft, wodurch immer mehr meist unfreie Pächter ihrer Gerichtsbarkeit zu unterstehen kamen. Diesen anschwellenden Fremdkörper inmitten ihres Gesellschaftsgefüges wollen die Urner bald nicht mehr hinnehmen, zumal die Mönche unter der Schirmherrschaft der Herzöge von Österreich stehen und ihr Kloster Wettingen in deren Gebiet liegt.

Das Zürcher Fraumünster hat sich zwar weniger breitgemacht, doch auch seine Rechte und die damit verbundenen Renten und Zehnten beginnen zu stören. Die Unzufriedenheit scheint übrigens von den nach persönlicher Freiheit strebenden Hörigen dieser Klöster selbst auszugehen. Wettingen stellt im Jahre 1350 mit Besorgnis fest, dass seine Einkünfte, die 1310 noch 400 Pfund betrugen, auf ganze 50 Pfund geschrumpft sind – wofür die Verwalter Faulheit und mangelnden Einsatz bei den Bauern verantwortlich machen, nicht ganz zu Unrecht. Doch Klimaverschlechterung, Pest und Wirtschaftskrise hatten wohl auch ihren Anteil daran, und mehr noch die offene Feindseligkeit der *potentiores terrae,* der führenden Familien. 1359 beschließen die Zisterzienser, sich von ihren Urner Besitzungen zu trennen; sie verkaufen sie für die erkleckliche Summe von 8848 Talern der Talgemeinde, die bar auf die Hand bezahlt. Natürlich sind es die führenden Familien, die das mit Gemeindemitteln erworbene Land unter sich aufteilen. Das Fraumünster harrt länger aus, trotz eskalierender Schikanen von Seiten der Urner: Renten werden in abgewerteter Münze entrichtet, Verwalter weigern sich, die Abgaben einzutreiben, Zahlungen werden schlicht verweigert. Die Nonnen führen Prozess um Prozess, wegen Tyrannei und Machtmissbrauchs lassen sie erst die Urner, dann, weil diese die Unbotmäßigkeit unterstützten, auch deren Bundesgenossen exkommunizieren; Anfang des 15. Jahrhunderts geben sie auf. Die Ländereien verkaufen sie stückweise an die Urner Talgemeinde, die Einkünfte aus dem Zehnten an die Pfarreien. Ähnliche Konflikte und Prozesse, wenn auch in gemäßigterem Stil ausgetragen, führen in Schwyz und Unterwalden zum selben Ergebnis, so dass um 1400 oder wenig danach sämtliche auswärtigen Dependancen aus den Tälern verschwunden sind.

Uri wird noch eine andere Erschütterung erleben, die mit dieser Entwicklung in Zusammenhang steht. Es geht um das letzte noch im Tal vertretene Adelsgeschlecht, die Ritter von Attinghausen. Auf die Ereignisse, die im Sieg am Morgarten gipfelten, hat diese Familie maßgeblichen Einfluss zu nehmen gewusst, spätestens seit der Affäre Izzelin–Gruoba. Zu Beginn des 14. Jahrhunderts übt sie regelrecht die Macht im Lande aus, indem sie das Amt des Landammanns monopolisiert. Sie macht es zum Sprungbrett für ihr Vorhaben, das Land in eine Herrschaft zu eigenem Nutzen umzuwandeln. Die Herren von Attinghausen blicken sogar über den Horizont der Urner Berge hinaus: Im Oberwallis jenseits des Furkapasses, auch in der Disentiser Gegend und selbst in der Leventina üben sie beträchtlichen Einfluss aus. Doch sie werden zu Opfern ihres eigenen Machtwahns und der Raffgier ihres letzten Vertreters, Johannes von Attinghausen. Landammann spätestens seit 1331, glaubt dieser, er könne in seinem Tal eine herrschaftliche Diktatur nach dem Beispiel des Zürchers Rudolf Brun errichten; vielleicht hat dieser sogar die Hand im Spiel, es bestehen jedenfalls gemeinsame Interessen. Johannes von Attinghausen hat anfänglich die Achtung der Urner; das Ansehen der Familie und die Verdienste, die sie sich erworben hat, sind noch nicht vergessen. Doch jetzt ergeht es ihm wie jedem, der die Alleinherrschaft bei einem Volk anstrebt, das in Freiheit zu leben gewohnt ist: Die Leute werden erst reserviert, dann misstrauisch. Inzwischen hat sich die Urner Gesellschaft gewandelt. Eine neue, im Transportgewerbe reich gewordene Gesellschaftsschicht ist emporgekommen. Zwischen ihr und den Rittern von Attinghausen gilt nicht mehr der Schulterschluss der früheren Generationen. Die Stimmung wird feindseliger, als Landammann Johannes Ritter von Attinghausen seine Beziehungen in die obersten Kreise des Reichs spielen lässt, um sich den großen kaiserlichen Zoll von Flüelen anzueignen. Der Volkszorn bricht offen aus, als er beim Betrieb des einträglichen Lehens jedes Maß verliert: Durch überhöhte Tarife und Schikanen gegenüber den Säumern und Händlern gefährdet er den reibungslosen Handelsverkehr über den Gotthard und damit die Einkünfte seiner Landsleute. Dieser Machtmissbrauch des *nobilis et potens vir, miles et ministralis vallis Uraniae* wird ihm zum Verhängnis. Die Burg Attinghausen wird – diesmal richtig – gestürmt, er selbst am 7. Juli des Jahres 1358 oder 1359 getötet. Sein Grundeigentum wird nicht konfisziert, doch der berühmte Zoll wird fortan von der Talgemeinde verwaltet – oder vom Staat Uri, wie man nun sagen kann.

Dieser Gewaltausbruch drückt eine ziemlich demokratisch inspirierte Weigerung aus, eine Macht aufkommen zu lassen, die sich die Rechte der Gemeinschaft anmaßt und die wirtschaftlichen Interessen ihrer Mitglieder vernachlässigt. Er entspricht hingegen nicht einer Reaktion gegen den Adel überhaupt, wie man es ab dem 16. Jahrhundert sehen will; durch eine solche Interpretation verfälschte man – Tschudi eingeschlossen – die Erzählungen der urschweizerischen Befreiungstradition dahingehend, dass man diesem örtlichen Adel eine zwiespältige, doppelbödige Rolle zuschrieb.

Der unaufhaltsame Niedergang der Bergregionen
Es gehört nicht mehr zu meinem Thema, hier darzulegen, unter welchen Bedingungen – und welchen vielfältigen Hindernissen zum Trotz – die eidgenössischen Bünde sich ab der Mitte des 14. Jahrhunderts behaupteten und festigten. Auch nicht, wie im 15. Jahrhundert die Schweizer zeitweilig eine beachtliche Rolle als politische und militärische Macht auf der europäischen Bühne spielten. In den voraufgehenden Seiten habe ich das Ergebnis der Unternehmungen und Kämpfe jener ersten Generationen skizziert, denen Wilhelm Tell und die Gründerväter der Eidgenossenschaft angehört haben. Nun möchte ich sehr summarisch schildern, unter welchen Umständen die Erinnerung an den Helden in aller Stille fortwirkte und sich zum Mythos entwickelte, bevor sie dann in der zweiten Hälfte des 15. Jahrhunderts in einem inzwischen völlig veränderten Umfeld eine breite Öffentlichkeit fand.

Im knappen Jahrhundert, das zwischen dem Sieg der Schweizer in Sempach (1386) und ihren spektakulären Erfolgen in den Burgunderkriegen (1476–1477) liegt, erlebt der schweizerische Raum eine Zeit des Wohlstands, die aus dem Rahmen fällt: Während mit Ausnahme Italiens ganz Europa nach der Pest, die nach 1348 noch häufig wütete, in einer langanhaltenden Depression versinkt, herrscht in der Schweiz eine erstaunliche Wirtschaftsblüte. In den ländlichen Gebieten, vor allem am Alpenrand, beginnen die Bauern wieder zu roden, um neue Nutzflächen und vor allem noch mehr Grasland zu gewinnen. Denn der Erfolg der Viehwirtschaft, der eine allgemeine Nachfrage Auftrieb verleiht, bestätigt sich immer mehr. Sie zieht auch in Täler wie Obwalden ein, in die sie bisher kaum Eingang gefunden hatte, natürlich auf Kosten des Getreideanbaus. Befreit von den schwersten politischen Hypotheken, die bisher ihre Entwicklung bremsten, fördern die wichtigen Städte des Mittellands nach Kräften den Handel und das Gewerbe. Diese Städte profitieren von einer neuen Geographie der Handelsbeziehungen zwischen dem Mittelmeerraum und West- und Mitteleuropa. Der Hundertjährige

Krieg im Westen sowie der Aufschwung der Niederlande (Flandern, Brabant, Holland) und der Rheinländer haben die großen Handelswege, die früher durch das französische Königreich verliefen, ostwärts verschoben. An die Stelle der alten Messen der Champagne treten zunächst die Messen von Chalon-sur-Saône, dann vor allem die Messen von Genf. Diese sind zwischen ungefähr 1380 und 1460 die Drehscheibe des transalpinen Handels- und Finanzverkehrs. Das schweizerische Mittelland wird damit zum großen Haupthandelsweg, und der Aargau, die Wiege der Habsburgerdynastie, zum großen Knotenpunkt: Hier, auf halbem Wege von Zürich nach Bern und von Basel nach Luzern, kreuzen sich die Nord-Süd-Route über die Alpen und die ungemein belebte Straße, die von Mitteleuropa (Sachsen, Böhmen, Polen, Russland, Ungarn) über Bayern nach Genf, Lyon, Aigues-Mortes, Katalonien und Spanien führt. Es ist denn auch die Aussicht, diesen eminenten Straßenknotenpunkt zu kontrollieren und die Zölle mit ihren Einkünften zu verwalten, was die Eidgenossen, Bern voran, dazu treibt, im Jahre 1415 den Habsburgern die vereinbarte gegenseitige Neutralität aufzukündigen und den Aargau zu besetzen, und zwar endgültig.

Eigenartigerweise wirkt sich dieses neues Straßennetz für den Gotthard nachteilig aus. Die Kaufleute und Transporteure benützen lieber die westlichen Alpenübergänge, den Simplon und den Großen Sankt Bernhard, die direkt nach Genf führen, oder aber die Bündner Pässe mit den reichen und sehr um den Verkehr bemühten Städten Zürich und Sankt Gallen als Stationen. Die Kämpfe um den Einfluss im Tessin und die überzogenen Ansprüche der Säumergenossenschaften in der Leventina sind zweifellos der Grund für das nachlassende Interesse an der direktesten Nord-Süd-Verbindung. Den Urnern gefällt es gar nicht: Ihre Einkünfte gehen zurück, und die Absatzmärkte der Lombardei sind beeinträchtigt. Zusammen mit den Obwaldnern, die nun auch daran interessiert sind, bemühen sich die Urner das ganze 15. Jahrhundert lang, eine Art Gotthardstaat aufzubauen, mit dem sie nicht nur die Südrampe des Passes kontrollieren wollen, sondern auch die Seitentäler, bis hin zum Ossola-Tal, der Ostrampe des Simplon. Am Ende der vielen mehr oder weniger glücklich verlaufenden kriegerischen Operationen bleibt ihnen das definitive Protektorat über die obere Leventina – und der Ruf eroberungsdurstiger Draufgänger.

In diesen Ruf kommen übrigens aus diversen Anlässen auch die anderen Eidgenossen. Die Schwyzer erweitern ihr Gebiet durch die endgültige Eroberung der March, jenes Waldgebiets zwischen ihrem Kernland und dem oberen Zürichsee; Einsiedeln ist inzwischen nicht mehr in der Lage, es ihnen streitig zu machen. Sie geraten aber jetzt mit Zürich und dessen Expansionspolitik in Konflikt. Von 1438 bis 1450 verstricken sich die beiden Bundesgenossen in einen schlimmen Kleinkrieg gegeneinander. Im Zusammenhang mit diesem »Alten Zürichkrieg« verfasst Felix Hemmerli jenes leidenschaftliche Pamphlet gegen die Schwyzer, in dem er die Erhebung der Waldstätte gegen die österreichische Herrschaft hundertfünfzig Jahre zuvor verächtlich erwähnt und gleichzeitig den ersten Bericht über diese weit zurückliegenden Ereignisse gibt – freilich noch ohne die Erinnerung an Tell wiederaufleben zu lassen.

Die städtischen »Orte« der Eidgenossenschaft – das eben erwähnte Zürich, doch auch Bern und, etwas zurückhaltender, Luzern – erobern in dieser Zeit eifrig ihr Umland, bisweilen auch weit mehr. Jede dieser Städte schafft sich ein ausgedehntes, homogenes und vor allem rentables Untertanengebiet. Auf diese Weise wird die ursprünglich aus verzettelten und isolierten Kleinmächten bestehende Eidgenossenschaft im 15. Jahrhundert zu einem Territorialgebilde, das die ganze Fläche zwischen Rhein, Aare und dem stellenweise sogar überschrittenen Alpenhauptkamm abdeckt. Das Gebilde beeindruckt und beunruhigt denn auch seine Nachbarn: im Süden die Herren von Mailand, im Westen die Grafen von Savoyen und die Herzöge von Burgund und im Osten natürlich die Habsburger, die aus ihren ältesten Erblanden vertrieben und auf ihre österreichischen Provinzen abgedrängt wurden.

Ausgegangen waren dieses Territorialgebilde und die Macht der Eidgenossen von den Bergen. Mit der Ausdehnung ins Flachland verschob sich – mit jeder Generation etwas mehr – das Gewicht auf die zunehmend einflussreicheren städtischen Bundesgenossen. Die Städte mit ihren Untertanenländern verhalfen der Eidgenossenschaft nicht nur zu einer beträchtlichen Einwohnerzahl, sie häuften auch, wie wir gesehen haben, von Jahr zu Jahr mehr Reichtum und Kapital an. Die Städte waren den Tälern gegenüber im Vorteil, weil ihre Beziehungen weiter reichten und ihr kulturelles Leben sehr viel reger war. Mit der Zeit drängten Bern und Zürich der Eidgenossenschaft ihre politische Führerschaft auf, zur Zeit der Burgunderkriege war es bereits eine vollendete Tatsache.

Dieser glorreiche Augenblick in der Schweizer Geschichte markiert aber auch den Beginn eines unaufhaltsamen Niedergangs der Waldstätte. Die politische Abhängigkeit, in die sie geraten, ist nur eine der Folgen. Sie wird allerdings abgemildert durch den Willen der Eidgenossen, ihren Bund zu festigen und ihn, unter Wahrung der Gleichberechtigung aller Kantone, enger zu gestalten. Er wird übrigens durch neue Mitglieder erweitert: 1481 treten Fribourg und Solothurn bei, 1501 Basel und Schaffhausen, 1513 schließlich Appenzell. Bern entreißt den Savoyern außerdem 1475 das Chablais und 1536 das Waadtland. Diese »Eidgenossenschaft der Dreizehn Orte« – es wird dabei bleiben bis zur Französischen Revolution – erstreckt sich nun vom Rhein bis zum Genfer See und vom Jura-Nordfuß bis zu den Quellen des Ticino. Allerdings waren die acht alten Orte unmittelbar nach den siegreichen Feldzügen gegen Karl den Kühnen, in die Bern sie hineingezogen hatte, daran gewesen, miteinander zu brechen. Es hatte der Vermittlung des frommen Eremiten Nikolaus von der Flüe (»Bruder Klaus«) bedurft, um mit dem sogenannten »Stanser Verkommnis« die Einheit wiederherzustellen. Der erzielte Kompromiss schrieb allerdings die Hegemonie der Städte fest.

Der Niedergang der Bergregionen betrifft nicht nur die Waldstätte. Er ist spürbar in der ganzen Alpenkette, von einem Ende zum anderen. Überall entgleitet den Talbewohnern die Initiative, auf wirtschaftlichem wie auf politischem Gebiet. An der Schwelle zur Zeit, die wir die Neuzeit nennen, geraten sie allenthalben in Abhängigkeit, sei es von großen Territorialmächten (Frankreich, Savoyen, Österreich), sei es von Stadtrepubliken und ihren Kaufmannsaristokratien (Venedig, Mailand, Bern, Zürich). Die Alpen werden sozusagen ausverkauft, zugunsten der Fürsten und der Städte. Die Abwanderung beginnt. Der Strom wird bald beträchtliche Ausmaße annehmen und so schnell nicht wieder versiegen.

In dieser Atmosphäre des Niedergangs, der Bitterkeit und der Verzagtheit bei der Bergbevölkerung – gegenüber den prosperierenden, stolzen und dynamischen Städten – wird Wilhelm Tell aus dem Fegefeuer erlöst, in dem er lange Zeit auf seine Wiederkunft gewartet hatte.

Wilhelm Tells Wiederkunft

Wie und wann der verwandelte, zum Mythos gewordene Held wieder auferstand, darüber wissen wir leider ziemlich wenig Genaues. Die ersten Texte, in denen er auftaucht, erwähnen ihn nur kurz, wie wir im ersten Kapitel dieses Buches feststellen mussten, als wir die schwer zu rekonstruierende literarische Entstehung des Mythos verfolgten. Weder können wir diese Texte mit Sicherheit datieren, noch können wir ihre geographische Herkunft und ihre Quellen eindeutig bestimmen. Das *Weiße Buch von Sarnen* ist die Hauptreferenz, das Schlachtross der Gelehrten. Doch ob in den zwanziger oder erst in den siebziger Jahren des 15. Jahrhunderts verfasst: Es ist so lange unzugänglich geblieben, dass es keinesfalls zu der um 1500 fast explosionsartig einsetzenden Verbreitung des Mythos beigetragen haben kann. Das *Tellenlied* und das *Tellenspiel,* auch die 1507 gedruckte Etterlin-Chronik, waren in dieser Beziehung wesentlich effizienter. Alle diese Quellen scheinen aber ihren Ursprung am Vierwaldstätter See zu haben: Das *Tellenspiel* in Altdorf selbst, Tells Heimat, das *Weiße Buch* in Obwalden (in der Zeit, in der dieses Land mit Uri enger liiert ist), das *Tellenlied* vielleicht, die Etterlin-Chronik sicher in Luzern (die engen, alten und dauerhaften Kontakte der Luzerner zu den Nachbarn in den Bergtälern sind uns bekannt).

Die Indizien besagen also übereinstimmend, dass Tell zunächst in seinem eigenen Land wieder ins Bewusstsein zurückgekehrt ist. Hier wurde die Erinnerung an ihn zwar entstellt und idealisiert, doch sie ist nie ganz erloschen und auch nicht von einem kollektiven Unterbewussten frei und völlig beliebig erfunden worden. Es ist kein Zufall, wenn Tell an den Gestaden des Vierwaldstätter Sees wiederaufersteht. Er hat hier eine verlorene Welt in Erinnerung zu rufen: die Zeit der mutigen Anfänge, die Zeit der Erfolge. Er hat hier einem Gefühl des Niedergangs zu begegnen, ein Schicksal zu wenden, von dem sich die Waldstätte enttäuscht fühlen. Die erste Facette des Tellmythos – und des ganzen ihn umgebenden Legendenkreises – ist tröstend: Er heilt einen verletzten Stolz, oder möchte es zumindest. Er spendet Mut in einer Zeit der Desillusionierung und des widrigen Geschicks. Mutspender wird er auch weiterhin sein und es bleiben, für alle Schweizer, immer wenn schwere Zeiten zu bestehen sind oder wenn – das ist ja sein Thema – Gefahr von auswärts droht.

Doch zur selben Zeit, in der das Bergland in die Abhängigkeit der Städte des Flachlands gerät, wird ihm auch sein Mythos genommen; er wird sozusagen konfisziert. Und das geht sehr schnell, denn zur Zeit des Stanser Verkommnisses (1482), also in den letzten Jahrzehnten des 15. Jahrhunderts, ist die Geschichte von Wilhelm Tell in den Schweizer Städten schon in aller Munde. In diesem größeren geographischen und politischen Rahmen wird der Mythos begeistert aufgenommen. Er hat hier eine doppelte Funktion:

Er soll erstens zusammenführen. Die großen Städte haben im Bund das Übergewicht erhalten, und der eidgenössische Gedanke leidet darunter. Um 1500 sind gleichwohl alle Kantone mehr denn je von seinem politischen Wert und seiner Effizienz überzeugt. Der Zusammenhalt ist strapaziert, doch nicht zerstört worden; jetzt er soll wieder erstarken. Die Beschwörung der fernen Ursprünge ist das beste moralische Mittel dazu, sogar oder vielleicht gerade an den Orten, die an den Anfängen nicht beteiligt waren. Und genau dies, meine ich, wird fortan das Einzigartige an Wilhelm Tell sein: Je weitere Kreise der Mythos mit seiner geronnenen Erinnerung zieht, je weiter sich dieser Mythos von seinem Ursprung entfernt, desto heiliger wird er und desto wirkkräftiger. So wird es geschehen können, dass Tell und das Rütli in der französischsprachigen Schweiz höher im Kurs stehen als in der deutschsprachigen, und höher in Frankreich und in der Welt als im überskeptischen Lande Helvetien ... Um 1500 jedenfalls wird der einheitsstiftende Mythos im ganzen Lande hochgehalten wie ein Panier. Das *Lied vom Ursprung der Eidgenossenschaft* zeugt davon: Es stellt Tell an den Anfang der eidgenössischen Geschichte, die es bis zu den Siegen im Burgunderkrieg besingt. Und Etterlin betitelt sein ab 1507 verbreitetes Werk *Kronica der löblichen Eidgenossenschaft* – das »löblich« wird fortan obligates, doch bedeutsames Qualifikativ.

Zweite Aufgabe des Mythos ist die moralische und politische Legitimierung der Eidgenossenschaft dem Reich gegenüber, dem sie zwar formell noch angehört, von dem sie sich aber immer offener absetzt (die endgültige Unabhängigkeit wird erst 1648 im Westfälischen Frieden erreicht). Wilhelm Tell und der Schwur der drei Eidgenossen gelten als Zeugen für den Machtmissbrauch der Habsburger, und inzwischen bedeuten Habsburg und Reichskrone dasselbe, da sich diese seit 1450 erblich in den Händen der Habsburger befindet. Der Mythos bedient also eine Unabhängigkeitsideologie, indem er ihr die gerechten Gründe liefert. Freilich stört der Mord an Gessler: Musste unbedingt Blut fließen? Haftet dadurch der neuen Ideologie nicht ein Makel an? Die ersten wirklich populären Versionen wie das *Tellenlied* lassen denn auch diesen anstößigen Tatbestand weg, auch Tschudi spielt ihn, wie wir gesehen haben, kräftig herunter. Er zeichnet vom Helden das Bild eines Heckenschützen, der aus persönlicher Rache und im Grunde ungeschickt handelt. Er macht ihn zur Randfigur im Epos von den Anfängen der Eidgenossenschaft.

Der Held im Paradies

Im Jahre 1565 erscheint in Basel ein dickes, lateinisch verfasstes Buch – 1567 folgt die deutsche Übersetzung –, das der Basler Arzt und Humanist Heinrich Pantaleon (1522–1595) über *Der Teutschen Nation warhafften Helden* zusammengestellt hat. Das schon vom Barock inspirierte Werk hat einen ziemlich großen Erfolg, wovon die in kurzen Zeitabständen aufgelegten Nachdrucke zeugen. Es drückt auch die nationalistische und pangermanistische Einstellung seines Autors aus, der nicht zögert, auch Adam, Noah und Christus unter die »deutschen« Helden einzureihen – nebst mythologischen und komischen Riesengestalten, die mit Rabelais' Gargantua und Pantagruel nahe verwandt sind (vielleicht sind sie gar deren Vorbilder). In sein Pantheon der kriegerischen Helden hat Pantaleon auch drei Gestalten aus den Anfängen der Eidgenossenschaft aufgenommen: Tell, Stauffacher und Winkelried (Letzterer ist der legendäre Held der Schlacht von Sempach; es wird heute kaum noch bezweifelt, dass seine Gestalt frei erfunden ist auf der Grundlage einer weniger spektakulären, anonymen Heldentat bei der berühmten Schlacht). Tell und Stauffacher erhalten jeweils zwei Seiten; bei Tell werden auch die Anfänge der Eidgenossenschaft erwähnt. Es erscheint etwas verwunderlich, dass diese beiden Schweizer als Helden der »deutschen Nation« behandelt werden, obwohl sie deren Ruf eher geschädigt haben.

Doch Pantaleon hält sich bei Kleinigkeiten nicht auf, und vermutlich versteht er »Nation« eher im humanistischen und kulturellen als im politischen und »nationalen« Sinn.

Interessanter ist eine andere Besonderheit bei Pantaleon: Er nimmt eine strenge Klassifizierung vor, bei der er seine Helden sozusagen nach »Berufsgruppen« und nach der Ähnlichkeit ihrer Taten einteilt. Die Kategorien sind: biblische Helden und mythologische Helden des Nordens, Heilige und Märtyrer, geistliche Würdenträger, Humanisten und Reformatoren; dann folgen die Laien, Kaiser, Könige, Fürsten, Ritter, Krieger, Bürger. Es fehlen nur die Frauen, die Bauern und die Juden ... Durch diese Einteilung geraten nun, weil beide durch einen Meisterschuss berühmt sind, Tell und der Däne Toko nebeneinander; vom Letzteren hat Pantaleon durch die Lektüre des Saxo Grammaticus erfahren. Er kommt nicht auf den Gedanken, dass zwischen der Heldensage aus dem Norden und ihrer alpenländischen Version ein Zusammenhang bestehen könnte. Doch er bringt die beiden Schützen erstmalig in Verbindung und liefert dadurch die Grundlage für die zweihundert Jahre später aufkommenden Zweifel, die ab dieser Zeit die historische Echtheit unserer Heldengestalt anfechten werden.

Doch so weit ist es längst noch nicht. Ganz im Gegenteil: Das 16. Jahrhundert ist die Zeit, in der Wilhelm Tell, von keinem Zweifel angefochten, in den Himmel erhoben wird. Der Mythos triumphiert.

17
Bürger oder Rebell?

Ein Mythos fürs Volk ...

Der Tellmythos kommt also im 16. Jahrhundert auf und triumphiert sogleich. Sein Erfolg könnte nicht größer sein. Schon gar nicht in der Zentralschweiz, in der Heimat des Helden, wo an den legendären Orten des Geschehens Kapellen errichtet werden: auf der Felsplatte, die er zur Flucht benützt, und in der »Hohlen Gasse« bei Küssnacht, wo er Gessler erschossen hat. In den dreizehn Kantonen kennt und rühmt ein jeder seine Ruhmestaten. Auch bei den nahen Verbündeten der Eidgenossen: in Ernen, einem Dorf im Goms (Oberwallis), schmückt sich um 1580 ein Patrizierhaus mit einem erstaunlichen Freskenzyklus, der die ganze Tellgeschichte darstellt. Selbst ins Ausland dringt Tells Ruf, beispielsweise in die Umgebung der Katharina von Medici.

Wenn ein Mythos einmal da ist, wird er unweigerlich auch manipuliert. Der Tellmythos bildet keine Ausnahme von dieser Regel. Einige Historiker, die partout die revolutionäre Ideologie auf das Ancien Régime der alten Eidgenossenschaft anwenden wollten, sahen in dieser Manipulation einen Ausdruck des Klassenkampfes, des Gegensatzes zwischen den Massen und den in den Kantonen herrschenden Aristokratien: Tell sei die Symbolfigur für die Forderungen des Volkes gewesen, er sei deshalb von der Oberschicht verachtet, marginalisiert oder schlicht ignoriert worden. Diese grob vereinfachende Interpretation hält der Überprüfung kaum stand. Zwar besteht tatsächlich ein Unterschied in der Art und Weise, wie der Held vom Volk und von der Oberschicht jeweils gesehen und gefeiert wird, doch dieser Unterschied ist kein Gegensatz: Volk und Oberschicht haben nicht denselben Helden vor Augen. Für das Volk ist Tell der Held aus seiner Mitte, der es einst vom fremden Joch befreit hat; es fügt ihn in sein konfuses und mystisches Geschichtsbild ein. Die eher politisch denkende Oberschicht sieht vor allem die einheitsstiftende Rolle, die Tell und mehr noch die drei Eidgenossen vom Rütli gespielt haben; für sie zählen vor allem die Legitimität, welche die Eidgenossenschaft diesen Männern verdankt, und den dadurch im Reich und allgemein in Europa erreichten Status. Tschudis Bedenken wegen des dabei geflossenen Blutes werden von seinen Lesern zumeist nicht geteilt; diese sind ohnehin nicht sehr zahlreich, da das Werk des Historikers lange Zeit nur in handschriftlichen Kopien zirkuliert und erst 1734–1736 einen Verleger findet.

Zwei verschiedene Tellbilder also, und dadurch zwei verschiedene Übertragungsmedien des Mythos, zwischen denen kaum Durchlässigkeit besteht. Wie in den Jahrhunderten zuvor wird die volkstümliche Version vor allem mündlich weitergegeben. Ein wirksameres Verbreitungsmittel gibt es nicht, weil die Bevölkerung noch weitgehend aus Analphabeten besteht. Diese mündliche Tradition war sicherlich reicher, als wir es uns vorstellen, und wir würden überhaupt nichts von ihr wissen, hätte es nicht zu allen Zeiten die Bänkelsänger mit ihren Liedern gegeben: Die Bedeutung der Ballade und des Bänkellieds für die allgemeine und volkstümliche Wissensvermittlung kann gar nicht hoch genug veranschlagt werden. Das alte *Tellenlied* aus dem 15. Jahrhundert ist nicht vergessen, doch es wird nach Lust und Laune umgearbeitet und ausgebaut. Der Urner Jeremias Muheim verfasst Anfang des 17. Jahrhunderts eine Version nach dem Zeitgeschmack auf die Melodie der damals sehr populären, den Ruhm Wilhelms von Oranien besingenden *Ballade des Gueux*. In achtundzwanzig Strophen zu je acht Versen – der Text ist also umfangreicher geworden – erzählt der Held seine Abenteuer in der ersten Person und beansprucht sämtliche Erfolge für sich: Apfelschuss, Sprung auf die Platte, Erschießung Gesslers, ja, das war ich; aber Befreiung der Urschweiz, Burgenbruch und Rütlischwur, das war ebenfalls ich. Die volkstümliche Sichtweise überhäuft den charismatischen Helden mit Verdiensten, die mindestens teilweise anderen zukommen; die gelehrte Tradition hingegen will gerade diese anderen in den Vordergrund rücken.

Der volkstümlichen Tradition verdanken wir Ausschmückungen der Tellgeschichte, die mindestens ebenso erbaulich sind wie die älteren Episoden: Aus hehrer republikanischer Gesinnung lehnt Wilhelm Tell die Krönung zum König der Schweizer ab, die ihm seine Landsleute nach vollbrachter Heldentat anbieten; und er stirbt so heldenmütig, wie er gelebt, nämlich als Lebensretter eines Kindes, das er bei einem Hochwasser dem tosenden Wildbach des Schächentals entreißt. Dieses sein tragisches Ende soll im Jahr 1343 stattgefunden, der illustre Lebensretter also ein ehrwürdiges Greisenalter erreicht haben (eine Urner Chronik vermerkt für das Jahr 1343 tatsächlich ein Hochwasser).

Natürlich boten die Krisen, von denen die Eidgenossenschaft des Ancien Régime geschüttelt wurde, dem Volksmythos Gelegenheit, seine Kraft zu beweisen. Es kann nicht überraschen, wenn die Bauern des luzernischen Entlebuchs und des bernischen Emmentals 1653 den Urner Hirten und Freiheitshelden zum Anführer ihres Aufstandes erwählten, der bald auf sämtliche Landgebiete der nordwestlichen Schweiz übergriff:

Ach Tell, ich wollt dich fragen:
Wach auf von deinem Schlaf!
die Landvögt wend [wollen] alls haben,
Ross, Rinder, Kälber, Schaf.

Es war umsonst. Der große schweizerische Bauernkrieg wurde blutig niedergeschlagen. In den beiden »Villmergerkriegen«, den Bürgerkriegen von 1656 und 1712, bei denen sich Katholiken und Protestanten gegenüberstanden, hielten beide Parteien das Banner unseres Helden hoch, der aber ansonsten in religiösen Dingen vollkommen neutral blieb. Er wurde nie von einer Konfession auf Kosten der anderen monopolisiert; wenn sein Erfolg in protestantischem (und städtischem) Milieu nachhaltiger war, so hatte das eher politische als religiöse Gründe.

Eine andere volkstümliche Verbreitungsform des Mythos war das Theater, dem die Tellgeschichte eine packende Vorlage lieferte. Seit dem erstmals um 1512 aufgeführten *Tellenspiel* von Altdorf erfuhr der Stoff immer neue Bearbeitungen. Diese szenische und folkloristische Tradition des Mythos lebt bis heute fort, unter anderem in den Sommerspielen von Altdorf und von Interlaken (Letzteres für Touristen). Die hochliterarische Version Schillers – vor ihm und nach ihm haben sich unzählige Autoren am Stoff versucht – verjüngte die Tradition und verlieh gleichzeitig ihrer Botschaft universale Geltung.

Auch im 18. Jahrhundert verliert der volkstümliche Tell nicht seine Anziehungskraft. Er wird jetzt auch in einer Unzahl von bildlichen Darstellungen gemalt, graviert, gestochen, geschnitzt und gemeißelt. Doch das Tellbild nimmt eine andere Färbung an. Als Mythos, der die Eidgenossenschaft legitimieren soll, hat es spätestens seit dem Jahr 1648 ausgedient: Niemand ficht mehr die Unabhängigkeit der Schweiz an oder erhebt Anspruch auf ihr Territorium. Auch die einheitsstiftende Qualität des Mythos hat sich gewandelt: Er braucht nicht mehr den Bund zu stärken, der inzwischen gefestigt ist. Vielmehr soll er jetzt dessen Bürger mental vereinigen: Tell wird zum Förderer des Nationalbewusstseins und der nationalen Identität der Eidgenossen; von beidem sind erst Ansätze zu erkennen. Diese neue Aufgabe wird er, wenngleich mit einigen kleinen Mängeln und Misstönen, ununterbrochen ausüben, das ganze 19. Jahrhundert hindurch und bis zum Zweiten Weltkrieg, ja noch darüber hinaus. Das Nationalbewusstsein der Schweizer ist noch relativ jung, wenig gefestigt und gegen Verirrungen nicht gefeit.

Unter dem offensichtlichen Einfluss der gelehrten Tradition wird also der volkstümliche, doch patriotische Tell ab etwa 1750 zum Erzieher und Moralisten. Als solcher soll er vor allem die Jugend ansprechen. Aus der ganzen Schweiz pilgern die (wohlhabenden) Väter mit ihren Sprösslingen in frommem Bürgersinn zur Rütliwiese und knien in der Tellskapelle nieder, die sich auf der Tellsplatte am gegenüberliegenden Ufer des Sees erhebt; zumindest werden sie zu solchem Tun ausdrücklich ermuntert. Tell führt auch die kostümierten Umzüge an, die von den Schützengesellschaften zusammen mit ihrem Jungvolk veranstaltet werden – Schützenfeste sind in den Schweizer Dörfern der beliebteste Anlass zu Geselligkeit und Begegnung, und der Armbrustschütze ist ganz selbstverständlich ihr Schutzpatron. Der Umzug von Arth im Jahre 1784 wird zum patriotischen Fest nationalen Ausmaßes; in seiner politisch-erzieherischen Zielsetzung nimmt er die großen patriotischen Volksfeste der kommenden Jahrhunderte vorweg, als da sind: Unspunnenfeste von 1805 und 1808, Winzerfest in Vevey im fünfundzwanzigjährigen Turnus, schließlich die Landesausstellungen.

... und zur Erbauung der Oberschicht

Im Vergleich zur inbrünstigen Verehrung des Volkes nimmt sich die Tell-Tradition in der gebildeten Oberschicht vor der Französischen Revolution recht verhalten und zwiespältig aus. Hier zeigt sich die Besonderheit des Mythos von unserem Helden: Volkstümliche Ausformung und intellektuelle Rezeption sind füreinander unempfänglich, und dies umso mehr, als jede

Seite der anderen ihre Sicht aufdrängen will. Ohne Missverständnisse kann die Botschaft nur noch durchdringen, wenn schwerste Gefahr droht - und nicht einmal dann ganz -, vor allem zwischen 1933 und 1945, um sich danach gleich wieder zu verflüchtigen.

Von den Schweizer Historikern des Humanismus und des Barocks hat einzig Tschudi sich die Mühe gemacht, das ganze Wissen seiner Zeit über die Anfänge der Eidgenossenschaft gründlich zu sichten und es, gestützt auf eine originelle und kohärente Interpretation, in der uns bekannten Darstellung zusammenzufassen. Seine Interpretation widerstand lange Zeit aller Kritik, lange genug, um noch im ausgehenden 18. Jahrhundert Johannes von Müller und kurze Zeit später Schiller zu inspirieren. Der Historiker und der Dichter wurden nun zu Multiplikatoren von Tschudis Darstellung, so dass diese indirekt bis auf den heutigen Tag weiterwirkt. Die »Standardversion« der Tellgeschichte, wie sie heute noch erzählt wird und mehr als nur Kinder und Touristen zu begeistern vermag, entspricht ziemlich genau der vierhundert Jahre alten Version des Glarner Gelehrten. Die anderen Autoren des 16. und 17. Jahrhunderts haben sich praktisch darauf beschränkt, die Etterlin-Chronik als einzige leicht zugängliche Quelle auszuschlachten. Selbst die *De republica Helvetiorum libri duo* des Gelehrten Josias Simmler (1576), mit ihren etwa dreißig Auflagen bis 1798 ein »Bestseller« der damaligen Zeit, bieten nicht mehr. So dass für die gebildete und aristokratische Oberschicht Wilhelm Tell zwar der Held der Freiheit und der Einigkeit bleibt, aber eben ein vierschrötiger Held - ein Bauer -, der bedauerlicherweise den Fehler des Tyrannenmords begangen hat.

Im 17. Jahrhundert spricht man über Tell sozusagen hinter vorgehaltener Hand. Wird man einmal expliziter, so verheddert man sich in einer unbeholfene Rhetorik, die nur Verlegenheit verrät: Der Held taugt nicht für die Ziele der herrschenden Aristokratien, er ist, wie der große Bauernkrieg von 1653 gezeigt hat, ein potentieller Aufrührer. In weiten Abständen bemüht man ihn als Symbol der Einheit, und zwar immer dann, wenn diese durch Konfessionskriege gefährdet ist. Oder man benützt ihn als Vorbild in konservativen Moralpredigten, die in schwülstigen Worten Altbekanntes geißeln: Verderbtheit, Selbstsucht, Hartherzigkeit, luxuriöses Leben, Anhänglichkeit an irdische Dinge, Gottlosigkeit, mit einem Wort: Verfall der traditionellen Tugend, als deren Ausbund unser Held gepriesen wird. Der Tyrannenmord stört mehr denn je; man verschweigt ihn, wann immer es geht.

Das Tellbild wird wieder lebendiger und erneuert sich um die Mitte des 18. Jahrhunderts. Es speist nun eine umfangreiche »nationale« Literatur im Dienste des »Helvetismus«, jener Ideologie, mit der sich die schweizerische »Nation« selbst zu finden hofft (wozu sie ein gutes Jahrhundert brauchen wird). Der Patriotismus der Aufklärung ist zunächst noch ein Gefühl: Begeisterung über die Schönheit der heimatlichen Natur. Er entspricht der neuen Sensibilität für Landschaften, insbesondere für die Bergwelt, deren reine Luft nicht nur ein Quell körperlicher Gesundheit, sondern auch von Freiheitsliebe und natürlicher Güte ist. Vom Landleben und vom »Volk von Hirten« erhalten die Städter und die Gebildeten jenes idyllische Bild, das nun auf unzähligen Stichen reproduziert wird und seinen literarischen Ausdruck in Rousseaus *Nouvelle Héloïse* (1761) findet. Ist Wilhelm Tell, dieser Hirte, Jäger und Patriot in einer Person, nicht der Inbegriff dieser neuen Zusammenschau von Natur und Vaterland, der ideale Führer auf dem Weg in die Berge und ihre Freiheit?

Diesen vorromantischen, aber auch vorrevolutionären Tell übernimmt und propagiert – nun schon mit einiger Breitenwirkung – die »Helvetische Gesellschaft«, in der sich die aufgeklärte, liberal gesinnte Intelligenz der Nation zusammenfindet. Ihre Reden und vor allem ihre Lieder (1767 gibt Lavater seine Sammlung Schweizerlieder heraus) fördern kräftig die Herausbildung eines nationalen Bewusstseins. Noch ist man nicht angefochten vom Gelehrtenstreit, der sich um 1760 an der historischen Echtheit Wilhelm Tells, des Dänen Toko und des umstrittenen Apfelschusses entzünden wird.

Wilhelm Tell als Radikaler
War unser Held nicht geradezu berufen, die revolutionäre Bewegung in der Schweiz anzuführen, nachdem ihn die vorhergehende Generation für diese Rolle vorbereitet hatte? Musste er, aus dem »Volk von Hirten« hervorgegangener Patriot und charismatisches Symbol der Freiheit, nicht gegen die Aristokraten aufstehen, die unter dem Ancien Régime in allen Kantonen das Sagen hatten? Als Befreier hätte er doch den Berner Bären verjagen müssen, der seit 1536 mit seinen Vögten im Waadtland saß, so wie er einstmals geholfen hatte, die Vögte Österreichs zu verjagen. Und er hätte doch, wie ehedem, die Einheit und Unabhängigkeit der Eidgenossenschaft bewahren müssen.

Doch nichts von alledem geschah, oder fast nichts. Denn Wilhelm Tell wurde den Schweizer Demokraten von den Pariser Revolutionären sozusagen vor der Nase weggeschnappt. Und in Paris wurde er vom radikalsten Flügel beschlagnahmt: Die Jakobiner bejubelten gerade die Tat Tells, welche die Schweizer ungeachtet aller sonstigen Meinungsunterschiede stets in Verlegenheit gebracht hatte, nämlich den Tyrannenmord. Ich werde später noch auf den Gebrauch zu sprechen kommen, den die Französische Revolution von Tell machte. Hier sei nur festgehalten, dass dieser etwas eigenartige Gebrauch unseren helvetischen Patrioten den Boden unter den Füßen wegzog und dass ihnen der entstellte Held fremd wurde, so dass Tell erst 1798 wieder ins Land zurückkehrte, verstohlen und in Begleitung der französischen Armee, die nun tatsächlich den alten Aristokratien den Gnadenstoß versetzte und die Helvetische Republik errichtete. Seine Einreise mit ausländischen Papieren bescherte dem Heimkehrenden nicht eben den herzlichsten Empfang.

Das Rad der Geschichte dreht sich allerdings schnell in diesen bewegten Jahren. Mit der Mediationsakte, die 1803 die Eidgenossenschaft unter Bonapartes Schirmherrschaft reorganisiert, dann unter dem anschließenden Empire, gewinnt Tell seine einstige Popularität zurück und erobert zugleich die Sympathie der neuen politischen Führungsschicht. *Keine Ketten für die Kinder Tells,* befiehlt Napoleon. Das in Weimar am 17. März 1804 uraufgeführte, in der deutschen Schweiz schnell bekannt werdende und vom Genfer Pastor Merle d'Aubigné 1818 ins Französische übersetzte Schiller-Drama trägt zur Rehabilitierung des Helden bei. Doch das Dichtergenie erweist ihm auch einen schlechten Dienst. Schillers Tell setzt nämlich an die Stelle des angestammten Heldenbildes und des alten Mythos eine Neufassung der Legende, welche die Handlung mit neuen Farben ausschmückt und Personenbeziehungen hinzufügt, die nicht mehr ganz der altgewohnten Erzählung entsprechen – übrigens auch nicht dem *genius loci,* den Schiller gar nicht erst einzufangen versuchte, weil er nie in der Schweiz war. Der Held agiert nun auf einer Bühne, die unendlich weiter ist als der heimelige Raum der Waldstätte, und er erhält Weltformat. Zudem versieht Schiller – Freiheit des Dichters – das Stück mit dramaturgisch wirksamen Situationen und Dialogen eigener Erfindung. Der Erfolg des Stückes ist aber so überwältigend, dass es die ursprüngliche Erzählung schließlich verschüttet. Der Zuschauer oder Leser – und welcher Schweizer hätte in der Schule nicht den Tell gelesen – vergisst diese Erzählung und überträgt Personen und Empfindungen rein Schiller'scher Prägung auf die Tradition. Die endlose Polemik um Tells Authentizität, um Sinn und Wert seines Mythos wird, ohne dass man sich dessen bewusst ist, vom Schiller'schen Tell ausgehen und nicht von der älteren Tellgestalt. Was die Debatte zusätzlich verfälschen wird.

Noch schlimmer wirkt sich aus, dass Tell von gegnerischen Gruppen und Parteien beansprucht wird. Eine vollständige Aufzählung aller politischen Gebräuche, die man von ihm gemacht hat, würde ins Uferlose führen. Bis auf eine Ausnahme haben sich alle politischen Parteien und alle gesellschaftlichen Bewegungen auf Tell berufen. Herrschende genauso wie Beherrschte, Regierende wie Oppositionelle oder Dissidenten ... Die Ausnahme bildet, wie man sich denken kann, die konservativ-katholische Reaktion, die während der Restauration in einigen Kantonen wieder an die Macht kam. Pikanterweise handelt es sich bei diesen Kantonen neben Luzern, Fribourg, Solothurn und dem erst eben aufgenommenen Wallis ausgerechnet um die Waldstätte. In Uri lebt der volkstümliche Heldenkult gleichwohl fort, man pilgert zu den geheiligten Orten, man gibt regelmäßig das *Tellenspiel* und singt weiterhin das Muheim'sche Lied *Wilhelm bin ich der Telle;* aus politischen Reden wird Tell aber verbannt. In Luzern wird er regelrecht verdammt. An seine Stelle setzt man Helden, deren vergossenes Blut noch in frischer Erinnerung ist. Es sind die Soldaten der königlichen Schweizergarde, die am 10. August 1792 in den Pariser Tuilerien niedergemetzelt wurden. Sie werden mit einem Denkmal geehrt – dem berühmten »Löwendenkmal« von Thorwaldsen: ein monumentaler sterbender Löwe –, das am 10. August 1792 eingeweiht wird. Die Zeremonie verkündet den Triumph der Reaktion. Doch es gibt Andersdenkende: Ein Philosophieprofessor entflieht an diesem Tag der Stadt und pilgert mit seinen Schülern zur Hohlen Gasse bei Küssnacht, zum Ort des Tyrannenmords. Dieser Ignaz Troxler wird sogar bald darauf schreiben, die Schweiz müsse von Grund auf revolutioniert werden, sonst würde sie zur Zwing-Uri ganz Europas. Die Eidgenossenschaft bleibt also gespalten. In Armut lebend, von der sonst überall einsetzenden Industrialisierung ausgespart und an den Prinzipien des Ancien Régime festhaltend, widersetzen sich die katholischen Kantone der liberalen Strömung, die in den anderen Kantonen die Oberhand gewinnt. Sie schließen sich zu einer Gegen-Eidgenossenschaft, zum »Sonderbund« zusammen. Sie bemühen sich um Unterstützung bei der europäischen Macht, die ihnen ideologisch am nächsten steht, und das ist Österreich. In dieser Allianz mit dem habsburgischen Kaiserreich kann mit Tell, mit der Erhebung gegen die österreichischen Vögte, dem Rütlischwur und dem Burgensturm natürlich nichts anfangen; man zieht es vor, diese Ereignisse aus einem Geschichtsbild, das ohnehin nicht sehr klar und schon gar nicht überzeugend ist, zu streichen. In diesem Geiste und auf Weisung der Luzerner Regierung hin bietet Joseph Eutych Kopp sein gewaltiges Gelehrtenwissen auf, um den alten Plunder ins Reich der Legende zu verweisen. Der Sonderbund kapituliert gleichwohl 1847 nach einem kurzen Bürgerkrieg.

Bei den Historikern und den Intellektuellen hat Kopp für bleibende Verwirrung gesorgt. Doch von den Politikern aller gegnerischen Schattierungen wird er schlicht nicht wahrgenommen; auch den Volksglauben kann er keineswegs anfechten. Während der Luzerner Gelehrte 1835 in Luzern und Wien den ersten Band seiner Urkunden zur Geschichte der eidgenössischen Bünde herausgibt, gründen Arbeiter erst der französischen, dann auch der deutschen Schweiz einen Verein zur gegenseitigen Hilfe und zur Pflege des vaterländischen Ideals, den »Grütliverein« (1838); er wird zur Keimzelle der gewerkschaftlichen und sozialistischen Bewegung in der Schweiz. Auch die Studenten des »Schweizerischen Zofingervereins«, der an allen Universitäten und protestantischen Akademien über Sektionen verfügt und lange Zeit die Schule des schweizerischen Liberalismus ist, erheben das Gedächtnis an die heldenhafte Befreiungstradition zur Bürgerpflicht und zum politischen Programm.

Mit der Bundesverfassung von 1848, die endlich den eidgenössischen Bundesstaat schafft, gelangen Wilhelm Tell und seine angeblichen Mitstreiter von 1291 buchstäblich an die Macht. Denis de Rougemont bemerkte einmal schalkhaft, mit dem Bund von 1291 habe Tell zwar nichts zu tun gehabt, sein Anteil am Zustandekommen des eidgenössischen Bundesstaates von 1848 sei dafür umso eindeutiger gewesen ... Von nun an fehlt er in keiner Ansprache von Politikern und Armeeoffizieren. Genau das lässt aber die Vorbehalte in Kreisen wachsen, die dem Staat und seinen Institutionen kritisch gegenüberstehen. Dazu zählen konservativ-föderalistische, den Einheitsmythos ablehnende Gruppen der Rechten ebenso wie die Linksintellektuellen, die, wenn sie Tell den Prozess machen, in Wirklichkeit die herrschende Macht, den konformistischen Patriotismus, die bewaffnete Neutralität und anderes mehr meinen. Das alles hat aber die politischen Parteien nie daran gehindert, sich Tell und Konsorten gegenseitig an den Kopf zu werfen, wann immer sich die Gelegenheit bot. Und zwar bis hin zu den Kommunisten der ersten Stunde, die einen fruchtbaren Boden zu finden wussten bei den Arbeitern und beim einfachen Volk, wo man dem Tellbild der Kindheit treu anhing und von der Bilderstürmerei der aus bürgerlichem Milieu stammenden Intellektuellen wenig hielt. Einer der ersten schweizerischen Kommunistenführer und Gefährte Lenins, Robert Grimm, ließ aus Tells Munde verlauten: *Ich mache meinen hochwohllöblichen Eidgenossen bekannt, dass ich ab 1. August (1922) Bolschewik geworden bin!*

Wenn sich die Gelehrten streiten

Der Historikerdisput um Tell, um die Authentizität der ihm von der Tradition zugeschriebenen Taten und um die Quellen dieser Tradition mochte noch so ausgiebig und lautstark ausgetragen werden, den Volksglauben focht er nicht an, er mäßigte auch nicht die parteiübergreifende Rhetorik der Politiker. Das gilt für das ganze 19. Jahrhundert und mit nur geringen Einschränkungen bis heute. Der Gelehrtenstreit hat uns schon im ersten Teil dieses Buches beschäftigt, als wir der literarischen Entstehungsgeschichte des Mythos nachgingen. Ich komme hier darauf zurück, um den im Übrigen ziemlich geringen Einfluss aufzuzeigen, den der Disput auf die Entwicklung des Mythos genommen hat. Und um daran zu erinnern, dass die vom Freund-Feind-Denken geprägten Stellungnahmen für oder gegen die Historizität Tells selten rein fachlich begründet waren. Trotz aller Gelehrsamkeit, trotz der so abgeklärt wirkenden Atmosphäre ihrer Studierstuben waren die Gelehrten keineswegs gefeit gegen die Strömungen ihrer Zeit, auch nicht gegen ideologische, politische und kulturelle Vorurteile, die nach einem bestimmten Engagement verlangten. Je nach Generationszugehörigkeit ließen sie sich von manchmal widersprüchlichen Erwägungen leiten.

Die ersten Zweifel kamen im 18. Jahrhundert auf, zunächst in den Kreisen des von Voltaire inspirierten skeptisch-kritischen Rationalismus. Hatte der Verfasser des *Versuchs über die Sitten und den Geist der Nationen* (1756) nicht schon selbst die Geschichte von Wilhelm Tell angezweifelt? An Unglauben war man bei Voltaire ja gewöhnt, aber seine despektierliche Bemerkung hatte in der Schweiz gleichwohl einige Salondebatten ausgelöst; sie führten schon bald zur öffentlichen Absage an das »dänische Mährgen« (1760) durch den Pastor Freudenberger, den Patrizier von Haller und einen kleinen Berner Zirkel von Aufklärern und Lästermäulern. Das Entsetzen, das die vaterländisch gesinnten Gemüter ergriff, wurde noch im selben Jahr gemildert durch eine *Vertheidigung des Wilhelm Tell*, mit der sich der Luzerner Josef Anton Felix Balthasar im Alter von dreiundzwanzig Jahren seine Historikerkarriere sicherte. Es erging ihm besser als seinen Gegnern, die Urner Regierung verlieh ihm sogar eine Goldmedaille. Die Angelegenheit war damit einstweilen erledigt. Wilhelm Tell wurde bald danach von Voltaires Schülern selbst in Anspruch genommen und durch Johannes von Müller auch in den Augen der Historiker rehabilitiert.

Als im 19. Jahrhundert der Disput wieder von denselben Argumenten ausging, waren die Rollen vertauscht. Nun ritt die konservative Regierung Luzerns mit Joseph Eutych Kopp an der Spitze die Attacke gegen den Helden, während die liberalen und radikal-demokratischen Historiker ihm zu Hilfe eilten. Allerdings nicht ganz frei von Gewissenskonflikten, denn in der Zwischenzeit hatte die Geschichtswissenschaft Fortschritte gemacht und die Lehren der kritischen Vernunft beherzigt; sie näherte sich einem Historismus, der rigoros alles verwarf, was nicht durch authentische und zuverlässige Urkunden materiell beglaubigt war. Kopp war zwar voreingenommen durch seine Sympathien für die Österreicher, weswegen er die Habsburger in ein besseres Licht rücken wollte, doch seine Methodenstrenge entsprach durchaus den Kriterien dieser hyperkritischen Wissenschaft. Aus deren Sicht war seine Demonstration hieb- und stichfest: Für eine reale Existenz Tells gibt es keinerlei Belege, weder Urkunden noch irgendwelche Hinweise. Die Kette von Ereignissen, die man seit Tschudi im Jahr 1307 ansiedelte, zerbröckelte den Forschern zwischen den Fingern; nichts stand mehr fest. Der Fund des schnell berühmt werdenden *Weißen Buches von Sarnen* im Jahre 1856 heizte die Debatte neu an, doch er brachte keinerlei Klarheit ... Einige Historiker hielten weiterhin an ihrem Glauben fest, freilich mehr aus vaterländischer Gesinnung denn aus wissenschaftlicher Überzeugung. Doch die angesehensten Vertreter des Fachs verkündeten das Verdikt der Archive: Da keine vertrauenswürdige, zeitgenössische oder den Ereignissen nahe Quelle die sehr späten und naiven Erzählungen erhärtet und da einige von diesen – der Apfelschuss – ganz offensichtlich Anleihen aus fremder Erzähltradition sind, ist an diesen »Märchen« oder Legenden nichts brauchbar. Mit dem Bade, das tatsächlich trübe war, schüttete man das Kind aus; und man tat es entschlossen, selbst wenn es schmerzte. Bloß war das Opfer umsonst, denn es wurde weder von den Politikern noch von den so einflussreichen Schulmeistern wahrgenommen und deshalb auch vom Volk nicht gewürdigt. Dieses las keine gelehrten historischen Abhandlungen, sondern hielt sich an Geschichten, wie sie der populäre Jeremias Gotthelf erzählte, zum Beispiel *Der Knabe des Tell. Eine Geschichte für die Jugend* (1846): *Im Hause muss beginnen, was leuchten soll im Vaterland.*

Einige wenige Historiker mochten Kopp nicht bis zum bitteren Ende einer zu polemischen Vorgehensweise folgen. Sie standen der hyperkritischen Methode etwas skeptisch gegenüber, weil Intuition und Gespür bei ihr entschieden zu kurz kamen. In seiner an der Universität Groningen im Jahre 1824 eingereichten Doktorarbeit *Guillaume Tell et la révolution de 1307* (»Wilhelm Tell und die Revolution von 1307«) hatte sich Jean-Joseph Hisely noch ohne jedes Wenn und Aber für die traditionelle Version ausgesprochen und an der von Tschudi erarbeiteten Chronologie festgehalten. In Lausanne Professor geworden, griff er das Thema im Lichte von Kopps Arbeiten, die ihn faszinierten und zugleich herausforderten, noch einmal auf. Er verwarf den doktrinären Aspekt; aus einer Fragestellung heraus, die seiner Zeit entgegenlief, ihr aber weit voraus war, forschte er jenseits der Fakten nach dem »Zeitgeist« und bahnte damit das an, was wir heute als Mentalitätsgeschichte betreiben. Seine *Recherches critiques sur l'histoire de Guillaume Tell* (»Kritische Untersuchungen zur Tellgeschichte«, 1843) schlugen einen neuen Rahmen vor, in den sich der Held und die Erhebung der Waldstätte einfügen ließen, allerdings ohne Ausschmückungen wie den Apfelschuss. Zur gleichen Zeit hielt der junge Jacob Burckhardt in Basel eine Vorlesung zum Thema. Dieser Schweizer Historiker, der, was Sensibilität und Vorstellungsvermögen betrifft, allenfalls in Jules Michelet seinesgleichen fand, folgerte schlicht und im selben Sinn: *Tell hat existiert, und mit diesem Namen. Er hat durch irgendeine mutige Handlung teilgenommen an der Befreiung und die allgemeine Bewunderung auf sich gezogen ... Der Apfelschuss aber ist gewiss Legende.*

Hisely fand kaum Leser, und Jacob Burckhardts Vorlesung verstaubte zwischen Aktendeckeln. Nuanciertes, maßvolles Urteil war nicht gefragt.

Der Disput wurde fortgesetzt, das ganze 19. Jahrhundert lang und bis ins 20. Jahrhundert hinein. Glanzlos, unoriginell. Unserem Helden blieb nichts erspart. Wie alle großen Heldengestalten der Geschichte wurde auch er zum Sonnenmythos erhoben. Neuerdings wurde er, einer neuen Mode entsprechend, auch mit der alten keltischen Kultur in Verbindung gebracht, und zwar mit der Muttergöttin Tailtiu, einer *tell*urischen und nationalen Gottheit Irlands.

In der Zeit zwischen den beiden Weltkriegen, als im Süden der Faschismus und im Norden der Nationalsozialismus aufstiegen, erhielt der Tellmythos plötzlich einen ernsteren Sinn, und man brachte der Heldengestalt ein neues Interesse entgegen. Verkörperte sie doch aufs Neue und in einer Situation, die der damaligen bedrohlich gleichkam, den verteidigungsbereiten Unabhängigkeitswillen. Aber konnte Tell überhaupt noch die Schweizer hinter sich scharen, nachdem seine historische Wirklichkeit nicht mehr zweifelsfrei feststand? Denn die bei den Historikern schon fast ein Jahrhundert währende Skepsis hatte inzwischen auch auf einen Teil der Schweizer Intellektuellen übergegriffen. Auf die Indifferenz seiner Kollegen und eine gewisse Anti-Tell-Arroganz deutscher und österreichischer Historiker reagierte nun leidenschaftlich, allzu leidenschaftlich, der wortgewaltige Karl Meyer. Seine minutiösen Nachforschungen und überraschenden Schlüsse belebten die Diskussion neu und führten über Kopps Negation hinaus, bei der man stehengeblieben war. Sie führten im Gelehrtenstreit wieder den Zweifel ein. Sie bestärkten den Volksglauben. Zunächst mit einer frühen Arbeit über die *Urschweizer Befreiungstradition* (1927), dann, mitten im Krieg, mit einem Buch zur Sechshundertfünfzigjahrfeier des Bundesbriefes von 1291. Karl Meyers Botschaft wurde in der Schweiz umso bereitwilliger aufgenommen, als sie in Deutschland auf Ablehnung stieß; dort wetterte der offizielle Mediävist Theodor Mayer (so viele ähnliche Namen!) gegen das Werk, das *mit Wissenschaft überhaupt nichts zu tun* habe. 1944 konnte sich das Dritte Reich noch überheblich geben ...

Wir haben gesehen, wie, bei geglätteten Wogen und mit anderen Argumenten, Bruno Meyer in den indifferenteren Nachkriegsjahren Karl Meyers Werk fortsetzte und seinerseits als Wiederhersteller Tells auftrat. Doch trotz der Achtung, die dieser stille Gelehrte genießt, fand die von ihm vorgeschlagene Lektüre des *Weißen Buches von Sarnen* nur wenig Nachhall. Was die neueren Historiker betrifft, so verschanzen sie sich hinter einem Wall von vorsichtigen Fragezeichen oder streichen ganz einfach die Frage aus ihrem Themenkatalog: Sie scheint sie nicht mehr zu interessieren. Die 1982 gleichzeitig in allen drei Landessprachen erschienene *Geschichte der Schweiz – und der Schweizer,* ein meisterliches Gemeinschaftswerk (an dessen Zustandekommen auch ich nicht ganz unschuldig bin) widmet Tell nur wenige Sätze – beginnend mit: *In der Tat glauben wir nicht, dass ...* Ein um die gleiche Zeit eingeführtes Schulbuch verweist ihn sang- und klanglos ins Reich der reinen Legenden. Mutet es nicht paradox an, wenn junge Wissenschaftler, die eine »neue«, auch die Mentalitäten einbeziehende Geschichte betreiben wollen, den hyperkritischen Positivismus des 19. Jahrhunderts reproduzieren? Interessant ist jedenfalls, dass die öffentliche Meinung auf diese Nichtbeachtung Tells mit bedauerndem Erstaunen und Befremden reagiert hat, wie sich in der schweizerischen und ausländischen Presse und in deren Leserzuschriften feststellen lässt.

Die gelegentlich vorsichtig positive, meist aber indifferente oder ablehnende Historikerzunft ist also beim Thema Tell für die öffentliche Meinung heute genauso wenig maßgeblich wie gestern. Seine glühendsten Anhänger hat Wilhelm Tell immer noch in der Bevölkerung, und so springen Amateure in die Bresche. Ein ehrenwerter Graphiker und Prokurist in einem Handelsunternehmen hat seine Freizeit dafür geopfert, Tells Existenz zu beweisen. Obwohl 1986 in Buchform erschienen, mit dem wahrhaft galileische Überzeugtheit demonstrierenden Titel *Und es gibt Tell doch!,* hat Arnold C. Schärers »Bombe« nicht eingeschlagen. Seine unzulässige Interpretation der Urkunden und bizarre Methodik berauben die »Entdeckungen« dieses Sonntagshistorikers jeglicher Glaubwürdigkeit. Schade, denn man kam aus dem Staunen nicht heraus: Wilhelm Tell war kein Urner, sondern ein Zürcher; er hieß auch nicht Tell, sondern Gorkeit. Von Beruf war er ... Sie haben es erraten: Armbrustmacher. In Uri hatte er dienstlich für das Fraumünster zu tun. Auch für das Happy End ist gesorgt: Tells beziehungsweise Gorkeits Sohn heiratet eine Enkelin Gesslers, des Vogts. Wer hätte es gedacht ...

Vaterbild oder Antiheld?

Hier eine Soziologie oder gar eine Psychoanalyse des Tellmythos zu entwickeln, würde den Rahmen meiner Untersuchung übersteigen, übrigens auch meine fachliche Zuständigkeit. Andere, die qualifizierter sind als ich, haben es schon getan und werden es sicherlich wieder tun. Denn, so viel steht fest, am Thema Tell werden sich noch lange die Gemüter erhitzen. Doch meine »Biographie« wäre unvollständig, würde ich nicht die Rolle herausstellen, die der Mythos im Leben der Schweiz spielt, auf allen Ebenen, und heute genauso wie gestern. Dass Tells Bild das Fünffrankenstück ziert und dadurch Landsleute und Touristen täglich begleitet, dass eine stilisierte Armbrust die Waren *made in Switzerland* kennzeichnet, dass unzählige Firmensymbole, Wirtshausschilder, Fernsehsendungen und anderes mehr den Tellmythos – auf billige Weise – vermarkten, das alles ist eher Nebensache. Wesentlicher ist, dass Tell gewissermaßen eine zwar implizite, doch stets vorhandene Referenz ist, an die sich alle Schweizer ständig klammern und in der sie sich erkennen. Es mag sein, dass die »Söhne des Tell« dazu ermuntert werden durch die Popularität, die ihr Held außerhalb der Landesgrenzen genießt. Ist Tell zum Etikett geworden, das ihnen anhaftet – im positiven wie im negativen Sinn?

Solange die historische Echtheit des Helden nicht angezweifelt wurde, hatte der Mythos einen objektiven Charakter. Es war ein feststehender, gepflegter, funktionaler Mythos. Wilhelm Tell *war* der Verteidiger der Freiheit, der Garant der Unabhängigkeit, der Vermittler der Bünde zwischen den Kantonen, der das Volk zusammenführende Hirte, der Prediger vaterländischer Gefühle. Die Ehre des Landes. Und der berufene Verkünder der Werte, von denen die Schweizer mit Stolz sahen, dass auch andere Völker sie sich zu eigen machten.

Um die Mitte des 19. Jahrhunderts wandelt sich der Charakter des Mythos. Die aufgekommenen Zweifel und die Zurückstufung des Helden von der historischen zur legendären Gestalt beeinflussen deren moralische und literarische Verwertung, sie wird desakralisiert. Der volkstümlichen Verehrung kann dies, wie wir gesehen haben, nichts anhaben. Doch es ist die Zeit, in der sich, in der angespannten Situation nach dem Sonderbundskrieg, mit der Verfassung von 1848 der Bundesstaat durchsetzt.

Bei dieser neuen Eidgenossenschaft und ihren Gründervätern besteht nun das Bedürfnis nach Legitimation und Identität; man besinnt sich deshalb auf die Ursprünge der älteren Bünde. Tell wird, wie André Reszler meint, *zum Symbol einer uralten nationalen Identität ... Die nur gepunktete Linie zwischen den beiden Hälften der Schweizer Geschichte vor und nach der Schaffung des Bundesstaates wird zum festen Strich, sobald es um kollektive Vorstellungen und Zukunftspläne geht.* Ein solches Symbol wird Tell bleiben, allen Widerständen zum Trotz. *Niemand beruft sich auf 1848,* beklagt sich 1970 Peter Bichsel. *Man beruft sich nach wie vor auf den Geist von 1291. Wir halten uns nach wie vor an Tell. Er verpflichtet uns fast zu nichts, nur zur Unabhängigkeit.*

Der Mythos ist unausrottbar. Die Massenblätter können noch so oft seinen Tod verkünden, Tell erhebt sich jedes Mal augenblicklich aus der vorschnell verstreuten Asche: Land und Volk können sich nicht trennen vom Vaterbild samt allen seinen Attributen. Als ein Boulevardblatt in seiner Ausgabe zum 1. August (Nationalfeiertag) 1986 behauptete, Wilhelm Tell habe gar keine Armbrust besitzen können (was falsch ist), gab es wütende Leserbriefe, ein Leser wollte gar den fehlbaren Journalisten mit ebendieser Waffe erschossen sehen ... Vor mir liegt ein dickes Bündel von Zeitungsausschnitten, die ich in den letzten Jahren ganz unsystematisch, nur gerade bei der tägliche Zeitungslektüre gesammelt habe. Es dokumentiert ausgiebig, wie aufmerksam und leidenschaftlich die Schweizer mit ihrem Helden mitfühlen. Es ist eine emotionale Bindung, die kein Historikervorbehalt und kein Intellektuellengespött je zu erschüttern vermochten. Das Volksempfinden gibt damit dem altehrwürdigen Johannes von Müller recht, der unter dem Eindruck der ersten Zweifel an der historischen Echtheit Tells bemerkte: *Es wäre ungerecht ... aus der Geschichte der Menschheit einen teuren Namen auszustreichen, und den Nachkommen ein Beispiel zu nehmen. Aber untersuchen darf man, ob es ein Gespenst, ein Phantom oder ein Mann, ein Held war, den die Annalen rühmen.* Dem entspricht, was der Lausanner Historiker Louis Vulliemin ein Jahrhundert nach Müller (1875) schrieb: *Wenn eine Legende von einer Nation aufgenommen und Teil ihrer Existenz wird, dann besitzt sie mehr moralischen Wert und mehr Bedeutung als manche materiell gesicherte Tatsache.* Legende kontra Geschichte: Man könnte es nicht besser ausdrücken.

Es gibt keine Gesellschaft und keine lebende Nation, die nicht periodisch Selbstkritik üben würde. Selbst wenn diese Kritik negativ oder ungerecht ist, sie ist notwendig, denn Heuchelei und Selbsttäuschung müssen immer wieder angeprangert, Ziele und Ideale immer wieder neu formuliert werden. Da die Mythen der pointierteste Ausdruck des kritisierten Ideals sind, werden sie zu Hauptzielen. Wilhelm Tell bildet da keine Ausnahme, denn vor allem seit 1968 hat auch in der Schweiz ein neues Nachdenken darüber eingesetzt, wie die Bevölkerung die Gesellschaft und ihr Land wahrnimmt. Weil sich der Mythos selbst als unzerstörbar erweist, sucht sich die Selbstkritik den Weg ins nationale Bewusstsein zu bahnen, indem sie ihn nicht verneint, sondern umdreht. Tell ist schon zeitig als Antiheld auf die Bühne gebracht worden, als Reaktion zum konformistischen, durch Schiller vermittelten Bild. Zum Beispiel als *Guillaume le Fou* (»Wilhelm der Verrückte«) im Stück des Waadtländer Dramaturgen Fernand Chavannes, das 1916 von Jacques Copeau inszeniert wurde. Die Schiller-Inszenierung von Werner Düggelin und Herbert Meier in Zürich (Spielzeit 1977/78), die den Helden zum völlig unpolitisch denkenden Bauern degradierte, oder Gerold Späths Stück *Notre Guillaume Tell* (»Unser Wilhelm Tell«, im April 1985 in Genf uraufgeführt) zielten in neuerer Zeit in ähnliche Richtung. Die überzeugendste und damit subversivste Version des umgedrehten Mythos ist allemal Max Frischs *Wilhelm Tell für die Schule* (1971).

18
Wilhelm Tell als Weltbürger

Der Held geht auf Reisen
Tell und seine Gefährten von 1291 wären wohl nicht wenig erstaunt gewesen über die phantastische Reise rund um die Welt, die ihre Geschichte angetreten und noch längst nicht beendet hat. Und sie würden sich nicht mehr auskennen an all den Stationen, an denen bald Phantasie, bald politische Leidenschaften sie zum Bleiben zwangen. Wilhelm Tells Anverwandlung in allen Weltgegenden und die Kostümierungen, die er sich dabei gefallen lassen musste, sind eines der kuriosesten Kapitel seiner Geschichte. Was ich nun abschließend als manchmal erheiternde, öfter aber den Sinn pervertierende Tell-Metamorphosen vorstelle, kann nur eine Auswahl sein.

Ihren Gang in die Welt trat die Tellgeschichte vermutlich schon bald an, nachdem sie in der Schweiz durch Chroniken, Balladen und Volkstheater Gemeingut geworden war. Zweifelsohne reiste sie zunächst im Gepäck der Reisläufer, jener Schweizer Söldner, die ab dem 16. Jahrhundert in Regimentsstärke auszogen, um im Dienst der europäischen Fürsten ihren Lebensunterhalt und für die Werbeoffiziere ein Vermögen zu verdienen. Während die Kantonsregierungen mit der Aushebung dieser Truppen ihre Staatssäckel füllten und die städtischen Aristokratien das Offizierkorps stellten, kamen die einfachen Soldaten fast durchweg vom Land, oft aus den Bergtälern. Sie verbreiteten auf ihren Zügen von ihrer Heimat ein vereinfachtes, zusammenhangloses, doch farbenbuntes Bild. Und sie waren stolz, ihren Wilhelm Tell dabeizuhaben.

Außerhalb der Schweiz wurden Tells Taten zum ersten Mal von André Thévet, einem französischen Kosmographen, erzählt, der am Hof der Katharina von Medici verkehrte. Er erfuhr um 1570 von unserem Helden, vielleicht durch Pantaleons *Heldenbuch,* wahrscheinlicher aber aus Gesprächen mit Schweizer Offizieren, die in königlichen Diensten standen. Einer von ihnen, Wilhelm Tugginer, der es zum Kammerherrn Karls IX. gebracht hatte, beschaffte ihm sogar ein *echtes und getreues* Konterfei Tells, das wahrscheinlich im 16. Jahrhundert in Altdorf gemalt wurde (es hängt heute im Tell-Museum in Bürglen). Nach der Vorlage dieses Bildes illustrierte ein Kupferstecher den ziemlich bizarren Text von André Thévet über Tell in *Vrais portraits et vies des hommes illustres, grecs, latins et payens ...* (»Wahrhaftige Porträts und Lebensgeschichten berühmter griechischer, lateinischer und heidnischer Männer«; 1584). Dieser Stich wiederum diente als Vorlage für eine lange, bis zur Französischen Revolution reichende Reihe von Abbildungen.

Doch weder im 16. noch im 17. Jahrhundert interessieren sich die Gebildeten Europas näher für die Ursprünge der Eidgenossenschaft und ihre Helden: Diese Freiheitsgeschichte mit ihrem Tyrannenmord passt nicht zur herrschenden Ideologie. Erst im 18. Jahrhundert wird man allmählich auf sie aufmerksam. Die republikanischen Verhältnisse in der Schweiz erregen teils Misstrauen, teils Begeisterung, und Wilhelm Tell wird zum exemplarischen Fall der politischen Philosophie, zum Rechtfertigungsargument für persönliche Freiheit. Da das Theater bevorzugtes Sprachrohr der neuen Ideen ist, wird die Gestalt bald auch auf die Bühne gebracht, zuerst von Antoine-

Marin Lemierre; dessen 1766 am Théâtre Français aufgeführte Tragödie *Guillaume Tell* ist erfolgreich und macht, trotz der zensurbedingten Zurückhaltung des Stücks, den »Befreier« der Schweizer mit einem Schlage populär. Lemierre verarbeitet übrigens die traditionelle Befreiungserzählung recht frei, was auch Schiller und viele Dramatiker nach ihm tun werden. Wilhelm Tell wird also in der Zeit um 1760–1770 in Frankreich heimisch. Bald darauf holt ihn die amerikanische Unabhängigkeitserklärung von 1776 nach Übersee. In den Vereinigten Staaten ist er schon 1784 zu Hause, und er wird es hier bleiben, da er in der Erinnerung der Menschen mit Washington, dem eigenen Freiheitshelden, verbunden ist. Außer in der Schweiz selbst wird Tell fortan nirgendwo in der Welt so populär sein wie in Amerika, und zwar bis auf den heutigen Tag. *The best known story in the World,* verkündete kaum übertreibend die Werbung für einen 1924 produzierten Tell-Film. Viele Amerikaner mögen die Schweiz mit Schweden, Zürich mit Zermatt verwechseln und auch sonst von Tells Heimat nur eine sehr vage und krause Vorstellung haben, die Geschichte von Tell jedoch kennt jeder von Kindsbeinen an, und alle Herzen schlagen höher, wenn Wilhelm Tell die Züge eines Errol Flynn oder Burt Lancaster annimmt ...

Tell als Jakobiner

1789 schlägt Wilhelm Tells große Stunde. In der Spielsaison vor und nach dem Sturm auf die Bastille steht das Stück von Lemierre wieder auf dem Programm, sowohl in Paris als auch in der Provinz. Im Jahre 1791 komponiert André Modeste Grétry nach einem Libretto von Sedaine die erste Tell-Oper: Sie ist eher eine Idylle als ein Heldenstück, wenig dem Zeitgeschmack gemäß und im Übrigen von mittelmäßiger Qualität; die Musikologen ließen sie denn auch schnell in Vergessenheit geraten. Noch häufiger als auf der Bühne ist Tell jetzt in den revolutionären Clubs zugegen. Er belebt die politische Diskussion, den Widerstandswillen gegen den Despotismus, aber auch die französisch-schweizerische Freundschaft. Der Schwur im *Jeu de paume* (Ballhaus) von Versailles, mit dem die Vertreter des dritten Standes gelobten, nicht auseinanderzugehen, bis Frankreich eine Verfassung habe, wird mit dem Rütlischwur verglichen. Ein Vorfall im Regiment von Châteauvieux wird dann zum Anlass, Wilhelm Tell zu radikalisieren: 1790 hatte es unter den in Nancy stationierten Schweizer Söldnern eine Meuterei gegeben, die drakonisch bestraft wurde. Ein Jahr später verhandelt nun die Nationalversammlung über die Amnestierung der zur Galeerenstrafe verurteilten Soldaten; unter dem Druck der Jakobiner werden die eben noch als *verirrte Schuldige* behandelten Männer zu *Helden* und *Märtyrern;* man bereitet ihnen einen triumphalen Empfang in Paris. Das Fest stellt Brutus (der durch ein Voltaire-Drama populär ist) und Wilhelm Tell Seite an Seite: Beide sind Tyrannenmörder, beide sind Helden der Freiheit und Gleichheit.

Der Tell-Kult der Jakobiner wird nun virulent und zur makabren Begleitmusik der Schreckensherrschaft. Im September 1792 erhält er Nahrung durch zwei Ereignisse, durch die sich sein Heldentum auf die Gegenwart anwenden lässt. Er ist ein Tyrannenmörder, also kann er die Hinrichtung Ludwigs XVI. rechtfertigen. Und er ist gegen die Österreicher aufgestanden, gegen dieselben Habsburger, die jetzt die Koalition gegen Frankreich anführen und die Armeen der Republik bekriegen. Können die herrschenden Jakobiner dem Volk eine bessere Kultfigur anbieten? Findet sich für ihre Brandreden eine bessere Referenz? Und gibt es für die Republik eine vornehmere Aufgabe, als die Schweiz wieder ihrem Befreier zuzuführen? *Die Schweiz ist ins Elend abgesunken und kann nicht mehr die Kraft aufbieten, die ihr die einstige Armut verlieh,* ruft Robespierre in einer Rede am 17. November 1793 aus. *Gesetzt, Tells Nachkommen erliegen den von ihren Vorahnen gedemütigten und besiegten Tyrannen. Wie könnten sie es noch wagen, die Tugenden ihrer Brüder und den geheiligten Namen der Freiheit anzu-*

rufen, wenn die französische Republik vor ihren Augen vernichtet worden wäre? ... Diesen Tell im Jakobinergewand trennen Welten von seiner historischen oder legendären Rolle. *Wilhelm Tell, der mit mörderischem Pfeil seinem Kind einen Apfel vom Kopf zu schießen genötigt wurde, ist das Abbild des Volkes, das die Waffen auf sich richtet!*, ruft Saint-Just aus, als den Hébertisten und den Dantonisten im März 1794 der Prozess gemacht wird. Emphase des Schreckens: Der Held wird zum Patron eines Pariser Bezirks (der Section du Mail); die Rue Saint-Georges und die Rue Neuve-Saint-Georges werden nach ihm umbenannt; auch in der Provinz nehmen drei Dörfer seinen Namen an, Eltern nennen ihre Kinder nach ihm. Noch kurz vor Robespierres Sturz erhält eine Tell-Büste im Saal der Jakobiner einen Ehrenplatz, neben denen von Brutus und Marat.

Ein solcher Tell-Kult konnte die Zeit des *Terreur* nicht überleben. Der Held war von ihr in ihre Exzesse hineingezogen worden; er wurde dadurch untragbar, selbst in der Schweiz, wo ihn sein Jakobinertum von der aktiven Teilnahme an der Revolution ausschloss, die auch hier ihren Lauf nahm, wenngleich ohne Gewalt. Die Intervention der französischen Armeen in der Schweiz im Jahre 1798, die je nach Kanton und politischem Standpunkt unterschiedlich beurteilt wurde, machte es noch schwieriger, den Namen des Helden im Munde zu führen. Doch der Mythos erwies sich als stärker als die Auswüchse, die in seinem Namen geschahen. Während Robespierres Freunde ihn lautstark pervertierten, schrieb eines ihrer Opfer, der Fabeldichter Claris de Florian, im Gefängnis einen Roman über Wilhelm Tell ...

Im Theater, in der Oper, im Kino

Eine literarische – hauptsächlich französischsprachige, durch die Revolution angeregte – Tell-Tradition gab es also schon, bevor Schiller sie 1804 auf klassisches Niveau hob und ihr die schrillsten Töne nahm. Das Schiller'sche Genie versah die Botschaft des Helden mit der ihr bislang noch fehlenden Universalität; er läuterte das Symbol und verlieh ihm menschliche Ausstrahlung. Auf sämtlichen Bühnen immer wieder gespielt, bis hin zu den Schul- und Dorfbühnen, schuf das Drama ein so nachhaltiges Tellbild, dass man sich lange Zeit nicht mehr davon lösen konnte. Es prägte die ganze Romantik. Auch wenn sie sich keineswegs auf die Schiller'sche Gestalt beziehen, so haben doch Dichter wie Hugo oder Lamartine den Tell Schillers vor Augen und nicht den historischen, den sie zu rühmen glauben. Und heute noch vermögen Inszenierungen nicht zu überzeugen, wenn sie dem Stück eine moderne Aussage zu unterlegen versuchen. Die Popularität des Schiller'schen Helden lässt nicht nach und lässt ihn sämtliche szenische Formen durchlaufen. So vertritt er 1988 die Schweiz bei den Internationalen Marionettenfestspielen in Japan – noch ein Land, in dem er glühende Verehrer hat.

Es wäre ein langwieriges Geschäft, nach den vielen Literaturhistorikern, die es getan haben, hier nochmals alle Tell-Dramen, Tell-Romane (seltener) und Tell-Gedichte aufzuzählen, die es inzwischen in allen Kultursprachen gibt, von England bis Argentinien und von Italien bis Japan. Alle Sparten der Literatur haben sich des Stoffs bemächtigt und dabei die verschiedensten Ziele verfolgt: politische, erzieherische, unterhaltende oder rein dichterische.

Sieht man von den Vertonungen für Schweizer Männerchöre ab, so fühlten sich die Musiker weniger vom Thema angezogen. Zwischen Grétrys verunglückter Oper von 1791 und dem in Mézières (Waadt) 1914 uraufgeführten volkstümlichen und patriotischen Musikschauspiel von Gustave Doret (Libretto von René Morax) gibt es nur eine Tell-Oper, doch von welcher Größe: Es ist *Guillaume Tell,* das letzte Bühnenwerk Gioacchino Rossinis, des bedeutendsten Opernkomponisten seiner Generation.

Das Werk wurde in französischer Sprache in Paris uraufgeführt, mit einem von Schiller inspirierten Libretto. Es war der 3. August 1829, auf dem Höhepunkt des von Karl x. aufgezwungenen reaktionären Regimes. Für Rossinis Stoffwahl waren im Grunde gar keine politischen Motive ausschlaggebend gewesen; er wollte lediglich sein Können und seine glänzenden musikalischen Verführungskünste auf eine gegebene Vorlage anwenden, die er so effektvoll wie möglich ausgestaltete. Immerhin gelang es ihm besser als Schiller, ein gewisses Lokalkolorit und eine der romantischen Sicht der Bergwelt gemäße Atmosphäre zu erzeugen. Er verwendete Motive aus dem schweizerischen Volksliedgut wie etwa den berühmten *ranz des vaches,* den Kuhreigen aus dem Greyerzerland, der in der grandiosen Ouvertüre anklingt. Das in seinen Dimensionen und in der Orchesterbehandlung Verdi und Wagner ankündigende Meisterwerk der romantischen Oper hatte sogleich einen triumphalen Erfolg, der ihm treu blieb.

Es ist durchaus möglich, dass die Rossini-Oper mehr zur Popularisierung Tells beigetragen hat als das Drama von Schiller, zumindest in den romanischen, angelsächsischen und slawischen Ländern. Denn in ganz Europa feierte sie dieselben Erfolge. Allerdings gab es Überraschungen. Sie erinnern uns daran, dass selbst im Gewande gefälliger Musik Wilhelm Tells Gestalt und Botschaft nicht völlig harmlos sind und eitel Wohlgefallen erwecken: In Wien ignorierte man lange Zeit das in allen anderen Hauptstädten bejubelte Werk. Dafür stürzte man sich in Budapest darauf, denn in Ungarn war Tell populär; Tell und die drei Eidgenossen zierten dort sogar Spielkarten. Im noch unter österreichischer Herrschaft stehenden Mailand ließ man die Handlung vorsichtshalber in Schottland spielen. Auch Rom sah Tell im Kilt, außerdem noch als biblischen Judas Makkabäus. Um das verbündete Österreich nicht zu verprellen, ließ man in Sankt Petersburg den Helden gar als Karl den Kühnen (!) auftreten. Und in London zog man es vor, mit Rossinis Musik Andreas Hofer zu ehren, den Tiroler Freiheitshelden, den Napoleon hatte erschießen lassen ... Und so weiter.

•

Bei der Ikonographie Wilhelm Tells überwiegt die Quantität der bildlichen Darstellungen deutlich über Qualität und Originalität. Im Unterschied zu den Schriftstellern oder zu Musikern wie Rossini hat Tell keinen einzigen weltberühmten Maler, Lithographen oder Bildhauer angeregt, dafür eine Vielzahl von kleinen Meistern. Da keiner etwas dabei findet, Anleihen bei einem Vorgänger zu machen, sind die Szenen immer wieder dieselben: der nicht gegrüßte Hut, natürlich der Apfelschuss, nicht viel weniger häufig auch der »Tellsprung« aus dem Nachen oder die Tötung Gesslers; später kommen Nebenmotive hinzu wie die zurückgewiesene Königskrone oder der Tod des greisen Helden im Wildwasser des Schächentals. Die skulpturalen Darstellungen stellen Tell fast ausnahmslos dar, wie er sein Kind, das den durchschossenen Apfel in der Hand hält, in die Arme schließt. Jedes dieser Werke widerspiegelt mit mehr oder weniger Spontaneität und Schwerfälligkeit den jeweiligen Zeitgeschmack und die Vorstellungswelt des Milieus, in dem der Künstler lebt. So ist Tell mal jung, mal alt, mal Bauer, mal Bürger, mal Aristokrat; und die Nebenfiguren sind Bergler, Soldaten oder Höflinge, die Hintergrundlandschaften mal dramatisch, mal friedlich.

Die älteste Darstellung ist zugleich eine der reizvollsten. Es ist der Holzschnitt, der die 1507 gedruckte Etterlin-Chronik illustriert. Bei aller Schlichtheit ist die Zeichnung liebevoll und realistisch. Sie bleibt lange maßgeblich für das Apfelschussmotiv. Dieses erscheint später im Zentrum von bilderbogenartigen Darstellungen, die vor einem einzigen detailreichen Hintergrund sämtliche Episoden der Tellgeschichte und der Befreiungserzählung wiedergeben. Im 16. Jahrhundert erscheinen auch Tellporträts wie jenes, das Tugginer an Thévet weitergibt; die Fresken von Ernen im Wallis entstehen; es gibt Tuschen, Glasbilder, Medaillons, Elfenbeinschnitzereien und vieles mehr. Einiges ist von nobler Machart wie beispielsweise die um 1580 entstandene Glasmalerei von Josias Murer dem Älteren. Im 18. Jahrhundert schwillt die Tell-Ikonographie an, sie wird komplexer, aber nur wenig differenzierter. Im 19. Jahrhundert sprengt sie jedes Maß, zumal in den Werken offizieller Künstler. Sie geht schlagartig zurück im 20. Jahrhundert, als sich die Malerei von der Historienmalerei verabschiedet. Mit seinem fast brutalen Tell – eher ein Moses, der vom Sinai herabsteigt – beschließt Ferdinand Hodler den Bilderreigen (um 1897); was immer sein Werk an Gefühlen erwecken mag, es ist das einzige, das die mythische Kraft des Themas ausstrahlt. Nach Hodler verschwindet Tell zwar nicht aus der bildlichen Darstellung, doch was dem Auge fortan geboten wird, ist nur noch Replik. Reproduziert wird vor allem die in Paris gegossene und am 28. August 1895 in Altdorf eingeweihte Monumentalbronze von Richard Kißling. In der volkstümlichen Bilderwelt hat sie alle anderen Darstellungen verdrängt.

Tell im Film

Vom Theater einerseits und vom unbewegten Bild andererseits ergibt sich von selbst der Übergang zum bewegten Bild, zur Kinematographie. Denn just zu der Zeit, als sich die darstellende Kunst von Wilhelm Tell abwendet, beginnt die noch junge Siebte Kunst sich für ihn zu interessieren. Sie wird ihm treu bleiben.

Es ist bekanntermaßen schwierig, sämtliche Verfilmungen eines Themas zu erfassen, da viele Filme verlorengegangen sind; noch schwieriger wird es, wenn man die im Entwurf- oder Projektstadium steckengebliebenen Produktionen berücksichtigen will. Mit diesem Vorbehalt komme ich auf gut fünfzehn Filme, die in der Schweiz produziert oder koproduziert wurden, und etwa gleich viele Produktionen im Ausland; nicht mitgezählt habe ich Fernsehserien, die von Wilhelm Tell oder den Anfängen der Eidgenossenschaft handeln. Eine ganze Reihe von Tell-Filmen sind allerdings lediglich Kinoversionen des Schillerschen Dramas, bisweilen garniert mit Landschaftsaufnahmen aus dem Gebiet des Vierwaldstätter Sees oder einer sonstigen Alpenregion. Andere entfernen sich aber vom verfilmten Theater, selbst wenn das Drehbuch von Schiller inspiriert ist. Der älteste Tell-Film scheint der des Dänen Viggo Larsen aus dem Jahre 1908 zu sein; ich weiß sonst nichts über ihn. Kurz hintereinander folgten dann 1912, 1913 und 1914 zwei schweizerische Produktionen und eine schweizerisch-deutsche; obwohl in deutschem Verleih, wurde Letztere im Ersten Weltkrieg in Deutschland verboten, rief sie doch implizit zum Aufstand auf. Das Sujet kam 1920 und 1921 erneut ins Kino, 1923 wieder in Deutschland, wo sich Mitarbeiter Max Reinhardts und die besten Darsteller der Zeit engagierten. Die Schweizer in Amerika gaben 1924 einen *William Tell – The Birth of Switzerland* in Auftrag, der wohl das helvetische Gegenstück zu *Birth of a Nation* des großen Griffith werden sollte, aber weit hinter diesem Meisterwerk zurückblieb. 1933–1934 entstand in deutsch-schweizerischer Koproduktion der erste Tonfilm *Wilhelm Tell,* doch er war braun getönt – Görings Freundin spielte Tells Ehefrau ... Hingegen brachte 1941 *Landammann Stauffacher* kraftvoll den schweizerischen Unabhängigkeitswillen zum Ausdruck; der beste Schweizer Regisseur der Zeit, Leopold Lindtberg, fing darin gekonnt die Atmosphäre der Angst ein, die damals in der eingekreisten Schweiz herrschte. Obwohl es andere, bessere gab, präsentierten die Schweizer Behörden mit für sie ungewohnter Dreistigkeit den Streifen auf dem Filmfestival von Venedig von 1942, was von den Deutschen auch prompt als Provokation empfunden wurde; die Italiener ließen dennoch die Vorführung außer Konkurrenz zu. Nach dem Krieg wurde lediglich 1960 ein Schweizer Film über den Helden gedreht; kurioserweise erhielt er Auszeichnungen in Moskau und Neu-Delhi. Eine (oder mehrere?) Produktion war für das Jubeljahr 1991 vorgesehen.

Außerhalb der Schweiz hält Amerika mit mehreren Trickfilmen und einigen abendfüllenden Streifen den Tell-Film-Rekord; 1950 spielte Burt Lancaster, 1953 Errol Flynn den Helden. In Italien hatte ihn schon 1948 Gino Cervi in einem abendfüllenden Fernsehfilm dargestellt. Das britische Fernsehen drehte eine Serie mit fünfzig Folgen. Doch den Rekord an Phantasie und finanziellem Aufwand hält das dritte französische Fernsehen, das zusammen mit einer amerikanischen und einer englischen Fernsehanstalt eine Serie mit zweiundsiebzig Folgen produzierte; die Dreharbeiten begannen 1986, die Ausstrahlung nicht lange vor Abschluss dieses Buches. Darf ich gestehen, dass ich mir nicht eine einzige Folge angesehen habe?

Tell – eine harmlose Figur?
Die vielen politischen Rollen, die Wilhelm Tell vom späten 15. bis ins späte 19. Jahrhundert spielen musste, machen offenbar, wie vieldeutig die Gestalt immer gewesen ist, wie vieldeutig die Botschaft, die man ihr in den Mund legte, wie vieldeutig auch der Mythos, den die Pfeile aus ihrer Armbrust durch die Geschichte und durch die Welt trugen. Aus dem Dunkel der Geschichte heraus übt dieser Kuhhirte und Gebirgsjäger, bei dem nicht einmal die Existenz gewiss ist, auf die Menschheit einen unerhörten Einfluss aus. Einen wohltätigen oder verderblichen? Je nachdem. Völlig harmlos ist er jedenfalls nicht.

Nicht nur politisch wurde Tell für die verschiedensten Ziele eingesetzt, sondern auch kommerziell. Dass sich unzählige Wirtshäuser, Cafés oder Einzelhandelsunternehmen Tell zum Firmenemblem gewählt haben, und das seit langem, mag noch als mehr oder minder passendes Kompliment an den symbolischen Helden der Freiheit durchgehen. Man ist auf diese Weise immer wieder bei Tell zu Gast, in der Schweiz, in Deutschland, in Frankreich und anderswo. Dass die drei Eidgenossen einer französischer Versandhauskette *(Les Trois Suisses)* ihren Namen liehen, mag auf einem ungewöhnlichen Zusammentreffen von Umständen beruhen. Und als Zeichen für Produkte schweizerischer Herstellung bot sich die stilisierte Armbrust wohl ganz natürlich an, es erwies sich auch als geschickte Wahl. Dass einige dieser Produkte – wie auch Erzeugnisse anderer Länder – mit dem Bild des Helden um das Vertrauen des Kunden werben, ist meist schon weniger einleuchtend; es kann aber noch den guten Sitten der Werbung entsprechen, wenn es diskret geschieht. Die Geschmacklosigkeit hingegen, die das Zeichen so weit profaniert, dass es nur noch reflexartig die gewöhnlichsten Verbraucherinstinkte ansprechen soll, zerstört die Würde des Mythos. Und die massive Verwendung des Tellmythos zu kommerziellen oder politischen Reklamezwecken, seine Vereinnahmung für geschäftliche oder sonstige Ziele sind schlichter Missbrauch des Vertrauens und der Person. Tell gehört nur sich, sein Mythos aber gehört allen. In *Tell im Alltag* haben Uli Windisch und Florence Cornu Bezeichnendes und Erheiterndes über Wilhelm Tell zusammengetragen.

Womit wir wieder auf der politischen Ebene wären, wo der Schatten Wilhelm Tells nie aufhören wird, die befremdlichsten, ja perversesten Formen anzunehmen.

Beispiel Zensur. Wir haben eben gesehen, was für seltsame Verfremdungen sich die Rossini-Oper gefallen lassen musste, obwohl sie doch nur unterhalten wollte. Da musste es dem engagierteren Schiller-Drama schon schlimmer ergehen. Am allerschlimmsten erging es ihm in seiner kulturellen Heimat, dem deutschen Sprachraum. Der Nationalsozialismus machte zunächst große Anstrengungen, sich mit dem Schiller-Stück ein Kleinod der deutschen Kultur dienstbar zu machen, indem er es entsprechend zurechtbog; dies sollte der 1934 in die Kinos gekommene Film leisten. Die Operation hatte so durchschlagenden Erfolg, dass Österreich in den stürmischen Jahren vor dem »Anschluss« die Aufführung des Schiller'schen *Tell* verbot, weil man nazifreundliche Demonstrationen befürchtete. Doch 1941 war die Situation genau umgekehrt: Deutschland hatte Gebiete besetzt, die ihm nicht gehörten; deren Bevölkerung hätte Tell als Symbol des Widerstands gegen Hitler verstehen können. In Deutschland selbst war der Held in Ungnade gefallen, und der Diktator strich Schiller aus den Lehrplänen der Schulen. Doch auch nach dem Zusammenbruch des Dritten Reichs erging es ihm nicht besser: In der sowjetischen

Zone widersetzte sich die Besatzungsmacht einer Aufführung des Dramas zur Hundertjahrfeier der Revolution von 1848 ...

Doch Tell stritt – und streitet – für noch andere, sehr ungleiche Ziele. Der »Sohn des Volkes und Soldat der Freiheit« kämpfte im Spanischen Bürgerkrieg, natürlich auf der Seite der Republikaner. Anderswo war er Pazifist oder Weltbürger. Und 1969 wurde er zum palästinensischen Terroristen: Ein Kommando »Wilhelm Tell« bekannte sich für die Fatah zum Attentat auf dem Flughafen von Zürich. Perversion der revolutionären Logik ...

Schlusswort, dem Dichter entlehnt

Wir sind am Ende unserer Wanderschaft durch sieben Jahrhunderte angelangt. Wir haben siebenhundert Jahre eines Lebens verfolgt, das noch lange währt, noch sehr lange.

Am Beginn steht, in meinen Augen gibt es da gar keinen Zweifel, ein leibhaftiger Wilhelm Tell. Ich weiß nicht näher, wer er war, und wir werden es nie wissen. Trug er überhaupt diesen Namen, den die Tradition später zum Heldennamen werden ließ? War er der Heckenschütze, der Einzelgänger, zu dem ihn die Legende gemacht hat? Oder war er mehrere Menschen? Jedenfalls hat er sich hervorgetan in seinem kleinen Volk. In einem Volk, das von der Geschichte lange übergangen worden war und das sich dieses Übergangensein zum Vorteil umgemünzt hatte, um sein Zusammenleben in Eigenregie zu gestalten und zu einem gewissen Wohlstand zu gelangen. Als im 13. Jahrhundert seine angestammte Unabhängigkeit und sein frischerworbener Wohlstand bedroht waren, konnten die Männer und Frauen dieses Volkes in ihrer Erniedrigung nur auf ein Signal hin reagieren. Alle erniedrigten Völker warten auf ein Signal, das aus ihrem tiefsten Inneren kommt.

Wilhelm Tell war dieses Signal, zunächst für die Menschen in Uri, dann für alle drei Waldstätten. Er war sich dessen wahrscheinlich nicht voll bewusst. Doch eines Tages, gedemütigt, im Zorn und ohne Vorbedacht, vollbrachte dieser wohl in Ansehen stehende Mann die Tat, die allgemein von ihm erwartet wurde und von der jedermann selbst geträumt hatte. Was für eine Tat es war, wissen wir nicht genau. Es kann tatsächlich die Weigerung gewesen sein, den Hut, das Zeichen der fremden Herrschaft, zu grüßen; vielleicht ist dies aber auch eine symbolische Rekonstruktion des kollektiven Imaginären. Es ist auch nicht weiter wichtig, genauso wenig wie die Dinge, die danach passierten, außer dass der Unbotmäßige sich der Bestrafung entzog und damit den Unterdrücker verhöhnte: Das war ein öffentlich gesetztes Zeichen der Verachtung. Es befreite das Bewusstsein des Volkes.

Wilhelm Tells Aufgabe war damit erfüllt. Andere, die politisch versierter waren und mehr Autorität in der Gemeinschaft besaßen, verstanden die aufrührerische Stimmung, die seine mutige Tat ausgelöst hatte, zu nutzen. Sie nutzten auch die zufällige Gunst der Stunde: das Vakuum, das durch den Tod König Rudolfs I. von Habsburg entstanden war.

Die Vorfälle, in deren Zentrum Wilhelm Tell stand, sind von seinen Zeitgenossen nicht schriftlich festgehalten worden, im Unterschied zu den Beschlüssen, die von den führenden Personen der Waldstätte im August 1291 gefasst wurden. Doch sie sind im kollektiven Gedächtnis haftengeblieben. Dieses hat sie überliefert, wobei es sie von Generation zu Generation immer vielfältiger verzerrte; es hat sie mit seiner Einbildungskraft und mit Anleihen aus fremden Erzähltraditionen ausgeschmückt. Es hat sie im 15. Jahrhundert weitergegeben, zum geeigneten Zeitpunkt, um durch eine Rückbesinnung auf die Geschehnisse die aus diesen hervorgegangene Eidgenossenschaft zu festigen und zu legitimieren.

Ab diesem Zeitpunkt wird die Erinnerung eines Volkes zum Mythos, der auch andere Völker mitreißt: all jene – nur allzu zahlreichen – Völker, die unterdrückt wurden oder noch werden oder Unterdrückung zu befürchten haben. Der historisch nicht eruierbare Held einer mutigen Tat, eines kurzen Augenblicks im Leben einer kleinen Nation, wird weltweit zum Verkünder des Rechts auf Freiheit. Als solcher verdient er Achtung und Beachtung.

Eine andere weltweit gehörte Botschaft erinnert an ihn: Es ist die des Argentiniers Jorge Luis Borges, des Sängers aller Menschheitserinnerungen. Das Gedicht *Los conjurados*, »Die Verschworenen«, ist an seinem Lebensabend entstanden. Er nennt Wilhelm Tell nicht namentlich, doch er ehrt ihn, indem er seine Landsleute ehrt. Borges ist hier mit Worten der Prophet, der Wilhelm Tell mit zwei Pfeilen aus seiner Armbrust war:

Mitten in Europa gibt es eine Verschwörung.
Sie datiert von 1291. Es handelt sich um Menschen verschiedener Herkunft, die sich zu unterschiedlichen Religionen bekennen und unterschiedliche Sprachen sprechen.
Sie haben den absonderlichen Beschluss gefasst, vernünftig zu sein.
Sie haben beschlossen, ihre Unterschiede zu vergessen und ihre Gemeinsamkeiten zu betonen.
Sie waren Soldaten der Konföderation und später Söldner, denn sie waren arm und an Krieg gewöhnt und wussten sehr wohl, dass alle Unterfangen des Menschen gleichermaßen eitel sind.
Sie waren Winkelried, der die feindlichen Lanzen mit seiner Brust auffängt, damit seine Kameraden vorrücken können.
Sie sind ein Chirurg, ein Hirt oder ein Anwalt, aber sie sind auch Paracelsus und Amiel und Jung und Paul Klee.
Mitten in Europa, in Europas Bergen, wächst ein Turm aus Vernunft und festem Glauben.
Heute sind es zweiundzwanzig Kantone. Der Kanton Genf, der letzte, ist eines meiner Vaterländer.
Morgen werden sie der ganze Planet sein.
Vielleicht ist nicht wahr, was ich sage; möge es prophetisch sein.

Anhang

Bibliographie

Franz Heinemanns im Jahre 1907 veröffentlichte Tell-Bibliographie füllte einen dicken Faszikel. Das verrät, dass es nicht möglich ist, im Folgenden sämtliche Bücher und Artikel aufzuführen, die vor und insbesondere nach 1907 über den Helden geschrieben wurden. Ich beschränke mich also auf das Wesentliche, das zum Glück nur wenige Titel umfasst. Hingegen gebe ich die wichtigsten und nützlichsten Veröffentlichungen zu den verschiedenen Themen an, die in diesem Buch angesprochen werden: Ursprünge und Entstehung der Eidgenossenschaft, wirtschaftliche und gesellschaftliche Verhältnisse in den Zentralalpen, Geschichte des Mythos. In der Mehrzahl sind es deutschsprachige Werke.

Quelleneditionen

Die wichtigsten mittelalterlichen Quellen zur »Urschweiz« finden sich in zwei großen Sammlungen:

Quellenhefte zur Schweizergeschichte, 1. Folge, 25 Bde., Basel, 1877 bis 1906; 2. Folge, Abt. I: *Chroniken,* 7 Bde., 1908ff.; Abt. II: *Akten,* 5 Bde., 1911ff.; Abt. III: *Briefe und Denkwürdigkeiten,* 8 Bde., 1927ff.; Abt. IV: *Handbücher,* 8 Bde., 1914ff. (verschiedene Erscheinungsorte; einige Bände bestehen aus mehreren Teilbänden).

Quellenwerk zur Entstehung der Eidgenossenschaft, 11 Bde., Aarau, 1933-1975. Abt. I: *Urkunden,* 3 Bde.; Abt. II: *Urbare und Rödel,* 4 Bde.; Abt. III: *Chroniken und Dichtungen,* 4 Bde.

Urkunden

Die Sammlung von J. E. Kopp: *Urkunden zur Geschichte der eidgenössischen Bünde,* 1835 und 1851, wird kaum noch benützt. Noch brauchbar ist das 850 Quellen enthaltende Verzeichnis von W. Oechsli im Anhang zu *Die Anfänge der Schweiz. Eidgenossenschaft,* Zürich, 1891. Außerdem vom selben Herausgeber: *Quellenbuch zur Schweizergeschichte für Haus und Schule,* 2. Ausgabe, Zürich, 1900.
Die vollständigste und beste Urkundenedition findet sich im *Quellenwerk...,* Abt. *Urkunden,* Bd. 1 (7. Jahrh. - 1291), hg. von Traugott Schiess, Aarau, 1933, und Bd. 2 (1291-1332), hg. von T. Schiess und Bruno Meyer, Aarau, 1937. Insgesamt fast 3500 Quellen aus schweizerischen und ausländischen Archiven.
Die Eidgenössischen Abschiede, Band 1: 1245-1420, hg. von Anton Philip von Segesser, Luzern, 1874. Das Werk ist überholt.
Das Habsburgische Urbar, hg. von Rudolf Maag, Paul Schweizer und Walter Glättli, 3 Bde., Basel, 1894-1904 (*Quellen zur Schweizer Geschichte,* Abt. I, Bde. 14 und 15): Verzeichnis der habsburgischen Rechte und Besitzungen. Vgl. dazu: Gottfried Pansch: *Die Steuern des habsburgischen Urbars 1303-1308,* Zürich, 1946.
Urbare und Rödel, 4 Bde., hg. von Paul Kläui, Aarau, 1941-1957.
Urkunden zur Schweizer Geschichte aus österreichischen Archiven, hg. von Rudolf Thommen, Bd. 1: (765-1370), Basel, 1899.
Regesta Habsburgica. Regesten der Grafen von Habsburg und der Herzöge von Österreich aus dem Hause Habsburg, Bd. 1 und 2, hg. von Harold Steinacker, Innsbruck, 1905 und 1934; Bd. 3, hg. von Lothar Gross, Innsbruck, 1924.
Die Regesten des Kaiserreichs unter Rudolf, Adolf, Albrecht, Heinrich VII., Bd. 1, hg. von Oswald Redlich, Innsbruck, 1898; Bd 2/1, hg. von Vincenz Samanek, Innsbruck, 1933.

Chroniken, Lieder und literarische Werke

Justinger: G. Studer (Hg.): *Die Berner Chronik des Conrad Justinger,* Bern, 1871.

Hemmerli: Dialogus de nobilitate et rusticitate. Vollständige und kritische Ausgabe seit Jahren in Vorbereitung [gemäß Recherche des Verlags hat sich diesbezüglich nichts geändert, Stand Juli 2012] ... Einstweilen begnüge man sich mit dem Druck ohne Orts- und Jahresangabe (Straßburg, um 1500) oder mit den Auszügen in: J. J. Bodmer: *Thesaurus historiae Helvetiae,* Bd. 1, Zürich, 1757, sowie in: B. Reber: *Felix Hemmerlin von Zürich,* Zürich, 1846.

Weißes Buch: Man benütze die Ausgabe im *Quellenwerk,* Abt. III, Bd. 1, *Das Weiße Buch von Sarnen,* hg. von Hans-Georg Wirz, Aarau, 1947, mit umfangreicher Einleitung. – Vgl. auch Bruno Meyer: *Weißes Buch und Wilhelm Tell,* dritte erw. Aufl., Weinfelden, 1985, wo die Chronik nach dem Original neu editiert ist.

Skandinavische und nordische Vorläufer des Meisterschützen: Helmut de Boor: »Die nordischen, englischen und deutschen Darstellungen des Apfelschussmotives«, in: *Quellenwerk,* Abt. III, Bd. 1, Anhang III, mit Auszügen aus den entsprechenden Texten.

Tellenlied und Tellspiel: Texte mit Einführungen von Max Wehrli in: *Quellenwerk,* Abt. III, Bd. 2/1, Aarau, 1952. Vgl. auch H. Trümpy: »Bemerkungen zum alten Tellenlied«, in: *Basler Zeitschrift für Geschichte und Altertumskunde,* 65 (1965).

»Vom Herkommen der Schwyzer ...«: »Das Herkommen der Schwyzer und Oberhasler«, hg. von Albert Bruckner, in: *Quellenwerk,* Abt. III, Bd. 2/2, Aarau, 1961. Vgl. auch Guy P. Marchal: *Die frommen Schweden in Schwyz. Das »Herkommen der Schwyzer und Oberhasler«, als Quelle zum schwyzerischen Selbstverständnis im 15. und 16. Jahrhundert,* Basel, 1977.

Etterlin-Chronik: Petermann Etterlin: *Kronica von der loblichen Eydtgnoschaft,* hg. von Eugen Gruber, in: *Quellenwerk,* Abt. III, Bd. 3, Aarau, 1965.

Melchior Ruß: Eidgenössische Kronik, hg. von Josef Schneller, Bern, 1834.

Johannes Stumpf: In Zürich 1547 gedruckte Fassung und in Winterthur erschienenes Reprint, 1975; *Schweizer- und Reformationschronik,* hg. von Ernst Gagliardi, Hans Müller und Fritz Büsser, in: *Quellen zur Schweizer Geschichte,* neue Folge, Abt. I, Bd. 5 und 6, Basel, 1952–1955.

Übrige erwähnte Chroniken: Rudolf von Radegg: *Capella Heremitarum* (Chronik des Scholarchen von Einsiedeln über die »Heimsuchung« von 1314), hg. von Paul J. Brändli, in: *Quellenwerk,* Abt. III, Bd. 4, Aarau, 1975 (mit Kommentar und deutscher Übersetzung).

Die Chronik Johanns von Winterthur (Bericht über die Schlacht am Morgarten), hg. von C. Brun und E. Baethgen, Berlin, 1924 (*Monumenta Germaniae Historica,* Reihe Scriptores, neue Folge 3).

Tschudi: Eine großangelegte kritische Edition erschien in den *Quellen zur Schweizer Geschichte,* 13 Hauptbände, 2 Ergänzungsbände, 4 Registerbände, 3 Bände Hilfsmittel, Basel, 1968–2001, hg. von der Schweizerischen Gesellschaft für Geschichte, Neue Folge, I. Abteilung: *Chroniken* [aktualisierte Daten durch den Verlag, Juli 2012]; die Erscheinungsfolge ist etwas verwirrend: Ägidius Tschudi, *Chronicon Helveticum,* Bd. 1, hg. von Peter Stadler und Bernhard Stettler, Bd. 1a und folgende von B. Stettler allein. – Tschudi verfasste 1550 eine erste Fassung von Teilen seiner Chronik (»Urschrift«), die er 1570–1571 überarbeitete und ergänzte (»Reinschrift«). Ich habe ihn nach der Urschrift zitiert (Bd. 1a, 1970), deren Stil ungekünstelter ist. Die Reinschrift ist abgedruckt in Band 3, 1980. Die Einleitungen von B. Stettler zu jedem Band sind umfangreich und bedeutend.

Allgemeine Geschichte der Schweiz und der Alpen

Von den vielen Geschichten der Schweiz seien hier nur die vollständigsten Werke genannt, die auch umfangreiche bibliographische Hinweise enthalten:

Historisches Lexikon der Schweiz (HLS), Gesamtwerk in 13 Bänden, hg. von der Stiftung Historisches Lexikon der Schweiz, Basel, 2002 bis 2011 (Band I bis Band X; Aa bis Schafroth). Die Bände XI bis XIII erscheinen zwischen 2012 und 2014. Das Lexikon ist auch einsehbar unter http://hls-dhs-dss.ch/ [aktualisierte Daten durch den Verlag, Juli 2012].

Handbuch der Schweizer Geschichte, 2 Bde., Zürich, 1972 und 1977. Großes Standard- und Nachschlagewerk. Band 1 führt bis Mitte des 17. Jahrhunderts. Die beiden von Hans-Conrad Peyer verfassten, hervorragend dokumentierten Kapitel »Frühes und hohes Mittelalter« und »Die Entstehung der Eidgenossenschaft« sind die klarste und nuncierteste Darstellung der Ereignisse bis 1315.

Geschichte der Schweiz und der Schweizer, 3 Bde., Basel und Frankfurt/M, 1982 und 1983; 4. Auflage 2006. Gleichzeitig auch französisch als *Nouvelle Histoire de la Suisse et des Suisses,* Lausanne, und italienisch als *Nuova Storia della Svizzera e degli Svizzeri,* Bellinzona, erschienen. Vgl. vor allem das Kapitel von Guy P. Marchal über »Die Ursprünge der Unabhängigkeit«; es ist kondensierter als das von Peyer im *Handbuch,* doch ebenfalls hervorragend.

Hans-Conrad Peyer: *Verfassungsgeschichte der Schweiz,* Zürich, 1978. Ergänzt das Kapitel im *Handbuch* und setzt es fort.

Schon betagt, doch immer noch sehr nützlich: *Historisch-biographisches Lexikon der Schweiz,* 7 Bde. + Ergänzungsband, Neuenburg, 1921–1934.

Zur Wirtschaftsgeschichte

Albert Hauser: *Schweizerische Wirtschafts- und Sozialgeschichte, von den Anfängen bis zur Gegenwart,* Zürich, 1961.

Jean-François Bergier: *Wirtschafts- und Sozialgeschichte der Schweiz,* Zürich und Köln, 1983.

ders.: *Hermès et Clio. Essais d'histoire économique,* Lausanne, 1984. (Über die Schweiz, die Alpen usw.)

Hans-Conrad Peyer: *Könige, Stadt und Kapital. Aufsätze zur Wirtschafts- und Sozialgeschichte des Mittelalters,* Zürich, 1982.

Atlas der Schweiz, 10 Folio-Kartenmappen, Bern, 1965–1978.

Historischer Atlas der Schweiz, hg. von Hektor Ammann und Karl Schib, 2. Aufl., Aarau, 1958.

Histoire et civilisation des Alpes. Unter der Leitung von Paul Guichonnet, 2 Bde., Toulouse und Lausanne, 1980. Bd. 1: *Destin historique;* Bd. 2: *Destin humain.* Historische Beiträge von M.-R. Sautter (Vorgeschichte), D. van Berchem (Altertum), J.-F. Bergier (Mittelalter), R. Ruffieux (heutige Schweiz), A. Niederer (Wirtschaft, Lebensformen, Mentalitäten) u.a.m.

Histoire des Alpes. Perspectives nouvelles – Geschichte der Alpen in neuerer Sicht, hg. von J.-F. Bergier, Basel, 1979 (französ. und deutsch). Beiträge von P. Caroni, F. Glauser, R. Dubuis, W. Meyer, E. Castelnuovo (Mittelalter).

Die Alpen in der europäischen Geschichte des Mittelalters. Reichenau-Vorträge 1961/62, Sigmaringen, 1965 (*Vorträge und Forschungen,* x).

Der schweizerische Raum und die Zentralalpen bis zum 13. Jahrhundert

René Poupardin: *Le royaume de Bourgogne (888–1038). Études sur les origines du royaume d'Arles,* Paris, 1907 (Nachdruck: Genf, 1974).

Heinrich Büttner: *Schwaben und Schweiz im frühen und hohen Mittelalter. Gesammelte Aufsätze,* Sigmaringen, 1972 (*Vorträge und Forschungen,* xv).

H. Büttner und Iso Müller: *Frühes Christentum im schweizerischen Alpenraum*, Einsiedeln, Zürich, Köln, 1967.
H. Maurer: *Der Herzog von Schwaben. Grundlagen, Wirkungen und Wesen seiner Herrschaft in ottonischer, salischer und staufischer Zeit*, Sigmaringen, 1978.
Theodor Mayer: *Der Staat und die Herzöge von Zähringen*, Freiburg i.Br., 1935.
Jean-Pierre Poly und Eric Bournazel: *La mutation féodale x^e–xie siècle*, Paris, 1980 (*Nouvelle Clio*, 16).
H. Büttner: »Der Weg der Innerschweiz zur antiqua confoederatio«, in: *Festschrift Iso Müller*, Bd. 1, Stans, 1973.
Iso Müller: »Uri im Frühmittelalter«, in: *Historisches Neujahrsblatt*, hg. vom Verein für Geschichte und Altertümer des Kantons Uri, Altdorf, 1957/58.
Hans Schnyder: »Die alemannische Besiedlung Uris im Frühmittelalter«, ebd., 1977/78.

Die politischen Verhältnisse im 13. Jahrhundert in Europa und in den Waldstätten

In Europa und im Reich

Léopold Genicot: *Le xiiie siècle européen*, Paris, 1986 (*Nouvelle Clio*, 18).
Arno Borst: *Reden über die Staufer*, Frankfurt, 1978.
Karl Bosl: *Europa im Aufbruch. Herrschaft, Gesellschaft, Kultur vom 10. bis zum 14. Jahrhundert*, München, 1980.
Jean-Pierre Cuvillier: *L'Allemagne médiévale*. Bd. 1: *Naissance d'un État (viiie–xiiie siècles)*, Paris, 1979; Bd. 2: *Échec d'une nation (1273–1525)*, Paris, 1984.
Alfred Haverkamp: *Aufbruch und Gestaltung. Deutschland (1056–1273)*, München, 1984 (*Neue deutsche Geschichte*, 2).
Philippe Contamine: *La guerre au Moyen-Âge*, Paris, 1980 (*Nouvelle Clio*, 24).

Die Fürsten

Ernst Kantorowicz: *Kaiser Friedrich der Zweite*, mit Ergänzungsband. Düsseldorf und München, 1963.
Aloys Schulte: *Geschichte der Habsburger in den ersten drei Jahrhunderten*, Innsbruck, 1887.
Oswald Redlich: *Rudolf von Habsburg*, Innsbruck, 1903.
Johann Franzl: *Rudolf I. Der erste Habsburger auf dem deutschen Thron*, Graz, 1986.
T.-M. Martin: *Die Städtepolitik Rudolfs von Habsburg*, Göttingen, 1976.
Marie-José de Savoie: *La Maison de Savoie*, Bd. 1, Paris, 1956.
Eugene L. Cox: *The Eagles of Savoy. The House of Savoy in xiii^{th} Century Europe*, Princeton, 1974.
Jean Favier: *Philippe le Bel*, Paris, 1978.
Jörg K. Hoensch: *Premysl Otokar II. von Böhmen. Der goldene König*, Graz, 1989.

Im Umfeld der Waldstätte

Carl Brun: *Geschichte der Grafen von Kyburg bis 1264*, Zürich, 1913.
Harold Steinacker: *Staatswerdung und politische Willensbildung im Alpenraum*, Darmstadt, 1967.
Karl Meyer: *Blenio und Leventina von Barbarossa bis Heinrich VII*, Luzern, 1911.
ders.: *Die Stadt Luzern von den Anfängen bis zum eidgenössischen Bund*, Luzern, 1932.
Iso Müller: *Geschichte von Ursern, von den Anfängen bis zur Helvetik*, Disentis, 1984.
ders.: *Disentiser Klostergeschichte*, Bd 1: *700–1512*, Einsiedeln und Köln, 1942.
Geschichte und Kultur Churrätiens. Festschrift für Pater Iso Müller, Disentis, 1986.
Ferdinand Güterbock: *Engelbergs Gründung und erste Blüte*, Zürich, 1948 (*Zeitschrift für schweizerische Geschichte*, Beiheft 6).

Die Situation in Uri

Karl Franz Lusser: *Geschichte des Kantons Uri*, Schwyz, 1862.
Paul Kläui: »Bildung und Auflösung der Grundherrschaft im Lande Uri«, in: *Historisches Neujahrsblatt ... Uri*,

1957/58, und in: Kläui: *Ausgewählte Schriften,* Zürich, 1964 (*Mitteilungen der Antiquarischen Gesellschaft in Zürich,* Bd. 43/1).

Walter Koller: *Die Urner Fehde der Izzelin und Gruoba 1257-58,* Bern, 1973.

Gottfried Boesch: »Die große Urner Blutrache 1257-58. Der Izelin- und Gruobahandel« in: *Festschrift Iso Müller,* Bd. 1, Stans, 1973.

Wilhelm Tell, die drei Eidgenossen und die Anfänge der Eidgenossenschaft: Gelehrtenstreit, Quelleninterpretation und Diskussionsstand

Nach dem Erscheinungsdatum geordnet, sind hier nur die Werke aufgeführt, die für unser Thema am repräsentativsten und interessantesten sind. Vollständigere Literaturhinweise finden sich im *Handbuch* oder in anderen den neuesten Stand der Frage referierenden Darstellungen. Vgl. auch die Herausgeberkommentare in den obengenannten Quellensammlungen.

Johannes von Müller: *Der Geschichten Schweizerischer Eidgenossenschaft Dritten Theil,* Neue Auflage, Leipzig, 1806 (die Geschichte von Tell und den drei Eidgenossen findet sich am Ende dieses Bandes).

Jean-Joseph Hisely: *Guillaume Tell et la révolution de 1307,* Delft, 1826.

ders.: *Recherches critiques sur l'histoire de Guillaume Tell,* Lausanne, 1843.

Josef-Eutych Kopp: *Urkunden zur Geschichte der eidgenössischen Bünde,* 2 Bde., Luzern und Wien, 1835 und 1851.

ders. (und Fortführende): *Geschichte der eidgenössischen Bünde, mit Urkunden,* 5 Bände, Leipzig, Berlin, Luzern und Basel, 1845-1882.

Albert Rilliet: *Les origines de la Confédération. Histoire et légende,* Genf und Basel, 1868.

Georg Meyer von Knonau: *Die Sage von der Befreiung,* Basel, 1873.

Louis Vulliemin: *Histoire de la Confédération suisse,* Lausanne, 1875.

Wilhelm Oechsli: *Die Anfänge der Schweizerischen Eidgenossenschaft,* Zürich, 1891.

Georg von Below: »Die Entstehung der schweizerischen Eidgenossenschaft«, in: *Zeitschrift für schweizerische Geschichte,* 3 (1923).

Hans Nabholz: »Die neueste Forschung über die Entstehung der Eidgenossenschaft«, in: *Papsttum und Kaisertum. Festschrift Paul Kehr,* München, 1926.

Karl Meyer: *Die Urschweizer Befreiungstradition in ihrer Einheit, Überlieferung und Stoffwahl. Untersuchungen zur schweizerischen Historiographie des 15. und 16. Jahrhunderts,* Zürich, 1927.

ders.: *Der Freiheitskampf der Eidgenössischen Bundesgründer,* Frauenfeld, 1941.

ders.: »Der Ursprung der Eidgenossenschaft«, in: *Zeitschrift für schweizerische Geschichte,* 21 (1941).

ders.: *Aufsätze und Reden,* Zürich, 1952.

Theodor Mayer: »Die Schweizer Eidgenossenschaft und das deutsche Reich im Mittelalter«, in: *Deutsches Archiv für Geschichte des Mittelalters,* 7 (1944).

Harold Steinacker: »Die Habsburger und der Ursprung der Eidgenossenschaft«, in: *Mitteilungen des Instituts für Österreichische Geschichtsforschung,* 61 (1953).

Bruno Meyer: »Die Entstehung der Eidgenossenschaft. Der Stand der heutigen Anschauungen«, in: *Schweizerische Zeitschrift für Geschichte,* 2 (1952).

ders.: *Weißes Buch und Wilhelm Tell.* Zunächst erschienen in: *Geschichtsfreund der V Orte,* 112 (Luzern, 1959). Dann in Buchform: Weinfelden, 1963. Dritte, erweiterte Auflage ebd., 1985.

Fritz Wernli: *Die Entstehung der Schweizerischen Eidgenossenschaft,* Zürich, 1972.

Marcel Beck: *Legende, Mythos und Geschichte. Die Schweiz und das europäische Mittelalter,* Frauenfeld, 1978. (Eine Sammlung verschiedener Beiträge des bedeutenden Zürcher Mediävisten und Polemikers; mehrere von ihnen behandeln auf originelle und scharfsinnige Weise das Problem der Ursprünge der Eidgenossenschaft).

Bernhard Stettler: »Geschichtsschreibung im Dialog. Bemerkungen zur Ausbildung der eidgenössischen Befreiungstradition«, in: *Schweizerische Zeitschrift für Geschichte*, 29 (1979). Vgl. auch seine Einführungen zu den von ihm herausgegebenen Bänden von Tschudis *Chronicon Helveticum*.

Guy P. Marchai: »Das Meisterli von Emmenbrücke oder: Vom Aussagewert mündlicher Überlieferung. Eine Fallstudie zum Problem Wilhelm Tell«, in: *Schweizerische Zeitschrift für Geschichte*, 34 (1984).

Jean-François Bergier: »Guillaume Tell, légende et réalité dans les Alpes au Moyen Âge«, in: *Académie des Inscriptions et Belles-Lettres, Comptes rendus*, April–Juni, 1984.

Arnold C. Schärer: *Und es gab Tell doch*, Luzern, 1986.

Über die mündliche Überlieferung im Allgemeinen

J.-M. Adam: *Le récit*, Paris, 1984. (Que sais-je?).

H. Bächtold-Stäubli (Hg.): *Handwörterbuch des deutschen Aberglaubens*, 10 Bde. Berlin, 1927ff (s. vor allem »Meisterschuß Tell«).

H. Beck (Hg.): *Heldensage und Heldendichtung im Germanischen*, Berlin, 1987 (Ergänzungsband zum Reallexikon der Germanischen Altertumskunde, 2).

Inger M. Boberg: *Motif-Index of Early Inlandic Literature*, Kopenhagen, 1956.

Stith Thompson: *Motif-Index of Folk-Literature*, Neuaufl., Bloomington, 1975.

Archäologie der Burgen

Werner Meyer und E. Widmer: *Burgen der Schweiz*, Zürich, 1978ff.

Werner Meyer: »Zwing Uri 1978. Bericht über die Ausgrabungs- und Restaurierungsarbeiten vom Sommer 1978«, in: *Nachrichten des schweizerischen Burgenvereins*, 10 (1978), Nr. 6.

W. Meyer, J. Obrecht und H. Schneider: *Die bösen Türnli. Archäologische Beiträge zur Burgenforschung in der Urschweiz*, Olten, 1984.

Über die eidgenössischen Bünde (1291, 1315 und folgende)

Bruno Meyer: *Die ältesten eidgenössischen Bünde*, Zürich, 1938.

David Lasserre: *Alliances confédérales 1291–1815*, Zürich, 1941 (mit Faksimiles der in Schwyz aufbewahrten Originale).

ders.: *Schicksalsstunden des Föderalismus. Der Erfahrungsschatz der Schweiz*, übers. von Adolf Gasser, Zürich, 1963.

William E. Rappard: *Cinq siècles de sécurité collective (1291–1798). Les expériences de la Suisse sous le régime des pactes de secours mutuel*, Paris und Genf, 1945.

Die »escartons« der Dauphiné

Hans Nabholz: »Eine Eidgenossenschaft in der Dauphiné«, in: *Archiv des historischen Vereins des Kantons Bern*. Festgabe H. Türler, Bern, 1931.

Pierre Vaillant: *Les libertés des communautés dauphinoises*, Paris, 1951.

ders.: »Les origines d'une libre confédération de vallées: les habitants des communautés briançonnaises au XIIIe siècle«, in: *Bibliothèque de l'École des Chartes*, 125 (1967).

Morgarten

Robert Durrer: *Schweizerische Kriegsgeschichte*, Bd. 1: *Die ersten Freiheitskämpfe der Urschweiz*, Bern, 1915.

Carl Aegwerd: *Die Schlacht und das Schlachtfeld am Morgarten*, Schwyz, 1951 (Mitteilungen des historischen Vereins des Kantons Schwyz, 49).

Die erweiterte Eidgenossenschaft

Karl Mommsen: *Eidgenossen, Kaiser und Reich: Studien zur Stellung der Eidgenossenschaft innerhalb des Heiligen Römischen Reichs*, Basel, 1958.

Bruno Meyer: *Die Bildung der Eidgenossenschaft im 14. Jahrhundert*, Zürich, 1972.

Bernhard Stettler: »Habsburg und die Eidgenossenschaft um die Mitte des 14. Jahrhunderts«, in: *Schweizerische Zeitschrift für Geschichte*, 23 (1973).

Guy P. Marchal: *Sempach 1386. Von den Anfängen des Territorialstaates Luzern*, Basel, 1986.

Bevölkerung, Wirtschaft, Gesellschaft

Klima und natürliche Umwelt

Emmanuel le Roy Ladurie: *Histoire du climat depuis l'an mil*, Paris, 1957.

Pierre Alexandre: *Le climat en Europe au Moyen Âge. Contribution à l'histoire des variations climatiques de 1000 à 1425, d'après les sources narratives de l'Europe occidentale*, Paris, 1987.

Mario Pellegrini: *Materiali per una storia del clima nelle alpi lombarde durante gli ultimi cinque secoli*, Bellinzona, 1973.

Christian Pfister: »Veränderung der Sommerwitterung im südlichen Mitteleuropa von 1270–1400 als Auftakt zum Gletscherhochstand der Neuzeit«, in: *Geographica Helvetica*, 40 (1985).

G. Lambert und C. Orcel: »État de la dendrochronologie en Europe occidentale et les rapports entre dendrochronologie et archéologie en Suisse«, in: *Archives suisses d'anthropologie générale*, 41/2 (1977).

Felix Renner: *Beiträge zur Gletschergeschichte des Gotthardsgebietes und dendroklimatische Analysen an fossilen Hölzern*, Zürich, 1982 (*Physische Geographie*, 8).

Albert Heim: *Bergsturz und Menschenleben*, Zürich, 1932.

Bevölkerung und Gesellschaftsstrukturen

Karl Franz Lusser: *Der Kanton Uri, historisch, geographisch, statistisch geschildert*, Sankt Gallen, 1834.

Karl Meyer: »Geographische Voraussetzungen der eidgenössischen Territorialbildung«, in: *Mitteilungen des historischen Vereins des Kantons Schwyz*, 34 (1927).

Iso Müller: »Zur Besiedlung der Gotthardtäler«, in: *Geschichtsfreund der v Orte*, 111 (1958).

Werner Röllin: *Siedlungs- und wirtschaftsgeschichtliche Aspekte der mittelalterlichen Urschweiz bis zum Ausgang des 15. Jahrhunderts*, Zürich, 1969.

Paul Kläui: »Die Meierämter der Fraumünsterabtei in Uri«, in: *Historisches Neujahrsblatt ... Uri*, 1955/56.

ders.: »Bildung und Auflösung der Grundherrschaft im Lande Uri«, ebd., 1957/58, und in: Kläui: *Ausgewählte Schriften*, Zürich, 1965.

Peter Hubler: *Adel und führende Familien Uris im 13.–14. Jahrhundert*, Bern, 1973.

Roger Sablonier: *Adel im Wandel. Untersuchung zur sozialen Situation des ostschweizerischen Adels um 1300*, Göttingen, 1979.

Anselm Zurfluh: *Une population alpine dans la Confédération. Uri aux XVIIe et XVIIIe siècles. Démographie et mentalités*, Paris, 1988.

Robert Mc C. Netting: *Balancing on an Alp. Ecological change and continuity in a Swiss mountain community [Törbel, Wallis]*, Cambridge, 1981.

Gian-Piero Bognetti: *Studi sulle origini del comune rurale*, Mailand, 1978.

Fritz Wernli: *Studien zur mittelalterlichen Verfassungsgeschichte*, 5 Hefte, Zürich, 1959–1968. Vgl. besonders die Hefte 3 (1961) und 5 (1968) über die Talgenossenschaften und die Markgenossenschaften.

Helmut Maurer (Hg.): *Kommunale Bündnisse Oberitaliens und Oberdeutschlands im Vergleich*, Sigmaringen, 1987 (*Vorträge und Forschungen*, XXXIII).

Über die Walser

Iso Müller: »Die Wanderung der Walser über Furka, Oberalp und ihr Einfluß auf den Gotthardweg«, in: *Zeitschrift für schweizerische Geschichte*, 16 (1936).

Hans Kreis: *Die Walser. Ein Stück Siedlungsgeschichte der Zentralalpen*, 2. Aufl., Bern und München, 1966.

Paul Zinsli: *Walser Volkstum in der Schweiz, Vorarlberg, Liechtenstein und Piemont*, 3. Aufl., Frauenfeld und Stuttgart, 1970.

Beiträge zur alpinen Paßgeschichte. Contributi alla storia dei passi alpini. Atti della 4a Giornata di Studi Walser, Splügen 6 settembre 1986, Anzola d'Ossola, 1987.

Kultur, Lebensformen, Mentalitäten

Adolf Günther: *Die Alpenländische Gesellschaft als sozialer und politischer, wirtschaftlicher und kultureller Lebenskreis*, Jena, 1930.

F. Girardin: »Les paysages alpestres en liaison avec les abbayes,

les pèlerinages et les saints de la montagne«, in: *Geographica Helvetica*, 2 (1947).
Hans-Georg Wackernagel: *Altes Volkstum der Schweiz. Gesammelte Schriften*, Basel, 1956.
Richard Weiss: *Volkskunde der Schweiz*, 2. Aufl., Zürich, 1978.
Leo Zehnder: *Volkskundliches in der älteren schweizerischen Chronistik*, Basel, 1976.
Josef Müller: *Sagen aus Uri*, 3 Bde., Basel, 1926–1945.
Hans Fehr: *Das Recht in den Sagen der Schweiz*, Frauenfeld, 1953.
Werner Meyer: *Hirsebrei und Hellebarde. Auf den Spuren des mittelalterlichen Lebens in der Schweiz*, Olten, 1985.
Egon Harmuth: *Die Armbrust. Ein Handbuch*, Graz, 1986. Vgl. vom selben Autor den Artikel »Armbrust« in: *Lexikon des Mittelalters*, Bd. 1/5, München und Zürich, 1979.
Arno Borst: *Lebensformen im Mittelalter*, Berlin und Wien, 1979.
ders.: »Alpine Mentalität und europäischer Horizont im Mittelalter«, in: *Schriften des Vereins für Geschichte des Bodensees und seiner Umgebung*, 92 (1974).
Bruno Meyer: »Friede und Fehde im ältesten Bunde der Waldstätten«, in: *Mélanges Charles Gilliard*, Lausanne, 1944.
Eckart C. Lutz: »La vie au village dans le Toggenbourg vers 1400, d'après le ›Ring‹ d'Heinrich Wittenwiler«, in: *Schweizerische Zeitschrift für Geschichte*, 26 (1976).
Pierre Dubuis: »Comportamenti sessuali nell Alpi del Basso Medioevo. L'esempio della Castellania di Susa«, in: *Studi storici* (1986).
Uli Windisch: *Lutte de clans, lutte de classes. Chermignon, la politique au village*, Lausanne, 1976.
Ludwig Pauli: *Die Alpen in Frühzeit und Mittelalter. Die archäologische Entdeckung einer Kulturlandschaft*, München, 1980.
Die Kunstdenkmäler der Schweiz. Nach Kantonen gegliedert, 120 Bände erschienen [aktualisierte Daten durch Verlag, Juli 2012]. Vgl. vor allem: Robert Durrer: *Die Kunstdenkmäler des Kantons Unterwalden*, Basel, 1899 (Nachdruck 1971); André Meyer: *Die Kunstdenkmäler des Kantons Schwyz*, Bd. 1: *Der Flecken Schwyz*, Basel, 1978; Helmi Gasser: *Die Kunstdenkmäler des Kantons Uri*, Bd. 2: *Die Seegemeinden*, Basel, 1986.
Benno Furrer: *Die Bauernhäuser des Kantons Uri*, Basel, 1985 (Band 12 von: *Bauernhäuser der Schweiz*).
Dario Gamboni: *Kunstgeorgraphie. Ars Helvetica*, Bd. 1, Disentis, 1987.
Albert Hug und Viktor Weibel: *Urner Namenbuch. Die Orts- und Flurnamen des Kantons Uri*, 3 Bde., Altdorf, 1988–1990.

Landwirtschaft und Viehzucht

Albert Hauser: *Wald und Feld in der alten Schweiz. Beiträge zur schweizerischen Agrar- und Forstgeschichte*, Zürich, 1972.
Jean-François Bergier: *Problèmes de l'histoire économique de la Suisse. Population, vie rurale, échanges et trafics*, Bern, 1968.
Gerold Meyer von Knonau: »Die Verdrängung des Ackerbaus durch die Alpwirtschaft in schweizerischen Hochgebirgstälern«, in: *Jahrbuch des Schweizer Alpen-Clubs*, 6 (1869/70).
Louis Carlen: *Das Recht der Hirten. Zur Rechtsgeschichte der Hirten in Deutschland, Österreich und der Schweiz*, Aalen, 1970.
Martin Kiem: »Die Alpenwirtschaft und Agrikultur in Obwalden seit den ältesten Zeiten«, in: *Geschichtsfreund der v Orte*, 21 (1866).
Leo Odermatt: *Alpwirtschaft in Nidwalden. Geschichtliche Entwicklung und Anpassung an die Agrarstrukturen der Neuzeit*, Stans, 1981 (*Beiträge zur Geschichte Nidwaldens*, Bd. 40).
Ignaz Hess: »Der Grenzstreit zwischen Engelberg und Uri«, in: *Jahrbuch für Schweizer Geschichte*, 25 (1900).
Werner Meyer: »Blumenhütte 1983. Vorbericht über die Ausgrabung einer hochalpinen Wüstung am Gotthard«, in: *Nachrichten des schweizerischen Burgenvereins*, Bd. 13, 1983, Nr. 6.
Jean-François Bergier: *Die Geschichte vom Salz*, übers. von Jochen Grube, Frankfurt/M., 1988.

La lana come materia prima. I fenomeni della sua produzione e circolazione nei secoli XIII–XVII, Florenz, 1974 (*Atti delle Settimane di Studio dell'Istituto internazionale di storia economica F. Datini*, Prato, Bd. 1; Beiträge von Hans-Conrad Peyer zur Schweiz, von Wolfgang von Stromer zu Süddeutschland und von Ferdinand Tremel zu den Ostalpen).

André Schluchter (Hg.): *Die Agrarzonen der Alten Schweiz*, Basel, 1989. (*Itinera*, Bd. 10).

Straßen und Verkehr in den Alpen. Die Pässe. Allgemeines

Aloys Schulte: *Geschichte des mittelalterlichen Handels und Verkehrs zwischen Westdeutschland und Italien, mit Ausschluß von Venedig*, 2 Bde. (Bd. 1: Darstellung; Bd. 2: Quellen), Leipzig, 1900 (Nachdruck: Berlin, 1966). Obwohl fast hundert Jahre alt, ist dieses Werk immer noch maßgeblich, insbesondere für die Frage der Gotthard-Eröffnung.

Jean-François Bergier: »Le trafic à travers les Alpes et les liaisons transalpines du haut Moyen Âge au XVIIe siècle«, in: *Le Alpi e l'Europa*, Bd. 3, *Economia e transiti*, Bari, 1975.

Herbert Hassinger: »Die Alpenübergänge vom Mont-Cenis bis zum Simplon im Spätmittelalter«, in: *Wirtschaftskräfte und Wirtschaftswege. Festschrift Hermann Kellenbenz*, Bd. 1, Nürnberg, 1978.

Uta Lindgren (Hg.): *Alpenübergänge vor 1850. Landkarten, Straßen, Verkehr*, Stuttgart, 1987.

Vital Chomel und Jean Ebersolt: *Cinq siècles de circulation internationale vue de Jougne. Un péage jurassien du XIIIe au XVIIIe siècle*, Paris, 1951.

Maria C. Daviso di Charvensod: *I pedaggi delle Alpi occidentali nel medio evo*, Turin, 1961.

Werner Schnyder: *Handel und Verkehr über die Bündner Pässe im Mittelalter zwischen Deutschland, der Schweiz und Oberitalien*, 2 Bde., Zürich, 1973–1975.

Otto Stolz: *Quellen zur Geschichte des Zollwesens und Handelsverkehrs in Tirol und Vorarlberg vom 13. bis 18. Jahrhundert*, Wiesbaden, 1955 (*Deutsche Zolltarife des Mittelalters und der Neuzeit / Deutsche Handelsakten ...*, Bd. 10).

ders.: »Zur Entwicklungsgeschichte des Zollwesens innerhalb des alten deutschen Reiches«, in: *Vierteljahresschrift für Sozial- und Wirtschaftsgeschichte* (1954).

Herbert Hassinger: *Geschichte des Zollwesens, Handels und Verkehrs in den östlichen Alpenländern vom Spätmittelalter bis in die 2. Hälfte des 18. Jahrhunderts*, Bd. 2, Wiesbaden und Stuttgart, 1987 (*Deutsche Zolltarife ... / Deutsche Handelsakten ...*, Bd. 16).

Luciana Frangioni: *Milano e le sue strade. Costi di trasporto e vie di commercio dei prodotti milanesi alla fine del Trecento*, Bologna, 1983.

Pio Caroni: »Soma et alpis et vicinale. Einleitende Bemerkungen zu einer Rechtsgeschichte der Säumergenossenschaft«, in: *Festschrift F Elsener*, Sigmaringen, 1977.

ders.: »Dorfgemeinschaft und Säumergenossenschaft in der mittelalterlichen und neuzeitlichen Schweiz«, in: *Nur Ökonomie ist keine Ökonomie. Festgabe Basilio M. Biucchi*, Bern und Stuttgart, 1978. Vgl. auch das schon erwähnte Werk *Histoire des Alpes – Geschichte der Alpen ...*, (1979).

Ruggiero Romano (Hg.): *L'Uomo e la Strada*, Mailand, 1987.

Pierre Dubuis (Hg.): *Ceux qui passent et ceux qui restent. Etudes sur les trafics transalpins et leur impact local. Actes du colloque le Bourg-SaintPierre*, Saint-Maurice, 1989.

Die Eröffnung des Gotthardpasses

Iso Müller: »Der Gotthard-Raum in der Frühzeit (7.–13. Jahrhundert)«, in: *Schweizerische Zeitschrift für Geschichte*, 7 (1957); »Zur ältesten Kulturgeschichte des hl. Gotthard«, ebd., 28 (1978); »Die Wanderungen der Walser über Furka–Oberalp und ihr Einfluß auf den Gotthardweg«, in: *Zeitschrift für schweizerische Geschichte*, 16 (1936).

Alois Kocher: »Der alte St. Gotthardweg«, in: *Historisches Neujahrsblatt ...* Uri, 1949/50.

Karl Meyer: »Über die Einwirkung des Gotthardpasses auf die Anfänge der Eidgenossenschaft« (1919), in: K. Meyer: *Aufsätze und Reden*, Zürich, 1952.

Rudolf Laur-Bélart: *Studien zur Eröffnungsgeschichte des Gotthardpasses, mit einer Untersuchung über Stiebende Brücke und Teufelsbrücke*, Zürich, 1924.

Charles Gilliard: »L'ouverture du Gothard«, in: *Annales d'histoire économique et sociale*, 1 (1929).

Ferdinand Güterbock: »Wann wurde die Gotthardstraße erschlossen?«, in: *Zeitschrift für schweizerische Geschichte*, 19 (1939).

Gottfried Boesch: »Die Gründung der Stadt Luzern und die Erschließung der Schöllenen«, in: *Festschrift Iso Müller*, Bd. 1, Stans, 1973.

J. Gauss: »Paßpolitik um 1291. Konkurrenzkampf zwischen den Bündner Alpenpässen und dem Gotthard vor 700 Jahren«, in: *Geschichtsfreund der v Orte*, 138 (1985).

Gesellschaften und Wirtschaftsformen in Nachbargegenden

La Montagne: économies et sociétés, Lausanne, 1985 (*Cahiers de la Société suisse d'histoire économique et sociale*, 4).

Markus Mattmüller (Hg.): *Économies et sociétés de montagne*, Bern, 1986 (*Itinera*, Bd. 5/6).

Fernand Braudel: *Die Welt des Mittelmeeres. Zur Geschichte und Geographie kultureller Lebensformen zur Zeit Philipps II.*, übers. von Markus Jakob, Frankfurt/M., 1987.

ders.: *Sozialgeschichte des 15.-18. Jahrhunderts*, 3 Bde., Stuttgart, 1986.

ders.: *Frankreich 1. Raum und Geschichte*, übers. von Peter Schöttler, Stuttgart, 1989.

Thérèse Sclafert: *Le Haut-Dauphiné au Moyen Âge*, Paris, 1926.

André Allfix: *L'Oisans au Moyen Âge*, Paris, 1929.

Jean-François Bergier: *Genève et l'économie européenne de la Renaissance*, Paris, 1963.

Jean-Claude Hocquet: *Le sel et la fortune de Venise*, 2 Bde., Lille, 1978-1979.

Hektor Ammann: »Das schweizerische Städtewesen des Mittelalters in seiner wirtschaftlichen und sozialen Ausprägung«, in: *La Ville. Recueil de la Société Jean Bodin*, 2. Teil, Brüssel, 1956.

Hans-Conrad Peyer: »Die wirtschaftliche Bedeutung der fremden Dienste für die Schweiz vom 15. bis 18. Jahrhundert«, in: *Beiträge zur Wirtschaftsgeschichte*, Bd. 5, Nürnberg, 1978.

Martin Bundi: *Zur Besiedlungs- und Wirtschaftsgeschichte Graubündens im Mittelalter*, Chur, 1982.

Jon Mathieu: *Bauern und Bären. Eine Geschichte des Unterengadins von 1650 bis 1800*, Chur, 1987.

Lothar Deplazes: *Alpen, Grenzen, Pässe im Gebiet Lukmanier-Piora (13.-16. Jahrhundert)*, Disentis, 1986.

Louis Carlen: *Kultur des Wallis im Mittelalter*, Brig, 1981.

Anne-Marie Dubler: *Geschichte der Luzerner Wirtschaft*, Luzern, 1983.

Der Tellmythos
Historiographie und Mythologie

Georg von Wyss: *Geschichte der Historiographie in der Schweiz*, Zürich, 1885.

Richard Feller und Edgar Bonjour: *Geschichtsschreibung der Schweiz vom Spätmittelalter zur Neuzeit*, 2 Bde., Basel und Stuttgart, 1962.

Frantisek Graus: *Lebendige Vergangenheit. Überlieferung im Mittelalter und in den Vorstellungen des Mittelalters*, Köln, 1975.

Guy P. Marchal: »Die Antwort der Bauern. Elemente und Schichtungen des eidgenössischen Geschichtsbewußtseins am Ausgang des Mittelalters«, in: *Geschichtsschreibung und Geschichtsbewußtsein im späten Mittelalter*, Sigmaringen, 1987 (*Vorträge und Forschungen*, xxxi).

Edgar Bonjour: *Studien zu Johannes von Müller*, Basel, 1957.

Histoire et légende. Six exemples en Suisse Romande, Lausanne, 1987 (*Mémoires et Documents ... de la Suisse Romande*, 3. Reihe, Bd. 16).

Ulrich Im Hof und François de Capitani: *Die Helvetische Gesellschaft. Spät-*

aufklärung und Vorrevolution in der Schweiz, 2 Bde., Frauenfeld, 1983.
Marc Comina (Hg.): *Histoires et belles histoires de la Suisse. Guillaume Tell, Nicolas de Flüe et les autres, des Chroniques au cinéma*, Basel, 1989. (*Itinera*, Bd. 9).

Tell im Wandel der Jahrhunderte

Lilly Stunzi (Hg.): *Tell. Werden und Wandern eines Mythos*, Bern und Stuttgart, 1973. Gibt einen guten Überblick über den Tellmythos und seine Entwicklung vom 18.–20. Jahrhundert. Mit Beiträgen von Jean Rodolphe de Salis, Ricco Labhardt (Tell als Revolutionär), Manfred Hoppe (Schiller), Alfred Berchtold (Literaturgeschichte) und Leo Schelbert (der Tellmythos in der Tradition der USA).
Hans Buscher: *Heinrich Pantaleon und sein Heldenbuch*, Basel, 1946.
Ricco Labhardt: *Wilhelm Tell als Patriot und Revolutionär 1700–1800. Wandlungen der Tell-Tradition im Zeitalter des Absolutismus und der französischen Revolution*, Basel, 1947.
P. Fornari: *Guglielmo Tell ovvero il risorgimento della libertà svizzera*, Mailand, 1882.
Guillermo Tell, hijo del pueblo y soldado de la libertad, Barcelona o. J. (um 1936) (*Biblioteca del Pueblo, historia de las revoluciones sociales*, Bd. 2).
Fritz Ernst: *Wilhelm Tell. Blätter aus seiner Ruhmesgeschichte*, Zürich, 1936.
ders.: *Wilhelm Tell als Freiheitssymbol Europas*, Zürich, 1979.
Uli Windisch und Florence Cornu: *Tell im Alltag*, Zürich, 1988 (Edition M).

Der schweizerische Mythos

Curt Englert-Faye: *Vom Mythus zur Idee der Schweiz*, Zürich, 1940.
Henri Naef: *Guillaume Tell et les Trois Suisses. Mythe et réalité*, Lausanne, 1942.
Pierre Maugué: *Le Mythe et l'Histoire. Essai sur les origines de la Suisse et la tradition celtique*, Paris, 1985.
André Reszler: *Mythes et identité de la Suisse*, Genf, 1986.
Bernard Crettaz, Hans-Ulrich Jost und Rémy Pithon: *Peuples inanimés, avez-vous donc une âme? Images et identités suisses au XXe siècle*, Lausanne, 1987 (*Études et Mémoires de la section d'histoire de l'Université de Lausanne*, 6).
Über den Zusammenhang zwischen Mythos und Fremdenverkehr in der Schweiz: Paul P. Bernard: *Rush to the Alps. The Evolution of Vacationing in Switzerland*, New York, 1978 (*East European Monographs*, 27).
Guy S. Métraux: *Le ranz des vaches. Du chant de bergers à l'hymne patriotique*, Lausanne, 1984.

Der Tellmythos in der Literaturwissenschaft ...

François Jost: »La fortune d'un héros: Guillaume Tell en Europe«, in: *Essais de littérature comparée*, 1: *Helvetica*, Fribourg, 1964.
Heinrich Mettler und Heinz Lippuner, unter Mitarbeit von Werner Düggelin: *»Tell« und die Schweiz – die Schweiz und »Tell«. Ein Schulbeispiel für die Wirkkraft von Schillers »Wilhelm Tell«, ihre Voraussetzungen und Folgen*, 2. Aufl., Thalwil, 1983.
Peter Utz: *Die ausgehöhlte Gasse. Stationen der Wirkungsgeschichte von Schillers »Wilhelm Tell«*, Königstein, 1984.

... und bei den Schriftstellern

Denis de Rougemont: *Die Schweiz, Modell Europas. Der schweizerische Bund als Vorbild für eine europäische Föderation*, übers. von S. Eisler, 2. Aufl., Wien und München, 1965.
Peter Bichsel: *Des Schweizers Schweiz*, 3. Aufl., Zürich, 1989. Zitierte Stelle auf S. 22.
Max Frisch: *Wilhelm Tell für die Schule*, Frankfurt/M., 1971.
Elias Canettis Schilderung des Urlaubs mit seiner Mutter in Seelisberg findet sich in: *Die gerettete Zunge. Geschichte einer Jugend*, München, 1977, S. 239f.
Jorge Luis Borges: »Die Verschworenen«, in: *Gesammelte Werke*, übersetzt aus dem Spanischen von Gisbert Haefs, Hrsg. von Gisbert Haefs und Fritz Arnold. *Der Gedichte dritter Teil*. Carl Hanser Verlag, München 1994.

Tell in der bildenden Kunst und in der Musik

Zur Tell-Ikonographie:
Franz Heinemann: *Tell-Iconographie. Wilhelm Tell und sein Apfelschuß im Lichte der bildenden Kunst eines halben Jahrhunderts*, Luzern und Leipzig, 1902.

Lilly Stunzi, op. cit. *Guillaume Tell*, Bildband der Éditions Ketty et Alexandre, Chapelle-sur-Moudon, 1985.

Außerdem: Rolf Keller:»Kontinuität und Wandel bei Darstellungen der Schweizer Geschichte vom 16.–18. Jahrhundert«, in: *Zeitschrift für schweizerische Archäologie und Kunstgeschichte*, 41 (1984); Rudolf Schnyder:»Der Tell der Helvetischen Gesellschaft, ein wiedergefundenes Werk von Alexander Trippel«, ebd.

Edmond van der Straten: *La mélodie populaire dans l'opéra »Guillaume Tell« de Rossini*, Paris, 1879.

Über Tell im Film: Hervé Dumont: *Geschichte des Schweizer Films: Spielfilme. 1896–1965*, Lausanne, 1987.

Von der Rossini-Oper gibt es mehrere Schallplattenaufnahmen. Ich empfehle die italienisch gesungene Einspielung unter Riccardo Chailly mit Sherrill Milnes als Tell, Luciano Pavarotti als Arnold von Melchtal, John Tomlinson als Alter Melchtal, Ferruccio Mazzoli als Gessler, Nicolai Ghiaurov als Gautier, Mirella Freni als Mathilde. Decca, 4 LPs., 1980.

Literatur, erschienen nach Erstausgabe des Buches, 1991–2012

Die folgenden Literaturhinweise sind als Ergänzung zu der Erstausgabe durch den Verlag zusammengestellt worden. Es handelt sich um eine Auswahl der Publikationen aus den Jahren 1991 bis 2012, die keinen Anspruch auf Vollständigkeit erhebt.

Wilhelm Baum: *Reichs- und Territorialgewalt (1273–1437). Königtum, Haus Österreich und Schweizer Eidgenossen im späten Mittelalter*, Wien, 1994.

Alfred Berchtold: *Guillaume Tell. Résistant et citoyen du monde*, Carouge-Genève, 2004.

Jean-François Bergier: *Pour une histoire des Alpes, Moyen Âge et Temps modernes*, London, 1997.

Jean-François Bergier: *Wilhelm Tell – ein Europäer? Betrachtungen eines Historikers*, Zürich, 1992.

Sandra Bott et. al.: *Wirtschaftsgeschichte in der Schweiz: eine historiografische Skizze – L'histoire économique en Suisse – une esquisse historiographique*, Zürich, 2010 (traverse. Zeitschrift für Geschichte – Revue d'histoire, Heft 1/2010).

Micheal Butler:»The Politics of Myth. The Case of William Tell«, in: *History and Literature. Essays in Honor of Karl S. Guthke*, hg. von William Colins Donahue und Scott Denham, Tübingen, 2000, S. 73–90.

Walter Dettwiler: *Wilhelm Tell: Ansichten und Absichten*, Zürich, 1991.

Pierre Dubuis: *Une économie alpine à la fin du Moyen Âge. Orsières, l'Entremont et les régions voisines 1250–1500*, 2 Bde, Sion, 1990.

Silvia Ferrari et. al. (Hg.): *Auf wen schoss Wilhelm Tell? Beiträge zu einer Ideologiegeschichte der Schweiz*, Zürich, 1991.

F. Glauser,»Handel und Verkehr zwischen Schwaben und Italien vom 10. bis 13. Jh.«, in: *Vorträge und Forschungen*, Bd 52, 2001, 229–293.

Sébastien Guex et. al. (Hg.): *Staatsfinanzierung und Sozialkonflikte (14.–20. Jh.)*, Zürich, 1994 (Schweizerisches Jahrbuch für Wirtschafts- und Sozialgeschichte, Bd 12).

Mechthild Heuser und Irmgard M. Wirtz (Hg.): *Tell im Visier*, erschienen zur Ausstellung »Tell im Visier. Plakate aus der Schweizerischen Nationalbibliothek«, Graphische Sammlung, Schweizerische Nationalbibliothek, Zürich, 2007.

Katja Hürlimann et. al.: *Sozialgeschichte der Schweiz: Eine historiografische Skizze. L'histoire sociale de la Suisse: Une esquisse historiographique*, Zürich, 2011 (traverse. Zeitschrift für Geschichte – Revue d'histoire, Heft 1/2011).

Ulrich Im Hof: *Mythos Schweiz. Identität – Nation – Geschichte,* Zürich, 1991.

Karl Iten: »Aber den rechten Wilhelm haben wir ...«, *Die Geschichte des Altdorfer Telldenkmals,* Altdorf, 1995.

Mario König: »Neuere Forschungen zur Sozialgeschichte der Schweiz«, in: *Archiv für Sozialgeschichte* Bd. 36, 1996, S. 395–433.

Martin Körner: »Steuern und Abgaben in Theorie und Praxis im Mittelalter und in der frühen Neuzeit«, in: *Steuern, Abgaben und Dienste vom Mittelalter bis zur Gegenwart. Referate der 15. Arbeitstagung der Gesellschaft für Sozial- und Wirtschaftsgeschichte vom 14.– 17. 4. 1993 in Bamberg,* hg. von Eckart Schremmer, Stuttgart, 1994 (*VSWG Vierteljahrschrift für Sozial- und Wirtschaftsgeschichte,* Beih. 114), S. 53–76.

Walter Koller: »Wilhelm Tell – ein humanistisches Märchen«, in: *Aegidius Tschudi und seine Zeit,* hg. von Katharina Koller-Weiss und Christian Sieber, Basel, 2002, S. 237–268.

Georg Kreis: *Mythos Rütli. Geschichte eines Erinnerungsortes,* Zürich, 2004.

Thomas Maissen: *Geschichte der Schweiz,* Baden, 2010.

Guy P. Marchal: *Schweizer Gebrauchsgeschichte. Geschichtsbilder, Mythenbildung und nationale Identität,* Basel, 2006, S. 255–303.

Guy P. Marchal und Aram Mattioli (Hg.): *Erfundene Schweiz: Konstruktionen nationaler Identität. La Suisse imaginée: Bricolages d'une identité nationale,* Zürich, 1992 (*Clio Lucernensis,* Bd 1).

Werner Meyer: *1291. Der ewige Bund. Die Entstehung der Eidgenossenschaft,* Berlin, 1991.

Clémence Thévenaz Modestin und Jean-Daniel Morerod: »Gotthard- und Simplonachse um 1291. Beitrag zu einer ereignisgeschichtlichen Neubetrachtung der Anfangszeit der Eidgenossenschaft«, in: *Der Geschichtsfreund. Mitteilungen des Historischen Vereins der Fünf Orte : Luzern, Uri, Schwyz, Unterwalden ob und nid dem Wald und Zug,* Bd 155, 2002, S. 181–207.

Jean-Daniel Morerod und Anton Näf (Hg.): *Guillaume Tell et la libération des Suisses,* Fribourg, 2011 (*Pour mémoire,* Bd 4).

Marysia Morkowska: *Vom Stiefkind zum Liebling. Die Entwicklung und Funktion des europäischen Schweizbildes bis zur Französischen Revolution,* Zürich, 1997.

Barbara Piatti: *Tells Theater. Eine Kulturgeschichte in fünf Akten zu Friedrich Schillers Wilhelm Tell,* mit einem Weimarer Pausengespräch zwischen Katharina Mommsen und Peter von Matt, Basel, 2004.

Volker Reinhardt: *Die Geschichte der Schweiz. Von den Anfängen bis heute,* München, 2011.

Volker Reinhardt: *Kleine Geschichte der Schweiz,* München, 2010.

Roger Sablonier: »Vaterländische Schatzsuche und Archäologie am Morgarten«, in: *Fund-Stücke – Spuren-Suche,* hg. von Adriano Boschetti-Maradi et al., Berlin, 2011 (*Zurich Studies in the History of Art, Georges-Bloch-Annual,* 2010/11, Vol. 17/18), S. 610–631.

Roger Sablonier: *Gründungszeit ohne Eidgenossen. Politik und Gesellschaft in der Innerschweiz um 1300,* Baden, 2008.

Rainer C. Schwinges (Hg.): *Straßen- und Verkehrswesen im hohen und späten Mittelalter,* Ostfildern, 2007 (*Vorträge und Forschungen,* Bd 66).

Claudius Sieber-Lehmann und Thomas Wilhelmi: *In Helvetios – wider die Kuhschweizer: Fremd- und Feindbilder von den Schweizern in antieidgenössischen Texten aus der Zeit von 1386 bis 1532.* Bern et al., 1998 (*Schweizer Texte,* Neue Folge, Bd 13).

Hans Stadler-Planzer: *Geschichte des Landes Uri – Teil 1: Von den Anfängen bis zur Neuzeit,* Altdorf, 1992.

Bernhard Stettler: *Die Eidgenossenschaft im 15. Jahrhundert. Die Suche nach einem gemeinsamen Nenner,* Zürich, 2004.

Peter von Matt: »Kritischer Patriotismus. Die Auseinandersetzung der Schweizer Schriftsteller mit der guten und der bösen Schweiz«, in: ders., *Die tintenblauen Eidgenossen. Über die literarische und politische Schweiz,* München, 2001, S. 131–141.

Heinz Wanner et al., *Klimawandel im Alpenraum,* Zürich, 2000.

Josef Wiget: *Die Entstehung der Schweiz. Vom Bundesbrief 1291 zur nationalen Geschichtskultur des 20. Jahrhunderts,* Schwyz, 1999.

Rosmarie Zeller: »Der Tell-Mythos und seine dramatische Gestaltung von Henzi bis Schiller«, in: *Jahrbuch der deutschen Schillergesellschaft,* Bd 38, 1994, 65–88.

75 Jahre Bundesbriefmuseum ... ein einig Volk unter Brüdern? Zur Geschichte der Alten Eidgenossenschaft, Schwyz, 2011 (*Schwyzer Hefte,* Bd 96).

Die Erfindung Tells oder Der eidgenössische Gründungsmythos von 1307. Beiträge der Arbeitstagung des Historischen Vereins Zentralschweiz vom 2. Juni 2007, Altdorf, 2007 (*Der Geschichtsfreund. Mitteilungen des Historischen Vereins Zentralschweiz,* Bd 160).

Geschichte des Kantons Schwyz in 7 Bänden, Schwyz, 2012.

Bild- und Textnachweis

Umschlag, Schmutztitel:
Ferdinand Hodler (1853–1918)
Wilhelm Tell, 1896–1897
Öl auf Leinwand, 256 × 196 cm
Vermächtnis Frau Margrit Kottmann-
Müller in Erinnerung an ihren Ehemann
Dr. Walther Kottmann, 1958

Das Werk befindet sich im Kunstmuseum Solothurn. Für die freundliche Genehmigung zum Abdruck des Gemäldes dankt der Verlag dem Kunstmuseum Solothurn.

S. 463
Jorge Luis Borges, *Gesammelte Werke in zwölf Bänden*, Band 9: *Der Gedichte dritter Teil*, hg. von Gisbert Haefs und Fritz Arnold, übersetzt aus dem Spanischen von Gisbert Haefs, Carl Hanser Verlag, München, 1994

Für die freundliche Genehmigung zum Abdruck des Gedichts dankt der Verlag dem Carl Hanser Verlag, München und Wien.

S. 495 / 496
Für die freundliche Genehmigung zum Abdruck aus den *Quellenheften zur Schweizergeschichte* und aus dem *Quellenwerk* dankt der Verlag dem Verlag Sauerländer, Aarau.

Nachsatz
Panoramakarte: 120063 © Hallwag Kümmerly+Frey AG,
CH 3322 Schönbühl/Bern,
mit freundlicher Genehmigung

Orts- und Namenregister

Sehr häufig wiederkehrende Begriffe wie »Alpen«, »Europa«, »Schweiz«, »Eidgenossenschaft«, »Eidgenossen« und »Waldstätte« sind in diesem Register nicht aufgeführt. Geographische Namen sind kursiv gesetzt.

A

Aa, (Sarner Aa, Engelberger Aa) 57–59
Aachen 269, 289
Aare 46, 135, 143, 158, 188, 196, 231, 238, 240, 254, 410, 421
Aaretal 43, 57, 66, 133, 258, 397
Aargau 66, 104, 187, 254, 256, 261, 287, 291, 383, 420
Ab Yberg, Geschlecht 343
 – Konrad 343
 – Konrad III. 343
Adolf von Nassau, deutscher König 349, 377, 379, 380, 382, 383, 389
Aetius, römischer General 134
Afrika 244
Ägerisee 400
Agnes von Ungarn 393
Aigues-Mortes 226, 287, 420
Airolo 232
Albert von Stade 237
Albis 177, 186
Albon, Grafen von 155
Albrecht I. von Habsburg, Herzog von Österreich, deutscher König 30, 38, 292, 348–351, 353, 376, 377, 379–387, 393, 396
Alemannen 132–135, 138, 140, 143, 168, 170–172, 174, 175, 310, 330, 331
Alemannien, Herzogtum 135, 137, 139, 145, 151, 171
Alfons von Kastilien, deutscher König 269
Alpinius 168
Alpnach 40, 168, 310
Altdorf 17, 30, 31, 43, 49, 50, 84, 91, 103, 106, 110, 117, 172, 188, 208, 212, 215, 217, 285, 310, 318, 353, 356, 424, 431, 450, 457
Amerika, Vereinigte Staaten von 172, 451, 458
Amsteg 32, 51, 167

Andermatt 53, 210
Anjou, Haus von 269
Anselm von Canterbury 312
Aosta, Stadt und Tal 131, 142, 160, 191, 199, 220, 229, 239, 312
Appenzell 218, 342, 422
Apulien 267
Arlberggebiet 203
Arnold, Meier von Silenen 344, 355, 374
Arth 23, 55, 180, 279, 397–399, 432
Asti 220, 325
Attinghausen, Ort und Burg 51, 188, 189, 418
Attinghausen, Herren von 189, 205, 240, 336, 344–346, 396, 417, 418
 – Johannes von 417, 418
 – Werner von 355, 374
Augst 130
Augustus, Caius Octavius, römischer Kaiser 130, 131
Auxerre, Grafen von 144
Avignon 228, 287, 393, 394
Awaren 170
Axenstein 22
Axenstraße 49

B

Baar 377
Baden 135, 187, 383, 384
Baden-Württemberg 135
Bajuwaren 135, 139, 168, 170
Balthasar, J.A.F. 440
Bard 223, 229
Bar-sur-Aube 228
Basel 77, 84, 130, 140, 162, 238, 254, 262, 271, 287, 289, 411, 413, 420, 422, 426, 442
Baumgarten, Conrad von 26, 27, 33, 82, 104, 308, 344, 365
Baumgarten, Itta 104
Bayern 47, 138, 145, 151, 164, 214, 230, 246, 288, 395, 396, 401, 420
Bäzberg 220, 237
Bellinzona 46, 223, 230, 237, 238, 241, 264
Benedikt, Benediktinerorden 180, 205, 239, 392
Benevent, Schlacht bei 269
Bergamo 220

Bern 46, 57, 66, 77, 90, 91, 158, 159, 163, 240, 252, 253, 257, 266, 271, 274, 275, 277, 287, 296, 333, 334, 351, 376, 377, 410, 414, 420–423
Berner Oberland 43, 46, 170, 173, 175, 191, 196, 200, 203, 258, 333, 398
Bernhard von Aosta, Heiliger 228, 229, 239
Bernhardin von Siena, Heiliger 230
Berold, Priester 178
Beromünster, Stift 186
Besançon 296, 384
Biasca 323
Bibracte, Schlacht bei 130
Bichsel, Peter 446
Binntal 175
Bleniotal 235, 251
Blum, Werner 394
Bodensee 131, 139, 140, 159, 231, 252, 278
Boesch, Gottfried 238, 258
Böhmen, Königreich 288, 382, 387, 388, 420
Bologna 68, 96, 220, 268, 385
Bonifaz VIII. 380, 383
Borges, Jorge Luis 463
Bornholm, Insel 134
Boso, König der Provence 144
Bouvines, Schlacht bei 249
Brabant 233, 287, 420
Braudel, Fernand 20, 220, 303
Bremen 147
Brenner, Pass 138, 142, 153, 227, 251
Brescia 220, 263, 391
Bresse 134
Briançonnais (Landschaft von Briançon) 333, 334
Brig 175, 228, 333
Brun, Rudolf 411, 412, 417
Brünig, Pass 397, 398
Brunnen 22, 23, 49, 54, 318, 321, 324, 356, 401
Brutus, Lucius Junius 452, 453
Budapest 455
Bugey 134
Buochs 49, 58, 310, 338
Buonconvento 388
Burckhardt, Jacob 442
Büren 58
Burgdorf 252, 277
Bürgenstock 49
Bürglen 30, 50, 169, 177, 208, 210, 300, 310, 450
Burgund, erstes burgundisches Reich 134
– transjuranisches (Königreich) 144, 145, 147, 150, 155, 157, 175, 179, 185, 188, 196, 228, 325, 348, 381
– Grafschaft *(Franche-Comté)* 158, 296, 297, 383
– Herzogtum 220, 421
Burgunder 75, 133, 134, 138, 140, 330
Burgunderkriege 77–79, 419, 422, 425
Büttner, Heinrich 239

C

Camonica, Tal 328
Canetti, Elias 356
Canossa 154
Cäsar, Caius Julius 130
Castel Fiorentino (Apulien) 267
Cervi, Gino 458
Chablais 422
Chalon-sur-Saône 420
Châlons-Arlay, Herren von 384
Champagne 134, 158, 227, 228, 233, 243, 287, 384, 420
Chartreuse, La Grande 205
Château-Dauphin 334
Châteauvieux, Regiment von 452
Chavannes, Fernand 447
Chiavenna 220, 251, 323
Chillon, Schloss 158, 160, 229
Chur 46, 132, 140, 142, 162, 164, 172, 230, 251, 293
Claris de Florian 453
Clemens V. 393, 394
Cluny, Abtei 148
Colmar 288
Como 220, 230, 231, 238, 241, 264, 324, 328
Copeau, Jacques 447
Cornu, Florence 460
Cornwall 221, 269, 288
Corvinus, Matthias, König von Ungarn 84

D

Dammastock 43
Dänemark 91, 93, 223
Dante 382
Dauphiné 155, 156, 167, 191, 196, 203, 205, 331, 333, 334, 344
Der Frauen, Urner Geschlecht 105
Deutsches Reich 119, 143, 149–153, 184, 185, 247, 250, 252, 259, 262, 263, 267, 269, 270, 272, 288, 289, 348–350, 380, 382, 389, 396, 401, 410, 418, 425, 429

Didier, König der Lombarden 138
Disentis, Kloster 46, 53, 58, 140, 173, 176, 187, 206, 210, 222, 232, 251, 293, 389
Djerba 244
Domodossola 228, 240
Donau, Donautal 130, 410, 214
Doret, Gustave 454
Doriatal 334
Doubs 297
Doyle, Arthur Conan 173
Düggelin, Werner 447
Durance, Becken der 134, 191, 334
Durnkrut, Schlacht bei 291

E

Eco, Umberto 62
Eindridi Breitferse 93
Einsiedeln, Kloster 55, 58, 68, 180, 186, 206, 210, 218, 243, 308, 309, 313, 321, 378, 390, 392-394, 421
Elisabeth, deutsche Königin, Gattin Albrechts I. von Habsburg 381, 393
Elsass 135, 136, 156, 164, 217, 233, 254, 256, 261, 278, 287, 291, 383, 391, 411
Elvelinus, Mons, siehe *Gotthard*
Embrun, Landschaft in Südfrankreich 155
Emme 115
Emmental 188, 216
Engelberg, Kloster 26, 43, 58, 179, 186, 200, 206, 212, 213, 281, 301, 313, 338, 392, 393, 412
Entlebuch 216
Ernen 428, 456
Erstfeld 51, 167, 172, 310, 355, 375
Estland 91
Eto, Abt von Reichenau 171
Etsch 168, 227
Etterlin, Petermann 70, 84, 85, 106, 423-425, 433, 456

F

Faenza 264, 265
Färöer-Inseln 93
Favier, Jean 380
Feldkirch, Grafschaft 410
Ferrara 220
Finnland 91
Flandern 48, 233, 254, 287, 408
 – Graf von 396
Florenz 220, 243
Flüelen 22, 49, 51, 97, 187, 236, 282, 295, 321, 323, 356, 384, 390, 418

Flynn, Errol 451, 458
Forcalquier, Grafschaft 148
Franken 134, 135, 138-143, 151, 222, 230
Frankfurt am Main 243, 289, 379, 380, 396
Frankreich, französisches Königreich 95, 137, 138, 143, 150, 152, 185, 229, 238, 248, 270, 334, 383, 384, 420, 423, 425, 451, 452, 459
Frauenthal, Kloster 205
Fraumünster, Zürcher Stift 177, 178, 186, 187, 210, 215, 286, 310, 324, 345, 367, 392, 416, 444
Freiburg i.Br. 158, 184
Fréjus, Grafschaft 147
Fréjus, Pass 227
Freudenau 238
Freudenberger, Uriel 90, 440
Fribourg (Freiburg i.Ue.) 77, 158, 159, 163, 184, 215, 252, 274-278, 287, 410, 422, 437
Friedrich I. von Staufen, Barbarossa, Kaiser 154, 158-160, 239, 247-251, 270, 272, 354
Friedrich II. 154, 160, 231, 237, 238, 246, 249-251, 253, 255, 259, 260, 262-270, 272, 274, 276, 278, 287, 354, 389
Fries, Augustin 78
Friesland 247
Frisch, Max 448
Frowin, Abt von Engelberg 186
Frutigental 333
Furka, Pass 46, 53, 66, 176, 210
Fürst, Urner Geschlecht 105
 – Conrad 105
 – Walter 32, 33, 35, 40, 65, 105

G

Gallien, Gallier 129, 150
Gallus, Heiliger 137
Gap 155
Gemmi, Pass 175
Genf 134, 136-138, 140, 162, 271, 287, 420, 448, 463
 – Grafschaft 144, 156
Genfer See 130, 131, 133, 136, 156, 158-160, 175, 228, 231, 271, 277, 422
Genua 219, 220, 227
Germanien 129, 135, 150, 151, 170
Gersau 55, 180, 324
Gertrud, Königin, Gattin König Rudolfs I. von Habsburg 213
Gibraltar 226, 231, 244

484

Gilliard, Charles 238
Glarus 50, 170, 212, 218, 223, 276, 342, 409, 414
Godehard (Gotthard), Heiliger, Bischof von Hildesheim 239
Goldau 55, 397
Göllheim 380
Goms (Oberwallis) 175, 333, 340, 428
Gorkeit, siehe Geßler
Göschenen 51, 97, 173, 188, 208, 234, 239, 282
Goten 168, 230
Gotthard, Heiliger, siehe Godehard
Gotthard, Sankt, Massiv und Pass 46, 51, 53, 65, 96, 111, 156, 167, 176, 210, 215, 232, 233, 236–241, 243–246, 252, 258, 262, 264, 270, 282, 322, 323, 328, 333, 381, 384, 397, 418, 420
Gotthelf, Jeremias 441
Grandson, Schlacht bei 77, 83
Graubünden 43, 46, 107, 129, 174, 192, 231, 251, 312, 314, 317, 322, 323, 325, 333, 340
Gregor IX. 262, 263
Greimas, Algirdas-Julien 119
Grenoble 155
Grétry, André-Ernest-Modeste 451
Greyerz (Gruyère) 216
Gries, Pass 240
Griffith, David Wark 458
Grimm, Robert 439
Grimsel, Pass 46, 66, 240
Grisler, siehe Geßler
Groningen 442
Großer Sankt Bernhard, Pass 131, 138, 141, 148, 155, 159, 221–223, 227–229, 233, 239, 251, 420
Gruoba, Urner Geschlecht 281, 283, 284, 295, 304, 305, 308, 346, 365, 417
Guibert de Nogent 205
Gurtnellen 173, 210, 283
Güterbock, Ferdinand 236

H

Habsburg, Burg 66, 254, 386–388, 390
Habsburg, Haus (Haus Österreich) 21, 26, 27, 30–32, 36, 53, 66, 76, 88, 89, 106, 118, 160, 210, 238, 240, 253–256, 258–261, 268, 270, 274, 285, 291, 310, 334, 337, 348, 349, 355, 366, 371, 374–378, 383–385, 397, 398, 401, 409–414, 416, 420, 421, 425, 437, 441, 452

– Albrecht IV. Graf von 261, 264, 291
– Albrecht, Herzog von Österreich, deutscher König, siehe Albrecht I.
– Friedrich der Schöne, Herzog von Österreich, deutscher König 387, 388, 391, 395–397, 402
– Hedwig, Gräfin von Kyburg 255
– Johannes Parricida 292, 349, 386
– Leopold, Herzog von Österreich 75, 104, 387, 388, 391, 396–402
– Radbot, Graf von 254
– Rudolf II. der Ältere, Graf von 213, 255, 261
– Rudolf III. 261
– Rudolf IV., Graf von, siehe Rudolf I., deutscher König
– Rudolf V., Graf von 291, 292, 349
– Rudolf VI., Graf von, Herzog von Österreich 387, 413
– Rudolf, Graf von, König von Böhmen 387
– Werner, Bischof von Straßburg 254
Habsburg-Laufenburg, Geschlecht 262, 264–266, 271, 275, 280, 294, 295, 338, 351
– Johannes von 390
– Rudolf III. der Schweigsame 261, 262, 264, 265, 279
Haguenau 377
Haller, Albrecht von 90
Haller, Gottlieb Emmanuel von 90, 91, 98, 440
Hallstatt 167
Harald Blauzahn, König von Dänemark 92, 93, 101
Haslital (Oberhasli) 170, 173, 196, 252, 253, 333, 339, 410
Hassinger, Herbert 224
Heinrich II., Kaiser 223
Heinrich IV., Kaiser 154, 159
Heinrich V., Kaiser 186
Heinrich VI. von Staufen, Kaiser 159, 247, 354
Heinrich (VII.) von Staufen, König 250, 259, 262
Heinrich VII. von Luxemburg 268, 387, 388–391, 394, 396
Heinrich III., König von England 277
Heinrich, Ritter von Malters 355
Heinrich, Graf von Troyes 228
Heinzli, Obwaldner Landammann 74
Helvetien, Helvetier 127, 129–133, 135–137, 150, 184, 425

485

Heming Aslaksson 93, 94, 101
Hemmerli (Hemmerlin), Felix 68, 69, 82, 171, 314, 421
Hérens, val d' 191, 199, 333
Hermann, Herzog von Schwaben 181
Hisely, Jean-Joseph 442
Hitler, Adolf 460
Hocquet, Jean-Claude 244
Hodler, Ferdinand 457
Hofer, Andreas 455
Höhronen 43
Holland 269, 420
Holstein 91
Homberg, Elisabeth von 351
Homberg, Werner von, Graf 390, 391, 396
Hospental 53, 210, 232
Hubert II., Dauphin 334
Hugo, Victor 454
Hunn, Konrad 355, 375
Hunnen 135

I

Ile-de-France 227, 287
Inn 227
Innichen-San Candido 222
Innozenz III. 249
Innozenz IV. 269
Innsbruck 116
Interlaken 398, 401, 431
Irland 137
Island, Isländer 72, 91, 94, 97
Italien 46, 75, 97, 132, 133, 138, 139, 142, 143, 145, 147, 153, 154, 158, 159, 166, 168, 221, 222, 224, 229–232, 239, 243, 244, 249, 254, 259, 262, 266, 269, 271, 289, 312, 381, 382, 384, 391, 411, 454, 458
Izzelin, Urner Geschlecht 281, 283–286, 295, 304, 305, 308, 346, 365, 417

J

Japan 116, 454
Johannes von Böhmen 391
Johannes von Winterthur 296
Jougne 148, 228, 384
Julier, Pass 131, 230
Jungfrau-Massiv 57, 66
Jura 46, 127–131, 137, 141–145, 156, 161, 188, 228, 278, 296, 383, 384, 410, 411, 422
Justinger, Conrad 66–69, 72, 74–76

K

Kapetinger 150
Karl der Große 138, 140, 142, 143, 154, 171, 172, 195, 222, 231
Karl IX., König von Frankreich 450
Karl X., König von Frankreich 454
Karl von Anjou, Graf der Provence, König von Neapel 269
Karl der Kahle 138
Karl der Kühne, Herzog von Burgund 78, 143, 422, 455
Karl Martell 171
Karl von Valois 387
Kärnten 182, 288, 291
Karolinger 139, 151, 154, 173, 177, 227
Kartäuser, Orden 205
Kelten 129, 167, 330
Kerns 103, 310
Kernwald 281, 340
Kiew, Königreich 221
Kimbern 129
Kißling, Richard 457
Klausenpass 50, 222, 300, 308, 397
Kleiner Sankt Bernhard, Pass 131, 155, 159, 221, 223, 227
Knut II., König von Dänemark 223
Köln 205
Kolumban, Heiliger 137, 210
Königsfelden 386, 387, 391, 393
Konrad von Sellenbüren 186
Konrad, Graf von Auxerre 144
Konrad, Meier von Erstfeld 355, 375
Konstanz, Stadt und Diözese 38, 137, 140, 162, 266, 287, 351, 377, 388, 389, 393
Kopp, Joseph-Eutych 71, 106, 438, 440, 441
Krain 291
Küssnacht a.R. 22, 23, 32, 49, 103, 168, 180, 353, 428, 437
Kyburg, Schloss 106, 377
Kyburg, Grafen von 159, 160, 253, 266, 270, 274–276
– Hartmann der Ältere 160, 252, 276, 277
– Hartmann der Jüngere 160, 277

L

Laax, Grafschaft 293
Lagny 228
Lago Maggiore 46
Lamartine, Alphonse de 454
Lancaster, Burt 451, 458
Landenberg, Schloss 104

Landenberg, Geschlecht der 104
Landenberg, Berenger von 26, 28, 103
La-Tène-Zeit 167
Lateran-Konzil 110
La-Tène-Zeit 128, 167
Lauerzer See 39, 55, 69, 117, 279, 372
Laufenburg 261
Laur-Bélard, Rudolf 234, 238
Lausanne 134, 140, 144, 158, 162, 442
Lavater, Johann Kaspar 434
Lechfeld, Schlacht auf dem 147
Lemierre, Antoine-Marin 451
Lenzburg, Grafen von 186, 187, 235, 236, 344
Lepontier 129
Leventina 46, 53, 77, 167, 176, 210, 230, 232, 235–238, 241, 322, 328, 333, 390, 413, 417, 420, 421
Limmat 55, 238
Lindtberg, Leopold 458
Linth, Linthtal 212
Linz 139
Lombardei 46, 77, 111, 140, 147, 164, 214, 217, 219, 223, 227, 230, 233, 240, 242, 243, 259, 312, 324, 328, 329, 420
Lombarden 139, 168, 170, 237, 262
»Lombarden« (Geldverleiher) 325
London 95, 277, 455
Lothar I., Kaiser 143
Lothar II., Kaiser 157
Lotharingien 143, 144, 254
Lothringen 134, 143, 221, 233, 255, 383
Lötschenpass 175
Lötschental 333
Lübeck 260
Ludwig der Bayer, Kaiser 395, 396, 401
Ludwig der Deutsche 143, 151, 163, 177, 178, 187
Ludwig der Fromme 222
Ludwig IX., Heiliger, König von Frankreich 263
Ludwig XVI., König von Frankreich 452
Ludwig von Nevers 396
Lugano 264
Lukmanier, Pass 222, 223, 230, 236, 251
Lungernsee 57
Luther, Martin 314
Luzern 40, 43, 45, 48, 49, 56, 57, 77, 78, 85, 115, 162, 186, 188, 206, 237, 238, 255–258, 261, 262, 265, 287, 294, 316, 323, 324, 334, 351, 353, 364, 372, 376, 377, 384, 388, 397, 409–411, 413, 420, 421, 424, 437, 438
Lyon 134, 145, 266, 287, 420

M

Maderanertal 208
Magadino-Ebene 46
Mailand 219, 220, 231, 232, 238, 241, 251, 264, 324, 421, 423, 455
Main 134
Mainz 272, 380
Maiolus, Heiliger 148
Mantua 220
Marat, Jean Paul Mora, genannt 453
Marcel, Etienne 412
Marchal, Guy P. 115, 116, 337
Marignano, Schlacht bei 77
Martin von Tours, Heiliger 347
Masséna, André, General 65
Maurienne 138, 142
Mayer, Theodor 443
Mechthild, »die Jägerin« 307
Mecklenburg 91
Medici, Katharina von 428, 450
Meienberg, Gessler von, Geschlecht 104
Meier, Herbert 447
Meinrad, Heiliger 180, 393
Melauner Kultur 168
Melchaa 104
Melchtal 57, 104
Melchtal, Geschlecht 339
– Arnold von 27, 33, 40, 65, 103, 104
Merle d'Aubigné 436
Merowinger 134, 138, 139
Metz 139
Meyer, Bruno 73–76, 100, 354, 443
Meyer, Karl 73, 100, 106, 107, 235, 236, 257, 355, 443
Meyer von Knonau, Gerold 71
Meyer, Werner 210, 315, 317, 372
Mézières (Waadt) 454
Michelet, Jules 442
Misox (Mesocco) 251
Mittelmeer, Mittelmeerraum 48, 133, 147, 192, 200, 207, 221, 220, 233, 242, 243, 320, 323, 419
Modena 220
Mont-Blanc 191, 203
Mont-Cenis, Pass 138, 155, 222, 223, 227, 323
Mont-Genèvre, Pass 155, 227, 323, 333, 334
Mont-Joux, siehe *Großer Sankt Bernhard*
Mont-Miné, Gletscher 199
Morax, René 454
Morgarten, Schlacht am 43, 65, 75, 76, 88, 89, 99, 104, 105, 118, 130, 295, 338, 347, 366, 373, 379, 396, 399, 402, 409, 411, 413, 417

Morrison, Fynes 318
Morschach 49
Moutier-Grandval, Kloster 144
Muheim, Jeremias 430, 437
Mulhouse 288
Müller, Iso 176, 241
Müller, Johannes von 19, 42, 113, 164, 362, 433, 440, 447
Muota 49, 54
Muotatal 54, 208, 212, 315, 316
Murbach, Kloster 206, 256, 262, 294
Murer, Josias der Ältere 456
Murten 277
– Schlacht bei 77, 83
Mustair, Kloster 222, 312
Mythen, Großer und Kleiner 28, 54, 180

N

Näfels, Schlacht bei 409, 414
Nancy 452
– Schlacht bei 77
Napoleon I. 436, 455
Neapel 269
Neuenburger See 276
Nidwalden 26, 39, 43, 49, 56–59, 89, 117, 265, 266, 281, 321, 337–340, 344, 347, 355, 358, 386, 389
Niederlande 147, 227, 350, 420
Nikolaus von Flüe, Heiliger 220, 408
Nîmes 147
Nizza 131
Nordsee 138, 143
Noricum 139, 331
Normannen 146
Norwegen 72, 91, 93
Novalesa, Kloster 222
Nürnberg 243
Nyon 130

O

Oberalp, Pass 46, 53, 176
Obwalden 39, 56, 57, 59, 67, 69, 89, 104, 168, 186, 204, 265, 266, 321, 337, 338, 342, 344, 347, 355, 378, 389, 397, 398, 400, 419, 424
Oisans 191, 196
Oranien, Wilhelm von 350, 430
Orient 48, 116, 219, 224, 231
Orléans 147
Ossola-Tal 421
Österreich 67, 68, 164, 167, 270, 288, 291, 292, 313, 332, 348, 351, 381, 384, 410, 423, 455, 460

Österreich, Haus von Österreich (»die Österreicher«) siehe Habsburg
Ostgoten 135
Otrante 147
Otto I., Kaiser 147, 151, 178, 180, 231
Otto IV. von Braunschweig, Kaiser 248, 249
Otto von Burgund, Pfalzgraf 212, 296, 297
Otto von Straßberg 398, 400
Ottokar II. Przemysl, König von Böhmen 288, 291
Ottonen, die 154, 179
Oulx 334

P

Palna-Toki, siehe Toko
Pannonien, siehe Ungarn
Pantaleon, Heinrich (Henricus) 426, 427
Paris 96, 412, 435, 451, 452, 454, 457
Parma 220
Pavia 84, 138, 219, 223
Perfinden (Kanton Schwyz) 111
Pfäfers, Kloster 140, 206, 317
Philipp August, König von Frankreich 248, 249, 270
Philipp der Schöne, König von Frankreich 270, 297, 380, 383, 387, 396
Piacenza 220
Piemont 156, 192, 271
Pilatus 43
Pippin der Kurze, König der Franken 138
Pisa 227
Po, Fluss und Ebene 139, 219, 228
Poitou, Grafschaft 248
Polen 382, 420
Pontarlier 384
Prag 292
Provence 144, 145, 147, 150, 155, 157, 158, 182, 191–193, 214, 332
– Grafen der 148, 269, 384
Provins 228, 229
Pustertal 222

Q

Queyras 334

R

Ra's al-Makhbaz 244
Radegg, Rudolf von 395
Rapperswil 187
- Grafen von 187, 188, 279, 351, 390
Rätien, Räter 129, 130, 136, 142, 145, 147, 159, 165, 168, 170, 172, 192, 193, 201, 231
Rawil, Pass 175
Reding, Werner 394
Reginon von Prüm 145
Reichenau, Kloster 140, 171, 206
Reichenbachfall 173
Reiden 238
Reinhardt, Max 458
Reschenpass 227
Reszler, André 446
Reuß 43, 45, 46, 48-52, 55, 169, 210, 231, 232, 234, 235, 237, 238, 254-256, 300, 311, 386
Rhein 31, 43, 46, 127, 129, 130, 132-135, 137, 139, 142, 143, 162, 168, 170, 183, 246, 252, 261, 270, 276, 287, 324, 383, 388, 396, 414, 421, 422
Rheinfelden, Grafen von 157, 185
Rheinland 254, 269, 349
Rhone 46, 134, 137, 139, 142, 145, 158, 161, 183, 226, 246
Richard I. Löwenherz, König von England 248
Richard von Cornwall, deutscher König 269, 288
Richmond, Grafschaft 277
Rigi 28, 32, 43, 49, 54, 55, 58
Robespierre, Maximilien-Marie-Isidore 452
Rom, Römisches Imperium 130, 131, 133, 170, 221
Rom, Stadt und Papstresidenz 95, 96, 132, 139, 141, 145, 148, 151-153, 170, 220, 226, 231, 237, 250, 268, 294, 382, 455
Rossberg 43, 55
Rossini, Gioachino 18, 455, 456, 460
Rothenturm 397
Rotzberg, Burg 32, 39, 40, 308, 372
Rougemont, Denis de 438
Rousseau, Jean-Jacques 356, 434
Rudolf I., deutscher König (Graf Rudolf IV. von Habsburg) 67, 104, 106, 213, 255, 261, 265, 266, 268, 271, 275, 277-279, 284-297, 305, 338, 340, 346, 348-353, 355, 356, 364, 369, 374, 376, 378, 381, 384, 386, 411, 462

Rudolf I., König von Burgund 144, 145
Rudolf III., König von Burgund 223
Rudolfinger, Könige von Burgund 145, 155, 179
Ruß, Melchior der Jüngere 78, 84
Russland 420
Rütli 24, 29, 37, 38, 207, 356, 370, 425, 429

S

Saane (Sarine) 158, 252
Saastal 175, 333
Sachsen, Herzogtum 140, 151, 157, 171, 420
Säckingen, Kloster 261
Saint-Amarin (Vogesen) 238
Saint-Claude, Kloster 141
Saint-Just, Louis-Antoine de 453
Saint-Maurice, Kloster 140, 141, 144, 148, 162, 175, 206, 222, 229, 316
Salasser 131
Salzburg 142, 145, 203, 291
San Bernardino, Pass 223, 230
Sankt Blasien, Kloster 186
Sankt Gallen, Kloster 140, 147, 162, 206, 275, 351, 420
Sankt Gotthard, siehe Gotthard, Pass
Sankt Leodegar, Kloster 186
Sankt Petersburg 455
Saône 127, 134, 145, 164, 420
Sarazenen 146-148, 222
Sarnen 27, 32, 39, 69, 70, 75, 76, 85, 103, 113, 117, 217, 279, 281, 310, 318, 338, 372, 423, 441, 443
Savoyen, Grafschaft 130, 134, 155, 156, 165, 308, 325, 332, 423
- Grafen von 155, 156, 159, 229, 239, 269, 271, 274, 290, 296, 308, 351, 376, 384, 410, 421
- Amadeus V. von 351
- Margarete von, Gräfin von Kyburg 276, 277
- Peter II. von 160, 276, 277, 333
- Thomas I. von 158
Saxo Grammaticus 92, 93, 427
Schächental 50, 207, 208, 210, 212, 283, 300, 306, 307, 343
Schaffhausen 77, 249, 266, 275, 422
Schänis 378
Schärer, Arnold C. 444
Schattdorf 283
Schiller, Friedrich von 18, 19, 35, 362, 433, 436, 447, 451, 453-455, 458, 460
Schilling, Diebold 106
Schmied von Göschenen 234

Schöllenen (-Schlucht) 43, 46, 51, 52,
    173, 176, 208, 210, 231–235, 237,
    241–243, 258, 315, 337
Schottland 455
Schriber, Hans 69–74
Schrutan, Heinrich 355
Schulte, Aloys 236–238
Schüpfer, Burkhard 343, 355, 374
Schwaben, Herzogtum, Herzöge von
    135, 145, 147, 151, 155–159, 163,
    164, 183, 184, 187, 212, 230,
    231, 246, 251, 252, 254, 275, 291,
    292, 348, 381, 396, 397
Schwaben, Haus von, siehe Staufer
Schwabenkrieg 77
Schwanau, Schloss 32, 39, 69, 117, 279,
    371, 372
Schwarzwald 134, 185, 186
Schweden 170, 171, 451
Schweinsberg, Herren von 188
Schwyz 22–24, 28, 30–33, 38, 39, 43,
    47, 49, 54–58, 67–69, 89, 103, 104,
    106, 111, 130, 169, 171, 172,
    179–181, 186, 192, 200, 205, 208,
    210, 213, 217, 237, 242, 243,
    257, 262, 264–266, 279–281, 294,
    296, 301, 310, 314, 318, 321, 325,
    337, 339, 340, 343, 351, 353,
    355–358, 375, 376, 378, 379, 382,
    386, 388, 389, 395, 397–399, 417
Sedaine, Michel 451
Seedorf 51, 106, 310
Seelisberg 37, 49, 56, 356
Sellenbüren, Herren von 186
 – Konrad von 186
Sempach 261, 409
 – Schlacht bei 409, 414, 419, 426
Septimer, Pass 131, 230, 314
Siena 230, 388
Sihl (-Tal) 55, 213, 321, 393
Silenen 51, 177, 187, 210, 310, 344,
    355, 374
Simmler, Josias 433
Simplon, Pass 228, 241, 323, 420, 421
Sion (Sitten) 144, 155, 159, 162, 164, 175,
    199, 239, 333
Sisikon 189
Sizilien, Königreich 247, 249, 264,
    268, 269
Skandinavien 134, 233
Slawen 170
Slowenien 191
Solothurn 77, 422, 437
Sonderbund 363, 437, 438, 446
Spanien 140, 147, 287, 420
Späth, Gerold 448

Speyer 348
Spiringen 208, 300, 310, 344
Splügen, Pass 230
Stans 39, 58, 217, 281, 310, 318, 390
Stansstaad 49
Staufer, Geschlecht der, Herzöge von
    Schwaben 154, 156–158, 183,
    246–249, 254, 259, 269, 270
 – Enzio, König von Sizilien 268
 – Friedrich Barbarossa, siehe
    Friedrich I., Kaiser
 – Friedrich II., siehe Friedrich II.,
    Kaiser
 – Heinrich VI., siehe Heinrich VI.,
    Kaiser
 – Heinrich (VII.), deutscher König
    250, 259, 262
 – Konrad IV., deutscher König
    262, 268
 – Konradin 269
 – Manfred 269
 – Philipp, Herzog von Schwaben
    248, 249
Stauffacher, Schwyzer Geschlecht 104,
    319, 343
 – Heinrich 343
 – Rudolf 104, 343, 355, 375, 394
 – Rudolf II. 343
 – Werner 28, 29, 31, 32, 40, 54, 65,
    103–105, 107, 120, 319, 370, 375,
    394, 426
 – Werner II. 343
Steiermark 191, 288, 291
Steinen 28, 55, 103, 205, 208, 296, 310,
    319, 378, 399
Straßberg, Otto von 398, 400
Straßburg 66, 254
Stumpf, Johannes 89
Suito, Suitenses 180
Surenen, Pass und Almen 59, 212, 213,
    296, 308, 309, 393
Susa, Tal 142, 223
Susten, Pass 66
Suworow, Alexander, General 65
Sven Gabelbart, König von Dänemark 92

T

Tailtiu, keltische Göttin 442
Tarentaise 131, 142
Tarvisio, Pass 227
Tauern, Pass 227
Taviani, Paolo und Vittorio 119
Tegernsee, Kloster 147
Tello, Graubündner Geschlecht 107
Tellon, Unterwaldner Geschlecht 107

Tende, Pass 227
Tessin, Kanton 129, 170, 176, 251, 325, 328, 332, 420
Teutonen 129
Theobald, Herzog von Alemannien 171
Thevet, André 456
Thorwaldsen 437
Thun 116, 188, 252
Thunersee 46, 133
Thurgau 159, 276
Thusis 323
Ticino (Tessin), Fluss 46, 237, 422
Tirol 145, 176, 192, 193, 200, 203, 214, 291, 313, 325, 331, 332
Titlis 43, 59
Tödi 43
Toko (Palna-Toki) 90, 92, 93, 95, 101, 427, 435
Tomaschewski, Boris 115
Törbel (Wallis) 211
Toskana 220, 328
Töss 276
Troxler, Ignaz 437
Tschudi, Aegidius 18–21, 24, 25, 27–38, 40, 70, 83, 88, 89, 104, 108, 113, 284, 357, 381, 418, 426, 429, 433, 441, 442
Tugginer, Wilhelm 450, 456
Turbie, La 31
Turin, Grafschaft 148, 155, 227

U

Ulm 157
Ulrich der Schmied 343
Ungarn (Pannonien), Ungarn 146, 148, 151, 222, 382, 393, 420, 455
Unterwalden 24–26, 30, 32, 33, 37, 39, 40, 47, 56, 69, 107, 169, 179, 187, 200, 204, 256, 257, 262, 265, 279, 281, 294, 295, 301, 310, 337, 347, 353, 355, 358, 377–379, 388, 389, 397, 417
Uri 17, 18, 23, 24, 27–32, 37–39, 43, 45, 47, 49–51, 53, 54, 56–59, 69, 78, 85, 89, 97, 103, 105–107, 109, 117, 118, 129, 163, 167, 169–171, 177–179, 186–190, 200, 203–205, 208, 211, 215, 223, 232, 235, 237, 240–242, 246, 252, 253, 255–257, 260, 261, 265, 266, 279, 281, 282, 284, 286, 294, 298, 300, 301, 306, 308–310, 322, 325, 336, 337, 339, 340, 345, 347, 351–353, 355, 358, 365, 371, 372, 375–379, 386, 388, 389, 398, 411, 416–418, 424, 437, 444, 461
Uri-Rotstock 43

Urner Boden 212
Urseren (-Tal) 52, 53

V

Valcluson 334
Vallorbe 148
Vallorcine 175
Venedig 219, 220, 243, 423, 458
Vercors 166
Verdun, Vertrag von 143, 144
Verona 220
Vevey 384, 432
Victoriden, Geschlecht der 172
Vienne 155
Vierwaldstätter See 37, 45, 47–49, 54–58, 101, 169, 171, 215, 256, 295, 317, 321, 323, 351, 424, 457
Villach 116
Villeneuve-de-Chillon 229
Villmergerkriege 431
Villon, François 82
Vindonissa 254
Visp 211
Vitznau 49
Vogesen 238, 303
Voltaire, François Marie Arouet, genannt 90, 440, 452
Vorarlberg 176, 410
Vorderrhein (-Tal) 46, 176, 230, 293, 313,
Vulliemin, Louis 447

W

Waadt, Waadtland 158, 228, 277, 422, 435, 454
Walensee 132, 317
Wallis 46, 130, 131, 136, 137, 140–142, 144, 145, 148, 159, 162, 165, 172, 174–176, 191, 203, 208, 210, 211, 222, 242, 244, 316, 333, 340, 437, 456
Walser 174–176, 201, 225, 235, 243
Waltensburg, Meister von 313
Walter von Spiringen 344
Washington, Georges 451
Wassen 51, 189, 208
Wehrli, Max 78
Weimar 436
Welfen, Geschlecht der 246, 248
Wenighusen, Heinrich und Adolf 104
Werdenberg, Graf Hugo von 376
Werner von Seewen 343
Westfälischer Friede 425
Wettingen, Kloster 187, 188, 205, 256, 367, 392, 416
Wiborada, Heilige 147

491

Wien 291, 438, 455
Wilhelm von Holland 269
Wilhelm der Befreier 148
Wilhelm von Montfort 351
William of Clouderly 92, 95, 105
Willisau 261
Windgällen 43
Windisch, Uli 460
Winkelried 426, 463
Winterthur 106, 276, 296, 376, 400
Wirz, Johann 74, 75
Wisserlen 340
Wittelsbacher, Herzöge von Bayern 249
– Ludwig 288
Wolfenschießen 58, 104
Wolfenschießen, Herren von 26, 27, 344, 355
Worms 380
Wormser Konkordat 153
Wyss, Georg von 71

Z

Zähringer, Geschlecht der 156–161, 163, 182–185, 187, 188, 200, 237, 239, 240, 243, 246, 247, 251–253, 255, 274, 336, 344
– Berthold II. 156, 157, 187
– Berthold V. 159, 239, 240, 248, 252
Zisterzienser, Orden 188, 205, 392, 416
Zofingen 238
Zug 55, 205, 324, 377, 398–400, 410, 414
Zuger See 55, 180, 279, 317, 398
Zurfluh, Anselm 300
Zürich 55, 68, 77, 78, 82, 84, 106, 156, 157, 159, 163, 177, 179, 180, 186–188, 205, 252–254, 257, 261, 266, 271, 275, 276, 291, 321, 324, 325, 334, 340, 344, 351, 355, 374–377, 391, 394, 411, 412, 414, 420–423, 447, 451, 461
Zürichsee 55, 180, 181, 188, 252, 317, 321, 421
Zwingli, Ulrich 84
Zwing-Uri 31, 32, 38, 117, 118, 167, 371, 372, 437

Dank

Für die großzügige Unterstützung
dankt der Verlag:

UBS Kulturstiftung

LANDIS & GYR STIFTUNG

Das Heilige Römische Reich Deutscher Nation um 1300

Das Schweizer Gebiet um 1300

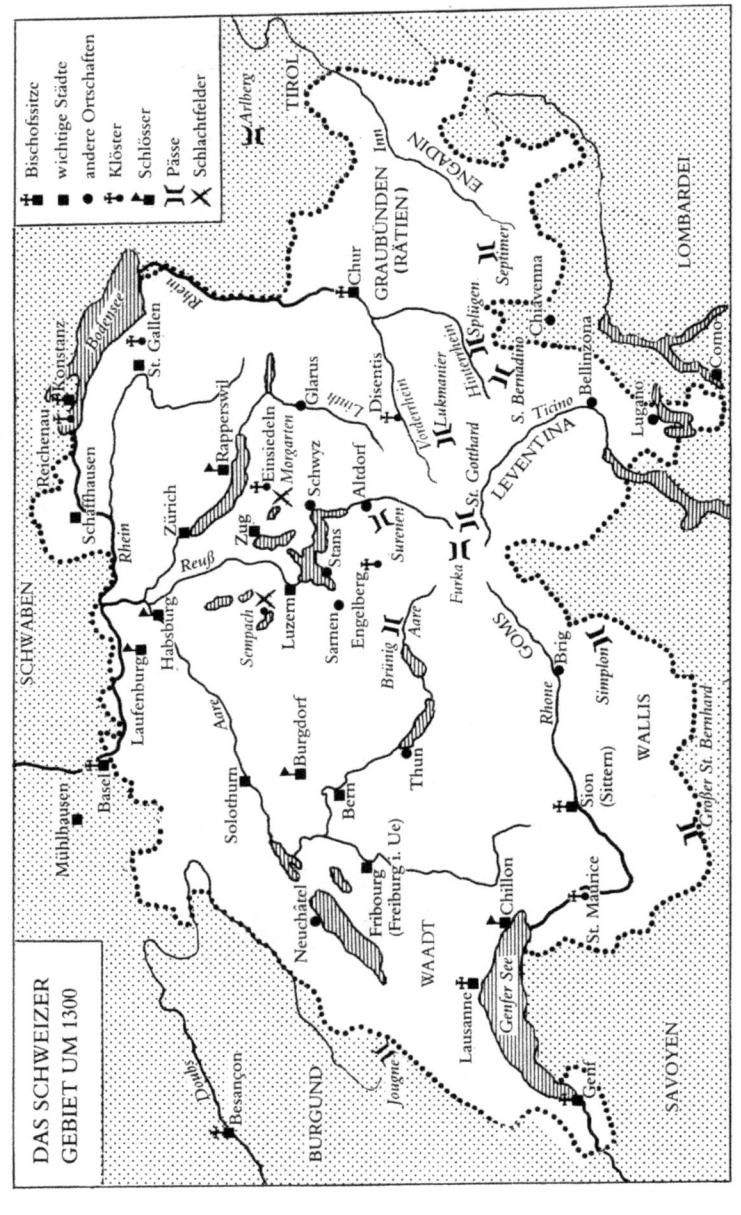

www.ingramcontent.com/pod-product-compliance
Lightning Source LLC
Chambersburg PA
CBHW071008140426
42814CB00004BA/161